Cet ouvrage [en]
très mauvais état a été relié à neuf
en f! 1955 - En plus des quelques
notes manuscrites contenues, d'autres
ont été recueillies et insérées de côté
par M. Lenfant Directeur de l'E.M.I.L.

([illegible] fin du T II pour
[illegible] classer dans l'ouvrage)

INSTRUCTION POUR LES JARDINS FRUITIERS ET POTAGERS,

Avec un Traité des Orangers, suivy de quelques Réflexions sur l'Agriculture,

Par feu Mr DE LA QUINTINYE, *Directeur de tous les Jardins Fruitiers & Potagers du* ROY.

TOME I.

à Mr le marquis de Bologne

A PARIS,
Chez CLAUDE BARBIN, sur le second Perron de la sainte Chapelle.

M. DC. LXXXX.
Avec Privilege de Sa Majesté.

AU ROY.

IRE,

Les Jardins Fruitiers & Potagers m'ont été trop favorables, pour cacher l'extrême reconnoissance des biens que je leur dois : Je leur suis obligé de l'honneur que VÔTRE MAJESTÉ m'a fait d'avoir augmenté en ma personne le nombre des Officiers de sa Maison. Une telle obligation merite bien au moins que je la publie ; Et quoy que la condition ordinaire de ceux qui aiment l'Agriculture, soit d'être heureux, pourveu qu'ils le sçachent connoître : Mon bon-heur toutefois surpasse tellement celuy de tous les autres, que je croy, SIRE, devoir faire en sorte que personne ne l'ignore. L'esperance d'un succés pareil à celuy qui m'a élevé dans une belle Charge, est capable d'animer beaucoup de gens à l'étude du Jardinage, & par consequent capable de faire à VÔTRE MAJESTÉ des Serviteurs plus habiles que je ne suis ; & c'est veritablement, SIRE, la chose du monde que je souhaite avec le plus de passion. Mais comme mon bonheur ne vient que parce que VÔTRE MAJESTÉ est assez touchée des diver-

O fortunatos nimium, sua si bona norint, agricolas. *Virg. Georg.* 2.

tissemens du Jardinage, peut-être n'est-il pas hors de propos qu'on connoisse, qu'elle sçait quelquefois descendre de ses plus grandes occupations, pour goûter les plaisirs de nos premiers Peres, aussi-bien que surpasser la gloire des plus illustres Monarques, en renversant tous les jours l'ambition d'une infinité d'Ennemis par de nouvelles Victoires.

Aussi est-il vray que telle a été de tout temps l'inclination des Heros & des Têtes couronnées; & si on en croit un Ancien, les mêmes vertus qui faisoient la felicité de leurs Peuples, faisoient aussi la fertilité de leurs Terres. Mais pour faire voir que VÔTRE MAJESTÉ *les surpasse en cecy comme en toute autre chose, je n'aurois qu'à representer, s'il m'étoit possible, la penetration incroyable avec laquelle elle a d'abord entendu mes principes de la taille des Arbres (matiere jusqu'à present assez vague & assez inconnuë.)*

Triumphatorum olim manibus colebantur agri, ut fas sit credere uberiorem tunc fructū dedisse gaudente terrâ vomere laureato, & triumphali aratore. *Plin.*

La Nature qui (ce semble) prend

plaisir à ne rien refuser à VÔTRE MAJESTÉ, *& qui la regarde en effet comme le plus parfait de ses Ouvrages, a sans doute reservé pour son auguste Regne, ce que la terre a caché à tous les siecles passez. Ce n'est qu'à force de sueurs que les hommes ordinaires arrachent du sein de cette mere commune ce qu'ils sont obligez de luy demander tous les jours pour leur subsistance, parce que sa plus forte inclination ne va qu'à produire des chardons & des épines; mais pour peu que* VÔTRE MAJESTÉ *continuë à favoriser de ses regards ceux, qui ont l'honneur de la cultiver dans ses Jardins, nous verrons à la Gloire de Nôtre Monarque, & à l'avantage du Genre humain, que ce qui a été inconnu à toute l'Antiquité ne le sera plus pour personne. Cette Terre qui paroît si opiniâtre à l'égard de tout le monde cedera enfin, & mesme, pour ainsi dire, avec quelque joye aux moindres commandemens d'un grand Prince, à qui tous*

Spinas, & tribulos germinabit tibi, &c. *Gen. cap. 3. v. 18.*

Gaudente terrâ, &c. *Plin.*

Atque imperat arvis. *Virg. Georg. 1.*

les autres élemens font gloire d'obeir ; & quand bien même, SIRE, VÔTRE MAJESTÉ *occupée avec tant de succés à la grandeur de son Etat, & à la felicité de son Peuple, & de ses Alliés, n'auroit pas le temps de prendre elle même quelque plaisir dans la culture de ses Jardins, Je pourray au moins me flater de cette esperance, que le Traité, que j'ay aujourd'huy l'honneur de luy presenter, contribuera à luy former des Jardiniers. On y trouvera*, SIRE, *de quoy apprendre cette partie du Jardinage, qui joignant l'innocence au plaisir, & à l'utilité donne des moyens asseurés de faire d'agreables Potagers, & d'élever de bons fruits pour chaque saison de l'année. Heureux ceux qui s'y étudieront, & sur qui ensuite tombera le chois de* VÔTRE MAJESTÉ, *& moy le plus heureux du monde, si je satisfais à l'attente qu'elle peut avoir conçuë de mon application : Je la suplie tres-humblement de croire, qu'elle con-*

Omne tulit punctum qui miscuit utile dulci. *Horat. de arte poët.*

tinuëra toûjours d'être aussi grande, & aussi zelée que la doit avoir,

SIRE,

DE VÔTRE MAJESTÉ,

Le plus humble, le plus obeïssant, & le plus fidele Serviteur & Sujet,

JEAN DE LA QUINTINYE.

PREFACE

AVANT que d'entrer en matiere sur le sujet, que j'entreprens, il me semble que je suis obligé de dire, que le Jardinage n'est pas parmy nous, comme il étoit dans les premiers siecles; on n'y connoissoit apparemment que les Jardins à Fruits, & à Legumes, qui sont ceux que nous appellons Fruitiers, & Potagers, au lieu que de nôtre temps nous en avons encore de plusieurs autres sortes; les uns en Parterres, & en Fleurs, & les autres en Pepinieres, les uns en simples Marais, les autres en Plantes rares, & medecinales, &c.

Une telle multiplicité de Jardins faisant une grande diversité d'occupations pour les Jardiniers en a successivement introduit plusieurs classes particulieres; les uns qu'on nomme simplement Jardiniers; les autres qui prennent la qualité de Fleuristes; les uns qu'on devroit nommer Botanistes; les autres qu'on nomme Maréchais, sans parler de ceux qui s'attachent aux Pepinieres, pour lesquels il n'y a point encore de terme particulier, à moins que de les nommer Pepinieristes. Je ne croy pas qu'il soit hors de propos d'expliquer icy en peu de mots l'origine, & l'établissement des uns & des autres.

Origine de la diversité des Jardiniers.

Ex ea vives in laboribus omnibus diebus vitæ tuæ. *Genese.*

Ma pensée à cet égard est, que le premier Homme ayant été créé dans un Jardin, & y ayant aprés son peché reçû ordre de cultiver la terre, pour en tirer sa nourriture à la sueur de son front, il s'ensuit qu'une de ses fonctions principales, aussi bien que celle de ses premiers descendans fut de s'addonner à la culture des Fruits, & des Legumes; puisque c'étoit elle seule qui produisoit au genre humain tout le necessaire pour la vie. N'étoit-ce pas en effet de veritables Fruitiers & Potagers que cette terre ainsi cultivée? & partant, comme dans ces premiers siecles on n'a point connu d'autres Jardins que ceux-là, on n'y a point aussi connu d'autres Jardiniers que ceux, qui les gouvernoient, & qu'il est bien juste de regarder comme les premiers de tout l'ordre du Jardinage. Les Patriarches, à parler proprement, étoient ces premiers Jardiniers de Fruitiers, & Potagers; & ils continuerent d'en faire la fonction, jusqu'à ce qu'étans obligez de vaquer à l'invention des Arts, ils se firent aider dans leurs Jardins par quelque principal domestique, qui ne dédaigna pas de prendre le nom de ce que nous entendons par le terme de Jardinier.

Mais d'abord que dans les siecles suivans on crut avoir suffisamment pourvû au necessaire, & que même parmy les hommes il se fut étably quelque distinction de degrés, & de fortune, il arriva que le plaisir de la vûë, & de l'odorat fit naître à quelques-uns la curiosité d'avoir des Fleurs: si bien qu'on se mit à rassembler une partie de tant de belles Plantes, qui faisoient un émail surprenant, & une odeur admirable dans les champs, où elles étoient confusément répanduës.

Ce fut bien à la verité les Jardiniers dont nous venons de parler, qui en commencerent la culture, puisqu'il n'y avoit qu'eux qui la pussent faire; mais quand dans la suite on voulut avoir beaucoup de Fleurs, ainsi qu'il se pratique aujourd'huy chez les Grands, on commença d'en faire des Jardins particuliers, qu'on appella d'un nom convenable Jardins à Fleurs; & comme il n'étoit pas possible qu'un seul Jardinier pût en même temps vacquer à la culture d'un grand nombre de Fruits, de Legumes, de Fleurs, d'Arbrisseaux, &c. il fallut en même temps établir une seconde classe de Jardiniers, pour soulager ceux de la premiere; tels Jardiniers furent vulgairement nommez Fleuristes, à la difference des autres qu'on nommoit seulement Jardiniers.

Iardiniers Fleuristes.

Je pourrois dire en passant, que pour lors les Orangers, & les Citronniers furent peut-être regardez comme des Arbres à Fleurs, ny plus ny moins que les Mirthes, les Jassemins, les Lauriers-Thyms, &c. la delicatesse des hommes n'étant pas encore venuë jusqu'au point où elle est de chercher tant de ragoûts, & d'assaisonnemens; & ainsi il se peut fort bien faire, qu'en ce temps-là les Citronniers, & les Orangers se rencontrerent du partage des Fleuristes.

Neanmoins il me paroît plus vray semblable de dire, que dans ces premiers temps on ne distingua point ces sortes d'Arbres d'avec les autres Fruitiers, puisqu'ils le sont veritablement; & ainsi j'estime qu'ils furent cultivez par les premiers Jardiniers, sans autre vûë que celle de leurs Fruits ; & cela d'autant plus que la premiere Culture de la terre ayant été faite dans des païs chauds, & temperez la sujetion & l'embaras de ces Caisses, & de ces Serres, dont nos climats ne sçauroient se passer, n'y étoient de nul usage. Ce n'a donc été que la rigueur des Hyvers qui les a fait imaginer, pour pouvoir conserver ce qui n'étoit pas à l'épreuve du grand froid ; & dés-lors les Jardiniers de la seconde classe, qui d'ailleurs pour la culture de leurs Fleurs n'avoient pas de grandes occupations, ont aussi commencé d'être chargés du soin des Orangers, & des Citronniers.

De plus le plaisir de la vûë allant toûjours à perfectionner les choses, il est venu premierement dans l'esprit des honnêtes gens quelques pensées de ranger ces Fleurs avec plus d'agrément & de symmeterie, que n'avoient pas accoûtumé de faire les premiers curieux ; & c'est ce qui parmy les Fleuristes a fait le commencement des Parterres, dont les premiers apparemment n'étoient que des découpez, faits d'une maniere assez simple, & assez grossiere ; mais ensuite il s'en est fait d'une nouvelle façon, qu'on appella en broderie, & ceux-là étoient mieux entendus, & plus divertissans que les premiers ; on s'est contenté des uns & des autres durant plusieurs siecles, sans que le Jardinage fut accompagné d'autres sortes de beautez que de celles-là, jusqu'à ce que dans les derniers temps la curiosité, le bon goût, & même la magnificence sont venuës petit-à-petit à s'y augmenter extraordinairement. Nôtre siecle, qui a excellé en tout ce que l'industrie humaine a pû s'imaginer, a particulierement donné par l'habileté du fameux Monsieur le Nostre la derniere perfection à cette partie du Jardinage, ce qui paroît par tant de Canaux, de Pieces d'eau, de Cascades, de Fontaines jalissantes, de Labirinthes, de Boulingrains, de Terrasses, &c. ornemens en effet nouveaux, mais qui dans la verité rehaussent merveilleusement la beauté naturelle du Jardinage.

Iardiniers Maréchais.

Aprés avoir assez amplement parlé de la premiere, & de la seconde classe de Jardiniers, je viens à la troisiéme, qui est de ceux qui ne se mêlent ny de Fruits, ny de Fleurs, mais seulement de Plantes potageres; leur origine peut bien venir de ce que quelqu'uns de nos premiers Jardiniers étans dans le voisinage des Villes fort peuplées s'aviserent d'y établir de certains Jardins particuliers d'herbages, prevoyans bien qu'ils en pouroient faire un considerable debit dans les Marchez publics; & comme les terrains un peu gras, & humides leur parurent les meilleurs, & les plus commodes tant pour la culture, & l'abondance, que pour la grosseur, & la grandeur de chaque Plante, ils choisirent des lieux bas, pour faire ces sortes de Jardins; peut-être que tels lieux avoient été autrefois de veritables Marais, qu'on avoit ensuite desseichez; si bien que dans le vulgaire ces sortes de Jardiniers furent nommez Maréchais, comme voulant dire Jardiniers de Marais desseichez. Le debit de ces herbages s'est trouvé par évenement si utile à ceux qui le faisoient, que l'industrie des hommes a depuis multiplié ces sortes de Jardins, jusqu'à en faire dans des lieux fort arides, & fort sabloneux, faisant en sorte que de frequens arrosemens, & d'amples engrais de fumier suppleassent en cela au deffaut du bon fonds.

Ce détail, que je viens de faire, établit nettement trois classes de Jardiniers bien differens les uns des autres, sans parler des autres deux classes; sçavoir de celle de ces Jardiniers qui ne s'étudient qu'à
Pepinieristes. faire des Pepinieres, & l'autre de ceux qui s'atta-
Botanistes. chent aux Plantes rares, & medecinales; cependant il est certain qu'il y a de fort habiles gens, qui se font un plaisir & une affaire de cultiver les uns & les autres, & qui s'en acquittent avec succés, & reputation.

Quant à moy mon inclination m'a tourné du côté du Jardinage connu à la naissance des siecles, & pratiqué par nos premiers peres; si bien que depuis long-temps j'ay eu une application particuliere à la Culture des Jardins Fruitiers & Potagers; & veritablement cette application, outre les beautez qu'elle m'y a fait trouver en grand nombre, m'y a aussi découvert des défauts qui me paroissent considerables. Il me semble, que devant toutes choses je dois m'étudier soigneusement à les faire connoître pour les éviter. (1)

Je trouve donc premierement que d'ordinaire, non seulement ces Jardins ne sont pas fournis de ce qu'aisément ils devroient, & pourroient avoir pour chaque saison de l'année, soit Fruits, soit Legumes; mais que de plus ils sont mal entendus dans leur disposition, & dans l'arrangement de ce qu'ils contiennent.

Je trouve en ſecond lieu, qu'il paroît peu de capacité dans la plûpart des Jardiniers qui les cultivent, & que d'ailleurs les Maîtres, qu'ils ont à ſervir, n'ont pas aſſez d'intelligence pour les redreſſer; ſi bien que d'ordinaire c'eſt par la faute des uns & des autres, que ces Jardins ne produiſent pas autant de plaiſir & d'utilité qu'ils le pourroient faire, & qu'on ſe l'étoit imaginé.

Je veux, ſi je puis, remedier à d'auſſi grands défauts tant par obéïſſance aux ordres que j'ay eu l'honneur d'en recevoir, que par l'inclination à faire plaiſir, que j'oſe dire m'être naturelle, & ſur tout en cette matiere du Jardinage, qui d'elle-même inſpire cette humeur bien-faiſante. C'eſt pourquoy je me ſuis engagé à faire ce Traité, & à le rendre public, ayant cru en effet que ce ne ſeroit pas un Ouvrage inutile, ſi, comme je le ſouhaite, & que je me le ſuis propoſé, je pouvois aider aux honnêtes gens à mieux ordonner de l'œconomie de leurs Jardins, & aider en même temps aux Jardiniers à mieux executer les intentions de leurs Maîtres; & par conſequent de trouver par le moyen de la Culture les avantages que la terre ne donne qu'au travail & à l'induſtrie.

L'Agriculture eſt un Art veritablement noble, & capable même de communiquer de la nobleſſe aux gens qui en font profeſſion; auſſi eſt-il vray que d'ordinaire ils ſont ravis que tout le monde voye leurs Ouvrages; & quand il leur arrive de rencontrer heureuſement, leur plus grande joye eſt de declarer à ceux, qui le veulent ſçavoir, les moyens, dont ils ſe ſont ſervis pour réüſſir, au lieu que communément l'eſprit des autres Ouvriers eſt de faire miſtere de tout, & de garder pour eux ſeuls les lumieres qu'ils ont acquis dans leur Art. *Xenophon.*

Trois raiſons principales m'ont encore particulierement obligé à écrire.

La premiere a été de voir le peu d'inſtruction, qu'on tire de tant de Livres qui ont été faits ſur cette matiere en tous les siecles, & en toutes les Langues ; il est bien vray que nous avons beaucoup d'obligation non seulement à d'anciens Auteurs, qui ont si solidement parlé de l'Agriculture generale, mais encore à quelques modernes, qui ont fait part au public de leurs connoissances particulieres ; nous sommes sur tout redevables à quelques Personnes de qualité éminente, qui sous le nom, & sur les memoires du fameux Curé d'Enonville ont si poliment écrit de la Culture des Arbres fruitiers ;[1] ce sont eux dans la verité qui nous ont donné les premieres vûës des principaux ornemens de nos Jardins, aussi-bien que celles du plaisir & du secours que nous retirons de ceux qui sont bien conduits ; mais en recompense on peut bien se récrier sur le grand nombre de tant d'autres Livres, dont nous sommes accablez ; peut-être n'aurois-je pas tort d'avancer qu'il n'en faut guéres regarder une bonne partie que comme des Traductions importunes, & comme des repetitions desagreables de plusieurs vieilles maximes ; j'espere les marquer soigneusement, & faire connoître en même temps, que la plûpart sont mauvaises, ou au moins beaucoup inutiles.

Columelle, Caton, Varron, Theophraste, Xenophon, Geoponna.

La seconde raison, qui m'a obligé d'écrire, est la certitude que j'ay, qu'en beaucoup de Jardins je suis cause qu'on fait mal, quoy que ce soit de ma part le plus innocemment du monde ; & cela vient de ce que certaines gens prevenus en ma faveur, aprés avoir vû ce que je fais dans nos Potagers, & à nos Arbres fruitiers, sont quelquefois gentez d'imiter mes manieres de faire ; mais parce qu'ils

(1). C'est Arnauld d'Andilly, l'un des célèbres solitaires de Port-Royal, qui sous le nom de Legendre publia en 1662 un traité sur la mani[ère] de cultiver les arbres fruitiers.

qu'ils ne sçavent pas mes Principes, & qu'ils croiroient faire tort à leur reputation, s'ils s'abaissoient jusqu'à me les demander; ils essayent de les deviner eux-mêmes, croyans sans doute que rien n'est si aisé à faire.

Je ne puis m'empêcher de leur dire, & je les prie de le trouver bon, qu'il est assez rare de deviner juste en presque toutes sortes de matieres; il est vray que celle-cy n'est nullement difficile à entendre, quand on en rend de bonnes raisons; mais aussi on n'est pas d'ordinaire trop heureux à y bien rencontrer; dans ses premieres imaginations on se met au hazard souvent de faire tout le contraire de ce que je pratique, & par consequent le contraire de ce qu'on souhaite, quand on ne pense qu'à deviner.

Tel par exemple sur le fait de la taille, pour avoir vû dans mes Arbres quelques branches courtes, dit aussi-tôt qu'il voit bien que ma maniere est de couper court, & s'en tient-là: Tel autre, pour en avoir vû de longues, soûtient de son côté que ma maniere est de couper long, & croit la bien entendre; tel autre enfin, pour en avoir remarqué en même temps quelques-unes de longues, & quelques-unes de courtes, s'il en remarque une autre fois quelqu'unes qui soient differentes de ce qu'il avoit pensé, m'accuse d'incertitude sur mes Principes; il en vient même jusqu'à dire qu'il voit bien du changement dans ma taille, & qu'ainsi je n'ay rien d'asseuré à cet égard; & là-dessus fait, ce luy semble, les plus belles reflexions du monde, pour prendre d'orénavant une route differente de la mienne.

Le premier de ces esprits, qui croyent d'abord tout penetrer, fait, pour ainsi dire, de grands massacres sur ses Arbres, quand dans la croyance qu'il a d'imiter ma maniere de tailler, il se resout de couper court en toutes occasions.

Le second avec une pareille intention ruine en peu de temps la beauté des siens, quand il laisse longues des branches, qu'il faudroit couper courtes.

Le dernier enfin tombe dans un embaras si grand, qu'il ne sçait plus quel party prendre.

Ce sont les abîmes où conduisent les faux raisonnemens des conjectures, & des vray-semblances; c'est pourquoy, quand je ne ferois icy autre chose que de rendre raison de ma conduite, dire par exemple quelles sortes de branches je coupe courtes, & quelles je laisse longues, quels Arbres je charge davantage, & quels Arbres je charge moins, &c. avec les motifs que j'ay d'en user de la sorte; il me semble que ce ne sera pas peu faire pour le public, afin que ceux, qui en seront avertis, ne se tourmentent plus tant pour deviner, & par consequent ne se mettent plus si aisément au hazard de mal faire. (1)

Cela étant, si ma conduite est approuvée, on l'imitera, & j'en seray ravy par l'interest, que je prens au plaisir d'un chacun; & si elle ne plaît pas, on la condamnera, & peut-être aura-t-on même la charité d'en publier quelque meilleure, dont je ne seray pas moins satisfait par la grande avidité, que j'ay de me perfectionner en cette matiere.

Enfin la troisiéme & derniere raison, qui m'o-

(1) Tout ce que dit ici La Quintinie peut encore s'appliquer aujourd'hui à un grand nombre d'amateurs de Jardinage, qui sans se rendre compte du bon emploi de telle ou telle manière de tailler [illegible] arbres, mutilaient les arbres, et n'en obtiennent aucuns produits.

blige à écrire, est l'esperance, que j'ay, que la lecture de ce Livre apportera deux autres avantages, dont je croy devoir faire cas.

Le premier est, que chacune de mes maximes étant bien entenduë toute entiere, comme je le pretens, & comme elle pourra l'être par le moyen de ce que j'auray écrit, elle donnera, ce me semble, quelques secours pour mieux faire en Jardinage: mais si par malice, ou par ignorance on vient à n'en prendre qu'une partie, & en laisser l'autre, je suis assez persuadé qu'on se trompera extrémement; c'est pourquoy j'en veux avertir de bonne foy, afin que je ne sois pas responsable des inconveniens, dans lesquels on ne manquera pas de tomber, quand on fera difficulté de me croire entierement.

Le second avantage est, que la plûpart des Jardiniers peu habiles, qui ont vû en passant ce que je fais, ou qui seulement en ont entendu parler, s'il leur arrive de mal réüssir (ce qui n'est que trop ordinaire) ils trouvent aussi-tôt leur excuse toute prête à se décharger de leurs fautes sur moy; ils me font l'auteur de leurs mauvaises manieres d'agir, pour autoriser par mon nom ce qu'ils ne sçauroient autrement deffendre: Ils veulent que j'aye avancé quelque usage, auquel je n'auray jamais pensé; ils disent même avoir fait telle, & telle chose exprés à mon imitation, pour faire voir si on a tant de raison de me vouloir imiter; j'auray au moins par écrit une justification irréprochable: ainsi ne me pouvant faire dire que ce que j'auray effectivement dit, j'empêcheray qu'on ne

Comme il est fort important de travailler habilement en Agriculture, aussi est-il beaucoup plus pernicieux d'y mal faire, que de n'y rien faire du tout. *Xenophon.*

Sola res rustica, quæ sine dubitatione proxima, & quasi consanguinea sapientiæ est, tam discentibus eget, quam magistris. *Columella.*

m'en impute plus tant à l'avenir; d'où il arrivera peut-être qu'on ne maltraitera plus si fort des Arbres innocens, qui n'auroient pas manqué de bien faire, si on les avoit sagement conduits.

Je hazarde donc de donner une instruction du Jardinage en vûë principalement de faire plaisir aux honnêtes gens, aussi-bien ne puis-je me resoudre à souffrir plus long-temps, qu'à la honte de nos jours, & même s'il m'est permis de le dire, à la honte de toute l'application, que j'ay donné à cette matiere depuis plusieurs années, on puisse encore dire ce que Columelle reprochoit à son siecle, que la science de l'Agriculture est veritablement une des plus belles, que l'homme puisse acquerir; mais que cependant on est encore réduit à ce malheur, qu'il se trouve peu de Maîtres pour l'enseigner, & peu de Disciples pour l'apprendre.

Je sçay bien que tous les Livres de Jardinage ont d'ordinaire commencé par une Preface pleine des éloges qu'on luy donne, & qu'apparemment ce seroit par là que celuy-cy devroit commencer; mais comme je suis bien éloigné de présumer, que je puisse trouver rien de nouveau à dire, pour pour faire valoir l'estime qui est dûë aux Jardins, & par consequent à la science qui apprend à les cultiver, & qu'aussi il seroit fort inutile de vouloir exhorter personne à s'y étudier, vû que la plûpart des hommes se trouvent naturellement passionnez pour une si agreable & si utile occupation: je commenceray simplement à poursuivre mon dessein, qui est d'instruire, si je suis en effet parvenu à m'en être rendu capable.

Je regarde donc icy, comme j'ay déja dit, deux ortes de gens.

Premierement ces Illuſtres Jardiniers, (c'eſt ainſi que faute d'autres termes plus particuliers, & plus ignificatifs je nommeray d'orénavant les fameux mateurs du Jardinage, de quelque condition qu'ils oient) & je regarde enſuite les Jardiniers ordiaires, je veux dire ceux qui ſont vulgairement onnus par le ſimple nom de Jardiniers, ſoit ceux qui en font déja la fonction, ſoit ceux qui veulent ommencer à la faire.

Virum bonum cum antiqui laudabant, bonum agricolam, bonumque colonum prædicabant, & ampliſſimè laudatum exiſtimabant. *Cato.*

Je veux aider aux premiers, c'eſt-à-dire aux Illuſtres Jardiniers, à trouver aiſément le veritable livertiſſement des Jardins; & à l'égard des autres, je m'efforceray de les inſtruire, & de les mettre en état de bien remplir tous les devoirs de leur condition.

Mon deſſein paroît aſſez grand, & aſſez beau, il eſt neceſſaire de le conduire avec quelque ordre: Voicy celuy que j'ay trouvé à propos de ſuivre.

Je diviſe cet Ouvrage en ſix parties, dont chacune ſera un Livre particulier.

DIVISION.

Dans la premiere je commenceray par prouver, ſi je puis, qu'il ne faut point ſe mettre à avoir des Jardins Fruitiers & Potagers, ſi on ne veut s'étudier à s'y rendre au moins raiſonnablement entendu, & auſſi-tôt je montreray qu'il eſt facile d'y acquerir une connoiſſance groſſiere, & ſuffiſante, n'y ayant autre choſe à faire pour cela que de lire exactement, & faire obſerver un petit abregé des maximes du Jardinage, que j'ay mis comme par aphorismes dans le troisiéme Chapitre de ce premier Livre.

Et ensuite dans cette même premiere Partie j'apprendray, ce me semble, à se bien connoître en chois de Jardiniers, ce qui, à mon sens, est une des choses des plus importantes en cette matiere; & enfin pour prevenir l'embaras, que pourroient icy trouver les nouveaux curieux faute d'entendre de certains termes de Jardinage, dont je me serviray dans ce Traité, j'en ay fait un petit Dictionnaire, que je joints icy, & qui en donnera l'intelligence necessaire.

Dans la seconde Partie je feray d'abord connoître, quelles sont les qualitez necessaires à chaque terrein, pour être propre à devenir un Jardin, qui soit en même temps & utile, & agreable: J'expliqueray ensuite ce qui est à faire pour la preparation des terres qui sont assez bonnes, & pour l'amelioration de celles qui ne le sont pas; de quelle maniere il faut disposer tant pour la clôture & le treillage, que pour le terrain du milieu quelque Fruitier, & quelque Potager que ce puisse être, grand ou petit, regulier ou irregulier, bien situé ou mal situé; afin que le terrein en soit si bien employé, qu'il y ait non-seulement de l'agrément, & de la propreté, mais aussi de la facilité dans la culture, & sur tout une abondance raisonnable, non-seulement de toutes sortes de Legumes, mais particulierement de beaux & de bons Fruits; & enfin je montreray comment il faut cultiver les Arbres tout le long de l'année, & comment leur renouveller les amandemens, quand ils en ont besoin.

Dans la troisiéme Partie je tâcheray d'apprendre, quelles sont à mon sens les bonnes especes de Fruits, non-seulement afin qu'on se détermine à n'en choisir que de celles-là, mais aussi afin qu'on les sçache proportionner dans chaque Jardin; & comme ce n'est pas assez de sçavoir en general, quelles sont les principales especes de Fruits, je diray en particulier quelles sont les meilleures de chaque mois; je diray combien de temps pour l'ordinaire chacune a coûtume de durer, & même quelle quantité de Fruits à peu prés chaque Arbre planté de trois, quatre, cinq & six ans doit commencer de fournir, quand il est bien conduit, afin que sur cela on puisse se regler, pour satisfaire suffisamment la passion de Fruits qu'on peut avoir. J'apprendray en même temps à donner à chaque Arbre fruitier la place, qui luy est la plus convenable pour y réüssir. En second lieu à choisir chaque pied d'Arbre, en sorte qu'il merite d'avoir place dans le Jardin.

En troisiéme lieu, à les preparer, tant par la tête, que par les racines pour les planter; Et enfin à les bien planter; ce sont toutes observations tres-necessaires, sans lesquelles il se fait seurement de fort grandes fautes.

Dans la quatriéme Partie je parleray de la taille des Arbres suivant l'usage, dont je me sers; & ensuite j'expliqueray, quelle est ma maniere d'en pincer quelques-uns, de les ébourgeonner, palisser, &c.

Dans la cinquiéme Partie je veux apprendre à éplucher les Fruits, c'est-à-dire à en ôter, quand il faut, aux endroits où il y en a trop: Car enfin il ne faut pas laisser à chaque Arbre autant de fruit, qu'il a fait de fleurs; il faut même se défier de ceux qui fleurissent trop; l'excés de leur bonne volonté, s'il m'est permis de parler ainsi, doit être regardé comme un grand défaut, & même comme une impuissance certaine à bien réüssir.

Je veux aussi apprendre à découvrir à propos ceux, qu'on aura conservez, pour leur donner le coloris, & la bonté qui leur convient.

Apprendre à cueillir juste soit ceux, qui sont meurs sur l'Arbre, soit ceux qui n'y sçauroient achever de meurir.

Apprendre à les conserver autant qu'on peut; & pour cela expliquer toutes les conditions necessaires pour la construction, exposition & disposition des Fruiteries.

Enfin apprendre à connoître la maturité & à servir, & faire manger à propos les uns & les autres, soit ceux qu'on ne peut garder, qui sont tous les Fruits d'Esté, soit ceux qui viennent à la serre pour être gardez, c'est-à-dire les Fruits d'Automne, & les Fruits d'Hyver.

Dans la même cinquiéme Partie je pretens traiter de quelques maladies d'Arbres, qu'on peut guerir, & declarer ingenuëment celles, contre lesquelles je n'ay pû trouver de remedes: Apprendre à remettre en vigueur les Arbres, qui ont languy faute de bonne culture: Apprendre enfin à connoître ceux, qui ne peuvent plus être rétablis, pour empêcher qu'on n'y perde plus inutilement, ny temps, ny peine, ny dépense.

Je prétens encore dans la même Partie donner l'intelligence qu'il faut avoir aux Pepinieres de toutes sortes d'Arbres Fruitiers, tant à l'égard du plan le plus propre à recevoir les Greffes, quelles qu'elles soient qu'à l'égard de la maniere de greffer, qui convient le plus à chaque sorte de Fruit, & à chaque sorte de Plan. Je dis aussi mon avis sur les differentes manieres de Treillage.

Enfin dans la sixéme Partie je pretens traiter du Potager: c'est une matiere qui n'est pas moins vaste dans son étenduë, que profitable entre les mains des gens qui l'entendent, & la pratiquent comme il faut: je tâcheray de le traiter assez amplement, afin d'apprendre

Premierement ce qui doit utilement entrer dans toutes sortes de Potagers, pour pouvoir dire qu'il n'y manque rien, & y ajoûteray une Description des Graines, & autres choses qui servent pour la production, & multiplication de chaque Plante en particulier.

Expliquer en second lieu ce qu'on doit tirer d'un Potager dans chaque mois de l'année; quel doit être l'Ouvrage des Jardiniers dans chacun de ces mois; quelles sont les manieres de les bien faire; & enfin ce qu'on doit trouver en tout temps dans chaque Potager, pour pouvoir dire qu'il est en bon état.

Apprendre en troisiéme lieu, quelle sorte de terre est propre à chaque Plante pour parvenir au degré de bonté qui luy peut convenir, & sur tout quelle est la bonne maniere de les faire réüssir, tant à l'égard des Legumes qui se sement pour demeurer toûjours au même endroit; qu'à l'égard de ceux qu'il faut absolument transplanter, comme aussi à l'égard de ceux qui se multiplient sans être semez.

Apprendre en quatriéme lieu, combien chacun occupe sa place, soit devant que d'arriver à la perfection qu'il doit avoir, soit durant qu'il continuë de produire. Je marqueray en même temps, quelles sont les Plantes qui ont besoin de la Serre, pour fournir pendant l'Hyver, & quelles sont celles, qui par le secours de l'industrie sont produites malgré les gelées.

Et apprendre en cinquiéme lieu, comment on peut élever toutes sortes de bonnes graines pour faciliter l'entretien de ce Potager, & combien de temps chacune se peut garder sans devenir inutile, car en cela elles n'ont pas toutes la même destinée.

Un Jardinier, qui entendroit assez bien ce que je viens de proposer dans la precedente division, seroit apparemment tel qu'on le peut souhaitre pour un Jardin ordinaire; toutefois il semble que ce Jardinier auroit encore besoin de s'entendre un peu à la Culture des Orangers; aussi, comme nous avons dit cy-dessus, sont-ce proprement des Arbres Fruitiers, quoy qu'assez souvent on les regarde moins de ce côté là, qu'en vûë des Fleurs qu'ils peuvent produire. La matiere n'est pas à beaucoup prés si difficile qu'on l'a crûë jusqu'à present; & même sans vouloir trop entreprendre sur tant d'habiles gens, qui se mêlent de ce qui fait le grand émail des Parterres, je pourray bien dire un mot de la Culture des Jassemins, & de la plûpart des Fleurs ordinaires qu'on peut avoir en chaque mois de l'année; & ce sera dans les secours des mois ce qui est de la sixiéme Partie; aussi est-il vray qu'on peut avoir quelque peu de Fleurs dans la plûpart des Jardins raisonnablement grands, & même les avoir de bonne heure, témoin le fameux Jardinier d'Oebalie; & ainsi comme chaque curieux n'étant pas en état d'avoir plusieurs Jardiniers, ou peut-être ne le voulant pas, est souvent obligé de se contenter d'un seul pour l'entretien de sa curiosité, c'est ce qui fait qu'il me paroît assez necessaire, que celuy que je veux instruire en faveur d'un honnête homme, trouve icy en même temps quelque intelligence au-de là du Fruitier, & du Potager.

Primus vere rosam, atque Autumno carpere poma. *Virg. Georg.* 4.

Peut-être que dans cette sixiéme Partie un Jarnier ordinaire trouvera au moins de quoy satisfaire un Maître, qui n'a qu'une mediocre passion pour les Fleurs, & c'est ce que je me suis proposé, aprés quoy je ne puis m'empécher de dire, que bienheureux sont ceux, qui en fait de Jardins sçavent suivre les sages conseils du Prince des Poëtes, & l'exemple du Jardinier, qu'il a rendu celebre dans ses vers. Il veut bien cet Auteur illustre, qu'on trouve beaux les Jardins qui sont grands, & veut même qu'on les louë; mais cependant il veut qu'on se reduise à n'en cultiver que de petits.

Cui pauca relicti jugera ruris extant. *Virg. Georg.* 2.

Laudato ingentia rura, exiguum colito. *Virg. Georg.* 2.

Il faut en effet, que chacun de quelque condition qu'il puisse être se détermine de bonne heure, non seulement pour choisir la sorte de Jardin qui luy plaît le mieux, mais sur tout pour n'en entreprendre que la quantité qui luy convient ; afin que sur cela il ne se charge que d'autant de Jardiniers qu'il en peut aisément entretenir, & qui luy sont absolument necessaires ; ceux, qui en usent autrement, ne font que se preparer une matiere infaillible de beaucoup de chagrins, au lieu de s'en preparer une qui leur puisse faire trouver tous les plaisirs qu'ils s'étoient proposez ; Car enfin le Jardinage doit être utile ; c'est le premier motif de son institution, & cette utilité n'arrive guéres, quand on entreprend au-de-là de ses forces ; elle n'est que pour ceux qui sçavent se contenter des mediocres entreprises.

Serâque revertens nocte domum dapibus mensas onerabat inemptis. *Virg. Georg.* 2.

Fæcundior est culta exiguitas, quam neglecta magnitudo. *Palladius.*

L'Agriculture en general peut bien être regardée comme une science d'une vaste étenduë, & propre à donner infiniment d'exercice aux Philosophes, attendu que la vegetation est une des belles partie de la Phisique. Je sçay qu'il s'y fait beaucoup de belles questions, pour sçavoir par exemple, s'il y a dans les Plantes une circulation de seve, aussi bien que dans les animaux il y a une circulation de sang. Pour sçavoir si les racines attirent par une action effective le suc qui sert de nourriture à chaque Plante, ou si simplement elles reçoivent ce suc sans aucune action de leur part : comment se fait cette difference infinie de seve, qui fait la diversité des goûts & des figures dans les Plantes ; comment se fait l'alongement, & la grosseur tant de la tige & des branches, que des feüilles, & des fruits, &c.

Il y a une infinité de semblables curiositez, dont je ne doute pas que la connoissance ne donnât du plaisir aux gens d'étude, mais peut-être ne donneroit-elle pas davantage de capacité à nôtre Ouvrier, qui est, comme j'ay dit, la principale chose que je me suis icy proposée; je pourray bien examiner à mon tour quelques-unes de ces questions ingenieuses & delicates, pour en dire simplement mon avis à la fin de ce Traité, & ce sera sous le titre de Reflexions sur l'Agriculture.

Mais cependant je n'estime pas qu'il soit icy fort necessaire d'en examiner à fond aucune, à moins que vray-semblablement elle ne doive servir à l'établissement de quelques maximes convenables à mon dessein. Il est particulierement question d'apprendre ce qui tant pour l'abondance, que pour l'agrément peut faire réüssir avec plus de facilité, & moins de dépense. Par exemple il me semble qu'il est assez important de sçavoir à peu prés le commencement, & l'ordre de la vegetation; de sçavoir ce que la seve fait tant dans les branches que dans les racines, selon qu'elle est plus ou moins abondante en chacune, soit forte, soit foible; de sçavoir quelles branches ont plus de disposition à faire du Fruit, & quelles en ont davantage à faire du bois; de sçavoir la raison du labour, & des amandemens, & quelques autres choses qui ne sont pas moins utiles, parce que sans ces sortes de connoissances nous ne sçaurions établir au vray la maniere de tailler tant les racines que les branches, la maniere de faire en sorte que les Arbres fleurissent, & se mettent en état de donner de beaux Fruits, la maniere de rendre toutes sortes d'Arbres, & de Plantes vigoureu-

Summa omnium in hoc spectanda fuit, ut fructus is maximè probaretur, qui quam minimo impendio constaturus esset. *Plinius.*

ses, &c. & voila particulierement ce que je croy être bien necessaire de sçavoir.

Et en effet c'est sur la décision de telles difficultez que j'ay tâché de raisonner autant que j'ay pû, afin de mieux établir les instructions que je donne, & lesquelles je fonde uniquement sur des observations tres-frequentes, tres-longues, & tres-exactes, que j'ay faites moy-même dans toutes les parties du Jardinage, sans m'en être rapporté à personne; si bien qu'enfin je communique à tout le monde ce que je puis avoir acquis de lumieres dans cette sorte d'Agriculture, & par ce moyen je rends conte de ce que j'ay vû faire à la nature dans la production des Vegetaux, & rends le conte non seulement sans reserve aucune, mais sincerement & de bonne foy, & de plus conformement à ma petite portée. Je m'explique de la maniere la plus simple qu'il m'a été possible, sçachant sûrement que c'est icy une matiere qui ne demande rien de fastueux & d'empoulé, & que le plus grand ornement, dont elle ait besoin, consiste particulierement à être bien dévelopée, & bien entenduë.

Ornari res ipsa negat contenta doceri. Horatius.

J'ajoûteray icy que la troisiéme Partie de cet Ouvrage, où je traite du chois & de la proportion des Fruits, est celle, qui m'a fait le plus de peine, & qui, si je ne me trompe, doit être une des plus utiles. L'entreprise que j'y ay faite n'est pas moins grande qu'elle est nouvelle: Ce qui me la fait dire nouvelle est, que jusqu'à present il ne me paroît pas que personne se soit jamais avisé d'en faire une pareille, & ce qui me l'a fait dire grande, est le grand nombre de matieres dont j'y dois traiter, qui quoy que communes & ordinaires ne laissent pas d'être inconnuës, & par consequent de faire bien de la peine à la plûpart des nouveaux curieux. Ce chois des meilleurs Fruits, cette proportion à garder pour le nombre de chaque espece eü égard à la grandeur des Jardins, & à la qualité de leurs fonds, cette regle pour les expositions & les distances, &c. Ce sont toutes matieres importantes en Jardinage, dont par consequent il est necessaire d'être instruit, ou autrement on ne sçauroit heureusement planter.

Mais ce que je trouve de fâcheux dans cette entreprise est, qu'il n'est pas possible de l'executer en peu de mots, & ainsi pour la bien conduire je me sens absolument obligé de faire une grande discution; j'ay crû même ne pouvoir me dispenser de mettre icy une suite d'Avant-propos assez long, & peut-être assez ennuyeux tant pour moy, que pour ceux en faveur de qui je le fais: si bien que, quand d'ailleurs cecy ne seroit pas tout propre à me broüiller avec quelques curieux sur le jugement que je donneray à l'égard de chaque Fruit en particulier, soit que j'en fasse cas, soit que je le méprise, le nombre des difficultez, que je dois trouver dans l'execution d'un dessein si étendu, auroit amplement de quoy me faire perdre courage; aussi peu s'en est-il fallu que je ne me sois laissé entierement rebuter non-seulement dés l'entrée, mais aussi aprés avoir fait une bonne partie du chemin.

Cependant comme d'un côté mon Ouvrage seroit, ce me semble, beaucoup moins utile que je ne prétens, si cette partie luy manquoit, & que de l'autre j'ay l'intention extrémement zelée pour faire plaisir, & entierement éloignée d'offenser personne, je me suis encouragé à poursuivre mon projet, esperant qu'au moins bon nombre de ceux qui aiment les Fruits, & les Arbres fruitiers, & qui sont les seuls que je regarde dans cet endroit, me sçauront gré d'un travail qui leur abrege beaucoup de chemin; que si par hazard il s'en trouve quelques-uns qui croyent devoir se plaindre de mon goût, en ce qu'il ne sera pas toûjours conforme au leur, je dois croire que vray-semblablement ce sera sans chagrin contre moy, & sans déchainement contre mon dessein, puisque je ne prétens gêner, ny blâmer personne à l'égard de son goût. Je sçay fort bien que par l'ordre de la nature chacun est sur cela aussi bien que moy souverain juge de sa propre cause; en sorte que (comme on dit vulgairement) il n'est pas permis de disputer des goûts.

Cela posé je n'ay besoin que de bien suivre la resolution que j'ay faite d'avoir d'extrémes precautions en toutes les Parties de ce Jardinage, pour m'y réduire autant que je pourray, agissant cependant sur ce principe, qu'il n'en doit pas être à l'égard de l'instruction dans une matiere de doctrine, comme il en est dans les Ouvrages d'éloquence; constamment il ne faut pas tout dire dans ceux-cy, il ne faut que faire entre-voir ce qu'il y a de beau dans le sujet, pour laisser aux honnêtes gens le plaisir de penetrer eux-mêmes; mais dans ce Traité je ne croy pas pouvoir mieux faire que de suivre le

Non nulla relinquenda auditori, quæ suo Marte colligat. *Demetrius, Phalereus de Elocut.*

Qui omnia exponit auditori, vel lectori ut

le sage conseil d'un Seigneur aussi illustre par sa naissance, sa vertu, & ses grands emplois, que par la grande étenduë de son sçavoir; il m'a particulierement exhorté de ne supposer jamais, qu'on sçache en cecy ce que j'y puis sçavoir, étant persuadé que c'est le seul & veritable moyen que je puisse pratiquer pour réüssir; il faut par consequent que je fasse en sorte de ne rien obmettre, & de ne laisser rien de douteux dans mon instruction: ainsi étant fort ample, & peut-être fort intelligible par tout elle sera constamment utile en toutes ses parties, comme je le souhaite.

nullâ mente prædito similis est ei, qui auditorem, vel lectorem improbat, atque contemnit.

Cette consideration m'engage necessairement à passer par de grands détails; c'est pourquoy d'abord je demande un peu d'indulgence pour l'exactitude que j'auray, ne doutant point que communément elle ne paroisse trop grande; mais aussi j'ay lieu de croire que, si elle l'étoit moins, elle seroit suivie de beaucoup d'autres défauts infiniment plus fâcheux.

Joint que, si la longueur du Traité dégoute quelqu'uns de le vouloir lire, ce sera apparemment des gens accablez d'autres affaires plus grandes que celle-cy, & j'en suis tout consolé, car il n'est que pour des gens de loisir, ou pour des heures de recreation; tout au moins ceux qui se donneront la peine d'examiner ma conduite, verront pour ma justification que, comme j'ay déja dit, je n'ay prétendu autre chose que de dire simplement mon avis sur le sujet que je traite en cette troisiéme Partie.

Que si on veut bien s'en contenter, sans vouloir

entrer en discution des raisons dont je me sers pour l'appuyer, on pourra laisser à part non-seulement mon Avant-propos, & mes considerations particulieres, mais aussi les descriptions que j'ay faites des Fruits; & cela étant on n'aura qu'à aller d'abord aux endroits, où je conclus de bonne foy ce que je croy devoir être fait pour planter sagement & heureusement; (ce qui est marqué le long de chaque marge, & plus particulierement dans l'Abregé que j'ay mis à la fin du Traité;) Ce sera là qu'on trouvera aussi-tôt tout le secours dont on croira avoir besoin, & dont on me voudra être obligé. (1)

Ce qui m'a fait entreprendre une chose, que je croy si utile & si commode, est de voir beaucoup de Jardins de toutes sortes de grandeur, comme il m'est souvent arrivé, & m'arrive encore tous les jours, & d'y voir veritablement quelques Fruits, mais d'y voir en même temps les trois plus grands inconveniens qu'on ait à craindre à cet égard.

Le premier consiste en ce qu'on n'y voit presque point d'especes bien connuës (ce qui n'est pas un trop bon signe de leur bonté) & en ce que sur tout les bonnes y sont bien plus rares que les mauvaises; c'est-à-dire par exemple qu'en fait de Poires, qui est d'ordinaire celuy de tous les Fruits qu'on plante le plus, on y trouve beaucoup plus de Catillac, d'Orange, de Besideri, de Beurré blanc, de Jargonnelle, de Bon-chrétien d'Esté, &c. que de Bergamotte, de Virgoulé, de Leschasserie, d'Ambrette, d'Espine, de Rousselet, &c.

Le second inconvenient est que, s'il se trouve

(1) On a reproché à La Quintinie de s'être beaucoup trop étendu dans cette pa[illegible] et d'y s'être trop rappelé de son métier d'avocat en plaidant en quelque sorte [illegible] les fruits qu'il préfère, on voit par ce qu'il dit ici, qu'il est facile de passer tout ce [illegible] n'est que discussion, et aller aux résultats pratiques, qui sont toujours pour lui la [illegible]

deux ou trois especes veritablement bonnes, elles y seront quasi toutes seules, & assez souvent sous differens noms ; Un Jardin sera par exemple presque tout planté de Bon-chrétien d'Hyver, de Beurré, de Messire-Jean, &c. ou quasi tout de Virgoulé, de Rousselet, de Verte-longue, &c. sans qu'un heureux mélange des unes & des autres s'y rencontre.

Enfin le troisiéme inconvenient, & le plus dangereux consiste en ce que rarement voit-on en chaque Jardin une suite de Fruits qui soit si bien entenduë, que sans discontinuation on puisse esperer d'en avoir l'Esté, l'Automne, & l'Hyver ; quand (eu égard à la qualité de son terrein) cela se pourroit aisément faire ; on se peut bien vanter d'en avoir suffisamment, ou peut-être trop soit dans l'une des trois Saisons, soit dans quelque partie de chacune ; par exemple d'avoir du Blanquet & du Rousselet pour l'Esté, du Beurré & de la Bergamotte pour l'Automne, du Bon-chrétien & de la Virgoulé pour l'Hyver, &c. mais on a peu des autres bons Fruits, ou peut-être on n'en a point du tout, pour fournir successivement chaque Saison, pendant qu'elle dure, & encore moins pour fournir les trois tout de suite.

Ce sont là sans doute des desordres fâcheux, & qui proviennent du peu de lumieres qu'on a quand on fait un Jardin ; car pour lors on commence d'ordinaire par expliquer son dessein à ses amis, soit pour demander leurs avis (ce qui est bon, si ce sont des gens entendus en Jardinage) soit sur tout pour exciter leurs liberalitez, s'ils ont des Arbres

Dimidium facti, qui bene cœpit, habet. *Ovid.*

à donner, ce qui d'ordinaire fait, pour ainsi dire, plûtôt un hôpital ou un cahos d'Arbres Fruitiers, qu'un veritable Jardin; que si on n'a point d'habiles gens à consulter, on envoye, ou peut-être on va soy-même dans les lieux où se trouvent des Pepinieres, qui d'ordinaire sont tres-mal entenduës; on nomme quelques Fruits qu'on s'est proposé de planter, & du reste on s'y explique simplement & en general sur le nombre à peu prés des Arbres qu'on veut avoir, sans pouvoir marquer precisément les especes dont on auroit besoin, & encore moins la quantité de chacune de ces especes; en effet on ne croit pas pouvoir prendre un meilleur party, attendu que (s'il m'est permis de me servir de ces termes nouveaux) il n'est presque point d'habiles Frugis-Consultes, ny de bons Livres de cette Frugis-Prudence, où l'on ait pû prendre les lumieres necessaires pour faire un bon plan; & ainsi on se met à la discretion d'un Marchand, qui d'un côté n'est pas peut-être trop éclairé, ny trop bien fourny, quoy que d'abord il s'étudie à persuader qu'il a de toutes sortes de bons Fruits, témoin quelque memoire embroüillé qu'il ne manque pas de produire; & de l'autre côté ce Marchand veut sur tout profiter de l'occasion favorable qui se presente à luy, pour se défaire de sa Marchandise, sçachant sûrement qu'elle n'est pas de bonne garde.

Si bien qu'un nouveau curieux est réduit à planter soit les Arbres que ses amis luy ont donnez, soit ceux que le Marchand luy a vendus, quels qu'ils soient, bons ou mauvais; & ainsi pourvû que le nombre qu'il vouloit soit remply, il est content & satisfait, & laisse passer bien doucement les quatre, cinq ou six premieres années, en attendant que chaque Arbre ait fait voir ce qu'il sçait faire; quelqu'un par-cy-par-là fructifie, & amuse cependant l'esperance de son Maître; & enfin le temps fait voir, quoy que veritablement trop tard, les erreurs où il étoit miserablement tombé.

Mais parce que les Arbres sont devenus grands, quelque mécontent qu'on soit des Fruits qu'ils produisent, eu égard à ce qu'on s'étoit imaginé, on ne se resout pas aisément à les regreffer, encore moins à recommencer un nouveau plan, tant on craint de s'engager à vouloir corriger les premieres fautes au hazard d'en faire encore d'autres aussi fâcheuses; ainsi on se trouve embourbé, & on demeure dans la bouë, affligé cependant de se voir trompé dans l'esperance qu'on avoit euë; ce qui produit ce dégoût si ordinaire, qui fait que tant de gens, qu'on a vû d'abord passionnez pour leurs Jardins, cherchent peu d'années aprés à s'en défaire à quelque prix que ce puisse être.

Voicy encore deux autres défauts fort communs; le premier que faute de sçavoir la distance raisonnable, qu'il faut garder entre les Arbres, eu égard à la bonté du fond, à la hauteur des murailles, à la qualité des especes, &c. on les plante souvent ou trop prés, ou trop éloignez les uns des autres; le second que faute pareillement de sçavoir les situations les plus convenables à chacun on en place d'ordinaire assez malheureusement une bonne partie.

Ignarosque viæ mecum miseratus agrestes. *Virg. Georg.* 1.

Avec un grand zele du Jardinage, comme je l'ay, peut-on n'être pas veritablement touché de tous ces inconveniens, & n'avoir pas compassion de ceux qui commencent à s'engager dans la curiosité des Fruits sans y estre un peu habiles? c'est pourquoy, autant qu'il me sera possible, je veux tâcher de prevenir tous ces défauts, & faire en sorte qu'à l'avenir on plante avec tant de circonspection, que si on a un Jardin assez grand, pour y pouvoir mettre un nombre d'Arbres assez raisonnable, on y ait ce qu'on y peut avoir de principaux Fruits pour chaque Saison de l'année.

Cette raison-là qui regarde la suite des Saisons, pourra bien quelquefois me faire preferer dans les plans un moins bon Fruit à un autre meilleur, & cela, parce que ce meilleur vient dans un temps où j'en puis avoir suffisamment de ces autres, qui sont admirables, & que le moins bon vient dans une Saison, où la disette des plus excellens étant trés-grande on est trop heureux d'en avoir au moins de mediocres: ainsi par exemple n'ayant que peu de place pour des Poiriers en buisson je planteray quelquefois un Martin sec, ou un Bugy, qui sont d'assez bonnes Poires d'Hyver, devant que de planter une Robine, ou un Bon-chrétien d'Esté musqué, &c. qui sont des Fruits d'Esté beaucoup meilleurs en soy que ne sont les deux precedens. On verra cy-aprés les raisons qui m'obligent d'en user de la sorte.

Ceux qui sans vanité n'en sçavent pas tant que moy en cette matiere, pourront bien d'abord s'étonner d'un tel chois, qui sans les circonstances particulieres, qui me l'ont fait faire, paroîtroit assez bizarre; mais j'ose assûrer qu'il ne leur sera pas trop aisé d'improuver ma conduite, s'ils veulent se donner le temps d'examiner mes raisons.

Mais comme, quelque connoissance qu'on eût des bonnes especes, on n'en seroit pas plus avancé, s'il étoit difficile, ou peut-estre impossible de les trouver dans les Pepinieres; Voicy la réponse que je fais à une difficulté si importante.

J'espere que mon exactitude sur ce chois, & cette proportion de Fruits produira un reglement & une espece de réforme dans toutes les Pepinieres, c'est-à-dire que non-seulement elle banira la confusion, & pour ainsi dire la mal-habileté de celles qui se trouveront mal-faites, mais en fera faire de nouvelles avec toute l'intelligence possible; & pour lors il arrivera qu'au lieu de continuer à greffer encore de ces especes, que je méprise nommément, non plus que de celles dont je ne fais nulle mention, les unes & les autres pouvans par ce moyen tomber dans le mépris, & par consequent demeurer en perte pour les Jardiniers, il arrivera dis-je qu'on ne greffera plus que de celles que j'estime soit nouvelles, soit anciennes, & nullement des autres: on greffera moins de celles dont il faut planter peu, & davantage de celles dont je conseille de planter beaucoup; & ainsi d'un côté le debit sera bon & infaillible pour les habiles Marchands, & voila dequoy les animer à faire de mieux en mieux; & de l'autre tous les Jardins se mettront insensiblement sur le pied de devenir parfaits, & voila ce qu'il faut pour le plaisir de tous nos curieux.

Et en attendant que les Pepinieres soient dans ce bon état, que je me propose, en sorte qu'un jour on y puisse trouver tout ce qu'il faudra de bons Arbres ; comme on sçaura par mon chois les principales especes de chaque Saison, s'il arrive que parmy beaucoup de ces Fruits, qui sont reprouvez, on en trouve dans les vieilles Pepinieres au moins une partie de ceux qui sont estimez, on s'y attachera volontiers pour en prendre même plus qu'on n'auroit resolu, sans hazarder cependant d'en prendre aucun des autres ; & sur cela on fera son conte de deux choses, l'une ou de ne planter que de ce peu de bonnes especes qu'on aura trouvées, & de remplir par ce moyen toutes les places qu'on avoit à remplir, ou d'attendre à une autre année, pour chercher ce qu'on n'a pû encore trouver, plûtôt que de planter des especes qui soient douteuses ou inconnuës.

Peut-estre mesme, comme il est à propos, aura-t-on cette sage prevoyance de preparer au moins de quoy greffer l'année d'aprés les especes qu'on n'aura pas trouvées, & que j'auray conseillé de planter, & ce sera ou sur une partie de ces Arbres pris de trop, ou sur de bons sauvageons qu'on fera mettre en place à cet effet ; car enfin en matiere de plans, du moment qu'on a resolu d'avoir des Fruits, il ne faut oublier quoy que ce soit pour suivre le precepte de Caton, c'est-à-dire pour gagner temps, & avancer sa curiosité.

Ædificare, diu cogitare oportet ; conserere, facere non cogitare. Cato.

PREMIERE

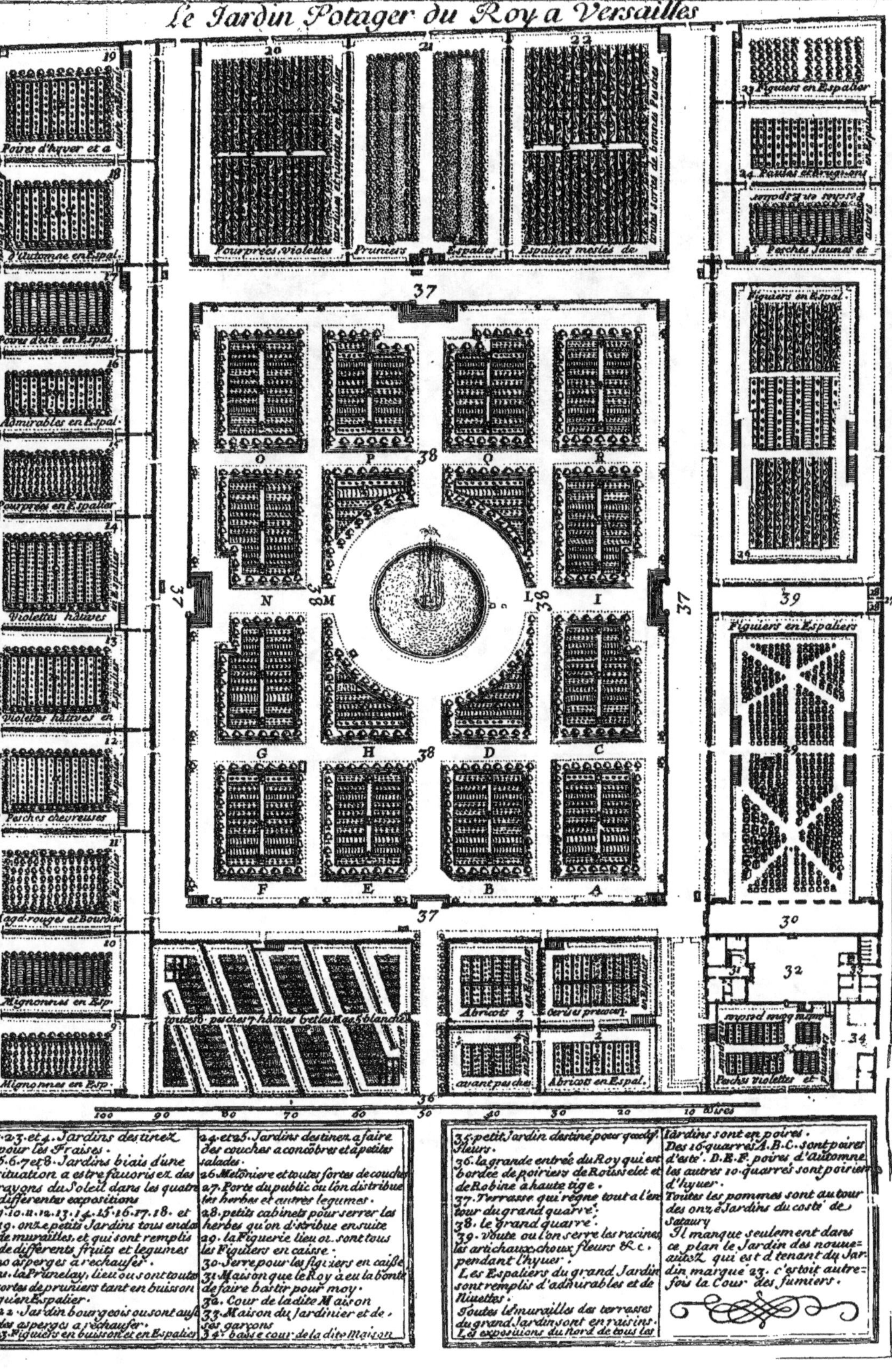
Le Jardin Potager du Roy a Versailles
Pourprees, violettes
Pruniers en Espalier
Espaliers meslés de toutes sortes de bonnes Pesches
Figuiers en Espalier
Pesches Jaunes et
Poires d'hyver et a
d'Automne en Espal.
Poires d'esté en Espal.
Admirables en Espal.
Pourprées en Espalier
Violettes hatives
Violettes hatives en Espalier
Pesches chevreuses
Magd. rouges et Bourdins
Mignonnes en Esp.
Figuiers en Espal.
Figuiers en Espaliers
toutes pesches hatives et les Mag. blanches
Abricots
Cerises precoces
avant pesches
Abricots en Espal.
Pesches violettes et
37
38
39
30
32
34
100 90 80 70 60 50 40 30 20 10 toises
1.2.3. et 4. Jardins destinez pour les Fraises.
5.6.7 et 8. Jardins biais d'une situation a estre favorisez des rayons du Soleil dans les quatre differentes expositions
9.10.11.12.13.14.15.16.17.18. et 19. onze petits Jardins tous enclos de murailles, et qui sont remplis de differents fruits et legumes
20 asperges a rechaufer.
21. la Prunelay, lieu ou sont toutes sortes de pruniers tant en buisson qu'en Espalier.
22. Jardin bourgeois ou sont aussi des asperges a rechaufer.
23. Figuiers en buisson et en Espalier
24. et 25. Jardins destinez a faire des couches a concombres et a petites salades.
26. Meloniere et toutes sortes de couches
27. Porte du public ou l'on distribue les herbes et autres legumes.
28. petits cabinets pour serrer les herbes qu'on distribue ensuite
29. la Figuerie lieu ou sont tous les Figuiers en caisse.
30. Serre pour les figuiers en caisse
31. Maison que le Roy a eu la bonté de faire bastir pour moy.
32. Cour de ladite Maison
33. Maison du Jardinier et de ses garçons
34. basse cour de la dite Maison
35. petit Jardin destiné pour quelq. fleurs.
36. la grande entrée du Roy qui est bordée de poiriers de Rousselet et de Robine a haute tige.
37. Terrasse qui regne tout a l'entour du grand quarré.
38. le grand quarré.
39. Voute ou l'on serre les racines, les artichaux, choux fleurs &c. pendant l'hyver.
Les Espaliers du grand Jardin sont remplis d'admirables et de Nivettes.
Toutes les murailles des terrasses du grand Jardin sont en raisins.
Les expositions du Nord de tous les Jardins sont en poires.
Des 16 quarres A.B.C. sont poires d'esté. D.E.F. poires d'Automne les autres 10 quarrés sont poiriers d'hyver.
Toutes les pommes sont au tour des onze Jardins du costé de Sataury
Il manque seulement dans ce plan le Jardin des nouveautez qui est attenant du Jardin marqué 23. c'estoit autrefois la Cour des fumiers.

PREMIERE PARTIE DES JARDINS FRUITIERS ET POTAGERS.

CHAPITRE PREMIER.

Combien il est necessaire qu'un honnête homme, qui veut avoir des Fruitiers & Potagers, soit au moins raisonnablement instruit de ce qui regarde ces sortes de Jardins.

LE Jardinage, duquel je commence icy de traiter, produit sûrement beaucoup de plaisir à l'honnête homme qui s'y entend, & s'y applique; mais ce même Jardinage, s'il est entre les mains d'un Jardinier qui soit peu habile ou peu laborieux, a de grands inconveniens à craindre, & de grands chagrins à donner. Ce sont deux veritez que tout le monde connoît, & que personne n'a jamais entrepris de contester, étant certain que rien au monde ne demande tant de prévoyance, & d'activité que ces sortes de Jardins Fruitiers, & Potagers. Ils sont, pour ainsi dire, dans un mouvement perpetuel, qui les porte à agir toûjours ou en bien, ou en mal selon la bonne, ou la mauvaise conduite de leur Maître; aussi recompensent-ils amplement les bons Ouvriers, & punissent-ils rigoureusement les miserables.

La preuve de la premiere des deux veritez que je viens de proposer, consiste en ce que constamment il n'y a rien de plus réjoüissant premierement que d'avoir un Jardin, qui soit dans une belle & bonne situation, qui soit d'une raisonnable grandeur, & d'une figure bien entenduë, & qu'on ait peut-être disposé soy-même, comme il est.

En second lieu que ce Jardin soit en tout temps non-seulement propre pour la promenade, & pour l'agrément des yeux, mais aussi abondant en bonnes choses pour la delicatesse du goût, & la conservation de la santé.

En troisiéme lieu y voir tous les jours quelque petit Ouvrage nouveau à faire, semer, planter, tailler, palisser, voir ses Plantes croître, ses Legumes embellir, ses Arbres fleurir, ses Fruits noüer, ensuite grossir, prendre couleur, meurir, venir enfin à les cueillir, les goûter, en regaler ses amis, entendre loüer leur beauté, leur bonté, leur quantité; tout cela ensemble fait sans doute l'idée de beaucoup de choses extrémement agreables.

Pour preuve de la seconde verité il n'y auroit qu'à faire icy en peu de mots le dénombrement de tous les desordres, dont nôtre Jardinage est menacé, ou plûtôt deshonoré, quand il manque de culture; mais ils ne sont que trop connus: il n'y a presque rien de si ordinaire que d'entendre des plaintes sur cette matiere.

Il est donc vray que dans le Jardinage il y a des plaisirs, & des chagrins; il n'est pas moins vray que les plaisirs sont pour les Jardiniers intelligens & actifs, & que les chagrins arrivent immanquablement à ceux qui sont paresseux, ou mal-habiles.

Cela étant, il faut demeurer d'accord qu'on n'est ny à excuser, ny à plaindre, si au lieu de tirer de son Jardin tout l'avantage qu'on s'en étoit promis, on est réduit à ce malheur de n'y avoir que de la dépense, de la perte, du dégoût, des sujets de colere, &c. pendant que d'autres avec un peu de sçavoir faire en ont évité tous les desordres, & en goûtent toutes les douceurs; d'où il s'ensuit que, si l'honnête homme veut s'engager à avoir un Jardin comme une chose qui luy convient si bien, il faut absolument qu'il se rende habile en Jardinage, ou bien il n'y doit pas seulement penser.

La grande question est de sçavoir, si cette habileté, que je tiens necessaire, est facile, ou difficile à acquerir, pour prendre sur cela un party raisonnable.

Au premier cas, c'est-à-dire s'il est facile de devenir habile, je suis persuadé que beaucoup d'honnêtes gens le voudroient devenir, car naturellement tout le monde en a envie: je suis aussi persuadé que déja il y en auroit eu un assez grand nombre, si on avoit eu de suffisantes instructions pour cela.

Au second cas, c'est-à-dire s'il est mal-aisé de parvenir à une habileté suffisante, il faut s'attendre qu'on trouvera peu de curieux qui veüillent bien l'entreprendre; chacun sera dégoûté par l'incertitude de réüssir aprés y avoir mis beaucoup de temps, & y avoir pris beaucoup de peine.

L'honneur que j'ay depuis tant d'années d'avoir la direction des Jardins Fruitiers, & Potagers des Maisons Royales, me donne, ce semble, quelque autorité pour répondre à cette grande question: si bien que sans vouloir tromper personne, & ayant un grand desir de contribuer à la satisfaction des honnêtes gens j'assûre qu'il est tres-aisé d'acquerir autant d'intelligence qu'il en faut raisonnablement à nôtre curieux, afin qu'il se mette à couvert de ce qui le peut fâcher, & qu'en même temps il se mette en état de joüir de ce qu'il cherche.

Je n'auray pas de peine à prouver ce que je viens d'avancer, aprés que je me seray plus particulierement expliqué sur ce que je pense de tous les plaisirs, qui doivent être inseparables du Jardinage, dont est question.

Le plus considerable de ces plaisirs n'est pas simplement

de pouvoir obtenir tout ce que peuvent produire & un terrein qu'on aura bien disposé, & un fond qu'on aura bien façonné, & des Arbres qu'on aura peut-être soy-même greffez, plantez, taillez, cultivez, &c. quoy qu'en verité l'idée d'une telle joüissance aye des charmes capables d'engager à sa recherche; il consiste en beaucoup d'autres choses, tant pour celuy qui veut agir luy-même, que pour celuy qui ne peut agir que de son conseil, & de ses ordres.

Ipsa ratio arandi spe magis & jucunditate, quam fructu, atque emolumento tenetur, &c. *Cicero.*

Et c'est en premier lieu à sçavoir sûrement comment il s'y faut prendre, pour faire que chaque partie du Jardin produise heureusement, & abondamment ce qu'on luy demande pour chaque mois de l'année. L'honnête Jardinier, comme j'ay déja dit, ne manque jamais icy d'être recompensé de sa peine, de ses soins, & de son habileté. La terre qu'il cultive en personne, luy rapporte sans doute avec plus de profusion, parce qu'en effet elle est beaucoup mieux cultivée, & comme si elle craignoit, pour ainsi dire, le malheur d'appartenir à un Maître, qui ne sçait que par son Jardinier la maniere dont il la faut traiter, il semble que pour engager ce Maître habile, à qui elle appartient, à continuer de la cultiver luy-même, elle s'efforce à luy produire au-delà de son ordinaire.

Honestis manibus omnia melius proveniunt, quoniam & curisious fiunt. *Plinius.*

In fœlix ager, cujus Dominus villicum audit, non docet. *Columella.*

Ce plaisir du Jardinage consiste en second lieu à sçavoir se défendre de beaucoup de dépenses grandes, & inutiles, ausquelles souvent on se laisse engager par de miserables conseils. Y a-t-il rien de si ordinaire que de voir en je ne sçay combien d'endroits, qu'on ne fait autre chose que faire, défaire, & refaire, & d'ailleurs ne voit-on pas souvent mettre beaucoup de temps, & d'Ouvriers à faire une chose qui pouvoit être faite & plus promptement, & par moins d'hommes? ainsi il se fait bien des dépenses, qui entraînent souvent à leur suite de grands chagrins, & quelquefois aussi de grandes incommoditez.

Il consiste en troisiéme lieu à sçavoir connoître les inconveniens, que j'expliqueray en son lieu, dont les uns sont invincibles, & les autres ne le sont pas: cette connoissance apprend à se preparer de bonne heure à recevoir patiemment les premiers s'ils arrivent, & à se mettre en état d'éviter sûrement les seconds, sans passer par mille raisons impertinentes d'un Jardinier mal-soigneux, ou mal-habile, qui prétend mettre à couvert sa negligence, ou son incapacité en rejettant les desordres, & la sterilité de son Jardin sur ce qui n'en est pas la veritable cause.

Ce plaisir consiste en quatriéme lieu à sçavoir condamner d'un côté à propos ce qui est mal-fait dans ses Jardins, & de l'autre à loüer pareillement à propos ce qui est bien, & selon les regles. Il n'y a guéres rien de plus naturel à tous les Maîtres, qui parlent de leurs Jardins, que d'y blâmer, ou loüer quelque chose, comme si c'étoit par là qu'ils veulent en effet paroître ce qu'ils sont; constamment il n'y a rien de plus dangereux pour le service du Jardin, ny de plus mal-plaisant pour la personne d'un Maître que de s'exposer publiquement à la risée, ou aux corrections de son Jardinier, ce qui arrive immanquablement, quand le Maître n'est pas assez intelligent, pour parler juste dans cette matiere.

Ce plaisir consiste en cinquiéme lieu à être en reputation de sçavoir donner de bons avis, & de les donner volontiers à ceux qui en ont besoin: quelle satisfaction n'a-t-on point, quand on redresse un amy qui étoit ou trompé, ou embarassé, ou prêt à se dégoûter de son entreprise, & que dans la suite on l'a mis en état de se loüer à tous momens de la bonne fortune qu'on luy a procuré dans son Ouvrage?

Et enfin ce plaisir consiste principalement à sçavoir juger par soy-même, & pour soy-même de la capacité des Jardiniers, soit afin de ne pas tomber dans la disgrace d'en quitter quelquefois un bon sur de miserables petites raisons, & d'en prendre ensuite un mauvais, soit pour se resoudre sagement & à propos de chasser celuy qui fait mal son devoir, pour en choisir avec certitude quelqu'autre, qui soit capable de mieux faire.

Or s'il est vray qu'il y ait assez de facilité à parvenir à tant de veritables plaisirs, comme je m'en vais le faire voir clairement; n'ay-je pas raison de conclure que, quand on entreprend des Jardins sans se mettre en peine de se rendre au moins suffisamment éclairé en Jardinage, on en merite tous les dégoûts, qui sont en grande quantité, au lieu de meriter toutes les douceurs, qu'il peut produire, dont le nombre est infiny, & que par consequent il faut s'étudier à acquerir les lumieres qui sont icy necessaires ?

Peut-être me dira-t-on d'abord, que je propose par là un expedient infaillible pour introduire la chose du monde la plus pernicieuse en toutes sortes d'affaires, c'est-à-dire des demy-sçavans : l'objection paroît assez forte, mais les deux réponses que j'ay à y faire, le sont ce me semble beaucoup davantage.

La premiere est que, quand l'honnête Jardinier sera une fois parvenu à la connoissance certaine de quelques principes capables de luy donner une bonne teinture du Jardinage, on doit être assûré qu'il ne voudra pas s'en tenir à cette simple connoissance des premiers élemens, il luy prendra infailliblement une grande avidité de sçavoir davantage une chose, qui plaît tant. On le verra bientôt aprés pousser plus avant les lumieres qu'il aura acquises, & par consequent il demeurera peu de temps dans cet état dangereux, & redoutable de ce qu'on appelle demy-science.

Mais la seconde réponse, qui n'est pas moins importante, est que sûrement cette demy-science de l'honnête Jardinier, s'il l'a faut nommer ainsi, vaut beaucoup mieux, fondée comme elle est sur de bons principes, que la fausse imagination de sçavoir des Jardiniers ordinaires ; il n'est que trop vray que rarement se trouve-t-il parmy eux autre chose qu'une ignorance présomptueuse & babillarde, soûtenuë d'une miserable routine. N'est-on pas trop heureux, si on peut aisément parvenir à voir clair là-dedans, & se mettre au-dessus de tant de faux raisonnemens, qu'on seroit obligé d'essuyer, & par consequent éviter beaucoup de chagrins, & avoir beaucoup de plaisirs ?

CHAPITRE II.

Combien il est facile à un honnête homme d'acquerir au moins une suffisante connoissance en fait de Jardinage.

ENsuite de ce premier fondement, qui établit que l'honnête Jardinier doit absolument s'étudier à se rendre habile en Jardinage.

Je propose encore celuy-cy, que s'il n'a pas le temps de s'y rendre consommé (ce qui n'est pas absolument necessaire) il peut croire avec certitude qu'il en sçaura assez pour son usage, c'est-à-dire pour pouvoir sûrement ordonner ce qu'il y a de principal à faire dans son Jardin, & pour empêcher que son Jardinier ne luy en impose à tous momens, pourvû qu'il sçache à peu prés les cinq, ou six articles qui suivent.

Le premier est de ce qui regarde les terres pour la qualité, pour la profondeur necessaire, pour les labours, pour les amandemens, & pour la disposition ordinaire des Jardins utiles.

Le second est de ce qui regarde les Arbres, pour les choisir bien conditionnez, soit quand ils sont encore sur pied dans les Pepinieres, soit quand ils sont arrachez; qu'il sçache au moins les noms des principales especes de Fruits de chaque Saison, qu'il les connoisse, & sçache à peu prés demander le nombre de chacune selon ses besoins, & selon l'étenduë de son Jardin; qu'il sçache preparer les Arbres par la tête, & par les racines, devant que de les remettre en terre; qu'ensuite il les sçache bien espacer, & bien exposer; qu'il sçache non pas toutes les regles de la Taille, mais au moins les principales soit à l'égard des Buissons, soit à l'égard des Espaliers; qu'il sçache pincer quelques branches qui sont trop vigoureuses, palisser proprement les Arbres qui le doivent être, comme aussi ébourgeonner ceux où il se fait de la confusion, & enfin donner à chacun la beauté qui luy peut convenir.

Le troisiéme article regarde les Fruits, pour les faire venir beaux, les cueillir sagement, & les faire manger à propos.

Le quatriéme regarde les greffes en toutes sortes d'Arbres Fruitiers soit en place, soit en Pepinieres, tant pour le temps, que pour la maniere de les appliquer.

Enfin le cinquiéme article regarde la conduite generale de tous les Potagers, & sur toutes choses pour sçavoir le plaisir, & le profit qu'on en peut tirer dans chaque mois de l'année.

Il me semble que le nombre de ces articles n'est pas grand, & j'assûre nôtre curieux qu'il trouvera à s'en instruire suffisamment, & en peu de temps dans le petit Abregé qui suit.

CHAPITRE III.

ABREGÉ DES MAXIMES DU JARDINAGE.

PREMIER ARTICLE.

Sur les qualitez de la terre.

ON connoît que le fond d'un Jardin est bon, & particulierement pour les Arbres Fruitiers,

Si premierement tout ce que la terre y produit soit d'elle-même, soit par culture est beau, vigoureux, abondant, & que par consequent on n'y voit rien de chetif, rien de menu, quand il devroit être gros, rien de jaune, quand il devroit être vert.

En second lieu si cette terre à en fleurer une poignée ne jette aucune mauvaise odeur.

En troisiéme lieu si elle est facile à labourer, & qu'elle ne soit point trop pierreuse.

En quatriéme lieu si à la manier elle est meuble sans être trop seiche, & legere comme les terres de tourbe, ou comme les terres tout à fait sablonneuses.

En cinquiéme lieu si elle n'est point trop humide comme les terres marécageuses, ou trop forte comme les

les terres franches, & qui approche fort de la nature des terres glaizes.

Enfin à l'égard de la couleur la principale est, qu'elle soit d'un gris noirâtre; il y en a cependant des rougeâtres qui font fort bien; je n'en ay jamais vû qui fussent en même temps & fort blanches, & fort bonnes.

DEUXIE'ME ARTICLE.

Sur la profondeur de la terre.

IL faut qu'au dessous de la superficie, qui paroît bonne, il y ait trois pieds de terre semblable à celle de dessus; maxime tres-importante, & dont il faut être raisonnablement assûré par le moyen de quelque foüille faite au moins en cinq, ou six endroits differents.

On se trompe fort, quand on se contente d'une moindre profondeur, & sur tout pour les Arbres, & pour les Plantes à longues racines, sçavoir Artichaux, Betteraves, Scorsonnerre, Panais, &c.

TROISIE'ME ARTICLE.

Sur les Labours.

LEs plus frequents sont d'ordinaire les meilleurs; tout au moins à l'égard des Arbres en faut-il quatre par an, sçavoir au Printemps, à la Saint Jean, à la fin d'Aoust, & immediatement devant l'Hyver; & generalement parlant il ne faut jamais souffrir que la terre soit en friche & pleine de méchantes herbes, ny trepignée, ny battuë des grandes ravines d'eau; elle fait grand plaisir à voir quand elle est nouvellement labourée.

Les menuës Plantes, par exemple les Fraisiers, les Chicorées, les Laituës, &c. demandent d'être souvent serfoüies, ou serfoüetées pour mieux faire leur devoir.

QUATRIE'ME ARTICLE.

Pour les Amandemens.

TOutes sortes de fumiers pourris de quelque animal que ce soit, Chevaux, Mulets, Bœufs, Vaches, &c. sont excellens pour amander les terres employées en Plantes Potageres : celuy de Mouton a plus de sel que tous les autres, & ainsi il n'en faut pas mettre en si grande quantité : il est a peu prés la même chose pour celuy des Poules, & des Pigeons, mais je ne conseille guéres d'en employer à cause des pucerons dont ils sont toûjours pleins, & qui d'ordinaire font tort aux Plantes.

Le Fumier des feüilles bien pourries n'est guéres propre qu'à répandre sur les semences nouvellement faites, pour empêcher que les pluyes ou les arrosemens ne battent trop la superficie ; en sorte que les graines auroient peine à lever.

Tous les Legumes du Potager demandent beaucoup de Fumier ; les Plans d'Arbres n'en demandent point.

Le seul bon endroit à mettre les amandemens est vers la superficie.

Le Fumier le plus mal-placé pour les tranchées est celuy qui se met dans le fond.

Et à l'égard de ces tranchées on ne peut dire, qu'elles soient bonnes & bien faites, à moins qu'on ne leur aye donné approchant de six pieds de large, & de trois pieds de profondeur.

CINQUIE'ME ARTICLE.

POur la disposition ordinaire des Jardins Fruitiers & Potagers j'estime, que la meilleure, aussi bien que la plus commode pour le Jardinier est celle qui se fait, autant qu'on peut, par des quarrez bien reglez ; en sorte que, s'il est possible, la longueur soit un peu plus grande que la largeur ; les allées aussi doivent être d'une largeur convenable & proportionnée, tant sur leur longueur, que sur toute l'étenduë du Jardin.

Les moins larges ne doivent pas avoir moins de six à sept pieds de promenades, & les plus larges, de quelque longueur qu'elles soient, ne doivent jamais exceder trois ou quatre toises au plus ; & pour ce qui est de la grandeur des quarrez, c'est ce semble un défaut d'en faire qui ayent plus de quinze, ou vingt toises, d'un sens sur un peu plus, ou un peu moins de l'autre ; ils sont assez bien de dix à douze sur quatorze à quinze ; & tout cela se doit regler sur la grandeur du Potager en soy.

Les sentiers ordinaires pour la commodité du service se font d'environ un pied.

Bien entendu qu'un Potager, quelque agreable qu'il soit dans sa disposition, ne réüssira jamais, si la commodité de l'eau pour les arrosemens ne s'y trouve.

Sixie'me Article.

A L'égard de cet Article, qui concerne la connoissance des Arbres fruitiers qu'on doit planter, il suffit, & il est important de sçavoir,

Qu'un Arbre pour meriter d'être choisi, quand il est encore en Pepiniere, doit avoir l'écorce nette, & luisante, & les jets de l'année longs, & vigoureux.

Et s'il est déja hors de terre il faut, qu'outre les conditions precedentes il ait encore les racines belles, bien saines, & qu'à proportion de la tige elles soient passablement grosses ; je ne prens jamais de ces Arbres qui n'ont presque rien que du chevelu.

Les Arbres les plus droits, & qui n'ont qu'une seule tige, me paroissent les plus beaux à choisir pour planter.

En Peschers, & même en Abricotiers ceux qui n'ont qu'un an de greffe, pourvû que le jet soit beau, valent mieux que ceux, qui en ont deux, ou davantage ; & encore faut-il être en cecy plus rigoureux pour les Peschers que pour les Abricotiers, & même ne prendre jamais un Pescher, qui dans le bas de la tige n'aye pas les yeux beaux, sains, & entiers ; la grosseur d'un bon pouce, ou un peu plus pour cette tige est celle, qu'il faut particulierement estimer pour les Peschers.

Les Peſchers ſur Amandiers réüſſiſſent mieux en terre ſeiche, & legere, que dans celle qui eſt forte & humide.

Le contraire eſt de ceux, qui ſont greffez ſur Pruniers.

En toutes autres ſortes d'Arbres nains la groſſeur eſt celle de deux à trois pouces de tour par le bas.

Il n'y a que les Pommiers ſur Paradis, à qui la groſſeur d'un pouce eſt tres-ſuffiſante.

La groſſeur des Arbres de tige eſt celle de cinq à ſix pouces par le bas, & la hauteur de ſix à ſept pieds.

La greffe des petits Arbres doit être à deux ou trois doigts de terre.

Et quand elle eſt recouverte, c'eſt une marque de vigueur au pied, auſſi bien que de ſoin & d'habileté au Jardinier qui l'a élevé.

Toutes ſortes de Poires réüſſiſſent en Buiſſon & en Eſpalier, & réüſſiſſent ſur franc, auſſi bien que ſur Cognaſſiers; mais il eſt bon de remarquer qu'il n'en faut que ſur franc ſoit dans les terres legeres, ſoit dans celles qui ſont d'une mediocre bonté.

Les Poires de Bon-chrétien d'Hyver en Buiſſon, ou en Eſpalier ne peuvent que difficilement acquerir ſur Franc la couleur jaune, & incarnatte qu'on y ſouhaite; il faut de celles-cy ſur Cognaſſiers.

Les Virgoulé, & les Robines ſur franc font de la peine à les mettre à Fruit; mais enfin ce mal là n'eſt pas ſans remede; conſtamment elles fructifient plûtôt ſur Cognaſſiers.

Les Poires de Bergamotte, & de petit Muſcat réüſſiſſent peu en Buiſſon, & ſur tout dans les terres humides.

Les principales eſpeces de Fruits ſoit Poires, ſoit Pommes, ſoit Pêches, ſoit Prunes, ſont aſſez connuës; mais comme il eſt de tres-grande conſequence de faire un plan bien entendu, je crôy que nôtre nouveau curieux doit avoir recours au Traité que j'ay fait avec une grande exactitude ſur le chois, & la proportion de toutes ſortes de bons Fruits à planter en quelque Jardin que ce ſoit, tant en buiſſon & en Arbres de tige, qu'en eſpalier, ou autrement j'ose dire, qu'il court grand risque de faire bien des fautes, dont il aura peine à se consoler: cependant il doit sçavoir qu'en fait de Poires les principales d'Esté sont le petit Muscat, la Cuisse-Madame, la Poire sans peau, les Blanquettes, la grosse, la petite, celle à longue queuë, la Robine, la Cassolette, le Bon-chrétien musqué, le Rousselet, la Salviati; les principales d'Automne sont les Beurré, Bergamotte, Vertelongue, Crasane, Muscat-fleury, Lansac, Loüise-bonne; les principales d'Hyver sont les Virgoulé, Leschasserie, Espine, Ambrette, saint Germain, Bon-chrétien d'Hyver, Colmar, Bugy, saint Augustin, & quelques Martin-secs.

En fait de Pommes les principales sont les Calvilles tant la rouge, que la blanche, les Reinettes, c'est-à-dire la grise & la blanche, tous les Courpendus, & les Fenoüillets.

En Prunes les principales sont la jaune hâtive, les Perdrigon blanc & violet, les Mirabelles, les Damas de plusieurs sortes, les Rochecourbon, les Imperatrices, les Prunes d'Abricot, & sainte Catherine, l'Imperiale, la Royale, &c.

En Pêches les principales sont l'Avant-Pêche, la Pêche de Troye, les Magdelaines la blanche, & la rouge, la Rossanne, la Mignonne, la Chevreuse, la Bourdin, les Violettes tant la hâtive, que la tardive, les Persique, l'Admirable, la Pourprée, la Nivet, les Jaunes-lices, la Jaune tardive.

Et pour les Pavies le Brugnon violet, le Pavie blanc, le Cadillac, & le Ramboüillet.

En fait de Figues celles qui sont blanches dedans & dehors, sçavoir la longue & la ronde, sont les meilleures pour ce païs-cy.

En fait de Raisins il faut particulierement faire cas du Muscat soit blanc, soit rouge, soit noir; le Muscat long quand il est bien placé, & en bon fond, est admirable; le Chasselas réüssit plus sûrement que pas un.

En Cerises tout le monde sçait que la tardive, & la griote, & même le Bigarreau sont de tres-bons Fruits en Arbres de tige; la Cerise precoce n'est à considerer qu'en Espalier.

SEPTIE'ME ARTICLE.

POur preparer un Arbre tant par la tête, que par la racine devant que de le planter,

J'estime qu'il faut ôter tout le chevelu.

C'est contre le sentiment de Teophraste, qui dit Sultum est amittere radices, quas habemus, ut acquiramus novas. *contra Xenophon.*

Ne conserver que peu de grosses racines, & que ce soit sur tout les plus jeunes, c'est-à-dire les plus nouvelles.

Celles-cy d'ordinaire sont rougeâtres, & ont un teint plus vif que les vieilles faites; il les faut tenir courtes à proportion de leur grosseur.

La plus longue en Arbres nains ne doit pas exceder huit à neuf pouces, & en Arbres de tige environ un pied; on leur peut laisser un peu plus d'étenduë en fait de Meuriers, & de Cerisiers.

Les plus foibles racines se contenteront d'un, de deux, de trois, & de quatre pouces au plus, & cela selon le plus ou le moins de grosseur.

C'est assez d'un seul étage de racines, quand il approche d'être parfait, c'est-à-dire quand il y a quatre ou cinq racines tout au tour du pied, & que sur tout elles sont à peu prés comme autant de lignes tirées d'un centre à la circonference; & même deux toutes seules, ou trois étant bonnes valent mieux qu'une vingtaine de mediocres; j'ay souvent planté des Arbres avec une seule racine, qui étoit en effet tres-bonne, & ils ont bien réüssi; on voit ce que c'est qu'un étage de racines dans le Traité des Plans, où j'ay fait graver des Planches à cet effet.

HUITIE'ME ARTICLE.

POur bien planter il faut choisir un temps sec, afin que la terre étant bien seiche elle se glisse aisément au tour des racines sans y laisser aucun vuide, & que particulierement il ne s'y fasse pas une espece de mortier, qui venant ensuite à s'endurcir empêche la production & la sortie des nouvelles racines.

La Saison de planter est bonne depuis le commencement de Novembre jusqu'à la fin du mois de Mars; mais en terres seiches il est important de planter dés le commencement de Novembre, & en terres humides il vaut mieux attendre au commencement de Mars.

La disposition des racines demande que l'extrémité de la plus basse ne soit pas plus avant d'un bon pied dans la terre, & que celle qui approche le plus de la superficie, soit couverte de huit, ou neuf pouces de hauteur ; on peut même faire comme une maniere de bute sur ces racines dans les terres seiches, pour empêcher que le Soleil ne les gâte, & quand l'Arbre est bien repris on l'abbat.

Devant que de planter, aprés avoir taillé les racines, il faut couper chaque tige d'Arbre de la longueur qu'elle doit demeurer, sans attendre à les rogner qu'ils soient plantez.

Aux Arbres nains je regle cette hauteur à être de cinq à six pouces en terre seiche, & de huit à neuf en terre humide.

Et aux Arbres de tige une hauteur de six à sept pieds fait une juste mesure en toutes sortes de terres.

Il faut en plantant tourner les meilleures racines du côté où il y a plus de terre, & que pas une, autant qu'on peut, ne panche tout à fait en bas, mais plûtôt regarde l'orison.

Ceux qui aprés avoir planté secoüent, ou trepignent les petits Arbres, leur font grand tort ; il n'en est pas de même pour les grands, il est bon de les trepigner, & même de les buter, pour les assûrer contre l'impetuosité des vents.

Les Arbres en Espalier doivent avoir la tête panchée vers la muraille, de maniere pourtant que l'extrémité de la tête en soit éloignée de trois à quatre pouces, & que la playe n'en paroisse pas.

La distance entre eux doit être reglée suivant la bonté de la terre, & particulierement suivant la hauteur des murailles ; ainsi on peut les mettre plus prés les uns des autres aux plus hautes murailles, & moins prés aux plus basses.

En ce fait particulier de distance ordinaire des Espaliers cela se regle depuis cinq ou six pieds jusqu'à dix, ou onze, ou douze ; bien entendu que les murailles étant d'une hauteur qui est de douze pieds, ou davantage, il faut toûjours laisser monter un Arbre pour garnir le haut entre deux qui garniront le bas ; & ainsi en tel cas on peut mettre les Arbres à cinq ou six pieds les uns des autres ; mais pour les murailles qui n'ont que six à sept pieds, il les faut espacer d'environ neuf pieds.

La distance des Buissons doit être depuis huit à neuf pieds jusqu'à douze, ou même un peu plus, si ce sont Pruniers, ou Fruits à pepin sur franc.

Et en Arbres de tige depuis quatre toises jusqu'à sept, ou huit pour les grands Plans.

Prenant garde que dans les bonnes terres il faut plus éloigner les Arbres que dans les mauvaises, parce que les têtes y acquerent plus d'étenduë.

Si les tranchées sont nouvelles faites, la terre s'affaissera de trois ou quatre bons pouces au moins.

Observation necessaire à faire pour tenir les terres plus hautes que la superficie voisine, & pour ne pas tomber dans l'inconvenient d'avoir des Arbres qui soient enfoncez trop avant.

Que la greffe soit dedans ou dehors, il n'importe gueres pour le succés des Fruits à pepin.

Mais pour les Fruits à noyau il est mieux qu'elle ne soit aucunement couverte de terre.

Cependant pour la beauté des uns & des autres il est à souhaiter qu'elle paroisse ; mais le principal est que les racines soient bien placées, en sorte que ny le grand chaud, ny le grand froid, ny le fer de la Bêche ne les puisse incommoder.

A l'égard de l'intelligence des expositions qui conviennent le mieux aux especes, c'est un détail qu'il est bon d'étudier particulierement dans le Traité qui est fait exprés ; mais cependant on doit sçavoir que generalement parlant, la meilleure de toutes dans nos climats est celle du Midy, & la plus mauvaise est celle du Nort ; l'exposition du Levant n'est guéres moins bonne que celle du Midy, & sur tout dans les terres chaudes ; & enfin l'exposition du couchant n'est point mauvaise pour les Pêches, les Prunes, les Poires, &c. mais elle ne vaut rien ny pour le Muscat, ny pour le Chasselas, ny pour tout le Raisin de grosse espece.

NEUVIE'ME

NEUVIE'ME ARTICLE.

POur entendre raisonnablement la taille des Arbres il faut au moins sçavoir le temps & la cause, & sur tout, s'il est possible, en sçavoir la maniere.

A l'égard du temps constamment il fait bon tailler dés que les feüilles tombent, jusqu'à ce que les nouvelles commencent de revenir, & il ne faut tailler qu'une fois par an quelque Arbre que ce puisse être.

Avec cette precaution qu'il n'est pas mal de tailler plûtôt ceux qui sont les plus foibles, & plus tard ceux qui sont les plus vigoureux.

A l'égard de la cause on taille pour deux raisons; la premiere pour disposer les Arbres à donner de plus beaux Fruits; & la seconde pour les rendre en tout temps plus agreables à la vûë qu'ils ne seroient, s'ils n'étoient pas taillez.

Pour parvenir à l'effet de cette seconde condition il faut que ce soit par le moyen de la figure, qu'on donne à chaque Arbre.

Cette figure doit être differente selon la difference des Plans, & cette difference ne s'étend qu'à des Arbres en Buisson, & à des Arbres en Espalier; car pour les Arbres de tige on ne s'attache pas d'ordinaire à les tailler souvent.

Il n'y a que les grosses branches qui puissent donner cette figure, laquelle il est infiniment necessaire de bien entendre; en sorte qu'on l'ait toûjours presente devant les yeux.

Un Buisson pour être de belle figure doit être bas de tige, ouvert dans le milieu, rond dans sa circonference, & également garny sur les côtez; de ces quatre conditions la plus importante est celle qui prescrit l'ouverture du milieu; comme le plus grand défaut est celuy de la confusion de trop de bois dans ce milieu; il le faut éviter preferablement à tous les autres.

Et un Espalier pour avoir la perfection qui luy convient doit avoir sa force & ses branches également partagées aux deux côtez opposez, afin qu'il soit également garny par toute son étenduë, en quelque endroit que sa tête commence, soit qu'il soit bas de tige, & en ce cas il doit commencer environ à un demy pied de terre, soit qu'il ait la tige haute, & pour lors il commence à l'extrémité de sa tige, qui est d'ordinaire de six à sept pieds.

Le secret en cecy dépend de la distinction à faire parmy les branches, & du bon usage qu'il y faut pratiquer; les branches sont ou grosses & fortes, ou menuës & foibles; chacune ayant sa raison soit pour être ôtée, soit pour être conservée, soit pour demeurer longue, soit pour être taillée courte.

Parmy les unes & les autres il y en a de bonnes & de mauvaises soit grosses, soit menuës.

Les bonnes sont celles qui sont venuës dans l'ordre de la nature, & pour lors elles ont les yeux gros, & assez prés les uns des autres.

Les mauvaises tout au contraire sont venuës contre l'ordre de la nature, & pour lors elles ont les yeux plats, & fort éloignez, ce qui fait qu'on les nomme branches de faux bois.

Pour entendre cet ordre de la nature il faut sçavoir premierement, que les branches ne doivent venir que sur celles qui ont été racourcies à la derniere taille; & ainsi toutes celles qui viennent en d'autres endroits, sont branches de faux bois.

En second lieu il faut sçavoir que l'ordre des branches nouvelles est que, s'il y en a plus d'une, celle de l'extrémité soit plus grosse, & plus longue que celle qui est immediatement au dessous, & celle-cy plus grosse & plus longue que la troisiéme, & ainsi de toutes les autres; & par consequent si quelqu'une se trouve grosse à l'endroit où elle devroit être menuë, elle est branche de faux bois: Il y a sur cela quelques petites exceptions, qu'il faut voir dans le grand Traité de la taille.

Les bonnes petites en Fruits à noyau, & à pepin sont pour le Fruit; & les bonnes grosses sont pour le bois; le contraire est pour les Figuiers, & pour la Vigne.

Pour ce qui est de la maniere de tailler on la croit

beaucoup plus difficile qu'elle n'est ; dés qu'on en peut sçavoir les principes qui sont aisez à entendre, on trouve une grande facilité à faire cette operation, qui est en effet le Chef-d'œuvre du Jardinage.

Ses principales maximes sont premierement, que les jeunes Arbres sont plus aisez à tailler que les vieux, & sur tout que ceux qui ont été souvent mal taillez, & n'ont pas la figure qu'ils doivent avoir : Les plus habiles Jardiniers sont fort empeschez à corriger les vieux deffauts ; je donne en son lieu des regles particulieres pour de tels inconveniens.

En second lieu, que les branches fortes doivent estre coupées courtes, & d'ordinaire reduites à la longueur de cinq, six, ou sept pouces ; il y a pourtant de certains cas où on les tient un peu plus longues ; mais ils sont rares : je les marque dans le grand Traité.

En troisiéme lieu, que parmy les autres il y en a qu'on peut tenir plus courtes, & d'autres qu'on peut laisser plus longues, c'est-à-dire jusqu'à huit, neuf, & dix pouces, & mesme jusqu'à un pied, & un pied & demy, ou peut-être davantage, & sur tout pour les Peschers, Pruniers, & Cerisiers en Espalier ; cela se regle selon la force ou grosseur dont elles sont, pour estre capables de bien nourrir & porter sans rompre les fruits, dont elles se trouveront chargées.

Dans les Arbres qui sont vigoureux, & qui sont en même temps d'une belle figure, il n'y sçauroit gueres avoir trop de celles que nous appellons branches à fruit, pourveu qu'elles n'y fassent point de confusion : Mais à l'égard des grosses que nous appellons branches à bois, il n'en faut d'ordinaire laisser en toutes sortes d'Arbres qu'une de toutes celles, qui sont sorties de chaque taille de l'année precedente.

A moins que les Arbres estant tres-vigoureux les extremitez des branches nouvelles ne se trouvent fort éloignées les unes des autres, & qu'elles ne regardent des endroits opposez, & qui soient vuides sur les côtez ; si bien qu'il est necessaire de remplir au plûtôt les côtez pour achever la perfection de la figure ; & en ce cas on en peut laisser deux branches, & même trois : à condition qu'elles ſoient toutes de differentes longueurs, & que jamais elles ne faſſent une figure de fourche.

Les branches à fruit periſſent aprés avoir fait leur devoir avec cette diſtinction, qu'en fruit à noyau cela ſe fait au bout d'un an, ou de deux, ou de trois au plus.

Et en fruits à pepin cela n'arrive qu'aprés avoir ſervi pendant quatre ou cinq ans.

Et partant la prevoyance eſt grandement neceſſaire; pour penſer à faire venir de nouvelles branches à la place de celles que nous ſçavons devoir perir, ou autrement on tombera dans l'inconvenient du vuide, & de la ſterilité.

Ces ſortes de branches à fruit ſont bonnes, en quelque endroit que l'arbre les pouſſe, ſoit dedans, ſoit dehors.

Mais une groſſe eſt toûjours mal, quand elle entre en dedans du Buiſſon, ſi ce n'eſt peut-être pour reſſerrer celuy qui s'évaſe trop, comme il arrive d'ordinaire aux Beurrez.

La beauté des Arbres, & l'abondance & beauté des fruits dépendent donc principalement de bien tailler, & bien conduire certaines branches, qui ſont en meſme temps groſſes & bonnes, & de retrancher entierement celles qui ſont groſſes & mauvaiſes.

Et parce qu'il arrive quelquesfois qu'une branche, qui l'année paſſée avoit eſté laiſſée longue pour du fruit, vient à recevoir plus de nourriture que naturellement elle n'en devoit avoir, & que partant elle devient groſſe, & en pouſſe d'autres groſſes: un des principaux ſoins de la taille conſiſte non ſeulement à traiter cette branche comme les autres branches à bois; mais ſur tout à ne luy en laiſſer aucune groſſe venuë à ſon extremité, à moins qu'on n'ait deſſein de laiſſer échaper tout l'Arbre, & le faire de tige.

Cette bonne conduite apprend à ravaller d'ordinaire les Arbres, c'eſt à dire qu'il eſt mieux à la taille d'ôter tout à fait les plus hautes branches qui ſont groſſes, & conſerver ſeulement les plus baſſes, que de faire le contraire.

Pourveu que les plus hautes ne ſe trouvent pas mieux

placées pour contribuer à la beauté des Arbres, que ne sont pas les plus basses, ce qui n'est pas d'ordinaire: car en tel cas il faut ôter les plus basses, & conserver les plus hautes: La premiere intention en cecy aboutit extrémement à avoir de beaux Arbres, estant asseuré que l'abondance du beau fruit ne manque jamais de suivre une telle disposition de belle figure, puisqu'on n'ôte aucune des petites branches qui font ce fruit, & qu'au contraire on cherche à les multiplier, & à les délivrer ensuite de tout ce qui leur pourroit nuire.

Le ravallement fait que dans la branche qui se trouve à l'extremité de celle qui a esté ravallée, il entre tout ce qui seroit allé de seve dans la superieure, ou dans les superieures, qu'on a ôté; & ainsi cette branche conservée devient beaucoup plus forte, & par consequent capable de plus grandes productions, qu'elle n'auroit été sans cela.

Et parce que quelquesfois contre l'ordre accoûtumé de la Nature il se forme des branches foibles à l'extremité de la grosse, qui avoit été racourcie à la taille precedente, cette conduite apprend à conserver ces branches foibles; & pour lors on fait sa taille sur celle des grosses, qui étant au dessous de cette foible, ou de ces foibles se presente le mieux pour achever la belle figure.

Outre la taille dont nous venons de parler, on vient encore quelquefois à une autre operation qu'on appelle pincer; & d'ordinaire cela est plus utile aux Pêchers qu'aux autres Arbres, si ce n'est à toutes sortes de greffes faites en place sur les Arbres qui sont gros & vigoureux; l'effet de ce pincer est d'empêcher que les branches ne deviennent trop grosses, & par consequent inutiles à Fruit, & ne deviennent aussi trop longues, & par consequent ne fassent échaper un Arbre trop tôt, ou ne viennent à être rompuës par les grands vents.

Son effet est encore de faire qu'au lieu d'une branche il s'en fasse plusieurs, parmy lesquelles il s'en rencontrera de petites pour le Fruit, & quelques grosses pour le bois; son usage, ou plûtôt le temps de s'en servir est au mois de May & de Juin; & sa maniere est de rompre pour lors avec l'ongle la branche, qui étant de la longueur d'un demy pied, ou un peu plus commence à paroître grosse.

Pour pincer à propos il faut reduire cette grosse branche à trois ou quatre yeux; & si la branche pincée s'opiniâtre à repousser gros, il faut pareillement s'opiniâtrer à la repincer toûjours, & ne pincer jamais les foibles.

Je ne parleray icy ny de la taille des vieux Arbres, ny de la taille de la Vigne, & des Figuiers; il faut voir pour cela les Traitez particuliers que j'ay fait des uns & des autres.

Dixie'me Article.

C'Est d'ordinaire à la my-May que les Espaliers commencent d'avoir besoin d'être palissez.

La beauté de palisser consiste à ranger avec ordre à droit & à gauche les branches qui peuvent venir à chaque côté, en sorte qu'il n'y ait rien ny de confus, ny de vuide, ny de croisé.

Mais comme le défaut du vuide est plus grand que les autres, il ne faut faire aucun scrupule de croiser quand on ne peut autrement éviter le vuide.

Il faut soigneusement recommencer à palisser autant de fois qu'il paroît des branches assez longues pour pouvoir être liées, & qui coureroient risque d'être rompuës si elles restoient sans lier.

Sur toutes choses il est grandement expedient de conserver toutes les belles branches que les Pêchers poussent l'Esté; à moins qu'il n'en soit sorty une si grande abondance, qu'elles se fassent de la confusion les unes aux autres, ce qui est assez rare dans un Arbre bien conduit.

Mais en tout cas si la necessité y oblige, il faut avec grande sagesse arracher, ou couper tout prés quelques-unes des plus furieuses, ce qui se fait pour empêcher que celles qui sont cachées ne s'alongent trop, & deviennent mauvaises; comme aussi il n'est pas mal d'ôter aux Poiriers d'espalier les branches de faux bois, qui quelquefois viennent sur le devant, & aux Buissons celles qui viennent dans le milieu, & voilà ce qui s'appelle ébourgeonner.

Onzie'me Article.

IL est important que le Maistre aussi-bien que le Jardinier sçache bien cuëillir toutes sortes de fruits, de quelque Saison qu'ils soient ; faire porter & ranger dans la fruiterie ceux qui ne meurissent qu'aprés estre serrez : conserver les uns & les autres dans leur beauté, & les faire manger à propos, sans leur donner le temps de se gaster.

Ils auront pû acquerir cette connoissance dans les Traitez particuliers, qui sont faits pour cela.

A l'egard du douzie'me Article

Qui regarde les Greffes & les Pepinieres

IL faut sçavoir que les meilleures & les plus ordinaires manieres de greffer sont ou en fente, ou en écusson : celle-là en Fevrier ou en Mars sur des Arbres qui sont de grosseur depuis un pouce de diametre jusqu'à dix & douze pouces de tour, & même davantage : cette sorte de greffe est bonne en toutes sortes d'Arbres fruitiers, à la reserve des Péchers, des Amandiers, des Meuriers, des Figuiers, &c. où elle réussit rarement.

A l'égard de la greffe en écusson pour les fruits à pepin & à noyau, si c'est à la pousse elle se doit faire aux environs de la S. Jean ; & si c'est à œil dormant, & sur les Pruniers, Poiriers, & Pommiers elle se fait vers la my-Aoust, & sur les Péchers & Amandiers vers la my-Septembre, c'est à dire sur les uns & sur les autres qu'il ne les faut faire que sur le déclin de la seve.

Tout le monde sçait que la maniere de greffer les Chastagniers est en flûte, & se fait à la fin d'Avril, ou au commencement de May, quand l'écorce commence à se détacher aisement : les Figuiers peuvent être greffés au mesme temps, & de la mesme maniere, ou bien en simple écusson.

La Vigne se greffe en fente sur le vieux bois, qu'il faut couvrir de terre, & que ce soit dans les mois de Mars & d'Avril.

Le Poirier réussit également sur sauvageon, & sur Cognassier.

Le Pescher sur Prunier, & sur Amandier.

Le Pommier sur sauvageon de Pommier pour faire de grands Arbres, & sur Paradis pour faire des Buissons.

Le Prunier & l'Abricotier sur rejetton de Prunier, dont les meilleurs sont de S. Julien, & du Damas noir.

Ils réussissent quelquesfois sur amandier, & quelquesfois aussi le Poirier, & le Pommier se greffent mutuellement l'un sur l'autre, mais d'ordinaire sans succez.

Reste le dernier Article

Qui regarde premierement le profit des Potagers, & en second lieu l'ouvrage de chaque Saison.

Pour ce qui est du profit il suffit de sçavoir que dans chaque mois de l'année le Potager doit raporter quelques choses à son Maistre; en sorte qu'il ne soit pas obligé d'envoyer querir hors de son Jardin ce que des Jardiniers habiles portent vendre aux Places publiques.

Par exemple en Novembre, Decembre, Janvier, Fevrier, Mars & Avril, outre ce qui a été conservé dans les Serres, sçavoir les Fruits à pepin, les Racines de toutes sortes, les Cardons, les Artichaux, les Choux-fleurs, & les Citroüilles, le Potager doit fournir les Herbes potageres, c'est-à-dire Ozeille, Porrée, Choux d'Hyver, Porreaux, Siboules, Persil, Champignons, Salades, & sur tout Chicorée sauvage, Celery, Persil-Macedoine, avec les fournitures de Cerfeüil, Pimprenelle, Alleluya, Baume, Estragon, Passepierre, &c.

Et en cas qu'il y ait des Fumiers chauds on peut pendant les grands froids esperer des nouveautez, sçavoir Asperges vertes, petites Salades de Laituës, Cerfeüil, Basilic, Cresson, Corne de Cerf, & même de l'Oseille, &c. en tout temps, & y joindre les Raves dans ceux de Fevrier & Mars, & le Pourpier en Avril, &c.

En May & Juin on aura aisément abondance d'Herbes potageres, & de nouvelles Salades de toutes sortes, sçavoir Pourpier, Laituës à lier, abondance d'Artichaux,

Pois,

Pois, Febves, Concombres, Raves, Asperges, Groseilles vertes; les rouges commencent d'ordinaire en Juin avec les Fraizes, & les Framboises pour le reste du mois, & toûjours des Champignons.

En Juillet & Aoust pareille abondance à celle des mois precedens.

Et outre cela les Haricots, les nouveaux Choux pommez, & sur tout les Melons avec les Poires, Prunes, Pêches & Figues.

En Septembre on commence d'avoir encore de surplus les Muscats, Chasselas, & autres Raisins de plusieurs sortes, comme aussi des secondes Figues.

Et en Octobre les mêmes choses hors peut-être les Melons; la Saison en passe d'ordinaire quand les nuits deviennent fraiches, & le temps pluvieux; mais en recompense on est riche d'un nombre infiny de bonnes Poires que l'Automne produit, & on peut commencer d'avoir des Cardons, du Celery, des Espinars, &c.

Pour ce qui est tant des manieres de faire produire tout le contenu en ce memoire, que des Ouvrages de chaque mois, le Jardinier doit indispensablement les sçavoir, & les mettre en pratique; & quand le Maître en sera curieux soit pour redresser le Jardinier, s'il vient à manquer, soit pour goûter le plaisir de voir l'ordre & la suite des productions, il pourra s'en donner le divertissement dans le Livre où cette matiere est traitée à fond, comme aussi il pourra s'instruire amplement de tout le reste du Jardinage dans les Traitez particuliers qui sont faits sur chacune de ces parties.

CHAPITRE IV.

Des moyens de se connoître en chois de Jardiniers.

CE n'est pas assez, comme nous avons déja dit, que nôtre nouveau curieux ait acquis la connoissance dont nous venons de parler, il faut encore qu'il se mette en état de pouvoir juger par luy-même, & sans aucun secours étranger de l'habileté, ou de l'ignorance de toutes ſortes de Jardiniers, afin qu'autant qu'il eſt poſſible il parvienne à ne ſe pas tromper au chois qu'il en faut faire; mais il eſt vray que le nombre des bonnes qualitez qui ſont neceſſaires à ces ſortes de gens, eſt ſi grand, que quand je m'en ſuis fait une maniere de portrait, j'ay commencé auſſi-tôt de craindre qu'on ne puiſſe jamais rencontrer un original qui luy reſſemble.

Vitio noſtro agricultura male cedit, qui rem ruſticam peſſimo cuique ſervorum velut carnifici noxæ dedimus, quam majorum noſtrorum optimus quiſque optimè tractavit. *Columella.*

Et toutefois ſans vouloir faire la choſe preſque impoſſible, & ſans m'arrêter au ſcrupule qui me prend, que je ne pourray rien dire icy que tout le monde ne ſçache auſſi bien que moy, je m'en vais traiter cette affaire un peu amplement comme étant perſuadé que c'eſt une des plus importantes de tout le Jardinage, & à proprement parler l'ame veritable des Jardins; en effet les Jardins ne pouvans que par une culture perpetuelle être en état de donner du plaiſir, il ne faut pretendre de les mettre jamais ſur ce pied là, s'ils ne ſont entre les mains d'un Jardinier intelligent & laborieux.

Pater ipſe colendi, haud facilem eſſe viam voluit. *Virg. Georg. 1.*

Je diray donc en expoſant ſimplement la maniere de faire dont je me ſers en telles occaſions, que pour ſe conduire ſagement dans le chois d'un Jardinier il faut avoir égard premierement à l'exterieur de ſa perſonne, en ſecond lieu aux bonnes qualitez interieures qui luy ſont abſolument neceſſaires.

Labor omnia vincit improbus, & duris urgens in rebus egeſtas. *Georg.* 1.

Par l'exterieur de ſa perſonne j'entens l'âge, la ſanté, la taille & la démarche; & par les qualitez interieures j'entens la probité dans les mœurs, l'honnêteté dans la conduite ordinaire, & principalement la capacité dans ſa profeſſion.

Je commence par les bonnes qualitez du dehors, dont les yeux ſont les ſeuls & les premiers juges, parce que ſouvent à la premiere vûë on ſe ſent tout d'un coup diſpoſé à avoir de l'eſtime & de l'inclination, ou du mépris & de l'averſion pour le Jardinier qui ſe preſente.

A l'égard de la premiere conſideration qui eſt pour l'âge, la ſanté, la taille & la démarche, je ſuis d'avis qu'on prenne un Jardinier qui ne ſoit ny trop vieux, ny trop jeune; les deux extrémitez ſont également dangereuſes; la trop grande jeuneſſe eſt ſuſpecte d'ignorance

In rebus agreſtibus maxime officia juvenum, & im-

& de libertinage, & la trop grande vieillesse à moins qu'elle ne soit soûtenuë de quelques enfans qui ayent un âge raisonnable, & un peu de capacité, est suspecte de paresse, ou d'infirmité; on peut, ce me semble, assez raisonnablement regler cet âge depuis environ vingt-cinq ans jusqu'à cinquante & cinquante-cinq, prenant toûjours garde que sur le visage il y ait une grande apparence de bonne santé, & qu'il n'y en ait point d'esprit évaporé, ny de sote presomption, prenant aussi garde que la taille & la démarche sentent l'homme robuste, vigoureux & dispos, & que parmy tout cela il n'y ait aucune affectation à être autrement vêtu & paré que la condition ordinaire d'un Jardinier ne porte; je répons, & on le doit croire, que ce sont toutes observations tres-importantes.

peria senum congruunt. Palladius.

En cas qu'on soit satisfait de l'exterieur, il en faut venir aux preuves essentielles du merite, & pour cet effet il faut un peu de conversation avec le Jardinier qui ne déplaît pas.

Pour sçavoir premierement la maison d'où il sort, le temps qu'il y a demeuré, & le sujet pourquoy il l'a quittée.

Pour sçavoir en second lieu où il a appris son Métier, quelle partie du Jardinage il entend le mieux du Fruitier & du Potager, ou des Fleurs, & des Orangers; car ce sont les deux differentes classes des Jardiniers qui paroissent aujourd'huy les plus établies.

Pour sçavoir en troisiéme lieu s'il est marié, s'il a des enfans, & si sa femme & ses enfans travaillent au Jardin.

Et enfin s'il sçait un peu écrire & dessiner; toutes questions qu'un homme de bon sens doit, ce me semble, faire en telles rencontres.

Les réponses que le Jardinier fera à la premiere demande, pourront donner de grandes ouvertures pour juger sainement de son merite ou de ses imperfections, parce que s'il nomme plusieurs maisons d'honnêtes gens chez qui en peu d'années il ait servy, sans pouvoir rendre de bonnes raisons de sa sortie, on ne peut guéres s'empêcher de le regarder ou comme un ignorant, ou comme un libertin.

Si au contraire il paroît avoir eu juste sujet de se separer, on peut commencer à se resoudre de le prendre, en cas qu'on en reçoive de bonnes nouvelles, lorsque, comme il est d'ordinaire important de le faire, on ira s'informer de sa conduite auprés des gens qui en peuvent bien parler, & qui sans doute en parleront bien, pourvû que le chagrin & la vengeance ne s'en mêlent pas.

Il faut craindre des Jardiniers qui preferent leur interest à toutes sortes d'honneur & de reputation. *Xenophon*.

Quippe etiam festis quædam exercere diebus fas, & jura sinunt. *Virg. Georg.* 1.

Villicus neque venandi, neque aucupandi, neque negotiandi studio occupetur, sit in opere primus, & ultimus, ne quid scire se putet, quod nesciat, nec plus censeat se sapere quam Dominũ. *Plin.*

C'est-à-dire qu'on vienne à sçavoir premierement qu'il est homme sage & honnête en toutes ses maximes de vivre, qu'il n'a point une avidité insatiable de gagner, qu'il rend bon compte à son Maître de tout ce que son Jardin produit, sans en rien détourner pour quelque raison que ce puisse être, qu'il est toûjours le premier & le dernier à son Ouvrage, qu'il est propre & curieux dans ce qu'il fait, que ses Arbres sont bien taillez, bien émoussez, ses Espaliers bien tenus, qu'il n'a point de plus grand plaisir que d'être dans ses Jardins, & principalement les jours de Fêtes; si bien qu'au lieu d'aller ces jours-là en débauche, ou en divertissement, comme il est assez ordinaire à la plûpart des Jardiniers, on le voit se promener avec ses garçons leur faisant remarquer en chaque endroit ce qu'il y a de bien & de mal, déterminant ce qu'il y aura à faire dans chaque jour ouvrier de la semaine, ôtant même des Insectes qui font du dégast, reliant quelques branches que les vents pourroient rompre & gâter, si on remettoit au lendemain à le faire, cueillant quelques beaux Fruits qui courent risque de se gâter en tombant, ramassant les principaux de ceux qui sont à bas, ébourgeonnant quelques faux bois qui blessent la veuë, qui font tort à l'Arbre, & qu'on n'avoit pas remarquez jusques-là, &c.

Ce sont là de petits soins autant capables de donner de l'estime & de l'amitié pour un Jardinier, que quelqu'autre témoignage qu'on en puisse rendre; cela fait voir qu'il est bien intentionné, qu'il a de certaines qualitez qui ne s'acquierent que rarement, quand on n'en est pas naturellement pourvû, c'est-à-dire l'affection, la curiosité, la propreté & l'esprit docile; & dans la verité entre les mains d'un tel homme un Jardin est d'ordinaire en bon état, il est des premiers à produire quelques nouveautez, il est net de toutes sortes d'ordures & de mauvaises herbes, il a ses allées propres & bien tirées, & il est generalement fourny de tout ce qu'on en doit attendre dans chaque Saison de l'année; heureux qui peut rencontrer de tels sujets, & qui n'est pas du nombre de tant d'honnêtes gens qu'on entend tous les jours se plaindre de leur malheur sur ce fait là.

Primus vere rosam, atque Autumno carpere poma. *Virg. Georg. 4.*

Il ne faut pas trop s'étonner de la rareté des bons Ouvriers de cette condition, pendant qu'à l'égard de la plûpart des autres le nombre des gens entendus est assez raisonnablement grand : La source de l'ignorance des Jardiniers vient de ce qu'ils ne sçavent d'ordinaire que ce qu'ils ont vû faire à ceux, chez lesquels ils ont commencé de travailler : Ces sortes de Maîtres n'avoient jamais appris d'ailleurs, ny imaginé d'eux-mêmes la raison de chacun de leurs Ouvrages, & ainsi ne le sçachans pas, & continuans de faire la plupart de leur besongne au hazard, ou plutôt par routine ils n'ont pas été plus capables de l'apprendre, que leurs Eleves de la demander; si bien qu'ôté peut-être quelque adresse à greffer, à coucher des branches aux Espaliers, à labourer la terre, & dresser une planche, à semer quelques graines & les arroser, à tondre du Buis & des Palissades, qui sont tous Ouvrages faciles à faire & à apprendre, & que de jeunes garçons auront pareillement appris en les voyans faire; ôté, dis-je, ces sortes d'Ouvrages qui ne sont pas les plus importans, on peut dire qu'ils ne sçavent presque rien, & sur tout à l'égard des Chefs-d'œuvres du Jardinage, c'est à sçavoir la conduite de toutes sortes d'Arbres, la beauté & bonté singuliere de chaque Fruit, la maturité prise à propos, les nouveautez bien suivies de chaque mois de l'année, &c.

Ils sont veritablement parvenus à la hardiesse & à la facilité de se servir de la scie & de la serpette; mais ils n'ont eu ny regle ny principes pour le faire judicieusement; ils hazardent en particulier à couper ce que bon leur semble; & avec cela un Arbre qui pour ainsi dire ne sçait pas se défendre de ses ennemis, se trouve taillé, ou plûtôt estropié, attendant à en faire ses plaintes par le peu de temps qu'il durera, par la vilaine figure dont il sera

La Vigne d'un malhabile Vigneron, & les Arbres d'un Jardinier ignorant ne rapportent composé, & sur tout par le peu de méchans Fruits qu'on luy verra produire.

Voila en effet l'apprentissage ordinaire des Jardiniers, c'est-à-dire le malheur general de tous les Jardins; je n'ignore pas qu'il n'y ait quelques Jardiniers bien intentionnez, & qui sans doute deviendroient habiles s'ils étoient suffisamment instruits; ceux-là font pitié, & meritent qu'on les secoure, aussi est-il vray que je ne manque pas de leur aider en tout ce que je puis.

Je n'ignore pas aussi qu'il y en a, qui soit par eux-mêmes, soit pour avoir été en bonne école ont du merite & de la capacité, & qui ensuite sont soigneux de bien instruire leurs Apprentifs; c'est pourquoy il est bon d'en avoir de façonnez de telles mains, & accompagnez de l'approbation de leurs Maîtres.

Cependant quoy qu'apparemment on s'en devroit tenir à de telles precautions, neanmoins devant que de s'engager plus avant, & particulierement quand il n'est question que d'un Jardinier pour un mediocre Jardin, j'estime qu'il n'est point hors de propos de trouver adroitement quelque occasion de faire travailler à un Ouvrage de peine ce Jardinier, au chois duquel vous avez commencé à vous déterminer; je croy qu'il est bon de voir par soy-même de quel air il s'y prend, luy faire par exemple labourer quelque petit endroit de terre, luy faire porter deux ou trois fois les Arrosoirs, &c. il sera facile de voir par ces petits échantillons s'il a ces bonnes qualitez de corps qui luy sont necessaires, s'il agit selon son naturel, ou s'il se force, s'il est adroit & laborieux, ou grossier & effeminé: Tout homme qui s'ésoufle aisément dans le travail fait plus que sa force ne luy permet, & par consequent n'est pas bon Ouvrier, c'est-à-dire Ouvrier de durée; si bien que ce n'est pas ce qu'il nous faut, à moins que nous ayons simplement besoin d'un homme pour ordonner & pour conduire, ce qui n'est ordinaire que dans les grands Jardins, & qui dans la verité y est absolument necessaire.

Supposé que jusques à present nous soyons contens des réponses & de l'Ouvrage penible du Jardinier qui se presente, il est encore grandement à souhaiter de trouver en

communément que bien des feüilles, au lieu de l'abondance de Fruits qu'ils auroient rendu s'ils étoient bien taillez. *Xenophon.*

L'habilité du Maître fait les bons Eleves, comme rarement voit on des domestiques naturellement bons dans la maison d'un pere de famille qui est paresseux & mauvais ménager. *Xenophon.*

luy quelques autres qualitez importantes que nous avons cy-devant marquées.

Premierement qu'il ſçache un peut écrire; il eſt certain que quoy que l'écriture ne ſoit pas abſolument neceſſaire à un Jardinier, toutefois on ne peut nier que ce ne ſoit un avantage tres-conſiderable, afin que s'il eſt éloigné du Maître il puiſſe luy-même recevoir ſes ordres, luy mander des nouvelles de ſes Jardins, tenir Regiſtre de tout ce qu'il y fait, &c.

En ſecond lieu s'il eſt marié, il eſt expedient que ſa femme outre le ſoin de ſon ménage prenne encore plaiſir & ſoit capable de travailler du Métier de ſon mary; c'eſt un treſor d'un prix ineſtimable pour la perfection de tout le Jardinage, auſſi bien que pour la bonne fortune du Jardinier: cette femme ſercle ou ſacle, comme on dit vulgairement, c'eſt-à-dire nettoye, ratiſſe, ſerfoüit, pendant que le Maître & ſes Garçons travaillent à des Ouvrages plus penibles, plus preſſez & plus importans; ſi le mary eſt abſent ou malade elle ſollicite chacun à bien faire ſon devoir; c'eſt elle qui cueille tant les Legumes que les Fruits, dont ſouvent on laiſſe perir une bonne partie faute de les cueillir en leur Saiſon; c'eſt elle enfin qui doit ſupléer à beaucoup de deſordres, que nous remarquons par tout où la Jardiniere n'aime pas à travailler au Jardin. Je ſuis d'avis qu'on demande à la voir, pour juger d'abord non-ſeulement ſi on peut eſperer d'elle ces ſortes de ſecours ſi importans, mais encore ſi elle a un certain air de propreté qu'on veut, & ſi elle n'a rien en ſa perſonne qui déplaiſe; tout cela doit faire de grandes raiſons ou pour, ou contre le Jardinier dont il eſt queſtion: je pourrois dire icy qu'en beaucoup de Maiſons de campagne le Jardinier devient Concierge, quand la femme paroît propre & entenduë, ce qui leur eſt toûjours de quelque utilité.

En troiſiéme lieu il faut venir à demander le nom des Maîtres chez qui le Jardinier qui ſe preſente a appris ſon Métier; quand il cite pour un bon Maître celuy qui conſtamment eſt un ignorant, & que cependant il en fait ſon principal honneur, communément c'eſt une grande marque d'incapacité, quoy qu'en autre choſe il ſe puiſſe bien faire que l'Apprentif en sçache plus que le Maître.

Voicy encore certaines marques assez propres pour pouvoir juger du merite des Jardiniers ; je n'estime pas qu'il faille faire grand cas d'un babillard, c'est-à-dire tant de celuy qui a une demangeaison de parler de son habileté, que de celuy qui affecte de dire des mots extraordinaires, lesquels il croit beaux, & qui en effet ne le sont pas.

Défiez-vous de ces sortes de Iardiniers qui se vantent de sçavoir ce qu'ils ne sçavent pas. *Xenophon.*

Il en est de même à l'égard de celuy, qui sans en pouvoir rendre aucune raison valable fait gloire de mépriser également ce qu'il n'a pas vû comme ce qu'il a vû, qui a une présomption si grande de son sçavoir faire qu'il ne croit pas pouvoir rien apprendre de nouveau, qui s'imagine qu'il y iroit de son honneur s'il cherchoit à voir les gens de reputation, ou même s'il les écoutoit avec attention, comme si ce miserable craignoit par là de donner matiere de dire qu'il n'étoit pas asseurément aussi habile qu'on l'avoit crû ; il ne s'en trouve que trop qui sur les questions qu'on trouve à propos de leur faire, répondent d'abord avec un souris dédaigneux, il me feroit beau voir si à mon âge je ne sçavois pas mon Métier, & qui sur cela ne voudroient pas pour rien du monde avoüer leurs fautes, ny s'instruire à mieux faire.

Il y en a qui affectent de ruiner toûjours ce qui est ancien dans leur Jardin, & d'y faire des nouveautez perpetuelles, & ce sont ceux-là qui s'étudient à amuser le Maître de quelques esperances de l'avenir, tant afin que cependant il ne s'aperçoive pas de leur mal-habileté pour le passé ou pour le present, qu'afin de trouver quelque profit dans la dépense qui est à faire aux Ouvrages nouveaux.

Et tout au contraire il y en a dont la stupidité est si grande qu'ils ne s'avisent jamais de rien, & qui en quelque desordre que soient les Jardins qu'ils entreprennent, les y laissent plûtôt que d'y apporter le moindre changement ; & si par exemple ils ont beaucoup de vilains Arbres tous ruinez, ou des quarrez de Fraisiers, d'Artichaux, d'Asperges, &c. qui ne fassent plus rien de beau, ny de bon, au lieu de se mettre en peine d'y pourvoir & d'y remedier, comme il est tres-facile, ils se contenteront de dire que c'est assez pour eux d'entretenir les

lieux

lieux sur le pied qu'ils les ont trouvez.

Ces deux sortes de Jardiniers ne valent guéres mieux les uns que les autres ; ceux qui prônent particulierement leur adresse à greffer, donnent aussi par là une marque infaillible de leur peu de capacité en ce qui regarde le principal du Jardin ; je sçay bien qu'il est necessaire de sçavoir greffer, mais je sçay bien aussi qu'une femme ou un enfant de huit ou dix ans le peuvent faire comme l'homme du monde le plus consommé ; rien n'a produit un si grand nombre de mal-habiles gens en fait de Jardinage que cette adresse à greffer ; c'est la Pepiniere d'où il sort tant de pauvres Jardiniers, qui ont, pour ainsi dire, corrompu & infecté tout le Jardinage, parce qu'ils se croyent les premiers hommes de leur profession tout aussi-tôt qu'ils sont parvenus à sçavoir greffer, & sur ce fondement entreprennent hardiment la conduite de quelque Jardin que ce puisse être.

Une autre espece d'ignorans sont ceux qui ne sçauroient dire trois paroles de leur Métier sans y mêler la pleine Lune & le décours, prétendans, & n'en sçachans pourtant aucune raison, que c'est une observation absolument necessaire pour le succés de tout le Jardinage ; ils croyent ces bonnes gens nous persuader par de tels mots, qu'ils sçavent à point nomme tous les mysteres de l'Art ; si bien que quand avec une fierté presomptueuse ils auront avancé en leur jargon que tout Vendredy porte décours, que le jour du grand Vendredy est infaillible & pour les semences, & pour les greffes, & pour le plan, & pour la taille, &c. ils pretendent qu'on sera trop heureux de les avoir pour Jardiniers.

J'examine amplement dans mon Traité des Reflexions ce qui regarde ces visions, lesquelles sur le fait du Jardinage je trouve en verité aussi ridicules que vieilles ; c'est pourquoy j'estime qu'il faut se défier de ces gens du décours, aussi les rend-on muets à la moindre difficulté qu'on leur fait sur de telles maximes, sans qu'ils soient capables de répondre autre chose si ce n'est qu'ils suivent en cela le grand usage de tout le monde.

Je croy avoir nettement remarqué les bonnes & mauvaises qualitez qui peuvent d'ordinaire se rencontrer parmy les Jardiniers ; il me semble maintenant que sur tout pour ceux qui ne ſçavent guéres, il n'eſt pas mal de les exhorter à s'étudier ſoigneuſement de devenir plus habiles.

Et à l'égard de ceux qui ont de l'acquis & de la capacité, je les exhorte de tout mon cœur à continuer de ſe perfectionner, pour meriter de plus en plus les bonnes graces de leurs Maîtres, s'ils ſont bien placez, ou pour meriter quelque choſe de mieux, s'ils n'ont pas aſſez bien rencontré.

Je me trouve une merveilleuſe diſpoſition à faire plaiſir à tous ceux qui ont de la bonne volonté, ſoit en les aidant de quelque inſtruction aux parties du Jardinage qu'ils ne ſçavent peut-être pas aſſez bien, ſoit en leur procurant de l'employ dans des maiſons conſiderables.

Comme de l'autre côté j'ay un grand panchant à mépriſer, & particulierement à ne rendre aucun bon office à ceux qui n'ont pas les bonnes qualitez neceſſaires.

On ne peut point dire qu'on ait un bon Jardinier s'il n'eſt habile, l'ignorance eſt icy un des plus grands défauts qu'il puiſſe avoir. *Xenophon.*

Enfin pour faire que le Maître qui a beſoin d'un Jardinier ſe mette l'eſprit pleinement en repos, il me ſemble que s'il eſt luy-même inſtruit & entendu aux bonnes maximes du Jardinage, il ne ſçauroit mieux faire que de queſtionner celuy qui ſe preſente ſur les points principaux de toute la Culture, & ſe tenir cependant pour perſuadé que d'ordinaire ceux qui ſont bons Ouvriers, ſçavent paſſablement parler de leur Métier, & que par conſequent c'eſt un aſſez méchant ſigne d'habileté que de n'en pouvoir preſque pas dire trois mots de ſuite.

Ce n'eſt pas qu'il n'y ait quelquefois des gens qui ſçavent mieux parler que travailler, & qu'il n'y en ait auſſi qui naturellement ont plus de facilité à parler les uns que les autres ; mais en cecy on cherche premierement des Jardiniers, & non pas des Orateurs ; & en ſecond lieu on ne cherche pas à la verité de l'éloquence, c'eſt ſimplement quelque marque de la capacité neceſſaire, ſoit pour s'aſſeurer qu'on aura toûjours un Jardin en bon état, puiſqu'il eſt entre les mains d'un bon Jardinier, ſoit pour eſperer d'avoir quelquefois le plaiſir de s'entretenir de Jardinage, & de queſtionner ſur les matieres qui ſe preſentent ; l'honnête homme aura ſuffiſamment de lumieres pour démêler ce qui peut être icy de bon, ou d'indifferent pour ſon uſage, & ſe contenter de ce que la raiſon & ſon ſervice peuvent demander d'un Jardinier ſans aller plus avant.

EXPLICATION DES TERMES DU JARDINAGE.

A

ADos se dit de la terre qu'on a élevé en talus le long de quelque mur bien exposé, afin d'y semer pendant l'Hyver & le Printemps quelque chose qu'on veut avancer plus qu'il ne feroit en pleine terre ; ainsi seme-t'on des Pois & des Féves sur un Ados, ainsi y plante-t'on des Artichaux, du Raisin, des Framboises, &c. la reflexion du Soleil échauffant ces talus comme si c'étoit de veritables murailles ; on fait aussi des élevations en dos de bahu dans les terres qui sont froides & humides, comme le sont par exemple celles du Potager de Versailles, pour en corriger le défaut & procurer plus de bonté à tout ce qu'elles produisent.

Affaissement se dit des terres & des sables, qui ayant été nouvellement portez en assez grande quantité dans la place où ils sont, ou ayant été nouvellement remuez de deux ou trois pieds de profondeur se trouvent en quelque maniere enflez, & occupans plus de hauteur de superficie qu'ils ne devroient ; si bien qu'ensuite ils rentrent & se raprochent ce semble en eux-mêmes comme pour descendre plus prés du centre de la terre, & pour lors on dit que ces terres se sont affaissées, & en terme vulgaire & plus grossier que ces terres se sont tassées.

Le même affaissement se dit encore des Couches de grand Fumier, qui s'affaissent notablement quelques jours aprés avoir été dressées ; il se dit aussi des tas de Fumier qu'on antoise, ou qu'on empile.

Les Jardiniers habiles en remplissans quelque grand trou ont accoûtumé de le remplir d'un bon pied au moins plus haut que le reste de la superficie, en vûë que l'affaissement, qui doit sûrement arriver aprés les pluyes ou les néges, rendent tout le terrein égal.

Afiler, c'est-à-dire aiguiser, *Voyez Serpette.*

Aîles d'Artichaux sont les Pommes d'Artichaux qui naissent aux côtez de la Pomme du principal montant, & ne sont pas si grosses que cette principale Pomme.

Allée est dans chaque Jardin une espace d'une longueur considerable, (cette longueur ne se peut régler, elle dépend de l'étenduë du Jardin) & d'une largeur mediocre depuis environ une toise jusqu'à deux, trois, quatre, cinq, &c. cet espace bordé de quelque bordure, sablé pour l'ordinaire, un peu ferme sous les pieds, & séparant comme une maniere de ruë les quarrez les uns d'avec les autres.

Allée bien tirée se dit quand le Jardinier avec une Charuë, ou avec la Ratissoire en a coupé par tout les méchantes herbes, & en a en quelque façon labouré d'un demy pouce la superficie, & ensuite y a passé sa Herse ou le Rateau, & quelquefois le Rabot, en sorte que cette Allée paroisse fraîche faite.

On dit aussi pour la même chose Allée bien repassée, bien retirée, cela veut dire que le Jardinier a ratelé, uny & approprié toute la superficie de cette Allée, qui ayant été passée ou tirée avec la Charuë a été ensuite repassée avec les Rateaux ou Rabots.

Aligner ou prendre des alignemens sont des termes aussi usitez parmy les Maçons que parmy les Jardiniers, & se disent quand on veut faire des Murailles ou des Allées bien droites, des rangées d'Arbres, des Quinconces, &c. pour raison de quoy aprés avoir pris les coins de chaque largeur, ou de chaque longueur de la place où l'on veut travailler, on met à chacun de ces coins un jallon ou bâton armé en tête d'un morceau de papier blanc, ou blanchy de chaux dans une partie de sa longueur, & on en met encore un au milieu des deux, & pour lors le Jardinier se mettant à l'un des coins des extrémitez marquées,

& fermant un des yeux regarde, c'est-à-dire aligne, ou borneye si les trois jallons se rencontrent juste dans une même ligne comme ils doivent ; ainsi fait on peut planter des Arbres de chaque Quinconce, ou de chaque Allée aprés en avoir planté un à chaque extrémité ; voila pourquoy on dit des alignemens bien ou mal pris.

Avenüe est une grande Allée accompagnée pour l'ordinaire de deux contre-Allées, ayant chacune la moitié de la largeur de l'Allée principale, les unes & les autres bordées de grands Arbres soit Ormes, Tilleuls, Chaînes, & quelquefois d'Arbres fruitiers.

Amander, Amandement sont termes qui se disent à l'égard des terres maigres ou usées, quand on y mêle de bons Fumiers ; ainsi l'on dit une terre qui n'est pas amandée, quand il y a long-temps qu'elle n'a pas été fumée, & tout le contraire se dit d'une terre qui a été nouvellement bien fumée ; on dit aussi une terre qui a besoin d'amandement, c'est-à-dire qui a besoin d'être fumée de nouveau.

Ameublir se dit quand on laboure une terre qui s'étoit endurcie par la longueur du temps, ou qui avoit été battuë par de grandes pluyes d'orages, ou par des arrosemens, &c. en sorte qu'elle avoit fait une espece de croûte ; ce terme se dit encore des terres qui sont dans les Caisses d'Orangers, ou dans des Pots, ou dans des Vases à Fleurs, ou autres Plantes, lorsqu'elles se sont endurcies vers la superficie par les frequens arrosemens, si bien qu'on est obligé d'y faire de petits labours pour ameublir cette superficie, c'est-à-dire la rendre meuble, & par ce moyen donner entrée aux eaux qui doivent pénetrer dans le fond de la mote & vers les racines.

Aousté, *Voyez branches aoustées.*

Arbres sur franc sont ceux qui ont été greffez sur des sauvageons venus de pepins, ou venus de boutures dans le voisinage d'autres sauvageons ; ainsi on dit un Poirier sur franc, à la difference d'un Poirier greffé sur Coignassier ; on dit un Pommier greffé sur franc, à la difference d'un Pommier greffé sur paradis.

Arbres bien abboutis se dit de ceux qui ont beaucoup de boutons à Fruit, & qu'on dit aussi bien boutonnez, & le contraire se dit de ceux qui en ont peu ou point.

Arbres bien ou mal apprêtez, & Arbres bien ou mal preparez sont termes qui signifient la même chose qu'Arbres bien ou mal abboutis.

Arbres fatiguez se dit des Arbres qui paroissent usez soit de vieillesse, soit faute de culture, soit aussi pour être dans un méchant fond, en sorte qu'ils ne font plus ny beaux jets nouveaux, ny de beaux boutons à Fruit, & au contraire se chargent de mousse & de gale, & ne font qu'une infinité de boutons à Fruit sur les queuës des anciens boutons, & ces nouveaux boutons ont beau fleurir, ou ils ne nouënt point, ou ils ne font que de méchans petits Fruits.

Arbres de haut vent & de plein vent, & Arbres de tige c'est la même chose; certains Fruits sont meilleurs en plein vent qu'en buisson, ou en espalier.

Argot est l'extremité d'une branche qui est morte, si bien qu'ôtant cette extrémité morte jusques sur le vif cela s'appelle ôter l'Argot; il n'y a rien de plus desagreable dans un Arbre que d'y voir de ces Argots, & un Jardinier intelligent & propre prend un extréme soin de les ôter; cela est particulierement necessaire en fait de Pepinieres pour les Arbres greffez en écusson.

Arrester des Melons & des Concombres c'est les tailler quand ils ont trop de bras ou de branches, ou qu'ils les ont trop longues, ainsi on dit voila des Melons qui ont besoin d'être arrêtez, c'est-à-dire qui ont besoin d'être taillez, ou comme on dit assez vulgairement être châtrez.

Arrosoir est un Outil de cuivre rouge ou jaune, & ce sont les bons; le rouge vaut mieux; il y en a de fer blanc & de terre, & ceux-là sont indignes des grands Jardins; cet Arrosoir est fait en forme de Cruche, & sert pour arroser les Plantes, il doit avoir un ventre capable de tenir au moins un seau d'eau, avoir un col, & ensuite un goulot ou ouverture assez grande, par où l'eau entre dans ce ventre, avoir une pomme percée en une infinité d'endroits, afin que l'eau sorte en forme de pluye, & que par ce moyen elle puisse humecter doucement la terre sans la rendre dure & battuë, avoir enfin une anse ronde passablement grosse, autrement une espece de manche par où le Jardinier en prend un de chaque main pour les porter, & les vuider.

Les ASPERGES sont une Plante potagere qui vient au Printemps, & est connuë de tout le monde; elle commence à durcir aussi-tôt que la tête commence un peu à s'épanoüir; l'industrie du Jardinier en peut faire venir l'Hyver par le moyen des rechauffemens de Fumier de Cheval nouveau fait.

AVERSE d'eau se dit d'une grande quantité d'eau de pluye survenuë tout d'un coup par quelque orage.

AUBIER est la partie du bois, qui étant la plus proche de l'écorce est la plus tendre & la plus sujete aux vers & à la pourriture, & ainsi est un défaut; c'est pourquoy on dit un Echalas qui a de l'Aubier ne vaut rien; on dit la même chose d'une Poutre, d'une Solive, &c. cet Aubier est d'un blanc jaunâtre, qui devient aisément vermoulu, c'est-à-dire tout percé de petits trous de vers.

B

BAQUET est un vaisseau de bois rond, quarré, ou oblong, dans lequel le Jardinier seme quelques graines particulieres; les plus ordinaires sont ronds, & sont proprement la moitié d'un muid, ou d'un demy-muid scié en deux, ou bien on en fait faire exprés par le Tonnelier pour être à peu prés de la même figure, & pour cet effet il employe des Douves, du Cerceau & de l'Osier.

BAQUETER c'est se servir d'une pele de bois, ou d'une écope pour ôter & jetter loin de l'eau survenuë dans quelqu'endroit du Jardin où elle nuit, & incommode.

BAR, *Cherchez Civiere.*

BASSIN se dit d'un endroit rond & un peu enfoncé, où est d'ordinaire une Fontaine jalissante, & où tout au moins on fait venir de l'eau pour le service du Jardin.

BASSINER parmy les Jardiniers est la même chose qu'arroser legerement, ainsi on dit bassiner une couche de

Melons pour dire l'arroser mediocrement, & y verser en petite quantité l'eau de l'Arrosoir en passant.

Battre des Allées se dit quand avec un morceau de bois long d'un bon pied & demy, épais d'un demy-pied, large de huit à neuf pouces, & emmanché dans le milieu, on frape à plusieurs reprises une Allée qui étoit raboteuse, ou un peu molle, & que par ce moyen on rend ferme ; ce morceau de bois s'appelle une Batte, & on l'employe d'ordinaire aux Allées qui ont été faites avec de la recoupe de pierre de taille.

Terres battuës se dit quand aprés ces grands orages d'eau, qui viennent quelquefois en Esté à l'occasion des Tonnerres, la superficie de la terre au lieu de paroître fraîche remuée comme auparavant elle paroît au contraire toute unie, & comme si en effet on avoit pris plaisir de la trepigner & de la battre.

Besche est un Outil de fer large à peu prés de huit à neuf pouces, & long d'environ un pied, assez mince par en bas, & un peu plus épais par en haut à l'endroit où il y a un trou, qu'on nomme une Doüille, dans lequel trou on met un manche de prés de trois pouces de tour, & de trois pieds de long ; on se sert de cet Outil ainsi emmanché pour bêcher, c'est-à-dire pour remuer & labourer la terre, ce qui se fait en enfonçant cette Bêche d'environ un pied dans cette terre ; afin de la renverser çen dessus dessous, & par ce moyen faire mourir les méchantes herbes, & la disposer en même temps à une nouuelle semence, ou à un nouveau Plan de Legumes, &c.

Bequiller & bêchoter se dit quand on fait un fort petit labour avec une Houlette dans une Caisse d'Orangers, ou d'autres Arbrisseaux, ou avec la Serfoüette, par exemple dans une Planche de Laituës ; de Pois, de Chicorées, de Fraisiers, &c. cela se fait pour mouver, c'est-à-dire rendre meuble cette terre qui paroît battuë, en sorte que l'eau des pluyes ou arrosemens puissent penétrer dans le fond de la mote qui est dans la Caisse, ou penétrer au dessous de la superficie de la terre pour aller servir de nourriture aux racines.

Biner est la même chose que bequiller, & se dit quand avec

avec un petit Outil de fer émanché, & ayant deux dents renversées on serfoüit ou serfoüette les Pois, les Féves, les Laituës & Chicorées, &c. c'est-à-dire qu'on y fait une maniere de petit labour qui ne fait qu'ameublir la terre autour de chaque pied sans l'arracher ou le blesser.

Le BLANC, mes Concombres ont le blanc, mes Oeillets perissent par le blanc, *Voyez Nuille ou Nielle.*

BOIS, branches à bois, branches à demy-bois, *Voyez Branches.*

BORDER une Allée c'est y planter; ou semer une bordure qui détache la Planche d'avec l'Allée; les bordures ordinaires sont de Thym, Sauge, Lavande, Hysope, Fraisiers, Violiers, Oseille, &c.

BORNEYER, c'est-à-dire aligner ou viser d'un seul œil pour faire sur la terre une ligne droite, ou une Allée, ou un rang d'Arbres, &c.

BOTE en Jardinage se prend pour une bonne poignée, ou pour la valeur de deux ou trois ensemble, & liées de quelque lien soit de Paille, soit d'Osier, &c. ainsi on dit une bote de Raves, une bote d'Asperges; ce mot de bote s'étend au Büis, à la Paille, au Foin, à l'Osier, aux Echalas, &c.

BOULINGRIN est une maniere de Parterre de Gazon, dont l'origine est venuë d'Angleterre, qu'on prend soin de tondre souvent pour entretenir toûjours l'herbe courte & fort verte.

BOURLET aux Arbres se dit de l'endroit, où au bout de quelques années la greffe devient plus grosse que le pied, sur lequel elle a été faite, & d'ordinaire c'est une marque que le Sauvageon n'est pas trop bon; la Poire de petit blanquet est sujette à faire le bourlet.

BOUTON des Arbres est un petit endroit rond & assez gros, dans lequel est la fleur qui doit faire le Fruit; parmy les Arbres à pepin chaque bouton a plusieurs fleurs, & parmy les Arbres à noyau chaque bouton n'en a qu'une.

Certains Jardiniers appellent Bourres & Bources à Fruit ce que la plûpart des autres appellent Boutons, & de là vient qu'on dit quelques-fois que les Fruits, par exemple des Abricotiers, Pêchers, &c. ont été gelez en bourre.

BOUTURE se dit tantôt de certaines branches qui n'ayant aucune racine, & étant mises en terre un peu fraîches y prennent, c'est-à-dire y font des racines & deviennent Arbres ou Arbustes, ainsi des branches de Figuier, de Coignassier, de Groseiller, de Giroflée jaune, d'If, &c. mises en terre y prennent racine; cela s'appelle prendre de bouture.

BOUTURE se dit aussi de certains rejettons enracinez qui naissent au pied de quelques Arbres, comme il en naît autour des Pruniers, des Poiriers & des Pommiers sauvages, & ces rejettons se nomment aussi par quelques Jardiniers des Petreaux.

BRANCHE est la partie de l'Arbre qui sortant du tronc aide à former la tête.

BRANCHE à bois se dit de la branche qui étant venuë sur la taille de l'année precedente, & cela dans l'ordre de la nature est raisonnablement grosse.

BRANCHE à Fruit se dit de celle qui est venuë mediocre dans sa grosseur & longueur sur cette même taille.

BRANCHE à demy bois est celle qui étant trop menuë pour branche à bois, & trop grosse pour branche à fruit, est coupée à deux ou trois pouces de long, pour en faire sortir de meilleures soit à bois, soit à fruit, & pour contribuer cependant à la beauté de la figure, & amuser la grande vigueur de l'Arbre.

BRANCHE de faux bois se dit de toutes les branches qui sont venuës d'ailleurs que des tailles de l'année precedente, ou qui étant venuës sur ces tailles se trouvent grosses à l'endroit où elles devroient être menuës.

BRANCHE mere, ou mere branche se dit de celle qui ayant été racourcie à la derniere taille a produit d'autres branches nouvelles; ainsi on dit qu'en taillant il ne faut laisser sur la mere branche que celles qui contribuënt à la beauté de la figure de l'Arbre.

BRANCHE aoustée se dit des branches qui sur la fin de l'Esté cessent de pousser & s'endurcissent; on dit aussi Citroüille aoustée de celle qui a pris sa croissance, en sorte qu'elle n'augmente plus ny en grosseur, ny en longueur, & que sa peau devient dure & ferme, & qu'elle resiste à l'ongle ; la bonne marque des Citroüilles aoustées est quand le pied commence naturellement à se faner.

BRANCHE veule se dit de certaines branches de Fruitiers, qui sont extrémement longues & menuës, si bien qu'elles ne sont propres ny à faire du Fruit, ny à devenir branches à bois, & ainsi il les faut ôter entierement ; cela s'appelle aussi branches élancées.

BRANCHE chifonne se dit d'autres branches qui sont extraordinairement menuës & courtes, soit qu'elles soient poussées de l'année, soit qu'elles soient des années precedentes, & comme elles ne font que de la confusion de feüilles dans l'Arbre soit Espalier, soit Buisson il les faut entierement ôter.

BRAS se dit particulierement en fait de Melons, de Concombres, Citroüilles, &c. il signifie la même chose que branche signifie en fait d'Arbres fruitiers ; un pied de Melon commence à faire des bras, à pousser des bras, il a fait des bras, tout cela signifie des branches de ces Plantes ; les bons Melons viennent sur les bon bras, & il n'en vient point sur les méchans bras, par exemple sur ceux qui sont trop veules, ou sur ceux qui venans des oreilles sont trop materiels, sont larges & épais, je dis ailleurs qu'il les faut entierement ôter.

BRETELLES sont deux manieres de tissu façon de sangle, chacune large de deux pouces, & longue d'environ une demy aune ; on les attache vers le milieu de la partie platte de la Hotte, afin que chacune faisant le tour d'une des épaules, & passant par dessous les aisselles elles viennent s'acrocher à deux bouts de bâton, qui tout exprés pour cela sortent du bas de la Hotte, & ainsi la Hotte tient ferme sur le dos.

BRIN, Arbre de brin, d'un seul brin, cela se dit proprement du bois de charpente, par exemple ce qu'on appelle un Chaîne de brin c'est un Chaîne de belle venuë, assez gros pour sa longueur, & qui s'employe en bâtimens sans avoir besoin d'être scié pour être équary.

BRIN se dit aussi de nos Arbres fruitiers, quand on dit choisir des Arbres d'un beau brin, c'est-à-dire des Arbres droits & de belle venuë, & assez gros.

Brise-vent est une clôture en forme de petit mur, épais d'environ un bon pouce, haut de six ou sept pieds, fait de paille longue, & soûtenuë par des pieux fichez en terre, & des échalas mis en travers dedans & dehors, bien liez ensemble avec de l'osier ou avec du fil de fer; une telle clôture sert pour empêcher que les vents froids ne donnent sur des Couches de Melons, Salades, &c. les Jardiniers qui n'ont point de veritables murailles qui les défendent du Nort, se servent avec succés de ses Brise-vents.

Brocher est un terme assez barbare qui se trouve assez en usage parmy les Jardiniers peu polis, & se dit des Arbres qui étant nouvellement plantez commencent à pousser de petites pointes soit pour de nouvelles braches à la tête, soit pour de nouvelles racines au pied; ainsi on dit l'Arbre broche, l'Arbre ne broche pas encore, &c.

Brocoli sont des petits rejettons que font les vieux Choux aprés l'Hyver, quand ils commencent à vouloir fleurir & grainer, ces rejettons étant cuits sont bons à manger, & sur tout en Salade.

Broüir se dit des Arbres sur lesquels dans les mois d'Avril & de May a donné quelque mauvais vent, en sorte que les feüilles en sont devenuës toutes retirées, & comme on dit recroquebillées, n'ayant plus leur étenduë à l'ordinaire, ny leur verdeur non plus, mais une couleur terne & rougeâtre, & ces feüilles tombent pour faire place à de nouvelles qui doivent leur succeder, ainsi on dit des Abricotiers broüis, des Pêchers broüis.

De broüir vient broüisseure, il faut ôter toute la broüisseure des Arbres, cette broüisseure tombera aux premieres pluyes douces.

Broüille terme de Fleuriste, qui parle d'une Fleur qui n'a pas panaché net, cette Tulippe est broüillée, &c.

Brouter est un terme qui signifie rompre l'extrémité des branches menuës, quand elles sont trop longues à proportion de leur foiblesse.

Buisson se dit des Arbres fruitiers qu'on tient bas, ne leur laissant que quatre, cinq ou six pouces de tige, on les appelle vulgairement des Arbres nains, & certains Provinciaux les appellent Arbres en bouquet ; on leur donne de l'ouverture dans le milieu, & de l'étenduë sur les côtez pour en faire des Arbres d'une agreable figure par le moyen de la taille qu'on y fait tous les ans.

Buter un Arbre c'est élever au pied de l'Arbre une maniere de motte de terre pour le soûtenir, cela se pratique particulierement à l'égard des Arbres de tige nouveaux plantez, que les vents pourroient renverser ou arracher, s'ils n'étoient pas ou butez, ou soûtenus de quelque Perche ; on dit aussi planter des Arbres en bute, c'est à l'égard des petits Arbres qu'on plante dans une terre qui est un peu trop humide, ou qui n'est pas encore regalée pour être de niveau avec tout le reste du terrein.

C

Calebasse se dit des Prunes, qui dans le mois de May au lieu de grossir & de conserver leur verd deviennent larges & blanchâtres, & enfin tombent sans venir à grosseur.

Canoles, *Voyez Marcotes.*

Cayeux se dit en fait d'Oignons de Fleurs, & ce sont de petits commencemens d'autres Oignons ronds par dehors, & convexes par dedans, que la nature pousse & forme tout autour de la partie basse, & enracinée de chaque Oignon, & cela pour la multiplication de l'espece de ces Oignons, les uns ne se multiplians que de cette façon là, comme les Tubereuses, Jonquilles, Narcisses, &c. (ces Cayeux ayant été détachez de l'Oignon principal deviennent par le temps aussi gros que luy) les autres se multiplient de graines aussi bien que de Cayeux, comme les Tulipes, Hyacinthes, &c.

Cerisaye se dit d'un lieu où il y a beaucoup de Cerisiers.

Cerisier de pied se dit de ceux qui naissans de la racine d'autres Cerisiers font de bonnes Cerises sans avoir besoin d'être greffez, comme il arrive en fait de Cerisiers hâtifs, & qui n'arrive point en fait de Griotiers & Bigarrotiers, & Cerisiers Precoces, qui ne viennent que de greffes appliquées soit en écusson, soit en fente sur des

Cerisiers d' pied, ou sur des Merisiers, &c.

CHAIR en fait de Fruit est le terme dont on se sert faute d'autres pour exprimer la substance du Fruit, qui est couverte d'une peau & qui se mange, & ce mot de chair reçoit plusieurs épithetes pour marquer toutes les differences qui s'y rencontrent, par exemple.

CHAIR beurrée & fondante est celle qui se fond en effet dans la bouche pour peu qu'on la mache, telle est la chair des Poires de Beurré, de Bergamotte, de Lesehasserie, de Crasane, &c. & de toutes les Pêches.

CHAIR cassante se dit des Poires qui sont fermes sans être dures, & qui font une maniere de bruit sous la dent qui les mache, telles sont les Messire-Jean, les Bon-chrétien d'Hyver, les Amadottes, les Martin-secs & les Oranges d'Esté.

CHAIR coriasse & dure se dit de certaines Poires qui n'ont aucune finesse ny delicatesse, & qu'on a peine à avaler, telles sont les Catillac, les Double-fleur, les Fontanabie, les Parmein, &c.

CHAIR fine se dit des Poires excellentes, comme sont les Leschasseries, les Bergamottes, les Espines.

CHAIR gromeleuse & farineuse se dit de certaines Poires qui sont mauvaises & desagreables au goût, telles sont d'ordinaire les Doyennez qui ont trop meury sur l'Arbre, les Poires de Cadet, & même de certaines Poires, qui quoy que d'une excellente espece n'ont pas acquis leur bonté naturelle, comme les Espine d'Hyver qui n'ont pû jaunir, & cependant meurissent, les Bergamotte d'Automne venuës en méchante exposition, ou dans un terrein frais & humide.

CHAIR pâteuse se dit de certaines Poires qui sont en quelque façon grasses comme les Beurrez blancs, les Lansac venuës à l'ombre.

CHAIR tendre se dit de certaines Poires qui n'étant ny fondantes, ny cassantes ne laissent pas d'être excellentes, telles sont les inconnuë-Chêneau, les Poires de Vigne, les Pastourelles, & sur tout les Rousselets.

Il y a enfin de certains Fruits qui ont un peu la chair aigre, comme les Saint Germain, d'autres l'ont un peu acre, comme les Crasanes, & même quelques Poires de Beurré, ausquelles un peu de sucre y corrige ces défauts.

D'autres sont revéches, les Païsans l'appellent réche, comme les Poires à Cidre, & la plûpart des Poires à cuire, & ce défaut ne se peut corriger.

A Champ, semer à champ, autrement à volée se dit proprement des Raves, qui au lieu d'être semées dans des trous d'une Couche, sont semées indifferemment soit sur une Couche, soit en pleine terre, tout de même qu'on seme les autres Graines en plein champ, ainsi aprés avoir semé de l'Oignon, du Persil, &c. on y seme par dessus un peu de Raves ou de Laituës à y demeurer pour pommer, ou arracher, &c.

Chancy se dit du Fumier qui étant dans un tas ou dans une Couche fort seiche a commencé de blanchir, & de faire une espece de petits filamens qui sont des commenmens de Champignons.

Chancre en fait d'Arbre signifie une maniere de galle ou de pourriture seiche qui se forme dans la peau & dans le bois, comme on en voit souvent aux Poires de Robine, aux petit Muscat, aux Bergamotte tant sur la tige qu'aux branches.

Charue en fait de Jardinage est un Outil ou machine quarrée, composée de trois morceaux de bois enchassez l'un dans l'autre, & d'un fer tranchant d'environ trois pieds de longueur, les trois morceaux de bois font les trois côtez du quarré, & le tranchant fait le quatriéme par en bas, le tranchant est un peu penché pour mordre environ un pouce dans les Allées; quand le Cheval traîne cette machine, & que l'homme qui le conduit par une guide appuye assez fortement dessus, si le Cheval va aisément on avance l'Ouvrage en peu de temps.

Chassis en fait de Jardinage est un Ouvrage de bois de Menuiserie fait en tiers-point ou triangle avec des feilleures dans les côtez de l'épaisseur pour y loger, embëtter & enchaser des paneaux quarrez de Vitre, & couvrir par ce moyen des Plantes qu'on veut avancer l'Hyver par des rechauffemens, ainsi qu'il sera cy-aprés dit en expliquant l'usage des Cloches de verre: ces Chassis sont de bois de Chêne bien dur, & souvent peints de ver pour resister davantage aux injures de l'air ; ils ont environ six pieds de long pour contenir de chaque côté deux paneaux de trois pieds en tous sens, leur ouverture est d'ordinaire de quatre pieds, on en met plusieurs au bout l'un de l'autre, & enfin ils sont terminez à leurs extrémitez triangulaires par des paneaux en triangle faits juste pour boucher l'ouverture.

CHATRER est un terme dont les faiseurs de Melons & de Concombres se servent pour dire tailler ou pincer, &c.

CHEVELU se dit de certaines petites racines qui sont tres-menuës, assez longuettes, & sortent des grosses ; je recommande qu'en plantant on ôte le chevelu le plus prés qu'on peut du lieu d'où il sort ; certains Jardiniers le conservent avec un extrême soin, & ont grand tort.

CLAIRE-VOYE, *Voyez Manequins*.

CLAYE, dont se servent les Jardiniers pour passer, comme on dit, des terres à la Claye, est une maniere de tissu de plusieurs brins de bois rond garnis de leur écorce, & assez menus, c'est-à-dire de la grosseur d'un bon pouce ; ces brins de bois rond separez l'un de l'autre d'environ un pouce, & liés en trois ou quatre endroits de leur hauteur d'une chaîne d'Osier qui les entre-lasse, & de plus attachez par derriere avec autant de traverses du même bois, ou un peu plus gros pour maintenir tout l'Ouvrage en état, en sorte qu'à l'user la Claye resiste à la pesanteur de la terre qu'on doit jetter contre, & qu'elle ne se défasse & ne se disloque sitôt qu'elle feroit sans cela ; ce sont les Vaniers qui font de ces Clayes d'environ six à sept pieds de haut & d'autant de large.

CLOCHE pour les Jardiniers ce sont des Ouvrages de verre faits à l'imitation d'une Cloche de fonte, & sont d'environ dix-huit pouces de largeur par le bas de leur ouverture, & d'autant de hauteur avec un gros bouton de la même matiere pour les prendre par là & les placer commodement ; on en fait quelquefois de plus grandes, ces Cloches servent l'Hyver, & pendant toute la Saison froide pour mettre sur les Plantes qu'on échauffe & qu'on

fait

fait avancer par le moyen des Fumiers chauds, par exemple Fraizes, Oseilles, Asperges, Melons, Concombres, petites Salades, &c. ces Cloches les garentissent du froid & du vent ; on dit donner de l'air à la Cloche, c'est les lever ou d'un côté seulement, ou par tout, ce qui se fait avec de petits morceaux de bois, ou avec des fourchettes ; ainsi on dit hausser les Cloches, baisser les Cloches, les Melons ne peuvent plus tenir sous les Cloches, &c.

De ce mot de Cloche on en fait un Adjectif: Cloché pour dire j'ay cent, deux cens pieds de Melons clochez, cela signifie garnis chacun de leur Cloche.

Se Cofiner est un terme de Fleuriste en fait d'Oeillets, pour dire que les feüilles au lieu de demeurer bien étenduës deviennent comme frisées & recroquebillées.

Coignassier, Coignier est l'Arbre qui porte les Pommes de Coing gros Fruit jaune, dur, acre, & qui n'est bon qu'à faire des Confitures, Marmelades, Pâtes, &c. Ces Coignassiers servent particulierement en fait d'Arbres fruitiers pour y greffer des Poires soit en fente quand ils sont fort gros, soit en écusson quand ils sont à peu prés de la grosseur du pouce ou un peu plus.

Certains Jardiniers veulent dire que le Coignier est le mâle, & le Coignassier la femelle, pour moy je ne connois point cette difference; quand les pieds sont vigoureux, qu'ils ont l'écorce unie & noirâtre, & font de beaux jets, ils passent pour Coignassiers, & quand ils sont rabougris & chetifs ayant l'écorce raboteuse, ils passent pour Coigniers, & ne sont pas propres à la greffe.

Colet d'Arbre est la partie qui separe le bas caché par la superficie de la terre d'avec la tige de l'Arbre ; ainsi on dit qu'il faut empêcher qu'il ne reste de racines au colet d'un Arbre, parce que la chaleur les alterant l'Arbre en souffre.

Arbre décolé se dit, quand la tige a été separée du pied où la greffe étoit colée avec ce pied.

Colet de Hotte est la partie de la Hotte qui garentit le col de celuy qui la porte, & empêche que le Fumier ou la terre n'y entrent, ainsi cette partie touche au dos, & est plus haute que le ventre de la Hotte.

Contre-Espalier se dit des Arbres qu'on met sur le bord du carré qui est le long de l'Allée voisine des Espaliers, en sorte que contre-Espaliers c'est comme qui diroit Arbres opposez aux Espaliers, & les imitans par leur figure, car on les palisse & on les attache à un treillage fait exprés; aujourd'huy l'usage des contre-Espaliers est extrémement aboly, & il ne s'en fait plus que fort rarement; on trouve mieux son compte à mettre des Arbres en Buisson à la place des Arbres en contre-Espalier; cependant on couche quelquefois des branches de la Vigne plantée en Espalier pour les faire venir sur le bord du labour, & on les y soûtient avec des Echalas, & ainsi y font une maniere de contre-Espalier; de là vient qu'on dit que le Muscat ne mûrit pas si bien en contre-Espalier qu'en Espalier.

Cordeau est une fissele de la grosseur d'une plume à écrire, dont le Jardinier se sert pour mener bien droit tant son labour & ses planches, que ses Allées & son plan; ce cordeau a par ses deux bouts un bâton pointu d'environ deux pieds de long, autour desquels bâtons le cordeau se tourne, ou se tortille quand l'Ouvrage est fait, & lorsqu'on veut s'en servir on fait entrer un de ces bâtons bien avant dans la terre au point où doit commencer le bord du labour, ou des Allées, ou du plan, ou de la planche, & ensuite en le détortillant on va planter l'autre petit bâton à l'autre point, où se doit terminer la ligne droite dont est question, & on prend soin de bander ce cordeau le plus fort qu'on peut, afin qu'étant bien roide & bien bandé il serve d'une regle infaillible pour faire les planches ou labours bien droits; le Masson appelle ligne ce que le Jardinier appelle cordeau; bander le cordeau, tracer le long du cordeau, &c.

Cordé se dit des racines de Plantes potageres, d'où vient qu'on dit Rave cordée, c'est un mot qui signifie que la Rave est devenuë creuse, & par consequent insipide & mauvaise.

Cornichon se dit d'un petit Concombre mal bâty dans sa figure, qu'on fait confire à la fin d'Octobre.

Cosses de Pois & de Féves c'est une envelope longuette où se forment les Pois ou les Féves; de là vient ecosser des Pois, pour dire sortir les Pois de leur cosse, j'ay des Pois en cosse, &c.

COSTIERE est une espece de terre large de six, sept à huit pieds le long des murs bien exposez, pour y semer ou planter ce qui craint le grand froid ou le grand chaud, sçavoir Laituës, Fraizes, Pois, &c. pour le Printemps, Cerfeüil au Nort pour l'Esté.

COTTY est un terme populaire & assez barbare qu'on dit en fait de Fruits, qui étans tombez sur quelque chose de dur se sont meurtris ou froissez en dedans sans être écorchez ou entamez en dehors, ainsi on dit une Poire cottie, une Pomme cottie; telle cottisseure fait d'ordinaire pourrir le Fruit à l'endroit du coup, & fait ensuite pourrir le reste.

COUCHE est une certaine quantité de grand Fumier qu'on range proprement avec une Fourche de fer, mettant les pointes du Fumier en dedans, & le surplus faisant une maniere de dos par le dehors, si bien que cela fait une espece de planche élevée d'un, deux ou de trois pieds hors de terre, large de quatre à cinq pieds, & de telle longueur que le Jardinier le trouve à propos; on met du terreau ou fumier menu sur cette Couche, pour y élever en Hyver des graines que la terre ne pourroit pas produire à cause du froid, par exemple des Salades, des Fraizes, du plan de Melons, de Concombres, &c.

Il y a aussi des Couches sourdes qui se font de la même maniere que les autres pour l'arrangement du Fumier, à la reserve qu'elles se font dans la terre, aprés y avoir fait une tranchée exprés pour cela de telle profondeur ou largeur qu'on le trouve à propos; ainsi on fait venir des Champignons sur des Couches sourdes.

COUCOU est une espece de Fraizier qui fleurit beaucoup & ne nouë jamais, il faut extrémement faire la guerre à cette sorte de Fraiziers qui multiplie infiniment en trainasses, si bien qu'on voit beaucoup de Jardins qui en sont pleins, & qui aprés avoir donné de grandes esperances de Fruit n'ont donné que du déplaisir au Maître; on ne les sçauroit guere connoître que quand à la fin d'Avril & au commencement de May ils commencent à faire leurs montans, la fleur noircit en défleuriſſant au lieu de faire une Fraize; de ces coucous les uns ſont Fraiziers nouvellement dégenerez, & ainſi ils ont leurs feüilles ſemblables aux bons, les autres ſont venus de ces dégenerez, & ceux-cy n'ont pas la feüille ſi blonde que les bons, mais ils l'ont plus verte & plus veluë.

Couler ſe dit des Fruits qui ayans fleuris n'ont pas noüé, les Melons ont coulé, la Vigne a coulé, ce qui arrive quand la Vigne étant en fleur il ſurvient des pluyes froides, qui empêchent que le grain de Raiſin ne ſe forme & ne nouë.

Couper eſt le terme dont on ſe ſert le plus en parlant de la taille des Arbres, mais il y a differentes manieres de couper, car quelquefois je dis qu'il faut couper à l'épaiſſeur d'un écu, ce qui ſe fait à l'égard des branches aſſez groſſes qui entrent en dedans de l'Arbre, leſquelles j'ôte pour empêcher qu'elles n'y faſſent confuſion, & n'y laiſſe de bois que cette épaiſſeur d'un écu, afin que la ſeve venant & trouvant l'ancien paſſage barré, ou fermé, ou arrêté par le moyen de la taille, & ne pouvant continuer à faire une groſſe branche elle ſoit pour ainſi dire contrainte à ſe partager, & par conſequent à ne faire que deux petites branches, l'une d'un côté de cette épaiſſeur d'un écu, & l'autre de l'autre côté, ces deux petites branches ſortans en dehors de l'Arbre, & ayant par le moyen de leur petiteſſe une diſpoſition prochaine à faire des boutons à Fruit ſont d'un tres-grand ſecours.

D'autresfois je coupe en moignon, c'eſt-à-dire que quand une branche qui avoit été laiſſée paſſablement longue de l'année precedente pour être branche à Fruit, à cauſe qu'elle étoit aſſez foible & bien placée pour cela, quand, dis-je, cette branche laiſſée longue ayant reçû plus de nourriture que naturellement elle n'en devoit recevoir, eſt devenuë groſſe, & a fait d'autres grandes branches à ſon extrémité, pour lors je fais couper toutes ces nouvelles branches tout le plus prés qu'il eſt poſſible de leur origine, afin qu'elles ne puiſſent rien pouſſer de nouveau, & qu'il en revienne d'autres plus baſſes dans la longueur de cette branche pour la garnir, ou autrement elle demeureroit ſans être garnie d'autres branches, & ainſi elle feroit un défaut fort conſiderable dans l'Arbre, dans lequel il n'y doit avoir jamais de branches longues & dégarnies; ainſi couper ou tailler en moignon ne ſe pratique que ſur les branches qui étans groſſes ſe trouvent un peu trop longues, car quand elles ſont de beaucoup trop longues, par exemple d'un pied ou au delà, je les racourcis pour les reduire à une longueur raiſonnable.

Quelquefois je dis qu'il faut couper en talus & en pied de biche, ce qui ſe fait à l'égard des extrémitez de chaque branche qu'on taille, qui ayant une coupe tant ſoit peu longuette ſe recouvre plus aiſément; mais je coupe particulierement en talus certaines branches qui étans ſur le côté de la mere branche ont une entiere diſpoſition à entrer en dedans de l'Arbre, où elles feroient de la confuſion, & je les racourcis de maniere qu'abſolument il n'en reſte rien en dedans, & qu'il en reſte l'épaiſſeur d'un bon écu en dehors, & regulierement de cette épaiſſeur de talus il en ſort enſuite une branche en dehors, qui ſe trouve propre à être ou branche à fruit, ou branche à bois neceſſaire pour la beauté de l'Arbre.

Enfin je dis qu'il faut couper carrément en de certaines rencontres, ce qui ſe fait à l'égard des Buiſſons que je fais planter, afin que la taille de l'extrémité étant bien unie & bien égale il ſe forme tout autour trois ou quatre nouvelles branches bien placées & bien diſpoſées pour faire un Buiſſon bien rond, bien ouvert, & également garny.

Coupe bourgeon, ou Liſette, *Voyez Liſette*.

Courson ou Crochet ſe dit de la branche de Vigne taillée & racourcie à trois ou quatre yeux, ainſi on dit qu'il eſt ſorty trois ou quatre belles branches du Courſon de l'année.

Ce mot de Courſon ou de Crochet ſe dit auſſi en fait d'Arbres, quand la branche de l'année precedente en ayant pouſſé trois ou quatre de fort belles on eſt obligé de n'en conſerver qu'une d'une longueur raiſonnable, c'eſt-à-dire de cinq à ſix ou ſept pouces, & c'eſt la branche qui ſe preſente le mieux pour contribuer à la belle figure de l'Arbre ; & à l'égard de quelques-unes des autres qui se trouvent à côté ou au dessous de celle qui a été conservée pour la taille de l'année, on les racourcit à deux ou trois yeux, afin qu'une partie de la seve de la mere branche y entrant forme d'autres branches qui aident à la figure de l'Arbre, & que cependant celle de l'extrémité qui est la principale ne recevant qu'une portion mediocre de seve ne fasse point de branches trop grosses, ny en trop grande quantité, mais qu'elle en fasse d'une mediocre grosseur, & semblables aux autres principales branches de tout l'Arbre ; je fais voir l'usage de ces Coursons dans le Traité de la taille.

Courtilliere est une espece d'Insecte qui se forme dans les Fumiers de Cheval pourris, & par conséquent dans les Couches, il est long d'environ deux pouces quand il a sa grosseur naturelle, il est passablement gros, jaunâtre, marche assez vîte, & ronge les pieds des Melons, des Chicorées, Laituës, &c. & ainsi les fait mourir.

Crayon se dit de certaines terres dures, blanchâtres, & en quelque façon grasses & huileuses, qui sont tout à fait steriles, qui se trouvent au dessous des bonnes terres, & quelquefois trop prés de la superficie, en sorte que le Soleil penêtre trop vîte ces bonnes terres, & que les racines des Arbres n'ayant pû pousser assez avant y sont alterées & brûlées, c'est ce qui fait jaunir, & enfin perir les Arbres ; il y a donc un crayon blanc, il y en a aussi de noirâtre & de grisâtre.

Crochet d'Arbres, *Voyez cy-dessus Courson.*

Crochet à remuer du Fumier est un Outil, qui ayant deux dents de la longueur de sept à huit pouces renversées en dessous, & étant emmanché dans un manche de trois ou quatre pouces de tour, & d'environ quatre pieds de longueur sert à arracher le Fumier entasé, & si presé dans une Couche ou dans un tas, qu'avec la Fourche de fer on ne le sçauroit déprendre & separer l'un d'avec l'autre.

Croiser se dit des branches d'Espalier qui vont passans les unes sur les autres, & y font une maniere de croix ; c'est un défaut qu'il faut éviter autant qu'on peut, mais qui est quelquefois necessaire pour couvrir quelque vuide, & pour lors bien loin de le conter pour un défaut, je le regarde comme une beauté.

CROSSETTE se dit des branches de Vigne qu'on a taillées, en sorte qu'il y reste un peu de vieux bois de l'année precedente; ces Crossettes étant mises en terre font assez aisément des racines; les Bourguignons les appellent Chapons.

Crossette se dit aussi des branches de Figuier taillées, quand il y reste au talon un peu de vieux bois de l'année precedente.

CRUCHE en Jardinage est la même chose qu'Arrosoir, de là vient qu'on dit une Cruche bien ou mal faite, une Cruche de bonne grandeur, & tout cela s'entend d'un Arrosoir.

CUBE, ce terme joint avec ces autres toise, pied, poucee, &c. marque un corps solide, carré en tout sens, hauteur, largeur, longueur & profondeur; les Arpenteurs & Terrassiers en mesurans chaque toise solide le reduisent au cube pour en regler la quantité juste, & par consequent le prix soit de la chose, soit de l'ouvrage à y faire; ainsi on dit j'auray un écu, deux écus, &c. de la toise, cela veut dire ou de la quantité de la chose venduë, achetée, échangée, ou du transport à faire de la chose; on dit aussi une toise cubique, c'est-à-dire un toisé fait par cubes.

CUEILLETTE de Fruits est un mot assez ordinaire, pour marquer le temps dans lequel on cueille les Fruits; c'est le temps de la cueillette des Fruits, &c.

CUEILLOIR est une maniere de petit Panier long d'environ un pied, large de cinq à six pouces, n'ayant point d'anses, & fait pour l'ordinaire d'Osier vert assez grossierement rangé, & c'est dans ces sortes de Cueilloirs que les gens de la campagne apportent au Marché leurs Prunes, Cerises, Groseilles, &c.

CUREURES de Court & de Mares sont comme la lie & l'égoût qui se trouve au fond d'une Court qu'on nettoye, ou d'une Mare qu'on desseiche, & qu'on nettoye ensuite; les Cureures ayans été mises en état, & long-temps exposées au Soleil font une maniere de terre neuve propre à être employée soit pour des Arbres, soit pour des Legumes, &c.

D

DENTELE' se dit de la plûpart des feüilles d'Arbres qui sont en quelque façon dentelées tout autour, c'est-à-dire qui ont le bord coupé par petites dents, comme étoit autrefois l'ancienne dentelle.

DECAISSER se dit des Arbres qu'on sort des Caisses où ils étoient; décaisser des Figuiers, des Orangers, &c. pour les rencaisser; ainsi dépoter se dit des Plantes qu'on ôte des Pots où elles étoient.

DECHAUSSER un Arbre c'est ôter ou découvrir à l'Automne une partie de la terre qui est sur les racines, afin que l'eau des pluyes & des neiges de l'Hyver entre plus avant dans les racines; cela est bon à faire dans les terres seiches, & nullement dans celles qui sont naturellement humides.

DECOMBRER & décombre se dit des maisons qui étant abbattuës laissent beaucoup d'ordures & de poussieres, ainsi décombrer & ôter les décombres c'est ôter toutes les ordures qui restent aprés quelque démolition de bâtimens.

DEFRICHER une terre c'est remettre en labour, c'est-à-dire labourer une terre qui ne l'a été de long-temps, ou ne l'a peut-être jamais été, & cette terre ainsi défrichée est ensuite employée en semences, ou en plan d'Arbres.

DEMEURER, à demeurer se dit des Plantes qu'on seme en pleines terres pour y rester jusques à ce qu'on les consomme, car il y en a qu'on seme pour être transplantées, par exemple les Chicorées blanches, les Porreaux, &c. d'ordinaire on seme à demeurer le Persil, le Cerfeüil, l'Oignon, les Carotes, les Panaiz, &c.

DEPLANTER c'est arracher de terre un Arbre, ou une Plante qui étoit en place, & sur tout quand on éleve cet Arbre ou cette Plante avec un Déplantoir pour la transporter ailleurs si heureusement qu'elle n'en souffre point,

&

& qu'elle y pousse & fleurisse, comme si elle y avoit été originairement plantée.

Deplantoir est l'Outil avec quoy on déplante; cet Outil est fait de feüilles de fer blanc mise en rond en forme de tuyau, & cela avec des charnieres sur les côtez qui doivent se joindre ensemble par le moyen d'un gros fil de fer, qui passant dans les charnieres entretient la rondeur du Déplantoir, pendant qu'à force de bras on le fait entrer dans la terre jusques au dessous des racines de l'Arbre, ou de la Plante qui est à enlever, & ce fil de fer étant ôté aprés que la Plante a été enlevée, fait que les côtez du fer blanc se retirent un peu, & par ce moyen la mote de l'Arbre ou de la Plante sort en son entier, & se place commodément dans le lieu qui luy est destiné; on en fait de petits avec une demy feüille de fer blanc, on en fait d'autres plus grands avec une feüille entiere, & d'autres encore plus grands avec deux ou trois feüilles selon les besoins qu'on en peut avoir.

Le mot de Déplantoir se dit aussi d'une Houlete, qui est un morceau de fer de la largeur de quatre pouces, de la longueur de six à sept, de l'épaisseur d'une bonne ligne, & étant de figure un peu concave, & emmanché d'un manche d'environ cinq ou six pouces de longueur; il sert à enlever des petites Plantes qui ne sont gueres avant en terre, par exemple des Tulipes, des Narcisses, des Fraisiers, des Anemones, &c. Cette Houlete est trop connuë parmy les Bergers pour avoir besoin d'une plus ample explication: les Jardiniers en ont qui sont tout à fait pointuës comme de la Sauge, qu'on appelle même feüille de Sauge, ils s'en servent dans les terres dures & pierreuses, & ils en ont d'autres qui sont coupées quarrément, & un tant soit peu en rond par en bas, & c'est pour les terres meubles & legeres.

Depoter, *Voyez cy-dessus Décaisser.*

Depoüiller un Arbre c'est luy ôter ou tout son fruit, ou toutes ses feüilles, ainsi un Arbre dépoüillé est un Arbre à qui les vents froids ont fait tomber toutes les feüilles, ou sur lequel on a cueilly tous les fruits qui y étoient.

Detoupilloner, *Voyez toupillon.*

DIAGONALLE, lignes diagonalles, Allées diagonalles sont Lignes ou Allées tirées en croix de coin en coin au travers d'un quarré pour en bien voir le niveau.

DOS de bahut, ou dos-d'âne, élever des terres en dos de bahut, c'est-à-dire élever des terres en forme presque ronde sur leur longueur, pour faire égouter les eaux qui les pourroient gâter, *Voyez ados*.

DOÜILLE c'est le trou rond qu'on fait à chaque Outil de fer, qui ne peut servir sans être emmanché, & on met le manche dans ce trou, c'est-à-dire dans cette doüille.

DRAGEONS c'est la même chose que boutures qui sortent aux pieds de quelques Arbres, ou la même chose qu'œilletons, comme on dit en fait d'Artichaux ; ainsi on dit qu'un Arbre drageonne trop, par exemple un Acassia, les Pruniers ordinaires, &c. parce qu'ils poussent trop de petits sauvageons tout autour de leurs pieds ; donner des drageons d'Artichaux, c'est-à-dire des œilletons.

E

EBOULER se dit d'un tas de terre, ou de sable, ou de pierre, ou de bois, &c. qui étans bien rangez, & se maintenans en bon état viennent à se laisser aller sur les côtez, & par consequent à perdre leur ancienne situation ou disposition ; une muraille s'est éboulée, la terre qui étoit sur les bords de la tranchée est venuë à s'ébouler ; de là vient le mot d'éboulis pour dire la chose éboulée.

ECALER se dit des Pois & des Féves qu'on écosse, c'est-à-dire qu'on sort de leur cosse.

ECLAIRCIR du plan c'est en ôter ou arracher une bonne partie quand il est trop dru & trop épais, en sorte que ce qui se doit grossir & se fortifier ne feroit que s'étioler, par exemple des Raves, des Choux, des Porreaux, de l'Oignon, des Laituës à replanter, &c. L'Oseille n'a que faire d'être éclaircie, elle ne sçauroit presque être trop druë.

ECUSSON, écussonner, *Voyez greffer*.

EFFONDRER se dit à l'égard de la terre où l'on veut planter des Arbres, lesquels ne pouvans guéres réüssir si la terre n'est bonne, & meuble à la profondeur d'environ trois pieds, il la faut foüiller de cette profondeur pour voir s'il y a lieu d'esperer le succés du plan, & afin d'en ôter en même temps celle qui peut s'y trouver de mauvaise, aussi bien que les pierres & les gravois s'il y en a, & voila ce qu'on appelle effondrer la terre; le terme est assez grossier & peu usité, celuy de foüiller & faire des tranchées est mieux reçû.

EMMANCHER c'est donner un manche à un Outil, dont on ne peut se servir sans cela, par exemple à une Bêche, une Fourche, une Houë, &c. chaque Outil a sa doüille pour recevoir son manche.

EMOUSSER, *Voyez mousse.*

EMPOTER signifie mettre une Plante avec de la terre dans un Pot, pour l'y faire vivre comme en pleine terre.

EMPAILLER se dit des Cloches de Melons, quand on met un peu de paille entre deux en les emboëtant les unes dans les autres pour les emporter, & les serrer jusqu'à l'année suivante; on dit aussi empailler un pied de Cardons ou d'Artichaux pour les faire blanchir.

ENCAISSER c'est pareillement mettre un Arbre dans une Caisse, d'où vient le mot d'encaissement d'Orangers;

EMMANEQUINER c'est en mettre dans un manequin, & remettre ensuite le tout en pleine terre jusqu'à ce qu'on les en on ôte pour les mettre ailleurs en place à demeurer.

ENTER, *Voyez greffer.*

ENTOISER se dit des choses qui se vendent & s'achetent à la toise, si bien qu'on les met dans des tas d'une figure quarrée pour pouvoir être toisez; ainsi dit-on entoiser du Fumier, de la Pierre, &c.

EBOURGEONNER, ébourgeonnement sont termes qui se disent de la Vigne, à laquelle vers la fin de May, & au commencement de Juin on ôte les bourgeons, c'est-à-dire les branches inutiles & steriles, attendu qu'elles feroient tort aux bonnes qui sont chargées de Fruit; ces mots se disent encore des Arbres fruitiers, desquels on arrache dans le même temps, & encore dans le mois d'Aoust de certaines branches de faux bois, qui venans en dedans du Buisson, ou sur le corps de l'Espalier feroient de la confusion, & nuiroient tant aux fruits qu'aux bonnes branches.

ECHALAS est un morceau de bois long & quarré d'environ un pouce d'épais, il se fait d'ordinaire de cœur de Chêne fendu exprés pour cela, & est employé à faire le treillage des Espaliers, il s'en fait de telle longueur qu'on veut, mais l'ordinaire est de quatre pieds & demy, & de huit à neuf pieds, & de douze, &c. il s'en fait aussi de branches de Chatagnier fenduës en deux, trois, quatre, &c.

ECHAPER & s'emporter se sont termes qui se disent à l'égard des Arbres qui sont extrémement vigoureux, & qu'on appelle furieux, qui ne poussent que de fort grosses branches sans en faire de celles qui doivent fructifier, & qui par ces grands jets font ou des Buissons trop grands, ou des Espaliers qui excedent la hauteur des murailles sans rien pousser pour garnir le pied; de là vient qu'on dit cet Arbre s'emporte, cet Arbre s'échape, il le faut retenir; cette branche s'est échapée, s'est emportée; il faut ôter de ces branches qui s'échapent trop.

ECLATER en Jardinage se dit d'une branche ou d'une racine qu'on détache soit à dessein, soit par mal-habileté de l'endroit où elle étoit venuë; prenez garde de trop baisser cette branche de peur de l'éclater, ou qu'elle ne s'éclate.

EFEÜILLER, *Voyez feüille*.

EGAYER un Arbre qui est en Espalier c'est le palisser si proprement que les branches soient également partagées des deux côtez, qu'elles ne soient point liées plusieurs ensemble, mais chacune attachée separement & en des intervalles égaux de l'une à l'autre, en sorte qu'il n'y ait point de confusion nulle part, & que d'un coup d'œil on puisse voir toutes les parties dont il est composé; on dit aussi égayer un Buisson, égayer un Arbre de tige, c'est-à-dire ôter les branches qui le rendent confus & étouffé dans le milieu.

ELAGUER & émonder se dit des Arbres qu'on veut faire monter pour devenir Arbres de belle tige, & pour cet effet on leur ôte toutes les grosses branches, qui sortans dans l'étenduë de la tige consommeroient une partie de la seve, au lieu qu'elle doit monter à la tête pour allonger & fortifier l'Arbre.

Enture, *Voyez greffer.*

Elancé, une branche élancée signifie une branche veule, c'est-à-dire fort longue, peu grosse à proportion de sa longueur, & entierement dégarnie d'autres branches dans son étenduë ; c'est un défaut à un Arbre que d'y voir des branches élancées.

Espalier se dit des Arbres fruitiers plantez le long des murailles, & palissez, c'est-à-dire dont les branches sont attachées depuis le pied jusques en haut à un treillage qu'on a appliqué à ces murailles ; j'ay cent, deux cens toises d'Espalier, &c. c'est-à-dire cent ou deux cens toises de murailles garnies d'Arbres fruitiers, &c. L'origine de ce mot ancien peut venir du mot de palissade qu'on a connu de tout temps par les Allées des Parcs & des Jardins, qui sont ornées & accompagnées à droit & à gauche de certains Arbres propres à être tondus & taillez, & retenus en forme de murailles, sçavoir Charmes, Charmilles, Erable, &c. à l'égard de nos Espaliers d'Arbres fruitiers c'est par le moyen de la taille & des liens qu'on les assujettit à faire cette figure plate & étenduë qui ne leur est nullement naturelle, mais de laquelle pourtant ils s'accommodent fort bien, quand ils ont à faire à un Jardinier habile.

Epierrer se dit d'une terre, de laquelle on ôte une quantité de petites pierres ou cailloux qui s'y trouvent ; ainsi on dit il faudroit épierrer cette terre, ce qui se fait ou avec une Claye, ou simplement avec un Rateau, &c.

Eplucher se dit proprement des Fruits, dont il en faut ôter une bonne partie, & sur tout les plus petits quand il en a trop noüé, comme il arrive quelquefois aux Abricotiers, Pêchers, Poiriers, Pommiers, &c. Cet épluchement se doit faire quand les Fruits commencent à être gros comme des Noisettes, en sorte qu'ils sont bien asseurez, c'est-à-dire qu'ils tiennent bien, & qu'apparemment ils grossiront jusques à parfaite maturité.

Le mot d'éplucher se dit encore à l'égard du bois mort & du bois menu & chiffon, qu'il faut prendre soin d'ôter soit aux Figuiers, soit aux autres Arbres fruitiers.

Equerre est un instrument de quelque matiere solide,

dont on se sert pour faire un angle droit, un carré parfait, ainsi on dit se tourner d'équerre pour faire qu'une chose soit parfaitement carrée.

ETAGE est proprement un terme de bâtiment, d'où les Jardiniers l'ont emprunté pour marquer la conduite qu'ils doivent tenir à l'égard des Arbres sujets à la taille; ils disent donc qu'il ne faut pas laisser monter trop vîte leurs Arbres tant les Nains que les Espaliers, mais seulement les laisser monter petit à petit chaque année, & ils appellent cela monter par étage; on dit aussi étage de racines, par exemple il suffit qu'un Arbre ait un seul étage de bonnes racines, c'est-à-dire qu'il ait des racines sortans tout autour du pied, de maniere qu'il n'y en ait point de beaucoup plus hautes, ny de beaucoup plus basses les unes que les autres.

ETRONÇONNER c'est couper entierement la têre à un Arbre, en sorte qu'il ne soit plus que comme un tronçon, & cela arrive soit quand on les veut greffer en poupée, soit quand la plûpart des branches de la têre venans à mourir on a lieu de juger que l'Arbre redeviendroit beau, s'il étoit un peu baissé; cela se pratique fort à l'égard des Ormes, des Noyers, Chatagniers, & même des Pêchers de noyau, des Abricotiers, &c.

EVASER est le terme dont le Jardinier se sert, pour dire qu'il faut ouvrir dans le milieu un Arbre qui se serre trop, ou pour dire qu'un Arbre s'ouvre trop; ainsi disons nous que naturellement les Poiriers de Beurré s'évasent trop, & qu'il faut prendre soin de les resserrer ou raprocher; nous disons aussi que les Poiriers de Bourdon se serrent trop, & qu'il les faut ouvrir & évaser.

EVANTAIRE est une maniere de Panier sans anse, long d'environ trois pieds, large de deux, fait assez grossierement d'Osier vert; les Marchandes de Fruits & d'Herbages s'en servent pour porter vendre leurs Marchandises dans les ruës, ayans attaché cette Evantaire avec deux cordes qu'elles se passent sur le col ou sous les aisselles.

EXPOSITION est le terme dont nous nous servons pour marquer l'endroit heureux où le Soleil donne, & l'endroit malheureux où il ne donne que peu, ou point du tout; ainsi disons-nous l'exposition du Levant c'est la muraille qui est vûë des rayons du Soleil depuis le matin jusqu'à midy, l'exposition du Couchant est celle où le Soleil donne depuis midy jusqu'au soir, l'exposition du Midy est celle où il donne le plus long-temps dans toute l'etenduë de la journée, l'exposition du Nort est celle où il donne le moins.

F

FANE & feüille c'est la même chose, & on s'en sert indifferemment à l'égard des Plantes ; la fane ou feüille de cette Plante est differente de celle de cette autre.

FANER & se faner se dit quand les feüilles des Plantes & des Arbres au lieu d'être droites & bien étenduës, comme sont celles des Plans qui se portent bien, sont au contraire renversées, ou en quelque façon pliées & flêtries, ce qui marque que l'Arbre souffre, & a besoin d'arrosement, ou marque que la Plante n'a pas encore fait de racines ; ainsi les premiers jours que les Melons & Concombres sont plantez ils se fanent, si le Soleil leur donne sur la tête ; ainsi les Choux, les Laituës, les Chicorées, &c. paroissent fanées jusqu'à ce qu'ils ayent commencé à faire de nouvelles racines à l'endroit où l'on vient de les planter : il faut avec quelque poignée de vieux Fumier couvrir la Cloche du Melon nouveau planté, pour l'empêcher de se faner, &c. ainsi l'Oranger qui ayant besoin d'arrosement a ses feüilles un peu fanées demande de l'eau, &c.

FARINEUX se dit de certaines Poires qui pour l'ordinaire ayans passé leur maturité, ou étans venuës en mauvais fond n'ont plus la quantité d'eau & la finesse de chair qu'elles devroient avoir ; ainsi dit-on d'un Lansac, d'un Doyenné, d'un petit-Oin, d'une Epine, &c. cette Poire est farineuse, cette Poire a la chair farineuse.

FAUSSES FLEURS se dit en fait de Melons & de Concombres, & se sont des Fleurs au dessous desquelles il n'y a point de Fruit qui y tienne, car aux bonnes Fleurs des uns & des autres le Fruit paroît devant que la Fleur s'épanoüisse au bout, & si le temps est favorable le Fruit nouë, si le temps est mauvais, ou que la Couche ne soit pas assez chaude, ce Fruit coule, c'est-à-dire perit.

Faux bois est la branche d'Arbre qui est venuë dans un endroit où elle ne devoit pas venir, & qui a ses yeux plats & fort éloignez les uns des autres, & qui communement devient beaucoup plus grosse & plus longue que toutes les autres de l'Arbre, à qui elle vole une bonne partie de leur nourriture, tout de même qu'une faute sur un tuyau de Fontaine empêche le bel effet qui se doit faire au principal endroit; voila pourquoy nous disons qu'il faut faire la guerre aux branches de faux bois, à moins qu'on ait intention de rajeunir tout l'Arbre sur une telle branche, & par consequent d'ôter toutes les vieilles branches pour ne conserver que la fausse ou les fausses.

Se Fendre ou s'ouvrir se dit des Pêches, des Prunes, &c. quand elles quittent bien le noyau; la Pêche se fend, le Pavie ne se fend point, la Prune de Perdrigon bien mûre ne se fend pas bien net, la Prune de Diaprée, de Rochecourbon ne se fend point du tout, les Damas, les Prunes d'Abricot, &c. se fendent net.

Fente, greffer en fente, *Voyez greffer.*

Feüille de Sauge est une espece de Pioche pointuë par le bout, & s'élargissant un peu en approchant du manche; il en est d'autres qui sont plates à l'endroit où la feüille de Sauge est pointuë, & s'appellent d'un seul nom Pioches; ces feüilles de Sauge sont propres à foüiller dans les fonds pierreux, & les Pioches sont bonnes à foüiller dans les terroirs qui sont simplement durs sans être pierreux.

Ficher des Echalas est un terme de Vigneron, qui signifie faire entrer un Echalas au pied d'un cep de Vigne pour y attacher les branches nouvelles que la pesanteur du Raisin & des feüilles feroit tomber à bas, & peut-être éclater & rompre; & comme les Jardiniers ont de la Vigne dans leurs Jardins, par exemple quelques pieds sur le bord du labour, ils ont aussi besoin d'y ficher des Echalas.

Figuerie ou figuierie est un terme nouveau qui a été introduit à l'imitation de celuy d'Orangerie, & il se dit pour marquer un Jardin particulier, dans lequel on a mis une assez grande quantité de Figuiers soit en place, soit

en

en caisse; j'ay une belle Figuerie, il faut aller dans la Figuerie, c'est-à-dire dans le Jardin des Figues.

FONDRE est un terme de Jardinage pour marquer qu'une Plante perit, mes pieds de Melons & de Concombres fondent, les Laituës, les Chicorées fondent, c'est-à-dire perissent & pourrissent dans le pied.

FOND signifie la terre ou terroir où l'on fait un Jardin; le fond en est bon, comme aussi le fond n'en est pas bon, le fond est mauvais, & il y a du tuf ou de l'argille dans le fond, &c. toutes ces manieres de parler signifient que le terroir est propre, ou n'est pas propre à nourrir, ou élever des Plantes, sur tout il n'est pas bon quand le tuf ou l'argille sont trop prés de la superficie n'en étant par exemple qu'à un pied, ou un pied & demy, & deux pieds, &c.

FOULER se dit des Oignons, des Beteraves, des Carotes, Panaiz, & autres racines dont on rompt les montans ou les feüilles vers le commencement d'Aoust, pour empêcher que la seve n'y monte pas davantage, & qu'ainsi elle demeure en dedans de la terre, & soit employée à grossir la racine ou l'oignon.

FOURCHE de Jardinier est un Outil de fer composé d'une doüille, & de trois fourchons ou branches pointuës un peu recourbées en dedans, & longues d'environ un pied; cet Outil étant emmanché d'un manche de trois à quatre pieds sert à remuer des Fumiers, soit pour charger la Hotte ou le Bar, soit pour faire les Couches, & sert aussi pour herser, ou remuer & rompre les motes de terre nouvellement ensemencée de graines potageres, & les faire par ce moyen entrer au dessous de la superficie où elles doivent germer.

FORMER & façonner signifient la même chose en Jardinage; il faut prendre soin de bien former & bien façonner un Arbre, & c'est par le moyen de la taille, &c.

FOURCHER c'est-à-dire pousser à l'extrémité de la branche taillée d'autres branches l'une d'un côté & l'autre de l'autre, comme si c'étoit une maniere de fourche, ces branches étant necessaires pour garnir deux côtez opposez soit en espalier, soit en buisson; il faut prendre garde de tailler avec tant d'industrie que si on a besoin de deux branches, & que la branche taillée en puiſſe faire deux, elles fourchent ſi bien que ces branches ſe trouvent placées de maniere qu'on les puiſſe conſerver l'une & l'autre; bien entendu qu'à la taille il ne faut jamais à l'extrémité de la mere branche y en laiſſer deux nouvelles de même longueur, en ſorte qu'elles faſſent une figure de fourche, c'eſt un deſagréement que j'évite ſoigneuſement.

FOURCHON c'eſt l'endroit d'où ſortent ces deux branches; prenez garde que le fourchon n'éclate.

FRANC ſur franc c'eſt un Arbre greffé ſur un Sauvageon de ſon eſpece, ou même ſur un autre Arbre qui avoit été greffé d'une autre eſpece, par exemple un Poirier ſur un Poirier ſauvage, de même auſſi un Pommier greffé ſur un ſauvageon de Pommier, &c.

FRETIN ſignifie beaucoup de branches qui ſont inutiles, parce qu'elles ſont petites, menuës, chifonnes, & quelquefois uſées de vieilleſſe; il faut à la taille ôter tout le fretin.

FRICHE ſignifie une terre inculte; c'eſt un friche, cette terre eſt en friche, & de là vient le mot de défricher cy-devant expliqué.

FRUIT eſt la production que fait un Arbre ou une Plante tant pour la multiplication de ſon eſpece que pour la nourriture de l'homme; le fruit du Poirier eſt la Poire, le fruit du Pêcher eſt la Pêche, le fruit du Fraïzier eſt la Fraize.

Le FRUIT a coulé, la Vigne a coulé. *Voyez couler.*

Le FRUIT a bien noüé, n'a pas noüé, *Voyez noüer.*

Se mettre à FRUIT ſe dit d'un Arbre, qui aprés avoir été fort long-temps ſans faire de Fruit commence enfin d'en avoir; on dit de certains Arbres par exemple des Robine ſur franc, des Bourdon ſur franc, &c. qu'ils ſont tres-difficiles à mettre à fruit, à ſe mettre à fruit; on dit d'autres Arbres qu'ils ſe mettent aiſément à fruit, par exemple le Beurré, les Orange d'Eſté, &c. on connoît aux Fruits à noyau qu'ils ſont noüez, quand la petite aiguille du milieu s'allonge plus que les feüilles de la fleur; on connoît que le Melon noüe & s'arrête, quand au ſortir de la fleur il s'éclaircit un peu prés de la queuë, ainſi du Concombre, de la Citroüille, &c. on connoît que la Poire noüe, quand au sortir de la fleur elle paroît toute formée.

Le Fruit est mûr, c'est-à-dire bon à manger, & si on ne le prend en ce temps-là on dit qu'il se passe, c'est-à-dire il devient moû ou pourry, ainsi une Poire molle s'appelle une Poire passée, il devient aussi insipide, & c'est pourquoy on dit qu'une Pêche trop mûre est insipide, qu'elle est passée, &c.

Fruiterie se dit de la Chambre, ou Serre dans laquelle on met le Fruit pour le garder, & sur tout l'Hyver contre le froid, *Voyez Serre*.

Le Fumier est la paille qui ayant servy de litiere sous les animaux domestiques, & particulierement sous les chevaux, & étant imbibée de leur pissat & de leur crotin se trouve toute rompuë; ce Fumier devient propre pour le Jardinage, sçavoir à faire des Couches & des rechauffemens quand il est bien chaud, & qu'il est comme on dit, neuf, c'est-à-dire fraîchement sorty de l'Ecurie, & sur tout quand il n'a servy qu'une nuit ou deux de litiere, en sorte qu'il n'est nullement pourry; mais quand il est pourry soit pour avoir servy long-temps de litiere, ou pour avoir été employé en Couches, ou avoir été beaucoup moüillé par les pluyes & les égoûts, il sert pour fumer, amander & engraisser les terres; il en est de même des Fumiers de Mulet.

G

Gaigner un Oeillet est un terme commun parmy les curieux d'Oeillets Flamands & Picards, pour dire que de la semence qu'on avoit faite il en est venu quelque bel Oeillet nouveau.

Galle ou chancre en fait d'Arbres signifient la même chose; ainsi le bois des Bergamotte, des Robine, des petit-Muscats, &c. sont sujets à devenir galleux, à avoir de la galle, &c. les Poires de Bergamotte & de Bon-chrétien en plein air dans les terroirs froids & humides sont sujetes à devenir galleuses, &c.

Gazon se dit d'une superficie bien herbuë; gazonner c'est-à-dire couvrir d'une superficie bien herbuë quelqu'endroit soit Allée, soit Talus, soit Parterre, &c. on coupe pour cela dans quelque Pré ou quelque Pelouse pleine d'herbe fine le dessus par pieces carrées de l'épaisseur d'environ trois pouces, de la largeur d'environ un pied, & de la longueur d'environ un pied & demy, & avec la Bêche on separe ce dessus d'avec le fond, & on le va placer bien proprement à l'endroit qu'on veut gazonner, & qu'il faut soigneusement & souvent arroser & tondre, afin qu'il soit toûjours bien vert & bien uny.

Germe & germer se disent de toutes les graines qu'on seme; germe est un petit commencement de racine blanche qui ne fait que de sortir soit de la graine, soit du noyau; le Melon est germé, c'est-à-dire que la racine commence de se montrer; semer des Pois tous germez, de la Laituë toute germée, cela veut dire qu'on a mis tremper ces Pois, cette graine, &c. dans l'eau, si bien qu'étant attendrie elle s'est échauffée, & a commencé de faire paroître la premiere pointe de la racine.

Givre est une maniere de gelée blanche, qui est si épaisse qu'elle s'attache aux branches d'Arbres, & y fait même quelquefois des glaçons pendans.

Glaise est une sorte de terre verdâtre, grasse, & extrémement serrée en soy, qui se trouve en quelques endroits au dessous de la bonne terre, & qui est mortelle pour tout le Jardinage.

Glane d'Oignon se dit d'une quantité d'Oignons qu'on a attaché avec leur vieille fane tout autour de l'extrémité d'un bâton dans la longueur d'environ un pied & demy, ou de deux pieds, & on les porte ainsi vendre au Marché.

Gomme aux Arbres de noyau, sçavoir aux Pêchers, Pruniers, Cerisiers, Abricotiers, &c. signifie une espece de maladie, & est comme une maniere de gangreine ou d'apostume procedant de la corruption de seve de ces Arbres où elle s'est extravasée, & devenuë en quelque façon solide, ressemblant à peu prés à du Cotignac; elle se forme d'ordinaire à quelqu'endroit écorché ou rompu, & fait mourir toutes les parties voisines; si bien que pour éviter qu'elle ne s'étende davantage, il faut couper la branche malade à deux ou trois pouces au dessous de l'endroit affligé; on voit aussi quelquefois l'Esté mourir des branches aux Pêchers, sans qu'il y ait rien d'écorché; la gomme se met pareillement aux Ecussons, & quelquefois à de grands Arbres à l'endroit de la greffe, ce qui fait mourir toute la tête.

Goulot d'une Cruche ou d'un Arrosoir c'est, pour ainsi dire, la bouche par où l'eau entre dans le ventre de l'Arrosoir.

Grainer c'est monter en graine, faire de la graine; la plûpart des Plantes font en Esté de la graine, montent en graine pour se multiplier, autrement l'espece en periroit; c'est une chose incroyable de voir toutes les differences qui se remarquent aux graines tant pour la couleur & la grosseur, que pour la figure & l'ornement; le Microscope y fait voir des merveilles surprenantes, j'en ay fait une description la plus exacte que j'ay pû dans le Traité du Potager; les Plantes donc font une tige qui s'éleve, au haut de laquelle se forme la graine; le Jardinier a souvent le déplaisir de voir que certaines Plantes montent trop-tôt en graine, par exemple les Laituës pommées, la Chicorée, &c. ce qui arrive encore plus quand le terroir n'est pas bon, ou n'est pas amplement arrosé dans les grandes chaleurs; ainsi on peut dire que certaines Plantes grainent de pauvreté: on a aussi le déplaisir de voir que certaines Plantes ne grainent pas comme on voudroit, par exemple les Plantes d'Oeillets, de Passetout, de Choux-fleurs; & dans les terroirs froids & humides le Basilic, le Persil-Macedoine ne grainent point, ou plûtôt grainent si tard que leur graine ne sçauroit mûrir.

Grainier est le Marchand de Graines tant potageres que de fleurs.

Grainetier est le Marchand des autres grosses Graines, sçavoir Avoine, Bled, Pois, Fêves, &c.

Gravois est un terme tiré des bâtimens, & signifie une grande quantité de petites pierres & de platras; ainsi il arrive quelquefois qu'on fait un Jardin au même endroit où il y a eu une maison, ou bien dans un endroit où l'on a apporté beaucoup de gravois, de décombres & de démolitions de maisons; nous disons qu'il faut être soigneux de bien ôter tous les gravois, & même quelquefois de passer la terre à la claye, afin qu'étant bien épierrée, c'est-à-dire bien purgée & nettoyée des pierres & platras dont elle étoit pleine, elle devienne propre à nourrir tout ce qu'on y voudra semer & planter.

Nous disons quelquefois égravillonner, par exemple égravillonner une mote d'Oranger ou de Figuier, aprés qu'on en a retranché tout autour & dessous environ les deux tiers, ce qui se faisant à coup de Hache, ou de Serpe, ou de Bêche, la terre qui reste paroît dure, & les racines n'ont pas leur extrémité assez découverte; pour lors avec la pointe de la Serpette ou d'autre morceau de fer pointu fait exprés on retire d'entre les racines un peu de la terre qui y étoit, afin que ces racines se trouvans ensuite dans un autre endroit où la terre est nouvelle & meuble en soient promptement revêtuës & remplies, & y puissent par consequent mieux agir pour la production de nouvelles racines.

Greffer ou enter sont deux termes synonymes qui signifient faire changer d'espece, ou de nature à un Arbre en y faisant quelque operation; on se sert plus ordinairement du second de ces termes en certaines Provinces où les curieux pour parler de leurs Arbres-fruitiers disent, j'ay dix, douze ou quinze Entes de tel Fruit, je vous donneray une Ente, &c. au lieu de dire j'ay dix, douze, quinze Arbres de telle espece; mais du côté de Paris nous nous servons plus ordinairement des mots de greffe & de greffer, ainsi nous disons j'ay quatre, cinq, six, greffes, &c. le surplus de ce qui regarde cette matiere de greffes est amplement expliqué dans la cinquiéme Partie au Chapitre des greffes.

Il y a aussi de certaines Provinces où l'on se sert du terme d'Enteure pour dire greffe.

Greffoir ou Entoir est un petit Coûteau fait exprés pour greffer, il doit avoir le manche d'un bois dur, ou d'yvoire, & que l'extrémité en soit plate, mince & arrondie pour pouvoir servir à détacher aisément l'écorce d'avec le bois des plus petits Arbres, & y inserer ensuite les Ecussons sans rien blesser ou rompre.

Grenadier est une espece d'Arbre fruitier trop connu pour avoir besoin d'explication particuliere, il y en a qui ne font que des fleurs doubles, & il y en a qui font du fruit aprés avoir fait des fleurs simples.

Gromeleux se dit de certaines Poires peu bonnes, & ce mot signifie à peu prés la même chose que farineux; chair farineuse, chair gromeleuse.

Grosseur ou plûtôt en grosseur, cela se dit pour marquer qu'un Fruit a acquis la grosseur qu'il doit avoir pour entrer en maturité, il demeure quelque temps en cet état là sans augmenter; ainsi on dit mes Pêches sont en grosseur, mes Figues ne sont pas encore en grosseur.

H

Hatif se dit de tout ce qui vient dans un Jardin devant les autres choses de la même espece, ainsi on dit Pois hâtifs, Cerises hâtives, pour marquer les Pois & les Cerises qui viennent devant les Pois & les Cerises ordinaires.

Et du mot hâtif dérive celuy d'hâtiveté, ainsi nous disons que certains Fruits sont estimables pour leur hâtiveté & d'autres pour leur tardiveté.

Hâtif & precoce signifient la même chose, & pareillement hâtiveté & precocité.

Hortolage est un terme assez barbare & assez grossier pour signifier tout ce qu'il y a de Plantes, Legumes & Herbes potageres dans un un Jardin portager, il n'est plus guéres en usage que parmy quelques Provinciaux.

Hotte est une maniere de Manequin fait exprés pour l'attacher sur le dos avec des Breteles, & par ce moyen y porter facilement quelques fardeaux, par exemple terre, sable, pierre, linge, fruits, &c. le côté qui se place contre le dos est plat & plus élevé que tout le reste, qui est large & rond par en haut, & un peu pointu par en bas, & qu'on peut appeller le ventre; la partie plus haute s'appelle le colet.

Hoüe est une maniere de Bêche renversée comme les Crochets à fumier, & emmanchée d'un manche d'environ deux pieds de long, dont les Vignerons se servent pour labourer leurs Vignes, craignans, disent-ils, de blesser les racines avec la Bêche ordinaire, & même quelques Jardiniers se servent de cet instrument pour labourer leurs Jardins; il en est de fenduës en deux bras qui sont un peu pointuës pour travailler dans les terres fortes & pierreuses, un habile Laboureur qui a accoûtumé de se servir de cet Outil fait beaucoup de remuëment de terre en peu de temps, mais aussi il n'entre pas si avant que celuy qui se sert de la Bêche ordinaire.

HOULETTE, *Voyez cy-devant Déplantoir.*

I

JALON & jalonner sont des termes fort particuliers pour les alignemens qu'on veut prendre; ce sont des bâtons bien droits, d'une hauteur raisonnable, armez en tête de linge ou de papier blanc, ou simplement blanchis de peinture pour être vûs plus distinctement; on les plante de distance en distance sur des lignes qu'on veut avoir bien droites, soit pour planter des Arbres, soit pour faire des Allées & des tranchées; aussi on dit il faut jalonner, c'est-à-dire planter des jalons, &c. *Voyez borneyer, aligner, &c.*

JARRET d'Arbre est une branche d'Arbre fort longue, & dénuée d'autres branches qui l'accompagnent ny à droit ny à gauche, soit qu'il n'y en soit jamais venu, comme en effet il n'en vient guéres qu'aux extrémitez, & ainsi une branche laissée longue n'y en aura point fait, soit qu'il y en soit venu, & que le Jardinier mal-habile les ait ôtées, on donne le nom de jarret à une telle branche; je ne trouve rien de si vilain que de voir ces sortes de jarrets tant dans un Buisson que dans un Espalier, & je leur fais autant que je puis une cruelle guere; si bien que je les ravalle fort bas pour leur faire pousser de nouvelles branches à l'extrémité que je leur donne, avec intention de continuer à tailler d'une longueur raisonnable les plus grosses branches qui en sortiront, & garnir par ce moyen l'endroit qui étoit vilain par la rencontre du malheureux jarret qui y étoit.

JAUGE & jauger parmy les Fontainiers signifient une mesure

mesure d'eau pour en sçavoir la quantité de pouces ; mais parmy les Jardiniers jauge se prend tantôt pour une espace de terre qu'on laisse vuide en faisant un labour profond, ou pour une foüille de tranchée, afin que dans cette espace on ait la commodité d'y jetter les terres qui sont à labourer, faisant toûjours si bien qu'il reste une jauge pareille à la premiere jusqu'à la fin de la tranchée ; & pour lors on remplit cette derniere jauge soit avec les terres qu'on a mis hors de la tranchée pour faire la premiere jauge, soit avec des terres prises d'ailleurs.

Jauge se prend aussi pour la mesure de la profondeur qu'on veut donner à une tranchée, & est un bâton d'une longueur semblable à celle de cette profondeur, laquelle mesure il faut toûjours suivre pour entretenir la même profondeur, & la même superficie sans y rien changer ; ainsi on dit avoir toûjours sa jauge pour ne se pas tromper en faisant la tranchée.

Jardin est une piece de terre qui pour l'ordinaire est renfermée de murailles, & est voisine de la maison pour laquelle est ce Jardin, cette piece de terre étant destinée soit pour les Fruits & le Potager, soit pour les Fleurs & pour les Arbrisseaux ; il y a bien des Jardins qui ne sont fermez que de Hayes, ou de Fossez, &c.

Jardinier est l'Ouvrier qui est chargé du soin & de la culture de ce Jardin.

Jardinage se prend pour la science qui apprend la maniere de cultiver ce Jardin ; un tel entend bien le Jardinage.

Jet d'Arbre est la branche qui sort de cet Arbre soit du tronc, soit des autres branches ; cet Arbre fait de beaux jets, &c.

L

Lever se dit des graines qui étant semées viennent à bien sortir de terre ; ainsi on dit ma Laituë a bien levé, ma Chicorée n'a point levé, &c.

Lit de Fumier c'est un étage de fourchées de Fumier sur une certaine largeur, par exemple pour faire une Couche de cinq pieds de large, & de trois pieds de haut il faut environ mettre quatre lits de Fumier l'un sur l'autre pour la hauteur, & couvrir cependant de Fumier la largeur de cinq pieds proposée.

Lisette, autrement Coupe-bourgeon est un petit animal verdâtre comme une Lentille, qui pendant les mois de May & Juin fait un grand degât aux jeunes jets des Arbres fruitiers en leur coupant à demy l'extrémité, si bien que cette extrémité vient à perir, & par ce moyen empêche que les jeunes jets ne s'alongent comme ils l'auroient fait sans cela.

M

Maille se dit en matiere de treillage, & signifie les petits carrez qui se font par la rencontre de quatre Echalas qui sont liez les uns aux autres; ce mot est pris des Filets, ou Reseaux, &c.

Maille se dit aussi en fait de Melons & de Concombres, & signifie l'oeil d'où sort le Fruit.

Manche c'est un bâton rond d'une grosseur de trois ou quatre pouces de tour, & de quatre pieds de long, avec lequel on emmanche par exemple une Bêche, une Fourche, &c. il y a d'autres Outils ausquels il faut des manches plus courts, par exemple à des Houës, à des Crochets pour Fumier, & d'autres à qu'il en faut de plus menus, par exemple à des Ratissoires, des Serfoüettes, des Coûteaux, des Serpettes, des Scies, &c.

Manne ou Mannequin c'est un Ouvrage d'Osier fait par le Vanier soit pour y mettre quelque chose à transporter, soit pour y planter des Arbres; on nomme Mannes ceux qui sont grands, & on nomme Mannequins ceux qui sont petits; ils sont tous ronds, mais les uns à claire-voye, & ceux-là sont de gros Osier, les autres sont pleins, & cela se fait avec du petit Osier qui remplit l'entre-deux du gros; les petits ont neuf à dix pouces de profondeur, & douze à quinze de largeur; quelquefois les Mannes ont deux oreilles ou anses qu'on leur fait sur le bord d'en-haut, & vis à vis l'un de l'autre pour les porter plus aisément à deux quand elles sont pleines ; on y passe quelquefois un gros bâton pour les transporter de cette façon.

MARQUOTE & marquoter se disent de la Vigne, des Figuiers, des Coignassiers, &c. ausquels en couchant des branches de ces Arbres cinq ou six pouces avant dans la terre elles y prennent racine, & cela s'appelle marquoter, & pour lors cette branche devenuë enracinée & separée de l'Arbre auquel elle tenoit, s'appelle une marquote, & vers le Rhône une barbade, & est propre à faire un Arbre de l'espece dont elle est.

On marquote aussi des Fleurs, & sur tout des Oeillets en y faisant une petite entaille au dessous d'un nœud, & remplissant cette fente d'un peu de terre fine, & l'entourant toute de deux ou trois pouces de la même terre soit dans un Cornet de fer blanc attaché en l'air pour les branches qui sont trop hautes pour être couchées, soit dans le Pot, ou en pleine terre, dans lesquels sont les pieds qui ont leurs branches assez basses ; ainsi on dit j'ay une douzaine de belles marquotes à vous donner, &c. voicy le temps de marquoter.

MARECHEZ sont de certains Jardiniers qui se sont établis autour de Paris, & de la plûpart des bonnes Villes pour n'élever dans leurs Jardins que des Herbages & des Legumes qu'ils portent tous les jours vendre dans les Marchez publics ; leurs Jardins s'appellent Marais, quoy que souvent le terrein ne soit que du sable fort sec.

MARNE est une espece de pierre de Chaux tendre, grasse & grisâtre qui se trouve dans le fond de certaines terres, & qui en étant tirée & répanduë dans les champs y tient lieu d'un excellent Fumier pour rendre ces terres fertiles ; de là vient qu'on dit marner des terres, c'est-à-dire y répandre de la Marne, laquelle a cette proprieté que les terres qui en ont été marnées, font encore mieux la deuxiéme & troisiéme année que la premiere.

MELON est un Fruit assez connu, il doit être d'ordinaire de la figure à peu prés d'un petit Baril, c'est-à-dire longuet, & un peu plus gros dans le milieu qu'aux deux extrémitez.

MELON arrêté, Melon noüé, c'est-à-dire Melon qui

au sortir de la fleur commence à grossir, car il en perit beaucoup à la fleur; la même chose se dit des Citroüilles, Concombres, Potirons, &c.

MELON brodé c'est-à-dire qui sur son écorce a une maniere de broderie.

MELON lissé c'est celuy qui n'a point de broderie.

MELON frapé c'est celuy qui a quelque marque de maturité qui se fait appercevoir soit aux gens qui voyent quelque petit endroit jaunissant, soit à l'odorat quand on sent l'odeur de Melon mûr en approchant du nez celuy qui est soupçonné d'être frapé.

METTRE à fruit, se mettre à fruit, *Voyez Fruit.*

MEULE ou plûtôt mule de Fumier est un terme dont les Maréchez se servent pour marquer un amas de Fumier chancy, qu'ils ont trouvé en défaisant leurs Couches, & qu'ils ont mis ensemble pour avoir des Champignons; ils font les meules autant longues qu'ils peuvent, larges & hautes de quatre à cinq pieds & en dos-d'âne; on dit aussi mule de Fumier neuf, c'est-à-dire un grand amas de Fumier neuf pour s'en servir soit à couvrir des Plantes, soit à mêler avec du neuf en faisant des Couches.

MICÔTE, ma maison ou mon Jardin sont à micôte, ces termes signifient l'endroit qui marque à peu prés le milieu d'une coline aisée, c'est-à-direune coline peu roide ou peu difficile soit à monter, soit à descendre, en sorte que cet endroit pourroit passer pour une plaine, s'il ne se trouvoit plus haut que beaucoup de terres voisines sur lesquelles il commande, & fournit le plaisir d'une vûë belle & bien étenduë: ce sont de ces sortes de situations qu'on souhaite le plus, quand sur tout elles ont l'avantage d'une bonne exposition.

MIRLICOTON est une sorte de grosse Pêche jaune & de Pavie jaune qui mûrit sur la fin de l'Automne; ce mot est un terme des Jardiniers de Gascogne.

MOIGNON, couper, tailler en Moignon, *Voyez couper.*

MOLETTE se dit d'un Melon qui est mal fait dans sa figure, c'est-à-dire qui est menu & étranglé soit du côté de la queuë, soit du côté de l'œil, ou qui est plat & enfoncé d'un côté au lieu d'être rond ; molette se dit aussi des Concombres mal-faits.

MONTER, les Laituës montent, c'est-à-dire font une tige ; d'où vient qu'on dit le montant d'une Plante ou de la tige.

MORVE en fait de Laituës, de Chicorée, &c. est une pourriture qui se met à ces sortes de Plantes & les fait perir ; nos Laituës morvent ou ont la morve, &c.

MOTE d'un Arbre signifie une certaine quantité de terre qui tient aux racines, en sorte qu'elles ne sont pas découvertes ; ainsi on dit lever un Arbre en mote, comme j'en enleve beaucoup même des Arbres de tige assez gros, ce qui ne se peut faire dans les terres meubles & legeres, &c. & quand on rencaisse des Figuiers & des Orangers, on leur retranche une partie de leur mote, &c.

MOÜILLEURE, une bonne moüilleure cela veut dire un ample arrosement ; il faut donner une bonne moüilleure, c'est-à-dire arroser amplement.

MOUSSE est une maniere de petite herbe frisée, crespuë & jaunâtre, qui ne croît guéres en hauteur, & vient sur la superficie de certaines terres incultes, ou de certains bois ; elle vient aussi sur l'écorce de quelques Arbres fruitiers, & sur tout des Poiriers, où elle fait un grand desagrément à la vûë ; c'est pourquoy je recommande soigneusement d'émousser les Arbres, c'est-à-dire leur ôter la mousse, ce qui se fait en tout temps, mais sur tout pendant les humiditez, & pour cela on se sert du dos d'un coûteau, ou bien on fait une maniere de coûteau de bois avec quoy on racle l'écorce moussuë.

MOUVER la terre dans un Pot, ou dans une Caisse c'est y faire une maniere de petit labour avec quelque petit Outil de fer ou bien de bois, afin que cette terre étant ainsi mouvée, & renduë meuble l'eau des arrosemens y puisse plus facilement entrer.

N

NAVRER une Perche ou un Echalas c'est leur donner un coup de Serpe à l'endroit qui n'est pas assez droit, ce coup de Serpe entrant un peu avant dans la Perche ou l'Echalas fait qu'ils obéïssent au Jardinier pour les planter de la maniere qu'il veut soit en long, soit en ovale, ou en rond.

NIVEAU se prend en Jardinage ou pour l'instrument avec lequel on cherche à mettre de niveau la superficie d'un Jardin, ou à connoître la difference de ses hauteurs pour les regler suivant les besoins qu'on en a; il y a differentes manieres d'instrumens pour cela; ou bien niveau se prend pour faire entendre la disposition de la superficie, quand on dit par exemple qu'une Allée est de niveau, c'est-à-dire qu'elle n'est pas plus haute à un endroit qu'à l'autre, qu'il faut mettre une Terrasse de niveau, &c. on dit aussi quelquefois niveau de pente; il faut dresser une telle Allée suivant son niveau de pente, c'est-à-dire que la pente soit égale par tout dans toute la longueur de l'Allée, en sorte qu'elle paroisse unie d'un bout à l'autre.

NOÜER, un Fruit noüé, un Melon noüé, *Voyez Fruit*.

NOUVEAUTÉ se dit de toutes sortes de Fruits & de Legumes qui par le soin & l'industrie du Jardinier viennent dans leur perfection ou dans leur maturité devant la saison ordinaire, & sur tout en Hyver & au Printemps; ainsi ce sont des nouveautez que d'avoir des Fraizes & des Concombres au commencement d'Avril, des Pois au commencement de May, des Asperges vertes en Novembre, Decembre, Janvier, Fevrier, Mars, des Cerises precoces à la my-May, des Laituës pommées au mois de Mars, &c. un bon Jardinier doit avoir de la passion pour les nouveautez.

NUILLE ou nielle est une maniere de roüille jaune & de pourriture qui se met sur le bled devant sa maturité, & particulierement sur le pied & sur les feüilles des Melons quand il est tombé quelques eaux froides dessus, cette eau les roüille & les fait entierement perir; elle se met aussi sur les Laituës, Chicorées, &c. il se met encore une autre maniere de roüille blanche aux Concombres, & s'appelle le blanc, nos Concombres ont le blanc, c'est-à-dire qu'ils perissent.

O

OBLONG, *Voyez carré oblong.*

Oeil d'un Arbre est une maniere de petit nœud pointu auquel tiennent les feüilles des Arbres, & d'où sortent les jets.

OEIL de Melon est aussi l'endroit d'où sortent les bras, & se nomme aussi maille.

OEIL d'une Poire c'est l'extrémité opposée à la queuë ; cet œil est fait comme une petite couronne qui est enfoncée aux unes, & non aux autres ; les Pommes ont pareillement chacune leur œil.

OREILLES de Melons, Concombres, Laituës, &c. sont les deux premieres feüilles qui sortent de la graine semée ou de l'amande, & sont differentes de celles qui viennent aprés ; ainsi on dit les bras qui sortent des oreilles de Melons ne valent rien ; on peut replanter en Pepiniere des petites Laituës, dés qu'elles ont les oreilles un peu grandes.

P

PAILLASSON est une invention toute pure de Jardiniers pour faire en Hyver à peu de frais avec de la paille longue & quelques échalas une couverture & des brise-vents à leurs Couches, afin de les défendre du froid qui pourroit gâter leurs Plantes printanieres ; pour faire ces Paillassons ils se sont avisez de mettre à plate terre trois échalas longs de six à sept pieds, & de les espacer en parallele de deux à trois pieds l'un de l'autre, ensuite ils ont mis en travers de ces échalas une maniere de lit de cette paille longue de l'épaisseur d'un bon pouce, de la hauteur de cinq à six pieds, & de la longueur des échalas, & aprés ils ont remis trois autres semblables échalas sur ce lit de paille, en sorte qu'ils se rencontrent vis à vis des trois premiers, & qu'avec de l'osier ils ont lié ceux de dessus avec ceux de dessous, & enfin ils ont ajoûté encore deux autres échalas en travers, & sur l'un des deux côtez de cet Ouvrage de paille pour tenir le tout plus ferme & plus solide ; par ce moyen ils ont serré, renfermé & soûtenu la paille entre ces échalas, si bien que le tout ensemble a fait une maniere de table; or cette table se mettant debout sur le côté de sa largeur, & étant arrêtée avec des pieux fichez en terre fait une espece de petite muraille qui défend les Couches des vents froids, & pour lors cela s'appelle brise-vent, c'est-à-dire abry contre le vent, parce que cela brise le vent ou le rompt en empêchant de donner sur les Couches, & y fait en même temps une reflexion des rayons du Soleil, qui échauffent cet endroit ainsi abriqué; ou bien mettant ce Paillasson à plat sur les Couches qu'on a garny de quelques autres échalas mis en travers, & soûtenus de petits pieux à la distance de quatre à cinq pouces de hauteur, pour empêcher que ces Paillassons n'approchent de trop prés la superficie de ces Couches, ces Paillassons, dis-je, ainsi mis conservent le plan élevé sur ces Couches en empêchans que les neiges & le froid ordinaire des nuits n'y tombent dessus, par exemple sur des petites Salades, sur des Raves printanieres, &c. voila donc l'origine, la fabrique & l'usage des Paillassons & des Brise-vents.

PALISSER c'est attacher au treillage appliqué contre un mur les branches des Arbres plantez en espaliers, & les attacher si proprement à droit & à gauche, que la muraille en soit entierement & également couverte: en certains endroits on dit plier les branches au lieu de palisser.

PANACHE est un terme dont les curieux Fleuristes se servent quand ils parlent de Tulipes, d'Anemones, de Rozes, d'Oreilles d'Ours, &c. qui ont le fond de leur couleur naturelle rayé de blanc & de jaune; une Tulipe panachée, une Tulipe qui commence à panacher, &c.

PARALLELE est un terme emprunté des Mathematiques pour signifier des Allées d'Arbres avec leurs contre-Allées bien plantées, en sorte que les largeurs de chacune soient toûjours bien observées d'un bout à l'autre.

PARTERRE est une sorte de Jardin distribué par compartimens, qui pour l'ordinaire sont bordez de Büis, & pour ainsi dire dorez d'un beau sable jaune le long & dans le milieu des figures; cette sorte de Jardins est destinée pour les Fleurs & les Arbrisseaux; il y en a qu'on appelle

Parterres

Parterres de broderie, ou en broderie, qui sont ceux où on voit de grands Rainseaux, des Fleurons, des Fleurs-de-Lis, en un mot des figures faites avec du Buis; ceux-là n'ont guere de Fleurs que dans les Plates-bandes du tour; il y en a d'autres qu'on appelle des Découpez, ainsi on dit ce Parterre est un beau Découpé, &c. or ce découpé signifie un Parterre dans lequel il y a plusieurs pieces carrés, ou carrées longues, ou ovales, ou rondes, ou autres figures dans lesquelles on met des Fleurs; enfin il y a d'autres Parterres qu'on appelle Boulingrins, & sont de Gazon figuré.

Un Fruit PASSE', le Fruit se passe, *Voyez Fruit.*

PASSER à la Claye se dit pour les terres qui étant trop pierreuses ne pourroient faire un bon Jardin; on a donc une Claye qu'on tient entre droite & couchée, & qu'on soûtient par derriere avec quelques échalas, cependant le Jardinier prenant sa terre avec sa Paëlle la jette à force contre cette Claye, si bien que la bonne passe au travers, & les pierres tombent enbas du côté du Jardinier, ensuite on les ôte de là, pour continuer à passer ainsi toute la terre qui en a besoin.

PATEUX se dit de certains Fruits qui communément sont trop mûrs, & ont pour ainsi dire une chair de pain à demy cuit; voila pourquoy on dit de quelques Poires d'Espine, ou de quelques Pêches mal conditionnées qu'elles ont la chair pâteuse, c'est-à-dire peu fondante.

PATTE dans le Jardinage ne se dit que pour les Anemones & les Renoncules, effectivement l'oignon ou la racine ressemble en quelque façon à la Patte d'un petit animal; les Pattes se multiplient comme les cayeux des autres oignons de Fleurs, & les graines d'Anemones simples étant semées font de petites Pattes, qui au bout d'un an, ou de deux & de trois deviennent assez fortes pour fleurir; tout le monde sçait assez que les Anemones doubles & les Renoncules, non plus que les Jonquilles & les Narcisses ne font point de graines pour se multiplier.

PAVIE dans le voisinage de Paris s'entend de ce Fruit, qui ressemblant à une Pêche ne quitte pas le noyau, ainsi Brugnon à l'égard des Pêches violettes est Pavie; le nom de Pavie dans la plûpart des Provinces de Guyenne est le terme general, qui signifie tant les Pavies qui ne quittent pas le noyau, que les Pêches qui quittent; l'un & l'autre sont connus par leur grosseur, couleur, figure, goût, chair, eau, peau, noyau, &c. l'Arbre qui les produit se nomme Pêcher.

PEAU des Fruits est la superficie qui envelope la chair de ces Fruits; les uns l'ont plus douce, les autres l'ont plus rude; les uns l'ont lice & rase comme les Cerises, les Prunes, les Pêches violettes, les Pêches Cerises, les Brugnons, &c. les autres l'ont un peu veluë comme toutes les autres Pêches, & les Pommes de Coing; les uns l'ont plus moüelleuse & douce au toucher comme les Pêches mûres, les autres l'ont plus ferme comme les Pêches qui ne sont pas encore mûres & les Pavies.

PAELLE est un Outil de bois fait en forme de Bêche pour remuer des terres legeres & du sable; il est fait tout d'une piece, & a le culeron plus long & plus large que les Bêches de fer.

PAELLETE'E est la quantité de terre qui peut se ranger sur une Paelle.

PERCER une Couche se dit des Couches, sur lesquelles on veut semer des Raves dans des trous faits exprés avec un morceau de bois longuet, rond par tout, de la grosseur d'environ deux ou trois pouces de tour, & pointu par le bout qui doit entrer dans le terreau; ainsi on dit il faut se mettre à percer cette Couche pour y semer des Raves.

PERCHIS est une clôture qui se fait avec des Perches, les unes mises & fichées d'un pied avant dans la terre, & espacées d'environ huit à neuf pouces, les autres mises en travers à la même distance, en sorte qu'elles font des mailles, & empêchent que ny des hommes, ny de gros animaux puissent entrer dans l'endroit de terre ainsi clos de Perches.

PESCHE est le Fruit qui ressemblant exterieurement à un Pavie en est different par dedans, en ce qu'il quitte le noyau, & a la chair plus délicate.

PESCHER de noyau est un Pêcher venu de noyau, & qui n'a point été greffé ensuite.

Petreau est le Sauvageon qui repousse du pied de quelque Arbre que ce soit; ainsi on dit que les Pruniers repoussent beaucoup de Petreaux.

Pierre'e est une petite conduite d'eau qu'on fait sous terre avec du Moilon sec par en bas, & couvert de Mortier par en haut, pour faire écouler des eaux sous-terraines qui rendroient la terre d'un Jardin trop humide, trop froide & pourrissante.

Pierreux se dit de certaines Poires qui naturellement sont dures, & ont une espece de petites pierres ou gravier, & sur tout vers le cœur; ainsi on dit le gros-Musc est trop pierreux; il en est de même de l'Amadotte, du Bon-chrétien d'Hyver quand il est petit & contrefait, &c.

Pile ou mule de Fumier est un tas de grand Fumier proprement rangé, ou entassé pendant l'Esté pour s'en servir l'Hyver à couvrir des Plantes, ou à faire des Couches étant mêlé avec de grand Fumier neuf; de là vient qu'on dit empiler du Fumier, c'est-à-dire le mettre en pile.

Pincer est rompre dans les mois de May, Juin & Juillet l'extrémité des gros jets de Pêchers, pour n'y laisser que trois ou quatre pouces de longueur, afin qu'étant ainsi rompus avec l'ongle, (car il n'y faut point mettre le coûteau, ces jets tendres se cassans comme du verre) ils en repoussent trois ou quatre autres de mediocre grosseur au lieu d'un trop gros, & que par ce moyen on ait plus de branches à Fruit; car comme j'ay souvent dit, d'ordinaire les grosses branches n'en font point, ou en font peu; ainsi on en a trois ou quatre au lieu d'une qui auroit été fort grosse & fort longue, & qui auroit dû être taillée l'année ensuite à la longueur de six à sept pouces; il ne faut point pincer les petites branches.

Pioche est un Outil de fer large de trois à quatre pouces, & long de sept à huit, renversé en forme de Crochet à Fumier, & emmanché d'un manche d'environ quatre pieds, dont on se sert pour foüiller des terres dures qui se trouvent en faisant les tranchées d'un Jardin.

Planches de Jardin sont les parties d'un carré de Jardin divisé dans sa largeur en plusieurs portions de la longueur dudit carré, & de la largeur chacune de quatre, cinq à six pieds, & separé par des sentiers; c'est dans les planches bien fumées & labourées qu'on seme, ou qu'on plante les Legumes & Herbages des Jardins.

PLANER des Echalas pour faire un treillage c'est les polir avec une Plane, en sorte qu'il n'y reste plus de ces échardes qu'ils avoient au sortir des mains de l'Ouvrier, qui les a faits de cœur de Chêne fendu.

PLANE est un Outil tranchant de la longueur d'environ deux pieds, lequel étant emmanché par les deux bouts sert à polir les Echalas, que le Jardinier a couché sur un Etably fait pour cela.

PLANTER se dit des Arbres & de certaines Plantes qu'on met en terre pour y acquerir la perfection qui leur convient, tant à l'égard des Arbres fruitiers pour devenir grands & donner des Fruits, qu'à l'égard des Arbrisseaux & Arbres non fruitiers pour croître, grandir & grossir, aussi bien qu'à l'égard des Plantes pour arriver à l'état où elles doivent être pour être consommées par l'homme; ainsi on plante des Laituës pour pommer, ou pour blanchir, ainsi des Chicorées, des Choux, &c. on plante aussi des Fraiziers, des Melons, &c. pour donner leur Fruit.

PLANTOIR est un simple morceau de bois rond, & pointu par en bas avec une maniere de manche par en haut; il sert pour planter les Plantes d'un Potager qui n'ont que peu de racines, & pour lesquelles il ne faut que faire un trou en terre; ainsi plante-t-on les Porreaux, les Choux, les Laituës, les Chicorées, &c. il y a le Plantoir des Planteurs de Buis qui est plus grand, & plus gros, & qui a la partie d'en bas large d'environ trois pouces, & ferrée pour entrer plus aisément.

PLATEAU de Pois sont les Cosses de Pois qui ne sont défleuris que depuis peu de jours, & sont longuettes, & tendres les Pois n'étant qu'à peine formés dedans; j'ay vû des Pois en Plateau; mes Pois ne sont encore qu'en Plateau.

PLATE-BANDE se dit d'une Planche de terre qui borde une Allée du côté opposé au labour de l'Espalier, ou quand même il n'y auroit point d'Espalier dans l'autre côté de l'Allée, comme il arrive d'ordinaire en fait de Parterres.

PLEYON est de la paille de Seigle longue & ferme, dont on couvre les petites Salades sur Couches, & dont on fait les Paillassons; on s'en sert aussi pour lier la Vigne aux Echalas.

PLEURER, la Vigne pleure; c'est-à-dire que dans le mois d'Avril le temps s'étant addoucy la seve monte en abondance, & sort comme des larmes d'eau par l'endroit taillé.

POMMERAYE se dit d'un endroit où il y a beaucoup de Pommiers plantez par ordre.

POUDRETTE est de la matiere fecale fort seiche, & reduite en poudre; on a trouvé ce terme honnête pour enveloper le discours qui traite d'une matiere si sale; certains Jardiniers s'en servent pour encaisser leurs Orangers, pour moy je la condamne entierement.

POUSSER, un Arbre pousse, c'est-à-dire que dans le Printemps les Arbres commencent à produire de nouveaux jets à la tête, & de nouvelles racines en terre; d'où vient qu'on dit que les Arbres sur franc poussent en pivot, c'est-à-dire qu'ils pivotent, & que les Arbres sur Coignassier poussent leurs racines entre deux terres.

POUSSE d'un Arbre c'est le jet de l'Arbre; un tel Arfait une belle pousse, ou fait une vilaine pousse, une chetive pousse, c'est-à-dire un beau jet, un vilain jet, ou un chetif jet.

PRENDRE, ou plûtôt reprendre se dit d'un Arbre nouveau planté; un Arbre est repris, c'est-à-dire qu'il a commencé à faire des bonnes racines.

PRENDRE chair c'est quand le Fruit commence à grossir; on dit qu'il prend chair.

PREPARER les terres c'est-à-dire les disposer pour les rendre propres à être plantées & ensemencées.

PRINTANIER, nouveautez printanieres, *Voyez nouveautez*.

PROVIGNER c'est la même chose que marcoter, & se dit de la Vigne seulement.

PRUNELAYE est un endroit tout planté en Pruniers soit de Buisson, soit de Tige, soit d'Espalier.

PUCERON est une maniere de petit Moucheron qui s'attache aux jets nouveaux des Pêchers, des Pruniers & des Chevre-feüilles, &c. mais sur les feüilles de Melons il y en a de verts, & il y en a de noirs qui font recroquebiller les feüilles où ils s'attachent, & par une espece de contagion ils rendent malades les Arbres & les Plantes qu'ils attaquent.

PUR est un terme qui en fait de Fleurs signifie le contraire de panaché, & marque par consequent une Fleur qui dans sa couleur naturelle n'a aucune panache, c'est-à-dire aucune raye soit blanche, soit jaune, &c. qui y fasse une diversité riche & agreable ; ainsi on dit mes plus belles Tulipes panachées sont devenuës pures, c'est-à-dire que leurs feüilles n'ont aucune raye, un tel Oeillet est devenu pur, &c. il y en a qui deviennent la moitié purs, & l'autre moitié reste panachées, grand signe que tout l'Oeillet va bien-tôt devenir tout pur.

Q.

QUITTER en fait de Prunes & de Pêches est un terme fort ordinaire ; car on dit une telle Prune ne quitte pas le noyau, une telle le quitte ; les Pêches quittent le noyau, les Brugnons & les Pavies ne le quittent pas, c'est-à-dire que quand le noyau se détache net de la chair du Fruit, cela s'appelle quitter, & quand il ne s'en peut détacher, cela s'appelle ne pas quitter.

R

RABOUGRY est un terme bas & grossier, dont cependant on est obligé de se servir en parlant d'un Arbre fruitier qui ne pousse presque point, ou ne pousse que des jets fort petits, menus, courts, tortus, avec de petites feüilles recroquebillées, & d'ordinaire pleines de Pucerons & de Fourmis ; ainsi on dit cet Arbre ne vaut rien, il rechigne, il est tout rabougry, il le faut arracher ; il s'en trouve en toute sorte d'Arbres fruitiers, & particulierement en fait de Pêchers & de Pruniers.

RABOT en Jardinage signifie un Outil de bois fait avec une maniere de Douve ronde par dehors, & plate par en bas, on y attache vers le milieu un manche long environ de quatre pieds, & on se sert de cet Outil pour rabotter des Allées, c'est-à-dire pour les unir parfaitement, & les rafermir aprés que la Charruë ou le Rateau y ont passé.

RACINE c'est la production que l'Arbre fait en dedans de la terre pour attirer par là ce qu'il a besoin de nourriture, & pour attacher l'Arbre à la terre, en sorte que les grands vents ne l'arrachent pas; les bonnes racines & bien placées sont celles qui viennent à la profondeur d'environ un pied, & qui coulent entre deux terres; celles qui viennent au colet sont inutiles, ou plûtôt pernicieuses, en ce qu'elles sont cause qu'il ne s'en produit pas de mieux placées, & que cependant étant alterées par la chaleur du Soleil, & par le fer des Outils elles rendent l'Arbre malade & jaune; celles qui pivotent, comme nous avons dit ailleurs, ne sont bonnes que pour les Arbres de tige.

RAFRAICHIR une racine c'est couper tout de nouveau, mais si peu que rien l'extrémité de cette racine, qui ayant été coupée quelque temps auparavant s'étoit un peu seichée, parce qu'on n'avoit pas planté l'Arbre assez tôt, & sans doute que cette racine s'en doit mieux porter, quand l'Arbre est planté aussi-tôt que la racine a été taillée.

RAGREER un endroit scié est couper avec la Serpete la superficie de cette partie sciée, & comme brûlée par le mouvement de la Scie, ce qu'il est necessaire de faire, autrement cette partie là pourriroit, & ne se recouvriroit jamais, ce qu'elle doit faire pour la beauté & la propreté de l'Arbre.

RAMEAU se dit d'une branche d'Arbre coupée pendant l'Esté pour en tirer des écussons à greffer; ainsi on dit un tel m'a envoyé un, ou deux Rameaux de sa belle Pêche, de sa bonne Prune, &c.

RAME & Ramberge est un terme usité en fait de Melons, qui au lieu d'avoir un goût vineux ou sucré en ont un fort desagreable, qui leur vient d'ordinaire d'avoir été nourris prés d'une méchante Herbe puante, & assez ordinaire sur les Couches.

Ramer se dit des Pois, aux pieds desquels on met des branches qu'on appelle autrement des rames, afin que les Pois en croissans s'y attachent, & deviennent plus hauts, & que par consequent ils fassent plus de cosses; cela fait aussi qu'il y a plus de facilité à les cueillir.

Rapprocher des Arbres est racourcir les branches de ceux qui s'ouvrent trop, comme les Beurrez, où les branches qui ayant été laissées trop longues & trop étenduës soit en Espalier, soit en Buisson font un desagrément dans l'Arbre en y faisans un endroit vuide qui doit être garny; ainsi les branches racourcies en produisent de nouvelles à leur extrémité, qui rendent l'Arbre plus fourny & plus plein, comme il le doit être.

Ratatiné est un terme assez bas & grossier, usité cependant quand on parle de gens extrémement vieux & pauvres, & dont on se sert pour marquer que certaines Plantes viennent mal, & sortent miserablement de terre; ainsi on dit mes racines ne sortent point bien de terre, elles ne viennent point belles, grosses & longues, elles sont toutes ratatinées; ce terme signifie à peu prés la même chose que rabougry.

Rateau est un Outil soit de bois, soit de fer d'environ un pied & demy, ou deux pieds de longueur, emmanché d'un manche d'environ quatre pieds de long, & armé de dents par la partie qui doit rateler, c'est-à-dire unir les Allées, les Planches, &c. on en fait quelquefois qui ne sont que de bois, qui ont jusqu'à cinq ou six pieds de long, & qu'un seul homme traîne assez aisément avec une Sangle ou une Bricole passée autour du corps, en sorte que luy seul fait au moins l'ouvrage de deux à repasser de grandes Allées.

Ratissoire est un petit Outil tranchant long d'environ un pied, & large de quatre pouces, lequel étant emmanché d'un manche de la longueur ordinaire des autres, mais un peu moins gros à proportion de l'Outil, sert à ratisser, c'est-à-dire à couper les petites herbes des Allées; il y en a de renversées comme des manieres de Houës pour ratisser en tirant à soy, & d'autres qui sont toutes droites, & un peu plus larges pour ratisser en avant.

Ravaller

RAVALLER un Arbre c'est le descendre, & le rendre plus court & plus bas qu'il n'étoit en luy rognant, ou taillant notablement sa hauteur; ainsi on dit d'une seule branche trop longue, il la faut ravaller d'un pied, d'un demy pied, &c.

RAVES c'est une espece de racines bonnes à manger crûës; ce terme ne se dit icy proprement que de celles qui ont le navet long d'environ un demy pied, & de la grosseur des doigts, & qui sont rouges, tendres & cassantes; les gens qui les portent vendre dans les ruës de Paris, les appellent de la tendrette; dés que les chaleurs viennent les Raves sont un peu trop piquantes, au lieu que dans l'Hyver & le Printemps celles qui viennent sur Couche sont tendres & douces; le mot de Raves se dit dans les Provinces d'une certaine grosse racine plate, dont le Païsan se nourrit, & dont on engraisse les Bœufs, les Cochons, &c.

RAIFORT est une espece de Rave qui est fort grosse, toute jeune qu'elle puisse être, & qui a le goût fort piquant.

Les bonnes Raves doivent grossir de navet en même temps qu'elles changent de feüilles; il est tres-rare d'avoir de bonnes especes de graines de Raves.

REBORDER une Planche c'est avec le Rateau retirer un peu de la terre de sa Planche tout autour de sa longueur & de sa largeur, pour retenir dans le milieu l'eau des arrosemens & de la pluye, & empêcher par ce moyen que cette eau ne devienne inutile en s'échapant dans les sentiers.

RECEPER un Arbre c'est luy couper entierement la tête, soit pour le greffer d'une autre espece, soit pour luy faire pousser de nouvelles branches, & le rajeunir par ce moyen.

RECHAUFFEMENT s'entend d'un sentier de Couche, ou de Planche qu'on remplit de Fumier neuf, en sorte que ce Fumier venant à s'échauffer communique sa chaleur à la Couche, si elle est seule; ou aux deux Couches voisines, s'il y en a une d'un côté & l'autre de l'autre, & fait que les Plantes qui y sont, poussent malgré le froid de l'Hyver ; ainsi on dit changer, renouveller de réchauffement, remuer le réchauffement, ce qui se pratique beaucoup en fait d'Asperges d'Hyver.

RECHIGNER est un terme dont on se sert pour parler d'un Arbre qui languit, qui pousse peu, & ne fait que des petits jets foibles, & accompagnez de petites feüilles de couleur jaunâtre ; ainsi dit-on d'une Plante potagere, elle rechine quand elle ne pousse pas vigoureusement ; mon Cerfeüil, mon Oignon, mes Artichaux rechignent.

RECOUVRIR se dit des playes d'Arbres soit dans le corps pour y avoir été écorché, soit à l'extrémité des branches taillées, quand la seve vient à étendre la peau par dessus, en sorte qu'il ne paroisse plus de bois de cet Arbre, ou de cette branche ; ainsi on dit les Arbres de cette Pepiniere sont bien recouverts, c'est-à-dire que l'argot du Sauvageon étant coupé auprés de l'endroit greffé la partie taillée & coupée s'est si bien recouverte d'écorce, que la greffe & le sauvageon ne paroissent pas separez & differents l'un de l'autre.

RECROQUEBILLER, une feüille recroquebillée c'est-à-dire une feüille qui au lieu d'être verte & étenduë à son ordinaire, est au contraire toute ramassée en rond, frisée, & devenuë jaunâtre & galeuse.

REPASSER une Serpette se dit quand on l'aiguise à la Meule, & à la pierre pour la faire mieux couper qu'elle ne faisoit.

REPRENDRE se dit de l'Arbre nouveau planté quand il a fait de nouvelles racines, en sorte qu'on puisse dire qu'il a repris, & le contraire se dit quand l'Arbre n'a pas repris, c'est-à-dire qu'il n'a fait ny nouvelles racines ny nouveaux jets.

RETOURNER une Planche de Jardin c'est la labourer tout de nouveau en la renversant çen-dessus-dessous, pour y semer ou planter autre chose.

RIGOLE & tranchée en fait de Jardins sont la même chose, & signifient l'endroit où l'on doit planter des Arbres quand on l'a foüillé de la profondeur & largeur necessaire, & qu'on en a ôté les pierres & méchantes terres ; j'ay fait de bonnes rigoles, de bonnes tranchées de six pieds de large & de trois de profondeur.

ROMPRE en fait de Jardins se dit à l'occasion des Arbres extraordinairement chargez de Fruits, si bien que les branches en rompent ne pouvans porter un si pesant fardeau, à moins qu'on n'ait soin de les étayer avec des Perchés.

ROQUETTE est une espece de Cresson à la nois qui se mange en Salade, mais a le goût plus fort que le Cresson.

ROSSANE est le nom qui se donne à toutes les Pêches & Pavies qui sont de couleur jaune ; il y en a de differentes grosseurs, & il y en a de tardives, & d'autres plus hâtives ; il y en a qu'on appelle mâle, & ce sont les Pavies, & il y en a qu'on appelle femeles, & ce sont celles qui quittent le noyau ; les Jardiniers Gascons, & la plûpart de leurs voisins appellent du seul nom de Rossane les Fruits qui sont également jaunes dedans & dehors sans aucun rouge prés le noyau, & donnent cependant le nom de Mirlicoton aux grosses Rossanes tardives ; ils appellent Pavies ce qui quoy que jaune dedans & dehors a du rouge prés le noyau ; ils appellent Pêches-Pavies ce qui a du rouge & du jaune dedans & dehors ; ils appellent Persets le Fruit qui a la chair ou toute blanche comme les Pavies Madelaine, ou blanche & rouge comme les Pavies Catillac de quelque maniere qu'en soit la peau, soit toute rouge, soit rouge & blanche, & ils appellent d'un nom general Brugnons tout le Fruit qui a la peau lice ; ils appellent Poires-coupe ce qui parmy nous a le nom de Persique & de Pêche de peau, & donnent le nom general de Pêches sans distinction ny difference d'épiteres à toutes les autres Pêches, au lieu que nous les appellons l'une belle Chevreuse, l'autre Bourdin, l'une Pourprée, l'autre Admirable, &c.

ROUX-VENTS ce sont d'ordinaire les vents du mois d'Avril qui sont froids & fort secs, & sujets à broüir les jets tendres des Pêchers ; c'est pourquoy la Lune d'Avril se nomme assez vulgairement la Lune rousse ; le vent qui regne le plus pendant ce mois là vient du Nord, ou de la bise, c'est-à-dire du Nord-Est.

S

SACLER est un vray terme de Jardinage pour dire ôter les méchantes herbes qui naissent parmy les bonnes, & les offusquent; il y a des païs où on appelle cela éherber.

SALADE est un composé de differentes Plantes potageres, qu'on mange pour l'ordinaire crûës étant assaisonnées de sel & de vinaigre avec de l'huile; ainsi fait-on un mélange de Laituës soit pommées, soit non pommées avec des fournitures, par exemple de Baume, d'Estragon, Cerfeüil, Pimprenelle, Pourpier, &c. il y a même des Salades cuites, par exemple des Beteraves; il y en a de confites dans du sel & du vinaigre, par exemple des petits Concombres, autrement dits des Cornichons, des Capucines, des Capres, des Cotons de Pourpier, &c.

S'AVACHIR en Jardinage se dit de certaines branches d'Arbres, qui au lieu de se soûtenir droites ont leur extrémité penchante, comme il arrive à beaucoup d'Orangers, aux Poiriers de fondante de Brest, &c.

SAUPOUDRER est un terme emprunté du langage des Cuisiniers, & on s'en sert pour dire couvrir legerement, par exemple saupoudrer de Fumier sec les Chicorées qui commençans à blanchir, & par consequent à s'attendrir peuvent être gâtées par une premiere petite gelée; ce peu de Fumier ainsi jetté legerement, & en petite quantité sur cette Chicorée, sur ces Laituës pommées, &c. les garentit du tort que leur pourroit faire une premiere gelée; bien entendu qu'il faudra doubler telle couverture pour garentir de plus fortes gelées.

SCIE est un Outil à dents que tout le monde connoît assez; quand elle est bonne, & qu'elle a bien de la voye, c'est-à-dire les dents bien écartées, on dit qu'elle passe bien.

S'EFFRITER se dit d'une terre qui à force d'être trop

ſouvent enſemencée ſans aucun ſecours d'amandement devient ſterile, à moins qu'on ne la laiſſe repoſer pendant quelques années; de là vient qu'on dit une terre effritée.

Sel de terre eſt l'eſprit qui rend cette terre fertile; on dit une telle terre a beaucoup de ſel, elle produit toûjours ſans ſe laſſer; une autre telle terre n'a point de ſel, c'eſt-à-dire qu'elle devient incapable de produire de long-temps pour peu qu'elle ait produit.

Sentier eſt une petite eſpace vuide qui ſe laiſſe entre les Planches d'un carré pour y pouvoir paſſer & repaſſer en allant arroſer, & cueïllir ce que les Planches produiſent.

Se reposer ſe dit des terres qu'on laiſſe quelque temps en friche aprés avoir beaucoup porté, afin que dans cet intervalle de repos elles deviennent bonnes & fertiles.

Serfoüette eſt un petit Outil de fer renverſé, qui a deux branches pointuës d'un côté, & n'en a point de l'autre, duquel étant emmanché d'un manche d'environ quatre pieds de long on ſe ſert pour mouver la terre, c'eſt-à-dire donner un petit labour autour des petites Plantes, par exemple Laituës, Chicorées, Pois, &c. & cela s'appelle ſerfoüir.

Serpette eſt un petit Coûteau courbé, dont on ſe ſert pour tailler les Arbres & la Vigne; il y en a qui ſe ferment dans leur manche, & celles-là ſont fort portatives, & d'autres qui ne ſe plient pas, leſquelles ſont beaucoup incommodes, il leur faut une Guaine, ou autrement elles bleſſeroient dans la poche; quand la Serpette eſt bonne on dit qu'elle paſſe bien, qu'elle eſt bien afilée.

S'etioler ſe dit des Plantes qui pour être trop ſerrées & preſſées dans leur Planche montent plus haut qu'elles ne devroient, & ainſi au lieu d'être groſſes & fortes elles ſont foibles & menuës; on dit la même choſe des branches qui ſont dans le milieu des Arbres trop confus & trop ſerrez.

Serre c'eſt le lieu dans une maiſon où l'on ſerre les Plantes en Hyver, par exemple les Artichaux, les Cardons, les Choux-fleurs, &c.

Serre se dit aussi du lieu où l'on serre les Fruits, les Orangers, les Figuiers en caisse, &c. celle des Fruits, comme nous avons dit cy-devant, prend le nom de Fruiterie.

SEVE est une liqueur succulente, ou un suc liquide qui n'ayant été originairement que de l'eau toute pure dans la terre, mais de l'eau accompagnée des qualitez naturelles, je veux dire du sel de cette terre, a depuis passé dans les racines soit par la voye de l'attraction, comme je croy, soit par la voye de l'impulsion, comme croyent quelques Philosophes, & cette eau étant ainsi dans les racines y a été aussi-tôt par l'action de ces racines convertie en seve, c'est-à-dire en une liqueur conforme à la nature de l'Arbre ou de la Plante qu'elle doit nourrir, grossir, faire croître & multiplier; car chaque seve est differente selon la difference des Vegetaux; dans les uns elle est visqueuse & gluanse comme dans les Fruits à noyau; dans les autres elle est acqueuse & douce comme dans les Fruits à pepin, & encore plus dans la Vigne; dans les autres elle est blanche, & semblable à du lait comme dans les Figuiers, dans les Titimales, &c. la nature de cette seve a deux proprietez de monter d'abord à l'extrémité de la tête & des branches par les canaux, que la nature luy a formez tout exprés entre le bois & l'écorce, & de se convertir partie en bois & en écorce, partie en feüilles & en boutons, & en fruits, &c. l'autre proprieté est d'alonger, grossir & multiplier les racines nouvelles en leur communiquant aussi-tôt le don qu'avoient leurs meres, c'est-à-dire d'attirer de quoy fabriquer incessamment de nouvelle seve, &c. c'est une matiere que j'ay traité plus amplement dans le Traité des Reflexions sur l'Agriculture.

SEVRER un Arbre greffé en approche, sevrer une marcote, &c. c'est separer cet Arbre ou cette marcote d'avec l'Arbre auquel ils tenoient, & dont à proprement parler ils sont les enfans; cette separation se fait en les coupant quand cela se peut faire avec le Coûteau, ou en les sciant quand la Scie y est necessaire à cause de la grosseur & de la dureté du bois, &c. ainsi on dit, sevrer une marcote de

Vigne, de Figuier, d'Oeillet, &c.

SOUCHE est le tronc d'un vieux Arbre coupé à un ou deux pieds de terre; arracher une souche.

SUPERFICIE est proprement le dessus de quelque chose; ainsi on dit la superficie de la terre, la surface de la terre.

S'USER en fait de terre est la même chose que s'effriter, & est un terme plus usité pour marquer la sterilité survenuë à une terre, qui a trop long-temps porté sans avoir eu d'amandement ou de repos.

T

TAILLER est ôter sagement à un Arbre avec la Serpette ou la Scie les branches qui luy nuisent, ou luy sont inutiles, & racourcir sagement celles qu'on y laisse, pour faire un Arbre qui soit beau, & qui fasse de beaux & de bons Fruits.

La TAILLE est un terme qui se dit ou de l'operation de ce chef-d'œuvre du Jardinage, (voila pourquoy on dit un tel entend bien la taille, un tel n'entend pas la taille) ou se dit de la branche taillée; ainsi on dit les branches venuës sur la taille de l'année precedente doivent être sorties en cet ordre, &c.

TALON d'une branche est la partie basse, c'est-à-dire la plus grosse d'une branche coupée; ainsi on dit qu'on prend le talon de la branche pour greffer, quand l'extrémité est trop foible.

TALON d'un Artichaut est l'endroit où tiennent les racines, & d'où sortent les feüilles de l'œilleton détaché du principal pied; ainsi on dit l'œilleton est bon, pourvû que le talon soit jeune & un peu enraciné.

TARDIF se dit du Fruit qui ne vient qu'aprés d'autres d'une même espece, ou qui se garde bien avant dans l'Hyver, par exemple on a des Cerises tardives, des Pêches tardives, des Prunes tardives, des Poires tardives, &c.

TARDIVETE' est un terme dont on peut, & dont on doit même se servir quoy que jusqu'à present inusité, pour dire par exemple un tel Fruit est à considerer à cause de sa tardiveté.

Tavelé, marqueté, & tiqueté sont trois termes synonimes dont on se sert sur tout en parlant de la peau des Fruits, & de la feüille de quelques Fleurs ; c'est pour faire entendre que cette peau est semée de petits points differents du fond de la peau, sur laquelle ils sont ; ainsi on dit la Poire de Bugy, la Pastourelle, &c. ont la peau tiqtée, tavelée, marquetée, &c.

Tenir à l'Arbre c'est être attaché à l'Arbre ; ainsi disons nous qu'il ne faut pas avoir en Arbres de tige les Fruits qui n'y tiennent guere, comme les Virgoulées, &c. mais qu'on y peut avoir ceux qui tiennent bien, comme les Martin-sec, les Franc-real, &c.

Tendreté est un terme qui seroit à souhaiter de voir en usage, aussi bien que le sont acreté, dureté, maturité, insipidité, &c. le mot de tendreté seroit necessaire & propre à exprimer la chair tendre de certains Fruits, comme ceux d'acreté, dureté, insipidité, &c. le sont pour marquer la chair acre, dure & insipide de quelques autres ; ainsi ce seroit une bonne maniere de parler que de dire un tel Fruit est à estimer à cause de sa tendreté, comme l'on dit un tel est à mépriser à cause de son acreté, & de sa dureté, un tel à cause de son insipidité, &c. le mot de tendresse qui est si bien employé quand on parle des sentimens du cœur, est trop relevé pour descendre jusqu'à la matiere du merite des Fruits.

Terrasse se dit d'une quantité considerable de terre qui est plus haute que le terrein voisin, sur lequel elle commande, soit que cette terre ait été ainsi élevée exprés, comme c'est l'ordinaire, pour servir d'Allée revêtuë de bonnes murailles de pierre, ou dressée en talus pour se bien soûtenir, soit que cette terre se trouve ainsi naturellement élevée ; c'est pourquoy on dit une Allée en terrasse, un Jardin en terrasse, c'est-à-dire une Allée, ou un Jardin plus haut que le terrein voisin, auquel il tient.

Terrassier se dit de l'entrepreneur qui doit remuer, ôter,

ôter, ou porter une quantité de terre; ainsi on dit j'ay fait marché avec un Terrassier pour foüiller mes Caves, pour applanir mon Jardin, pour faire mes Allées en terrasse, &c.

Terre parmy les Jardiniers se prend pour le fond dans lequel on doit planter des Arbres & des Legumes, ou semer quelques graines; & ce fond ou cette terre reçoit beaucoup de differentes dénotations, par exemple

La terre se nomme aigre, amere, & puante, quant à la flairer, ou à goûter de l'eau dans laquelle elle a trempé, on y sent de l'aigreur, de l'amertume, & de la puanteur.

Elle se nomme terre argilleuse quand elle approche de la nature de l'argille, ou glaise, en ce qu'elle est grasse, lourde, materielle, froide, & se coupant comme du Beurre, & même sujete à se fendre pendant les chaleurs de l'Esté.

Quelques-uns même la nomment terre morte.

Elle se nomme bonne quand on y fait aisément venir tout ce qu'on veut, & mauvaise quand ny Arbres, ny semences n'y réüssissent point.

Elle se nomme terre chaude & brûlante quand elle est si legere, & si seiche, qu'aux moindres chaleurs tous les Plants qui y sont seichent, & perissent.

Elle se nomme terre grovette quand elle est mêlée d'un assez grand nombre de petites pierres.

Elle se nomme terre coriace, & par quelques-uns acariâtre, & caste, quand avec la Bêche elle se coupe à peu prés comme la glaize, & celle-là est tres-difficile à cultiver, parce que les eaux la délayent comme du mortier frais fait, & la chaleur survenante la rend dure comme des pierres, & la fait fendre.

Elle se nomme terre forte, & terre franche quand sans être argilleuse elle est comme le fond des bonnes Prairies, en sorte que la maniant elle tient aux doigts comme de la pâte, & se met aisément en telle figure qu'on veut soit ronde, soit longue, &c.

Elle se nomme terre froide, humide, & tardive, quand au Printemps elle a peine à s'échauffer pour faire ses premieres productions, en sorte que tout y vient naturellement plus tard qu'en d'autres endroits voisins.

Elle s'appelle hâtive quand les Fruits y mûrissent de bonne heure, comme à saint Germain, à Paris, à saint Maur, & tardive par un effet contraire.

Elle s'appelle terre meuble, & legere quand elle n'a point de corps, & qu'au contraire elle approche du sablonneux.

Elle s'appelle terre neuve quand elle n'a jamais servy à la production & nourriture d'aucune Plante, telle est celle qui se trouve à trois ou quatre pieds de la superficie, ou même plus avant.

Elle s'appelle terre portée quand sur tout on l'a prise en quelque endroit de dehors, pour la porter dans le Jardin.

Elle s'appelle terre reposée quand elle a été un an ou deux, ou plus long-temps sans être cultivée.

Elle s'appelle terre travaillée, & terre usée quand elle a été long-temps à produire sans cesse, & sans secours d'amandemens.

Enfin elle s'appelle terre veule quand les Plantes n'y peuvent faire des racines par sa trop grande legereté.

Terreau, ou Terrau est du Fumier tellement vieux & consommé, qu'il paroît plûtôt approcher de la nature d'une terre noire meuble, que d'avoir rien qui sente la Paille, & le Fumier; on l'appelle aussi Fumier menu, ou fient menu.

Toise est une mesure de six pieds de long marquée avec de petits clous par pieds, par pouces, par lignes, &c. avec laquelle on mesure les longueurs & les hauteurs des Jardins, & de leurs murailles, des tas de Fumier, & des terres enlevées, ou transportées, &c. elle est communément de bois; il s'en fait aussi avec de petites chaînes de fer, ou de cuivre; le pied est de douze pouces, & le pouce est de douze lignes.

Toiser est mesurer avec la toise pour voir combien une Allée, ou une muraille ont de longueur, de largeur & d'hauteur, combien un tas de quelque chose, soit Fumier, soit terre, soit pierre contient de toises cubes.

Toise cube est la quantité de deux cens seize pieds de la même chose mesurée, ou toisée, &c.

Touffe par exemple de Violiers, d'Alleluya, de Marguerite, de Baume, &c. se dit d'un gros pied composé de plusieurs petits, qui peuvent être separez l'un de l'autre, & par consequent plantez separément pour se mettre en état devenir touffe à leur tour.

Toupillon se dit proprement en fait d'Orangers, & veut dire une confusion de plusieurs branches fort petites en grosseur & longueur, chargées de petites feüilles, & venuës fort prés les unes des autres; c'est ainsi que d'ordinaire du nombril de chaque feüille des branches d'Orangers de l'année precedente il en sort beaucoup de petites, le Jardinier habile doit être soigneux de détoupillonner, c'est-à-dire d'ôter une grande partie de ce fretin de branches pour n'en conserver qu'une, ou deux qui doivent être les mieux placées pour la figure de l'Arbre, & celles-là étant seules reçoivent toute la nourriture qui alloit au grand nombre, & ainsi deviennent plus belles, plus grosses & plus longues, & font de plus belles feüilles, de plus belles Fleurs, & de plus beaux Fruits; ces toupillons sont l'endroit où il s'amasse le plus d'ordure, & sur tout de Punaises.

Tourner se prend quelquefois pour la premiere marque de maturité; ainsi on dit le Fruit commence à tourner, le Fruit est tourné; il mange du Raisin qui n'est pas seulement tourné; la verité est que le commencement de maturité se connoît en ce que la couleur de la plûpart des Fruits change pour prendre un teint jaune au lieu de verdâtre que ce Fruit avoit, ce qui se voit aux Poires, aux Pêches, &c. & aux autres il noircit, ou rougit, ou s'éclaircit comme au Raisin, aux Prunes, aux Cerises, &c.

D'autres fois tourner se prend pour un commencement de corruption & de pourriture; ainsi on dit ces Cerises ne valent plus rien, elles sont toutes tournées.

Trappe, un pied de Melon trappe, cela veut dire un pied ramassé, un pied fort & nullement étiolé, ou trop élevé, & trop alongé.

Tracer c'est marquer avec le traçoir les traits d'un

Parterre ſoit découpé, ſoit en broderie pour y planter le buis.

Tracer ſe dit auſſi des racines qui coulent entre deux terres, c'eſt-à-dire peu avant dans la terre, & un peu au deſſous de la ſuperficie.

Traçoir eſt un Outil de fer pointu emmanché d'un manche de quatre à cinq pieds de long, dont on ſe ſert pour tracer, &c.

Treillage eſt un Ouvrage en bois deſtiné pour paliſſer, c'eſt-à-dire pour attacher les Arbres d'Eſpalier; il eſt fait d'échalas liez carrément les uns ſur les autres avec du fil de fer, & cela en diſtances égales, en ſorte que les mailles en ſont à peu prés carrées; les plus ordinaires ſont de ſix à ſept pouces, ou de huit à neuf, elles ne ſont pas bien ſi on les fait plus grandes; j'ay dit ailleurs de quelle maniere on s'y prend pour faire ce treillage.

On en fait en quelques endroits avec du ſeul fil de fer aſſez gros en vûë d'éviter la dépenſe, & en effet il coûte moins que le treillage de bois, mais outre qu'il ne fait pas tant d'ornement pour le Jardin, il n'eſt pas auſſi ſi commode pour y attacher les branches, & ſouvent il ſe lâche & obéït; de plus il fait tort, & ſur tout aux branches de Pêchers, en ce qu'il les écorche & les coupe, & par ce moyen y cauſe la gomme qui les fait perir.

Il s'en fait auſſi d'une autre maniere qui coûte fort peu, & c'eſt avec des lates de deux pouces de large clouées les unes ſur les autres, pour faire les mailles de la même figure de celles des échalas; j'ay auſſi expliqué ailleurs comment on s'y prend pour faire cette ſorte de treillage, qui quoy qu'elle ne ſoit pas mauvaiſe pour le ſervice, & que même elle dure aſſez long-temps, elle ſent pourtant trop ſa gueuſerie pour l'employer dans le Jardin d'un honnête homme; il la faut laiſſer aux pauvres gens qui ſe font un métier d'élever des Fruits pour vendre.

Treillissage eſt un mauvais mot pour dire treillage, il ne s'en faut point ſervir.

Tranche'e, *Voyez rigole.*

Troche, trochets, à troche, à trochets, ce ſont termes dont on ſe ſert pour dire un bouquet de ſept ou huit fruits d'une même espece tenans encore à la queuë, & tous sortis d'un même bouton; cela se dit particulierement du petit-Muscat, du Muscat à troche, du Muscat à trochets, &c.

TROUSSER les menuës branches qui sont trop basses, c'est-à-dire les relever en les attachant à quelque chose qui les soûtienne.

TUF est un fond pierreux & dur qui se trouve un peu au dessous de la superficie de la bonne terre; c'est ce qui fait dire qu'étant necessaire qu'il y ait trois pieds de profondeur de bonne terre en toutes sortes de Jardins, il faut rompre le tuf, & l'ôter devant que de planter des Arbres dans l'endroit où étoit ce tuf, ou autrement rien ne réüssira; en de certains endroits on dit pipan, & non pas tuf.

V

VEGETAUX se dit de toutes sortes de Plantes, Racines, Herbes & Arbres qui vivent dans la terre, où ils prennent de la grosseur, de la longueur, & de l'étenduë; de là viennent les termes de vegetation & d'ame vegetative.

VEINE de terre se dit de certains cantons d'un Jardin qui produisent mieux, ou plus mal que le reste du terrein; ainsi on dit une bonne veine de terre, une méchante veine de terre, &c.

VERDURES c'est un terme general pour signifier toutes les Plantes, dont la bonté & l'usage consistent à leurs feüilles, par exemple l'Oseille, le Persil, le Cerfeüil, la Porrée, &c.

VERGER signifie proprement un enclos d'Arbres fruitiers de tige, & se dit à cet égard de toutes sortes d'especes de Fruits qui sont à haut vent, soit Poiriers, soit Pommiers, ou Pruniers, ou Cerisiers, &c.

VERMOULU se dit d'un bois tout piqué, ou percé de vers; ce qui arrive sur tout à l'Aubier.

VEULE, *Voyez terre veule, branche veule & bois veule.*

VIRGOULE'E est le nom d'une Poire d'Hyver tres-excellente; elle porte le nom du lieu d'où elle a été premierement tirée pour venir dans le grand monde de la curiosité; ce lieu est un Village de Limousin prés d'une petite Ville nommée Saint Leonard; beaucoup de gens disent Poire de

Virgouleuſe au lieu de dire de Virgoulée ; chacun dira comme il luy plaira, mais à parler franchement je n'aime pas ce terme de Virgouleuſe.

Voye en fait de Scie eſt une diſtance raiſonnable entre les dents d'une Scie, qui doivent être diſpoſées de maniere qu'étant bien pointuës l'une ſorte en dehors d'un côté, & l'autre en dehors de l'autre côté ; ces dents ainſi écartées font que la Scie paſſe aiſément, & par conſequent qu'elle a autant de voye qu'il luy en faut pour avancer de couper.

Vrilles ſont certains petits liens que la nature a donné aux branches de Vigne comme une eſpece de mains pour s'agraffer, ou s'acrocher à tout ce qui ſe trouve dans ſon voiſinage, en ſorte que par le moyen de ce ſecours chaque branche puiſſe aiſément porter le fardeau de ſon Raiſin ; faute de quoy elle ſe détacheroit aiſément du Courſon d'où elle eſt ſortie, & auquel effectivement elle tient fort peu.

Fin de la premiere Partie.

SECONDE PARTIE DES JARDINS FRUITIERS ET POTAGERS.

J'Ay particulierement à traiter icy de quatre choses; la premiere de ce qui regarde les avantages à souhaiter pour des Jardins à faire; la seconde de ce qui regarde les terres eu égard à ces Jardins; la troisiéme de ce qui est à faire pour corriger les défauts qui se trouvent dans des Jardins faits; & la quatriéme de la maniere de cultiver les Jardins, & du temperamment de terre qui convient à chaque espece de Fruit.

Je parleray de ce qui regarde le premier article, aprés avoir premierement dit que je n'ay icy à traiter que des Fruitiers & Potagers, soit qu'ils soient Jardins de Ville qui d'ordinaire ne sont que de mediocre grandeur, le terrein des bonnes Villes étant trop precieux pour en occuper beaucoup en Jardinage, soit qu'ils soient Jardins de Campagne qui sont regulierement assez grands, tout au moins le sont-ils plus que ceux de Ville, & cela à proportion des commoditez du Maître, & de l'importance ou merite de chaque maison.

Je sçay bien que regulierement parlant les uns & les autres de ces Jardins & de Ville & de Campagne sont faits pour le service des Maisons, & que par consequent ils les doivent accompagner de prés; mais en ce qui regarde ceux de Campagne qui ont besoin d'être d'une étenduë & d'un rapport considerable, attendu qu'ils sont necessaires pour la nourriture & pour le plaisir, je sçay bien que peut-être seroit-il à souhaiter que les Maisons fussent faites pour les Jardins, & non pas les Jardins pour les Maisons, c'est-à-dire qu'une des principales considerations à faire quand on choisit des situations de Maisons, fût de souhaiter particulierement d'y pouvoir aisément faire de beaux & de bons Jardins, ce qui pourtant ne se fait guéres; on a beaucoup d'autres égards qui touchent davantage, & qui font absolument qu'on se détermine; ce sera par exemple la beauté de la vûë & la proximité d'une Riviere, ou d'un Bois; ce sera la commodité & le plaisir de la Chasse, ce sera la facilité d'y faire des Fontaines & des Canaux, l'utilité du revenu, ou quelque consideration d'un voisinage d'amis, &c. si bien que les Jardins dont est question, sont presque la derniere chose à laquelle on vient à penser, & ainsi ils sont bien plûtôt des Ouvrages de necessité, & d'aprés coup que des Ouvrages de chois & de prévoyance.

Aussi est-il bien plus ordininaire de se trouver Maître d'une maison toute bâtie soit par achapt, soit par succession, &c. que d'en choisir la situation, & d'en commencer les fondemens; ainsi d'ordinaire on est entierement assujetty à faire des Jardins tels que les dépendances de la maison les peuvent permettre, & voila pourquoy ils ne sont pas d'ordinaire aussi bons qu'ils le devroient être.

Mais supposé qu'on fût en état de choisir, je prendray la liberté d'expliquer icy ce qu'il me semble qu'on auroit à faire pour bien réüssir dans le chois du Jardin d'une maison, comme volontiers aussi je m'expliquerois sur le

chois

chois à faire de la situation de cette maison, mais il ne s'agit pas icy de cela.

CHAPITRE PREMIER.

Des conditions necessaires pour un bon Jardin Fruitier & Potager.

JE trouve en cecy sept considerations particulieres à savoir, & toutes à mon avis tres-importantes.

Premierement je voudrois que le fond de ce Jardin fût bon, c'est-à-dire la terre bonne, quelle qu'en puisse être la couleur.

En second lieu que la situation, & l'exposition en fussent favorables.

En troisiéme lieu qu'il y eût au moins facilement de l'eau pour les arrosemens.

En quatriéme lieu qu'il y eût peu de pante dans son assiete.

En cinquiéme lieu que la figure en fust agreable, & l'entrée bien placée.

En sixiéme lieu qu'il y eût une clôture de murailles, qui fussent même assez hautes.

Et enfin que si ce Jardin n'est pas en vûë de la maison, ce qui n'est pas toûjours à souhaiter, qu'au moins non seulement il n'en fût guéres éloigné, mais que sur tout l'abord en fût aisé & commode; expliquons separément chacun de ces sept articles pour faire voir si mon souhait est fondé sur d'assez bonnes raisons, & s'il seroit important qu'il fût executé.

CHAPITRE II.

De la terre en general.

POUR pouvoir expliquer premierement ce que c'est que la terre, non pas à la prendre philosophiquement, ou chrétiennement, c'est-à-dire en gros & toute ensemble, car ce n'est pas une question à traiter icy; on est assez content de sçavoir que la terre à la considerer dans ce sens là est une grande masse ronde, qui faisant une partie du monde creé est située au milieu de la Sphere celeste, où par les ordres du Createur elle se soûtient pour ainsi dire de son propre poids.

Mais à prendre la terre en bon Laboureur, ou en Jardinier pour pouvoir expliquer ce qùe c'est eu égard à toutes les petites parties dont elle est composée, & à la culture qu'elle reçoit de la main de l'homme.

Dans ce sens là il me semble pouvoir dire que la terre est une quantité d'une certaine espece de sable tres-menu, qui par le moyen d'un certain sel, dont la nature a pourvû chaque grain de ce sable, est propre à la production des Vegetaux, & pour cela il faut qu'il y ait plusieurs grains ensemble, qui venans à recevoir une humidité temperée font un corps un peu lié, & venans ensuite à recevoir certains degrez de chaleur moderée font ce semble un corps animé, si bien que sans ces deux secours d'humidité & de chaleur cette terre demeure inutile, & pour ainsi dire morte; c'est ainsi à peu prés que la farine, qui est un tout composé d'un nombre infiny de petites parties toutes bien separées l'une de l'autre, cette farine, dis-je, venant à être moüillée jusqu'à un certain point fait tantôt de la pâte, & tantôt de la boüillie, si bien que l'une & l'autre étant assaisonnées d'un peu de sel, & ensuite échauffées jusqu'à un certain point deviennent propres pour la nourriture de l'homme; au lieu que cette farine demeureroit inutile, & pour ainsi dire morte, si l'eau, le sel & le feu ne venoient en quelque façon à l'animer; sur quoy cependant il y a cette grande difference entre la terre & la farine, que celle-cy une fois moüillée change tellement de nature qu'elle ne sçauroit plus revenir à son premier état, quoy que l'humidité en soit entierement sortie, & qu'au contraire la terre ayant une fois perdu l'humidité qui luy étoit venuë, se trouve au même état qu'elle étoit auparavant, quand il luy revient une seconde humidité; mais cette difference ne doit point détruire nôtre comparaison.

Ce qui me fait dire que la terre est une espece de sable

eſt, qu'à la toucher elle paroît veritablement quelque choſe de ſablonneux ; je n'iray point juſqu'à vouloir expliquer ce que c'eſt que ſable, car je n'en ſçaurois rien dire ny de ſingulier, ny de nouveau, mais je diray ſeulement que generalement parlant il eſt de pluſieurs eſpeces de ſable, les uns entierement arides & ſteriles comme ſont ceux de la mer, des rivieres, des ſablieres, &c. les autres gras & fertiles, & de ceux-cy les uns le ſont plus, & c'eſt ce qui fait les bonnes terres, les autres le ſont moins, ou ne le ſont point du tout, & c'eſt ce qui fait les terres mediocrement bonnes, ou les terres mauvaiſes, & ſur tout les terres legeres, arides & ſablonneuſes : de plus les uns ſont plus doux, & ceux-là font ce qu'on appelle terre douce & meuble ; les autres ſont plus groſſiers, & ceux-cy font ce qu'on appelle une terre rude & difficile à gouverner ; enfin il en eſt d'onctueux & d'adherans les uns aux autres, dont ceux qui le ſont mediocrement font les terres fortes, ceux qui le ſont un peu plus font les terres franches, & ceux qui le ſont extrémement font les terres argilleuſes, & les glaiſes terres incapables de culture.

Outre les differences de ſable fondées ſur la fecondité & la ſterilité, il y en a encore d'autres fondées ſur les couleurs ; car parmy les ſables les uns ſont noirâtres, les autres ſont rougeâtres, il y en a de blancs, il y en a de gris, il y en a de jaunes, &c. & voila ce qui fait qu'on appelle des terres noires, des terres blanches, des terres rouges, & des terres griſes, &c. ces ſortes de couleurs ne ſont pas grandement eſſentielles pour la bonté de la terre, comme nous dirons cy-aprés.

Or il eſt vray de dire que ces ſables fertiles ont effectivement en ſoy de certaines qualitez, ou ſi vous voulez un certain ſel de fecondité qu'ils communiquent à l'eau qui les humecte, & qui étant aſſaiſonnée de ces qualitez doit ſervir pour la production des Plantes, tout de même que le Sené, la Rubarbe, & la plûpart des Plantes ont en ſoy des vertus & proprietez medecinales, qui pour ſervir à la ſanté de l'homme ſe communiquent à l'eau dans laquelle on les met infuſer, &c. c'eſt une verité dont perſonne ne ſçauroit douter.

Je pourrois bien avancer icy premierement que la terre (à la considerer en soy comme un des quatre élemens) n'a veritablement aucune disposition premiere & naturelle pour la vegetation, car ses principales qualitez sont d'être froide & seiche, au lieu que la vegetation demande du chaud & de l'humide; mais comme par l'ordre & le commandement exprés de la divine Providence elle se trouve doüée du sel necessaire à la fecondité, & qu'ensuite elle est secouruë tant des rayons du Soleil, & des feux soûterrains qui l'échauffent, que de quelques eaux qui l'humectent, elle change pour ainsi dire de nature; si bien que pour obéïr à un commandement si absolu du souverain Maître, elle paroît ce semble un être vivant & animé, un être qui a son action particuliere, c'est à sçavoir de produire, comme si en effet les Plantes n'étoient à son égard que comme les dents de l'animal sont à l'égard de cet animal, c'est-à-dire que comme c'est l'animal qui vit, & non pas les dents qui vivent, ainsi ce seroit la terre qu'on devroit dire vivante, & non pas les vegetaux; cette terre, dis-je, pour obéïr à ce commandement fait ce grand nombre de productions si differentes que nous avons tant lieu d'admirer.

Et vocavit Deus aridam terram. *Gen. cap. 1. v. 11.*

Germinet terra herbam virentem, &c. *Gen. cap. 1. v. 11.*

Je pourrois dire en second lieu qu'il se fist un second commandement aprés la malediction causée par la désobéïssance de l'homme, & qu'en vertu de ce second commandement il semble que la plus forte inclination de cette terre n'aille veritablement qu'à produire de mauvaises Plantes; si bien que ce même homme ayant en même temps pour sa punition reçû ordre particulier de cultiver cette terre pour en tirer sa subsistance, il se trouve en quelque façon obligé de luy faire une guerre perpetuelle; il employe donc tout son travail & toute son industrie à vaincre & à dompter la fâcheuse inclination de cette terre, & cette terre aussi de son côté se défend autant qu'elle peut pour éluder & traverser l'autorité subalterne de ce second Maître.

Spinas, & tribulos germinabit tibi, &c. *Gen. cap. 3. v. 18.*

In laboribus comedes ex eâ cunctis diebus vitæ tuæ. *Gen. cap. 3. v. 17.*

Ainsi voit-on que n'étant nullement portée à favoriser des enfans qui luy sont en quelque façon étrangers, & que par la culture on luy fait produire malgré qu'elle en ait, elle retombe aussi-tôt qu'elle peut à pousser vigoureusement ses chardons, ses orties, & mille autres Plantes qui nous

Sponte suâ quæ se tollunt in luminis auras, infæcunda

ſont inutiles, & qui ſont proprement ſes enfans naturels & bien-aimez.

En cela ſemblable à ces enfans qui ne ſe laſſeroient preſque jamais de joüer à des jeux volontaires quelques rudes & violents qu'ils ſoient, & qui cependant paroiſſent fatiguez à faire tout ce qu'une autorité ſuperieure leur commande pour leur bien, quelque legere que ſoit la peine à l'executer.

quidem, sed læta, & fortia ſurgunt. Virg. Georg. 2.

Cette terre eſt donc forcée d'obeïr en beaucoup de choſes à ce que l'homme exige d'elle ; peut-être la pourroit-on en cela comparer à un jeune Poulin vigoureux & revêche, qui ſe trouvant aſſujetty à la main, & à l'éperon d'un Ecuyer habile devient l'inſtrument des plaiſirs, des combats, des triomphes, &c.

Loquere terræ, & reſpondebit tibi, &c. *Iob.*

En troiſiéme lieu je pourrois dire que toutes ſortes de terres ne ſont pas propres à toutes ſortes de productions, de maniere que chaque climat paroît aſſez reduit à quelque choſe de ſingulier, qu'on luy voit produire heureuſement & facilement, au lieu que d'autres Plantes n'y peuvent réüſſir qu'avec beaucoup de ſoin & de fatigue ; & voila où l'homme a beſoin d'induſtrie, & même, pour ainſi dire, a beſoin d'opiniâtreté pour vaincre enfin la reſiſtance qu'il trouve quelquefois dans la culture de ſa terre.

Nec verò terræ ferre omnes omnia poſſunt. *Virg. Georg. 1.*

Ces ſuccés heureux ou malheureux de certaines Plantes en de certains endroits nous doivent faire viſiblement connoître, quelle ſorte de terre eſt parfaitement propre pour chaque ſorte de Fruit, & quelle n'y eſt pas propre, par exemple les grands Ceriſiers de la Valée de Montmorency, les beaux Pruniers des Colines de Meudon, &c. m'inſtruiſent quelle doit être la terre qu'il faut pour les Ceriſes, & quelle pour les Prunes, &c. afin que je ne m'aille pas engager à en vouloir élever dans des terres d'un temperament tout different avec confiance & preſomption d'y réüſſir ſans peine.

Je pourrois enfin dire ce que tout le monde ſçait aſſez, qu'il eſt des terres beaucoup meilleures les unes que les autres ſoit dans chaque climat, ſoit auſſi quelquefois dans chaque portion de mediocre étenduë, ce qu'on appelle en termes vulgaires des veines de terre ; car par exemple là le Froment vient bien, & là tout auprés il ne peut venir le terrein n'y étant propre que pour du Seigle, ou autres petits bleds: là le vin est bon, & là tout auprés il ne l'est pas; en tel endroit le Muscat mûrit parfaitement bien, en tel autre il n'acquiert ny le goût, ny la fermeté, ny la couleur, &c.

D'où il s'ensuit qu'il est tres-difficile de donner des regles generales & positives pour chaque climat en general, attendu la grande proximité ou le grand voisinage qui se trouve des bonnes terres avec les mauvaises.

Si bien que comme nous disons eu égard à la production des terres en chaque climat qu'il en est de tres-bonnes, c'est-à-dire d'extrémement fertiles, aussi avons-nous lieu de dire eu égard à cette même production qu'il en est de tres-mauvaises, c'est-à-dire d'extrémement steriles, cette difference provenant apparemment des qualitez qui sont internes à chaque fond, puisqu'on ne peut pas la faire venir du côté du Soleil qui les regarde toutes d'une égale maniere; elle peut aussi provenir d'ailleurs, comme nous l'expliquerons cy-aprés; mais enfin nôtre Jardin demande absolument de la terre; voyons maintenant quelles sont les conditions necessaires à cette terre pour faire que nôtre Jardin y réüssisse.

CHAPITRE III.

Des conditions necessaires à la terre d'un Jardin pour pouvoir dire qu'elle est bonne.

IL y a beaucoup de choses à dire sur le fait des terres, dont il est necessaire d'avoir connoissance; je parleray de chacune en particulier sans rien obmettre de ce que j'y puis sçavoir, mais comme nous avons cy-devant étably que la premiere chose & la plus essentielle qui est à souhaiter pour un Jardin fruitier & potager est, que la terre y soit bonne, il faut s'attacher à expliquer d'abord ce que c'est qu'une bonne terre, & pour cet effet je dis que plusieurs choses y doivent concourir.

Il faut premierement que ses productions soient vigoureuses & nombreuses.

En second lieu que cette terre se rétablisse aisément d'elle-même quand elle a été alterée.

En troisiéme lieu qu'elle n'ait aucun mauvais goût.

En quatriéme lieu qu'elle ait au moins trois pieds de profondeur.

En cinquiéme lieu qu'elle soit meuble, c'est-à-dire facile à labourer, & sans pierres.

En sixiéme lieu qu'elle ne soit ny trop humide, ny trop seiche.

J'explique ces six maximes en six Sections particulieres avant que d'en venir aux autres conditions necessaires pour la perfection d'un Jardin fruitier.

SECTION PREMIERE.

De la premiere preuve d'une bonne terre.

IL me semble que ce qui doit faire dire qu'un fond, ou qu'une terre est veritablement bonne, c'est principalement quand on luy voit faire d'elle-même des productions & fort vigoureuses, & fort nombreuses, sans que presque jamais elle paroisse épuisée, quand les Plantes y croissent à vûë d'œil ayans la fane large, épaisse, soûtenuë, &c. quand les Arbres en peu d'années y viennent grands, les jets en sont beaux, les feüilles vertes, & se maintenans bien jusqu'à la rigueur des gelées, que l'écorce enfin en est belle, vive, luisante, &c. avec de telles marques on ne peut douter que la terre ne soit tres-bonne.

Quid faciat lætas segetes, &c. *Virg.* 1.

SECTION SECONDE.

De la seconde preuve d'une bonne terre.

IL faut encore que la nature dont cette terre est pourvûë, repare aisément ce qui à son égard a été alteré par quelque accident extraordinaire, sçavoir alteré par un grand chaud, ou un grand froid, par une grande secheresse, ou une grande humidité, par une longue nourriture de quelques Plantes étrangeres, &c. en sorte qu'elle revienne sûrement à son ancienne bonté si on la laisse en repos, & pour ainsi dire abandonnée à elle-même, & sur sa bonne soy ; ce qui suppose que les accidens qui l'avoient troublée dans ses productions ordinaires viennent à cesser ; sa bonne nature, & particulierement sa situation heureuse en sont apparemment les principales causes, & cela est si vray à l'égard de cette situation, que telle terre qui est admirablement bonne en tel endroit, cessera bien-tôt de l'être, si on la porte en quelqu'autre où elle ne trouve pas la bonne fortune d'une situation avantageuse, & qu'au contraire telle terre qui là étoit assez sterile, deviendra icy bien produisante, si la situation se rencontre meilleure.

De là vient que les terres qu'on appelle rapportées, quelques bonnes qu'elles fussent dans l'endroit d'où on les a sorties, elles n'ont cependant à proprement parler qu'une bonté passagere, & ainsi elles cesseront bien-tôt d'être bonnes à leur ordinaire, si elles ne rencontrent pas une situation qui leur soit propre, & il faudra des secours extraordinaires pour les entretenir en état de bien faire.

Il faut donc établir pour une maxime constante qu'on ne peut pas dire qu'une terre soit bonne, si elle ne marque une grande fertilité par ses productions naturelles, & si d'elle-même elle n'est capable de se rétablir ; c'est pourquoy c'est absolument de ces sortes de terres qu'il faut avoir dans ses Jardins, & ne se pas attendre de pouvoir à force de dépense, c'est-à-dire à force de fumiers & d'amandemens corriger pleinement une sterilité naturelle, ce qui se doit particulierement entendre à l'égard des Fruits ; car pour les Herbes potageres ayant & beaucoup de fumiers, & beaucoup d'eau, & beaucoup de Jardiniers qui soient infatigables au travail, on en fait assez venir dans un fond mediocrement bon ; mais en cela il en coûte trop pour réüssir, & le veritable plaisir du Jardin ne se rencontre pas avec tant de peine & tant de frais.

SECTION TROISIÉME.

Troisiéme preuve d'une bonne terre.

DE plus il me semble que ce qui doit faire dire qu'une terre est veritablement bonne, c'est d'être sans aucune odeur, & sans aucun goût ; en effet il est inutile pour nos

Fruits,

Fruits d'être les enfans d'une terre extrémement féconde, & par conséquent d'avoir de la grosseur & de la beauté, si d'ailleurs cette terre a quelque mauvaise odeur, ou quelque mauvais goût, parce que les Fruits & les Legumes en tiennent infailliblement, & partant ils ne peuvent avoir la bonté, qui fait leur principal merite.

L'exemple des vins qui prennent le goût du terroir, sert de preuve convaincante à cette verité, étant constant que la seve, qui est preparée par les racines, ne se fait simplement que de l'eau, laquelle se trouvant dans la terre, où ces racines ont à travailler, est necessairement imbibée du goût, & des qualitez de cette terre, & les retient sans doute dans ce changement qui luy arrive, quand elle devient seve.

Constamment la terre pour être bonne doit être entierement comme l'eau qui est bonne, c'est-à-dire que sans être ou acre, ou insipide, & douceâtre elle ne doit sentir quoy que ce soit, ny en bien, ny en mal.

C'est la premiere observation à faire, & la plus importante pour resoudre & déterminer le fond d'un Jardin, quand d'ailleurs il paroît fertile; or cette observation n'est pas difficile, il n'y a personne qui ne la puisse faire soit à fleurer simplement une poignée de cette terre, pour juger de son odeur, soit à goûter l'eau dans laquelle elle aura trempé, pour juger de son goût; par exemple on en fera tremper dans un verre quelque petite quantité cinq ou six heures durant, & ensuite l'ayant passée dans un linge bien net, pour ôter tout soubçon d'ordure & de mal propreté, on la goûtera; & par le goût bon, ou mauvais, de puanteur, & d'acreté, ou d'agrément, & de douceur qu'on y trouvera, on jugera si la terre est propre ou non pour faire de bons Fruits, afin de se resoudre à y faire son Jardin, ou à ne l'y pas faire; on ne sçauroit être trop delicat, & trop difficile sur le fait du bon goût, on ne l'est pas tant à l'égard des Legumes, dont la plûpart perdent dans la cuisson ce qu'ils peuvent avoir de desagreable.

Section quatrième.

Quatriéme preuve d'une bonne terre.

QUoy qu'il semble que pour juger sûrement qu'un fond est bon, il ne faille autre chose que de voir, que tout ce qu'il produit est vigoureux, qu'il ne se lasse point de produire, & que la terre n'y a nul mauvais goût, cependant il faut que la connoissance de nôtre curieux, qui veut faire un Jardin, aille encore plus loin; il est necessaire de sonder la profondeur de ce fond, il faut foüiller dans ses entrailles pour voir, s'il s'y trouve au moins trois pieds de terre, qui soit aussi bonne que celle de la superficie; les Arbres qu'il y plantera sont plus difficiles à élever que ces autres que la nature y a produits d'elle-même; ils ne réüssissent point, s'ils ne sont pour ainsi dire asseurez d'avoir une provision de vivres pour l'avenir, & cette provision est d'avoir trois pieds de bonne terre, & meuble au dessus; de plus comme à force de demander tous les jours choses nouvelles à cette terre, elle vient enfin à se lasser, & devient paresseuse, & maigre dans ses productions, on a besoin d'y faire quelque changement; le plus important de tous, & le plus aisé est de mettre à l'air la terre qui étoit dans le fond, où n'ayant rien à s'occuper elle conservoit sa fecondité naturelle, en attendant qu'on la mît à l'épreuve de son sçavoir faire, c'est-à-dire qu'on l'exposât au Soleil, & qu'on luy donnât quelque culture; dans ce mouvement la terre de la superficie descend prendre la place de celle, qu'on aura ôtée, & c'est pour y être à son tour dans un repos capable de la rétablir entierement au bout de quelques années, & pour la mettre en état d'agir ensuite aussi-bien que jamais, semblable pour ainsi dire à ces animaux, qui quelque fatiguez qu'ils soient à la fin d'une journée de travail, rentrent le lendemain à l'ouvrage avec la même vigueur qu'auparavant, pourvû qu'ils ayent passé la nuit sans rien faire.

Ce n'est pas assez d'avoir étably, qu'il faut absolument trois pieds de profondeur de bonne terre pour les Arbres, il est encore important de decider ce qu'il en faut pour les

Legumes à longue racine, par exemple Artichaux, Betetaves, Scorsonnerre, Panaiz, Carotes, &c. il me semble que pour tout cela il en faut aussi absolument trois pieds ; les autres Plantes par exemple les Salades, les verdures, les Choux, &c. peuvent réüssir avec un pied de moins ; mais les curieux, qui en l'un & l'autre cas soit des Arbres, soit des gros Legumes se contentent d'une plus petite profondeur que celle, que je viens de marquer, se trompent assûrément beaucoup, & sont à plaindre, ou plûtôt à blâmer ; ils seront sujets à avoir quantité d'Arbres jaunes & malades, à en voir perir une bonne partie, & par consequent obligez à recommencer de faire une dépense nouvelle, pour en planter d'autres dans le temps qu'aprés cinq ou six années de patience ils devroient profiter de leurs Plans, & enfin ils seront au moins sujets à avoir des Fruits, & des Legumes petits, mauvais & avortez, &c. de tels inconveniens meritent bien les égards que je recommande, pour choisir une terre d'une profondeur suffisante.

SECTION CINQUIE'ME.

Cinquiéme preuve d'une bonne terre.

LA fertilité naturelle & perpetuelle des terres, leur goût, & leur profondeur établies comme quatre conditions indispensables, j'estime encore pour une cinquiéme condition, que la terre sans être trop legere doit être meuble, c'est-à-dire facile à labourer (telles sont celles qu'on appelle un sablon gras, une terre de chéneviere, &c.) & que même il est à souhaiter pour cela qu'elle soit peu pierreuse, non seulement parce que les labours y sont plus aisez, & que les Plantes y réüssissent mieux, mais encore pour plaire davantage aux yeux, qui sont sans doute blessez de voir beaucoup de pierres, ou de plâtras dans un labour ; si bien que quand les terres ont ce desagrément d'être pierreuses, il y faut remedier ; or quand elles ne le sont guéres, un coup de rateau qu'on passera dessus aprés chaque labour, les nettoyera aisément ; mais si elles le sont beaucoup, je croy qu'il en faut venir à la dépense de faire passer la terre à la Claye ; j'explique l'usage de l'operation à la

Claye dans le Traité de la preparation des terres.

Les terres meubles ont de grands avantages pour la culture, elles sont commodes aux Plantes pour la multiplication de leurs racines, elles boivent facilement l'eau soit des pluyes, soit des arrosemens, & conservent cependant assez d'humidité pour la vegetation; elles n'ont aussi pas de peine à être échauffées des rayons du Soleil, & par consequent à être hâtives dans leur production, & c'est ce que tout le monde souhaite particulierement.

Optima putri arva solo: id venti curant, gelidæque pruinæ, & labefacta movens robustus jugera fossor. *Georg. 2.*

Section sixie'me.

Sixiéme marque d'une bonne terre.

Rien ne fait mieux connoître ce que c'est que terres meubles, que de voir celles qui ne le sont pas, par exemple

Les terres trop fortes, & qui se coupent à la Bêche comme des terres franches, ou comme des terres glaizes, ces sortes de terres sont sujetes à se seller, comme on dit, c'est-à-dire à se serrer, & s'endurcir, en sorte qu'elles deviennent presque impenetrables à l'eau des pluyes & des arrosemens, ce qui est un inconvenient tres-fâcheux & tres-pernicieux pour la culture; elles sont encore de leur naturel sujetes à être pourrissantes, froides, & tardives, conservans dans leur fond une humidité perpetuelle, trois des plus mauvaises qualitez que les terres puissent avoir; leur superficie se fend aussi aisément dans les temps de hâle & de sécheresse, jusques-là même qu'à cause de leur dureté elles ne peuvent pour lors souffrir aucun labour, & par consequent ny nouveaux plans, ny nouvelles semences; c'est pourquoy elles sont cause d'une terrible disette dans la plupart des saisons, outre que telles fentes nuisent extrémement & aux Arbres, & aux Plantes déja reprises, parce qu'elles en decouvrent les racines, elles rompent les nouvelles, & les empêchent de continuer leurs fonctions.

On ne peut pas être mieux instruit que je le suis de tous les desordres, qui arrivent à de telles terres, & de tous les embarras qu'elles causent dans la culture, surquoy il n'est pas ce me semble hors de propos que je fasse icy en passant un petit détail de ce que j'ay été obligé de faire au Potager de Versailles, dont les terres sont à peu prés de la nature de celles, qu'on voudroit ne trouver nulle part, & que nous n'y aurions pas, s'il avoit été facile d'y en faire porter de meilleures; la necessité de faire un Potager dans une situation commode pour les promenades, & la satisfaction du Roy a déterminé l'endroit où est ce Potager, & la difficulté de trouver d'excellentes terres dans le voisinage a été cause qu'on s'est contenté d'y en avoir de passablement bonnes.

Ce Potager est dans un endroit où étoit un grand Etang fort profond; il a fallu remplir la place de cet Etang pour luy donner même une superficie plus haute que celle du terrain d'alentour, autrement étant un Marais, & l'égoût des montagnes voisines, il n'auroit jamais réüssi pour l'usage auquel il étoit destiné; on a eu facilité à remplir cet Etang par le moyen des sables, qu'on avoit à sortir pour faire la Piece d'eau voisine, aussi y en a-t-on fait porter jusqu'à dix & douze pieds de profondeur par tout; mais pour avoir des terres qui fussent propres à mettre au dessus de ces sables, & les avoir promptement (la dépense, & le temps pour le transport éloigné de la grande quantité, qui étoit necessaire dans prés de vingt-cinq arpens de superficie, étoient capables de dêgoûter de l'entreprise) on a donc été obligé de prendre de celles qui étoient les plus proches, c'est-à-dire sur la montagne de Satory; en les examinant sur le lieu je trouvay, qu'elles étoient une maniere de terre franche, qui devenoient en boüillie, ou en mortier, quand aprés de grandes pluyes l'eau y sejournoit beaucoup, & pour ainsi dire se petrifioient, quand il faisoit sec; je voyois qu'elle n'imbiboit pas aisément les eaux ordinaires, & cela me faisoit beaucoup de peine, mais j'en attribuois le défaut au tuf, qui se trouvoit sur cette montagne au second fer de Bêche, & me consolois dans l'esperance d'y trouver un remede par le moyen des sables, sur lesquels ces terres se trouveroient posées; sur ce fondement je disposay les terres du Potager pour être d'une superficie plane, & sans aucune pente, comme sont ordinairement les Jardins de tout le monde; mais je fus bien surpris, quand je vis le contraire de ce que j'avois esperé; cette terre ne changea point de nature pour avoir changé de lieu, elle demeura impenetrable aux eaux; ce que j'eus de plus favorable en cecy, fut que j'eus dés la premiere année à essuyer le plus grand mal qui me pouvoit arriver, car il survint de si grandes, & de si frequentes averses d'eau, que tout le Jardin paroissoit être redevenu un Etang, ou au moins une marre bourbeuse, inaccessible, & sur tout mortelle & pour les Arbres qui en étoient déracinez, & pour toutes les Plantes potageres qui en étoient submergées; il fallut chercher un remede convenable à un si grand inconvenient, ou autrement ce grand Ouvrage du Potager, dont la dépense avoit fait tant de bruit, & dont la figure donnoit tant de plaisir, auroit été inutile; heureusement en faisant faire ce Potager j'avois fait faire un Aqueduc qui le traversoit, & qui devoit recevoir toutes les eaux des montagnes, qui avoient accoûtumé de venir dans ce même endroit faire l'ancien Etang, & étoient necessaires pour aller faire la grande Piece d'eau voisine; je pensay donc à faire en sorte que les eaux, qui m'étoient si pernicieuses, allassent se perdre dans ce grand Aqueduc, & pour cet effet je crûs qu'il en falloit venir à élever chaque carré en dos de bahu; le remede étoit bon, mais si pour cette élevation il avoit fallu faire porter des terres nouvelles, il étoit violent, & pour en employer un plus doux je m'avisay de me servir de grand Fumier, dont j'avois beaucoup, tant à mettre par dessous, qu'à mêler avec les terres destinées pour les Legumes, & m'en suis tres-bien trouvé; le succés en a été fort bon, & la dépense tres-petite; en faisant cet Ouvrage je donnay en même temps une pente imperceptible à chaque carré, pour mener dans un des coins toutes les eaux qui s'écouleroient de tous les côtez ainsi élevez; je fis faire à chacun de ces coins une petite pierrée, qui prenoit ces eaux, & les portoit dans l'Aqueduc; je ne fus pas long-temps à m'appercevoir que cette invention étoit bonne; mes carrés avec leurs Plantes, & mes plate-bandes avec leurs Arbres se conserverent dans le bon état où je les souhaitois, & contribuerent notablement à la conservation, & au bon goût de tout ce que j'y pouvois élever.

Cette maniere de dos de bahu parut d'abord une chose surprenante par sa nouveauté, mais elle eût la bonne fortune de plaire au Roy, dont le discernement, & le bon goût sont infinis en toutes choses; quel honneur & quelle joye ne fust-ce point pour moy d'avoir l'approbation d'un si grand Prince! Il jugea donc que l'invention n'étoit pas moins agreable que nouvelle, & d'autant plus qu'elle étoit souverainement utile, joint l'avantage qu'elle donne d'augmenter de trois arpens la premiere superficie du Potager; je ne doute point que cette maniere de dos de bahu ne soit imitée dans tous les lieux qui seront ou de terre semblable à la nôtre, ou qui seront sujets aux inondations des grandes pluyes, ou qui naturellement sont trop marécageux.

Que si on n'en vient pas à faire une élevation, tout au moins faut-il avoir recours à de frequents labours, pour éviter les inconveniens qui arrivent au terres, qui se gersent, c'est-à-dire qui se fendent aisément dans les grosses & longues chaleurs; le remede en est bon & infaillible.

SECTION SEPTIE'ME.

Septiéme marque d'une bonne terre.

NOus venons de voir combien font de peine les terres trop lourdes, trop grasses, & trop fortes, & y avons trouvé le remede; d'un autre côté celles qui sont trop legeres, & par consequent arides ont de si grands inconveniens, à craincre qu'elles sont capables de dégoûter entierement nôtre curieux.

Premierement par la difficulté du remede qui y seroit necessaire, & en second lieu par la necessité de faire de grands & frequens arrosemens, qui coûtent beaucoup, & & sans lesquels cependant les terres deviennent, ou demeurent steriles; en troisiéme lieu par le peu de progrés que les Fruits & les Legumes y font pendant l'Esté, à moins d'un secours extraordinaire, enfin par le petit nombre de Vegetaux qui s'en peuvent accommoder en fait de nos Jardins, dans lesquels cependant il est necessaire d'en avoir de toutes les sortes pour être pleinement satisfait.

Voyons maintenant ce qui regarde ces terres trop séches & trop legeres, & examinons si on en peut corriger le défaut.

Assez souvent les terres sont séches & legeres, parce que la nature les a d'abord formées dans ce temperamment, telles sont les terres de tourbe séche dans de certains Marais, telles sont les terres sablonneuses de la Plaine de Grenelle; il est assez difficile, mais non pas impossible de les rendre plus lourdes & plus grasses; le seul expedient consiste dans un grand transport d'autres terres fortes, pour les mêler parmy, ou bien il faudroit faire couler dans le fond quelque décharge d'eau, qui se répandit par tout, ce qui n'est guéres pratiquable; quelquefois aussi cette sécheresse & cette legereté proviennent de ce que d'ordinaire c'est un sable tout pur, qui se trouve au dessous de telles terres arides, si sur tout elles n'ont pas assez de profondeur, & qui par consequent n'y fait pas un lit assez solide, & assez serré, pour pouvoir arrêter les eaux qui proviennent de dehors, soit par des pluyes, ou neiges, soit par d'autres voyes; ces eaux penetrans aisément le corps de ces terres viennent jusqu'à ce sable, qui étant pour ainsi dire une maniere de Crible les laisse passer, & descendre plus bas, comme à l'endroit de leur centre, où elles sont entraînées par leur pesanteur, & ainsi il ne se conserve aucune humidité, ny fraîcheur dans le fond de cette terre pour en communiquer aux parties superieures; si bien que par là cette terre retombe toûjours dans son aridité naturelle, & par consequent dans sa sterilité; car enfin elle ne sçauroit rien produire, si en même temps elle n'est accompagnée d'un peu d'humidité, & d'une chaleur temperée.

Cumulosque ruit malè pinguis arenæ! *Georg.* 1.

Si on est en liberté de choisir un fond pour se faire un Jardin, je ne croy pas, qu'on soit assez mal-avisé pour en prendre un si deffectueux; que si au contraire la necessité y oblige indispensablement, il y a trois choses à faire, ausquelles il ne faut pas manquer.

La premiere c'est d'ôter de ce sable tout pur autant qu'il en faut pour faire la profondeur necessaire de trois pieds, & ensuite y porter suffisamment de la meilleure terre, qu'on peut commodement trouver, en sorte que la quantité de trois pieds s'y rencontre.

La

La seconde est de tenir tous les endroits qui sont à labourer, un peu plus bas que les Allées, en sorte que les eaux qui tombent dans ces Allées, ayent leur pente entiere dans les terres en labour.

Et la derniere est de faire en Hyver jetter dans ces labours toutes les neiges des Allées, & de par tout ailleurs, d'où l'on en pourra faire facilement porter ; il se fait par ce moyen une certaine provision d'humidité dans le fond de cette terre, pour luy aider à faire ses fonctions pendant les grandes chaleurs de l'Esté.

Je me suis toûjours servy de ces trois expediens, & les ay fait pratiquer à mes amis ; j'asseure avec verité que nous nous en sommes tous merveilleusement bien trouvez, & qu'il y a grande seureté à les pratiquer.

Personne n'ignore que, quand au dedans la terre il y a de l'eau à une mediocre profondeur, par exemple environ à trois pieds, (ce qui se trouve d'ordinaire dans le fond des Valées, où l'on a ce qui s'appelle un bon sable noir) personne, dis-je, n'ignore qu'en tel cas il se fait dans la profondeur de cette terre une philtration naturelle, qui éleve une partie de cette eau jusqu'à la superficie, & c'est cela qui entretenant la terre dans un bon temperamment pour la production, la rend extrémement bonne ; que si au contraire cette eau étant en assez grande quantité se trouve trop prés de la superficie, par exemple à un pied, ou à un peu plus, & que là étant arrêtée par quelque lit de tuf, ou de glaise, elle y sejourne, parce qu'elle est empêchée de descendre plus bas, la terre d'un tel endroit devient trop humide ; si bien qu'à moins qu'on ne donne à ces eaux souterraines une décharge, qui les porte dehors, ou à moins que pour les élever on ne fasse de ces dos de bahu, que j'ay cy-devant expliquez, une telle terre devient froide, pourrissante, & en un mot mauvaise.

Ainsi doit-on tenir pour certain, que c'est de là que proviennent assez souvent les humiditez des terres, soit celles qui sont excessives, soit celles qui ne le sont pas ; ces humiditez proviennent aussi quelquefois d'ailleurs, comme nous le dirons cy-aprés.

Je croy être obligé de dire icy, qu'à l'égard de cette

difference de terres soit fortes, & grasses, soit séches, & legeres, il y a cette distinction à faire, qui est que dans les païs froids il est à souhaiter d'y avoir de la terre legere, afin qu'avec un peu de chaleur elle soit facile à échauffer, au lieu que dans les païs chauds il vaut mieux y avoir de la terre assez forte, & assez grasse, afin que les chaleurs ne puissent pas si aisément penetrer dans le fond, ny par consequent alterer les Plantes : le Prince des Poëtes originaire d'un tel païs paroît faire cas de ces sortes de terres grasses, même pour les Vignes, mais ce n'est qu'eu égard à l'abondance ; car quand il est question de la bonté, & de la delicatesse du vin, il en parle bien differemment, faisant connoître que les terres legeres, & un peu maigres sont propres pour le bon vin, comme les terres fortes le sont pour le bon bled.

At quæ pinguis humus, dulcique uligine læta, quique frequens herbis & fertilis ubere campus. *Georg. 2. & paulò post.* Hic tibi prævalidas olim, multoque fluentes sufficiet Baccho vites : hic fertilis vuæ, &c. *Georg. 2.* Densa, magis Cereri : rarissima quæque, Lyæo. *Et superius.* Altera frumentis quoniam favet, altera Baccho. *Ibidem Georg. 2.*

Il y a quelquefois des terres d'un temperament si juste, & d'une constitution si avantageuse, que toutes sortes de Legumes, & toutes sortes de Fruits, de quelque espece qu'ils soient, y réüssissent parfaitement, & même ces sortes de terres étant simplement cultivées des labours ordinaires pour les Arbres fruitiers se conservent bonnes pendant plusieurs années, sans avoir besoin d'aucuns secours d'amandement, si ce n'est pour les Legumes.

Heureux qui voulant faire un Jardin nouveau en trouve de semblables, en sorte qu'il ait lieu de dire, qu'il a dans son fond les conditions importantes, que je viens d'expliquer, sçavoir une terre fertile, une terre sans goût, une terre suffisamment profonde, une terre meuble, & peu pierreuse, une terre qui ne soit pas ny trop forte & trop humide, ny trop legere & trop séche, parce qu'il peut s'asseurer d'un succés infaillible, en ce qui dépend purement du fond ; à plus forte raison que ne doit-il pas esperer, s'il prend soin quelquefois de faire foüiller, & remuer entierement sa terre à la profondeur que j'ay cy-dessus marquée, tant pour être asseuré qu'elle est toûjours meuble par tout, que pour donner lieu à chaque partie de faire alternativement son devoir, & si par dessus cela il ne manque de luy faire donner la culture ordinaire, qu'elle demande.

J'ay eu l'honneur de faire pour un grand Ministre un

des meilleurs Potagers qu'on puisse voir; j'eus liberté d'en choisir le fond, & le trouvay tel que je le souhaitois, & par consequent tel que je le souhaite à tous les honnêtes gens, qui sont curieux du Jardinage; ce Potager est tellement parfait, qu'on n'y voit rien de mediocre, ny rien qui se démente; aussi est-il vray qu'on ne voit nulle part ny d'Arbres plus vigoureux, ny de Fruits plus excellens, & en plus grande quantité, ny de plus beaux & de meilleurs Legumes; il n'y manque qu'une seule chose, qui est de n'être pas aussi hâtif que les Jardins, qui sont des terres fort sablonneuses; mais ce défaut, que l'art ne sçauroit corriger, est amplement recompensé par tous les autres avantages que je viens de marquer.

CHAPITRE IV.

Des autres termes dont on se sert en parlant des terres.

APRES avoir expliqué quelles sont les bonnes qualitez, qu'on doit souhaiter à la terre des Jardins, je pourrois bien me mettre à expliquer les autres conditions, qui sont necessaires pour la perfection de ces mêmes Jardins, sçavoir la situation, l'exposition, la figure, la facilité des arrosemens, &c.

Mais parce que dans nôtre Jardinage assez souvent nous parlons de terres usées, de terres reposées, de terres neuves, de terres portées, &c. je croy qu'avant que de passer outre, je dois dire ce que j'en pense.

SECTION HUITIE'ME.

Des terres usées.

PREmierement il a été dit de tout temps que les terres s'usent à la longue, quelque quantité de sel qu'elles ayent pour entretenir leur fertilité, c'est-à-dire quelques bonnes qu'elles soient naturellement, avec cette difference seulement que, comme il y en a de tres-excellentes, & qu'il y en a aussi de tres-mediocres, les unes s'usent bien plûtôt, & plus aisément que ne font pas les autres; on peut dire qu'il en est à peu prés à leur égard comme des tresors de chaque Etat ; constamment il y en a de tres-puissans, mais il y en a aussi qui ne le sont gueres, c'est ce qui fait que l'un est bien plus capable de soutenir de longues guerres, & de faire de grandes dépenses, que n'est pas l'autre ; mais enfin les tresors de celuy qui est fort riche, ne sont pas infinis, ils peuvent s'user, & en effet il arrive quelquefois qu'ils s'usent, c'est-à-dire qu'ils s'épuisent, soit pour avoir été mal conduits, & mal employez, soit pour avoir été trop répandus, quoy que ç'ait été peut-être en vûë d'autres avantages, dont l'Etat profite ; il faut quelquefois pour ainsi dire des amandemens étrangers à cet Etat, par exemple un grand commerce, une alliance importante, &c. & sur tout point de longues guerres, ny de grandes dissipations, il luy faut au moins du repos, & de l'œconomie ; pareillement quelque fecondité que la terre possede, elle s'épuise à la longue par la quantité de ses productions, c'est-à-dire de celles où elle a été forcée, mais non pas de celles qui luy sont naturelles & volontaires, car elle ne fait ce semble que s'en joüer ; ainsi par exemple la terre d'un bon Pré, bien loin de s'user à nourrir l'herbe qu'elle produit tous les ans, elle augmente de plus en plus sa disposition à en produire, comme si en effet elle avoit plaisir à suivre sa pente ; mais si on luy veut faire changer de fonction, & qu'au lieu d'herbe on la veuille forcer à donner du Seinfoin, ou du Bled, ou quelque autre grain qui luy est étranger, on ne sera pas long-temps à s'appercevoir, que premierement elle commence à ne plus faire si bien qu'elle avoit accoûtumé, & qu'enfin elle vient à ce point de faire dire, qu'elle est usée, & qu'il luy faut quelque secours pour la remettre en vigueur, ou autrement elle sera quelque temps presque inutile ; peut-être qu'aussi les terres où le Seinfoin, le Bled, & les autres grains viennent d'eux-mêmes, (car apparemment ces premiers grains sont venus naturellement & sans industrie dans quelques terres) peut-être, dis-je, que ces terres à grain pourroient plus facilement s'user à faire du Foin, qu'à continuer de les produire : il est donc constant par l'experience de tous les Laboureurs, qu'on voit souvent des terres usées.

Sponte suâ quæ se tollunt in luminis auras, infæcunda quidem, sed læta, & fortia surgunt, quippe solo natura subest. *Georg. 2.*

J'ajoûte que ſelon la plus grande, ou la moins grande quantité de ſel, qu'il faut à chaque Plante en particulier, car elles n'en conſomment pas toutes également, certaine terre qui en eſt abondamment pourvûë, pouſſe ſans s'uſer ſi-tôt pluſieurs differentes ſortes de Plantes, & quelquefois toutes enſemble, & en même temps, témoins les bons fonds de Pré, où chaque endroit eſt plein d'une infinité de differentes Plantes, toutes également vigoureuſes; quelquefois, & c'eſt quand le fond n'eſt que mediocrement bon, cette terre n'en produit pluſieurs que ſucceſſivement les unes aprés les autres, comme on le voit aux petits Bleds, l'Orge, l'Avoine, &c. qu'on ſeme dans les terres qui viennent de porter le Froment, le Seigle, & qui n'étant pas capables d'en produire ſi-tôt d'autres ſemblables, ont encore dequoy pour en produire de moindres.

La même choſe ſe doit dire d'une terre qui a été longtemps en Vignoble, en Fuſtaye, en Arbres fruitiers, &c. en effet ſi on y détruit ces ſortes de Plantes, il ne faut pas s'attendre qu'elle puiſſe réüſſir à l'employer tout incontinent de la même maniere qu'elle l'étoit, puiſqu'elle eſt uſée à cet égard; cependant elle ne l'eſt pas ſi abſolument, qu'elle ne ſoit encore en état de faire quelque autre choſe; elle pourra même réüſſir pour un temps à la production de Plantes plus petites, & moins voraces, par exemple des herbes potageres, des Pois, des Féves, &c. mais enfin elle viendra à eſſuyer la condition commune de toutes les terres, qui eſt de devenir uſées.

C'eſt icy où le Jardinier doit faire voir, s'il eſt habile; car il doit avoir une application perpetuelle pour remarquer, de quelle maniere toutes les Plantes de ſon Jardin viennent, afin de ne point perdre de temps à employer ſa terre en choſes, qui ceſſent de bien faire; il ne laiſſera pas pour cela aucune partie de ſon Jardin en friche, il ſe contentera ſeulement de faire changer de place à ſes Legumes, & à ſes ſemences; ſa terre n'eſt jamais ſi uſée, c'eſt-à-dire ſi épuiſée, & ſi effritée, qu'elle doive demeurer entierement inutile; ainſi il luy fera produire de toutes choſes les unes aprés les autres, pourvû qu'il ne la laiſſe pas manquer de quelques ſecours, qui luy ſont neceſſaires;

si toutefois il étoit obligé de remettre des choses sembla-bles à la place des anciennes, par exemple des Arbres nou-veaux à la place de ceux qui sont morts, il y a quelque ouvrage à faire, & quelque œconomie à pratiquer ; j'en parleray cy-aprés, & de plus la maniere de bien employer les terres est amplement examinée dans le Traité du Po-tager.

SECTION NEUVIE'ME.

Des terres reposées.

CEs termes de terres reposées font juger, que les ter-res ont besoin quelquefois de repos, & que par ce repos elles se rétablissent, soit que les influences des Astres, & sur tout les pluyes fassent cette reparation si utile, (elles y contribuent assûrément beaucoup) soit plûtôt que ces terres ayent en soy un fond de fecondité naturelle avec une faculté, non pas veritablement de rendre cette fecon-dité inépuisable, mais de la rétablir, & de la reproduire, quand aprés avoir été alterée à force de productions con-tinuelles, on laisse pour quelque temps la terre en repos, comme si en effet on l'abandonnoit à sa discretion, & qu'on la crût capable de connoître son mal, & d'y apporter le remede ; c'est ainsi que les Philosophes attribuënt à l'air une force élastique, & pour me servir d'une exemple plus sensible, c'est ainsi que l'eau a en soy un fond de fraîcheur naturelle avec un principe de rétablir, & reproduire cette fraîcheur, quand aprés que le feu, ou le Soleil l'ont échauf-fée, on l'éloigne ensuite hors de leur portée ; constamment la chaleur luy est étrangere, & pour ainsi dire ennemie, si bien qu'elle tient cette eau dans un état violent ; mais quand on l'éloigne de ce qui luy causoit, & entretenoit cette cha-leur, & que par ce moyen on la laisse pour ainsi dire en repos, elle détruit ce qui la rendoit defectueuse, & rede-vient petit à petit fraîche comme auparavant, c'est-à-dire qu'elle recouvre la perfection, qui est naturelle à son être, & à son temperamment.

Ainsi la bonne terre étoit alterée par la nourriture de quelques Plantes, qui luy étoient étrangeres, & qui épuisoient en même temps & tout son ancien sel, & même tout le nouveau, à mesure qu'elle le reparoit ; mais si on vient à la décharger de ces Plantes, & qu'on la laisse quelque temps sans luy rien demander, c'est-à-dire qu'on la laisse en repos, elle se rétablira dans sa fecondité naturelle, & particulierement si pour de petites Plantes ordinaires on y mêle un peu de secours de bon Fumier, jusques-là même que le chaume, qu'on y laissera pourrir, ou qu'on y brûlera, luy donnera de nouvelles forces.

Sæpe etiam steriles incendere profuit agros. *Georg.* 1.

La nature nous fait voir en cela une veritable circulation, comme je l'expliqueray cy-aprés dans le Chapitre des amandemens.

SECTION DIXIE'ME.

Des terres portées.

IL y a peu de choses à dire sur le fait des terres portées, si ce n'est que c'est une nouveauté introduite de nos jours dans le Jardinage ; l'Auteur des Georgiques, qui a si exactement traité de la difference des terres, n'a fait aucune mention de celle-cy ; on ne vient d'ordinaire à cet expedient de faire porter des terres que quand on veut faire un Jardin dans un endroit, qui n'a aucune terre. ce qui n'arrive pas souvent au moins pour de grands Jardins, ou que quand on veut changer quelque endroit de tranchée, qu'on a lieu de juger être usé ; on va donc prendre des terres dans un lieu, où il y en a de fort bonnes, malheur à celuy, qui étant réduit à faire la dépense du transport n'en choisit que de mauvaises ; je croy qu'il arrive à peu de gens de faire une si lourde faute.

Les bonnes terres trouvent ce semble quelque augmentation de bonté dans ce transport, & voila ce qui fait dire, tel & tel Jardin ne sçauroit être mauvais, puisqu'il n'y a que des terres portées ; la raison de cette amelioration par le transport n'est pas moins difficile à rendre, que celle de l'amandement, qui vient de brûler les chaumes ; le Poëte en rend quatre sans se déterminer sur aucune, voulant peut-être nous insinuer, qu'il les juge toutes également bonnes ; ainsi il me paroît constant, que les terres augmenrent de bonté par le transport, soit que dans le grand remuëment l'air les penetrant davantage y réveille quelque principe de vigueur, qui étoit caché, soit que cet air là purifie des mauvaises qualitez qu'elle avoit contractées, soit enfin qu'il la rende plus meuble, & plus penetrable aux racines, qui vont pour ainsi dire cherchans à vivre par tout, où il y a quelque aliment nouveau à prendre.

SECTION ONZIE'ME.

Des terres neuves.

RESte à dire ce que c'est que terres neuves, je veux dire terres qui n'ont jamais vû le Soleil; c'est un secours nouvellement introduit dans nos Jardins, & apparemment aussi inconnu dans l'ancienne Agriculture, que celuy des terres portées, dont il n'est non plus fait aucune mention dans les Auteurs: nous en faisons un cas tres-particulier, & dans la verité nous n'en sçaurions trop faire, puisqu'il est vray que ces terres neuves ont non seulement tout le premier sel, qui leur a été donné au moment de la creation, mais aussi la plûpart de celuy des terres de la superficie, lequel est venu à celle de dessous y étant porté par le moyen de l'eau des pluyes, ou des arrosemens, dont la pesanteur la fait descendre par tout où elle peut penetrer; ce sel se conserve dans ces terres cachées, jusqu'à ce que revenans elles-mêmes superficie l'air leur donne une disposition propre à employer ce semble avec éclat la fecondité, dont elles sont doüées; en effet elles ne sont pas pour ainsi dire si-tôt en liberté d'agir, qu'elles produisent des Vegetaux d'une beauté surprenante.

Il n'est pas difficile d'entendre ce que c'est que terres neuves; toutes les terres l'ont été originairement, c'est-à-dire au moment de leur creation, Dieu par son commandement leur ayant fait le don de la faculté de produire, qui n'avoit point encore été mis en usage: depuis ce temps-là toutes les terres de la superficie de ce corps terrestre ne peuvent plus être appellées neuves, puisque toutes celles qui ont été capables de produire, n'ont pas cessé d'agir jusqu'à present; mais parce qu'il y a bien des endroits, où le fond de de la terre à deux, ou trois pieds de la superficie est toûjours demeuré sans action, & d'autres où la superficie même a été empêchée d'agir, cela fait que nous avons des terres neuves, pour nous en servir dans nos besoins; ainsi ce que nous entendons par terres neuves ce sont simplement celles, qui n'ont servy à la nourriture d'aucune Plante, par exemple celles qui sont au dessous de trois pieds de la superficie, jusqu'à quelque profondeur que ce puisse être, pourvû qu'elles soient effectivement terres; ou bien nous entendons celles, qui ayans déja nourry plusieurs Plantes, ont été ensuite long-temps sans en nourrir d'autres, par exemple celles, sur lesquelles on est venu à faire des édifices: nous disons, & c'est l'experience qui nous l'apprend, que dans les premieres années les unes, & les autres de ces terres sont merveilleuses, & particulierement pour nos Jardins; toutes sortes de Plantes, & de Legumes y embelissent, croissent, & grossissent à vûë d'œil; & si nous y plantons des Arbres, pourvû qu'ils soient bons en soy, & qu'ils ayent été bien plantez, il y en a peu qui n'y réüssissent, au lieu que dans celles, qui sont méchantes, ou qui sont effectivement usées, il en meurt la plûpart, quelque bien conditionnés qu'ils soient, & quelque soin qu'on ait pris à les bien planter.

Les yeux ne sont point capables de distinguer, si une terre est ou neuve, ou usée, la connoissance de leur merite doit venir d'ailleurs; les unes & les autres se ressemblent extrémement, & on pourroit dire avec assez de raison, que les terres qui sont méchantes, soit pour l'avoir toûjours été, soit pour l'être devenuës, sont à peu prés comme la poudre à canon, qui est ou méchante, ou éventée: le feu n'y sçauroit prendre, & cependant elle ressemble entiere à la bonne; ainsi les terres, qui sont ou naturellement méchantes, & infertiles, ou qui ayans été bonnes se trouvent enfin usées; comme elles n'ont pas dequoy être animées, quand la chaleur, & l'humidité leur viennent, elles demeurent comme mortes auprés d'un secours, qui en animeroit d'autres; si bien que ne contribuans nullement à l'action des vieilles racines des Arbres, celles-cy enfin pourrissent, & avec elles pourrit tout le reste du corps de l'Arbre, comme je l'ay amplement expliqué dans mes reflexions sur le commencement de la Vegetation.

D'où il s'ensuit, que premierement il est agreable de faire de nouveaux Plans dans de bonnes terres neuves, & qu'en second lieu tous ceux, qui font des Jardins nouveaux, devroient assûrement avoir cette precaution d'en faire preparer une maniere de Magazin, afin d'y avoir un recours aisé, & commode, quand ils ont besoin de replanter quelques Arbres nouveaux, ce qui arrive assez souvent; la place des Allées, ou tout au moins la place d'une partie est tres-propre pour ces sortes de provisions, & je m'en sers pour cela, au lieu de faire comme on fait d'ordinaire, c'est-à-dire de les remplir toutes des gravois, & ordures qu'on aura sorties des carrez, & des tranchées; combien de fois voit-on arriver, que faute d'une telle facilité pour des terres neuves, qu'il faudroit remettre dans les tranchées, & qu'on y remettroit, si on en avoit, on perd son temps, son argent, & son plaisir à refaire de nouveaux Plans à la place des vieux, qui sont morts; en effet il en réchape tres-peu dans ces sortes de terres vieilles, & mal conditionnées.

Je ne puis m'empêcher d'avoir grande pitié de ceux, qui manquent icy d'une prevoyance si utile, & si necessaire.

Avant que de finir ce que j'avois à dire sur le fait des terres, il faut que je dise un mot de la couleur, qui fait assez souvent juger de leurs bonnes, ou de leurs mauvaises qualitez.

SECTION DOUZIE'ME.

De la couleur des bonnes terres.

J'Ay déja dit plusieurs fois, que la marque la plus essentielle, & la plus assûrée de la bonté d'un fond de terre étoit celle, qui se prend de la beauté naturelle de ses productions; on voudroit bien encore établir une autre marque certaine sur la couleur, & dire, que la grise noirâtre fait une preuve convaincante en cette matiere, aussi bien qu'elle y fait le plus grand agrément pour la vûë.

Ce n'est pas seulement de nos jours que cette question a été agitée ; les grands Auteurs de l'antiquité y ont fait reflexion devant nous ; pour moy je n'ay aucune prevention sur cela, ayant vû qu'il est de bonnes, & de mauvaises terres de toutes couleurs : mais constamment cette grise noirâtre, qui plaît le plus, & qui a merité l'approbation des siecles passez, est d'ordinaire à cet égard un des meilleurs signes de bonté, sans être pourtant infaillible ; nous en voyons quelquefois de rougeâtres, & de blanchâtres, qui sont merveilleuses, mais rarement en voyons nous de blanches, de qui on puisse dire la même chose, comme aussi en voyons nous de noires soit sur le haut de quelques montagnes, soit dans de certains valons, lesquelles sont tres-infertiles ; c'est une maniere de sablon mort, qui ne peut tout au plus produire que des Genets, & des Bruieres.

Nigra ferè, & presso pinguis sub vomere terra. *Georg.* 2.

Il en faut donc venir à dire, que la veritable marque pour bien connoître la terre n'est point la couleur, dont elle est, non pas même la profondeur ; il n'y a en effet que les productions, qu'elle fait belles naturellement : ce sont elles seules, qui doivent faire decider à cet égard, par exemple en pleine campagne ce sera de ces bons herbages, que les animaux mangent volontiers ; ce sera des ronces, & des hiebles ; en Potagers ce sera de gros Artichaux, de grosses Laituës, de grandes Oseilles, &c. ce sera sur tout, comme il a été dit cy-dessus, des Arbres bien vigoureux, ce sera de grands jets, qu'on leur voit faire, ce sera des feüilles fort larges, & fort vertes, dont ils sont garnis, &c. & voila ce que nous devons regarder comme des témoins irreprochables, & à la déposition desquels il faut absolument se tenir, sans se fier entierement à aucun autre ; la grosseur, ou la petitesse des Fruits sont bien quelque chose à cet égard, mais on n'en peut pas tirer une conviction manifeste ; nous voyons souvent des Fruits fort gros sur des Arbres foibles, & des Fruits fort menus sur des Arbres qui se portent bien : j'explique ailleurs les raisons d'une si grande difference.

CHAPITRE V.

De la situation que demandent nos Jardins.

APRES avoir assez amplement expliqué ce qui regarde le fait particulier des terres, je reviens à traiter des autres conditions necessaires pour la perfection des Jardins fruitiers & potagers, dont la seconde me paroît être celle de la situation.

Il y a une distinction à faire, sçavoir s'il est question d'un simple Potager sans aucun mêlange de Fruit excepté ceux qui sont rouges, Fraises, Framboises, Cerises, Groseilles, car ils font une partie du Potager, ou si d'un simple Fruitier, sans qu'il y soit mention d'aucuns Legumes; il arrive quelquefois qu'on fait le Fruitier en un endroit, & le Potager en un autre, ou si enfin ce Jardin doit être composé de l'un & de l'autre.

Au premier cas, où il ne s'agit que d'un simple Potager, sans doute que les Valons sont preferables à toute autre situation, ils ont d'ordinaire tout ce qui est à souhaiter pour un bon fond, ils sont propres à être une excellente Prairie, la terre y est meuble, elle est apparemment d'une suffisante profondeur, elle est engraissée de tout ce qu'il y a de bon sur les montagnes voisines, les beaux Legumes y viennent aisément, & abondamment, les Fruits rouges y acquierent la douceur, & la grosseur, qui les rendent recommandables, les arrosemens y sont sans doute aisez, les sources, & les petits ruisseaux ne manquent guéres de s'y trouver, mais ils ont un grand inconvenient à craindre, qui sont les inondations: quand ce malheur là survient, il se sauve peu de ces Plantes, qui doivent durer plus d'un an dans la terre: les Asperges, les Artichaux, les Fraisiers trouvent leur destruction dans le sejour d'une eau débordée, ainsi tout l'avantage, qu'un bon valon promet, est infiniment combattu par la desolation, dont il est menacé.

Au second cas, où il ne s'agit que d'avoir de bons Fruits, & d'en avoir de bonne heure, constamment tous les terreins un peu secs, & élevez l'emportent sur les autres, supposé toûjours que le fond en soit bon, & assez profond; les principaux Fruits y ont peut-être moins de grosseur, mais aussi ils sont recompensez par le beau coloris, par le bon goût, & par la maturité avancée; quelle difference entre les Muscats de ces sortes de situations séches, & les Muscats des valées humides; à dire le vray les Muscats sont la pierre de touche, qui fait juger, si le Jardin est bien ou mal situé; de quel merite sont les Epines d'Hyver, les Bergamottes, les Lansac, les Petitoins, les Loüises-bonnes, &c. venuës dans un terrein élevé au prix de ces mêmes especes de Poires nourries dans un fond de Pré; ces sortes de Fruits sont une autre preuve convaincante sur le fait de la situation du Fruitier.

Avantages ordinaires dans les terres qui sont à my-côte.

Mais enfin s'il est question de ces sortes de Jardins, qui sont desirez de la plûpart du monde, c'est-à-dire de ces Jardins, où l'on veut avoir & Fruits, & Legumes, le choix n'est pas difficile à faire: ce sont assûrément les my-côtes, qui fournissent tout ce qui est necessaire pour l'un & pour l'autre, supposé toûjours que les conditions du bon fond s'y rencontrent; cela étant la terre n'y est jamais ny trop séche, ny trop humide; les eaux de la montagne y coulans sans cesse, & n'y sejournans point y font le temperament, qui luy est necessaire; la chaleur du Soleil y fait son devoir sans être combatuë du froid, qui est inseparable des lieux marécageux; mais ces my-côtes, pour être entierement comme nous les souhaitons, ne doivent pas être trop reides: les avalaisons des orages, que les Estez ont coûtume de fournir, y feroient de trop grands desordres; ce sont de ces my-côtes, où la pente est presque imperceptible, où chaque coup de tonnerre ne fait pas craindre de fâcheuses suites, & où l'on n'a pas le dêplaisir de voir tantôt ses Arbres arrachez par les racines, tantôt les terres du haut emportées en bas, tantôt les Allées entierement ravagées, enfin toute la propreté, l'agrément, & l'utilité renversées. Il seroit veritablement à souhaiter, que tous les Jardins des honnêtes gens eussent de ces situations heureuses; mais comme on n'a pas toûjours cette bonne fortune, & que souvent on est réduit à en faire les uns au milieu de grandes Plaines, & c'est ce qui est le plus ordinaire, les autres sur des montagnes, les autres enfin dans des Valons; nous dirons cy-aprés ce qu'il est necessaire d'y ménager, pour y réüssir tout le mieux qu'il est possible.

CHAPITRE VI.

Des expositions de Jardins tant en general, qu'en particulier, avec l'explication de ce que chacune peut avoir de bon & de mauvais.

CE n'est pas assez que le fond d'un Jardin soit bon, & bien situé, il faut encore que ce Jardin soit bien exposé; on ne peut point dire qu'une my-côte mal exposée soit une situation bien avantageuse; or il y a regulierement quatre sortes d'expositions sçavoir, le Levant, le Couchant, le Midy, & le Nort, toutes faciles à entendre par les noms, qui leur ont été donnez, avec cette circonspection, que chez les Jardiniers ces termes, Levant, Couchant, Midy, & Nort, signifient tout le contraire de ce qu'ils signifient chez les Astrologues, & les Geographes: car ceux-cy ne regardent que les endroits, où le Soleil paroît actuellement, & non pas les endroits, que ces rayons éclairent; ils donnent par exemple le nom de Levant à l'endroit, où ils voyent lever le Soleil, le nom de Couchant à l'endroit, où ils le voyent coucher, &c. mais les Jardiniers ne regardent particulierement que les endroits de leur Jardin, sur lesquels le Soleil donne, & de quelle maniere dans tout le cours de la journée il y donne, soit à l'égard de tout le Jardin, soit à l'égard de quelqu'un de ces côtez; par exemple à l'égard des côtez, si les Jardiniers voyent que le Soleil à son lever, & pendant toute la premiere moitié du jour continuë de luire sur un côté, ils appellent ce côté le côté du Levant, & c'est en effet en matiere de Jardins le veritable Levant, en sorte que, si le Soleil y commence plus tard, ou y finit plûtôt, cela ne se doit point appeller Levant, & par la même raison ils appellent Couchant le côté, sur lequel le Soleil luit pendant toute la seconde moitié du jour, c'est-à-dire depuis midy jusqu'au soir, & selon le même usage de parler ils appellent Midy l'endroit, où le Soleil donne depuis environ neuf heures du matin jusqu'au soir, ou même l'endroit où il donne le plus long temps dans toute la journée à quelque heure qu'il commence, ou qu'il cesse d'y donner; enfin ils appellent le côté du Nort celuy qui est opposé au Midy, & qui par consequent est l'endroit le moins favorisé des rayons du Soleil; car il n'en joüit peut-être qu'environ une, ou deux heures le matin, & autant sur le soir; voila donc au vray ce que c'est qu'expositions en fait de Jardinage, & particulierement en fait de murailles de Jardins, & par là on entend ce que veut dire cette maniere de parler si ordinaire parmy les Jardiniers, mes Fruits du Levant sont meilleurs que ceux du Couchant; mes Espaliers du Levant sont moins souvent arrosez des pluyes, que ceux du Couchant, &c.

De plus ces noms d'expositions marquent encore, quels sont les vents, qui peuvent le plus, ou le moins donner sur de tels Jardins, & par consequent leur faire plus, ou moins de prejudice; car les vents à l'égard des Jardins, & sur tout pour les Arbres, sont presque tous à craindre; mais veritablement les uns plus, les autres moins, & cela eu égard aux differentes saisons de l'année.

Triste lupus stabulis, maturis frugibus imbres, arboribus venti, &c. *Virgil. buc. Ecl.* 3.

Or quoy qu'on puisse dire, qu'en quelque situation que soit un Jardin, il a necessairement tous les aspects du Soleil, & que par consequent il est en état de joüir des faveurs de toutes les expositions, & de craindre aussi la disgrace de tous les vents, cependant de l'aveu de tout le monde il est certain, qu'il y en a de mieux exposez les uns que les autres; & cela s'entend particulierement de ceux, qui sont sur des côteaux, dont les uns sont éclairez du Soleil Levant, les autres du Couchant, les uns au Midy, les autres au Nort; car pour les Jardins qui se trouvent dans les Plaines, & qui ne sont à couvert ny de montagnes, ny de hautes fustayes, ny de grands bâtimens, la difference de ces expositions n'en est pas si sensible.

L'usage de parler pour marquer les expositions en fait de chaque Jardin pris tout ensemble, & sans distinction particuliere de côtez; cet usage de parler dis-je veut, qu'on les doit entendre par rapport à l'expoſition de tout le côteau, où ces Jardins ſe trouvent ſituez, comme l'uſage de parler des expoſitions de murailles en particulier veut, qu'elles dépendent de quelle maniere chacune eſt éclairée du Soleil dans le cours de la journée; ainſi par exemple, quand en parlant d'un Jardin ſitué ſur un côteau on dit, qu'il eſt au Levant, cela veut dire, que le Soleil y donne tout auſſi-tôt qu'il ſe leve, & n'y eſt preſque point l'aprés-dînée, & quand on dit mon Jardin eſt en plein Midy, cela veut dire que le Soleil y donne tout le jour, ou tout au moins depuis neuf à dix heures du matin juſqu'au ſoir, & par la même raiſon quand on dit un tel Jardin eſt au Couchant, c'eſt-à-dire que le Soleil ne commence veritablement à y donner que ſur le midy, mais auſſi qu'il n'en part plus juſqu'à ce qu'il ſe couche.

Preſentement qu'il eſt bien entendu ce que c'eſt qu'expoſitions, ſi on veut decider, quelle eſt la meilleure des quatre, ſoit en general pour tout le Jardin, ſoit en particulier pour chacun de ſes côtez; il faut premierement ſçavoir, que celle du Midy, & celle du Levant ſont du conſentement de tous les Jardiniers les deux principales, & partant elles l'emportent ſur les deux autres; il faut auſſi ſçavoir que celle du Couchant n'eſt point mauvaiſe, & qu'au moins elle eſt beaucoup plus conſiderable que celle du Nort, qui eſt par conſequent la moins bonne de toutes.

En ſecond lieu pour decider entre les deux principales, quelle eſt celle qui vaut le mieux; il faut pour cela diſtinguer le temperament des terres: car ſi elles ſont fortes, & par conſequent froides, celle du Midy leur vaut mieux: ſi elles ſont un peu legeres, & par conſequent chaudes, celle du Levant leur ſera plus favorable.

L'expoſition du Midy en toutes ſortes de terres eſt d'ordinaire propre à conſerver les Plantes des rigueurs de l'Hyver, à donner du goût aux Legumes, & aux Fruits, & à avancer tout ce qui dans chaque ſaiſon doit venir de bonne heure; & partant ſi elle eſt favorable en toutes ſortes de terres, elle doit à plus forte raiſon l'être en terres fortes, qui ne ſçauroient preſqu'agir, ſi le Soleil ne les anime

d'une

d'une chaleur extraordinaire, & en effet c'est l'exposition qu'il y faut affecter, autant qu'il est possible; il n'en est pas de même en fait des terres legeres, & sur tout dans les climats chauds; elle est sujette à y brûler tellement les Plantes en Esté, que les Potagers y deviennent inutiles, elle y engendre mile Pucerons qui percent, ou recroquevillent les feüilles, elle empêche que les Fruits n'y aprochent de la grosseur, qui leur convient, & par là en diminuë le bon goût, & souvent même elle les fait tomber avant le temps; ce qui arrive quelquefois en ce qu'elle altere les branches, les feüilles, ou même la queuë de ces Fruits, comme nous le voyons au Muscat, aux Pêches, & quelquefois aussi en ce qu'elle endurcit trop la peau de chaque Fruit, jusques-là même que souvent elle la grille, & la gerce; en effet combien de Pêches, & de Figues d'espaliers perissent ainsi par des chaleurs excessives: cela étant il n'est pas difficile de décider sur le choix de ces deux expositions, eu égard à la difference des terres; il faut donc souhaiter celle du Midy dans les lieux froids, & humides, & ne la pas tant affecter dans les fonds arides, & sablonneux.

Generalement parlant cette exposition du Midy est à couvert des vents du Nort, qui par leur froideur ordinaire sont toûjours cruels, & funestes à toutes sortes de Jardins, & c'est ce qui souvent la fait par tout rechercher preferablement à celle du Levant: mais aussi est-il constant, qu'en terres legeres celle-cy étant, comme elle est, favorisée des rosées de la nuit, & des premiers rayons doux, & benins du Soleil levant, elle y fait des biens admirables soit pour la maturité, la grosseur, & le bon goût, soit pour la conservation des Arbres, & des Legumes, &c. soit sur tout parce que pour comble de bonheur elle défend du vent de Galerne; ce vent prend sa naissance entre le Couchant & le Nord, & comme regulierement il souffle au Printemps, il est ordinairement suivy de gelées blanches, qui sont de grandes destructrices de Fleurs, & de Fruits aux Arbres fruitiers, où elles peuvent donner, & cette consideration fait que même en terres fortes on n'a pas trop de peine à se consoler de n'y avoir que l'exposition du Levant, mais toûjours sûrement je la croy la meilleure pour les terres legeres.

Quoy que sans hesiter j'aye preferé l'exposition du Couchant à celle du Nord, la derniere étant constamment la plus mauvaise des deux, cependant en fait de ces climats, où la chaleur étant excessive brûle, & ruine absolument tout ce qui est trop long-temps éclairé du Soleil, celle du Nord doit avoir la preference sur l'autre; en effet nos Jardins n'ont besoin que d'une chaleur moderée pour nourrir doucement ce qu'ils produisent, & sur tout pour conduire les Fruits en parfaite maturité, & par consequent dans les climats où le Soleil paroît trop violent, j'affecterois plus volontiers une exposition de Nord, qui n'auroit par exemple que quatre à cinq heures de Soleil Levant, & autant de Couchant, que toute autre, soit celle qui la brûleroit presque tout le long du jour, soit celle qui n'y donneroit que pendant la moitié; & même sûrement en ces sortes de climats chauds il ne faut à l'Espalier du Midy nuls de nos Fruits à pepin, ou à noyau; ils sont trop delicats pour cela, il n'y faut que des Orangers, des Citronniers, des Grenadiers, des Figuiers, des Muscats, &c. & même il y faut conserver la plus grande partie des feüilles, les autres expositions pourront être assez bonnes à ces Fruits tendres, qui ne peuvent souffrir celle du Midy.

Aprés avoir vû les avantages qu'on peut esperer des bonnes expositions, voicy les inconveniens qu'on y doit craindre; mais comme ils n'y sont pas infailliblement ordinaires, il faut à la verité y être preparé, mais cependant s'en consoler, s'ils arrivent, vû l'impossibilité des remedes.

L'exposition du Midy generalement parlant est sujette à de grands vents depuis la my-Aoust jusqu'à la my-Octobre, si bien que souvent il en tombe beaucoup de Fruits, les uns avant qu'ils ayent leur grosseur, ny qu'ils aprochent de leur maturité, les autres même étant mûrs y tombent, & se cassent; ainsi on a le déplaisir d'en voir la plûpart miserablement perir, au lieu de parvenir à faire leur devoir, qui est de nourrir, & recompenser le Maître du Jardin; d'où vient qu'en tels Jardins directement exposez aux vents de Midy, mais qui d'ailleurs ont les avan-

Et jam maturis metuendus Jupiter vuis. *Virg. Georg. 2.*

tages tant estimez en Jardinage ; en tels Jardins, dis-je, les Espaliers sont fort à souhaiter ; les Buissons s'y défendent assez bien, mais les Arbres de tige y sont fort à plaindre, & sur tout ceux des especes, dont les Fruits tiennent peu à la queuë, par exemple les Virgoulé, les Vertelongue, les Saint Germain, &c. ainsi il n'y en faut gueres mettre de ceux-là, & se contenter d'y en avoir de ceux, qui ont le don de resister mieux à la violence des vents ; par exemple les Espine, les Ambret, les Leschasserie, les Martin sec, &c. ou s'en tenir à ceux d'Esté, qui sont bons dans le temps de leur chute, sçavoir les Cuisse-Madame, les petit Muscat, les Blanquets, les Robine, les Rousselets, &c.

L'exposition du Levant, quelque merveilleuse qu'elle soit, ne manque pas d'avoir ses affections quelquefois ; au Printemps elle est sujette à des vents de Nord-Est, c'est-à-dire vents de bize fort secs, & fort froids, vents qui broüissent les feüilles, & les jets nouveaux, & sur tout à l'égard des Pêchers ; ils font même souvent tomber beaucoup de Fruits à pepin, & à noyau, & particulierement des Figues naissantes, dans le temps que leur grosseur déja raisonnable commençoit à donner de grandes esperances de bonne récolte ; ces vents de bize ne sont pas les seuls ennemis de cette exposition, ce qui l'incommode encore beaucoup, & sur tout pour les Espaliets du Levant, c'est d'être privez du benefice des pluyes, qui ne venans gueres que du Couchant ne sçauroient donner jusques dans les pieds des murs, & ainsi les Arbres y ont à souffrir d'une sécheresse qui leur est mortelle, si on n'y remedie par les expediens, que j'ay expliquez dans le Traité des Espaliers.

L'exposition du Couchant craint non seulement & au Printemps le vent de galerne, vent si pernicieux pour les Arbres en fleur, & en Automne les vents de la saison, ces grands abateurs de Fruits, mais aussi, & cela particulierement dans les terres humides & froides, elle craint les grandes pluyes, qui d'ordinaire venans frequentes du côté du Soleil Couchant y font assez souvent de grandes désolations ; d'un autre côté dans les terres séches, & legeres ces sortes de pluyes y reparent les défauts de la sterilité, & rétablissent tout le mal, que la sécheresse y avoit pû faire.

A l'égard de l'exposition du Nord en fait d'Espaliers, si d'un côté elle est tolérable pour tous les Fruits d'Esté, & pour quelques-uns d'Automne, que n'a-t-elle point à craindre pour la beauté, & le bon goût de ceux d'Hyver : mais aussi quels avantages n'a-t-elle point pendant les grandes chaleurs pour les Legumes, & pour les Fruits rouges, qu'on veut faire durer long-temps, sçavoir les Fraizes, Framboises, Groseilles, &c. c'est une matiere que j'ay encore amplement expliquée tant dans le Traité du Potager, que dans l'usage, & l'employ qu'on doit faire de chaque muraille de Jardin en particulier.

Enfin ce qui resulte de ce petit Traité des expositions est, que chacune a son bien, & son mal ; il faut sçavoir profiter de l'un, & se défendre de l'autre tout le plus qu'il sera possible à nôtre industrie.

CHAPITRE VII.

De la troisiéme condition, qui demande dans nos Iardins la facilité des arrosemens.

Aqua nutrix omnium virgultorum, & diversos singulis usus ministrat, &c. *Ex D. Hieronimo.*

C'Est une chose constante, & universellement établie, qu'il n'est point possible d'avoir un beau & bon Jardin, & particulierement pour un Potager, à moins que pendant une grande partie de l'année on ne les garentisse de leur grande ennemie, qui est la sécheresse ; le Printemps, & l'Esté sont sujets à de grandes chaleurs, & de grands hâles, & par consequent tous les Legumes de la saison, qui doivent être parfaits, & abondans, ne peuvent donner aucun plaisir, s'ils ne sont grandement humectez ; ils ne profitent & n'acquierent qu'à force d'eau les bonnes qualitez, qu'ils doivent avoir, c'est-à-dire de la grandeur, de la grosseur, de la douceur, & sur tout de la delicatesse, c'est-à-dire de la tendreté, s'il est permis d'user d'un tel terme, qui paroît encore barbare, mais qui cependant étant fort significatif nous seroit extrémement necessaire ; je dis donc que les Legumes courent toûjours risque d'être petits, amers, durs, & insipides, quand ils n'ont pas le secours des grosses, & longues pluyes, qui d'ordinaire sont assez incertaines, ou qu'au moins ils n'ont pas celuy des grands, & frequens arrosemens, dont nous devons être les maîtres.

Et même quelque pluye qu'il fasse, qui veritablement pourra être favorable aux petites Plantes, comme sont Fraises, Verdures, Pois, Féves, Salades, Oignons, &c. il y a cependant d'autres Plantes dans nos Jardins, qui demandent queque chose de plus, par exemple des Artichaux d'un an, ou de deux, qu'il faut regulierement arroser deux ou trois fois la semaine à une cruchée dans chaque pied; que si pour ces Artichaux on s'attend, que quelques pluyes ayent satisfait à leurs besoins, on s'apperçoit bien-tôt qu'on est grandement trompé, les Moucherons s'y mettent, la Pomme demeure petite, dure, & séche, & enfin les aîles ne produisent que des feüilles; l'experience de ce qui sevoit chez les bons Maréchez, justifie assez la necessité, & l'importance des arrosemens; quelque pluye qu'il fasse pendant l'Esté, ils ne cessent gueres d'arroser même tous leurs Jardins; aussi voit-on que leur marchandise est beaucoup plus belle que celle des autres, qui arrosent moins.

Nous avons regulierement sept, ou huit mois de l'année, qu'il faut arroser tout ce qui est dans un Potager : il n'y a que les Asperges qui en sont exemptes, parce que ne venans à faire leur devoir qu'à l'entrée du Printemps, c'est assez pour elles que de se sentir des humiditez de l'Hyver, elles n'en ont plus besoin passé les mois d'Avril, & May; mais comme ces deux mois sont les temps de hâle, & de sécheresse, on est assez souvent obligé d'arroser jusqu'aux Arbres nouveaux plantez, & même quelquefois il est bon d'arroser ceux, qui ayans retenu une grande quantité de Fruit paroissent mediocrement vigoureux, & demandent quelques secours pour conduire à bonne fin la recolte, qu'ils nous preparent; sur toutes choses ayant à faire à des terres legeres, & séches il en faut venir à ces arrosemens dans le temps du solstice d'Esté, & même il y en faut encore faire de nouveaux dans le mois d'Aoust, quand les Fruits commencent à prendre chair, & que la saison se trouve fort séche; autrement ils demeurent petits,

& d'ordinaire pierreux, & peu agreables.

De là il s'ensuit, qu'absolument il faut de l'eau dans les Jardins, & même en assez honnête quantité, pour y pouvoir faire en temps & lieu les arrosemens necessaires; car en verité qu'est-ce que c'est qu'une terre sans eau, si ce n'est une terre la plûpart du temps inutile pour le rapport, & desagreable pour la vûë; le grand secret est de choisir des situations, où on puisse avoir la commodité de l'eau, & partant quiconque ne fait pas d'abord un capital de cet article, merite bien qu'on le blâme, où qu'on le plaigne.

Anima mea, sicut terra sine aqua. Psal. Reg.

La plus ordinaire, & en même temps la plus miserable des ressources pour les arrosemens est celle des puits: il faut bien en avoir, quand on ne peut rien de mieux, mais au moins les doit-on souhaiter peu profonds, car assûrément il est fort à craindre que les arrosemens ne soient tres-mediocres, & par consequent peu utiles, quand l'eau coûte beaucoup à tirer; l'avantage des Pompes, quoy que souvent trompeuses, se peut bien en cela conter pour quelque chose, mais sur tout la décharge de quelques fontaines, ou même quelques fontaines conduites exprés, un canal voisin, un petit reservoir bien fourny, & bien entretenu avec des tuyaux, & des cuvettes distribuées en plusieurs carrez, sont pour ainsi dire l'ame de la vegetation; sans cela tout est mort, ou languissant dans les Jardins, quoy que le Jardinier n'en ait aucun reproche à craindre; mais avec cela tout le Jardin doit être vigoureux, & abondant en chaque saison de l'année, & par ce moyen combien d'honneur, & de gloire pour ceux qui sont chargez de sa conduite, mais aussi que d'oprobre, & d'ignominie pour eux, quand ils n'ont aucun pretexte pour s'excuser.

CHAPITRE VIII.

De la quatriéme condition, qui demande que le Iardin soit à peu prés de niveau dans toute sa superficie.

IL est tres-difficile, & même assez rare de trouver des situations qui soient si égales en toute leur étenduë, qu'il n'y ait nulle pante d'aucun côté, cependant il n'est pas impossible; je ne croy pas qu'il faille beaucoup se mettre en peine d'en chercher, qui soit d'un niveau aussi égal que celuy d'une Piece d'eau, mais on doit être bien aise, quand on en a d'assez heureuses pour cela; les grandes pantes sont assûrément tres-importunes dans les Jardins: les ravines, qui se font dans les temps de fortes pluyes, y font de cruels degâts, & produisent de terribles ouvrages pour les rétablir; les pantes mediocres ne font pas de grands maux, elles font même du bien, quand sur tout dans une terre séche elles sont tournées vers une muraille exposée au Levant; cette partie, comme nous l'avons déja dit, se trouve rarement baignée des eaux du Ciel; c'est celle du Couchant, où donnent la plûpart des pluyes, & ainsi une pante, qui conduit les eaux vers ce Levant, est une chose extrémement favorable.

J'estime donc qu'autant qu'il est possible, il faut preferer une assiette qui a peu de pante, à un autre qui en a beaucoup, & qu'en tout cas, si quelqu'une est tolerable, ce n'est que celle dont je viens de parler; jusques là que dans les Jardins, qui péchent pour être un peu secs, ou un peu élevez, & sont d'un niveau parfaitement égal, il est expedient d'y ménager quelque pante, par exemple il en faut preparer une qui soit imperceptible, & perpetuelle dans toutes les Allées, qui regnent le long du Levant, & pareillement une dans celles, qui regnent le long du Midy, afin que l'eau des pluyes, qui est inutile dans ces Allées, y trouve sa décharge jusques dans les pieds des Arbres de ces deux expositions.

Une telle pante artificielle produit deux bons effets, le premier en ce qu'il est à souhaiter que ces endroits là soient toûjours un peu humides, & que leur aridité, soit qu'elle vienne de la nature du fond, & de la situation, soit qu'elle vienne de l'ardeur du Soleil, puisse être par de telles eaux heureusement corrigée: & le second en ce que par ce moyen on empêche que ces eaux ne se jettent en quelque autre partie du Jardin, où elles pourroient nuire.

Que si on est indispensablement obligé de prendre pour son Jardin une situation qui ait beaucoup de pante, j'explique cy-ap ès dans le Chapitre treize ce que je croy devoir être fait, pour tâcher d'en corriger le défaut, autant que l'industrie est capable de le faire.

CHAPITRE IX.

De la cinquiéme condition, qui demande que la figure d'un Iardin soit agreable, & que son entrée soit bien placée.

JE n'auray pas de peine à prouver que la figure de nos Jardins doit être agreable; il est necessaire que les yeux y trouvent d'abord de quoy être contents, & qu'il n'y ait rien de bizare qui les blesse; la plus belle figure qu'on puisse souhaiter pour un Fruitier, ou pour un Potager, & même la plus commode pour la culture, est sans doute celle qui fait un beau carré, & sur tout quand elle est si parfaite, & si bien proportionnée dans son étenduë, que non seulement les encoignures sont à angles droits, mais que sur tout la longueur excede d'environ une fois & demie, ou deux fois l'étenduë de la largeur, par exemple de vingt toises sur dix, ou douze, de quarante sur dix-huit, ou vingt, de quatre-vingts sur quarante, cinquante, ou soixante, &c. car il est certain que dans ces figures carrées le Jardinier trouve aisément de beaux carrez à faire, & de belles Planches à dresser; il y a plaisir de voir de veritables carrez de Fraises, d'Artichaux, d'Asperges, &c. de grandes Planches de Cerfeüil, de Persil, d'Oseille, tout cela bien uny, bien tiré, bien compassé, &c. ce qu'il ne sçauroit faire dans les figures irrégulieres, ou au moins a-t'il toûjours beaucoup de temps à perdre, quand pour en cacher en quelque façon la difformité, il tâche d'y trouver quelque chose qui aproche du carré.

D'où il est aisé de conclure, combien en fait de Potagers je trouve à redire à toutes les autres figures de decoupez, de diagonales, de ronds, d'ovales, de triangles, &c. qui ne doivent en effet être reçûës que dans les Bosquets, & les Parterres; aussi sont-ce des lieux où elles sont en même temps & d'un grand usage, & d'une grande beauté; je ne doute pas qu'on ne soit toûjours fort curieux de donner

donner à son Jardin cette belle figure, dont il est icy question, quand on taille comme on dit en plein drap, on est à plaindre quand quelque sujettion de malheureux voisinage nous réduit à souffrir des figures estropiées, des enclaves, des côtez inégaux, &c. heureux qui peut avoir des voisins d'humeur gracieuse, & accommodante, malheureux qui en a de bourrus, & de difficile accés.

Quoyque la figure d'un carré oblong, & à angles droits soit la plus convenable, cependant j'ay fait un beau Potager de cent dix toises de long sur soixante de large, qui tire un peu à la figure .A. de Losange; & comme j'ay

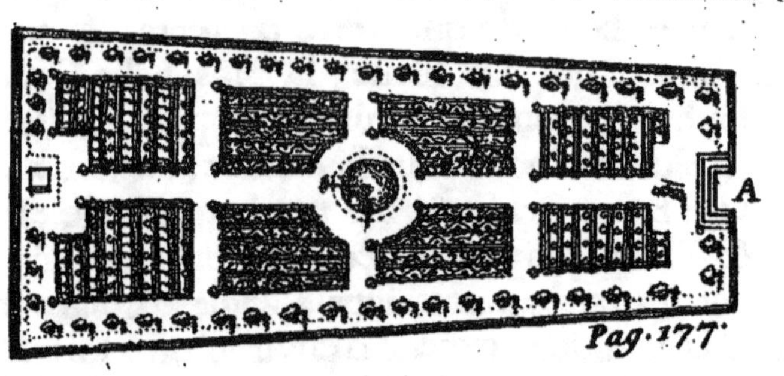

disposé la principale entrée dans le milieu du plus petit côté, à peine s'apperçoit-on de la petite irrégularité, qu'un Geometre y trouveroit, & c'est une precaution grandement necessaire de cacher autant qu'on peut de certains défauts mediocres, qui se trouvent dans la place du Jardin, & de disposer les Allées, & le partage des carrez, tout de même que si tout le terrein étoit d'une figure parfaitement carrée; quoy que les angles, ny les quatre côtez n'y soient parfaitement égaux, cela n'empêche pas que les Planches qu'on y dresse, n'y paroissent parfaites dans leur proportion.

De plus pour l'agrément de nôtre Potager, & sur tout s'il est grand, il est à souhaiter que l'entrée soit justement par le milieu de la partie qui a le plus d'étenduë, comme il paroît à la figure au point .A. afin de trouver en face une Allée, qui ayant toute la longueur du Jardin paroisse belle, & coupe le terrein en deux parties égales chacune de ces parties, qui font des carrez trop longs pour leur largeur, seront ensuite subdivisées en d'autres plus petits carrez, s'il en est besoin; cette entrée ne seroit pas si bien de se rencontrer par le milieu d'un des deux petits côtez, comme il paroît à la figure .B. une vûë qui soit

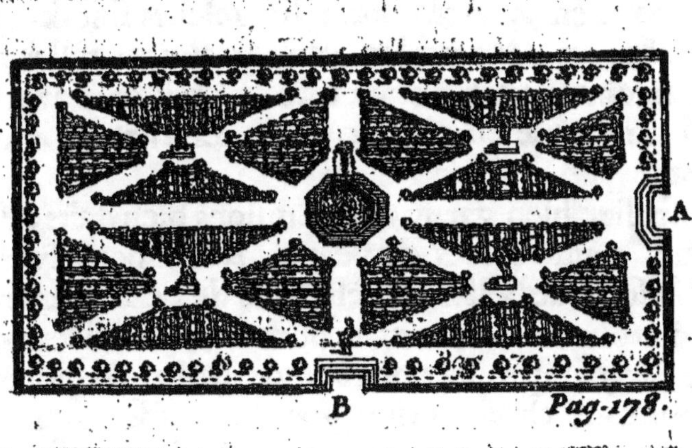

longue en face, & mediocrement large sur les côtez plaît beaucoup mieux, qu'une vûë longue par les côtez, & courte en face; cependant il arrive quelquefois que l'entrée n'a pû être autrement disposée, & il faut s'en consoler, comme aussi quoy qu'elle ne soit pas tout à fait si bien de se rencontrer par quelque encoignure, ou approchant de là; il y a toutefois de fort beaux Jardins que j'ay faits, & qui ont leur entrée dans le coin, je n'aurois pas manqué de la mieux mettre, ou placer, si la disposition du terrein l'avoit pû permettre; ce qui empêche qu'on n'y trouve à redire, c'est la belle Allée qui se presente d'abord, & qui regne le long d'un des grands Espaliers, dont la vûë se trouve fort satisfaite, quand il est bien entretenu, telle est par exemple l'entrée du Potager de Ramboüillet.

CHAPITRE X.

De la sixiéme condition qui demande que le Jardin soit clos de murailles, & de portes bien fermantes.

CETTE clôture que je demande, fait bien voir que je ne me soucie pas trop pour un Fruitier, & un Potager, qu'il ait de ces vûës de dehors, qui sont si necesssaires pour les autres Jardins, ce n'est pas que quand la situation le permet, je ne sois fort aise d'en profiter, mais il est vray que je demande particulierement que mon Jardin se trouve en seureté contre les voleurs soit étrangers, soit domestiques, & que les yeux trouvent tellement de quoy se réjoüir en parcourant tout ce qu'il doit avoir, que jamais il ne vienne en tête de souhaiter rien de plus divertissant.

Un Espalier bien garny, des Buissons bien faits, & bien vigoureux, toutes sortes de beaux, & de bons Fruits de chaque saison, de belles Planches, & de beaux carrez bien fournis de tous les Legumes importans, des Allées nettes, & d'une largeur proportionnée, de belles bordures qui soient toutes de choses utiles pour la maison; enfin une diversité bien entenduë de tout ce qui est necessaire dans un Potager, en sorte qu'on n'y manque de rien, tant pour avoir du hâtif, & du tardif, que pour l'abondance du milieu des saisons, ce sont-là dans la verité ce qu'on doit chercher à voir dans nos Jardins, & non pas un clocher, ou un bois en perspective, un grand chemin, ou une riviere voisine; il faut ce semble, que pour ainsi dire, la nappe soit toûjours mise dans un beau Jardin, & non pas se mettre en peine de voir ce qui se passe à la campagne.

Un Potager auroit la plus belle vûë du monde, que cependant il me paroîtroit en soy fort vilain, si ayant besoin de ce qu'il doit fournir, au lieu de l'y trouver on étoit obligé ou de s'en passer avec chagrin, ou d'avoir recours à ses voisins, ou à sa bource.

Je veux donc preferablement à toute sorte de vûë, que mon Jardin soit clos de murailles, quand même elles me devroient ôter quelque beau point de vûë, joint que l'abry qu'elles peuvent donner contre des vents fâcheux, & des gelées printanieres sont icy d'une grande consideration; on ne sçauroit guere avoir de plaisir de son Jardin, avoir par exemple des Legumes hâtifs, & de beaux Fruits sans le secours de ces murailles, & même il est bien des choses, qui craignans le grand chaud auroient peine à venir dans le fort de l'Esté, si une muraille exposée au Nort me les favorisoit d'un peu d'ombre.

Les murailles en effet sont si necessaires pour les Jardins, que même pour les multiplier je me fais autant que je puis de petits Jardins dans le voisinage du grand, & l'utilité que j'en tire, est non seulement pour avoir davantage d'Espaliers; & d'abry, ce qui est tres-important, mais aussi pour corriger quelque défaut, & quelque irrégularité, qui rendroit desagreable le grand Jardin; car enfin je veux à quelque prix que ce soit avoir un Jardin principal, qui plaise & dans sa figure, & dans sa grandeur, & qui soit destiné pour les grands Legumes, & pour quelques Arbres de tige; un grand Jardin plairoit sans doute moins, si par exemple il étoit trop long pour sa largeur, ou trop large pour sa longueur, s'il avoit un coin, ou quelque biais sensible, qui le défigurât, & qui étant retranché rendroit tout le reste carré, ainsi tels Jardins venans à être rappetissez soit par l'une de leurs extrémitez, soit par les deux ensemble donneront lieu de faire de petits Jardins utiles, & agreables, comme j'en ay fait en plusieurs grandes maisons du voisinage de Paris.

Outre la clôture des murailles je veux encore de bonnes serrures aux portes, afin que mon Jardinier me réponde de tout ce qui est dans le Jardin; je sçay bien qu'il en est de fort sages, & de fort soigneux, mais je sçay bien qu'il en est qui ne demandent pas mieux que d'avoir quelques pretextes.

CHAPITRE XI.

De la derniere condition, qui demande que le Iardin Fruitier, & Potager ne soit pas loin de la maison, & que l'abord en soit aisé, & commode.

JE sçay bien qu'à la campagne il est de grandes maisons, & de mediocres, les unes pouvans être accompagnées de plusieurs Jardins, les autres se contentans d'un seul.

A l'égard de celles qui peuvent avoir plusieurs Jardins, il est à la verité tres à propos que ceux qui sont destinez pour les Fleurs, & les Arbrisseaux, c'est-à-dire les Parterres soient en face du principal aspect de la maison ; rien n'est plus agreable que de voir en tout temps de ce côté-là un bel émail de fleurs succedans les unes aux autres quelles qu'elles soient ; ce sont plusieurs changemens de décorations sur un theatre, dont la figure ne change point, ce sont des matieres perpetuelles de plaisir tant pour la vûë, que pour l'odorat, outre que comme d'ordinaire ce Parterre est un lieu aussi public, & aussi ouvert à tout le monde que la court même de la maison, on a sans doute la prévoyance de n'y mettre rien, dont la perte puisse inquieter.

Je veux bien donc qu'en de telles maisons le Fruitier, & le Potager ne soient pas au plus bel endroit, il est sujet à avoir beaucoup de choses quoyque necessaires, dont la vûë, ou l'odorat ne sont pas toûjours satisfaits, & sur tout il produit beaucoup de choses, qui sont pour le plaisir du Maître, & ainsi sont capables de tenter des friands indiscrets ; ce sont matieres de chagrin, & de plaintes qu'il est bon d'empêcher en mettant nos Jardins hors de la portée du public.

C'est pourquoy autant que faire se peut, nous nous contentons de les établir au meilleur fond, qui sans faire tort à la place du Parterre se trouve assez prés de la maison, & qui est aussi d'un abord commode, & aisé ; nos anciens ont été de ce sentiment, quand ils ont dit que les pas du Maître, c'est-à-dire ses frequentes visites faisoient un merveilleux engrais pour les Jardins ; qui dit engrais, dit en même temps propreté, abondance, bonté, beauté, &c. si bien que les Jardins éloignez, ou de difficile abord sont sujets aux desordres, à l'ordure, à la sterilité, &c.

Optima stercoratio vestigia domini. *Ex Plutarcho.*

Je veux fort esperer, que comme dans le commencement de cet Ouvrage que j'ay bien osé dire, que nul ne devoit entreprendre d'avoir un de nos Jardins, s'il n'en entendoit passablement la culture, qu'aussi personne ne s'en fera, à moins qu'il ne puisse se donner le plaisir de le bien faire cultiver, & par consequent il le voudra voir souvent, ce qu'il ne sçauroit faire, si ce Jardin est éloigné, ou d'un accés rude, & difficile.

A l'égard des maisons, qui absolument ne peuvent avoir

qu'un seul Jardin; je n'estime pas qu'il puisse entrer dans la pensée de personne de l'employer tout en Buis, & Boulingrins, au lieu de l'employer en Fruits, & en Legumes; & en tel cas soit aux champs, soit à la ville, si la place du Jardin est d'une raisonnable grandeur, je trouve à propos d'en prendre un peu du plus voisin, pour en faire un petit Parterre, le reste sera pour tout ce qui est utile, & necessaire, mais si la place est mediocre, & serrée je conseille, qu'on n'y fasse aucun Parterre, car pour moy je n'y en ferois point étant persuadé, qu'on se peut aisément passer de fleurs; prenant donc ce party d'employer son terrein en Plantes qui sont de service, on peut, & on doit affecter de mettre le plus en vûë du logis ce qui plaît le mieux de toutes les parties du Potager, & mettre le plus à l'écart ce qui pourroit blesser les yeux, ou l'odorat; les beaux Espaliers, les beaux Buissons de Fruits, les Verdures, les Artichaux, les Salades, l'action perpetuelle des Jardiniers, &c. peuvent bien occuper le voisinage de quelques fenêtres, & même pour des maisons assez considerables, aussi bien que pour des maisons mediocres.

Je suis même si persuadé du plaisir innocent, que peut donner la vûë d'un beau Potager, que dans tous les grands Jardins je conseille d'y faire quelque joly cabinet, & cela non seulement pour s'y refugier en cas d'orage inopiné, ce qui arrive assez souvent, mais aussi pour l'agrément, qu'il y a de voir à son aise cultiver une terre bien employée.

Nonobstant tout ce que je viens de dire pour un fort petit Jardin, je ne condamne nullement les Maîtres, qui suivans leur inclination affectent plus d'avoir des Fleurs, que du Potager.

Aprés avoir dit ce qui est à souhaiter, quand on peut choisir la place d'un Jardin, disons maintenant ce qui est à faire, quand dans la dépendance de la maison on se trouve réduit, & assujetty à quelque place quelle qu'elle soit, reguliere, ou non reguliere, bonne, mediocre, ou mauvaise, & suivons le même ordre que nous avons suivy dans le pretendu choix, que je viens d'expliquer.

CHAPITRE XII.

De ce qui est à faire pour corriger un fond, qui est défectueux soit dans la qualité de sa terre, soit dans la trop petite quantité.

COMME l'article le plus important d'un Jardin Fruitier, & Potager est, que le fond en soit bon, si cependant dans l'endroit où doit être ce Jardin, il y a sur le fait de ce fond quelque défaut considerable, & qui puisse être corrigé, il me semble que j'aurois tort de passer outre sans dire sur cela ce que j'y voudrois faire; or il me semble, que telles sortes de défauts se réduisent particulierement à cinq.

Le premier est, que la terre y soit tout à fait mauvaise.

Le second qu'elle y soit mediocrement bonne.

Le troisiéme qu'étant assez bonne il n'y en ait pas assez suffisamment.

Le quatriéme que même il n'y en ait point du tout.

Le cinquiéme enfin, que quelque bonne qu'elle soit, les trop grandes humiditez, ausquelles elle est sujette, peuvent la rendre incapable de profiter du soin, & de la culture d'un Jardinier habile.

Pour ce qui est du premier cas, je ne sçaurois m'empêcher d'abord de plaindre ceux qui debuttent si mal, que de faire un Jardin dans un endroit, où le fond est entierement defectueux, & sur tout s'ils sont en état de le mieux placer, je les trouve en effet à plaindre premierement à cause de la grande dépense, qui est une chose que je crains particulierement en fait de Fruitiers, & Potagers étant persuadé, que le propre de tels Jardins n'est pas de coûter beaucoup, mais de rapporter amplement, & à peu de frais: je les trouve en deuxiéme lieu à plaindre à cause du peu de succés, qui est infaillible en telles entreprises, & sur tout quand on n'y fait qu'à demy les ouvrages necessaires; Dieu veuille qu'il n'y ait jamais lieu de faire de telles plaintes à l'occasion de nos curieux; mais cependant s'il est inévitable de tomber dans ce premier cas, où la place du Jardin à faire n'est remplie que de tres-méchante terre, comme cela arrive quelquefois, cherchons tous les remedes qu'on y peut apporter, & tâchons de faire enfin ce Jardin dont est question, & de le rendre le moins mauvais, & avec le moins de frais qu'il sera possible.

Premierement donc si la terre est entierement défectueuse soit en ce qu'elle est puante, soit en ce que ce n'est absolument que glaize, ou argille, ou crayon, c'est-à-dire terre de carriere, soit en ce que ce n'est que pierre, gravois, & cailloux, soit enfin en ce que ce n'est que du sable sec de quelque couleur qu'il soit, mais toûjours aussi peu fertile que celuy de riviere, & que cependant la superficie se trouve à la hauteur raisonnable, où on peut souhaiter, que le Jardin soit : je diray cy-aprés ce que j'entens par cette hauteur.

Si, dis-je, cette terre se trouve être de quelqu'une des mauvaises qualitez, que je viens d'expliquer, je ne croy pas qu'il y ait d'autre expedient pour réüssir, que celuy de la faire toute enlever, & cela à la profondeur de trois pieds aux endroits, qui devront être les principaux ornemens du Jardin, sçavoir les Arbres, & les Plantes à longues racines, & de deux bons pieds aux autres endroits, où devront être les menuës Plantes, & ensuite il y faudra remettre pareille quantité de la meilleure terre, qu'on y pourra commodement faire porter, ce qui étant fait on doit être en repos pour long-temps, tout ira bien, sans qu'on ait besoin de se mettre en peine d'autres amandemens ; que si on n'a pas la commodité de la quantité de bonne terre, qui seroit necessaire à mettre par tout, il faut au moins tâcher d'en avoir pour la place des Arbres, & se contenter d'en remettre de mediocrement bonne pour le reste du Jardin, c'est-à-dire pour les Plantes potageres, il ne sera pas difficile de l'ameliorer, comme il sera dit cy-aprés.

Je sçay bien que telle dépense de grands transports de terre fait peur, & sur tout quand il s'agit de grands Jardins, aussi n'arrive-t'il guere, qu'on ait lieu de s'engager à la faire ; ce sont des Ouvrages de Roy, le Potager de Versailles en est un terrible échantillon ; mais pour ce qui est

est de petits Jardins de ville, assez souvent il arrive occasion de l'entreprendre, & comme pour lors cette dépense n'est pas trop grande, aussi se peut-il aisément faire qu'elle est tolerable; voila donc ce qui est à faire, quand la superficie du Jardin n'a pas plus de hauteur qu'elle en doit avoir, & qu'il n'y a d'autre défaut que celuy de la mauvaise qualité du fond.

Afin de m'expliquer sur cette hauteur je suppose, qu'il s'agit seulement icy du Jardin, qui tient immediatement à la maison, pour laquelle il est, & nullement d'un autre, qui en étant éloigné n'a pas besoin de tant de precaution; or il me semble que ce premier Jardin doit se trouver dans une situation un peu plus basse que la maison, ainsi cette maison étant plus haute elle doit avoir un Perron avec quelques marches pour descendre à ce Jardin, c'est une beauté que l'on a de coûtume d'y souhaiter en telles occasions, & sans doute qu'une telle hauteur de deux, ou trois pieds au dessus de la superficie du Jardin, le rend beaucoup plus agreable à voir, qu'il ne le paroîtroit, s'il étoit de niveau avec le sueil de la porte, à plus forte raison paroît-il plus beau que ceux qui sont dans une situation plus haute que le rez de chaussée, & où par consequent on ne peut aller qu'en montant, & qui par là sont sujets à des inconveniens assez fâcheux.

Je reviens aux autres cas cy-devant proposez pour dire, que si tel lieu plein de méchante terre est trop bas d'environ cinq, ou six pieds dans sa superficie, il est assez visible que ce sera la moitié de la dépense sauvée, n'y ayant rien à enlever, & n'y ayant obligation que de rehausser, mais en tout cas il faut toûjours faire son conte premierement sur la situation un peu basse, où doit être le Jardin eu égard à la maison, & en deuxiéme lieu sur les trois pieds de terre qu'il faut porter, & particulierement pour les Arbres, & pour les grosses Plantes, & afin de ne s'y point tromper il faudra avec une jauge reglée mesurer cette terre sur le lieu où on la prend, attendu que telle hauteur de trois pieds de terre cube, qui vient à être nouvellement remuée, paroîtra d'abord faire une plus grande dimension, mais enfin elle se doit ensuite affaisser, & réduire au moins à la hauteur proposée, laquelle je tiens toûjours indispensablement necessaire, & si on n'a pas eu la precaution de mesurer la terre avant que de l'enlever, il ne faut pas croire qu'on en ait suffisamment mis à l'endroit où elle est portée, à moins que les premiers mois on n'y en trouve au moins approchant de quatre pieds de hauteur; les pluyes, & le sejour l'auront bien-tôt reduite à trois, & si les premiers jours on n'y en avoit trouvé que trois, on se trouveroit quelque temps aprés n'en avoir tout au plus que deux, c'est-à-dire trop peu d'un pied, & ainsi au bout de quelques années on auroit le déplaisir de voir perir tous ses Arbres, & d'être réduit à recommencer tout de nouveau, si on continuoit dans la passion de réüssir pour ses Fruits.

Dans le voisinage des grandes Villes on a quelquefois de grandes commoditez pour rehausser & remplir des places de Jardins, sans qu'il en coûte beaucoup, on n'a qu'à donner la liberté d'y venir décharger les décombres qui se font des fondations de maisons, mais souvent telle commodité coûte beaucoup de temps, dont en fait de Plans la perte est infiniment à craindre, & coûte même assez d'argent pour faire passer à la Claye telles terres de rapport, autrement on court grand risque d'avoir dans son Jardin plus de pierre, & de méchant sable, que de veritable terre, & par consequent d'avoir un méchant Jardin; sur cela chacun consultera sa bource, & son plaisir, & ensuite prendra le party qui luy sera le plus convenable.

La réponse que je viens de faire pour le premier article, où il s'agit d'une terre entierement mauvaise, qui se trouve à l'endroit où doit être le Jardin; cette réponse, dis-je, sert pareillement pour le quatriéme article, où l'on suppose une place de Jardin qui n'a nulle terre quelle qu'elle soit, il y en faut faire porter trois pieds de bonne, & la prendre le plus prés qu'il est possible, pour qu'il en coûte beaucoup moins.

Au second cas quand la terre ayant la profondeur necessaire est cependant mediocrement bonne, c'est-à-dire qu'elle est ou un peu trop seiche, & legere, ou un peu trop forte, & humide, car voila les deux défauts ordinaires, ou bien enfin qu'on a lieu de la croire trop usée; en tels cas il faut absolument se mettre d'abord en peine de l'accommoder, supposé qu'en effet on ait dessein d'y élever toutes les mêmes choses, qu'on fait produire aux bonnes terres; le meilleur de tous les remedes est toûjours de faire porter, si on peut, quelques bonnes terres neuves, avec cette precaution de prendre de la terre franche pour mêler avec la legere, & de prendre de la sablonneuse pour mêler avec la forte, & enfin d'en prendre de veritablement bonne pour mêler avec celle qui est trop usée, à moins qu'on ne luy veüille donner le temps de s'ameliorer par le repos; que si, comme je l'ay déja dit au premier article, on n'a pas lieu d'avoir suffisamment des terres pour tout le Jardin, on commencera par faire la provision importante pour les Arbres, & au surplus on aura recours aux amandemens ordinaires pour le fait des Plantes potageres.

En troisiéme lieu quand la terre est veritablement bonne, mais que cependant il n'y en a pas assez pour parvenir à faire les trois pieds de profondeur, on a sur cela deux considerations à faire, la premiere est d'examiner si nôtre superficie est de la hauteur convenable, ou si elle ne l'est pas, quand elle est de la hauteur convenable, il faut necessairement enlever ce qu'il y a de mauvais dans le fond soit sable, soit glaise, soit pierre, & y rapporter de meilleure terre à la place, autant qu'on en a besoin pour avoir la profondeur requise, & conserver toûjours nôtre même hauteur.

A plus forte raison faut-il faire la même operation, c'est-à-dire ôter ce qu'il y a de mauvais au dessous de la bonne terre, quand la superficie étant trop haute eu égard au rez de chaussée de la maison, on est obligé de l'abaisser, pour faire que d'un Perron on se trouve plus élevé que le niveau du Jardin; chacun peut aisément se regler en cela sur le plus, ou sur le moins, c'est-à-dire sur l'exigence de son terrein, & de ses besoins, mais toûjours il faut s'asseurer tant de la quantité proposée de bonne terre, que de la distance qui doit être depuis la superficie du Jardin jusqu'à la porte qui luy sert d'entrée.

Que si la terre étant en l'état qu'on la peut souhaiter soit par la quantité, soit par la bonté, cependant la superficie est trop basse, il faut pareillement voir de combien elle l'est trop, afin de la hausser conformement à nos besoins, & à nos souhaits ; il pourroit peut-être arriver qu'elle seroit basse, qu'on seroit obligé de la hausser de beaucoup au dela de trois pieds, en ce cas il faudroit relever, & mettre à part tout ce qu'on a de bonne terre, & ensuite on feroit apporter de tout ce qu'on pourroit bon, ou mauvais pour hausser suffisamment le fond, & cela fait on remettroit la bonne par dessus avec l'économie, & le mélange cy-devant expliqué. Je voudrois bien avoir de meilleurs expediens à proposer pour éviter la dépense du transport, mais de bonne foy je n'en sçais point

Il reste à voir ce qui est à faire au cinquiéme cas, où il est question de corriger dans le Jardin les trop grandes humiditez qui y sont, & dont le propre est de faire tout pourrir, & rendre les productions non seulement tardives, mais aussi insipides, & mauvaises ; il n'y a que les terreins chauds, & secs, qui soient hâtifs ; ceux qui sont humides sont toûjours froids, & par consequent n'ont aucune disposition pour les nouveautez. Ce froid qui est inséparable de l'humidité, est de tous les défauts le plus difficile à corriger ; l'antiquité l'a connu aussi bien que nous, & luy a donné même le nom de scelerat : mais cependant comme la terre a été soûmise à l'industrie de l'homme, & qu'il y a peu de choses dont enfin le travail ne puisse venir à bout, rendons conte de ce qu'une longue experience nous a appris pour ce fait-là.

At sceleratum exquirere frigus difficile est. *Georg. 2.* Labor omnia vincit improbus, &c. *Virg. Georg.* 1.

Les humiditez dans la terre, sont naturelles & perpetuelles, ou elles n'y sont qu'accidentelles & passageres, au premier cas nous avons deux expediens.

Le premier est de détourner de loin, s'il se peut, par des canaux, ou par des pierrées les eaux qui nous incommodent, & leur donner une décharge qui les éloigne de nous, cela étant les terres ne manqueront pas de devenir séches, & quand on ne peut pas se servir du premier.

Le second expedient est d'élever en dos de bahu, soit les carrez entiers, soit seulement de grandes planches, &

pour cet effet faire de grandes rigolles creuses pour servir d'une maniere de sentiers: les terres qui en sortent serviront à enfler ou ces carrez, ou ces planches.

Que si les humiditez n'y sont que passageres, & que ce soit par exemple les grandes pluyes qui les causent, & que la nature du terrein ne soit pas propre à les imbiber, il en faut pareillement venir à l'élevation des terres pour les égoûter, & à la construction de quelques pierrées, qui portent ces eaux au-delà du Jardin.

Que si enfin l'humidité n'est pas extraordinairement grande, il faut faire le contraire de ce que nous avons dit de faire dans les terres fort seiches, c'est-à-dire élever les terres un peu plus hautes que les Allées, en sorte que ces Allées servent d'égoût à ces terres élevées, tout de même que dans l'autre cas les labours des platte-bandes servent d'égoût pour recevoir & profiter des eaux des Allées voisines.

Or pour élever les terres il n'y a rien de meilleur à faire que ce que nous avons dit pour hausser les superficies; que si on n'a pas la commodité du transport des terres, & qu'on ait celle de beaucoup de grand Fumier, comme je l'ay au Potager de Versailles, il faut se servir de ce grand Fumier, & le mêler abondamment dans le fond des terres, en sorte qu'on les éleve tout autant qu'elles ont besoin de l'être, & toûjours les grandes pierrées sont d'une utilité considerable.

Je finis ce qui regarde la preparation de ces fonds, qui sont défectueux, soit par la qualité, soit par la trop petite quantité, en exhortant soigneusement ceux qui foüillent des terres le long de quelques murs à prendre garde premierement de ne pas approcher trop prés des fondations, il y faut toûjours laisser quelque petit talus solide sans le foüiller, autrement il y a peril que le mur ne vienne à tomber, ou par son propre fardeau, ou par quelque pluye inopinée. J'exhorte en second lieu à faire en sorte que telles tranchées soient remplies d'abord qu'elles ont été vuidées, ou plûtôt qu'elles soient remplies en même temps, & une partie aprés l'autre, faute de quoy, & par les mêmes raisons le peril de la chute est encore plus grand.

Aprés avoir examiné ce qui regarde les conditions qui sont necessaires pour un Jardin Fruitier, & Potager à faire, sçavoir la qualité, & la quantité de bonne terre, la situation heureuse, l'exposition favorable, la facilité des arrosemens, le niveau du terrein, la figure, & l'entrée du Jardin, la clôture, & la proximité du lieu, avoir aussi proposé les moyens de corriger les défauts de sécheresse, & d'humidité, il reste encore à parler sur le fait des pantes, quand elles sont trop grandes pour le Jardin, auquel on est necessairement assujetty.

CHAPITRE XIII.

Concernant les pantes de chaque Jardin.

NOUS avons dit cy-dessus ce qui est à souhaiter pour certaines pantes, qui peuvent être favorables dans les Jardins, & avons insinué ce qui est à craindre contre les inconveniens des grandes; il faut presentement dire ce qui est à faire pour apporter du remede à celles qui peuvent être corrigées; c'est pourquoy d'abord que la place du Jardin est resoluë sur les considerations cy-devant établies, soit que la figure en soit bien carrée, en sorte que les côtez, & les angles y soient ou entierement, ou au moins à peu prés égaux, & paralelles, ce qui est le plus à souhaiter, soit qu'elle soit irréguliere, ayant inégaux ou les angles, ou les côtez, ou ayant peut-être plus ou moins de quatre côtez, & de quatre angles, les uns, & les autres differens entr'eux, ou dans leur longueur, ou dans leur ouverture, &c. ce sont des défauts qu'il est bon d'éviter si on peut, ou tout au moins faut-il tâcher de les rectifier.

Cette place du Jardin étant, dis-je, resoluë soit volontairement, soit par necessité, il ne faut point commencer à la clorre, que premierement on n'ait pris le niveau de tout le terrein pour en connoître les pantes, & prendre sur cela des resolutions necessaires, autrement on tombera en beaucoup de grands inconveniens, soit à l'égard des murailles qui sont à faire, soit à l'égard des Allées, & des carrez qu'il faut dresser.

Constamment chaque piece de terre peut avoir plusieurs pantes toutes differentes, sçavoir une, deux, ou trois pour autant de côtez, & une pour chaque diagonale, & on ne peut bien sçavoir le niveau d'un Jardin, qu'on n'ait pris, & ensuite reglé toutes ces pantes.

Les diagonales, pour parler plus intelligiblement en faveur de quelques Jardiniers, sont comme qui diroit les deux bras d'une croix de saint André, qu'on peut, & qu'on doit figurer par tranchées menées de coin en coin au travers d'une place.

Il n'est pas necessaire de dire que les niveaux de pante se prennent toûjours à commencer par l'endroit le plus haut de la piece à niveler, pour aller au plus bas, qui luy est opposé, tout le monde le sçait assez; ainsi le niveau des diagonales se prend à commencer à un coin, ou angle, pour aller à un coin plus bas, & opposé, par exemple la diagonale .A. .B. commence à un coin, ou angle qui est formé par la rencontre de deux côtez, dont l'un est exposé au Levant, & l'autre au Midy, pour aller à un coin plus bas, & opposé, qui est formé par la rencontre du côté exposé au Couchant, & du côté exposé au Nord; l'autre diagonale se tirera de l'un à l'autre des deux coins, ou angles .C. .D. qui reste dans la figure que nous examinons, & qui est icy marquée. Le niveau des expositions se prend tout le

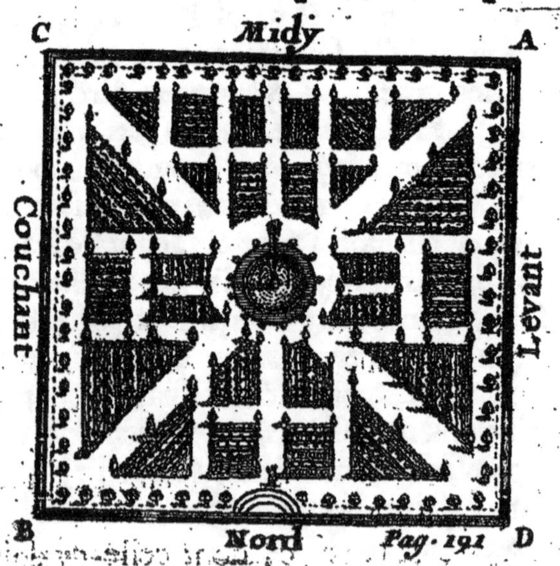

Pag. 191

long de chaque côté, à commencer comme nous avons dit, par la partie la plus haute, pour venir à la plus basse.

Or pour prendre chaque niveau bien juste, il faut que ce soit sur une ligne bien droite, qui sera tirée soit le long du côté à niveler, ce qui est le meilleur, soit sur une autre ligne bien paralelle à ce côté.

Chaque niveau pour être assez juste, non pas veritablement aussi juste que celuy des eaux des fontaines, dans lesquelles jusqu'à une demy ligne tout est tres-important, mais enfin pour être suffisant à l'usage dont est question, chaque niveau, dis-je, se doit prendre avec la regle, & l'équaire, c'est-à-dire avec l'outil qui porte le nom de

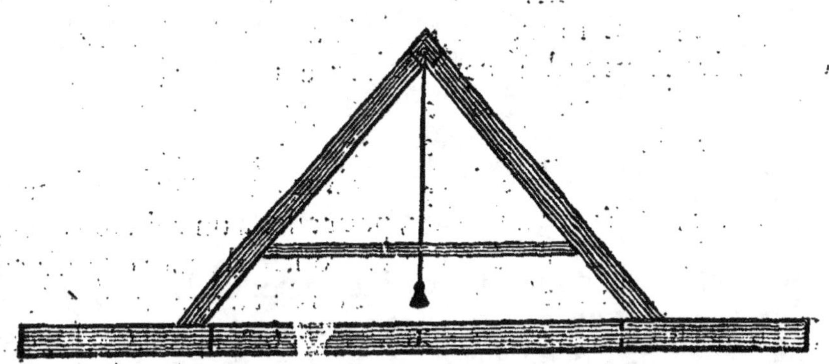

niveau, & qui, comme tout le monde sçait, est triangulaire ayant un plomb, ou autre petite boule penduë à une petite corde, & cette corde attachée à l'angle obtus; il faut que cet équaire étant posé sur sa regle, cette petite corde rencontre l'entaille qui est faite exprés, tant au haut de cet angle, que sur le point du milieu du côté qui sert de baze à cet instrument, en sorte que le niveau n'est jamais bien, jusques à ce que naturellement cette corde avec son plomb se repose dans ces deux entailles.

Voicy de quelle maniere on s'y prend pour faire cette operation; peut-être me pourrois-je bien passer de l'expliquer étant déja si bien expliquée dans tant de Livres, & de Mathematique, & de Mechanique; mais peut-être aussi que nôtre Jardinier n'en a pas en main, & qu'il sera content de ce que j'en dis icy.

Outre l'équaire & la regle, dont celle-cy doit être bien droite,

droite, & avoir la longueur de deux ou trois toises, il faut encore des jalons, c'est-à-dire des bâtons pointus, qui soient propres à ficher en terre à force de coups de maillets; il faut donc avoir un maillet, & enfin il faut ces trois bâtons d'une longueur fort juste, & fort égale, qui soient environ de trois à quatre pieds, tous trois fendus par l'extrémité qui doit rester en dehors, afin d'y mettre un peu de papier blanc dans cette extrémité.

Je n'aurois que faire de dire (car cela s'entend assez) qu'il faut être au moins trois ou quatre personnes, sçavoir trois pendant qu'on se sert de la regle, & quatre quand on en vient aux bâtons; une de ses personnes doit en tous les cas être à l'endroit le plus bas du côté à niveler, & y avoir une perche pour servir de point de vûë, afin de hausser, ou baisser cette perche, suivant l'ordre de celuy qui vise pour regler l'alignement.

Or donc pour trouver le niveau ayant pris un temps calme, sans vent, & sans pluye, & s'il se peut un peu sombre, ou au moins s'étant placé de maniere que la grande lueur du Soleil ne puisse pas incommoder la vûë, on fait d'abord entrer un de ces jalons jusqu'à la superficie, qui doit demeurer, & un autre en ligne droite un peu au dessous, en sorte que la regle puisse être immediatement, & commodement placée dessus, & cela fait on met le niveau sur cette regle, faisant hausser ou baisser le second jalon, jusqu'à ce qu'enfin le plomb tombe juste, & de soy-même sans aucun mouvement de vent, ou d'autre chose dans ses entailles.

Et cela étant on arrête absolument le second jalon, on ôte le niveau, & pour lors se couchant tout plat à terre, on peut sur cette regle ainsi fixée, & ajustée, mirer, viser, ou borneyer vers la personne d'en bas qui tient la perche avec un linge blanc, ou noir au bout d'en haut, & qui peut-être aura eu besoin de monter sur une échelle, sur une muraille, ou sur quelque Arbre, pour hausser ou baisser cette perche, suivant l'ordre du borneyeur, & cela jusqu'à ce que l'extrémité en ayant été observée par le borneyeur, on suppute juste combien de pieds & de toises il y a en ligne droite, & à plomb depuis cette extrémité, qui est le haut de la perche, ou du jalon, jusqu'à la superficie naturelle de la terre, qui est immediatement au dessous de cette perche, &c.

Et parce que la posture de se coucher est trop incommode, on peut & on doit creuser la terre auprés du premier jalon fiché en terre, & la creuser jusqu'à ce qu'on y puisse commodement être, ou à genoux, ou assis, ou debout pour borneyer à son aise, ou bien on peut emprunter, comme on dit, c'est-à-dire se servir de deux de ces bâtons cy-devant marquez, & pour cet effet on les pose chacun sur chacun de deux autres qui sont fichez en terre, ou sur quelqu'autre piece de bois, ou de terre, qu'on aura mis exprés pour cela, & on les y tient bien droits, ensuite on met la regle sur ces bâtons, on voit encore avec l'équaire, si la regle est bien justement de niveau, & cela étant on borneye, & si on a besoin d'une troisiéme personne, & par consequent d'un troisiéme bâton, on les place avec la même justesse que les deux premiers, & le troisiéme en quelque distance qu'il soit, ayant un linge, ou papier, ou chapeau sur le haut de ce jalon, sert pour borneyer plus commodement; si bien qu'ayant rencontré au bout de la vûë l'extrémité de la perche, ou bâton, qui sont tenus en bas, on déduit sur le tout la hauteur empruntée des bâtons, aussi bien que la hauteur de la regle, & ainsi on aura son niveau juste, par exemple en borneyant on a trouvé que depuis le haut de la perche jusqu'à la superficie de la terre, il y a douze pieds, on commence à déduire sur cela les quatre pieds empruntez des bâtons, sur le haut desquels le borneyeur avoit posé sa regle, on déduit ensuite les trois, ou quatre pouces de la hauteur du bois de la regle, tout cela ensemble fait quatre pieds, quatre pouces, & par ce moyen on trouve qu'il y a environ sept pieds, huit pouces de pante depuis l'endroit de la superficie, qui est reglée, & à demeurer, d'où le borneyeur visoit, jusqu'à la superficie de la partie, où étoit le dernier jalon, & dont on cherche le niveau.

Or ou ces pantes sont fort rudes, ou elles ne le sont que mediocrement.

Les mediocres sont tolerables, c'est-à-dire celles qui

n'ont par exemple qu'un demy pouce, ou un pouce & demy par toise, si bien qu'il ne faut pas trop se mettre en peine de les corriger, si la dépense en doit être un peu grande, & ainsi sur une longueur de vingt toises une pante d'environ un pied, ou deux pieds, ou deux pieds & demy, ne feroit pas grand mal, elle seroit presque insensible, n'étant que d'un demy pouce, ou d'un pouce & demy par toise; mais cependant on s'en peut encore consoler, & sur tout si la longueur est grande, car assûrement une pante de douze, ou quinze pieds sur quatre-vingt toises de long, quoyque tres-fâcheuse, elle est cependant moins sensible, & même moins incommode qu'une pante de deux pieds & demy sur vingt toises, quoyque la proportion soit entierement égale.

Que si une pante de deux pouces, ou deux pouces & demy par toise commence à être rude, que sera-ce d'une pante de trois, de quatre, de cinq, & même d'avantage, il faut assûrément tâcher de la corriger, ce qui se peut en quatre manieres.

Sçavoir premierement en baissant simplement le terrein élevé autant qu'on a besoin qu'il soit baissé pour adoucir la partie trop élevée, ou en second lieu en portant dans l'endroit le plus bas ce qu'on ôte de l'endroit plus haut, & de cette façon une pante de cinq pieds, par exemple se trouvera réduite à trois, si ayant ôté la hauteur d'un pied de l'endroit plus haut, si bien qu'il ne luy en reste plus que quatre, on la porte à l'endroit plus bas, de sorte que desormais il se trouve d'un pied plus haut qu'il n'étoit, &c.

Et comme il faut sur tout prendre garde que nous ayons toûjours nos trois bons pieds de profondeur de bonne terre, aussi devant que de rien baisser de la partie élevée, il faut y avoir fait des trous en differens endroits pour y examiner, combien nous y avons de bonnes terres, & pour décider sur cela, si nous en pouvons effectivement ôter quelque chose, & combien, ou si nous n'en pouvons rien ôter sans faire tort au fond du Jardin; le party sur cela est bientôt pris, car si la profondeur de bonne terre est assez grande pour en pouvoir diminuer une partie, on en fait ôter la quantité dont on a besoin, pour moderer la pante dont est question.

Mais si au contraire on n'en peut pas ôter sans alterer la profondeur, ou quantité qu'il est necessaire d'y avoir, en ce cas là il faut avoir recours à un troisiéme expedient, qui est ou ne rien changer à cette hauteur, & relever la partie basse, comme on le pourra pour le mieux, c'est-à-dire mettre encore des bonnes terres sur ce qu'il y en a déja de bonnes, si on le peut commodement, ou bien relever, & retrousser cette bonne pour en mettre de méchantes au fond, y remettre même des pierres, & des gravois, si on ne peut rien de mieux, & ensuite on recouvrira le tout de cette bonne terre qu'on aura premierement relevée, ou bien si on peut baisser le terrein de la partie haute, on relevera tout ce qu'il peut y avoir de bonne terre, & on la mettra à part jusqu'à ce qu'on ait foüillé, & enlevé de la méchante de dessous, autant qu'on aura trouvé à propos d'en enlever, & cela fait on reportera tout de nouveau les bonnes à la place de ces méchantes.

Que si nul de ces trois expediens ne peut être mis en usage, il faut enfin se servir d'un quatriéme, qui est assez de dépense, mais il est indispensablement necessaire, & c'est au Maître qui se trouve dans une situation si fâcheuse à s'en consoler luy-même, s'il veut avoir un Jardin qui luy soit utile & agreable, puisque sans cela il n'y sçauroit absolument parvenir.

C'est-à-dire qu'il faut partager cette grande pante en differens degrez, ou differentes portions, pour en faire plusieurs terrasses particulieres, les unes plus hautes, les autres plus basses, & toutes plus, ou moins larges, selon que la pante est plus, ou moins rude, & ensuite on disposera chacune de ces terrasses en soy selon ce que nous venons de dire, qu'il faut faire quand il est question de corriger des pantes mediocres ; mais ce n'est pas tout, car il en faudra encore venir à arrêter, ou soûtenir chacune de ces terrasses pour les empêcher de s'ébouler, & ce sera ou par de petits murs, ou par de petits talus bien battus, & bien trepignez, avec quelques degrez bien placez pour descendre de l'une à l'autre, ou même on y descendra par quelque talus, qu'on gazonnera exprés, afin de les rendre & plus solides, & de plus longue durée, & enfin comme si c'étoit autant de Jardins separez, on les accompagnera d'Allées d'une largeur proportionnée à leur longueur, comme nous dirons cy-aprés.

Pour finir cette matiere il ne me reste plus qu'à dire, que les petits murs pourront servir à faire de fort bons Espaliers, si l'exposition en est bonne, ou même serviront pour y mettre des Framboisiers, des Groseilliers, & du Bourdelas, si l'exposition en est au Nord; à l'égard des petits talus ils ne seront point inutiles, & au contraire quand ils sont tournez au Midy, ou au Levant, on s'en servira soit pour y élever d'abord des Plantes printanieres, par exemple des Laituës d'Hyver, des Pois, des Féves, des Fraises, des Artichaux, &c. & le Printemps étant passé ils seront employez à élever des graines de Pourpier, de Basilic, &c. ou bien même si on a une grande quantité de ces talus bien exposez, on en pourra employer pour toûjours une partie en bons Raisins, & en autres Fruits, comme j'ay fait au Potager du Roy, à de certains talus faits exprés pour cela.

Que si nos talus regardent le Nord ils seront bons tout l'Esté pour élever du Cerfeüil, ou même pour y semer ce qui doit être replanté, sçavoir Laituës, Chicorées, Choux, Celery, &c. car enfin il n'y a nul endroit d'un Jardin qui ne puisse être bon à quelque chose.

Une precaution necessaire pour ces talus est, que non seulement dans le temps qu'on les fait ils doivent être extrémement battus, & trepignez dans le fond; mais que sur tout il faut que la partie haute de chaque talus soit un peu plus élevée que l'Allée qui luy est voisine, ou autrement l'égoût de la pante de toute la terrasse les aura ruinez, & démolis en peu de temps; que si nonobstant cette precaution il y arrive quelque accident, il ne faudra pas manquer tous les Hyvers d'y faire les reparations necessaires, qui ne vont qu'à y rapporter quelques terrres, les bien trepigner, & battre tout de nouveau n'y laissant rien de meuble que les trois, ou quatre pouces de superficie de bonne terre, qu'on laboure aprés coup, pour rendre cette terre propre à produire quelque chose.

Et comme je ne pretends pas toûjours que les grandes pantes des Jardins soient enfin tellement corrigées qu'il n'y en reste plus du tout, je veux non seulement que d'espace en espace on fasse dans les Allées de petits arrests qui détournent les eaux des grandes pluyes dans les carrez voisins ; ces arrests se font avec des ais mis en terre au travers des Allées, & n'excedans que de deux, ou trois pouces la superficie de ces Allées ; mais même si ces arrests ne suffisent pas, je veux qu'au bas de chaque Jardin on ménage une sortie pour la décharge de ces eaux, ou qu'au moins si le voisinage ne permet pas cette sortie, on fasse sur son propre fond un grand trou, c'est-à-dire un grand puisard plein de pierres séches, dans lequel toutes ces eaux puissent venir se perdre, car autrement il n'est guere de murs qui puissent long-temps resister à de grandes avalaisons sans se démolir, & par consequent faire de grands desordres.

CHAPITRE XIV.

De la disposition, ou distribution de tout le terrein de chaque Fruitier, & Potager.

DANS chaque Jardin fruitier, & potager nous avons deux principales considerations à avoir ; la premiere est de mettre ce Jardin sur le pied d'être utile, & abondant dans ses productions à proportion de son étenduë, & de la bonté de son fond.

La seconde consideration est de mettre ce Jardin sur le pied d'être agreable à voir, & d'être commode soit pour la promenade, soit pour la culture, & pour la cueillette, car en effet ce sont les deux premieres vûës qu'on s'est proposé en le faisant, & pour cela on ne doit pas seulement sçavoir ce que la terre d'elle-même est capable de faire sans être beaucoup secouruë, mais aussi ce qu'elle est capable de faire avec tel & tel secours qu'on luy peut donner.

Pour parvenir au premier point qui est l'utilité du rap-

le Commencement de ce chapitre formant 1/2 pag
... entre les mains de M. Duval père

port il faut avec toute l'économie, & la prudence possible employer si bien en plans & en semences les meilleurs endroits du Jardin, qu'il n'y en reste pas un seul d'inutile, mettant à chacun ce qui peut le mieux y réüssir, & pour parvenir au second point qui est la beauté, & la commodité, il faut non seulement distribuer agreablement son terrein par carrez, mais aussi faire necessairement des Allées qui soient propres, bien placées, & d'une largeur convenable à l'état du lieu, étant certain qu'il n'est point de Jardins d'honnête homme sans des Allées raisonnables, & que les grands en demandent de plus grands, & en plus grand nombre que ne font ny les petits, ny les mediocres.

Or ce qu'on appelle les meilleurs endroits du Jardin sont bien veritablement ceux où est le meilleur fond, si en effet ce qui est assez ordinaire, il n'est pas également bon par tout, comme il seroit à souhaiter; mais la bonté étant égale par tout les meilleurs endroits du Jardin, sont particulierement ceux qui sont le plus à l'abry des vents, & qui par consequent peuvent le plus profiter de la reflexion causée par les murs.

Et ce qu'on appelle des Allées necessaires, & bien placées, c'est que communément il en faut, soit dans le voisinage des murailles, afin de mieux voir les Espaliers, de les cultiver plus facilement, & avoir la commodité d'en cueillir les Fruits, soit dans tout le corps du Jardin, afin que le terrein soit divisé en carrez égaux, & que la promenade soit multipliée, aussi bien que le plaisir de voir, & de visiter ce que contiennent ces carrez, & afin que pareillement leur culture en soit & plus aisée, & plus commode pour le Jardinier.

Il faut donc, comme j'ay dit, dans nôtre distribution chercher en même temps & l'utilité du rapport, & la commodité, tant de la culture, que de la promenade.

A l'égard de cette utilité nous la trouverons, si premierement le long de tous les murs, sans excepter même quelquefois la face de la maison, & sur tout quand le Jardin est petit, nous y plantons de bons Arbres en Espaliers,

& qu'au tour des carrez nous y plantions aussi des Arbres, pour y en avoir en Buissons, autrefois on faisoit des contre-Espaliers, mais l'usage en est presque aboly, il faisoit assez de peine à bien entretenir, & n'étoit que d'un tres-mediocre rapport.

En deuxiéme lieu nous trouverons cette utilité, si nos carrez sont garnis de bordures utiles, & qui soient passablement éloignées de ces Buissons, & si enfin le corps de chaque carré est perpetuellement remply de bons Legumes, en sorte qu'on n'en ait pas si-tôt cueilly un d'une saison, qu'en même temps on prepare la terre pour y en remettre une autre d'une autre saison.

On verra cy-aprés dans la troisiéme partie, quelles sortes d'Arbres on devra planter en toutes sortes de Jardins, soit pour les Espaliers, soit pour les Buissons; on verra dans la quatriéme comment il les faut tailler & cultiver, & on verra dans la sixiéme, qui contient le Traité du Potager, quelles sont les bordures que j'appelle utiles, & quels sont les Legumes de chaque saison avec la culture, qui leur convient pour les avoir beaux, bons, & à propos.

Ce n'est pas assez d'avoir dit en general ce qui regarde l'utilité du rapport, il faut dire aussi ce qui regarde la commodité de la culture, & le plaisir de la promenade, & pour cet effet ce que nous avons icy presentement à faire, c'est de regler la largeur des labours, soit des Espaliers, soit des platte-bandes, quand on en fait, regler la grandeur des carrez, & enfin regler la place, & la largeur des Allées de chaque Jardin, de quelque grandeur qu'il soit.

Quand je parleray icy d'Allées, je n'entens uniquement que la place employée pour la promenade, & rien autre chose, comme font quelques-uns, qui dans leur disposition appellent Allée tout ce qu'il y a de place depuis le mur jusqu'aux Buissons du contre-Espalier, ou ce qu'il y a de distance d'un Buisson à l'autre dans le partage des carrez; cette place d'Allée ne doit jamais être moins large que de cinq à six pieds quelque petit que soit le Jardin, & n'en doit jamais guere exceder dix-huit ou vingt, quelque

que grand Potager que ce puisse être : & voila pour ce qui est de la largeur, avec cette precaution que premierement chaque Allée doit être plus, ou moins large suivant sa longueur, & en second lieu qu'elle doit toûjours être tenuë bien nette, bien unie, & bien sablée, si on peut, & que cependant elle soit ferme sous les pieds, autrement la promenade n'y seroit pas agreable.

Il est à propos de dire icy que ce qui fait la difference d'une Allée d'avec un sentier est, que dans l'Allée il faut au moins se pouvoir promener deux personnes de front, & ainsi elle ne peut avoir moins d'environ cinq à six pieds de large, sans quoy ce ne seroit plus une veritable Allée, mais plûtôt un grand sentier, & à l'égard du sentier il suffit qu'on y puisse passer seul, & ainsi il peut même se contenter d'un pied de large, ou un & demy au plus.

CHAPITRE XV.

De la disposition, ou distribution d'un tres petit Jardin.

JE viens presentement au détail de chaque Jardin, & dis que communément il n'est guere de Jardins qui n'ayent au moins cinq à six toises de large avec une longueur proportionnée, ne pouvant croire qu'on puisse donner le nom de Jardin à une place qui auroit moins de largeur, mais toûjours quelle qu'elle soit, il est certain que telle place étant bien située, c'est-à-dire située en face de la maison, elle en fait toute la gayeté, soit qu'elle y touche immediatement, soit que quelque petite court l'en separe ; s'il s'agit donc d'un de ces Jardins si petits, il me semble que pour mieux ménager le terrein, l'entrée se doit faire au milieu de cette largeur, & y doit trouver une Allée d'environ six pieds, cette Allée y sera toute seule n'y ayant que de petits sentiers d'un bon pied de large le long du labour des Espaliers ; que si l'entrée se faisoit par un des coins, comme quelquefois la necessité y oblige, il faut pareillement se contenter d'une seule Allée, qui regne tout du long de la premiere muraille qui se presente dans le coin ; cette Allée pourra avoir du Soleil une partie du jour,

& de l'ombre l'autre partie, & par ce moyen on y aura quelquefois la promenade agreable.

Que si tel Jardin de cinq à six toises de large se trouve avoir une longueur de dix à douze, on pourra fort bien à chaque extrémité, ou au moins à une des deux ménager quelque Allée de pareille largeur que la precedente, & sur tout ce doit être à l'extrémité qui est la plus prés du logis, & en ce cas là il faut même tenir cette Allée un peu plus large que l'autre; c'est une observation qui se doit necessairement pratiquer en toutes sortes de Jardins, & particulierement dans les grands, afin que, comme d'ordinaire à l'entrée de chaque Jardin on a de coûtume de s'arrêter un peu pour le considerer, on y trouve d'abord une place, qui soit passablement grande, & par consequent agreable, & riante; ces Allées des extrémitez donneront lieu à la promenade de deux, ou trois compagnies separées, ce qui est toûjours une chose à souhaiter.

Je veux de plus que les Allées qui se font dans le voisinage des Espaliers, soient au moins éloignées de trois à quatre pieds des murs, afin que les Arbres de ces Espaliers ayent au moins trois à quatre pieds de labour, au lieu qu'on avoit accoûtumé de leur en donner beaucoup moins, & par ce moyen ce labour étant raisonnablement grand, comme je le souhaite pour tous les Espaliers, jusqu'à le faire beaucoup plus grand dans les grands Jardins, les Arbres y sont non-seulement mieux nourris, mais encore outre les bordures qui soûtiennent les terres de ce labour, & font figure agreable dans les Jardins, on y peut élever quelques-unes de ces Plantes utiles, qui aiment le voisinage des murs, c'est-à-dire qui aiment un abry capable de les défendre sur tout des vents froids, & dangereux, condition absolument necessaire, pour avoir quelque chose de printanier.

CHAPITRE XVI.

Sur la largeur qu'il faut donner aux labours des Espaliers.

J'Exhorte icy tout le monde à faire reflexion sur cet article, où je conseille de placer les Allées assez loin des Espaliers, & cela fondé sur l'avantage que peut produire l'abry des murailles, abry qui se trouve entierement inutile, quand il ne favorise que des Allées, ausquelles il ne sert de rien; car enfin que trois ou quatre pieds de terre soient cultivées à droit ou à gauche de l'Allée, quel inconvenient en arrive-t'il pour le bon usage qu'on doit faire de la terre de chaque Jardin, au lieu que ces trois ou quatre pieds de plus que je fais cultiver attenant du petit labour, auquel on réduisoit d'ordinaire les Espaliers, feront beaucoup plus de profit en cet endroit là, que si étant employez à faire une partie de l'Allée on en cultivoit une pareille quantité de l'autre côté de cette Allée, en sorte que l'abry ne peut porter jusques-là.

Je ne veux pas tout à fait décider si dans de fort petits Jardins il y faut planter des Fruitiers en buissons, c'est à chaque Maître à suivre sur cela son inclination, cependant j'estime que le mieux seroit de n'y en point mettre, à moins que ce ne fût de petits Pommiers de Paradis, ou quelques pieds de Groseillers; je craindrois que ces Buissons ne vinssent enfin si grands qu'ils en offusquassent les Espaliers, pour lesquels j'ay icy beaucoup de respect, outre que sans doute ils incommoderoient la promenade, c'est-à-dire la rendroient desagreable, en ce que dans ces petits lieux on n'y auroit pas assez d'air à respirer.

Je voudrois donc employer à autre chose qu'à des Arbres fruitiers le petit terrein dont est question, & ce seroit par exemple en Fraises ou en Salades, & herbes potageres, &c. ou peut-être même je l'employerois partie d'une façon, & partie de l'autre pour y avoir en tout temps quelque peu de chose à cueillir, & ainsi toute la place de nôtre petit Jardin, dont nous avons divisé la largeur par une seule Allée dans le milieu, ou retrecie par une Allée le long d'un des Espaliers, seroit coupée au travers de sa longueur en planches de quatre à cinq pieds de large avec plusieurs petits sentiers.

Aprés avoir bien examiné la distribution que je viens de faire, je la trouve si raisonnable que même je n'en ferois point d'autre que celle-là, s'il s'agissoit de Jardins de sept à huit toises de large, ny même de ceux qui en ont huit à neuf.

CHAPITRE XVII.

De la distribution ou disposition d'un Jardin d'une honnête grandeur.

MAIS s'il étoit question d'un Jardin de dix à onze, ou d'onze à douze toises, ce qui fait un Jardin d'une honnête grandeur, soit qu'on ait trouvé à propos, eu égard à la disposition du logis pour lequel il est, d'y faire l'entrée au milieu, ou de la faire à un des côtez, dans l'un & dans l'autre cas les Allées que j'y ferois auroient sept pieds de large, & j'en donnerois même jusques à huit ou neuf à celle qui est paralelle à la face du logis, laissant comme j'ay marqué cy-devant un labour de cinq à six pieds pour chaque Espalier, si bien que dans cette disposition je ne ferois d'Allées que le long de tous les Espaliers, & ainsi il me resteroit au milieu du Jardin un carré d'environ six à sept toises de large, ou de sept à huit sur toute nôtre longueur, & s'il se trouvoit que cette longueur fût de quinze à vingt, ou même davantage, il la faudroit couper en deux portions égales par une Allée à peu prés semblable à celles des Espaliers, mais je ne la couperois que par un sentier d'environ trois pieds, si ce carré n'avoit de ce sens là que dix à douze toises.

Or il dépendroit encore de l'inclination du Maître d'employer ce carré, soit entierement en quinconce d'Arbres fruitiers avec des Fraisiers, & quelques petits Legumes parmy, pour les y avoir seulement pendant les cinq ou six premieres années que les Poiriers seroient à devenir grands, soit de l'employer partie en Arbres fruitiers, c'est-à-dire d'en mettre sur le bord des Allées, gardant toûjours l'éloignement & la distance que j'ay cy-devant marquée, & à l'égard du reste, il seroit, comme on dit vulgairement, *en hortolage*, c'est à sçavoir en Salades, Verdures, Artichaux, Fraises, & à dire le vray ce seroit le party qui me plairoit icy le mieux, ou peut-être employerois-je entierement en Arbres fruitiers la moitié qui seroit la plus éloignée du logis, & employerois l'autre en Legumes, si chacune se trouvoit sept à huit toises de long sur la largeur proposée.

CHAPITRE XVIII.

De la distribution ou disposition d'un Iardin de quinze à vingt toises de large, & de celuy de vingt-cinq à trente, & de trente à quarante.

JE viens presentement à une place d'environ quinze à vingt toises de large sur quelque longueur que ce soit, & considere cecy comme un beau Jardin, & d'abord je veux premierement examiner si la maison touche ce Jardin, ou si elle ne le touche pas, & en deuxiéme lieu si cette maison est bâtie de belle pierre de taille, ou simplement de moilon enduit, ou recrepy.

Si la maison ne touche pas au Jardin on fera sans doute des Espaliers à toutes les murailles, si le Jardin est entierement fermé, & même si elle y touche, & que la face ne soit qu'enduite, ou recrepie, on y en pourra pareillement faire, pour profiter sur tout de la largeur, & hauteur des trumeaux, aussi bien que du bas des fenêtres, mais si l'Architecture en est belle & riche, je veux qu'on la laisse nuë, & exposée aux yeux de tout le monde, ce seroit dommage de cacher un si bel ornement par l'esperance d'un peu de Fruit davantage.

En telle place donc qui a quinze ou vingt toises de large, si la longueur alloit jusqu'à vingt-cinq, ou trente toises, il y auroit sans doute des Allées d'environ huit à neuf pieds de large le long de tous les Espaliers, & elles seroient de neuf à dix, ou de quelques pieds de plus, si cette longueur alloit à trente-cinq ou quarante toises, & même l'Allée qui se presente à l'entrée, & est paralelle à la face du logis, quelque grande que fût la longueur du Jardin, auroit toûjours au moins cinq à six pieds de plus que les autres, elle en pourroit bien avoir jusqu'à douze, ou même davantage, si elle étoit en terrasse, comme il arrive quelquefois ; les terrasses qui sont voisines d'une belle maison, ne sçauroient presque avoir trop de largeur.

Outre les Allées que nous venons de marquer tout autour de nôtre Jardin, il y en auroit encore une dans le milieu de cette largeur pour la couper en deux parties égales, si cette largeur étoit de vingt toises, ou un peu plus, & elle pourroit avoir quatre ou cinq pieds plus que celles qui sont paralelles le long des murs à droit & à gauche, & particulierement si celle-cy répondoit à l'entrée de la maison.

Pour ce qui est de la longueur de nôtre Jardin que nous supposons de trente à quarante toises, elle doit être coupée en deux par une Allée de traverse, qui soit à peu prés large comme les Allées des côtez, ou seulement de quelques pieds moins, attendu que son étenduë n'est pas si grande, outre que d'ordinaire elle est plus serrée par les Arbres qui la pourront border à droit & à gauche, que ne sont celles des côtez, lesquelles étans favorisées dans leur longueur par la largeur du labour de l'Espalier ont plus d'air que celle du milieu.

Une telle Allée de traverse fera deux carrez, qui pourront avoir chacun environ six ou sept toises d'un sens sur neuf, ou dix, ou douze de l'autre.

Surquoy je trouve à propos de dire qu'un carré de quelque Jardin que ce soit est toûjours beau, quand il a douze à treize toises dans sa longueur, & six, sept, ou huit dans sa largeur; à plus forte raison quand il est à peu prés égal dans tous ses côtez, & sur tout quand il a un peu plus de longueur que de largeur.

S'il arrive quelquefois que pour dresser une Allée d'un des côtez du Jardin on soit gehenné par une muraille, qui au lieu d'être tirée droite, se trouve en ligne courbe le long d'une partie de son étenduë, en tel cas, dans lequel il ne faut pas pretendre qu'on puisse entierement corriger ce défaut, je suis d'avis qu'on fasse toûjours son Allée regulierement à angles droits, c'est-à-dire carrée, la commençant à quatre pieds de distance à l'endroit de la muraille qui peut le plus avancer dans l'Allée, & la mettant carrément à l'extrémité où elle doit finir, elle sera garnie à droit & à gauche de jolies bordures qui la marqueront; & pour ce qui est des endroits où il se trouvera beaucoup plus de largeur de terre qu'il n'en faudroit selon nôtre disposition ordinaire, on l'employera utilement soit en Fraisiers, soit en d'autres Plantes qui ne sont pas capables d'offusquer l'Espalier.

On a quelquefois une longueur de soixante, ou quatre-vingt toises, & même davantage sur la largeur de dix-huit à vingt, dont nous parlons, en tel cas on ne doit pas manquer de diviser cette longueur en trois ou quatre portions égales par des Allées de traverse, mais comme une telle longueur paroît peu proportionnée pour cette largeur, je voudrois qu'à la distance d'euviron quarante à cinquante toises de l'entrée de nôtre Jardin on arrêtât la vûë par quelque muraille, ou au moins par quelque palissade; telle muraille serviroit utilement à multiplier les Espaliers, ou telle palissade pourroit être de Raisins, ou d'Arbres fruitiers, & ainsi nous profiterions en toutes manieres, soit pour l'utilité du rapport, soit pour l'agrément de la vûë.

Quand la place du Jardin auroit dans sa largeur vingt-cinq, trente, trente-cinq, ou quarante toises, je n'en ferois point d'autre distribution que celle que nous avons faite à une largeur de quinze à vingt, si ce n'est que les Allées pourroient avoir quelques pieds de plus, eu égard à leur longueur.

CHAPITRE XIX.

De la disposition, ou distribution des Iardins d'une grandeur extraordinaire.

SI la largeur du Jardin dont est question alloit à soixante, soixante & dix, ou quatre-vingt toises, ou même davantage, je la couperois en quatre portions égales, comme j'ay fait à Versailles, & en beaucoup d'autres Potagers, ou bien j'y ferois des contre-Allées garnies de Buissons sur les platte-bandes, comme j'ay fait à Ramboüillet pour Monseigneur le Duc de Montausier, à la charge que dans ces deux cas les deux Allées qui seroient paralelles à la principale, laquelle nous supposons dans le milieu, & large d'environ trois toises, ne seroient que de huit à neuf pieds ; il me semble qu'on devroit avoir regret de les faire plus larges, parce que ce seroit trop de terre employée en simple promenade.

Nous avons dit cy-dessus quelle peut être à peu prés la grandeur des carrez d'un Potager, & ainsi sans le repeter nous trouverons que ces deux moindres Allées nous en donneront de beaux, soit pour leur largeur, soit pour leur longueur, car la même chose que nous disons d'une largeur à diviser, se doit aussi entendre d'une longueur à partager ; & toûjours doit-on croire que quand une place de Jardin approche de quatre-vingt toises dans sa largeur, & les passe dans sa longueur, comme le grand carré du Potager du Roy, elle fait un Potager veritablement grand, puisqu'il est au moins de sept à huit arpens, & en tel cas les carrez peuvent avoir quatorze à quinze toises d'un sens sur dix-huit, & vingt de l'autre.

Je ne croy pas qu'il faille traiter plus amplement ce qui regarde la disposition, ou distribution du terrein de chaque Jardin fruitier, & potager ; il suffit que nous ayons dit cy-dessus que quand on peut avoir davantage de tels Jardins fruitiers, & potagers, comme les Princes, & grands Seigneurs en ont besoin, il en faut venir à faire de petits Jardins particuliers dans le voisinage du grand, comme j'ay fait à Chantilly, à Seaux, à Saint Ouën, &c. ou tout autour du grand comme à celuy de Versailles, ou bien il en faut venir à employer en Vergers d'Arbres de tige le surplus de la place qu'on veut faire cultiver ; car en verité les trop grands Potagers sont sujets à de grands embaras, & de grandes dépenses, qui tres-souvent sont inutiles par le défaut des soins necessaires.

CHAPITRE XX.

De la maniere de cultiver les Iardins fruitiers.

QUOYQUE cette culture prise en general renferme tout ce que nous expliquons en plusieurs Traitez particuliers, cependant mon intention icy est de la renfermer met ſeulement à trois choſes ; ſçavoir premierement aux labours qu'il faut faire à la terre, en ſecond lieu à la propreté que demandent les Jardins en tout temps ; le reſte de la culture de la terre ſera examiné dans le Traité des Potagers.

C'eſt pourquoy il faut faire ſon conte que comme la terre autant de fois qu'elle eſt chaude & humide, ſe trouve toûjours dans une diſpoſition prochaine à agir, c'eſt-à-dire à produire quelques Plantes, ſoit bonnes, ſoit mauvaiſes, ſoit même ce ſemble inutiles pour l'homme, parce que pour ainſi dire elle ne peut jamais être oiſive, auſſi faut-il que la production qu'elle fait d'une choſe nuiſe aſſûrément à la production d'une autre.

La raiſon en eſt, que premierement ſon ſel interieur, c'eſt-à-dire ſa fertilité, ou ſa capacité d'agir, n'eſt nullement infinie, elle s'épuiſe à force de produire, comme tout le monde ſçait, ainſi pluſieurs Plantes ſe trouvans voiſines il arrive toûjours que toutes, ou qu'au moins une grande partie, en ſont plus petites, parce que ce qui devroit ſervir de nourriture à toutes, étant diviſé à pluſieurs, la portion de chacune en a été par conſequent plus petite, & ainſi elles en ont été toutes plus mal nourries, ou bien il arrive que quelqu'une s'étant trouvée plus vivace, ſoit pour être venuë naturellement, ſoit pour être d'un temperament plus propre pour cet endroit de terre qui les nourrit, cette Plante a ſuccé plus que les autres la nourriture qui étoit en cet endroit là toute preparée pour la vegetation.

Et ce n'eſt pas ſeulement par dedans que la terre nous paroît épuiſée dans ſa production, quand une trop grande quantité de differentes Plantes l'ont épuiſée par leurs racines, nous diſons encore que cette terre eſt alterée quand elle a été empêchée de recevoir le benefice des roſées de la nuit, & de pluſieurs petites pluyes qui viennent de temps en temps ; ce ſont en effet ces roſées, & ces petites pluyes qui ont le don de reparer, & de rétablir, c'eſt-à-dire d'amander cette terre, pourvû qu'elles puiſſent penétrer juſqu'à ſes parties interieures ; ainſi quand la feüille de toutes ces Plantes qui couvrent cette terre, vient à rece-

Exiguâ tantum gelidus ros noctè reponet. *Georg. 2.*

voir ces ſortes d'humiditez, elle eſt cauſe qu'elles ne deſcendent pas plus bas, & ainſi elles reſtent expoſées au Soleil, qui les rarefiant auſſi-tôt qu'il les éclaire & les échauffe, les convertit en vapeurs, & par conſequent les rend pour lors inutiles à l'égard de cette terre.

Il s'enſuit donc de ce raiſonnement que quand nous voulons que nos Arbres, & particulierement les Buiſſons & les Arbres de tige ſoient bien nourris, & par conſequent bien vigoureux, & par là agreables à la vüë, il faut faire en ſorte.

Premierement qu'ils ne ſoient pas trop prés les uns des autres, afin que la nourriture ſoit moins partagée.

En ſecond lieu faire en ſorte que dans leur voiſinage il n'y ait aucunes ſortes de Plantes, qui puiſſent ou par dedans voler leur nourriture, ou par dehors empêcher le rafraîchiſſement & le ſecours, qui ſûrement leur doivent venir par les pluyes, & par les roſées.

En troiſiéme lieu, il faut faire en ſorte que les terres ſoient toûjours mobiles, & par conſequent ſouvent labourées, tant afin que ſes humiditez de pluyes ou de roſées puiſſent aiſément, & promptement penétrer juſqu'aux racines, qu'afin que la terre puiſſe être convenablement échauffée des rayons du Soleil, dont elle a un beſoin indiſpenſable.

Or pour parvenir à mettre cette terre en état de produire avantageuſement ce que nous luy demandons, ſans luy donner le temps de s'employer à autre choſe, & pour faire auſſi qu'il y ait de la propreté dans toute leur étenduë, il faut être ſoigneux de labourer cette terre, l'amander, & la ratiſſer quand elle en a beſoin, examinons preſentement ces quatre ſortes de culture pour en faire voir la maniere, l'uſage, la cauſe & le ſuccés.

CHAPITRE XXI.

Des Labours.

LES labours à proprement parler ne ſont autre choſe qu'un mouvement, ou remuëment, qui ſe faiſant à la superficie de la terre penétre jusqu'à une certaine profondeur, en sorte que les parties de dessus, & celles de dessous prennent reciproquement la place les unes des autres; or mon intention n'étant point de parler icy des labours qui se font avec la Charruë en pleine campagne, mais seulement des labours de nos Jardins, il faut sçavoir qu'il s'en fait de plusieurs façons.

Premierement à la Bêche, & à la Houë, & cela dans les terres aisées.

En second lieu il s'en fait à la Fourche & à la Besoche, & cela dans les terres pierreuses, & cependant assez fortes; il s'en fait aussi de plus profonds, sçavoir par exemple en pleine terre, & au milieu des carrez, & il s'en fait de plus legers, sçavoir autour des pieds des Arbres, sur les Asperges, parmy les menus Legumes, &c.

Il faut sçavoir ensuite que vray-semblablement la cause, ou le motif des labours n'est pas simplement pour faire que les terres en soient plus agreables à la vûë, quoy qu'en effet elles le deviennent, mais que c'est premierement pour rendre mobiles celles qui ne le sont pas, ou d'entretenir en état celles qui le sont naturellement; il faut sçavoir en second lieu, que c'est principalement pour augmenter par ce moyen la fertilité dans les terres qui en ont peu, ou la conserver dans celles qui en ont suffisamment: il ne se doit point faire de labours aux terres qui sont entierement steriles.

Quand je parle de rendre des terres mobiles, j'entends les rendre en quelque façon sablonneuses & déliées, en sorte que l'humidité & la chaleur qui viennent de dehors, les penetrent aisement, & qu'elles ne soient nullement compactes, adherantes, & unies ensemble, ainsi que sont les terres argilleuses, & les terres glaises, lesquelles par la constitution de leur nature ne se trouvent aucunement propres pour la vegetation.

Et cui putre solum (namque hoc imitamur arando.) *Georg. 2.*

Et quand je parle de tâcher de donner de la fertilité, j'entends que le labour doit contribüer à donner un temperament de chaud & d'humide à une terre, qui d'ailleurs est pourveuë du sel, dont elle a besoin pour la principale partie de la fertilité; ce temperamment de chaud & d'hu-

Optima putri arva solo; id venti curant, gelidæque pruinæ, & labefacta movens, robu-

ſtus jugera foſſor.
Georg. 2.

mide eſtant ſi neceſſaire à la terre, que ſans luy ſon ſel luy eſt entierement inutile, ſi bien qu'elle ne peut faire aucune production de plantes, tout de même que l'animal ne peut joüir d'une ſanté parfaite, quand il eſt ſans le temperamment des qualitez élementaires.

Prima Ceres ferro mortales vertere terram inſtituit, cũ jam glandes, atque arbuta ſacræ deficerent ſilvæ, & victum dodona negaret.
Georg. 1.

Or ce n'eſt pas aſſez d'avoir rendu raiſon de la cauſe du labour, il en faut venir à donner des regles, qui puiſſent ſervir à procurer aux terres ce temperamment, dont il eſt queſtion.

Sur quoy je dis qu'il faut ſçavoir que certaines terres s'échauffent aiſement, par exemple, celles qui ſont legeres, & ainſi à l'égard de la chaleur, nous y avons moins de choſes à faire; mais comme d'ordinaire elles ſont ſéches & arides, il faut ſoigneuſement travailler pour leur procurer de l'humidité, d'autres ont plus de peine à s'échauffer: par exemple, les terres fortes & froides; celles-cy demandent peu de culture pour un ſurcroît d'humidité: au contraire ſouvent elles en ont trop; mais elles demandent beaucoup de ſecours pour une augmentation de chaleur.

Cultuque frequenti in quaſcumque voces artes, haud tarda ſequentur.
Georg. 2.

De plus certaines plantes veulent plus d'humidité, par exemple des Artichaux, des Salades, de l'Oſeille, des plantes à groſſes racines: il faut diſpoſer les terres qui les produiſent à profiter amplement des eaux de dehors: les autres s'en contentent de moins, par exemple, les Arbres fruitiers, les Aſperges, &c. ainſi il n'eſt pas neceſſaire de ſe trop tourmenter pour leur en faire venir; mais quoyque ç'en ſoit, comme nous n'avons rien dans nos Jardins, où la chaleur & l'humidité doivent être exceſſives, auſſi n'y avons-nous rien, où il ne ſoit neceſſaire d'y en auoir un peu. Le Soleil, les pluyes & les eaux ſouterainnes pourvoient à une partie, c'eſt à nous à pourvoir par d'autres voyes à ce qui peut manquer du reſte; & c'eſt ce que nous faiſons par une culture bien entenduë, dont les labours font une principale partie.

Ces labours ſe doivent faire en diférens temps, & même diféramment pour la multiplicité, eu égard à la diférence des Terres & des Saiſons; les terres qui ſont chaudes & ſéches doivent en Eſté être labourées, ou un peu de-

Omne quot annis terque quaterque ſolum

vant la pluye, ou pendant la pluye, ou incontinent aprés, & sur tout s'il y a apparence qu'il en doive encore venir; si bien que pour lors on ne sçauroit presque les labourer, ny trop souvent, ny trop avant quand il pleut : comme par la raison des contraires, il ne les faut gueres jamais labourer pendant le grand chaud, à moins que de les arroser aussi-tôt : ces frequens labours donnent passage à l'eau des pluyes, & les font penétrer vers les racines qui en ont besoin; au lieu que sans cela, elles demeureroient sur la surface, où elles seroient inutiles, & bien-tôt aprés évaporées : les labours donnent aussi passage aux chaleurs, sans lesquels l'humidité ne sçauroit de rien servir.

scindendum, glebaque versis. Æternum frangenda bidentibus. Georg. 2.

Et cæca relaxat spiramenta, novas veniat quà, succus in herbas. Georg. 1.

Au contraire les terres froides, fortes & humides, ne doivent jamais être labourées en temps de pluye, mais plustost prendre les plus grandes chaleurs; en effet pour lors on ne sçauroit les labourer, ny trop souvent, ny trop avant, en veuë particulierement d'empêcher qu'elles ne se fendent par-dessus; ce qui, comme nous avons souvent dit, fait grand tort aux racines, & afin qu'étant amolies par les labours, la chaleur y penetre plus aisement, & par ce moyen détruise le froid, qui empêche l'action des racines, & fait des arbres jaunes.

La nature de la terre nous fait voir en cela, aussi-bien qu'en beaucoup d'autres choses, qu'elle veut être reglée, ensorte que d'un côté elle répond assez heureusement à nos intentions, quand elle est sagement traitée; & qu'aussi de l'autre elle s'y oppose, quand on la veut gouverner à contre-temps : la Saison de mettre en terre la pluspart des grains, qui d'ordinaire ne se sement chacun que dans une saison, le temps de faire des greffes, de tailler, & de planter tant les vignes, que les arbres, &c. ce qui pareillement ne se fait qu'en certains mois : tout cela sont autant d'instructions que la nature nous donne, afin de nous apprendre à bien étudier ce que la terre demande, & en quel temps precisement elle le demande; c'est par là qu'une grande application m'a appris qu'il étoit bon de labourer souvent les Arbres, soit en terre séche & legere, soit en terre forte & humide, mais les uns en temps de pluye, & les autres en temps de chaleur.

Exercetque frequens tellurem, atque imperat arvis. *Virgilius. Georg. 1.*

Ces labours frequens que je viens de conseiller, quand on a la commodité de les faire, sont d'une grande utilité, car outre qu'ils empêchent qu'une partie de la bonté de la terre ne s'épuise à la production & nourriture de méchantes plantes : ils font au contraire, que ces méchantes herbes mises au fonds de la terre s'y pourrissent, & y servent d'un nouvel engrais ; mais de plus ces labours frequens détruisent en partie les anciennes maximes, qui n'avoient établi qu'un labour pour chaque Saison ; & tout ce que j'y trouve de bon est, que tout au moins elles en établissent la necessité, & par consequent l'utilité ; mais j'ajoûte qu'ils ne sont pas suffisans, à moins que dans les intervalles de ces labours, on ne prenne soin de ratisser, ou arracher les méchantes herbes, qui particulierement l'Esté & l'Autonne, viennent à se produire sur les terres, & s'y multiplient à l'infini, si on les y laisse grainer.

Il faut dire icy en passant que les temps ausquels les Arbres fleurissent, & que la Vigne pousse, sont extrémement dangereux pour les labours, il n'en faut jamais faire pour lors ny à ces Arbres, ny à cette Vigne ; la terre fraîchement remuée au Printemps exhale beaucoup de vapeurs, qui aux moindres gelées blanches, lesquelles sont fort ordinaires en cette Saison là, étant arrêtées prés de la superficie de la terre s'arrêtent sur les Fleurs, les attendrissent en les humectant, & ainsi les rendans susceptibles de la gelée contribuent à les faire perir ; les terres qui ne sont pas labourées en ce temps-là, & qui par consequent ont la superficie dure, & ferme, ne sont pas sujettes à exhaler tant de vapeurs, ny par consequent sujettes à tant d'accidens de gelées.

De ce que j'ay dit cy-devant pour favoriser la nourriture de nos Arbres, il s'ensuit que je condamne fort ceux qui sement ou plantent, soit beaucoup d'herbes potageres, soit beaucoup de Fraisiers, ou de Fleurs tout auprés des pieds de leurs Arbres, telles Plantes leur font sans doute un tres-grand prejudice.

La regle que je pratique pour les labours qu'il faut faire à nos Arbres, tant en Hyver qu'au Printemps est, que dans les terres séches & legeres, j'en fais donner un grand à l'entrée de l'Hyver, & un pareil incontinent aprés qu'il est passé, afin que les pluyes & neiges d'Hyver, & les pluyes du Printemps entrent aisément dans nos terres, qui ont besoin de beaucoup d'humidité ; & à l'égard des terres fortes & humides, je leur fais donner au mois d'Octobre un petit labour, seulement pour ôter les méchantes herbes, & attens à leur en donner un fort grand à la fin d'Avril, ou au commencement de May, quand les Fruits sont tout à fait noüez, & les grandes humiditez passées ; ainsi la superficie de telles terres s'étant trouvée dure, ferme, & serrée n'a laissé que peu de passage pour les eaux d'Hyver & du Printemps, dont nous n'avons icy nul besoin, les neiges étant venuës à fondre, & n'ayans pû penetrer sont demeurées partie sur la surface, & là ont été converties en vapeurs, & partie suivant la pente des lieux, sont descenduës pour aller dans les rivieres voisines.

Je dois icy dire que rien n'humecte tant, & ne penetre si avant que l'eau de la fonte des neiges ; je n'ay gueres vû que l'eau des pluyes ait penetré au-dela d'un pied, mais pour ce qui est de l'eau des neiges elle penetre jusqu'à deux & trois pieds, tant parce qu'elle est plus pesante que l'eau des pluyes ordinaires, que parce que se fondant lentement, & petit à petit, & par le dessous de la masse des neiges, elles s'insinuë plus aisément sans en être empêchée par le hâle des vents, ou par la chaleur du Soleil.

C'est pourquoy autant que je crains les grandes neiges pour les terres fortes, & humides, si bien que j'en fais enlever tout ce qui se peut d'auprés de nos Fruitiers, autant prens-je soin d'en ramasser dans les terres legeres, pour y faire une maniere de magazin d'humidité, & sur tout en ces sortes de terres je releve celles qui seroient inutilement dans les Allées, & les fais rejetter sur les labours des Espaliers, & particulierement aux expositions du Midy qui sont en Esté les plus échauffées, & les plus succées, & aussi aux expositions du Levant, même dans les fortes terres, parce que les eaux des pluyes d'Esté n'y venans presque jamais, les terres de ces expositions demeurent d'ordinaire plus alterées, & par consequent les Arbres y souffrent.

Cette necessité de labourer que je recommande, & que je conseille, est quelquefois combattuë par le succés de certains Arbres, qui étant couverts de pavé, ou de sable battu autour du pied ne laissent pas de bien faire, quoy-qu'ils ne soient jamais labourez, à quoy j'ay deux choses à répondre; la premiere que comme d'ordinaire tels Arbres sont sous des égoûts, il y tombe beaucoup d'eau qui penetrant au travers des jointures de chaque pavé, ou du sable battu leur fournit assez de nourriture pour les racines; & la seconde que l'humidité qui a ainsi penetré dans ces terres couvertes de pavé, s'y conserve bien mieux, & plus longtemps que dans les autres, le hâle des vents, & la chaleur du Soleil ne pouvant la détruire; cependant je ne laisse pas de recommander les labours, tant pour le bien de la terre & des Plantes, que pour le plaisir de la vûë; l'experience universelle que nous avons sur cela, ne peut être détruite par une si petite objection, non plus que l'usage du pain, & des vêtemens ne peut être condamné, quoyque les Sauvages ne le connoissent pas; les Figuiers, Orangers, & autres Plantes, & Arbrisseaux en Caisse justifient assez la necessité des labours pour donner passage à l'eau des arrosemens, faute dequoy ils ne manquent pas de languir, & souvent même de perir.

Rapidive potentia solis acrior, aut boreæ penetrabile frigus adurat. *Georg.* I.

CHAPITRE XXII.

Des Amandemens.

APRES avoir expliqué le motif, l'usage & la maniere des labours, il faut faire la même chose à l'égard des amandemens, qui ne signifient autre chose qu'une amélioration de terre; nous avons déja dit que cette amélioration se pouvoit faire avec toutes sortes de Fumiers, il en faut donc expliquer le motif, l'usage & la maniere.

A l'égard du motif il est pareillement vray de dire que quand nous amandons, ou fumons la terre, ce doit être en vûë de donner de la fertilité à celle qui n'en a pas, c'est-à-dire qui a beaucoup de défauts, & par consequent peu de disposition à produire, ou de l'entretenir dans celle qui

qui en a, & qui la pourroit perdre, si de temps en temps on ne luy faisoit quelques reparations necessaires ; ainsi nous devons amander cette terre plus ou moins, selon les productions que nous luy demandons, soit au-delà de ses forces, soit conformément à son pouvoir, & l'amander aussi plus ou moins, selon le temperamment dont elle est bon ou mauvais : il faut par exemple amplement des Fumiers pour produire des herbes potageres, qui viennent en peu de temps en abondance, & se succedent promptement les unes aux autres dans un petit espace de terrein, qui sans cela se pourroit effriter ; d'un autre côté il en faut peu, ou point du tout pour nourrir les Arbres qui étant longs à venir ne font que des productions mediocres, eu égard à la terre qu'ils occupent ; & enfin quoy qu'ils demeurent fort long-temps au même endroit où ils sont, cependant par le moyen de leurs racines qui s'étendent à droit & à gauche, ils prennent au loin & au large la nourriture qui leur convient ; j'ajoûte qu'il en faut moins pour le fond, qui de soy a beaucoup de fecondité, que pour celuy qui en a fort peu, & enfin il faut davantage pour les terres froides & humides, que pour celles qui sont chaudes & séches.

Constamment, & personne ne l'ignore, les grands défauts de la terre consistent, comme j'ay dit cy-dessus, ou en trop d'humidité, laquelle d'ordinaire est accompagnée du froid, & de la grande pesanteur, ou en trop de sécheresse, qui est aussi regulierement accompagnée d'une excessive legereté, & d'une grande disposition à être brûlante ; nous voyons aussi que des Fumiers que nous pouvons employer, les uns sont gras & rafraîchissans, par exemple ceux de Bœuf & de Vache, les autres sont chauds & legers, par exemple ceux de Mouton, ceux de Cheval & de Pigeon, &c. & comme le remede doit avoir des vertus contraires au mal qu'il doit guerir, nous devons employer les Fumiers chauds & legers dans les terres humides, froides & pesantes, afin de les échauffer, & les rendre plus mobiles & plus legeres, & employer les Fumiers de Bœufs & de Vaches dans les terres maigres, séches & legeres, afin de les rendre plus grasses & plus materieles, & par ce moyen empêcher que les grands hâles du Printemps, & les grandes chaleurs de l'Esté ne les alterent trop aisément.

Il se fait aujourd'huy de grandes Dissertations dans la Philosophie, & dans la Chimie, pour chercher à decider quels sont les meilleurs Fumiers, & on le fait avec la même exactitude que les Mathematiciens apportent à decider ce qui est necessaire pour faire une ligne droite, &c. le public est grandement obligé à ces Messieurs, qui portent leur curiosité & leurs observations si avant dans les secrets de la nature; j'espere que nous en tirerons de grands avantages, mais en attendant qu'ils soient arrivez, je croy & pour moy, & pour ceux en faveur de qui j'écris, que nous ne sçaurions mieux faire que d'aller en cecy, comme je fais, c'est-à-dire aller bonnement, simplement & grossierement, sçachant d'ailleurs que la fertilité des terres ne consiste pas, pour ainsi dire, dans un point indivisible; aussi bien loin de vouloir donner du scrupule à personne, ny sur tout intimider par aucun endroit nos Jardiniers sur le fait de la culture, je veux au contraire chercher à la leur faciliter autant qu'il me sera possible.

Fundit humo facilem victum justissima tellus. *Georg.2.*

Et pour cet effet il me semble pouvoir dire icy encore une fois, qu'on se peut faire une certaine idée de richesses dans la terre sur ce fondement, que constamment il y a dans ses entrailles un sel qui fait sa fertilité, & ce sel est le tresor unique & veritable de cette terre: ainsi disons-nous que les écus d'un avare qui font sa richesse & son opulence, sont le tresor qu'il possede, cet avare demeurera toûjours également riche & pecunieux, si premierement il ne dépense rien, ou si en second lieu quelque largesse qu'il fasse de son bien il arrive qu'autant qu'il dépense d'or ou d'argent d'une main, autant en reçoit-il de l'autre; il avoit hier dépensé dix écus, aujourd'huy il a accumulé soit en or, soit en argent, soit en denrées la valeur de dix écus, le voila donc également riche, si bien que demain il sera en état de dépenser la même somme, & de ramasser le jour d'aprés, soit le même argent en espece, ce qui n'est pas ordinaire, soit la valeur, &c. & ainsi à l'infiny tel circuit est réel & effectif.

Nous devons sçavoir pour certain que la terre a été creée avec une disposition à produire des Plantes, & que (hors quelques pierres & les métaux qui sont des ouvrages extraordinaires de la nature) il n'y a rien sur cette terre qui ne soit sorty de son sein, & cela par les voyes de la vegetation, & par consequent tout ce que nous voyons de Plantes vegetatives est une partie de cette terre, & ainsi nous pouvons assûrer qu'il n'y a rien (quoyque ce puisse être, pourvû qu'il soit materiel) qui ne puisse servir à amander cette terre en y retournant par les voyes de la corruption, sous quelque figure qu'il y retourne, parce que tout ce qui rentre dans cette terre, luy rend en quelque façon ce qu'elle avoit perdu, soit en même espece, soit la valeur, & en effet il redevient terre, comme il étoit auparavant; ainsi toutes sortes d'étoffes, & de linge, la chair, la peau, les os, & les ongles des animaux, les boües, les urines, les excremens, le bois des Arbres, leur fruit, leur mar, leurs feüilles, les cendres, la paille, toutes sortes de grains, &c. bref generalement tout ce qui est palpable, & sensible sur la terre (hors peut-être comme j'ay dit la plûpart des pierres, & tous les métaux) tout cela rentrant dans les terres y sert d'amelioration, si bien qu'ayant facilité d'en répandre souvent, & commodement sur les terres, comme on l'a dans les bonnes Fermes, & particulierement dans le voisinage des grandes Villes, & comme on le pratique pour la semence des Bleds, & pour les Legumes, on met ces terres en état de pouvoir continuer à produire toûjours, & sans relâche.

Germinet terra herbam virentem, &c. *Genese.*

De plus si nos terres quoyque bonnes sont empêchées de produire, par exemple celles sur lesquelles on a fait des édifices; ces terres couvertes de bâtimens ressemblent malgré elles à ce riche qui ne fait nulle dépense, & qui en pourroit faire beaucoup; elles demeurent toûjours, comme disent les Philosophes, également fertiles en puissance, c'est-à-dire également capables de produire, & produiroient actuellement si elles n'en étoient pas empêchées; à l'égard des autres qui produisent en tout temps, si en labourant on remet dans le fond du labour ce qu'elles avoient produit de Plantes, comme cela arrive souvent, & sur tout dans les cantons où se fait la guerre ; ces Plantes ainsi remises au dessous de la superficie de cette terre y pourrissent, & y font un engrais de la même quantité, & de la même valeur à peu prés que ce qu'il en avoit coûté à cette terre pour les produire, ou bien même c'est le même sel en espece qui luy revient, & la rend aussi riche, c'est-à-dire aussi fertile qu'auparavant.

Et si on enleve toutes les productions d'un tel quartier de terre, comme cela est fort ordinaire, & que d'un côté on luy donne à peu prés autant de la production d'une autre terre, & cela par le moyen des pailles pourries, & même pour ainsi dire assaisonnées des excremens de quelques animaux, lesquels excremens sont encore originairement sortis de la terre, & en font une partie, cette terre ayant par ce moyen reparé sa perte, elle se trouve tout aussi riche, c'est-à-dire tout aussi fertile qu'elle étoit.

Il faut donc en quelque façon regarder les Fumiers à l'égard de la terre, comme une espece de monnoye qui repare les tresors de cette terre.

Or comme il est de plusieurs especes de monnoye, l'une plus precieuse, & l'autre moins, mais toûjours les unes, & les autres étant monnoyes qui ont cours dans le commerce, & enrichissent, aussi est-il de plusieurs sortes de Fumiers, les uns un peu meilleurs que les autres, mais toûjours ils sont tous propres à amander, c'est-à-dire à reparer la perte que cette terre avoit faite en produisant ; ainsi la substance de la terre ne s'use point pour devenir enfin à rien, en sorte qu'on puisse dire qu'elle diminuë, car où en seroit-elle presentement, aprés avoir tant produit depuis le commencement des siecles ? ce n'est proprement que son sel qui se diminuë, ou qui pour mieux dire change de place, & qui ensuite pouvant revenir, comme il le fait, est capable de rétablir cette terre au même état qu'elle avoit été.

Les Alambics de la Chimie manifestent assez ce que c'est que ce sel, & font voir en petit combien il en faut peu pour animer une assez grande quantité de terre.

A propos dequoy je dois dire, qu'il est ce semble du

Fumier à l'égard des terres qui sont de different temperamment, ce qu'il est du sel à l'égard des differentes viandes, soit celles qui sont fines & delicates, comme les Perdrix, les Moutons, soit celles qui sont materielles & grossieres, comme le Bœuf, le Cochon, &c. celles-cy souffrent sans doute dans l'assaisonnement qu'on leur fait, une bien plus grande quantité de sel sans en être gâtées que n'en peuvent pas souffrir les autres, il a fallut en effet bien plus de sel pour une bonne piece de Bœuf qu'on a rendu meilleure en la salant, qu'il n'en faut pour saler une piece de Mouton, quoyque de la même grosseur, & au contraire à l'égard du goût de l'homme les viandes grossieres en sont abonnies, quand elles sont notablement salées, au lieu que les viandes du Mouton qu'on saleroit également, en seroient beaucoup moins bonnes, ou pour mieux dire en seroient plus mauvaises.

Et d'ailleurs comme il est du sel qui sale plus, par exemple le gris, & du sel qui sale moins, par exemple le blanc, aussi pour ce qui est d'échauffer, ou animer la terre, il est des Fumiers qui amandent & échauffent plus, & ce sont par exemple ceux de Mouton & de Cheval, & il en est qui amandent & échauffent moins, & ce sont par exemple ceux de Cochon, ceux de Vache, &c. il faut user sagement des uns & des autres, l'experience justifie assez cette faculté d'échauffer en fait de Fumiers, en ce qu'une certaine quantité de celuy de Cheval étant entassé fait une chaleur considerable, jusqu'à se convertir quelquefois en veritable feu, au lieu qu'un tas de Fumier de Vache n'en vient jamais à s'échauffer de cette façon.

Et partant si on vouloit mettre beaucoup de fumier de Cheval ou de Mouton dans des terres legeres & sablonneuses, qui n'ont pas besoin d'être si échauffées ; on y feroit tort au lieu d'y bien faire : ces Fumiers sont trop bruslans ; mais suivant l'avis du Poëte, on en pourroit mettre beaucoup de celuy de Vache, qui est plus gras, & moins chaud ; & au contraire ce qui n'est pas propre pour les terres chaudes & arides, est tres-propre pour les terres froides & humides ; celles-cy, qui naturellement ne produisent que trop de méchantes herbes, ont besoin

Arida tantum ne saturare fimo pingui pudeat sola, &c. *Georg.* 1.

Humida

majores herbas alit, ipsaque justò lætior. *Georg.* 2.

d'être échauffées, & pour ainsi dire animées pour les disposer à nous en produire de meilleurs.

CHAPITRE XXIII.

Des Fumiers.

CE n'est pas assez d'avoir parlé des amandemens en general, il en faut venir à un détail plus particulier ; & pour cet effet, j'estime qu'il est necessaire d'examiner cinq choses principalles sur le fait du Fumier, qui est le plus ordinaire des amandemens.

La premiere ce que c'est que Fumier.

La seconde de combien de façons il y en a.

La troisiéme quel est le meilleur de tous.

La quatriéme quel est le bon temps de l'employer.

Et la cinquiéme enfin quelle est la maniere d'en faire un si bon usage, que les terres en soient amandées, c'est-à-dire renduës plus fertiles, comme c'est l'intention de celuy qui l'employe.

A l'égard du premier chef, je ne puis m'empêcher de dire que le Fumier étant une chose si vulgaire, & si connu, il paroît inutile & presque ridicule de vouloir ce semble travailler à en donner la connoissance, cependant pour continuer à suivre exactement le dessein que j'ay eu en tout ce Traité, qui est de ne pas obmettre jusqu'à la moindre singularité de tout ce qui appartient à nôtre Jardinage, je croy être obligé de parler de ce Fumier, non pas en effet pour le faire connoître à des gens qui ne le connûssent point, car il seroit difficile d'en trouver, mais pour y faire quelques observations qui sont assez importantes dans la matiere dont il s'agit.

Je dis donc que le Fumier est un composé de deux choses, dont la premiere est une certaine quantité de paille qui a servy de litiere à des animaux domestiques, & la seconde ce sont les excremens que les animaux ont lâché parmy, & qui se sont en quelque façon incorporez avec cette paille ; constamment ny la paille seule, fût-elle même à demy pourrie ne fait pas de bon Fumier, ny les excremens de ces animaux étant tous seuls ne sont propres à en faire suffisamment pour donner envie de les employer; il faut absolument que pour cela l'un & l'autre soient mêlez ensemble, c'est un fait que personne n'ignore.

On n'ignore pas non plus que comme dans les maisons on a de ces animaux pour en tirer du plaisir, & de l'utilité, on a aussi des lieux particuliers où on les met pour leur donner le temps de repaître, & de se reposer; ces lieux ont des noms particuliers & differens, ils s'appellent Ecuries quand ils servent pour Chevaux, pour Mulets, &c. & s'appellent Etables quand ils ne sont que pour des Bœufs, Vaches, Moutons, Cochons, &c. les grands Chasseurs ont outre cela des Chenits pour leurs Chiens, mais il n'en revient gueres de ce qui est traité dans ce Chapitre; l'usage ordinaire & domestique est, que sous les animaux, & particulierement sous les principaux d'entr'eux, qui sont les Chevaux, on met tous les jours une assez bonne quantité de paille fraîche & neuve, bien étenduë & bien éparpillée, & cela s'appelle leur faire de la litiere, comme qui diroit leur faire une maniere de lit, afin que s'y couchans, & y prenans du repos ils se délassent quand ils sont fatiguez, & se remettent en état de recommencer tout de nouveau leur service accoûtumé; cette litiere donc sert pour les conserver en santé, pour aider à rétablir leur vigueur, & aussi pour les tenir plus propres, & plus agreables à la vûë.

Mais ce n'est pas tout, car ensuite elle doit encore être bonne à quelqu'autre chose, en effet cette paille étant ainsi employée sous le nom de litiere, devient non seulement toute froissée, & toute brisée par le trepignement, l'agitation, & le mouvement de ces animaux, mais aussi leurs excremens qui l'ont imbibée, changée de couleur, & à demy pourrie, font qu'elle devient pour ainsi dire d'une nature differente, si bien qu'étant toute corrompuë, & n'étant plus propre à continuer de servir de litiere, on est obligé de l'ôter du lieu où elle étoit, pour y en remettre de nouvelle, qui à son tour aura la même destinée.

Cette premiere litiere étant donc sortie de dessous ces animaux, & mise dehors toute ensemble n'est pas regardée comme un tas d'ordures à rejetter, elle prend dans nôtre langue ce nom de Fumier dont est question, & qu'apparemment la fumée qui en sort luy a fait donner, & sous ce nom là elle se trouve non seulement une chose fort utile, mais même necessaire pour le bien du genre humain.

Or ce qui est cause de ce nouveau service qu'elle rend étant ainsi devenuë Fumier est, que ces excremens d'animaux luy ont communiqué une certaine qualité, ou plûtôt un certain sel qu'ils contiennent en soy, & qui fait qu'étant entassée elle vient à s'échauffer considerablement en elle-même, & à échauffer en même temps tout ce qui se trouve immediatement prés d'elle, comme nous expliquerons plus particulierement cy-aprés.

Aprés avoir ainsi expliqué ce que c'est que Fumiers, s'il est vray de dire que telle explication n'étoit gueres necessaire, tout au moins est-il fort important d'expliquer les autres quatre articles, à commencer par celuy qui doit apprendre de combien de façons de Fumiers on peut avoir.

La diversité des Fumiers.

Il resulte de ce que j'ay dit cy-dessus, que comme il y a par tout beaucoup de Chevaux, il y a par tout beaucoup de Fumiers de Cheval, qu'il y en a quelque peu de Mulets, &c. qu'il y en a assez de Vaches, & qu'enfin les Moutons, & les Cochons en font quelque petite quantité, on peut dire aussi que ce qu'il y a de volatilles en certaines maisons, sçavoir Pigeons, Poules, Oyes, &c. font quelque petite maniere de Fumier, mais c'est si peu de chose, qu'à peine en doit-on parler.

Les grands animaux dont est question, ne sont pas seuls à contribuer par leurs excremens à la composition des Fumiers, & des amandemens de la terre, toutes les parties de leurs corps quand elles viennent à pourrir, & même leurs ongles & leurs os engraissent les terres, les feüilles des Arbres qu'on amasse l'Automne, & qui étant mises dans quelqu'endroit humide, & sur tout à quelqu'égoût d'Etable ou d'Ecurie sont venuës à se pourrir, servent encore de quelques secours dans les lieux où la paille & les animaux ne sont pas trop communs.

Il n'est pas jusqu'à la cendre de toutes les matieres combustibles qui ne soit icy d'un fort bon usage, pour la petite quantité qu'on en peut avoir, & non seulement la cendre, mais aussi les bois pourris, & generalement tout ce qui étant sorty de la terre se trouve corruptible, devient Fumier à la terre quand il y revient, & qu'il s'y corrompt.

Nous avons même des gens qui pour multiplier le nombre des Fumiers, ou d'amandemens, veulent que les terres de gazon, & les terres de grand chemin puissent servir à cela, j'en diray cy-dessous mon avis; je me contente de dire icy que cette maniere de terre blanchâtre, qui se trouve dans les entrailles de quelques pieces de terre, & qu'on appelle marne, & qui paroît être dans une disposition prochaine à devenir pierre, doit être considerée comme un amandement propre pour aider à la production de certaines choses, comme je l'expliqueray cy-dessous.

Ce n'est pas assez d'avoir expliqué la diversité des Fumiers, il faut voir quelles sont leurs qualitez particulieres, afin que cette connoissance nous apprenne à en faire un chois qui soit bon pour les besoins que nous en avons.

Le choix des Fumiers.

Il y a deux principales proprietez en fait de Fumiers, l'une est d'engraisser, c'est-à-dire d'engraisser les terres, & les abonnir, ou rendre plus fertiles, & tous les Fumiers devenus bien pourris ont cela de commun entr'eux, mais veritablement les uns plus, les autres moins; la seconde proprieté est de produire une certaine chaleur qui soit sensible, & capable de faire quelqu'effet considerable; les anciens ont connu la premiere, & n'ont point connu la seconde, celle-cy ne se trouve gueres qu'aux Fumiers de Cheval & de Mulet, quand ils sont nouveaux faits, & encore un peu humides, & dans la verité ces sortes de Fumiers sont d'un usage merveilleux dans nos Jardins, & particulierement dans l'Hyver; l'on pourroit dire qu'ils y tiennent lieu du grand astre qui anime & vivifie toutes choses; en effet ils y font en ce temps-là presque la même fonction, que l'ardeur du Soleil a coutume d'y faire pendant l'Esté; car par exemple étant rangez en forme de Couches, ils servent à nous donner des nouveautez printannieres, ſçavoir des Concombres, des Raves, des petites Salades, des Melons, & tout cela long-temps devant que la nature en puiſſe donner; ils ſervent dans le fort des gelées à nous faire avoir des Verdures, des Fleurs, & ce qui eſt plus ſingulier des Aſperges bien vertes, & meilleures que les ordinaires; ils ſervent pour avancer de beaucoup la maturité des Fraizes, des Figues en Caiſſes, des Pois, &c. ils ſervent enfin pour faire venir des Champignons en tout temps.

Que ſi pour ainſi dire les Fumiers ont un merite particulier quand ils ſont nouveaux, & qu'ils ont encore leur premiere chaleur, ils en ont auſſi un autre, quand ſans être pourris ils ſont vieux & ſecs, & que leur chaleur eſt entierement paſſée, ils ſervent à devenir couverture, c'eſt-à-dire à conſerver contre le froid ce que la gelée peut endommager & détruire, ainſi pendant l'Hyver ils ſont employez à couvrir des Figuiers, des Artichaux, des Chicorées, du Celery, &c. qui ſont toutes mannes d'un grand prix dans le Jardinage, & qui periroient ſans le ſecours des Fumiers qui les couvrent; leur utilité ne ſe borne pas là, elle va encore plus loin, car aprés avoir fait figure en tant d'endroits, comme enfin ſuivant la condition de tous les êtres ſublunaires, ils viennent à être pourris, c'eſt pour lors qu'ils ſervent au dernier uſage, dont je traite icy, qui eſt d'amander les terres.

Cet amandement ſuppoſe deux grandes conditions, dont l'une regarde le temps qui eſt propre à le faire, & l'autre regarde la maniere de le bien faire.

Temps propres pour fumer les terres.

A l'égard du temps il ne faut pas croire que toutes les ſaiſons de l'année ſoient bonnes pour employer les Fumiers, nous n'avons pour cela que les cinq mois de l'année, qui ſont les plus humides, ſçavoir depuis le commencement de Novembre juſques vers la fin de Mars; ces Fumiers ſeroient inutiles dans le ſein de la terre, s'ils n'achevoient pas de s'y pourrir entierement, il n'y a que les pluyes qui puiſſent faire cette conſommation; ceux qu'on employe dans les autres temps n'y font que ſécher, ſe chancir, & ainſi bien loin d'être favorables aux vegetaux, ils leur ſont pernicieux & funeſtes, & ſur tout s'ils ſont en trop grande quantité ; car il s'y engendre de gros vers blancs qui restent dans la terre, & y rongent tout ce qu'ils y trouvent de tendre, au lieu que les grandes humiditez d'Automne & d'Hyver venans à achever de faire pourrir petit à petit la substance grossiere & materielle de ce Fumier, le sel qui y est contenu passe dans les parties interieures de la terre ; c'est ainsi que ce sel se répand dans les endroits, d'où les Plantes tirent leur nourriture, c'est-à-dire vers le voisinage des racines, qui seules ont le talent de profiter du benefice de ces Fumiers, & par ce moyen les vegetaux achevent d'acquerir toute la perfection qui leur convient, la grosseur, la grandeur, & le reste, &c.

Il s'ensuit donc que l'Hyver est l'unique saison qui soit propre à faire les grands amandemens, c'est aux habiles Jardiniers à ne laisser pas inutilement passer un temps qui est precieux pour leurs occupations ; il ne faut pas même qu'en cela ils ayent égard ny aux quartiers de la Lune, ny aux vents quels qu'ils puissent être, nonobstant les traditions de quelques anciens, & nonobstant tout ce qu'en peuvent dire quelques Livres de Jardinage ; ce sont toutes observations, qui ne faisant que donner de l'embarras m'ont paru, quant au fait, extrémement inutiles, & n'ont été bonnes tout au plus qu'à donner quelque matiere d'embelissement dans la Poësie, & peut-être à faire valoir quelque Jardinier, ou visionnaire, ou grand causeur.

Venons presentement à la maniere de bien employer ces Fumiers ; cette maniere doit donner deux instructions, l'une est de marquer les endroits de terre où le Fumier doit être mis, & la seconde d'en marquer à peu prés la juste quantité.

Pour le premier chef il est question de sçavoir que quelquefois il s'agit de fumer à vive jauge, c'est-à-dire de fumer amplement, & un peu avant dans le fond de la terre, & quelquefois aussi il ne s'agit que de fumer legerement la superficie ; pour le premier chef je ne me trouve pas de l'avis de ceux qui mettent le Fumier par lits au fond des tranchées, quelques soins qu'ils prennent de faire à chaque lit un grand labour, pour y mêler ensemble la terre & le Fumier, & ma raison confirmée d'une longue experience est, que ce qu'il y a de bon dans ce Fumier ainsi employé devient bien-tôt inutile, puisqu'il passe trop bas avec les humiditez qui l'entrainent avec elles, & le portent à des endroits où les racines ne sçauroient penetrer, outre que le mouvement qui se fait ainsi à labourer ces trois ou quatre lits dans chaque tranchée, au lieu de contribuer à rendre la terre mobile, qui est une condition de la derniere importance, il ne fait que la presser & l'endurcir par le trepignement qu'on ne peut éviter d'y faire en labourant.

Et cui putre solum. Georg. 2.

Je veux donc, comme j'ay dit ailleurs, que le Fumier s'employe pour la terre, de la même maniere que la cendre s'employe dans les Lessives, c'est-à-dire que comme on ne met la cendre que sur la superficie du linge, qu'on a entassé dans le Cuvier, & qu'il est question de decrasser, aussi on ne met le Fumier que vers la superficie de la terre, qu'il faut amander ; je le redis encore, ce n'est point la grosse substance du Fumier qui fertilise, non plus que ce n'est point la grosse substance de la cendre qui decrasse, c'est ce sel invisible qui est contenu dans ces matieres, & qui se mariant avec les eaux qui les moüillent, descend avec elles par tout où leur pesanteur les porte, & y fait ce qu'il est capable d'y faire.

Mais ce n'est pas assez de sçavoir le bon endroit à mettre les Fumiers, il faut encore voir en quelle quantité il est bon de l'y mettre; pour expliquer cet article il faut sçavoir que comme il y a des Fumiers qui ont bien plus de sel à communiquer les uns que les autres, aussi y a-t'il des terres qui ont plus besoin d'amandemens les unes que les autres; j'entens toûjours parler des terres à Plantes potageres, & non pas des terres à planter des Arbres, car à celles-cy je n'en veux point du tout, supposant toûjours que pour peu qu'elles soient bonnes, elles le sont assez pour nourrir des Arbres, desquels on espere du Fruit qui soit agreable au goût ; le Vigneron qui s'étudie à faire d'excellent vin, s'apperçoit bien que l'usage du Fumier est entierement contraire à son intention, & que si peut-être les engrais en augmentent la quantité, constamment ils en diminuent le merite, quoyque cependant le défaut eût pû

Nul Fumier pour les Arbres.

être corrigé par la fermentation & le boüillonnement, ou pour ainsi dire par la cuisson de la Cuve ; à plus forte raison que ne devons nous point craindre pour le goût des Fruits, qui sans aucuns apprêts de cuisson, ou d'autres choses passent immediatement de l'Arbre à la bouche.

Que si les terres ne sont nullement bonnes, je ne puis, comme je l'ay cy-devant étably, m'empêcher de condamner ceux qui perdent le temps à y planter, au lieu d'y en avoir fait porter de meilleures, la quantité n'en doit pas être grande, ny par consequent la dépense, attendu qu'on ne s'avise guere de vouloir faire de fort grands plans d'Arbres dans de fort méchans fonds.

Que si nonobstant mon sentiment sur ce fait particulier de plan d'Arbres, on s'opiniâtre à vouloir fumer les tranchées, où l'on en veut planter, je veux bien expliquer la maniere dont je conseille de le faire, afin qu'il en coûte moins, & qu'au moins l'ouvrage soit mieux fait, & plûtôt.

Je suppose par exemple qu'il soit question de preparer une tranchée de six pieds de large, soit le long d'une muraille pour y faire des Espaliers, soit autour d'un carré pour y mettre des Buissons ; je veux qu'on examine d'abord ce qu'on peut avoir de Fumier, soit de Cheval, soit de Vache, comme étant les deux sortes dont on se sert le plus ordinairement, & dont on a la plus grande quantité ; cette connoissance apprendra si on en peut mettre beaucoup ou non : je veux ensuite qu'on le fasse porter par distances égales, le long de la tranchée qui est à faire, & qu'aprés cela on fasse une ouverture de la tranchée de trois pieds de creux, & d'environ une toise de long sur la largeur proposée, en sorte qu'avant d'employer son Fumier, on ait devant soy cet espace vuide & libre ; je veux aussi qu'on ait trois hommes, deux avec des Bêches pour remuer les terres, & un avec une Fourche pour le Fumier ; je veux enfin que deux prennent de ses terres qui sont à foüiller, & qu'ils les jettent à l'extrémité de la place vuide, en sorte que la hauteur de la tranchée y soit remplie, & même d'un demy pied plus haut que la superficie voisine, prenant soin de mettre au fond la terre qui étoit à la superficie, & que celle qui étoit au fond devienne à son tour la superficie de la tranchée nouvelle ; cette terre jettée de la maniere que je l'entens, fait un talus naturel, au bas duquel tombe par même moyen ce qu'il se trouve de pierres qu'on ôte sur le champ, & pendant que les deux hommes jettent ainsi la terre qui fait ce talus, je veux que le troisiéme qui sera resté sur le bord de la tranchée, prenne du Fumier avec la Fourche, & que sans cesse il le jette également, non pas dans le bas, mais seulement sur le haut du talus dont est question, & qu'il le répande, en sorte qu'il soit si bien dispersé qu'il n'en reste jamais beaucoup ensemble ; par ce moyen, supposé toûjours que les travailleurs agissent vivement & de concert, il se fait tout d'un coup deux choses fort importantes en peu de temps, & à peu de frais ; la premiere que le Fumier se trouve placé, & mêlé dans la terre comme il le doit être, & la seconde que cette terre étant maniée de fond en comble devient mobile, comme on le doit souhaiter.

Je ne veux pas oublier d'avertir ceux qui foüillent le long d'une muraille, qu'ils prennent bien garde de n'approcher pas trop prés de la fondation, de peur qu'étant endommagée la muraille ne fût en peril de tomber ; il y faut toûjours laisser un petit talus de terre dure dans le fond.

Que s'il n'est pas seulement question d'une simple tranchée pour des Arbres, mais de tous les carrez destinez aux Plantes potageres dans un Jardin où la terre n'a pas les bonnes qualitez qui sont à y souhaiter, il faut indispensablement suivre la même methode, & multiplier seulement le nombre de ceux qui doivent foüiller, ou labourer, & y proportionner le nombre de ceux qui auront les Fumiers à répandre ; il faut toûjours la même profondeur de terre, & toûjours faire une premiere ouverture de tranchée d'environ une toise de large, & qu'elle soit par exemple de la longueur de tout un côté du carré, & pour cet effet on mettra le long du carré à foüiller la terre qu'on sort de la tranchée, & qui servira pour remplir la jauge qu'on trouvera vuide à la fin du carré ; cependant on fera arriver, soit à la Hotte, soit à la Civiere, soit avec les Animaux de bas les Fumiers dans le voisinage de la place vuide, on mettra un nombre suffisant de gens pour les répandre sur le haut des talus, à mesure que les autres jettent sans cesse de nouvelles terres vers les places vuides.

Je répons qu'avec un tel concert d'Ouvriers qui s'entendent bien dans leur ouvrage, on disposera une terre à faire de tres-beaux, & de tres-bons Legumes, prenant soin d'y faire enfin un labour universel pour rendre la superficie égale.

Je veux seulement qu'on observe que si la terre qui a besoin d'être amandée est de nature séche & sablonneuse, on y employe des Fumiers les plus gras, par exemple de ceux de Vache, ou même de ceux de Cheval qu'on a fait pourrir dans un lieu humide ; je ne fais guere de mention des Fumiers de Cochon, car outre qu'ils sont assez rares, ils renferment une puanteur qui empêche de les souhaiter, ils sont capables d'infecter la terre, & de luy donner un mauvais goût, dont les Fruits seroient infectez plûtôt que d'en être abonnis ; que si ce sont des terres grossieres, fortes & humides, on y mettra les Fumiers les plus grands & les plus secs, par exemple ceux de Cheval, de Mulet, contant toûjours que la quantité y doit être non pas excessive, ny trop petite, mais mediocre & moderée, l'excez en cecy est dangereux ; d'un autre côté à n'en point mettre dans la terre dont est question, c'est un défaut qui se fera bien-tôt sentir, comme aussi d'y en mettre trop peu est un secours, qui pour n'être pas suffisant doit être regardé comme inutile, & sur tout pour des terres maigres, à qui on demande au-dela de leur force, c'est-à-dire beaucoup de Legumes, gros & bien nourris.

La mesure que je croy la plus raisonnable pour l'employ de ce Fumier, est d'en répandre une hottée de mediocre grandeur sur la longueur de chaque toise de talus, quand il a environ l'épaisseur d'un pied de terre, ainsi une longueur de vingt toises sur la largeur de six pieds, & sur la profondeur de trois on consommera six vingt hottées de cette mediocre grandeur, c'est-à-dire telle à peu prés qu'une femme la peut porter.

Que si on n'a pas de Fumier pour en faire le mêlange,

que je viens d'expliquer, il faut se contenter d'en répandre sur la superficie le peu qu'on en peut avoir, & le répandre également, & aprés cela en faisant un bon labour d'environ neuf à dix pouces de profondeur, on l'enterrera de maniere qu'il ne paroisse plus par le dehors, & que cependant il ne soit pas trop avant, & pour ainsi dire hors de la portée des racines des Plantes.

Le Crotin de Mouton & de Chevre est tout propre pour cette maniere de Fumier, & il suffit extrémement d'en répandre un ou deux pouces d'épais, cette petite quantité contribuëra à amander la terre tout autant qu'une plus grande des Fumiers de Cheval, ou de Vache.

Dans la verité je regarde le Crotin de Mouton comme celuy de tous les Fumiers qui a le plus de disposition à fertiliser toute sorte de terre ; on verra plus particulierement dans le Traité de la culture des Orangers, combien j'en fais de cas au dessus de tous les autres.

La Poudrette, les cureures de Colombier & de Poulalier peuvent faire quelques amandemens, mais je ne m'en sers gueres ; l'un est trop puant, & assez rare, les autres sont pleins de Moucherons, qui s'attachans aux Plantes leur portent grand prejudice.

A l'égard des excremens qui viennent des Animaux aquatiques, ils ne valent rien du tout, non plus que ceux qui viennent des Garennes de Lapin, témoin la sterilité qui paroît autour des Clapiers ; les feüilles d'hortolage pourris font quelque chose de livide & de froid, qui bien loin d'amander fait pourrir les nouvelles Plantes, & ainsi il ne s'en faut nullement servir.

Les feüilles d'Arbres qu'on a ramassé, & fait pourrir dans quelques fonds humides, deviennent plûtôt du terreau que du Fumier, si bien qu'elles sont plus propres à répandre pour garentir du hâle, qu'à fumer le dedans de la terre.

Le terreau est le dernier service qu'on retire du Fumier, ce Fumier ayant servy à faire des Couches s'y est tellement consommé, qui est enfin devenu aussi mobile que de la terre, & pour lors il est employé non plus comme Fumier qui engraisse, mais comme terre qui produit de

petites

petites Plantes ; & ainsi on en met sept à huit pouces d'épais sur les Couches nouvelles pour y élever des Salades, des Raves, des Legumes à replanter, ou pour y planter à demeurer, comme Melons, Concombres, Laituës pommées, &c. on en répand aussi environ deux pouces d'épais sur les terres nouvellement ensemencées au Printemps, & dans l'Esté, quand elles sont ou de nature trop séche, ou de nature qui s'endurcit, & se fend aisément à la chaleur ; les graines sécheront dans la premiere, & ne pourroient percer la superficie dans l'autre.

On a recours à ce terreau, qui conservant sa fraîcheur produite par les labours, ou par les arrosemens, fait que les graines germent aisément, & y levent ensuite heureusement ; ce terreau fait encore ce bien au Jardinier, qu'il empêche les oiseaux de manger les nouvelles graines.

Les cendres quelles qu'elles soient seroient d'un grand usage pour ameliorer les terres, si on en avoit beaucoup, & comme on n'en a que tres-peu, on les met aux pieds de quelque Figuier, ou de quelqu'autre Arbre, & elles n'y sont pas inutiles.

Certaines gens font particulierement cas des terres de gazon pour servir d'amandement, & pour moy je les regarde dans un autre sens, c'est-à-dire comme propres à produire par elles-mêmes, & non pas à faire produire à d'autres, & j'estime encore davantage les terres qui sont au dessous de ce gazon, que nous appellons terres neuves, & qui par consequent n'ayant jamais été travaillées se trouvent neuves, c'est-à-dire pleines de toute la fertilité que les bonnes terres peuvent avoir en elles, & partant heureux qui en peut faire des Jardins entiers.

Que si enfin on n'est pas en état d'aller jusques-là, & qu'au moins on en puisse avoir une quantité raisonnable, je voudrois qu'on l'employât ou toute entiere pour les Arbres fruitiers, ou qu'on l'employât au moins de la même maniere que j'ay fait employer les Fumiers pour les amandemens à vive jauge.

CHAPITRE XXIV.

Pour sçavoir s'il est bon de fumer les Arbres.

JE ne sçaurois approuver le sentiment de ceux qui étant prevenus de l'erreur commune sur le fait des Fumiers, en mettent indifferemment par tout, jusques-là que pour en faire une grande maxime, ils disent d'une maniere assez populaire, que particulierement à l'égard des Arbres on ne leur sçauroit donner trop d'amitié, c'est le terme doux & galant dont ils se servent en parlant de ce qu'on appelle vulgairement Fumier.

Mais pour faire voir si leur opinion est un peu raisonnable, je les prie de répondre à cinq choses que j'ay à leur demander sur ce sujet.

La premiere s'ils entendent parler de toutes sortes d'Arbres.

La seconde si c'est seulement des Arbres fruitiers.

La troisiéme si en fait de ces Arbres fruitiers, c'est de tous en general qu'ils parlent, soit vigoureux pour les entretenir, soit infirmes pour les rétablir.

La quatriéme s'ils ont une regle certaine pour la quantité de Fumier qu'il faut donner à chacun, & pour l'endroit où il le faut placer.

Et la cinquiéme si on les doit fumer en toute sorte de terre, soit bonnes, soit mauvaises.

Je n'oserois pas croire que leur pensée pour les Fumiers s'étendent generalement à tous les Arbres, puisque de l'aveu de tout le monde ceux des Forests, ceux de plaine campagne, & ceux des avenuës des maisons se portent d'ordinaire fort bien sans avoir jamais été fumez, si ces Messieurs conviennent de ces veritez sur le fait des Arbres qui ne sont pas fruitiers, ils tombent sans y penser dans la conviction à l'égard de ceux qui le sont, puisque constamment les uns & les autres se nourrissent de la même maniere, c'est-à-dire par leurs racines; en effet ces racines ayant à travailler dans une terre naturelle, quand elle est passablement bonne, elles ne manquent pas d'y trouver suffisamment ce qui leur est necessaire pour la vie.

Mais quoy que c'en soit, vray-semblablement ces Messieurs se retranchent à appliquer seulement aux Arbres fruitiers la maxime dont il s'agit; or de bonne foy je ne croy point qu'ils osent avouër que leur intention soit de parler de tous en general; car quelle apparence de dire qu'une même chose soit également bonne pour tant d'Arbres qui se trouvent d'une constitution si differente, les uns plus ou moins vigoureux, les autres pareillement plus ou moins infirmes, les uns de Fruits à pepin, les autres de Fruits à noyau, &c. cependant ils ne se sont point encore expliquez sur cette difficulté, & n'ont jamais parlé qu'en termes generaux sur cette matiere, ou comme nous avons dit, ils employent le beau nom d'amitié pour persuader plus agreablement.

Je ne croy pas non plus que si on les presse de se declarer, ils aillent dire qu'ils entendent parler des plus vigoureux, puisque constamment la grande vigueur paroissant incompatible avec l'abondance des Fruits, ce seroit un méchant expedient pour tâcher d'en faire venir que d'avoir recours à une chose qu'ils croiroient propre à entretenir cette vigueur, ou peut-être même l'augmenter; & de plus le Fumier n'étant regardé que comme un remede, & les remedes n'étant vray-semblablement que pour les malades, il s'ensuit que ce Fumier ne doit point être pour ces Arbres, qui bien loin d'avoir aucune infirmité marquent dans toute leur étenduë une santé parfaite, ainsi supposé que le Fumier soit capable de faire quelque chose aux Arbres, je croy certainement, qu'il pourroit nuire à ceux-cy plûtôt que de leur procurer quelque avantage.

Il faut donc qu'on vienne à dire que ce sont les Arbres infirmes qu'on croit avoir besoin du secours des Fumiers; mais pour en venir, s'il est possible, à desabuser d'une telle erreur, j'assûre d'abord & de bonne foy, que par une experience étudiée pendant une longue suite d'années, je sçay sûrement que tout le Fumier du monde ne sçauroit rien operer en faveur de quelqu'Arbres que ce soit; j'avois été long-temps dans l'erreur commune, ma curiosité ayant commencé par là, aussi bien que par la routine des décours,

&c. mais enfin j'en suis heureusement revenu, & tous ceux qui sans aucune prevention voudront s'instruire de la verité du fait, conviendront avec moy que tout au plus la peine & la dépense en sont inutiles; je dis même qu'on est bien-heureux si elles n'ont point été pernicieuses; car ces Fumiers, comme j'ay dit ailleurs, sont sujets à engendrer des vers qui font mourir les Arbres, ou au moins toute leur vertu ne sçauroit faire produire que de petites racines; or telles racines qui sont veritablement bonnes pour de petites Plantes, ne peuvent absolument contribuer à faire ces beaux jets, qui font connoître qu'un Arbre est vigoureux au point qu'on les demande.

Mais pour aller un peu plus avant dans la preuve convaincante de cette verité que j'établis, je voudrois bien qu'on me dist au juste ce que c'est qu'un Arbre infirme, c'est une matiere dont je parle assez amplement dans le Traité des maladies des Arbres, &c. & quant à present je me contente de dire, que par exemple un Poirier infirme n'est pas toûjours celuy qui pousse jaune, on en voit de fort vigoureux qui ont le feüillage de cette couleur là, c'est seulement celuy dont il meurt quelques grosses branches vieilles, ou celuy dont l'extrémité des jets séchent, ou celuy qui n'en fait aucuns, & demeure galeux, plein de chancres & de mousse, & cependant fleurit infiniment, mais où peu de Fruits y noüent, ou ce qu'il en nouë demeure petit, pierreux & mauvais; que si l'Arbre pousse de grands jets jaunes, ce qui d'ordinaire arrive à quelques Poiriers sur Coignassier, qui étant plantez en terre un peu séche & maigre se portent naturellement bien, ce défaut de feüilles jaunes vient de ce que quelques principales racines se trouvant à fleur de terre y sont alterées par les chaleurs d'Esté; or le Fumier employé pour amander, & par consequent mis un peu avant dans la terre ne sçauroit empêcher cela.

D'un autre costé si à cet Arbre infirme, il meurt quelques branches, ce deffaut peut venir, soit de ce que l'Arbre est trop chargé de branches, eu égard à son peu de vigueur, ensorte qu'il ne peut fournir à les nourrir toutes, soit de ce qu'il est planté trop haut, ou trop bas, soit enfin de ce que la terre, qui le doit nourrir, est ou mauvaise, ou usée, & sur tout que dans le pied de l'Arbre il y a beaucoup de racines mortes.

Or au premier cas, le Fumier ne déchargera pas cet Arbre de son trop grand fardeau : au second, il ne fera pas qu'il devienne mieux planté ; & au troisiéme, il ne ressuscitera pas les racines mortes, & enfin n'en fera point venir de grosses nouvelles ; car jamais les Fumiers n'ont pu parvenir jusques-là, tant les grands, quelques pourris qu'ils soient, que les petits qu'on appelle terreaux : ainsi tant qu'il ne se fera point de grosses racines nouvelles, il ne se fera point aussi de beaux jets nouveaux ; & tant qu'il ne se fera point de ces sortes de jets nouveaux, les Arbres demeureront toûjours vilains, & les fruits ne seront jamais bien conditionnez dans leur qualité, ny ne satisferont pas non plus par l'abondance.

Joint que si le Fumier pouvoit rendre vigoureux un Arbre qui ne l'estoit pas. Premierement je l'aurois éprouvé quelquefois, aprés l'avoir essayé si souvent ; & cela estant, j'aurois grand tort de me revolter contre une opinion si bien établie, & de vouloir en mesme temps introduire une doctrine nouvelle, qui, au lieu de me faire quelque bien, ne seroit propre qu'à me tourner en ridicule : en second si les Fumiers pouvoient donner de la vigueur, & sur tout à des Arbres vieux & infirmes il en arriveroit sans doute un inconvenient tres-fâcheux, qui seroit de faire pousser quantité de faux bois, & de détruire la disposition où cet Arbre étoit pour fructifier ; car enfin contre l'intention du Maître ils feroient allonger en bois les boutons qui s'étoient arrondis pour faire le Fruit, & il faut necessairement ôter ces sortes de bois comme mal conditionnez & mal placez.

J'explique plus particulierement dans un autre endroit, ce qui en tel cas est à faire pour le mieux, & c'est dans la fin du cinquiéme Livre où je propose les remedes à l'infirmité des vieux Arbres.

Mais supposé qu'il fût bon de fumer les Arbres, dont je ne conviens pas, quelle mesure juste peut-on avoir pour le plus ou le moins de Fumier qu'il faudroit à chacun, la petite ou la mediocre quantité feront-elles le même effet que la grande, ou la grande ne fera-t'elle pas davantage que la petite ou la mediocre, &c ? & de plus en quel endroit placera-t'on ce Fumier, sera-ce bien prés du tronc, sera-ce loin ? il sera inutile prés du tronc, puisque les extrémitez des racines où se fait toute l'action, étant éloignées de là n'en pourroient profiter, & cependant c'est particulierement en cet endroit là où l'on a accoûtumé de le mettre, ce seroit donc dans le voisinage de ces extrémitez où il faudroit placer cet amandement, mais le moyen de sçavoir au vray en quelle partie elles se trouvent, joint que ces extrémitez qui s'allongent tous les ans, changent par consequent de place tous les ans, &c.

Je finis par cette observation qui est si vulgaire, qu'on voit des Arbres infirmes dans les bonnes terres, aussi bien que dans celles qui le ne sont pas ; faudra-t'il faire le même remede dans les unes que dans les autres ? il me paroît assez difficile de répondre juste sur ces trois dernieres questions, si bien que constamment on s'engage à de grands embarras, si on veut faire consister dans les Fumiers le seul bon remede qu'il faut aux Arbres fruitiers, soit quand il s'agit de les entrenir dans la vigueur qu'ils ont, soit quand il s'agit de recouvrer celle qu'ils ont perduë ; je trouve beaucoup mieux mon conte, & à moins de frais, à me servir de terres neuves que d'aucuns Fumiers, quels qu'ils puissent être ; j'explique ailleurs la maniere d'employer ces terres neuves, & c'est ce qui m'a fait dire encore dans un autre endroit, qu'une des principales conditions, pour réüssir à planter de jeunes Arbres, si d'ailleurs ils sont bons & bien taillez par les racines, est de les planter dans une terre qui soit au moins passablement bonne, & qui n'ait jamais été fumée.

CHAPITRE XXV.

Quelle sorte de terre convient le mieux à chaque espece d'Arbres fruitiers.

JE finis cette seconde partie aprés avoir dit que les Sauvageons de Poiriers, de Pommiers, & même ceux qui s'appellent Paradis; & pareillement les Pruniers & les Figuiers s'accommodent assez bien de toute sorte de terre, soit chaude & séche, soit froide & humide, pourvû qu'il y ait suffisamment de fond, c'est-à-dire au moins deux bons pieds & demy, ou trois pieds, encore le Figuier se passe-t'il à beaucoup moins.

Et quid quæque ferat regio, & quid quæque recuset, &c. *Georg.* 1.

Le Coignassier ne s'accommode point des terres séches & legeres, il y jaunit trop aisément; l'Amandier & le Pêcher de noyau font mieux dans celle-cy que dans les terres fortes, dans lesquelles ils sont tres-sujets à la gomme; telles terres fortes sont plus propres pour les Pruniers, les Merisiers, les Groseillers, les Framboisiers, &c. la Vigne veut plûtôt certaines terres legeres pour y faire de bon raisin & de bon vin, que les terres fortes & froides; le Cerisier de pied fait assez bien dans celles qui sont séches & legeres, mais encore mieux dans les terres franches.

Aprés avoir expliqué quelles sortes de terres sont les meilleures pour chaque sorte de Plan, on pourroit ce semble tirer les consequences necessaires pour les especes de Fruits qui sont greffez sur ces sortes de Plan, par exemple pour les Poiriers qui sont greffez sur franc, ou sur Coignassier, pour les Pêchers greffez sur Pruniers, ou sur Amandiers, &c.

Mais cependant, comme nous dirons cy-aprés, il n'en est pas pour le bon goût des Fruits la même chose que pour la vigueur des Arbres; les Poires de Bon-chrétien d'Hyver, de Petitoin, de Lansac, d'Espine, &c. seront toûjours insipides, & la plûpart pierreuses, ou pâteuses, & farineuses, si elles sont dans un fond froid & humide, quelque soit le pied Sauvageon, ou Coignassier, & principalement en Buisson; il en sera de même pour les Pêches, les Pavies, &c. ces sortes de Fruits demandent particulierement le terroir assez sec, ou qu'au moins il soit déséché par des pierrées & des pantes étudiées, si naturellement il est humide; enfin generalement parlant les Arbres sont d'ordinaire vigoureux dans les terres fortes, mais les Fruits n'y acquierent guere le bon goût qui leur convient, & qu'ils trouvent dans les terres plus séches.

Ce n'est pas assez que nous ayons nos Jardins bien cultivez par les labours & les amandemens, il les faut encore tenir fort propres, c'est-à-dire qu'il faut que les Allées soient toûjours bien nettes de pierres, & de méchantes herbes, toûjours fermes pour s'y promener aisément & commodément, que les labours soient pareillement nets & de pierres, & de méchantes herbes, que les Arbres soient toûjours nets de Toupillons, de Chenilles, de Limaçons, de Mousse, &c. bref les Jardins utils doivent autant plaire, quand ils sont vieux faits, qu'ils plaisent peu quand ils viennent de l'être, & par là ils sont differens des Parterres, qui ne sont jamais si propres & si beaux à voir que le jour qu'ils sortent des mains de l'Ouvrier; car pour lors ils sont embellis de Fleurs plantées de nouveau, ils ont leurs Allées bien sablées & bien tirées, les gazons tous frais, enfin ils ressemblent pour ainsi dire à ces nouvelles mariées qu'on vient d'ajuster de poudre, de mouches, de rubans, de bouquets, &c. pour les rendre plus agreables, au lieu que nos Jardins utils qui doivent veritablement sentir la ménagere de la maison, doivent avoir une propreté aisée & naturelle, & non pas une propreté contrainte & étudiée.

Fin de la seconde Partie.

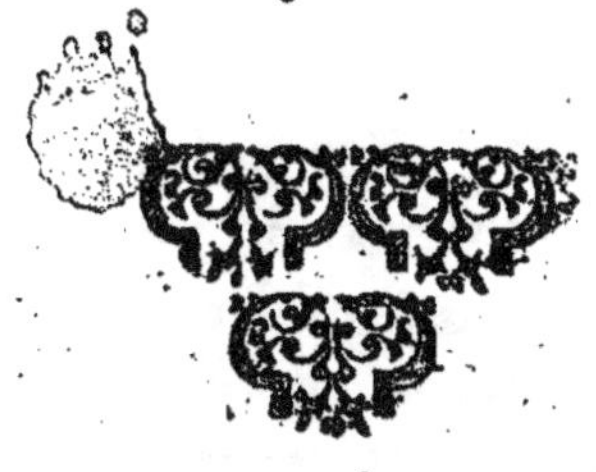

TROISIE'ME

TROISIE'ME PARTIE DES JARDINS FRUITIERS ET POTAGERS.

De ce qui est à faire en toute sorte de Jardins, tant pour choisir sagement, que pour proportionner & placer en chacun les meilleures especes d'Arbres fruitiers, qu'on y peut mettre, soit en Buisson, soit en Espalier, soit de haute tige.

PARMY les Fruits qui sont presentement dans le commerce du monde, on peut dire sans prevention qu'il en est de si exquis, & de si parfaits, qu'on ne connoît rien de plus delicieux au goût, & peut-être même ne connoît-on gueres rien de plus utile à la santé; aussi voyons-nous qu'on est tellement accoûtumé d'en user en tout temps, que peu s'en faut qu'on ne les mette au nombre des choses, qui sont absolument necessaires à la vie; on ne voit plus personne qui s'en puisse passer, si bien qu'enfin il n'est rien qu'on ne fasse pour en avoir: c'est ce qui fait que quelques magnifiques & abondans que soient les grands regales, on y trouve toûjours à redire, si de beaux & de bons Fruits n'en relevent l'éclat, & n'en laissent une grande idée dans l'esprit des conviez; de là vient pareillement que la maison de campagne la plus somptueuse & la plus superbe manque d'un de ses principaux ornemens, si elle n'est accompagnée de Jardins fruitiers qui soient beaux & bien entendus; aussi la nature qui ne fait rien en vain, a été soigneuse de nous produire un nombre infiny de differentes sortes de Fruits, & en même temps nous a inspiré une forte inclination non seulement à cultiver ceux de nos climats, mais même à les multiplier en y joignant ceux des païs étrangers; si bien qu'à vray dire nous devons regarder cette abondance comme une des plus grandes obligations que nous luy ayons, & il semble même que tout ce qu'elle a fait d'ailleurs pour nous faire vivre & subsister, seroit peu de chose, si nous étions privez de ce tresor, que le Jardinage nous fournit, tresor qui nous est d'un extréme secours; car en effet qu'avons-nous de plus precieux & de plus commode dans la vie, que de trouver de bons Fruits dans tous les païs habitez? qu'avons-nous de plus important que d'en avoir amplement pour toutes les saisons de l'année.

Divisæ arboribus patriæ. *Georg.* 2.

Ce seroit icy un beau champ à faire l'éloge de ces riches presens, que la terre fournit d'elle même jusques dans les forests les plus obscures, & dans les deserts les plus affreux; mais c'est un parti, qui n'est nullement de ma profession, & encore moins de mon dessein: aussi comme je me sens incapable de l'entreprendre avec succés, je n'ay garde de m'y embarquer; je me retranche plus volontiers à communiquer avec plaisir, ce que mon experience m'a fait trouver, pour apprendre à tirer de grands avantages de ces chefs-d'œuvres de la nature, & ayder sur tout à les perfectionner par nostre industrie.

Or quoy que sous le nom de Fruits on entende generalement tout ce qui est Fruit de Jardins, je ne pretens pas pourtant parler icy de ceux qu'on peut appeller Fruits de la petite classe, par exemple des Fraises, Framboises, Groseilles, & non pas mesme des Melons, quoyque constamment dans le genre de Fruits il n'y ait rien de plus excellent : ce sont articles que je reserve pour faire partie du Potager ; je ne parleray donc icy que de ceux, qui viennent à des Arbres, & qui, quand l'espece en est bonne, & le terroir bien conditionné, font les veritables ornemens des Jardins ; car autrement il y en a beaucoup, qui au lieu de faire honneur, font pour ainsi dire affront au maistre qui les cultive.

Aprés que j'auray parlé de ces bons fruits de toute sorte d'Arbres, je parleray aussi de ces sortes de raisins, dont les honnestes gens font tant de cas.

Je ne puis passer outre, que je n'aye marqué, combien je suis surpris de tout ce qu'on voit de Fruits, tant en general, qu'en particulier : pour les especes j'ay lieu de l'être beaucoup, pour en avoir fait des descriptions exactes, tant du dedans, que du dehors, soit en fait de Fruits à pepin, soit en fait de Fruits à noyau, & même en fait de Figues & de Raisins, comme on le verra cy-aprés ; jusques-là qu'en matiere de Poires seulement je puis dire avec verité, que j'en ay vû, goûté & décrit plus de trois cens especes toutes tres-differentes les unes des autres, sans y en avoir cependant trouvé qu'une trentaine, qui, à mon goût fussent excellentes ; ensorte qu'elles me parussent avoir régulierement plus de bonnes qualitez, que de mauvaises.

Sed neque quam multæ species, nec nomina quæ sint, est numerus, neque enim numero cōprendere refert; quem qui scire velit, libyci, velit æquoris idem discere, quam multæ zephiris turbentur arenæ, &c. *Georg. 2.*

Je m'attens bien de trouver des curieux, à qui mon avis sur le fait du choix ne plaira pas en toutes choses ; mais ils me permettront, s'il leur plaist, de leur faire icy une tres-humble priere, qui est, qu'auparavant de prononcer contre moy sur l'estime, ou sur le mépris que je fais de certains Fruits, ils commencent par examiner particulierement mon intention, qui cherche à établir une suite perpetuelle de bons Fruits, & qu'aprés cela ils ayent à se souvenir premierement qu'il ne faut point disputer des goûts : c'est un principe incontestable : se souvenir en second lieu qu'il faut avoir de grands égards, soit à la bizarrerie des saisons, dont nous ne sommes pas les maîtres, soit à la diversité des terres & des climats que l'on sçait être presque infinie, soit à la nature du pied de l'Arbre, qui quelquefois est bon, & quelquefois mauvais, soit enfin à la maniere ou figure, dans laquelle les Arbres produisent.

Ce sont toutes matieres qui demandent beaucoup de considerations, & sont tres-capables de faire balancer les opinions des juges; il se trouve quelquefois de méchantes Poires parmy des Virgoulé, des Leschasserie, des Ambrette, des Epine, &c. il se trouve de méchantes Pêches parmy des Mignonnes, des Madelaines, des Violettes, des Admirables, &c. il se trouve enfin de méchantes Prunes parmy les Perdrigons, de méchans Raisins parmy les Muscats, & de méchantes Figues parmy les plus estimées, &c. n'est-ce pas dequoy étonner un curieux, autant appliqué que je le suis, & serois-je excusable, si je supprimois sur cela les grandes observations, & les reflexions que j'y ay faites: d'où enfin j'ay conclu que, quoy que dans une certaine espece de bons Fruits il s'en trouve quelques-uns de deffectueux, il ne s'ensuit pas pour cela que toute l'espece soit à rejetter, ny que pareillement il faille faire grand cas d'une autre, qui quoy que connuë pour mauvaise parmy les habiles connoisseurs ne laisse pas d'en fournir quelques-unes de passables, dont les gens peu delicats se rendent amoureux.

Tout le monde convient premierement que sur le fait des Fruits, en ce qui regarde leur nature, il y en a de trois classes, c'est à sçavoir qu'il y en a de tres-bons, qu'il y en a de tres-mauvais, & qu'enfin il y en a qui ne pouvans être compris dans le nombre de ceux-là, peuvent être regardez comme Fruits simplement passables & mediocres; ce ne sont d'ordinaire que ces derniers, qui trouvans parcy par-là des amis, & des partisans, donnent lieu de disputer pour le chois; car rarement arrive-t'il qu'on ne soit pas d'accord pour l'estime des premiers, & pour le mépris des seconds: une bonne Poire de Rousselet, ou de Virgoulé est estimée par tout; une Poire de Parmein, ou de Fontarabie est aussi méprisée par tout: mais il n'en est pas de même pour un Doyené, pour un Saint Lezin, &c.

On convient aussi, que par exemple tel Fruit est mauvais une année, ou à une certaine exposition, qui aura paru bon plusieurs autres années de suite, ou à d'autres expositions ; & reciproquement tel Fruit se trouve bon cette année-cy, qu'on n'aura pû souffrir les precedentes.

Et enfin on convient que dans une sorte de terre, & de climat, & de figure d'Arbre, tel Fruit est bon, qui regulierement se trouve mauvais dans un different climat, ou dans un autre fond, ou dans une autre figure d'Arbre ; il s'en faut de beaucoup, que par exemple tout ce qui est bon Fruit en plein vent soit également bon en Buisson, &c. ny que tout ce qui réüssit en Espalier ait par tout la même destinée en plein air, &c. ny que tout ce qui est bon dans un fond sablonneux le soit également dans une terre humide, &c. je feray sur cela une discussion autant exacte qu'il me sera possible, pour tâcher d'en venir à decider sur le chois, & sur l'ordre de la preference, dont il s'agit.

Et de plus comme apparemment je ne suis pas encore parvenu à connoître tout ce qu'il y a de bons Fruits dans l'Europe, encore moins ce qu'il y en a dans le reste de l'Univers ; il y en a peut-être qui pourroient icy réüssir, & qui par consequent, si j'en connoissois le merite, me feroient changer quelque chose dans la disposition que j'établiray ; j'en demeure d'accord, car comme je suis assez persuadé qu'il ne s'en fait plus de nouveaux, aussi ne disconviens-je pas que de temps en temps il ne s'en découvre quelques-uns, qui aprés avoir été long-temps dans l'obscurité de certains cantons éloignez viennent enfin à se faire connoître, & admirer dans le grand monde ; nous en avons bien parmy nos plus exquis, dont j'ose dire qu'il n'étoit icy aucune mention dans les premieres années de ma curiosité.

Je ne manqueray pas de tirer avantage des nouveautez, s'il nous en arrive, & j'exhorte de tout mon cœur tous ceux qui verront ce Traité à vouloir témoigner pour le public le même zele, dont à cet égard je fais profession ; au moins est-il certain que je n'ay pas voulu hazarder de

annotation n° 1

ici, l'auteur semble ignorer ou méconnaître le moyen d'obtenir de nouvelles variétés de bons fruits par les semis (en étant, je suis assez persuadé qu'il ne s'en fait plus de nouveaux) je suis obligé de prouver le contraire en citant ici quelques variétés de bonnes poires qui ont été obtenues par les semis depuis [illegible] [illegible] [illegible] meilleures que [illegible] des meilleures que celles que nous possédons, on peut en augmenter le nombre des variétés, surtout de celles qui mûrissent en janvier, février, mars, [illegible] principalement [illegible] qui sont [illegible] [illegible] que nous devons posséder [illegible]

je crois devoir citer [illegible] [illegible] poires qui ont été obtenues depuis [illegible] que l'auteur écrit, en les rangeant par ordre de maturités

Poires Bonchrétien William [illegible] août
— Beurré d'Amanlis (commencement de 7bre)
— Beurré Hardy [illegible]
Louise bonne d'Avranches [illegible]
Fondante des Bois [illegible]
Beurré Dilbert [illegible]
Beurré Capiaumont (fin [illegible]

Suite des poires

- Urbaniste ou Beurré Picquery (dans octobre
- Duchesse d'Angoulême — (octobre et novembre
- Triomphe de Jodoigne (novembre et décembre
- Beurré Diel — novembre, décembre et janvier
- Van Mons Léon Leclerc novembre, décembre et janvier
- Beurré d'Aremberg — janvier, février.
- Joséphine de Malines février et mars
- Bonchrétien de Rance — février, mars et avril.
- Doyenné d'hiver — février, mars, avril et mai.
- Bergamotte Esperen — février, mars, avril et mai.

Ainsi que je ne cite ici que les variétés les mieux connues, et qui ont fait leurs preuves, je ferai remarquer que c'est un grand progrès, et un beau résultat obtenu, et dans lesquelles nous devons persévérer, pour cette raison, que toutes choses ont leur temps, et que nous voyons à la suite des temps nos bonnes espèces de fruits atteintes par des maladies, qui les font décroître et tendent à les faire disparaître de nos jardins. Nous devons donc nous attacher à en obtenir des nouvelles pour remplacer celles que nous perdons dire ce que je pense particulierement en cette matiere de chois, & de proportion de Fruits, qu'aprés y avoir grandement travaillé; j'ay eu pour but de donner enfin un avis qu'on peut sûrement suivre, & executer dans une bonne partie du Royaume, & dans tous les climats qui luy sont semblables; & c'est dans cette vûë que j'entretiens depuis plus de trente ans un commerce particulier avec la plûpart des curieux de nôtre siecle, tant de Paris & de nos Provinces de France, que des païs éloignez, & des Royaumes circonvoisins. Je me suis étudié à avoir par tout des amis illustres en Jardinage, pour profiter autant que j'ay pû de leurs lumieres, & de leurs richesses dans le temps que de mon côté je tâchois de ne leur être pas inutile; & comme sans vanité je n'y ay pas trop mal réüssi jusqu'à present, on peut s'assûrer que je ne discontinuëray jamais de travailler avec tout le soin possible, pour attirer parmy nous ce qu'il y aura ailleurs de plus considerable en fait de Fruits, c'est-à-dire enfin que je pretens non seulement essayer de satisfaire & regler en cecy ma curiosité, qui n'est pas petite, mais aussi celle des honnêtes Jardiniers, qui n'est pas moins grande que la mienne.

Or quoy qu'il ne soit pas mauvais d'être toûjours en queste pour découvrir, s'il se peut, quelques Fruits nouveaux, qui meritent nos soins & nôtre culture, & c'est ce que je fais sans aucun relâche; il me semble cependant que nous pouvons presentement nous vanter d'avoir dequoy faire des Jardins, qui soient raisonnablement garnis pour toutes les saisons de l'année: si bien que je croy pouvoir dire qu'il n'y a pas trop grande necessité de nous mettre fort en peine d'en chercher davantage. Il y a vingt-cinq ou trente ans que nous n'aurions pas pû avancer la même chose, & sans doute nos peres étoient beaucoup moins riches que nous ne le sommes.

Toutefois il en faut convenir de bonne foy, nous avons les mois de Mars & d'Avril qui sont à plaindre, ils manquent de bons Fruits tendres & beurrez: les sortes de Poires qui sont restées pour ces temps-là, n'ont pas le don de plaire, comme celles qui viennent de passer, ny même comme pour la plûpart elles l'avoient autrefois; il semble

Conversation n° 2

A ce sujet vous ferez remarquer que maintenant nous n'avons plus à nous plaindre des qualités des fruits que nous possédons dans les mois de avril et même le mois de mai.

nos semis nous ont procuré pour ces trois derniers mois de l'année des fruits beurrés et fondants et au moins aussi délicieux que celles des mois précédents.

Telles sont les Beurré d'Aremberg, Passe Colmar, Bonchrétien de Rance, Doyenné Goubault et Doyenné d'hiver.

L'auteur se console d'avoir pour cette dernière époque de l'année la poire de Bonchrétien d'hiver. de nos jours nous ne considérons cette poire que comme fruit à compotes et encore faut-il que nous soyons obligés de lui donner les places les restant et mieux au midi.

quand aux pommes nos résultats ont été moins satisfaisants. nous avons obtenu de bons fruits qui ne sont pour la plus part...

te
que des fruits d'ornements et de [illegible]
d'automne quelques uns cependant qui sont
[illegible] dates assez recents sont de bonnes
qualités et de maturités tardives
[illegible] sont les Reine des reinettes, Belle du havre
[illegible] Reinette de caux ~~[illegible]~~ la plus tardive
[illegible]

[illegible]

qu'elles vont tous les jours en diminuans de leur ancien credit ; il faut cependant s'en contenter jusqu'à ce qu'on en ait de meilleures à mettre en leur place : mais sur tout je trouve qu'on n'est pas trop malheureux, si les Poires de Bon-chrétien, qui sont les dernieres à acquerir leur maturité, sont pourvûës de toute la bonté qu'elles peuvent avoir, car sans doute il en est de tres-bonnes ; les Pommes qui restent, & qui doivent durer jusqu'au mois de Juin satisfont bien quelques curieux dans la fin de l'Hyver, & dans le commencement du Printemps, mais en verité ce n'est ny le plus grand nombre, ny sur tout les principaux.

Pour établir donc, & autoriser mon jugement sur ce que nous avons de Fruits connus, je puis assûrer, & on le doit croire, que je ne me suis pas contenté de les avoir plusieurs années de suite vûs, goûtez & examinez sans prevention aucune, & avec une exactitude aussi grande que la matiere le requeroit, mais que même pour tâcher de ne rien déterminer que bien à propos, j'ay fait de frequentes assemblées de curieux, c'est-à-dire de gens fort entendus en ce fait-là, & d'un goût peut-être aussi delicat qu'il y en ait dans le Royaume.

Dessein de l'ordre de cette Partie.

Aprés tant de precautions & d'experiences je me suis enfin resolu à faire ce Traité, & pour y réüssir, & avoir en même temps occasion de dire ce qu'il y a de bon ou de mauvais en chaque Fruit en particulier, avec les differens noms, dont la plûpart sont déguisez suivant les differens païs où ils se trouvent : car le nombre des Fruits qui n'ont qu'un nom, & particulierement en fait de Poires, comme par exemple le Bon-chrétien, le Rousselet, le Beurré, le Messire-Jean, le Portail, &c. est tres-mediocre ; il n'en est pas de même pour les autres Poires, pour les Prunes, les Pêches, les Pommes, &c. il n'y en a gueres qui n'ayent deux & trois noms, & souvent davantage.

J'ay crû premierement que, comme je l'ay promis, je devois tâcher de faire le portrait, ou la description de chaque Fruit, & de la faire même assez grande, afin que cela puisse servir d'instruction pour une chose, que je croy necessaire, tout au moins elle est importante, c'est-à-dire

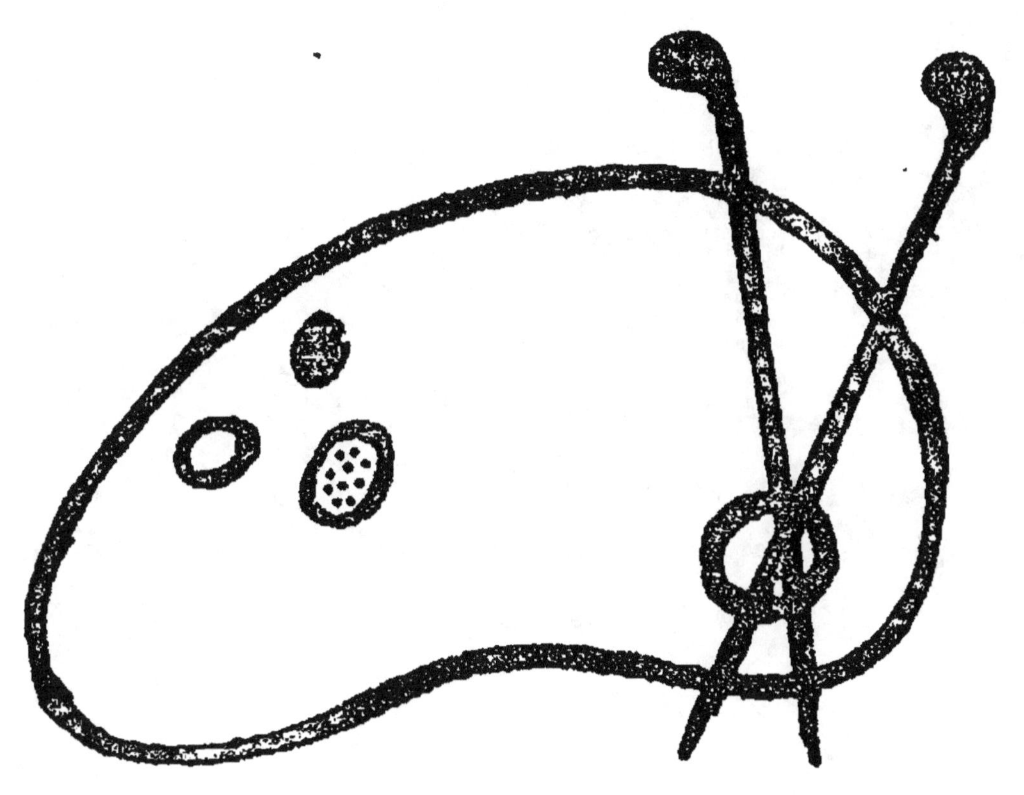

[illegible]

[illegible] et [illegible]

une nomenclature exacte des

meilleures espèces; qu'ils sont

et bien celles qui a donné leur

[illegible]

Cette Société est constituée sous la dénomination de Congrès pomologique et a déjà tenu plusieurs Sessions a paris, a lyon, a Bordeaux, a montpellier, et a orléans. Ce congrès nous a déjà donné de bons résultats et nous espérons que dans quelques années nous arriverons a avoir une nomenclature exacte pour apprendre plus aisément, soit à la vûë, soit au goût, le seul & veritable nom que les Fruits doivent avoir, & ce sera sans doute celuy qui sera en usage parmy les habiles curieux de la Cour, tout de même qu'aux autres choses on suit exactement la mode, & les manieres qui s'y pratiquent.

De cette détermination du nom de chaque Fruit bien autorisé par la description que j'en auray faite, il arrivera, comme j'espere, qu'on ne tombera plus dans l'inconvenient d'en avoir de méchans sous le nom de ceux qui sont bons, & d'en avoir un même sous differens noms, & par consequent de n'avoir que peu d'especes, quand on croyoit en avoir beaucoup, eu égard au grand nombre d'Arbres qu'on avoit dans son Jardin; je mettray ces descriptions aux endroits, où je decideray du chois de chaque Fruit en particulier, & comme j'ay dit ailleurs, elles ne seront que pour ceux qui voudront prendre la peine de les lire; les autres qui n'auront que l'empressement de sçavoir au plûtôt quels sont les bons, & quelle proportion est à y garder en chaque Jardin, trouveront cy-aprés un petit Abregé qui pourra sur le champ les satisfaire.

J'ay crû en second lieu, qu'il ne seroit pas mal à propos de supposer que j'ay à donner mon avis à quantité de nouveaux curieux l'un aprés l'autre, tous voulans planter des Arbres fruitiers, mais tous embarrassez pour se déterminer, tant sur le chois des especes, que sur le nombre des Arbres de chacune.

Le premier par exemple n'ayant peut-être uniquement de place que pour un Arbre, soit à mettre en Buisson, soit à mettre en Espalier, le second n'en ayant que pour deux, l'un ayant place pour une centaine d'Arbres, l'autre en ayant pour beaucoup davantage, &c. ils cherchent tous à se déterminer sur le chois, & le cherchent avec chaleur; car rien n'est pareil à celle d'un nouveau curieux, qui meurt d'envie de voir son Jardin fait, & promptement fait, mais ny les uns, ny les autres ne sçavent par où commencer, n'ayant encore pour cela reçû aucun secours de personne.

Pour soulager leur peine & leur inquietude, je me mets

à

à la place de tous tant qu'ils sont, successivement les uns aprés les autres, afin de conseiller à chacun de faire, ce qu'actuellement je ferois moy-même, si j'avois à faire ce que chacun d'eux entreprend; si bien que tantôt je suis un curieux qui veut planter un tres-petit Jardin, tantôt j'en suis un autre qui en veut planter un mediocre, & tantôt un autre qui en veut planter un fort grand; & même le personnage que je fais icy, n'est pas seulement pour aider à bien faire un Plan nouveau; je prétens aussi apprendre par même moyen à en corriger un vieux qui n'est pas bien entendu, de maniere que je veux faire en sorte qu'au bout de quelques années chacun de ceux, qui voudront suivre mon avis, trouve infailliblement dans ses Jardins le plaisir, qu'il s'y étoit proposé.

On pourra dire qu'il n'est pas trop ordinaire d'avoir des Jardins si petits, qu'on n'y puisse planter qu'un Arbre, ou deux de chaque sorte; mais quand bien même cela seroit, ce qui n'est pourtant pas, témoin les Jardins de tant de Religieux dans les Couvents, & de tant de petits Bourgeois dans les Villes, &c. je demande cependant la liberté de le supposer comme une chose qui me paroît non seulement commode dans mon dessein, mais qui sur tout me paroît necessaire pour me faire mieux, & plus utilement entendre à tout le monde.

Et cela étant, je dois avertir d'abord, que parmy toutes les especes de Fruits, soit à pepin, soit à noyau, il y en a que je plante volontiers dans un Jardin d'une certaine grandeur, & que je n'estime pas assez pour les planter dans un Jardin d'une plus petite étenduë; ce qui peut entrer dans le petit, pouvant bien veritablement être reçû dans le grand, mais du grand au petit la consequence ne me paroissant pas bonne. AVERTISSEMENT.

De plus comme il y a differentes manieres d'avoir des Arbres fruitiers, je dois aussi avertir par exemple en fait de Poires, qu'il y a des especes que je ne veux gueres qu'en Buissons, comme des Beurré, des Virgoulé, &c. & d'autres que je mets volontiers en Arbres de tige, comme tous les Fruits de mediocre grosseur, & sur tout ceux qui ont disposition à être pâteux & insipides, comme les

Petit-oin, Sucré-vert, Espine, Loüise-bonne, Lansac, &c. J'avertis aussi qu'il y en a, qui regulierement ne viennent bien qu'en Espaliers, comme les Bon-chrétien, les Bergamottes, petit Muscat, &c. d'autres qui réüssissent assez heureusement de quelque maniere qu'on les mette, comme les Rousselets, les Robine, les Leschasserie, les Saint Germain, &c.

Enfin y ayant differentes natures de fond, & differentes situations de Jardins, je dois avertir

Qu'il y a des Fruits qui ne veulent que des terres séches, comme les Pêches, les Muscats, & d'autres qui ne réüssissent pas mal dans celles qui sont un peu humides, comme les Cerises, les Prunes, &c.

Qu'il y a des fonds qui ne s'accommodent pas indifferemment de toutes sortes de Plans, par exemple les Pêchers sur Pruniers, les Poiriers sur Coignassiers aiment mieux les fonds gras que les fonds secs; au contraire des Pêchers sur Amandier, & des Poiriers sur franc, les uns & les autres faisans fort bien dans les fonds sablonneux.

Qu'il y a des Fruits qui ne viennent bien qu'à l'abry du froid, témoin les Muscats & les Figues, & sur tout dans le voisinage de Paris, & d'autres qui souffrent assez bien le grand air, comme tous les Fruits rouges, & la plûpart des Fruits à pepin.

Et qu'enfin les terroirs humides sont propres à faire de gros Fruits, mais non pas à en faire de fort delicats à moins d'un soin & d'une culture extraordinaire, au lieu que les terroirs secs sont propres à les faire de bon goût, mais aussi ne les font-ils que petits, s'ils ne sont extraordinairement secourus.

Voulant dire mon avis sur toutes ces differences, sçavoir differences de grandeur de Jardin, & difference d'expositions dans ces Jardins, difference de situations & de terre, difference de figure d'Arbres & de qualité des pieds, sur lesquels ces Arbres sont greffez, comme aussi voulant dire particulierement mon avis sur toutes sortes de Fruits, premierement pour faire choisir les meilleurs, en deuxiéme lieu faire que parmy ces meilleurs on ne s'arrête qu'à ceux, qui peuvent le mieux réüssir en la figure [illegible] 204

[illegible] que la [illegible]

[illegible]

[illegible]

[illegible]

[illegible] premier en quelque [illegible]

[illegible]

[illegible] ce dernier [illegible]

ayant les [illegible]

craint [illegible]

d'Arbres, qu'on les doit planter ; en troisiéme lieu faire qu'à chaque Arbre on destine la place du Jardin, qui luy est la plus necessaire ; & enfin faire qu'il y ait une juste proportion dans le nombre d'Arbres de chaque espece.

Je parleray d'abord des Fruits à pepin, à commencer par les Poiriers, pour sçavoir premierement qui sont ceux qui peuvent réüssir en Buisson ; en second lieu qui sont ceux qu'on peut heureusement planter en Arbres de tige ; en troisiéme lieu qui sont ceux qui demandent d'être en Espalier, & enfin qui sont ceux qui donnent satisfaction en toutes manieres : aprés cela je diray succinctement tout ce que je pense à l'égard des Pommes, pour marquer celles que j'estime le plus, & celles que j'estime le moins, soit pour buisson, soit pour plein vent ; car je ne croy pas qu'il faille se mettre en peine d'en avoir d'une autre maniere, c'est-à-dire d'en avoir en Espalier.

Aprés avoir employé en buissons & en Arbres de tige tout le terrein du milieu de chaque Jardin, je viendray ensuite à la partie la plus curieuse des Jardins, qui sont les Espaliers, & tâcheray de faire connoître de quelle façon j'estime, qu'il faut employer utilement ce qu'on a de murailles, quelque petite, ou quelque grande quantité de toises qu'on en ait ; quels Fruits sur tout meritent d'y avoir place, & quels Fruits sont indignes d'en approcher ; sur quoy je traiteray non seulement des Prunes & des Pêches, mais aussi des Figues & du Raisin, &c. je diray quels Fruits de tous ceux-là se plaisent à certaines expositions, & n'en peuvent gueres souffrir d'autres, & quels enfin sont d'assez bon naturel pour s'accommoder passablement de toutes.

Quand j'entreprens de donner conseil pour le chois, & la proportion des Fruits, il y a un article, sur lequel je fais grande difference entre les curieux qui en veulent pour le plaisir de leur goût, & les gens qui ne se proposent d'en élever que pour les vendre.

Les premiers qui sont ceux que je regarde icy particulierement, doivent sur tout chercher, pour ainsi dire, le merite interieur de chaque Fruit, soit par rapport à eux-mêmes, soit par rapport aux amis à qui ils en destinent.

Consultation N° 6

Ceci que les [illegible]

[illegible]

[illegible] ne pouvons trop la conseiller, à cause des avantages qu'elle procure.

Renaudaine

Les autres ne doivent presque se mettre en peine que de la beauté, de la grosseur, de l'abondance ordinaire, & sur tout de ces anciennes especes, qui ont le plus de debit : l'Orange, la Poire à deux têtes, le Martin-sec, &c. l'emportent en cela d'une grande hauteur sur les Espines, Leschasserie, Petit-oin, Crasane, &c.

Mais en ce qui regarde la culture, je ne les distingue gueres les unes des autres, il faut qu'ils sçachent (sans prendre cependant cette maxime à la rigueur) que ce n'est pas communément la grande quantité d'Arbres, qui à proportion de la grande dépense, où elle a embarqué, rapporte la grande quantité de Fruits ; c'est bien plûtôt le nombre mediocre, bien entendu & bien cultivé, qui satisfait de toutes manieres.

Melior est culta exiguitas, quã neglecta magnitudo. *Palladius.*

Le soin necessaire aux Arbres des Jardins ordinaires, aussi bien qu'aux Potagers ne sçauroit s'étendre heureusement aux fort grandes entreprises ; il faut se réduire aux mediocres, quand on veut avoir un succés presque infaillible, avec cette precaution neanmoins que ce qui est petit pour telle personne, se peut appeller grand pour telle autre, & qu'au contraire ce qui seroit trop grand pour un tel curieux peu accommodé, se trouve trop petit pour un autre qui a mieux moyen de le faire cultiver.

Mais enfin il n'y a gueres d'ouvrages où il faille avoir plus de prudence à entreprendre, que j'en souhaite à chacun dans celuy-cy, attendu la disposition maligne qui paroît être dans tout le Jardinage à aller, pour ainsi dire, plûtôt de mal en pis, que de bien en mieux ; de maniere qu'on peut dire avec les anciens, qu'on y a affaire ou contre un ennemy redoutable qui dresse perpetuellement des embuches, ou contre un impitoyable creancier qui ne donne aucun relâche pour ses payemens, ou contre un adversaire furieux qui accable infailliblement, si on n'est assez robuste pour le terrasser d'abord, ou enfin contre une riviere rapide, qu'il faut toûjours remonter à force de voiles & d'avirons.

Res agrestis est insidiosissima cunctanti. *Columella.*

Imbecillior ager, quam agricola esse debet, quoniam cum sit cum eo colluctandum, si fundus prevaleat, allidit Dominum. *Ibid.*

Ce n'est pas assez d'avoir rendu conte de la conduite que je dois icy tenir, il est encore expedient que j'explique nettement, en quoy consiste mon goût en toutes sortes

Gravem pade Fruits, & premierement en matiere de Poires, afin qu'aprés avoir declaré ce qui me plaît, ou ce qui me déplaît, tant en celles qui se mangent cruës, qu'en celles qui ne sont bonnes que cuites, il n'y ait personne de surpris des loüanges que je donneray aux unes, & du peu de cas que je feray des autres, ayant en cela uniquement suivy mon goût; mais cependant étant persuadé que celuy des honnêtes gens n'en sera pas beaucoup éloigné.

titur tributis creditorem, qui agrum colit, cui sine spe absolutionis adstrictus est. *Palladius.*

Non aliter, qui adverso vix flumine lembum, remigiis subigit. *Virg. Georg. 1.*

Mon goût en fait de Poires.

Et pour cela je dis qu'en fait de Poires cruës j'aime en premier lieu celles qui ont la chair beurrée, ou tout au moins tendre & delicate, avec une eau douce, sucrée & de bon goût, & sur tout quand il s'y rencontre un peu de parfum, telles sont les Poires de Bergamotte, de Vertelongue, de Beurré, de Leschasserie, d'Ambrette, de Rousselet, de Virgoulé, de Marquise, de Petit-oin, d'Espine d'Hyver, de Saint Germain, de Salviati, de Lansac, de Crasane, de petit Muscat, de Cuisse-Madame, &c.

En second lieu au défaut de ces premieres j'aime assez celles qui ont la chair cassante, avec une eau douce & sucrée, & quelquefois un peu parfumée, comme le Bon-chrétien d'Hyver venu en bon lieu, la Robine, la Cassolette, le Bon-chrétien d'Esté Musqué, le Martin-sec, & même quelquefois le Portail, le Messire-Jean, l'Orange verte, &c.

Et en troisiéme lieu je fais veritablement cas de celles qui ont un assez grand parfum, mais je voudrois bien ne le trouver pas renfermé dans une chair extrémement dure, pierreuse, & pleine de marc, comme l'Amadote, la grosse Queuë, le Citron, le gros Musc d'Hyver, &c. cette dureté & cette pierre me déplaisent tellement dans toute sorte de Poires, que quoy que j'aime passionnément un petit parfum dans les Fruits, ces deux grands défauts ruinent auprés de moy une bonne partie de la consideration, que j'aurois sans cela pour ces Poires musquées que je viens de nommer.

Aprés m'être expliqué de ce qui me plaît aux Poires cruës, il n'est pas difficile de deviner ce qui m'y peut particulierement déplaire, & sans doute c'est premierement une chair qui au lieu d'être ou beurrée, ou tendre, ou

Conclusion n° 7

Plusieurs des pièces désignées [?] ici par l'auteur n'ont été plus [?] que nos collègues, elles se sont tellement dégénérées que les actes [?] [illegible] [illegible] cachet [illegible] [illegible] et l'autre [?] plusieurs de celles qui étaient [illegible] [illegible] [illegible] [illegible] dégénér[illegible] et que [illegible] [illegible] De [illegible] [illegible] depuis quelques [illegible] variations nouvelles, [illegible] [illegible] [illegible] celles [illegible] [illegible]

[illegible]

agreablement cassante se trouve pâteuse, comme celle de la Bellissi e, du Beurré musqué, du Beurré blanc, ou Sablonneuse, comme celle de la Valée musquée, de la plûpart des Doyenné, &c. ou aigre comme celle de la Valée ordinaire, &c. ou dure & coriace comme celle de la Bernardiere, du trouvé de Montagne, &c. ou pleine de marc & de pierre, comme celle du Pernan musqué, du Milet, &c. ou d'un goût sauvage, comme le Gilogile, les Poires de Fosse, & une infinité d'autres, dont je feray un Catalogue particulier.

A l'égard des Poires à cuire je n'en veux gueres que de celles qui sont grosses, qui font une Compote de belle couleur, qui ont la chair douce & un peu ferme, & sur tout qui se gardent assez avant dans l'Hyver, telles sont les Double-fleur, le Franc-real, l'Angobert, & le Donville; le Bon-chrétien sur tout est admirable cuit, quoy que sa Compote péche en couleur, & dans la verité quand il y a quelque Poire défectueuse dans sa figure, ou dans son coloris, il ne la faut servir que cuite, car la Poire de Bon-chrétien qui n'a pas ces défauts, demande à paroître dans son naturel, c'est-à-dire qu'elle merite qu'on la serve cruë.

De plus l'Amadote, le Besidery, & sur tout la Poire de Lansac pour l'Automne, & generalement presque toutes les Poires d'Hyver qui sont bonnes à manger cruës, comme la Virgoulé, la Loüise-bonne, le Martin-sec, le Saint Lezin, &c. sont admirables cuites, pourvû qu'on les mette au feu devant qu'elles soient arrivées en maturité; car autrement la cuisson les réduit trop en boüillie; le Certeau d'Hyver quoy que tres-bon à cuire, me paroît trop petit pour en avoir aucun Arbre en Buisson, il faut se contenter d'en avoir quelqu'un de tige dans les grands Vergers; le Gâtelier se met trop aisément en Marmelade; le Catillac, le Fontarabie, le Parmein, &c. ont une acreté, qu'aucun sucre ne sçauroit vaincre, & même peu s'en faut que les Poires de Livre, & d'Amour ne soient de ce nombre là.

J'ajoûte à ces premieres observations que, si dans un tres-bon fond on est réduit à n'avoir qu'un fort petit Jardin ; si bien que n'y ayant de place que pour un tres-petit nombre d'Arbres, on ne peut par consequent y en avoir un pied au moins de chacune des principales especes ; j'ajoûte, dis-je, qu'en tel cas peut-être n'est-on pas trop à condamner, si on essaye aprés-coup d'avoir sur chaque pied d'Arbre deux sortes de Fruits excellens, &, de saisons differentes, par exemple un Bon-chrétien avec un Beurré, un Leschasserie avecun Ambrete, une Pêche violette avec une Mignonne, une Madeleine blanche avec une Admirable, &c. il peut y avoir assez de raisons pour soûtenir une telle diversité de Fruits appliquée sur un même sujet, pourvû que le pied étant vigoureux ait fait de beaux jets en deux differens endroits de l'Arbre, autrement l'entreprise se trouvera sans succés, étant inutile de greffer sur la partie foible d'un Arbre, & d'esperer d'y avoir du Fruit aussi beau, & aussi long-temps que de l'autre côté qui est vigoureux.

J'ajoûte enfin que je suis ennemy juré de la multiplicité affectée, & que je ne suis nullement touché du plaisir de certains curieux, qui croyent, & le disent publiquement, qu'il faut avoir de tout dans leurs Jardins ; il y en a qui sont si peu delicats, qu'ils se vantent par exemple d'avoir jusqu'à deux & trois cens sortes de Poires, lesquelles ils pretendent être bonnes, ou au moins n'être pas mauvaises : ils disent à peu prés la même chose à l'égard de la bonté pour les Pêches, les Prunes, les Pommes, les Raisins, &c. dont ils vantent encore une multitude effroyable.

Ce grand nombre de Fruits me fait peur, sçachant certainement qu'au moins il ne peut pas être veritable sur le fait de la bonté ; je ne sçaurois me resoudre avec ces sortes de curieux à me mettre en état d'avoir, par exemple en même temps une bonne Poire, & d'autres mediocres, quelques belles aux yeux que celles-cy puissent être, je multiplie bien plus volontiers les especes qui sont infailliblement bonnes, pour en avoir dans une même saison beaucoup d'une seule qui est excellente, que je ne me laisse aller à la diversité composée de Fruits, qui sont peut-être agreables à la vûë, mais sûrement sont mauvais au goût, [illegible] n° 6

Quoique le [illegible] de l'auteur de mettre plusieurs espèces de fruits sur un même arbre me paraisse ingénieux je propose [illegible] le mode expliqué [illegible] pour attacher beaucoup de petites espèces, qui [illegible] [illegible] [illegible] espèces de fruits. Ce mode consiste à planter [illegible] [illegible] appeler [illegible] [illegible] de [illegible] pour les diriger sur une seule branche, soit verticale ou oblique suivant la qualité du terrain ou la hauteur des murs et espacés les uns des autres de 30 centimètres pour les poiriers, pommiers, cerisiers, abricotiers et pruniers et de 60 centimètres pour les pêchers, — [illegible] a l'avantage [illegible] comme pour la [illegible] plus [illegible] de nous permettre d'avoir un plus grand nombre d'espèces de fruit et par ceci d'en avoir pendant toute la saison, je me [illegible] pas en [illegible] [illegible] [illegible] d'avoir des [illegible] Dieu [illegible] de plus [illegible]

[illegible] jamais [illegible]

[illegible] quatre ce que l'on apelle des arbres fermes, et au cinquième qui est bien précieux c'est que [illegible] de ces arbres étant à [illegible] [illegible]

[illegible]

ou tout au moins n'ont-ils qu'une bonté mediocre, c'est-à-dire une petite bonté accompagnée de grands défauts.

Je sçay bien qu'il n'est rien de plus plaisant dans une compagnie curieuse & affamée de bons Fruits, que d'en pouvoir fournir en même temps de plusieurs sortes, quand ils ont chacun assez de bonté pour embarrasser les gens delicats à juger du meilleur, comme cela peut arriver dans les mois de Juillet & d'Aoust pour les Fruits d'Esté, & dans les mois d'Octobre, Novembre & Decembre pour ceux d'Automne & d'Hyver; mais à mon sens je ne trouve gueres rien de plus miserable pour un honnête curieux, que d'en vouloir avoir simplement pour en faire parade dans la bigarrure de certaines pyramides; ce sont Fruits dont il ne faut approcher que de la vûë, & qui ne sont pour l'ordinaire que des decorations de table, qui sont veritablement aujourd'huy à la mode, & qui en effet ont quelque chose de grand & de magnifique, mais qui ne sont pas pour cela moins inutiles, si ce n'est pour faire honneur à l'Officier qui les a rangées avec tant de simetrie.

Surquoy je diray en passant que dans les grandes maisons où ces sortes de pyramides sont en usage, & devenuës en quelque façon necessaires, il faut une application particuliere pour avoir dans les grandissimes Jardins dequoy en pouvoir faire en chaque saison de l'année qui soient belles, & composées de bons Fruits, ce qui peut-être ne sera pas fort difficile.

Mais pour les Jardins mediocres il faut simplement se piquer d'y avoir des magazins de bonté & de delicatesse, & non pas de ces magazins d'ornemens & de parade; peut-être même que si on parvenoit à l'abondance de ces beaux & bons Fruits, que je prétens établir, les pyramides, qui en seroient uniquement construites, comme elles vaudroient en effet beaucoup mieux que les autres, quoy que moins diversifiées de couleurs, de figures & d'especes de Fruits, aussi seroient elles & mieux reçûës, & plus estimées.

Tout au moins sans vouloir entreprendre de ruiner les autres pyramides, qui sont en possession de paroître sur les grandes tables, je demande qu'elles soient toûjours accompagnées d'une jolie Corbeille pleine des principaux Fruits de de la saison, & que chacun de ses Fruits là soit beau, & tous parfaitement meurs, cela s'appelle des hors d'œuvre à la Cour des Rois & des Princes, & ainsi comme l'honneur de la pyramide est de s'en retourner toûjours saine & entiere sans avoir souffert aucune brêche, ny dans sa construction, ny dans sa symetrie, je prétens au contraire que l'honneur de la Corbeille consiste à s'en retourner toûjours vuide, & sans remporter rien de ce qu'elle avoit presenté.

S'il est bon de planter des Buissons dans des petits Iardins.

Je ne veux pas agiter icy, s'il est expedient de planter des Buissons dans les Jardins, car personne n'en doute, & sur tout pour les Jardins qui sont de grande étenduë, & qui peuvent recevoir de toutes sortes d'Arbres; je n'agiteray pas non plus, s'il en faut mettre dans les fort petits, puisqu'il dépend de l'inclination de ceux qui en sont les maîtres, d'en user ainsi que bon leur semblera.

Mais supposé que la resolution étant prise d'y en mettre on ne fût pas encore déterminé pour le genre de Fruits qu'il faudroit choisir pour cela, je pourrois bien agiter à quel genre en effet il seroit plus à propos de se déterminer pour en avoir quelque Buisson dans ce petit Jardin, sçavoir si à Poirier ou à Pommier, Prunier ou Pêcher, Figuier ou Cerisier, &c.

Quels Fruits en Buisson doivent être choisis pour les petits Iardins.

Surquoy je deciderois d'abord que tous les Arbres qui font de gros Buissons, & ceux qui ne sont pas d'un prompt rapport, aussi bien que ceux qui ne font pas de Fruits assez importans, je deciderois, dis-je, que tous ces Arbres là doivent à mon sens être entierement banis des fort petits Jardins, & partant les Cerisiers de toutes sortes, & les Pommiers sur franc n'y entreroient pas; à l'égard du Pommier sur Paradis il n'en seroit pas de même, car il fait les Buissons si petits, qu'on en peut aisément avoir une petite quantité dans un petit Jardin, sans qu'ils y fassent le moindre embaras du monde.

Le Pêcher pourroit bien y pretendre place par l'excellence de son bon Fruit, mais on a à luy reprocher qu'en peu d'années il devient trop grand, & fait un trop vilain Buisson, & qu'enfin il est trop sujet à couler dans le temps de sa fleur, pour faire esperer qu'il puisse donner contentement, outre qu'il n'est que trop vray, qu'à la reserve de quelques Jardins de Ville, qui sont à couvert du Nord par de grands bâtimens, ou par de fort hautes murailles, les Pêchers en Buisson ne sçauroient gueres réüssir nulle part ; il les faut laisser pour les païs chauds, où ils font merveilles dans les Vignes.

Les Pruniers de ces sortes d'especes que nous estimons le plus, tombent & dans l'inconvenient de la grandeur extraordinaire, & dans celuy du rapport tardif & incertain, & par là sont exclus de ces petits Jardins, dont il est question.

La même chose est pour le Figuier, qui par dessus cela demande pendant l'Hyver trop de sujétion pour les couvertures, faute de quoy il court grand risque de perir.

Enfin tout se réduit au Poirier, pour lequel j'incline, tant parce que, s'il est bien conduit, il peut ne pas devenir un Buisson monstrüeux, que parce qu'au contraire il peut être agreable, & donner du plaisir tout le long de l'année, soit par son rapport assez prompt, assez copieux & assez important, soit par sa figure ronde, ouverte, & bien entenduë, qui subsiste en tout temps ; nous verrons quel sera ce Poirier à planter dans un Jardin, dans lequel le Maître ne veut, ou ne peut avoir qu'un Buisson ; quel sera le deuxiéme s'il y a place pour le mettre, & ensuite nous continuërons d'examiner quels seront tous les autres, qu'il faudra planter dans chacun des autres Jardins de differente grandeur, déterminant en même temps ceux qui devront être sur franc, & ceux qui devront être sur Coignassier.

Clôture de murailles necessaires dans les Iardins.

Mais tout cela ne sera qu'aprés avoir premierement supposé que chacun des Jardins, dont je vais parler, est fermé de quelque sorte de murailles, & par consequent en état d'y recevoir quelques Espaliers, pour promettre au moins avec plus de certitude le plaisir de quelques bons Fruits d'Esté & d'Automne ; je ne conte gueres pour Jardins ceux qui n'ont point cet avantage de clôture de murailles, quand ce ne seroit que pour être garentis des vents froids.

Avoir encore supposé qu'il est icy question d'un petit

Jardin accompagné de toutes les conditions qui sont necessaires à l'égard de la terre, & que nous avons cy-devant expliquées.

Et avoir enfin supposé que pour les petits Jardins le but de la veritable curiosité est bien plus d'avoir du Fruit qui soit beau & bon, que simplement d'en avoir bien-tôt, quel qu'il puisse être ; car si cela est, je ne conseilleray pas de planter un Arbre de nos meilleures especes ; j'ouvriray d'autres avis qui ne sont gueres de mon goût, & par consequent ne seront gueres bons à suivre, & ce sera par exemple de ne planter que de l'Orange verte, ou du Beurré blanc, du Doyenné, ou du Besidery, &c. ces especes d'Arbres donneront seurement plûtôt du Fruit, que ne feront pas les principales ; ou même si voulant de veritables bons Fruits, on ne se soucie pas d'avoir de ces Arbres bien faits, qui en tout temps doivent contenter la vûë, tant par l'ordre de leur disposition, que par la beauté de leur figure, je conseilleray qu'aprés en avoir choisi des bonnes especes, on les plante indifferemment tels qu'ils sortent des Pepinieres, je veux dire qu'on les plante avec la plûpart de leurs branches, & cependant avec peu de racines ; c'est un moyen qui d'ordinaire est assez seur pour avoir bien-tôt du Fruit, & l'avoir bon ; mais aussi est-il seur pour l'avoir petit, pour en avoir peu sur chaque Arbre, pour n'en avoir pas long-temps, & pour avoir toûjours un Plan rustique & miserable ; j'ajoûte même qu'assez souvent avec une telle avidité on tombe dans l'inconvenient du Chien d'Esope, qui perdit tout pour vouloir trop avoir.

J'avouë ingenuëment que j'ay une aversion singuliere pour les Arbres mal-faits, & par consequent pour tous les empressemens qui nous les procurent immanquablement ; c'est pourquoy pour un Jardin qu'on pretend devoir être agreable par ses Arbres aussi bien l'Hyver, quand ils sont entierement dépoüillez, que l'Esté & l'Automne, quand ils ont leur grand ornement de Fruits & de feüilles ; pour un tel Jardin, dis-je, je ne me resoudray pas vonlontiers à n'y planter que de ces especes d'Arbres, qui à la verité font bien-tôt du Fruit, mais le font mauvais, ou de ceux qui commencent par y être de vilaine figure, & ne doivent jamais devenir beaux.

Je sçay bien que generalement parlant l'intention de tous ceux qui plantent, est non seulement d'avoir du Fruit, mais d'en avoir promptement, & on a raison; je voudrois bien qu'à cet égard l'ordre de la nature s'accommodât à nos desirs, pour nous en donner beaucoup plûtôt qu'elle ne fait sur des Arbres taillez, & nous en donner particulierement de beaux & de bons; on n'a pû encore trouver le secret de la faire notablement avancer sans la détruire; l'habileté du Jardinier est bien en cela d'un secours extraordinaire, cependant il faut se resoudre d'accorder à cette sage mere le temps qu'elle prend de quatre, cinq & six années pour la production des Fruits à pepin, cela sur certains Arbres plûtôt, & sur d'autres plus tard, & se consoler, de ce que premierement dans la suite elle recompense amplement de la disette passée, & en second lieu de ce que pour nous donner des Fruits à noyau, & des Figues, & du Raisin, elle prend d'ordinaire moins de temps; car en effet trois & quatre ans de Plan d'Arbres bien faits ne passent point qu'on ne commence d'y en avoir assez considerablement, en attendant la pleine moisson de la cinq, ou sixiéme année, & de grand nombre d'autres.

Mais si pour avoir des Fruits à pepin, le temps ordinaire à attendre paroît trop long, & qu'on ait de grands Jardins (car cela n'est point pratiquable dans les petits) je veux bien par exemple qu'en quelque endroit à l'écart du Jardin principal on hazarde de sacrifier un nombre de Poiriers des meilleures especes de chaque saison, les y plantant tous entiers, comme j'ay dit cy-dessus, & même les plantant fort prés à prés en façon de Pepinieres, c'est-à-dire environ à deux ou trois pieds l'un de l'autre: en cet état là étant bien soignez ils pourront donner assez-tôt quelques bons Fruits, & même de passablement beaux, & ce sera au moins un commencement de consolation en attendant que le beau Jardin soit en état de faire son devoir (j'ay suivy cet expedient dans le Potager de Versailles, tant pour de certains Fruits, qui dans les terres froides & humides ne sont pas trop heureux en Buisson, que

annotation n°. 9

aujourd'hui, on peut obtenir du fruit la seconde année de plantation, en plantant des jeunes poiriers ou pommiers greffés, au bien d'un an, soit en cordons, ou en espaliers soit en spirales, ou en contre espaliers, suivant les espèces que l'on plante

on ne peut trop encourager les amateurs à suivre ce mode de plantation qui permet de jouir de suite et de garnir les murs en peu d'années.

Hennebert [illegible]

particulierement pour de certaines especes, dont les noms nouveaux qui me les rendoient inconnuës, me donnoient impatience d'en voir promptement le Fruit, & m'en suis fort bien trouvé) joint que l'intention que j'avois de parvenir bien-tôt à l'abondance, & d'élever par ce moyen des Arbres de tige beaux & bien seurs, dont je prevoyois devoir avoir besoin, m'a tres-heureusement réüssi; il faut bien s'attendre que, si on garde trop long-temps de tels Arbres, ils courront risque de perir, ou au moins sûrement de devenir inutiles à d'autres Plans, c'est aux curieux riches & puissans, & qui font de grands Jardins à s'examiner là-dessus, afin de prendre le party, ou d'une dépense un peu plus grande, pour essayer par ce moyen de goûter plûtôt le plaisir d'avoir des Fruits, ou prendre le party de la patience avec moins de frais, pour n'avoir de Fruits qu'un peu plus tard, & les avoir surement plus beaux, & en plus grande quantité.

Quoy que j'aye grand sujet de craindre, que la Preface de cette troisiéme Partie, toute necessaire qu'elle a été, n'ait paru trop longue aux nouveaux curieux, car sans doute ils ne demandent icy qu'à sçavoir au plûtôt quels sont les bons Arbres, dont ils doivent garnir leurs Jardins, cependant j'ay encore trois choses à ajoûter devant que d'en venir à ce qui les doit satisfaire.

Je dois établir en premier lieu, que par exemple dans les parties de l'Europe où le froid & le chaud ne sont ny trop longs, ny trop violens, la nature s'étant pour ainsi dire engagée d'y donner de certains Fruits pendant quelques mois de l'année, il est constant qu'une fois tous les ans ces Fruits y doivent venir en maturité, mais il n'est pas moins constant que cela se fait plûtôt dans un lieu, & plus tard dans un autre, cette difference provenant de la mesure de chaleur qui domine en chacun; ainsi dans les climats plus chauds les Fruits de chaque saison y meurissent, avant que de meurir dans les climats plus froids, & de plus il en meurit quelques-uns dans ceux-là, & particulierement en fait de Figues, de Raisins & de Pêches, qui ne sçauroient meurir dans ceux qui sont froids: c'est pourquoy l'Italie, la Provence, le Languedoc, & la Guyenne

annotation n° 90

Pour employer utilement la sève des arbres (poiriers) qui se mettent difficilement à fruits. on emploie maintenant un moyen très avantageux, et qui réussit généralement bien, lorsque l'opération est faite en temps convenable.

Ce moyen consiste à prendre des boutons à fruits, sur des poiriers de bonnes espèces, qui en ont trop (ou sur d'autres poiriers auxquels on les aura laissés à dessein) de greffer les boutons à fruits soit en fente soit en écusson, surtout l'espagne, sur toutes les branches des arbres trop vigoureux, qui à cause de cette trop grande vigueur, ne se mettent pas à fruits.

il résulte de cette opération que l'on obtient de très beaux fruits remarquables par leur grosseur, et que l'on modifie la vigueur des arbres, qui après se mettent naturellement à fruit.

et continuent d'en donner à la suite... Remerciements

voyent non seulement meurir en Juin & Juillet, ce qu'au deça de la riviere de Loire nous ne voyons meurir que dans les mois d'Août & de Septembre, mais même on y voit meurir quelques Fruits, qui faute de chaleur suffisante ne réüssissent pas dans le voisinage du Nort; aussi comme il est vray que dans ces Provinces plus meridionales tous les Fruits d'Automne & d'Hyver sont presque passez, quand à peine les nôtres commencent de meurir; en récompense nous sommes souvent en pleine moisson dans le temps qu'il ne leur reste plus rien.

Nous voyons à peu prés la même chose dans un même climat à l'égard des terres, & des années qui se trouvans plus ou moins chaudes, sont par consequent plus ou moins hâtives; par exemple pour les terres chaudes d'ordinaire le terrein de Paris devance de plus de quinze jours le terroir de Versailles, & pour les années chaudes celles de 1686. nous a fait meurir dans le mois d'Août des Pêches & des Muscats, qui dans les années 1685. & 1687. lesquelles étoient plus froides, & plus humides, ne meurirent qu'aprés la my-Septembre.

Cela suppose la même difference pour la maturité plus ou moins avancée de tous les autres Fruits de chaque mois de l'année; ce sont d'ordinaire May, Juin & Juillet qui decident de la destinée de chaque Fruit pour le temps de leur maturité, c'est à l'habile curieux de prendre bien ses mesures sur ce pied là, pour ne pas laisser les Fruits d'Automne & d'Hyver trop long-temps sur les Arbres dans les années chaudes, & ensuite pour ne pas se laisser surprendre à la maturité, qui doit venir à ces Fruits quelques temps aprés qu'ils sont serrez; constamment il en perit beaucoup dans la serre, faute d'être pris aussi-tôt qu'ils le devoient être; je donne ailleurs des remedes pour empêcher au moins une partie du mal.

La maturité des Muscats, qui sont en bon fonds, & en bonne exposition, doit ce me semble servir d'une grande regle pour deux principaux articles en fait de Fruits; le premier est pour sçavoir ceux qui peuvent meurir, ou ne pas meurir en chaque Jardin dans les mois de Septembre & d'Octobre; car sûrement par tout où le Muscat meurit, tous les Fruits de l'arriere saison y meuriront, & reciproquement par tout où il ne meurit pas, la plûpart de ces Fruits là n'y meûriront pas aussi.

Le second article pour lequel le Muscat doit servir de regle, est de sçavoir si ces Fruits de l'arriere saison meuriront tôt, ou ne meuriront que tard, car constamment si dans quelque Jardin que ce soit les Muscats meurissent tôt, c'est-à-dire à la fin d'Aoust, & même les premiers jours de Septembre, c'est une marque que l'année est hâtive, & reciproquement s'ils ne meurissent que tard, c'est-à-dire vers la Saint Remy, c'est une marque que l'année est tardive; dans la verité j'ay trouvé que je me devois regler par là, tout de même que chaque Marinier se regle à sa Boussole.

La seconde chose que j'ay à ajoûter est, qu'en fait de Fruits les saisons se doivent diviser en quatre, sçavoir en celle d'Esté, qui est la premiere, & qui commence en Juin, & finit à l'entrée de Septembre, en la saison des vacances, qui comprend la premiere partie d'Automne, & finit à la Saint Martin; la troisiéme saison se doit entendre de la seconde partie d'Automne, qui succedant à la premiere finit aux environs de Noël, & enfin la derniere saison est celle d'Hyver qui commençant en Janvier continuë jusqu'aux Fruits rouges du mois d'Avril.

Aprés avoir ajoûté la premiere, & la seconde chose que j'avois à proposer, je dois en troisiéme lieu, comme je l'ay promis dans le projet de cette Partie, je dois, dis-je, marquer quels sont les principaux Fruits non seulement de chacune de ces quatre saisons, mais aussi de chacun des mois qui les composent; ce sera pour ainsi dire une maniere de petit tableau, dans lequel on verra d'un coup d'œil l'abregé de ce qui peut donner du plaisir en Jardinage, & par ce moyen sans avoir besoin d'une plus grande discussion, on pourra peut-être se déterminer soy-même sur le chois des especes qu'on aime le mieux.

C'est pourquoy je parcourreray les mois en particulier pour marquer precisément quelle sorte de Fruits chacun se peut vanter d'avoir dans son partage, jusques à y faire mention de ceux, qui ne venans pas sur des Arbres, comme font les Fraises, Framboises, Groseilles, Melons, Raisins, &c. ne sont pas du present projet ; mais ce ne sera pas selon l'ordre qui est usité dans le monde que je parcourreray ces mois, ce sera selon celuy de la maturité des Fruits.

Et partant l'Esté sera la premiere partie de l'année par où je commenceray, aussi est-il vray que c'est la saison d'Esté qui est la premiere à nous regaler des nouvelles productions de la terre, & j'ose dire qu'en fait de Fruits on peut regarder cette saison comme une maniere de Republique annuelle & passagere, qui n'ayant d'abord que de petits commencemens va devenir tres-puissante en peu de temps ; cette puissance toutefois n'est pas de longue durée, à peine est-elle établie, que bien-tôt aprés elle doit trouver sa decadence ; ce n'est pas veritablement une decadence qui emporte avec elle une destruction entiere, c'est seulement une decadence d'un petit interrégne, qu'il luy faut essuyer pendant quelques mois, mais cet interregne passé sa destinée luy fera reprendre le même état, & les mêmes vicissitudes où nous l'avons vûë, & par lesquelles, comme j'ay dit cy-dessus, elle passe une fois tous les ans.

Fruits du mois de Juin.

On doit s'attendre sur toutes choses, que c'est principalement par rapport à nôtre climat que j'entre dans le détail, & la discussion des Fruits de chaque saison : ainsi pour commencer par les Fruits du mois de Juin, je dis, & peu de gens l'ignorent, que les Fraises qui ont icy commencé de meurir dés la fin de May, se mettent à donner en abondance dés l'entrée de Juin ; & j'ajoûte qu'elles sont suivies de fort prés par les Cerises precoces qu'on éleve à des Espaliers bien placez ; j'ajoûte encore que devant la fin de Juin les Groseilles, Framboises, Guignes, & Cerises hâtives, & même les Griottes commencent de remplir les places publiques, & que les Melons sur Couches, les Abricots hâtifs, & quelques Poires de petit Muscat en Espalier tâchent de faire paroître par de petits échantillons les richesses, que tous ensemble promettent pour le mois qui suit immediatement aprés.

Fruits du mois de Juillet.

C'est-à-dire pour le mois de Juillet, qu'on appelle vulgairement, & avec raison, le mois des Fruits rouges ; ainsi jusqu'au quinze où vingt on continuë d'y en avoir amplement

amplement de toutes ces sortes, qui n'ont fait que commencer dans le mois precedent, & ces Fruits là finissans les Cerises tardives, & les Bigarreaux ne manquent pas de leur succeder, & de bien faire leur devoir ; l'industrie des bons Officiers ayant le sucre à commandement, fait de toutes sortes de Fruits rouges un merveilleux usage sous differentes figures.

Je n'oubliray pas de dire que les Melons sont icy sans contredit le principal de tous les Fruits de la saison, & que de plus, pourvû que dans les terroirs bien conditionnez les Espaliers s'en mêlent conjointement avec les Caisses, on doit voir vers le quinze du mois ces Melons accompagnez d'une grande abondance de Figues, & en même temps beaucoup d'avant-Pêches, de Prunes jaunes, de petit Muscat & d'Abricots ordinaires, & cependant les Buissons, & les plein-vents s'étudient à faire à l'envy à qui foisonnera le plus en Poires de Cuisse-Madame, de Poires Madelaine, de Blanquets des trois especes, de Rousselet hâtif, de Bourdon, de Muscat Robert, de Poires sans peau, & de beaucoup d'autres de moindre qualité, & partant on a lieu d'être fort content de ce mois de Juillet.

FRUITS DU MOIS DE D'AOUST.

Quand on est au mois d'Aoust on est pour ainsi dire au grand magazin d'un nombre infiny de bons Fruits, c'est pourquoy dans les premiers jours de ce mois on continuë d'y avoir autant qu'on veut & de Figues, & de Cerises tardives, & de Bigarreaux, & d'Abricots, tant d'espalier que de plein vent, & même pour surcroît de biens les Melons de pleine terre se mettent à donner avec ceux des Couches, qui continuënt encore de fournir jusqu'à la fin du mois ; de plus dans la fin de ce même mois on commence d'avoir des Robine, des Bon-chrétien d'Esté musqué, des Cassolette, des Espargne, des Fondante de Brest, des Rousselet, &c. sur toutes choses c'est icy le mois illustre, & bien-heureux pour les Fruits qui me charment le plus, c'est-à-dire pour certaines Prunes, & cela est si vray que je me sens obligé de dire, que quand dans nos climats elles ont la bonne fortune des Espaliers, elles peuvent disputer de merite avec la plûpart des Fruits de la saison, & du moins s'égaler avec les plus accomplis, & les plus renom-

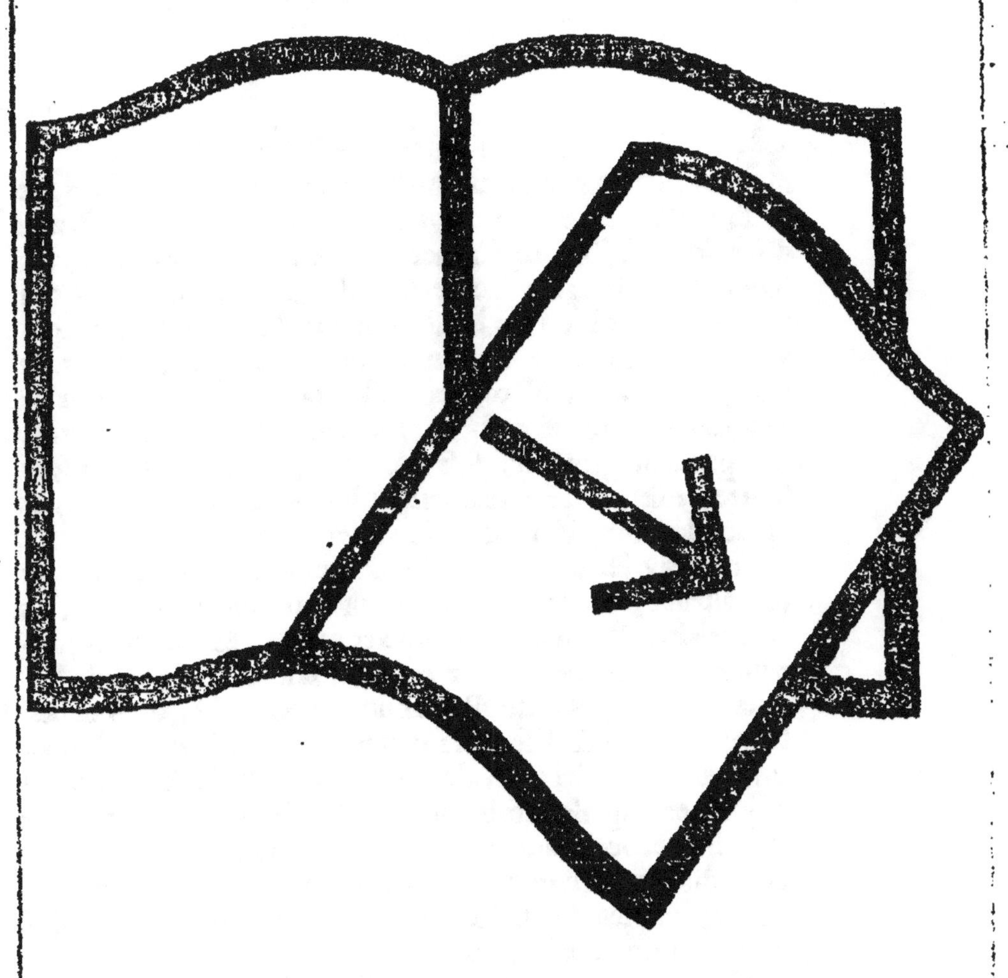

Documents manquants (pages, cahiers...)

NF Z 43-120-13

ANNOTATION n°: 11

mez ; ces Prunes sont les deux sortes de Perdrigon le blanc & le violet, la Prune royale, la Drap d'or, la Prune d'Abricot, la Sainte Catherine, la Diaprée violette, les Rochecourbon, les Reine-Claude, &c. joint celles qui viennent assez bien en buisson, & en Arbres de tige, sçavoir non seulement la plûpart de celles que je viens de marquer, mais aussi toutes celles qui portent le nom de Damas, & sont de cinq ou six façons bien differentes, soit par leur grosseur, soit par leur couleur, soit par leur figure, soit par leur maturité plus ou moins avancée, le blanc, le noir, le rouge, le violet, le gris, &c.

Je diray en passant que le Damas gris me paroît un des principaux, & de plus les Maugerou, les Mirabelle, les Imperiale, &c. font à qui mieux mieux, & imitent les Espaliers qui joüent de leur reste en fait d'Abricots, de Pêches de Troyes, de Rossanne, d'Alberge, de Pêches-Cerises, &c. ces Espaliers commencent même de donner un peu de Madelaine, de Mignonne, & de Bourdin, & y joignent quelquefois un peu de bon Muscat avec le Raisin precoce, tant le noir que le blanc, & partant on ne peut disconvenir que ce mois d'Aoust n'ait de quoy satisfaire amplement la plus avide & la plus friande curiosité qu'on puisse jamais avoir.

FRUITS DU MOIS DE SEPTEMBRE.

Cependant quelque riche qu'il ait paru je puis dire sans hesiter, que celuy de Septembre ne luy est nullement inferieur, car que ne produit-il point dans nos climats, c'est le veritable mois des bonnes Pêches, tout en regorge de tous côtez, ce n'est que par grandes pyramides qu'on en sert à chaque repas ; les Madelaine blanche & rouge, & les Mignonne qui n'ont fait que commencer dans le mois precedent, ne s'y sont pas épuisées ; c'est particulierement dans ce temps-cy qu'elles foisonnent, & sont suivies par un grand nombre d'autres Pêches, toutes fortes excellentes, & chacune meurissant reglément selon l'ordre de maturité que la nature a étably parmy elles, & cela sans doute afin de leur donner lieu de fournir copieusement, & successivement toutes les parties du mois entier, & voicy cet ordre ; ce sont les Bourdin qui commencent, les Chevreuses les suivent de prés, & marchent annotations n° 12

Je me permet ici de faire
remarquer que toutes ces [illegible]
les prunes de [illegible]
dernières [illegible], on peut croire
que [illegible] ont changé, que
que les prunes de [illegible]
de ce temps [illegible] n'avait pas
la qualité de celles d'aujourd'hui

[illegible]
[illegible] que
cette [illegible]
[illegible] appelée [illegible]
de Montlhéry par quelle [illegible]
avant. [illegible] autrement toutes
les autres espèces ne sont
guères utiles [illegible]
que pour faire cuire et
confire [illegible] premier

Je ferai exception pour une
variété qui n'est [illegible]
doute pas connue des [illegible]
car elle ne paraît pas dater
de loin, c'est la prune de
Montfort, cette prune possède
des qualités exquises [illegible]
de ~~parmaine~~ [illegible]
[illegible]
[illegible] A la fin [illegible]

Prunes d'[illegible]

(ci-devant [illegible])

immediatement devant les Violettes hâtives, ensuite viennent les Persique, puis les Bellegarde, & les blanches d'Andilly, & enfin les Admirables, les Brugnons & les Pourprées ; en voila un assez bon nombre pour n'avoir pas besoin de souhaiter rien davantage en ce temps-cy, & toutefois ce n'est pas tout, ce mois de Septembre donne encore abondance de Chasselas, de Corinthe des trois couleurs, du Cioutat, de Maroc, & de plusieurs autres bons Raisins, & sur tout abondance de Muscats, qui de quelque couleur qu'ils soient, ou blancs, ou rouges, ou noirs (pourvû qu'ils ayent tout le merite qui leur convient, c'est-à-dire la fermeté, & le parfum, & la douceur) valent de l'aveu de tout le monde beaucoup mieux que tous les autres Raisins ; ce mois-cy ne veut pas finir qu'il n'ait encore donné le commencement des Prunes tardives, qui sont les Imperatrices, les Damas noirs, les petits Perdrigons, les Perdrigons tardifs, &c. & même il est si fort en train de donner, qu'il se remet à fournir une grande quantité de secondes Figues, tant en Espalier qu'en Caisses, & en Buisson, & pour surcroît d'abondance il laisse échaper quelques Poires de Beurré, & de Bergamotte, &c. lesquelles on est ravy de voir dans le déclin des Fruits à noyau ; il semble que pour ainsi dire le deluge des bons Fruits arrive dans ce mois-cy, en effet quand il produiroit beaucoup moins qu'il ne fait, il ne laisseroit pas d'être extrémement riche & abondant.

Fruits du mois d'Octobre.

Le mois d'Octobre ne possede pas veritablement un si grand nombre de Fruits à noyau que son devancier, mais cependant il n'en est pas mal pourvû ; toutes les Admirables & les Pourprées, non plus que les Figues n'ont pas été consommées en Septembre ; assez souvent encore il en reste suffisamment dans ce mois-cy, & de plus sa fecondité s'étend bien plus loin, car il est en état de faire de grandes liberalitez en Pêches nivetes, en jaunes tardives, en violettes tardives, en jaunes lices, toutes Pêches excellentes pour l'arriere saison, & même dans nôtre climat ces gros Pavies rouges de Catillac, & de Ramboüillet, avec les Pavies jaunes, qui font tant de bruit dans les Vignobles des païs chauds, ces Pavies, dis-je, quand dans nos Jardins nous pouvons ajouter à cette nomenclature de pêches tardives une assez bien présentée dans le rapport de la société et dans [illegible] quelles (C'est la chevreuse tardive, aux Bonnavrier de montreuil (sans bien) elle porte le nom de lablanteur. C'est un fruit de premier mérite.

[illegible]

[illegible] abandonné depuis [illegible]

[illegible] faible [illegible]

[illegible] régulière [illegible]

[illegible] dans [illegible] de [illegible]

[illegible] plus grande [illegible] avantage dans nos localités que [illegible]

qui acquièrent la toutes les bonnes espèces une maturité parfaite. C'est donc [illegible] les plus petites et qui réunit le plus de qualités.

Renardais.

ils sont venus en bon lieu, c'est-à-dire qu'ils ont été suffisamment nourris à de bonnes expositions, ils sont certainement tres-bonne figure en ce temps-cy, & sur tout le Pavie jaune que j'ay trouvé d'un goût admirable dans sa saison; mais quand on n'auroit ny ces Pêches, ny ces Pavies, n'est-on pas trop riche d'avoir encore d'un côté abondance de bons Raisins à cueillir tous les jours sur le pied, soit le Muscat ordinaire, soit le Muscat long, autrement passe Musquée, soit le gros Royal noir, sans parler des Gennetins, des Chasselats, des Expirants, des Raisins Grecs, des Malvoisies, des Corinthes, &c. & d'avoir de l'autre côté abondance de Poires tres-exquises, les Beurré gris, les Bergamotte, les Sucré-vert, les Muscat fleury, les Verte-longue, les Crasane, les Marquise, les Petit-oin, &c. n'est-il pas constant qu'une seule de ces especes, ou tout au plus deux ou trois suffiroient, non seulement pour fournir nos besoins, mais même pour flater amplement le plaisir des plus curieux.

FRUITS DU MOIS DE NOVEMBRE.

Le regne des Fruits qui n'acquierent leur merite que dans les Serres, ne manque pas de commencer en même temps que finit celuy des Fruits qui meurissent sur l'Arbre, c'est-à-dire particulierement le regne des Fruits à noyau, dont la destinée se termine ordinairement à la fin d'Octobre, mais pour nous en consoler nous ne nous appercevrons pas si-tôt d'aucune diminution de Fruits, il en reste pour une partie de Novembre beaucoup de ceux que nous avons vû se signaler sur la fin du mois precedent; joint que les bons Raisins peuvent encore durer quelque temps, si on a eu soin de les cueillir devant les gelées, & de les conserver dans les Serres; car cela étant ils ont droit de venir paroître sur les tables, & y sont en effet tres-bien reçûs, quoy que pourtant un peu fanez; on ne peut nier qu'ils ne soient toûjours bons, tant qu'ils n'ont point de tâche de pourriture; le Muscat long est particulierement celuy dont je parle icy, il a le don de plaire au plus grand Roy du monde; que ne dois-je point faire ayant l'honneur d'être Directeur de ses Jardins Fruitiers & Potagers? & que ne fais-je point aussi pour chercher les moyens de luy en fournir plusieurs mois de suite?

De plus les Chasselats tant les blancs que les noirs ne sont pas dépourvûs de Patrons qui en font un cas particulier, ils ont l'avantage d'être beaucoup plus faciles, soit à meurir, soit à conserver que tous les Muscats; & comme dans la verité ils ne peuvent gueres se soûtenir en la presence de ces Muscats, ils triomphent à leur tour quand ceux là sont passez; ainsi ces sortes de Raisins font honneur au mois de Novembre, sçavoir les Muscats au commencement, & les Chasselas à la fin, ceux-cy se maintenans même pour la plûpart de la saison des Avents.

J'ajoûte que ce mois est encore opulent & copieux en Poires miraculeuses; la Serre bien garnie luy fournit une bonne partie de celles qui ont fait tant de bruit à la fin d'Octobre; en effet il luy reste des Bergamotte, des Crasanne, des Marquise, des Lansac, des Petit-oin, &c. & de plus il est le maître & le distributeur de beaucoup d'autres bonnes Poires, car il y en a qui commencent à meurir dans son temps, & c'est en faveur de ceux qui ont leurs Jardins en terre séche & chaude, ou pour ceux qui ont des Espaliers & des Arbres de tige; & ces mêmes Poires attendent à faire la bonne fortune de Decembre & de Janvier pour ceux dont les Jardins sont dans un fond un peu plus gras, & plus froid; ces Poires sont les Espine, les Leschasserie, les Ambrette, les Saint Germain, les Pastourelle, les Saint Augustin, les Virgoulé, &c. & même pour les gens qui aiment les Poires cassantes, & les Poires musquées; ce mois de Novembre leur presente des Bonchrétien d'Espagne, des Amadotte, des Martin-sec, des Rousselets d'Hyver, toutes Poires passablement bonnes, mais non pas du merite de celles qui sont tendres, ou beurrées.

Je diray ailleurs quelles sont les Poires, qui pour attendre trop long-temps à meurir deviennent tout à fait mauvaises, & je diray aussi quelles sont les especes, où les plus grosses Poires sont les moins bonnes, & quelles sont au contraire celles dont les petites ne valent regulierement rien.

Il n'est pas jusqu'aux Pommes qui ne viennent rendre hommage à ce mois de Novembre, & faire valoir les preuves

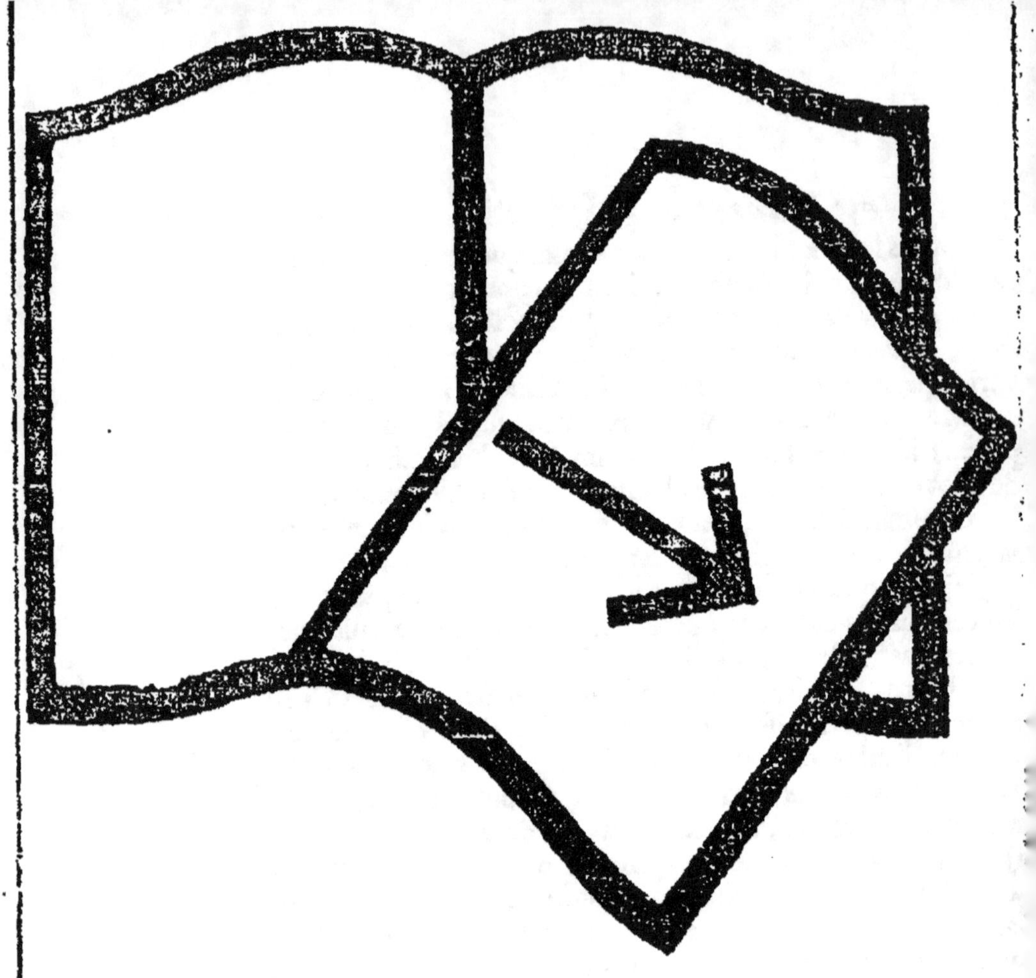

Documents manquants (pages, cahiers...)

NF Z 43-120-13

ANNOTATIONS - 15 - 16

de leur merite, les Calvilles rouges se signalent sur toutes les autres, & comme elles veulent être seules dans ce mois-cy, elles laissent à leurs compagnes, qui sont les Apy, les Reinettes blanches & grises, les Courpendu, les Fenoüiller, les Calville blanc, &c. elles leur laissent, dis-je, le champ libre pour les mois de Decembre, Janvier, Fevrier & Mars.

FRUITS DU MOIS DE DECEMBRE.

Il me semble qu'il n'est pas necessaire de specifier plus en détail les Fruits de Decembre, c'est un mois limitrophe entre Novembre & Janvier, ainsi il est en possession de participer amplement à la plûpart des richesses de l'un & de l'autre, & partant il est vray de dire que sa condition n'est point mauvaise, & particulierement dans les années un peu tardives, & même comme j'ay dit ailleurs, on a tres-souvent lieu de se plaindre que les principaux Fruits de l'arriere saison se pressent trop de meurir à la fin de ce mois; il en mollit, & en pourrit une grande quantité, comme si en effet leur destinée ne permettoit pas qu'ils allassent plus loin.

FRUITS DU MOIS DE JANVIER.

L'ordre de la nature ne permet pas que ce qui en peu de de mois est monté au plus haut degré de sa perfection, subsiste long-temps en même état, ainsi nôtre Republique de Fruits qui a eu tant d'éclat depuis le mois de Juin, va voir dans les mois qui suivent un grand changement de theatre, & une grande diminution de fortune, & cependant nous pouvons dire que celuy de Janvier n'est pas encore des plus à plaindre, il reste pour luy quelqu'unes de ces mêmes Poires qui ont si bien fait dans les deux mois precedens; nous avons marqué en passant quel est l'effet des années tardives, & des terres un peu grasses, & un peu fortes, & avons dit que les Fruits, qu'elles produisent, sont plus long-temps à perdre ce qu'elles ont apporté de l'Arbre, sçavoir la dureté, l'acreté, l'insipidité, qui sont des défauts, dont deux ou trois mois de Serre achevent de les guerir, & par consequent leur donnent ce qui les rend bonnes; ainsi on peut encore quelquefois avoir dans ce mois-cy d'excellentes Poires de Virgoulé, quelques Ambrette, quelques Leschasserie, & peut-être quelques Espine, & quelques Saint Germain, & sur tout beaucoup de

Colmar, & de Saint Augustin, qui vray-semblablement n'ont pas encore commencé de paroître, & avec elles on a quelques Poires cassantes & musquées, sçavoir le gros Musc d'Hyver, les Poires de Citron, &c. il n'est pas jusqu'au Portail, Poire si renommée dans la Province de Poitou, qui ne croye contribuer à la richesse de Janvier; on ne peut s'empêcher de convenir que toutes ces sortes de Poires n'ayent encore de quoy faire estimer assez ce mois de Janvier; il faut bien s'accommoder de ce qu'il a sans faire trop les difficiles, puisque dans la verité le bienheureux temps de l'abondance est passé avec les derniers mois de l'année.

Fruits des mois de Fevrier, Mars et Avril.

On pourroit presque dire que c'est au mois de Fevrier, & encore plus au mois de Mars que commence tout de bon le bas Empire des Fruits, on y voit de ce côté-là une terrible chûte, car hors les Confitures séches & liquides, & hors les Citrons & les Pommes, & ce qu'on appelle les Poires à cuire, sçavoir les Double-fleur, Donville, Angobert, &c. qui dans ce mois-cy, & jusqu'aux Fraises du mois de May, font presque toute la fourniture des desserts, que nous reste-il autre chose que des Saint Lezin qui sont d'un petit merite, & des Bugy, qui toutefois ne sont pas trop à mépriser; le Carême en fait bien une partie de ses beaux jours, mais souvent avec elles, il nous reste particulierement l'espece de ces fameuses Poires, qui portent le nom venerable de Bon-chrétien; aussi faut-il demeurer d'accord que toutes seules elles sont capables de terminer glorieusement & heureusement la campagne: je ne manqueray pas d'exposer ailleurs ce qui doit donner beaucoup de consideration pour elles, je me contente pour le present de dire, que s'il m'est permis de parler ainsi, il les faut regarder comme l'arriere garde, & le corps de reserve de l'armée des Fruits qui vient de défiler; en effet ce grand nombre d'autres Fruits ayant pendant huit ou neuf mois combattu, & exterminé la sterilité dans laquelle on auroit été sans leur ministere, & venant enfin à être congedié, le Bon-chrétien reste seul, étant ce semble le General, qui avec un petit nombre de subalternes, va tout doucement prendre son quartier d'Hyver en attendant le renouveau.

annotation n° 17

Nous avons a ajouter actuelement aux especes de poires désignés par l'auteur et dont plusieurs n'existent plus et ont été remplacés avantageusement par celles obtenues depuis, et qui commencent a murir en janvier et se continuent jusqu'en mars.

Ce sont les Beurré Diel, Beurré d'ardempont, passe colmar, Bonchrétien de Rance, Doyenné d'hiver, et Doyenné d'alençon, ces deux derniers peuvent se conserver jusqu'en avril et mai, et on peut a juste titre les nommé reine des poires, a cause de leurs maturités tardives, et leurs bonnes qualités.

annotation n° 18

C'est surtout avec la poire de bonchrétien d'hiver qui est un excelent fruit mais qui n'est plus considerer que comme fruit a compote que nous voulons établir une comparaison avec les Doyenné d'hiver et d'alençon que nous avons citées plus haut. C.A.H.B.

8

n'aurait dit le célèbre chanteur des
ces pièces délicieuses si elles eussent
existé de son temps.

Renaud aîné

Je crains bien que ce ne soit pas assez d'avoir marqué quelle sorte de Fruits on peut avoir en chaque mois, il me semble qu'il reste encore à traiter d'une chose fort importante ; & c'est de faire connoistre combien de temps à peu prés, durent pour l'ordinaire les Fruits de quelque Arbre que ce soit, quand il en est raisonnablement chargé, faute dequoy il ne seroit gueres possible de regler à peu prés la quantité d'Arbres, dont on a besoin pour en avoir sa provision honneste, sans aller jusqu'au superflu.

Or je prétens qu'on peut dire qu'un Arbre est suffisamment chargé ; si par exemple en fait de grosses Pêches d'Espalier, & de grosses Poires en Buisson, un Pêcher & un Poirier ont chacun une cinquantaine de beaux Fruits : si en fait de Prunes & de Poires de mediocre grosseur, soit en Buisson, soit de haut vent, chaque Arbre en a jusqu'environ la quantité de deux cens ; & si en fait de Figues une caisse en a deux à trois douzaines, & un pied en Espalier, ou en Buisson en a jusqu'à une centaine, &c. Il est bien certain, que comme dans les premiéres années les uns & les autres de tous ces Arbres-là ont beaucoup moins, aussi ont-ils d'ordinaire beaucoup plus, quand ils sont assez grands, & que l'année est bonne.

Cela posé je diray, qu'en matiere de Fruits l'experience apprend trois choses.

Presséance de maturité selon la difference des Expositions.

La premiere que regulierement les Fruits des bons Espaliers de chaque Jardin meurissent un peu plûtost, que ceux des Arbres de tige, & ceux-cy à leur tour un peu plûtost que ceux des Buissons.

La seconde que parmy les Espaliers le Levant & le Midy sont les premiers à faire voir de la maturité, que l'un & l'autre donnent pour l'ordinaire en mesme temps, que tous deux devancent le Couchant d'environ huit ou dix jours, & le Nort tout au moins de quinze, ou vingt ; mais de bonne foy les Fruits de ce Nort ne sont gueres à conter que pour le Beuré, la Crasane, les Poires à cuire, &c.

Durée ordinaire des Fruits de chaque Arbre.

Enfin la troisiéme chose, que l'experience apprend en fait de Fruits, est que pour ceux d'Esté, qui doivent estre cueïllis à mesure qu'ils sont meurs, un Pêcher, un Prunier,

Prunier, un Figuier, un Poirier, &c. donnent chacun pendant dix ou douze jours, & ne passent jamais gueres cela ; & pour ce qui est des Poires, qui vont dans la Serre, dont les premieres sont celles de l'entrée d'Automne, sçavoir les Beurré, Vertelongue, Bergamotte, &c. chacune de ces especes dure tout au plus pendant quinze ou vingt jours ; les differentes manieres d'Arbres, les differens fonds, & les differentes expositions allongeans un peu la durée des especes.

Premierement pour l'Esté.

En second lieu pour l'entrée de l'Automne.

A l'égard de celles de la fin d'Automne, & de celles de tout l'Hyver, lesquelles de quelque maniere d'Arbres qu'elles viennent, on met d'ordinaire toutes pêle-mêle, se contentant seulement de separer chaque espece ; toutefois les gens bien curieux, comme je suis, separent mesme les Fruits d'une mesme espece, selon les Arbres, & les expositions d'où ils sont venus, pour voir précisément les temps qu'ils meurissent : à l'égard dis-je de ces especes, tant de la fin d'Automne, que de tout l'Hyver, il y en a, qui fournissent prés d'un mois, telles sont pour le commencement d'Octobre, les Crasane, Marquise, Messire-Jean, Sucré-vert, Poire de Vigne, Lansac, Muscat fleury, &c. d'autres fournissent cinq ou six semaines, comme sont pour la fin d'Octobre, & partie de Novembre les Loüise-bonne, Petit-oin, Espine, Martin-sec, &c. d'autres enfin en fournissent prés de deux mois ; ainsi les Virgoulé, Ambrete, Leschasserie, Pastourelle, S. Augustin, S. Germain, & sur tout encore les Espines peuvent durer partie de Novembre & tout Decembre ; quelques-unes mesmes peuvent passer jusques en Janvier, ainsi les Colmar & Bon-chrestien peuvent durer Janvier & Févrrier, ainsi pareillement les S. Lezin & Bugi peuvent fournir Février & Mars.

En troisiéme pour les Fruits de l'arriere saison.

On doit conclure de-là, que par exemple ayant en Esté une honneste quantité de beaux Arbres d'une même espece, & les ayant, soit en Espalier à toutes expositions pour des Pêches, Prunes, Figues, &c. soit en Buissons, & en Arbres de tige pour des Poires & des Prunes, &c. on doit dis-je conclure que, pourvû que les Arbres soient en âge de raport, le curieux peut conter, que pendant une vingtaine de jours il aura raisonnablement de Fruits de chaque espece : par exemple trois beaux Pêchers de mignonne en Espalier, tels qu'ils doivent estre au bout de trois, ou quatre ou cinq ans au plus, un au Levant, un au Midy, & un au Couchant, ces trois beaux Pêchers peuvent fournir trois semaines durant, & donner pour ce temps-là jusqu'à cent cinquante belles pêches, c'est à dire sept à huit par jour, ainsi on peut en avoir jusqu'à trois cens, c'est à dire quinze à seize par jour, si on a six Pêchers, ce qui n'est pas un trop grand nombre d'Arbres d'une mesme espece, & on peut aussi en avoir jusqu'à six cens, si on en a douze, ce qui va à la quantité d'une trentaine par jour, & cela fait une honneste provision : il faut dire la mesme chose en fait de Magdelaine, de Chevreuse, d'Admirable, de Violette, de Nivete, &c.

Cette suputation fait esperer un assez grand tresor en matiere de Pêches ; à plus forte raison que ne doit-on point attendre, si on a le double, le triple, le quatruple d'Arbres de ces mêmes especes de bons fruits ; pareillement deux Rousselets, ou deux Robines, soit en Buisson, soit en Arbres de tige, estant venus à la quatre, cinquiéme, ou sixiéme année, & ayant toûjours esté bien taillez, & bien cultivez, peuvent fournir ensemble tout au moins une quinzaine de jours, & donner pour ce temps-là deux à trois cens Poires, c'est à dire une vingtaine par jour, par consequent quatre Rousselets, ou quatre Robines, en donneront jusqu'à cinq ou six cens pour chaque espece, c'est à dire une quarantaine par jour, &c. ainsi deux & quatre Poiriers, de quelque saison qu'ils soient, feront pour chaque espece en particulier semblable fourniture, ce qui se doit toûjours entendre de ces sortes de Fruits, qui ne sontpas gros.

La même chose aussi se trouve pour les gros Fruits de l'entrée d'Automne, & partant en fait de Buissons deux gros Poiriers de beurré fourniront en quinze jours prés d'une centaine de belles Poires ; quatre Buissons en fourniront prés de deux cens, c'est à dire quatorze à quinze par jour, & en fait d'Espaliers deux & quatre Bergamotte n'en produiront pas moins, pareillement pour les Fruits de l'arriere saison, deux & quatre Buissons de Crasanne, de Marquise, d'Espine, de Virgoulé, de Saint Germain, de Saint Augustin, d'Ambrette, de Leschasserie, &c. comme aussi deux & quatre Bon-chrétiens d'Espalier feront à proportion la même quantité, & en Arbres de tige deux ou quatre Poiriers de ces bonnes especes, qui ont le bonheur d'y réüssir, fourniront au moins le double, c'est-à-dire deux cens, ou quatre cens belles Poires; par la même raison six & huit en produiront six cens, huit cens, & ainsi du reste à l'infiny.

Ce que j'ay dit en fait de Poires se doit encore à plus forte raison entendre à l'égard des Pommiers, qui à la reserve des Calvilles rouges sont ordinairement plus fertiles même que les Poiriers.

Je ne dis rien des Fruits rouges, dont le produit se conte ou par paniers ensaissez, ou par le poids à la livre, personne ne l'ignore; tout le monde sçait pareillement assez ce que peut donner une planche de Fraisiers, une touffe de Framboisiers, & de Groseillers, un Cerisier precoce en espalier, un Cerisier, un Griotier & un Bigarotier en plein vent; on sçait encore assez qu'un pied de Melon n'en fournit regulierement que deux ou trois, mais qu'un pied de Concombre en produit successivement jusqu'à deux douzaines, & plus.

Les nouveaux curieux aprés avoir fait sur ce pied-là une supputation assez juste de chaque espece de Fruit, peuvent juger facilement du nombre de pieds de chaque chose qui leur sont à peu prés necessaires, sans s'embarquer aveuglément à une trop grande multitude.

Je sçay que la plûpart de ceux, qui par un grand empressement d'avoir des Fruits, entreprennent de se faire des Jardins, sont ce semble comme la plupart des nouveaux Voyageurs; ceux-cy d'ordinaire ne voyageans que par un esprit de simple curiosité ne veulent pas obmettre de voir jusqu'aux moindres singularitez de chaque païs, quoy que cependant il y en ait beaucoup qui n'en valent pas la peine; il ne sert de rien que d'habiles connoisseurs les en ayent avertis, pour leur en donner du dégoût; c'est assez pour animer leur avidité de voir, que quelqu'autre perſonne quoy que moins éclairée leur ait dit le contraire.

Ainſi dans nôtre Jardinage combien voyons-nous d'Aprentis, ou ſi vous voulez de Candidats (je voudrois bien qu'il fût permis de ſe ſervir de ce terme) combien, dis-je, voyons-nous de Candidats, ou de Novices, qui ſur le rapport de je ne ſçay qui, veulent farcir leurs Jardins de tout ce qu'on peut appeller la racaille de toutes ſortes de Fruits; il eſt bien aiſé de trouver une excuſe valable dans l'exceſſive curioſité des Voyageurs, en ce que pendant qu'ils ſont en train de voir, ils peuvent à peu de frais, & en peu de temps s'inſtruire generalement de tout, de maniere que qui que ce ſoit ne leur puiſſe plus impoſer, ny par conſequent les chagriner ſur les choſes non vûës : mais en fait de Fruits la demangeaiſon d'en avoir de toutes les ſortes, eſt une maladie d'autant plus difficile à guerir, que bien loin d'être regardée ſur ce pied-là, elle paroît avoir les charmes & les attraits d'une perfection ſinguliere; ces pauvres gens qui me font grande pitié, ne ſeront point en repos qu'aprés avoir perdu beaucoup de temps, & d'argent, pour ſçavoir enfin par une longue experience ſuivie de beaucoup de chagrins, qu'il y a dix fois plus d'eſpeces à mépriſer, qu'il n'y en a de bonnes à cultiver; peut-être que quelque amy un peu entendu les en avoit avertis, mais le bon conſeil avoit été mépriſé.

Que j'aurois été heureux, ſi pendant bien des années que j'ay été à faire de moy-même mon aprentiſſage, j'avois trouvé un Directeur habile pour me conduire ſur toutes choſes, j'en aurois eu beſoin pour me déſabuſer d'une maniere de rage, qu'on a pour ce qui s'appelle Fruits nouveaux, quoyque tres-ſouvent ce ne ſoient que des Fruits communs déguiſez ſous de nouveaux noms, malheur cauſé tantôt par la faute des ignorans, tantôt par l'affectation de quelques fantaſques preſomptueux, qui voulans qu'on les croye plus riches qu'ils ne le ſont en effet, cherchent à ſe faire prier.

Or il ne tiendra pas à moy que tous les curieux du Jardinage n'évitent tous les écueils par où j'ay paſſé, & ne prennent tout d'un coup le plus court, & le meilleur chemin qu'il y ait à prendre ſur cette matiere; elle eſt aſſûrément de grande étenduë, & le nombre des gens qui s'y sont égarez, est infiny; mais enfin aprés toutes les precautions, & les observations que j'ay cy-devant marquées, je m'en vais commencer ce grand détail du chois, & de la proportion des Fruits, auquel je me suis engagé; je diray en passant que je le trouve dans l'execution tout au moins aussi difficile & embarassant que je l'avois crû, ou peut-être davantage.

CHAPITRE PREMIER.

Du chois d'un Poirier en Buisson à planter tout seul.

LE PREMIER DANS LES JARDINS.

QUOYQUE je ne doute point qu'entre nos meilleures Poires il ne puisse y avoir une forte brigue pour emporter par merite la place dont il est icy question, cependant je ne fais nulle difficulté de me declarer d'abord en faveur du Bon-chrétien d'Hyver;

Premier Buisson, premier Bon-chrétien d'Hyver.

Si bien que, quelques plaintes que puissent faire les autres Poires de n'avoir pas été pour le moins entenduës, devant que de leur donner l'exclusion, je ne sçaurois me dispenser de soûtenir cette declaration, tant me paroissent fortes les raisons qui m'ont engagé de la faire.

Car premierement si pour ainsi dire l'ancienneté d'extraction connuë pouvoit luy être icy contée pour quelque chose, tout de même qu'elle l'est en d'autres matieres si importantes, c'est un endroit par où nôtre Bon-chrétien seroit sans doute beaucoup au dessus de toutes les autres Poires; il est certain que, quoy qu'apparemment tous les Fruits ayent été creés en même jour, ils n'ont pas été tous connus en même temps, les uns l'ont été plûtôt, les autres plus tard; cette Poire a été des premieres à se faire connoître; les grandes Monarchies, & sur tout l'ancienne Rome l'a connuë, & cultivée sous le nom de *Crustumium*, ou de *Volemum*, si bien qu'apparemment elle y a fait souvent figure dans les magnifiques regales qui s'y faisoient, soit pour augmenter l'éclat des triomphes, soit pour honorer les Rois tributaires qui venoient rendre hommage aux Maîtres du monde.

En second lieu le grand & illustre nom qu'elle porte depuis plusieurs siecles, & dont il semble qu'elle ait été batisée à la naissance du Christianisme, n'imprime-t'il pas de la veneration pour elle, & nommément à tous les Jardiniers Chrétiens ?

En troisiéme lieu à la considerer en soy, c'est-à-dire en son propre merite, & c'est particulierement dequoy il s'agit, il faut convenir que parmy les Fruits à pepin la nature ne nous donne rien de si beau, & de si noble à voir que cette Poire, soit dans sa figure qui est longue & pyramidale, soit dans sa grosseur qui est surprenante, & par exemple de trois à quatre pouces dans sa largeur, & de cinq à six dans sa hauteur, si bien qu'on en voit fort communément qui pesent plus d'une livre, & on en voit aussi qui en pesent jusqu'à deux, ce qui est en verité une chose bien singuliere ; mais particulierement le coloris incarnat, dont le fond de son jaune naturel est relevé, quand elle est à une belle exposition, luy attire l'admiration de tout le monde ; joint que c'est celle qui donne le plus longtemps du plaisir, tant sur l'Arbre où elle demeure en augmentant à vûë d'œil depuis le mois de May jusqu'à la fin d'Octobre, que dans la Serre, où se conservant aisément des quatre & cinq mois de suite, elle réjoüit tous les jours le curieux qui la veut regarder, tout de même que la vûë d'un bijou, ou d'un thresor réjoüit le maître qui en est le possesseur ; c'est celle qui fait le plus d'honneur sur les tables, & qui par tous païs, & principalement dans la France, où les Jardins en produisent une merveilleuse quantité, s'est acquise le plus de reputation ; c'est celle qui est la plus ordinairement employée, quand on veut faire des presens de Fruits considerables, & sur tout pour en envoyer dans des lieux éloignez, soit au dedans, soit au dehors du Royaume, c'est enfin celle, pour la beauté de laquelle tous les habiles Jardiniers ont toûjours travaillé avec le plus d'empressement, & celle qui est aussi de plus grande utilité pour ceux qui en élevent en vûë de les vendre; elle est constamment tres-bonne cuite, quand on la veut manger un peu devant sa maturité, & on ne peut nier aussi qu'elle ne soit tres-excellente crüë, quand on luy veut donner le temps d'y parvenir, si particulierement elle sort d'un Jardin dont le fond soit naturellement bon, ou au moins soigneusement cultivée; elle a encore cet avantage qui est grand, que sa maturité n'est pas comme celle de la plûpart des Fruits beurrez, laquelle, pour ainsi dire, passe comme les éclairs, si bien qu'elle n'est pas si-tôt arrivée dans ces sortes de Fruits, qu'aussi-tôt elle mollit, & dégenere en pourriture, au lieu que la maturité de chaque Poire de Bon-chrétien est des mois entiers à se maintenir en état, attendant ce semble patiemment qu'on luy fasse l'honneur de l'employer à l'usage auquel la nature l'a destinée.

Il est bien vray que dans l'ordre que j'ay étably pour l'excellence des Poires, le premier degré de bonté luy manque entierement, puisqu'elle n'est pas beurrée, & partant il semble que s'agissant icy de donner le premier rang à celle des Poires, qui pour le goût se peut vanter d'avoir le plus de merite, il ne le faudroit pas accorder à celle qui de mon aveu même ne se trouve que dans la seconde classe des bonnes.

Mais quoy qu'elle n'ait pas le premier degré de bonté, au moins est-il certain que le second ne luy manque pas, c'est-à-dire la chair cassante, & souvent assez tendre, avec un goût agreable, & une eau douce sucrée, assez abondante, & même un peu parfumée; d'où vient sans doute que nos peres pour en faire une grande distinction luy ont ajoûté le surnom de Bon, sans avoir fait la même chose en faveur d'aucune autre Poire, & ce surnom luy est resté par tout, à la reserve du Poitou qui se contente de l'appeller la Poire de Chrétien.

Outre tous les avantages cy-dessus elle a encore celuy-cy qui me paroît fort grand, c'est à sçavoir que, quand toutes les autres Poires sont passées, celle-cy reste encore pour honorer les tables jusqu'aux nouveautez du Printemps, & par consequent pousse jusques-là le plaisir de ceux qui aiment les Fruits crus ; tout cela amassé me donne tant de consideration pour le Bon-chrétien, que je croirois faire une espece d'injustice, si je luy refusois icy la place d'un premier Poirier en Buisson.

Je sçay bien qu'il ne plaît pas à tout le monde, & qu'il est méprisé par de certaines gens, qui l'accusent d'avoir ordinairement la chair coriasse & pierreuse, ou tout au moins peu fine.

A quoy je répons que ce sont des accusations generales, & telles à peu prés qu'on en peut faire à toute sorte de Fruits, n'étant que trop vray qu'il ne faut pas s'attendre que nous en ayons de parfaits, & aussi n'appellons-nous bons Fruits que ceux qui d'ordinaire ont le moins de défauts ; je ne veux pas disconvenir que parmy les Poires de Bon-chrétien il n'y en ait quelques-unes à qui on peut faire ce reproche ; mais à mon sens elles ne le meritent pas toûjours par leurs fautes, puisqu'il est vray qu'il s'en trouve assez souvent d'excellentes ; c'est plûtôt par le défaut du fond qui les a nourries, & qui n'est pas propre à faire de bons Fruits, ou par la faute de l'exposition qui n'étoit pas bonne, ou par la negligence & mal-habileté du Jardinier qui n'en a pas pris assez de soin, ou parce qu'on les sert devant qu'elles soient parvenuës à leur maturité.

Je sçay bien encore qu'il y a beaucoup de gens qui estiment, que le Bon-chrétien ne sçauroit réüssir en Buisson, & qu'absolument on n'en peut avoir de beaux si on ne les met en Espalier, & partant ils me condamneront hautement d'avoir choisi cette Poire pour la premiere à planter dans une situation qu'ils prétendent luy être absolument contraire ; mais quoyque je convienne de bonne foy que le Bon-chrétien réüssisse principalement en Espalier, & sur tout pour y acquerir ce vermillon qui luy sied si bien, & que le plein air ne luy peut entierement donner, je croy cependant avoir désabusé jusqu'icy un grand nombre de curieux de la fausse impression, qu'ils avoient contre le Bon-chrétien en Buisson ; j'ay fait voir par une experience certaine de plusieurs années, que sur tout dans les Jardins d'une mediocre grandeur qui sont bien fermez, & à couvert

des

des grands froids, soit par de bonnes murailles de clôture, soit par plusieurs bâtimens, & qui par consequent sont dans une bonne exposition, & ont d'ailleurs le fond passablement bon, soit par l'ordre de la nature, soit par le secours de l'art, j'ay, dis-je, fait voir, qu'en cette figure d'Arbre on y peut élever des Poires de Bon-chrétien tres-belles, c'est-à-dire fort grosses, bien-faites, avec une peau assez fine, un peu colorée à l'endroit où le Soleil avoit coûtume de donner, & au reste d'un vert qui soit propre à jaunir en maturité, en un mot des Poires tres-excellentes, jusques-là qu'on en voyoit peu en Espalier qui pûssent leur être comparées.

Et pour finir cette contestation, je n'estime pas qu'il soit necessaire de faire icy d'autres réponses, si ce n'est en premier lieu d'inuiter tous les ans nos adversaires à aller voir l'Automne les Buissons de plusieurs Jardins de Paris, & de Vernon, où il s'en éleve de si belles; & en second lieu leur demander si devant l'usage des Espaliers, qui n'est pas ancien, il ne se trouvoit nulle part en plein air de belles Poires de Bon-chrétien; toutes les Basse-cours de Touraine, d'Angoumois, de Poitou, d'Auche, &c où elles viennent même sur des Arbres de tige, répondront du contraire à qui le voudra nier, joint que la persecution invincible des tigres n'éloigne que trop les Poires du secours des Espaliers, & nous met presque en etat de n'en pouvoir gueres plus élever qu'en Buisson.

Enfin tout bien examiné, je suis persuadé que qui conteroit d'un côté les ennemis du Bon-chrétien en Buisson, avec les raisons qu'ils croyent avoir de le condamner, & qui de l'autre conteroit ses approbateurs avec les experiences qui sont pour eux, il trouveroit le nombre de ceux-cy plus grand que le nombre des autres, ou tout au moins égal, & partant je croy avoir assez dequoy apuyer la preference dont est question.

Loin d'icy toutes ces differences d'especes de Bon-chrétien, que certains curieux s'imaginent, & qu'ils veulent nous persuader veritables; le long, le rond, le vert, le doré, le brun, le satiné, celuy d'Auche, celuy d'Angleterre, celuy sans pepin, &c. tout cela se trouve souvent sur un même Arbre, & ne fait sûrement qu'une seule & unique espece: la ressemblance universelle, non pas seulement du bois, des feüilles & des fleurs, qui se trouve en tous les Poiriers de ces sortes de Bon-chrétien, mais sur tout la ressemblance & de la figure de la Poire, & du temps de la maturité, & de la chair cassante, & de l'eau sucrée, &c. le confirment visiblement.

Les differences de fonds & d'expositions, les differences d'Esté sec, ou humide, les differences de vigueur, ou de foiblesse dans l'Arbre, soit en tout l'Arbre, soit seulement en une partie, &c. ces differences, dis-je, fournissent ces petites differences exterieures de couleur, de figure, &c.

L'Espalier fera son Fruit plûtôt doré que vert, le Buisson le fera plûtôt vert que doré, & le Buisson sur franc le fera encore plus vert que le Buisson sur Coignassier.

Si l'Arbre est malade, soit vieux, soit jeune, il fera la Poire sans pepin, & même si sur cet Arbre là il y a quelque branche vigoureuse, comme il arrive assez souvent, il y aura du pepin dans le Fruit qui sera venu sur ce côté vigoureux, quoy qu'il n'y en ait point dans les Poires venuës sur ces branches infirmes, & si sur ce côté jaune, & languissant d'un tel Arbre on prend une branche, & qu'on vienne à la greffer heureusement sur un pied bien vif & bien sain, il en viendra un Arbre vert & gaillard, qui marquera non seulement la conformité de son espece avec les autres Bon-chrétiens, mais marquera aussi la bonne santé, tant par le pepin, que par la couleur verte de la Poire; à propos de quoy je diray que les Poires de Bon-chrétien qui jaunissent sur l'Arbre, & qui ont la peau extraordinairement douce au toucher, sont sujettes à n'avoir qu'une mediocre bonté.

La bonne branche à Fruit fera la Poire longue & étenduë, la branche à Fruit un peu moins bonne fera le Fruit court, plat & arrondy; le bon fond luy fera une peau fine, & une chair delicate, le fond gras & humide les luy fera rudes & grossieres.

Il ne faudroit plus qu'en faire une espece de gros, une de petit, une de cornu & raboteux, une de bien fait, &

de bonne mine, &c. ce qui feroit un ridicule, dont il faut bien se garentir.

Le Bon-chrétien d'Hyver, tel en un mot que les bonnes gens le connoissent par tout, sans que jamais on ait changé son nom, comme on a fait à la plûpart des autres Fruits; ce Bon-chrétien, dis-je, seroit donc le Buisson que je planterois dans le petit Jardin bien conditionné, où il n'est question de planter qu'un seul Poirier en Buisson, & ce même Poirier seroit aussi le premier choisi, non seulement pour un Jardin dans lequel j'aurois place pour un second Buisson, mais aussi pour tous les autres Jardins également bien conditionnez, dans lesquels j'aurois place pour beaucoup davantage de Buissons, si particulierement il y a peu de murailles pour les Arbres qui sont destinez à être en Espalier, & ce Bon-chrétien seroit premierement sur Coignassier, attendu principalement que les Buissons de Bon-chrétien sur franc font d'ordinaire leur Fruit tavelé, petit, raboteux, &c. & par consequent desagreable à voir; en second lieu il seroit dans la partie du contre-Espalier la plus voisine de la muraille la mieux exposée, & enfin dés la fin du mois d'Aoust je ferois ôter toutes les feüilles qui peuvent empêcher le Soleil de donner sur le Fruit de ce Buisson, toutes precautions extrémement importantes.

Je ne suis pas encore à parler de ces Jardins de campagne, qui manquent de toutes les bonnes qualitez, & de toutes les bonnes conditions, que nous venons d'expliquer sur le fait des petits Jardins, & que cependant nous souhaiterions à tous les bons Fruitiers; j'y seray à l'égard de nôtre Bon-chrétien d'un sentiment bien different de celuy que je viens de declarer icy, car je n'y en planteray gueres, si ce n'est en Espalier, & aussi ne manqueray-je pas d'y en planter; car enfin à quelque prix que ce soit je veux voir du Bon-chrétien en toutes sortes de Jardins, puisque dans la verité nous n'avons rien de mieux pour la fin de l'Hyver.

CHAPITRE II.

Pour le choix d'un second Poirier en Buisson, & aprés pour le chois d'un troisiéme, quatriéme, cinquiéme & sixiéme, &c.

VOYONS maintenant sur quel Poirier nôtre chois tombera pour être le second Buisson, tant de ce petit Jardin qui n'en peut avoir que deux, que le second de tous les autres qui en peuvent avoir un plus grand nombre; la difficulté n'est pas trop petite.

Nous avons sur tout six differentes Poires qui briguent vivement cette seconde place, & qui même ne souffrent pas sans murmurer que le Bon-chrétien joüisse paisiblement de l'honneur qu'il vient de recevoir; les Beurré, les Bergamotte d'Automne, les Virgoulé, les Leschasserie, les Ambrette & les Espine d'Hyver; il y a même l'ancien Petit-oin, & la Loüise-bonne, avec quatre nouvelles venuës; sçavoir la S. Germain, la Colmar, la Crasane, & la Marquise, qui se trouvans pourvûës d'assez de merite, ne manquent pas d'ambition pour demander à entrer dans la dispute; chacune de ces douze pretendant avoir plus de perfections, & moins de défauts que chacune de ses rivales, ou pretendant au moins ne leur ceder en rien, pretend aussi devoir emporter sur elles la place, dont est question.

Je demeure d'accord qu'elles ont toutes de si puissans motifs dans leur pretention, qu'on ne sçauroit être blâmé d'avoir mal-fait, à laquelle d'entr'elles l'on donne la preference; cependant je croy que les six dernieres doivent se retirer pour un temps, & laisser vuider cette querelle aux six premieres; j'en diray ce me semble d'assez bonnes raisons cy-dessous, dont je veux esperer que leurs Patrons seront satisfaits; mais devant que de me declarer pour quelqu'une des six, il est necessaire d'examiner separément, & sans prevention toutes les raisons des unes & des autres.

Je commence par celles du Beurré, à l'égard duquel il faut établir d'abord, que tant le Beurré rouge, autrement

'Amboise, ou l'Isambert des Normands, que le Beurré ris, & le Beurré vert ne sont qu'une même chose ; si bien ue souvent il s'en trouve de toutes ces façons sur un mê- ne Arbre, ces differences de couleur n'ayans d'autres fon- emens que ceux à peu prés que nous avons cy-devant emarquez sur le fait du Bon-chrétien ; la belle exposi- ion, ou peut-être une mediocre infirmité de tout l'Arbre, u seulement de quelque branche en font de rouges, l'om- re & la vigueur, soit de l'Arbre entier, soit de la bran- he particuliere en font de gris, ou de verts ; le Coignas- ier, & le franc sur lesquels se trouvent greffez ces Poi- iers, se font aussi connoître par les differens coloris qui iennent à leur Fruit ; le coloris des Poiriers sur franc tant tout autre que celuy du Bon-chrétien sur Coignas- ier, outre que le fond sec, ou le fond humide ne man- uent pas de donner sur cela chacun des traits de leur açon.

Cela posé, les raisons de cette Poire de Beurré sont remierement qu'elle est tellement en possession du pre- nier degré de la bonté, qui est à souhaiter dans les Poi- es, que le nom de Beurré luy en a été donné par excel- ence ; en effet on emprunte son nom pour le donner à l'autres de qui on veut prôner le merite, aussi se croit- lle en droit de pretendre que pas une des autres ne luy seroit disputer en abondance excessive d'eau, ny même n chair fine & delicate, & en goût relevé, qui sont tou- es les conditions necessaires pour faire une excellente Poire.

Conditions necessaires pour faire une excellente Poire.

En second lieu elle pretend avoir l'avantage de charmer a vûë, tant par sa grosseur & la beauté de sa figure, que ar la beauté de son coloris.

En troisiéme lieu elle croit devoir tout esperer sur le onheur qu'elle a d'être extrémement fertile, en sorte que ommunément tous les ans, & en toutes sortes de terrains lle charge à rompre, & qu'elle réüssit également, tant ur franc que sur Coignassier, & presque aussi bien entre es mains d'un ignorant Jardinier, qu'entre les mains de ceux qui sont habiles ; joint qu'elle est peu sujete à être âteuse, insipide & farineuse, comme la plûpart des autres,

Poires tendres, & que non seulement elle n'est pas si incommodée du plein air que la Bergamotte, mais qu'aussi elle fructifie plutôt que la Poire de Virgoulé, & fait de plus beaux Fruits que chacune de ses concurrentes : voila sans doute beaucoup de raisons, & toutes d'un grand poids, & d'une grande autorité, pour bien établir icy le droit de la demande du Beurré.

Ses amis mêmes veulent croire que, si on pouvoit avoir du Beurré dans toutes les saisons de l'année, & qu'on pût se guerir de l'affectation naturelle qu'on a pour le changement, & pour la diversité des Fruits, qu'en ce cas là on ne devroit penser à aucune autre Poire qu'à ce fameux Beurré, étant certain qu'il est en effet si excellent, que d'un aveu general, quand à la fin de Septembre il commence à meurir, on est tout consolé de voir finir les Pêches, & c'est beaucoup dire.

La Bergamotte d'Automne ne faisant pas grand cas de tout ce qui vient d'être dit en faveur du Beurré, se presente pour empêcher de decider si-tôt cette question de preference ; le nombre de ses partisans est grand & redoutable, c'est-à-dire que son merite est fort connu ; & en effet je vois mil gens qui soûtiennent, qu'à la considerer en toutes ses parties, c'est-à-dire par sa chair tendre & fondante, par son eau douce & sucrée, & par un petit parfum qui l'accompagne, ils soûtiennent, dis-je, qu'elle vaut mieux que generalement toutes les autres Poires ; ils soûtiennent aussi que la fecondité n'est gueres moins pour elle que pour le Beurré, puisqu'elle charge d'ordinaire avec assez d'abondance, & qu'ainsi elle paye promptement la peine de celuy qui la cultive, joint que contre l'experience qu'on a presque de tous les autres Fruits, on peut dire en sa faveur, & avec verité, que la mediocre Poire de Bergamotte est aussi bonne que la plus grosse ; jusques-là même que souvent c'est la mediocre qui est la plus excellente, quoy qu'elle parût la plus méprisable, ce qui doit être pour elle une consideration assez singuliere ; elle a coûtume de fournir la fin d'Octobre, & partie de Novembre, & passe même quelquefois jusqu'en Decembre, ce qui fait un merveilleux plaisir à nos curieux, si bien que dans la verité il n'est question que d'en avoir des Arbres en differentes expositions, en differens terreins & sur differens sujets, c'est à sçavoir sur franc, & sur Coignassier, en Buisson, & en Espalier, & même en Arbre de tige, pour aider à l'inclination, que (pour ainsi dire) cette Poire paroist avoir à nous regaler plusieurs mois de suite.

Je diray en passant, qu'il ne faut pas croire, qu'il y ait d'autre difference dans les Bergamottes (je veux dire les Bergamottes d'Automne, & nullement celles d'Esté) que celle qui est fondée sur la couleur; mais pour celle-cy, elle est veritable : car en effet il y en a une qui est grise, verdastre, & c'est celle-là qu'on nomme simplement la Bergamotte, ou la Bergamotte commune, ou de la Hiliere, ou de Recous, &c. tout cela n'estant qu'une même chose; & il y en a une autre qui est rayée, c'est à dire marquée par bandes jaunes & vertes, & c'est ce qui la fait nommer la Bergamotte Suisse, cette bigarrure se trouvant en même temps, & dans le bois, & dans le fruit; mais à l'égard du merite interieur il me paroist égal dans l'une, & dans l'autre, quand elles sont toutes deux autant bonnes, qu'elles le doivent estre : elles conviennent aussi toutes deux à avoir une même grosseur, & qui quelquesfois est de trois pouces de diametre dans sa largeur, mais communement n'est que d'un & demy, ou de deux; elles conviennent encore à avoir la figure plate, l'œil enfoncé, la queuë courte & menuë, la peau lice, jaunissant & s'humectant un peu en maturité, &c.

Plût à Dieu fut-il bien vray, qu'il y eust effectivement une espece de Bergamottes tardives, autrement Bergamottes de Carême, & que tous les ans on en pût surement avoir jusqu'à la fin de Mars, comme il s'en rencontre quelquefois; en ce cas-là nous aurions dequoy nous vanter d'avoir au moins pour quatre ou cinq mois de l'année le veritable tresor des Fruits.

Certains curieux ont bien voulu se persuader, & à moy aussi, qu'infailliblement ils avoient cette espece de Bergamottes tardives; mais à mon grand regret je ne puis m'empêcher d'avoüer, que jusqu'à present je n'ay pu me convaincre de cette bonne fortune, quoy qu'en verité je n'aye manqué ny de soin, ny de diligence, ny de précaution pour faire une telle conqueste : tout ce que j'ay fait pour cela, tant en peine, qu'en dépense, est infini, aussi-bien qu'inutile ; le détail, & la relation en seroient importuns & desagreables.

Ce qui a donné lieu de parler de la Bergamotte tardive est, qu'en quelques années assez pluvieuses, ou que de quelque fond plus gras & plus humide, ou de quelque exposition moins bonne, ou de quelque Arbre plus vigoureux, &c. on en conserve assez souvent quelques-unes jusqu'en Carême, & pour lors on prend plaisir à se tromper soy-même par l'esperance d'en avoir tous les ans de semblables ; mais la verité est, que d'ordinaire le hazard a plus de part à cecy, que tout le reste : un même Arbre, qui en produit pour le mois d'Octobre, en donne aussi quelquesfois pour le mois de Mars, ce qui arrive sur tout, quand quelque branche a fleuri beaucoup plus tard que les autres, les Poires qui ont noüé les dernieres sur chaque Arbre, estans communement les dernieres de cet Arbre à meurir ; mais cela n'arrive que fort rarement, ou bien nous pouvons dire vray-semblablement, que les Bergamottes, qu'on a dans les saisons ainsi reculées, sont venuës à quelques Arbres de tige greffez sur franc, & peut-estre mal éclairez du Soleil : le succez de tels Arbres est d'ordinaire assez douteux, & incertain, & particulierement pour faire des Poires belles, agreables à la veuë, bonnes & tardives ; mais quoy que c'en soit, il en vient quelquesfois, & elles se gardent un peu plus long-temps, que celles d'Espalier & de Buisson : c'est pourquoy il est assez à propos, non pas pour les curieux, dont il s'agit icy, qui n'ont que tres-peu de terrein, mais pour ceux qui en ont beaucoup, de hazarder, comme j'ay dit, d'en planter de toutes les manieres : car enfin il ne faut pas manquer d'avoir tant qu'on peut des poires de Bergamottes.

Outre les avantages de la bonne espece de Bergamotte, elle en a encore un autre qui la met, ce semble, beaucoup au dessus du Beurré, en ce qui regarde la contestation presente,

presente, c'est que le Beurré se rencontre assez souvent en même temps que les Pêches, les Figues, & les Muscats de la fin de Septembre, trois sortes de bons Fruits, que tout le monde cherit passionnement, & en faveur de qui on peut dire, que parmy les gens délicats & connoisseurs, ils sont si bien receus, qu'à peine y a-t-il aucunes Poires, qui osent venir en leur compagnie, au lieu que la Bergamotte ne meurit que quand ces Pêches, ces Figues, & ces Muscats, & même les Beurez, & les Vertelongues sont finies, & ainsi elle vient toute seule vers la fin d'Octobre, c'est à dire dans un temps, où sans son secours nous serions réduits à une grande disette de fort bons Früits, les Lansac, Sucré-vert, Muscat-fleuri, Rousseline, Bezi de la mote, Poire de vigne, Messire Jean, &c. ne remplissans point assez dignement la place des dernieres passées; & ainsi on veut par consequent pretendre, que pour ce qui est du petit Jardin, dont il s'agit, & par les raisons expliquées à l'entrée de ce troisiéme Livre, il est plus convenable d'y planter pour second Buisson une Bergamotte, qu'aucun autre Poirier.

Les partisans des deux precedentes Poires le Beurré, & la Bergamotte sont ce semble surpris d'entendre dire, qu'il y en ait quelqu'unes, qui veulent entrer en lice contre elles : ils regardent comme une espece de témerité tout ce que ces autres pourront alleguer, & ne daignent presque les vouloir écouter; & s'ils s'y résoluënt, ce n'est que pour y répondre enfin par des termes de mépris, & de raillerie, ou plustost pour gagner leur procés avec plus de gloire & de seureté.

Cependant la Poire de Virgoulé, qu'on appelle Bujaleuf en Angoumois, Chambrette en Limousin, Poire de glace en Gascogne, Virgoulese, & Virgouleuse en tant d'endrois, & qui, à l'exemple des Poires de Besi-d'hery, de l'Eschasserie, &c. doit ce me semble porter plustost le simple nom de Virgoulé, que tout autre : ce qui m'en fait juger ainsi, c'est à cause du Village de Virgoulé (Village voisin de la Ville de S. Leonard en Limousin) duquel nous l'avons tirée, & où aparemment elle avoit passé un fort long-temps sans éclat, ny plus, ny moins, pour ainsi dire, qu'une perle dans sa coquille; mais enfin, tant pour le bon-heur de nos curieux, que pour l'ornement de nos Jardins, elle est sortie de ce Village par la liberalité du Marquis de Chambret, qui en étoit le Seigneur, & qui nous la donna sous le nom de sa Poire de Virgoulé; or depuis ce temps-là elle a commencé tout de bon à faire parler d'elle, si bien qu'aujourd'huy elle pretend avec assez de raison à l'honneur, qui est icy proposé.

C'est une Poire d'une figure assez longue & assez grosse, ayant environ trois à quatre pouces de haut, sur deux à trois de large, la queuë en est courte, charnuë & panchée, l'œil mediocrement grand, & un peu enfoncé, la peau lice & unie, & quelquesfois colorée, & qui enfin de verte qu'elle étoit sur l'Arbre jaunit, à mesure qu'elle aproche de la maturité, & en meurissant devient tendre & fondante; en sorte que, quand on la prend à propos, elle se trouve un des meilleurs Fruits du monde: sa réputation a fait ensuite, qu'en fort peu d'années elle s'est autant répanduë dans tous les Jardins Fruitiers de l'Europe, qu'aucune autre Poire que nous connoissions.

Cette Poire de Virgoulé, dis-je, orgueilleuse ce semble, tant à cause de la vigueur extraordinaire, qui accompagne son Poirier par tout, & luy attire l'admiration de tous les spectateurs, qu'à cause du merite qu'elle pretend avoir en soy, & de plus offensée du mépris injurieux qu'on vient de faire d'elle, soûtient pour établir son droit, que non seulement la nature l'a doüée de toutes les bonnes qualitez, qui à l'égard de la chair tendre & fondante, de l'abondance d'eau douce & sucrée, du goût fin & relevé, & du raport copieux, rendent considerables les Poires de Beurré & de Bergamotte, mais qu'encore elle a seurement l'avantage de commencer sa maturité presque aussitost que la Bergamotte, & de durer cependant beaucoup plus long-temps qu'elle: en effet elle soûtient que souvent dés l'entrée de Novembre elle est en estat de contenter les curieux, ce qui arrive à celles qui ont esté élevées à des Espaliers bien exposez, ou dans un terrein sec & leger, & que particulierement elle se produit en grand nombre dans tout le reste de Novembre, pendant Decembre, & quelquesfois partie de Janvier, ce qui ne se peut dire du Beurré, & convient peu, ou au moins fort rarement, & par un pur hazard à la Bergamotte.

C'est ce qui fait que ce Poirier de Virgoulé demande assez hardiment s'il n'est pas vray, que non seulement son Fruit est excellent pour le goût, mais encore d'une figure agreable pour la veuë ; jusques-là mesme que celles, qui sont venuës à une belle exposition, y ont acquis un vermillon admirable : ce Poirier demande sur tout, s'il n'a pas le don de faire de plus beaux Arbres, que tous les autres Fruitiers, & de réüssir merveilleusement en Buisson, c'est à dire dans la maniere d'Arbres, du plan desquels il est presentement question : il soûtient de plus, que les distinctions de terroir séc, ou humide, de franc, ou de Cognassier, de plein vent, ou d'Espalier, ne sont pas d'ordinaire d'une si grande importance pour son bois, qu'elles le sont pour celuy des Bergamottes : quoy qu'à l'égard de la bonté interieure du Fruit il soit certain, que ces sortes de differences fassent presque le même effet dans les unes, que dans les autres : il est donc vray que les Virgoulez, non seulement ne sont pas sujets à cette espece de gale, qui défigure les Buissons des Bergamottes, les rend hydeux à voir, & assez souvent même les fait perir, tout au moins les empêche de fructifier ; mais au contraire les Virgoulez poussent regulierement par tout une grande quantité de beaux bois, & ont toûjours un teint uny & luisant, comme si en effet on prenoit soin de les froter pour les polir.

La Virgoulé donc pretend que le temps de sa maturité, qui comprend environ trois mois, & la beauté de son Arbre, qui est toûjours immanquable, luy doivent icy donner gain de cause, tant sur le Beurré, & sur la Bergamotte, que sur toutes les autres Poires, qui la veulent traverser, puis que d'ailleurs elle ne cede à aucune des autres pour l'abondance du raport, non plus que sur l'article de la bonté.

La Poire de l'Eschasserie, que quelques-uns nomment Verte-longue d'Hyver, & d'autres Besidery-landry, &

qui ne paroist dans nos Jardins que depuis une vingtaine d'années : cette Poire, dis-je, pourroit bien plaider toute seule, tant son parti est fort ; cependant elle se joint avec la Poire d'Ambrette, qui parmy nous est assez ancienne, & en grande consideration, & qui porte en certains Pays le nom de Trompe-valet.

Ces deux Poires ne se tiennent pas pour vaincuës par tout ce qu'on a dit à l'avantage de celles, qui ont parlé les premieres ; elles ne s'attacheront point à se détruire l'une l'autre, elles sont convenuës d'une alternative entre elles pour l'entrée des Jardins, & ainsi leur principale ambition est de demeurer unies, & pour ainsi dire aliées d'interest & d'amitié, afin de se deffendre plus vigoureusement contre les trois precedentes : ce qui contribuë à cette étroite union qu'elles ont faites, est, qu'en effet elles ont quelque raport de l'une à l'autre, premierement par leur figure, qui paroist à peu prés ronde, l'Ambrette est pourtant un peu plus plat, & a l'œil plus enfoncé, au lieu que la Leschasserie a l'œil tout à fait en dehors, & que quelques-unes ont la forme de Citron : ils se ressemblent aussi en second lieu par leur grosseur, qui est mediocre, & d'environ deux pouces en tout sens, en troisiéme lieu par leur coloris, qui sur l'Arbre est verdastre, tiqueté, quoyque l'Ambrette soit d'ordinaire plus couvert & plus roussastre, & que la Leschasserie soit plus claire & plus jaunastre, mais sur tout en meurissant : ces deux poires se ressemblent presques encore par leur queuë, qui en toutes deux est droite & assez longue, celle de Leschasserie étant cependant plus grosse, & se ressemblent enfin, tant par le temps de leur maturité qui est en Novembre & Decembre, & quelquesfois en Janvier, que par leur chair fine & beurrée, & par leur eau sucrée, & un peu parfumée, mais d'un parfum si agréable, qu'on n'y sçauroit rien souhaiter d'avantage : le Leschasserie en a un peu plus que son associé, la chair de l'Ambrette est quelquesfois un peu plus verdastre : son pepin est plus noir, & est pour ainsi dire logé plus au large dans son apartement, que le pepin de l'autre, & mesme la peau en paroist d'ordinaire un peu plus rude ; & de plus la Leschasserie est assez souvent pour ainsi dire bossu & raboteux ; à l'égard du bois des Arbres de l'un & de l'autre il est tres tres-different, en ce que particulierement celuy de la pluspart des Ambrettes est extremement épineux & piquant, & ressemble tout à fait à un de ces Sauvageons, qu'on voit dans les Hayes & Taillis, ce qui n'est pas au bois des Leschasseries, lequel communement est assez menu, & poussant quelques pointes, mais elles ne sont pas assez aiguës, pour piquer les mains qui en approchent, comme font les Ambrettes : ces deux Poires fondent leurs pretentions de preference sur le reproche qu'on a fait au Beurré pour le temps de sa maturité, sur celuy qu'on fait à la Bergamotte pour son bois galeux, & enfin sur celuy qu'on fait aux Virgoulez, non seulement d'être fort tardif à porter, mais aussi d'être sujet à quelque desagrément dans son goût ; si bien qu'ayans au moins toutes les bonnes qualitez de ses Poires-là, soit au fruit, soit à la disposition d'une belle figure de Buisson, & n'ayans nul de leurs défaut, elles pretendent devoir passer devant celles qui en sont incommodées, & ne les sçauroient éviter, ny cacher.

L'Epine d'Hyver, qui connoist bien ce qu'elle vaut, ne se laissera pas condamner sans parler : c'est une fort belle poire, qui aproche un peu plus de la figure pyramidale, que de la ronde, quoy que pourtant elle n'ait presques rien de menu dans sa taille, si ce n'est qu'elle finit si peu que rien en pointe grossiere vers la queuë ; cette queuë est assez courte, & assez menuë, excepté l'endroit de sa sortie, où elle est un peu charnuë, du reste la Poire est grosse par tout, & cela d'environ deux à trois pouces du costé de la teste : elle est particulierement beaucoup plus grosse, que la Bergamotte ordinaire, ny que l'Ambrette, & que les Leschasserie : elle a la peau satinée, & le coloris entre verd & blanc : elle meurit quelquesfois devant les deux precedentes, mais plus communement avec elles, quelquesfois aussi aprés : elle est pareillement tendre & beurrée, ayant d'ordinaire la chair tres-fine, & tres-délicate, le goût agréable, l'eau douce & assaisonnée d'un petit parfum merveilleux ; elle fait aussi de beaux Buissons, & réüssit soit sur franc, soit sur Cognassier; quand le pied en est bon, & le fond bien conditionné, c'est à dire le fond plûtôt sec, qu'humide; elle a peu de chose à dire contre les deux dernieres, & sur tout contre les Leschasseries, elle avoüe même ingenument les bonnes qualitez de l'une & de l'autre, sans consentir pourtant de leur donner le pas, jusqu'à ce qu'il y aura eu un reglement sur cela, mais à l'égard des autres elle leur objecte les mêmes défauts que celles-cy viennent de leur reprocher.

Il est donc presentement question de finir cette contestation, qui peut-être n'a paru que trop longue; surquoy ayant meurement examiné les raisons des unes & des autres, j'avoüe que j'ay une estime tres-particuliere pour chacune d'elles, mais que cependant à l'égard des Arbres qui nous les donnent, il ne faut pas tout-à-fait juger icy la question sur le même fondement qu'on la jugeroit, si on n'examinoit que le merite du fruit en particulier, & par comparaison de l'un à l'autre; car sur ce pied de merite en quelque Jardin que ce soit, supposé le bon fond & l'abri, à plus forte raison dans le Jardin où il ne faudroit que deux Poiriers en Buisson, j'inclinerois toûjours à donner la deuxiéme place aux Bergamottes, que j'honore infiniment, & qu'on ne sçauroit ce me semble trop honorer, comme étant, pour ainsi dire, la Reyne des Poires; car en effet elle est comme les excellens Melons, sa chair paroît d'abord ferme sans être dure, ny pierreuse, elle est fine & fondante sans être molle, ny farineuse, l'eau en est sucrée, & un peu parfumée sans avoir rien d'acre, ny de sauvage, le goût en est relevé, & merveilleusement delicieux, & a pour ainsi dire quelque chose de noble; une telle Poire ne peut-elle pas se vanter d'avoir aproché de bien prés de la perfection des fruits, & de devoir servir de regle & de modele pour celles, qui pretendent au Catalogue des bons.

Cette decision en faveur de la Bergamotte à l'exclusion des autres Poires ne surprendroit gueres les curieux, qui en ont goûté de veritablement bonnes, car seurement elle l'emporte sur le beurré, qui ne peut disconvenir d'avoir un peu d'acreté dans son eau, elle l'emporte sur la Virgoulé, en ce qu'elle est d'un plus prompt raport que luy, & qu'elle n'est nullement sujette à ce petit goût bizarre de paille, qui pour ainsi dire persecute la plûpart des Poires de Virgoulé, & leur rend mil mauvais offices en beaucoup de bonnes compagnies ; elle ne l'emporte pas moins sur les autres trois concurrentes, l'Eschasserie, l'Ambrette & l'Epine, parce que constamment elles n'ont rien de meilleur, ny de plus avantageux qu'elle sur le fait de la bonté parfaite ; on peut bien dire cependant sans aucun dessein de les offenser, que les unes & les autres ont bien quelquesfois le malheur d'avoir l'eau fade & insipide, & la chair dure, ou farineuse, mais cela ne doit pas être reproché à leurs especes en general, ce défaut procede uniquement, soit de l'année froide & humide, soit du mauvais fond, ou de la méchante exposition où elles ont été produites.

Cependant ce qui peut quelquesfois empêcher, que cette Bergamotte ne profite de ma déclaration est, que le bois de son Arbre a le malheur d'estre fort délicat de son temperament, si bien qu'au lieu de faire un agreable objet dans les Jardins, il ne fait souvent que chagriner son Maistre à cause de la gale, qui est presque en tous lieux la persecution ordinaire & du Fruit, & de l'Arbre ; de là vient que je ne hazarde pas volontiers à conseiller d'en planter nulle part en Buisson, ny à plus forte raison dans les Jardins bien petits ; si neanmoins nonobstant cette difformité, qui déplaît tant aux yeux, on veut à cause de l'excellence de son Fruit en planter en toute sorte de Jardins soit grands, soit petits, supposé toûjours le fond bien conditionné, je suis d'avis, qu'on prenne de celles qui sont sur franc ; mais si le fond est gras, & un peu humide, je suis d'avis, qu'on en prenne sur Cognassier, & de plus je suis d'avis qu'on prenne la Bergamotte rayée, autrement Suisse, plûtôt que la commune, parce qu'étans toutes deux d'une égale bonté, & aussi difficiles à élever l'une que l'autre, il me semble, qu'il sera à propos de s'attacher premierement à la rayée, devant que d'en planter de l'autre, puisqu'au moins elle a l'avantage de surpasser celle-cy en beauté de coloris ; que si enfin on n'en plante en Buisson ny de l'une, ny de l'autre, il ne faut pas manquer dans les grands Jardins d'y en avoir beaucoup en Espalier, je veux même, qu'on en plante quelqu'un en Arbre de tige, pour faire figure dans un grand espace, qui sans cela paroîtroit trop dégarni, mais sur tout il est fort avantageux d'en planter quelqu'un dans le voisinage d'un grand mur bien exposé; je me trouve tres-bien dans le Potager de Versailles d'avoir fait ce que je conseille aux autres de faire; j'en plante aussi en Arbre à demy tige, tant dans le milieu des quarrés, que dans le tour, & en plante particulierement à deux ou trois pieds l'un de l'autre, les disposant en forme de pepiniere; je fais la même chose pour toutes les autres especes delicates, les petit Oin, Espine, Loüise bonne, Sucrévert, &c. ausquelles la terre froide, & humide est entierement contraire, j'en tire pendant huit ou dix ans une quantité considerable de fort bons Fruits, & quand ces Arbres devenus trop grands paroissent nuire dans l'endroit, où ils sont, je les ôte, & en plante ailleurs de jeunes, pour en avoir le même secours, tout le plus long-temps qu'il est possible.

L'article de cette Poire de Bergamotte m'a fait de la peine à décider : je reviens enfin à me déclarer sur ces sortes d'Arbres, qui avec la bonté du Fruit ont encore la beauté du bois : c'est pourquoy j'incline à donner icy la seconde place au Poirier de Beurré;

Deuxiéme, ou peut-estre troisiéme Buisson. Premier Beurré.

Le dernier reproche, qui a été fait à la Poire de Virgoulé sur le fait de quelque bizarrerie, qui se trouve assez souvent dans son goût, sera favorable au Beurré pour le maintenir en rang devant elle, joint particulierement le droit d'ancienneté de ce Beurré, qui luy a acquis vers tout le monde une veneration singuliere, à laquelle celle-cy ne sçauroit si-tost pretendre; joint encore la facilité prompte du raport, qui convient aux Poires de Beurré preferablement à celuy de Virgoulé; joint enfin que constamment, quoy que toutes deux soient admirables, cependant il est vray de dire, que generalement parlant la Poire de Beurré se fait davantage souhaitter à tout le monde, que la Poire de Virgoulé; c'est pourquoy celles-cy le doit ceder à un primier Beurré dans les petits Jardins, qui n'ont que deux Buissons.

Et pour s'en consoler, elle doit s'attendre que son tour viendra bien-tôt, pour être ailleurs beaucoup mieux traitée que les Beurrez, c'est à dire beaucoup plus multipliée en nombre d'Arbres de son espece ; car à cet égard elle l'emportera d'une grande hauteur sur luy dans la pluspart des grands Jardins, que nous planterons cy-aprés.

Il est cependant d'une grande importance pour cette Poire de Virgoulé, que nous ne la laissions pas diffamée par le reproche public, que toutes les autres Poires luy font à l'égard de son goût : nous ne pouvons pas disconvenir, qu'il ne s'en soit trouvé souvent, qui avoient ce défaut ; mais aussi n'est-il pas impossible de les en exempter : il ne leur vient que pour avoir esté long-temps sur du foin, ou de la paille, ou peut-estre long-temps renfermées, soit dans quelque Armoire, où elles n'avoient point d'air, soit dans une maniere de Cave, qui n'est jamais sans quelque goût de relant, soit dans une Fruiterie trop soigneusement close, pendant qu'elle est pleine de beaucoup d'autres sortes de Fruits, & peut-estre voisine de quelque endroit infecté de senteur quelle qu'elle soit : car tout cela fait ensemble une odeur desagreable, dont cette Poire est malheureusement susceptible : il n'est donc question que de les mettre en lieu, où nul des inconveniens cy-dessus ne se rencontre, & par consequent ayant une Serre bien conditionnée contre le grand froid, & contre les humiditez, il faut couvrir les planches d'un peu de mousse extremement séche, y placer les Poires separement l'une de l'autre, & donner de l'air autant de fois que le beau temps le peut permettre ; avec ces sortes de precautions, qui ne sont pas difficiles, on est asseuré d'avoir pendant tout l'Hyver ces Poires de Virgoulé exemptes de mauvais goût ; elles sont, comme nous avons dit, belles & grosses, & sur tout excellentes ; pourveu que premierement, sans estre fort ridées, elles paroissent simplement comme un peu fanées : en second lieu qu'elles jaunissent presque par toute l'étenduë de leur peau ; en troisiéme lieu que le pouce les pressant un peu prés de la queuë, on sente qu'elles obéissent sans estre moles dans le cœur, c'est à dire enfin qu'elles viennent si bien à meurir, que la chair en soit tendre, & fondante ; car si, quoy qu'aparemment meures, comme estant fort jaunes, elles demeurent fermes & dures, comme il arrive quelquesfois à celles, qui ont esté serrées dans des lieux humides, ou qui sont venuës pendant un Esté fort pluvieux, ou peut-être à quelque exposition du Nord, ou dans un fond froid & aquatique : pour lors on ne peut pas nier, que ces sortes de poires ne soient, & farineuses & insipides, & par consequent desagréables : c'est ainsi que parmy les choses du monde les plus parfaites il s'en peut trouver quelques-unes, qui tombent dans la corruption, & en même temps dans le mépris ; mais le défaut d'un Particulier ne doit pas faire l'oprobre du general.

Une chose assez extraordinaire à l'égard de ces Poires est, que celles qui peut-estre sont tombées, ou ont esté cueïllis une quinzaine de jours avant le temps qu'elles devoient l'estre, & qui, à cause de cela, deviennent un peu flétries (si elles l'estoient beaucoup, elles seroient méprisables en toutes manieres) ces sortes de Poires, dis-je, quoy qu'un peu vilaines à la veuë : cependant la parfaite maturité leur estant enfin venuë, elles se trouvent presque toujours admirables au goût, ce qui ne se peut gueres dire d'aucun autre Fruit : on ne conseille point d'en cueïllir ainsi de beaucoup trop tost, par exemple devant la fin de Septembre ; les vents ordinaires de ce mois là, & de celuy d'Octobre empêchent bien, & mesme souvent plus qu'il ne seroit à desirer, qu'on n'en prenne la peine : on se consolera donc, quand il en tombera quelques-unes, qui viendront à meurir plus tard que les autres, & seront moins sujettes à molir ; & on souhaittera toûjours que cela n'arrive pas pour avoir sans faute des Poires qui soient bonnes, & en même temps belles, saines, & mediocrement ridées : j'expliqueray ailleurs plus particulierement quel est le temps de les cueïllir, & quelles sont les marques infaillibles de leur veritable maturité, aussi bien que celle de tous les autres Fruits : ce sont des articles tres-importans, dans lesquels consistent les principaux points de nostre curiosité.

Le Poirier de Virgoulé sera donc regulierement le troisiéme Buisson,

Troisiéme Buisson. Premier Virgoulé. *Novembre, Decembre, & Ianvier.*

Que nous planterons dans le Jardin, qui n'en peut recevoir que trois ; & il me semble que ce Poirier auroit tort de s'en plaindre, puis qu'on peut dire avec verité qu'il a l'honneur de se voir encore preferé à d'autres merveilleuses Poires, qui le vont suivre ; sçavoir la Leschasserie, l'Ambrette, l'Espine d'Hyver, la Crasane, la S. Germain, la Colmar, la Marquise, le Petit-oin, le S. Augustin, le Rousselet, la Robine, &c.

Il faut que tout le monde demeure d'accord qu'on ne sçauroit presque donner le nom de Jardin Fruitier à quelque Jardin que ce soit, dans lequel on ne trouve pas au moins les treize, ou quatorze principales Poires que nous avons, & qu'on ne sçauroit aussi luy en disputer le nom, quand elles s'y rencontrent de compagnie : heureux celuy qui a planté avec tant de connoissance & de discernement, que n'ayant de place dans son Jardin que pour un si petit nombre d'Arbres, y a sagement assemblé les meilleurs Fruits que nous connoissions.

Pour continuër l'ordre de mon choix, je place la Poire de Leschasserie immediatement aprés la Poire de Virgoulé,

Quatriéme Buisson. Premier Leschasserie. *Novembre, Decembre, & Ianvier.*

A laquelle peut-estre quelques curieux ne feront pas scrupule de la preferer, tant il est vray, que souvent elle paroist une Poire sans aucuns défauts, & par consequent un Fruit de la derniere bonté : je diray en sa faveur, que je ne croy pas avoir jamais rien goûté de meilleur en matiere de Poires, que quelques Leschasseries venuës en plein air sur des Arbres, pour ainsi dire, abandonnez : elles estoient d'une mediocre grosseur, ayant la peau & la figure toutes sauvages ; mais en verité à les manger même avec leur peau, elles charmoient par leur goût relevé, par leur petit parfum délicat, par leur chair fine & fondante : enfin je ne me sçaurois taire de l'étonnement, qu'elles m'ont causé, & du plaisir que j'en ay eu,

& que je continuë d'en avoir tous les ans : peût-estre pourrois-je dire que la meilleure Bergamotte du monde auroit eu de la peine à se soûtenir devant elles : celles que j'avois eu en Espaliers, & qui estoient beaucoup plus belles, n'en aprochoient pas en façon du monde pour la bonté.

Ce Leschasserie l'emporte donc sur l'Ambrette,

Novembre, Decembre, & Ianvier.

Cinquième Buisson. Premier Ambrette.

Et celuy-cy le suit tout le plus prés qu'il est possible ; aussi est-ce le plus souvent une tres-excellente Poire en tout, ayant la chair fine & fondante, & un certain goût relevé, qui charme, supposé toûjours qu'elle soit venuë en bon fond, & en bonne exposition, & que sans estre mole ou avortée, elle soit dans sa parfaite maturité ; cependant un je ne-sçay-quoy de couleur verte dans la chair, & d'eau fade dans le goût, & sur tout un je ne-sçay-quoy de pourriture séche, & entierement cachée, qui se trouve en quelques-unes, m'y paroissent trois manieres de défauts, pour lesquels au moins cette Poire en general doit sans répugnance ceder au Leschasserie, & pourroit même en bonne justice ceder à l'Espine d'Hyver, quand elle a tout le merite qu'elle peut avoir.

Car enfin cette Poire d'Epine venuë en pays assez chaud, dans un terroir sec, en bonne exposition, pandant des années mediocrement pluvieuses, & venuë sur tout en Arbre de tige, ou demy tige bien placé, est si parfaite en toutes ses parties, qu'elle égale la delicatesse de chair des bonnes Pêches, & qu'enfin le nom de Merveille luy en a esté donné dans les Provinces de Xaintonge, d'Angoumois & de Poitou, Provinces situées dans un climat merveilleux, & lesquelles on sçait estre fameuses par le grand nombre des bons Fruits, qu'elles produisent, & par un grand nombre d'honnestes gens, qui s'y divertissent au Jardinage ; j'avoüe de bonne foy, que parmy les Poires je n'en trouve point, qui soit meilleure que celle-cy, pourveu qu'elle ait toute la bonté, qui convient à son espece ; mais aussi je ne puis m'empêcher d'avoüer, qu'il est tres-difficile d'en trouver de parfaites : on pourroit presques dire & d'elle, & des Petit-oin; & des Ambrette, & des Loüise-bonne, & des Colmar, &c. ce qu'on dit des œufs frais; le moindre défaut les fait rebuter: il n'en est pas de même de la plus part des autres Poires, on ne les rejette pas, quoy qu'il leur manque quelque degré de perfection; tous les Beurrés, tous les Rousselets, tous les Bons-chrestiens, &c. ne sont pas chacun de la derniere excellence, & cependant on ne laisse pas de manger de celles qui sont mediocres.

On a veritablement un petit reproche à faire à cette Poire d'Espine, sur ce qu'elle meurit quelquesfois en même temps que ces autres Poires que je viens de placer, & que par consequent dans les égards que j'ay toûjours en faisant ce chois, & dont il seroit à propos que je ne me départisse jamais, il vaudroit beaucoup mieux pour ce petit Jardin, qu'on y plantât quelque bon fruit d'une autre saison, que d'y planter celuy-cy; mais je répons, que comme cette maturité avancée n'arrive que rarement, bien loin de bannir d'icy l'Espine pour un tel reproche, si sur tout on n'y a point de Bergamotte en Buisson, il l'y faut soigneusement planter; elle qui fait un si agreable Buisson, & qui se met assez aisément à raporter.

Je persiste donc à donner au moins à l'Espine

Sixiéme Buisson. Premier Espine d'Hyver.

Novembre, Decembre, & Janvier.

La sixiéme place dans un Jardin bien conditionné, & qui ne peut avoir que six Buissons; encore faut-il avoir un soin particulier de ce Buisson, pour le tenir bien ouvert, & même dépoüillé de ses feüilles dés la fin du mois d'Aoust; ensorte que la Poire, dont le coloris est naturellement fort verd, y reçoive une cuisson extraordinaire, & qu'enfin dans la serre elle vienne à jaunir un peu, pour marquer la premiere aparence de sa maturité; car à dire le vray, quand en sa peau elle conserve toujours le même fond de verd, qu'elle avoit sur l'Arbre, comme font celles, qui sont venuës dans un terroir humide, ou dans un Buisson trop touffu, ou à une méchante exposition, elle va veritablement jusqu'en Janvier & Fevrier, mais ce n'est que pour chagriner celuy, qui a pris soin de la serrer, & de la garder ; car ſans meurir elle molit dans tout le voiſinage de la queüe & demeure avec une chair cotonneuſe, & ſéche, & un gouſt fade, & inſipide ; en un mot elle ſe trouve la plus méchante Poire du monde ; dans la verité nous n'en avons aucune, qui ait beſoin de plus grands égards que celle-là, pour faire qu'elle vienne à bien ; elle veut être ſur franc dans les terres ſéches, & ſur Coignaſſier dans celles, qui le ſont un peu moins ; elle réuſſit moins en Buiſſon, qu'en Arbre de tige dans celles, qui ſont un peu fortes, & d'ordinaire ne vaut rien dans les fonds gras, & humides, ayant cela de commun avec quelqu'autres, que je marqueray cy aprés ; je diray cependant, qu'avec le ſoin, que j'ay eu de tenir mes terres un peu élevées, & de découvrir de bonne heure les Poires d'Epine de mes Buiſſons, j'en ay eu de tres-belles & de tres-bonnes pendant prés de deux mois, & par conſequent les défauts de cette Poire ne ſont pas toûjours incorrigibles, & quand on peut l'en garentir, c'eſt luy faire injuſtice que de ne luy pas donner place devant les deux precedentes.

Je la prefere icy à la S. Germain, au Petit-oin, à la Craſane, à la Marquiſe, à la Loüiſe-bonne, à la Colmar, & à la S. Auguſtin, parce que tout bien conſideré elle me paroiſt valoir mieux qu'elles, & que ſur tout la plûpart de celles-cy meuriſſent dans le temps de quelques-unes des trois precedentes, c'eſt à dire dans les mois de Novembre & Decembre, dans leſquels eu égard à la petiteſſe des Jardins, dont eſt queſtion, nous avons aſſez d'autres fruits pour nous contenter.

Je la prefere auſſi aux deux plus importantes Poires d'Eſté, qui ſont le fameux Rouſſelet, & l'illuſtre Robine ; mais ce n'eſt que d'un dégré ſeulement, pour la faire marcher immediatement devant elles ; & celles-cy à leur tour ſeront preferées à ces cinq autres, qui ont tant de reputation ; ſans doute que cette preference donnée même ſans balancer, les doit empeſcher de murmurer de ce qu'on ne les a point encore fait paroiſtre ; pour moy je fais un ſi grand cas de l'une & de l'autre, que je n'eſtime pas qu'un Jardin, qui peut avoir ſept, ou huit Poiriers en

Buiſſon, doive eſtre ſans un Rouſſelet, & ſans une Robine ; & celles-cy placées, nous examinerons ce que les autres Poires ont de bon & de conſiderable, pour leur rendre auſſi-toſt la juſtice, que je croy leur eſtre deuë.

Pluſt à Dieu, qu'en fait de bonnes Poires, Janvier, Fevrier, & Mars me puſſent fournir autant de conteſtation à démeſler, qu'il s'en trouve pour les trois ou quatre mois precedens ; ceux-cy pauvres, & ſteriles, comme ils ſont, ont grand beſoin de ſecours ; je ne ſçay pas quand il leur en viendra ; conſtamment ce ſeroit une grande fortune pour eux, s'ils poſſedoient quelques-unes de ces bonnes Poires, dont, pour ainſi dire, la foule nous acable à la fin d'Automne, & au commencement d'Hyver ; je n'y perds pas un moment de temps, comme je m'en ſuis expliqué cy-deſſus.

Je viens donc à placer les deux Poires, dont eſt queſtion, m'attendant bien ſeurement, que j'en ſeray aprouvé ; car il me ſemble qu'il ne faut pas tarder davantage à introduire icy quelques Poires d'Eſté, puiſque j'en ay déja placé ſix des autres ſaiſons : mais que dois-je faire pour regler la diſpute, qui va naiſtre entre ces deux Poires, à qui ſera la premiere ; je ne veux point entreprendre de la vuider de mon chef, c'eſt un procez trop dangereux à juger en preſence des Patrons de l'une, & de l'autre ; ainſi pour ne me point broüiller d'aucun coſté, le parti que je prens, eſt de donner l'alternative à ces Poires, ou plûtoſt de les faire tirer au billet ; ce n'eſt pas la premiere conteſtation de preſſéance, qui ait eſté jugée de la ſorte, & meſme au contentement des Parties.

Le ſort vient de tomber au Rouſſelet, pour le Jardin de ſept Buiſſons,

Septiéme Buiſſon. Premier Rouſſelet.

Aouſt, & Septembre.

Et partant il ſera toûjours le ſeptiéme en rang, & la Robine le huitiéme.

A l'égard de ce Rouſſelet je ne fais nulle difference du gros au petit, comme font certains curieux ; ce n'eſt aſſeurement qu'une meſme choſe, & pour le prouver ſans retour, il n'y a qu'à voir comme quoy un meſme arbre en fait d'ordinaire des unes & des autres ; il est vray cependant que celles, qui n'ont qu'une médiocre grosseur, sont communement meilleures que les plus belles. (Cela se trouve encore en d'autres Especes, mais non pas en toutes.) Les grosses Poires de Rousselet sont sans doute venuës dans un fond gras, soit en Buisson, soit en Espalier, & les autres dans un fond séc, ou en Arbre de tige.

Je commence à dire à l'égard de ce Rousselet, qu'il n'y a guére de Poire au monde plus connuë, & plus estimée que celle-là : je ne pense pas qu'il soit necessaire d'en faire la description pour dire, que c'est une Poire mediocre en grosseur, bien-faite dans sa figure, qui est plus longue, que ronde, la queuë en est peu grosse, & peu étenduë, le coloris gris, roussastre d'un côté, & rouge obscur de l'autre, avec quelques endroits verdastres, qui jaunissent à propos, pour marquer le temps de la maturité : la chair en est & tendre, & fine, & sans marc, & l'eau agreablement parfumée, mais d'un parfum, qui ne se trouve qu'en elle : c'est d'ordinaire à la fin d'Août, & dans les premiers jours de Septembre qu'elle meurit, & pour lors à cause des bonnes qualitez, dont elle est revestuë, je croy que sans hesiter tout le monde convient, qu'on peut dire du Rousselet, comme des Bergamottes, & des Leschasseries, qu'aucunes Poires ne peuvent estre mises en rang des excellentes, qu'à proportion qu'elles aprochent plus, ou moins de la bonté du Rousselet, aussi-bien que de la bonté de ces deux autres ; constamment le merite de ce Rousselet est si grand, qu'il ne surpasse en rien sa grande réputation : tous les siecles l'ont connuë pour estre bonne en quelque maniere qu'on la puisse mettre ; & en effet qu'elle soit cruë, qu'elle soit cuite, qu'elle soit en Compotte liquide, qu'elle soit en Confiture séche, elle se soutient également bien par tout : qu'on la mette en toutes sortes de terres, elle y réussira : la veut-on en Espalier, elle y donnera contentement : la veut-on en Buisson, elle y sera admirable, & encore meilleure en grand Arbre : on peut même dire à son honneur (ce qui parmy tous les Fruits, ne conviennent ce me semble, qu'à celuy-cy) que quoy qu'il s'en rencontre assez souvent

de

de meilleures les unes que les autres, jamais cependant il ne s'en voit aucune qu'on puisse dire absolument mauvaise, pourveu qu'elle soit dans sa juste maturité ; celles qui ne l'ont point, & encore plus celles qui en ont trop, ne plaisent nullement.

Il est bon de sçavoir que rien ne luy est plus contraire pour estre excellente que l'Espalier, elle y perd asseurement une partie de son parfum, mais aussi elle y devient belle, & grosse, & abondante ; & voila par où elle repare ce deffaut d'extrême bonté ; si bien que nous pouvons établir, qu'il n'en faut gueres avoir contre les murailles, à moins qu'on ne fasse plus de cas de la grosseur, & de la quantité, que du bon goust, & de la délicatesse, ou au moins qu'on ne trouve à propos d'en avoir plûtost, qui soient passablement bonnes, que de n'en avoir point du tout ; voila ce que fait d'ordinaire l'Espalier en fait de Poires, & de Pesches ; c'est asseurement le parti que je conseille de prendre à tous les gens, qui ont une grande quantité de murailles à garnir, comme je m'en expliqueray cy-aprés, n'estant pas icy le lieu d'en parler ; je n'ay pû resister à la tentation qui m'est venuë de ne rien oublier du merite de ce Rousselet ; il y a une chose singuliere pour luy, que quoy que la plûpart des fruits ne réussissent nullement aux Espaliers du Nord, cependant celle-cy y conserve raisonnablement de bonté, en sorte qu'il n'est pas mal à propos d'en mettre quelques Arbres à ces expositions, qui sont d'ordinaire ou inutiles, ou miserables.

Que nous serions heureux, si premierement le Rousselet se pouvoit garder un peu plus long-temps qu'il ne fait, (il a le mal-heur d'estre fort sujet à molir, c'est son unique défaut, & on y est souvent trompé, quand on n'y prend pas garde de fort prés ;) ou si principalement il pouvoit changer de place avec tant d'autres méchantes Poires, dont les unes viennent inutilement dans les premiers mois de l'Esté, & les autres viennent encore plus inutilement dans le fort de l'Hyver ; si bien que ce Rousselet, au lieu de meurir comme il fait à la fin d'Aoust, & au commencement de Septembre, c'est à dire dans l'abondance des bonnes Pesches, & des bonnes Prunes, il eût le don de nous venir regaler, ou quelque temps devant la maturité des principaux Fruits à noyau, ou quelque temps aprés qu'ils sont passés : (Je n'ay pû m'empescher de faire ce souhait, quoy que fort inutile, & j'en demande pardon.)

Je sçay bien que les Pesches, quand elles ont leur bonté naturelle, sont pour ainsi dire la manne precieuse de nos Jardins, & en effet d'un aveu general elles valent mieux qu'aucuns Fruits à pepin : si bien que peu de gens font la cour à ceux-cy, pendant que les Pesches avec leur grosseur, leur figure, leur beau coloris, l'abondance de leur eau douce & relevée, & toutes leurs autres bonnes qualitez, sont en estat de donner dans la veuë, & d'émouvoir l'apetit.

On ne laisse pas toutefois de faire cas & du Rousselet, & de la Robine dans la saison des Pesches, quelque grande que soit l'abondance de celles-cy; aussi comme d'ordinaire les Pesches sont plus fautives que les Poires, & que de plus les Pesches venuës dans un fond humide sont d'un tres-petit merite, il est necessaire à ceux, dont le terrein n'est pas trop bon, de se précautionner au moins par le moyen du Rousselet, qui manque peu, & n'est jamais à rejetter, afin que dans la fin d'Aoust, & au mois de Septembre, qui sont la saison d'avidité & d'empressement pour les Fruits, on ait au moins d'assez bonnes Poires, si on a esté assez mal-heureux, pour avoir veu perir la pluspart des Pêches, ou pour n'en avoir que de mediocrement bonnes.

La Poire est veritablement petite, mais elle a cela de commode, qu'on la peut cueïllir verdelette, pour la laisser meurir hors de l'Arbre, & qu'ainsi on la peut au moins conserver quelques jours, en attendant la perfection de sa maturité : jusques-là même que sans aucune diminution de sa bonté on peut hazarder à luy faire faire de petits voyages, comme par exemple de la porter sur soy, ou de l'envoyer de Province en Province, quand la distance n'en est pas grande.

Aprés tant d'éloges que je viens de donner au Rousselet, ne semble-t'il pas qu'il pourroit avoir quelque sujet de se plaindre, de ce que je ne luy donne qu'une septiéme place : j'ay certainement autant de consideration pour luy, qu'aucun curieux en puisse avoir ; mais enfin ce qui doit justifier ma conduite est, que quand on peut tant faire que d'avoir un Jardin capable de contenir cinq ou six Poiriers en Buisson, on peut, & on doit vray-semblablement avoir en Espalier quelque quantité proportionnée de Figues, de Pêches, de Prunes, & de Raisins, & qu'ainsi il pourroit y avoir de l'imprudence, si pour de fort petits lieux, tels que sont les Jardins que nous plantons icy, je conseillois d'avoir ensemble dans les mois d'Aoust, & de Septembre un assez grand nombre & de Fruits à noyau, & de Fruits à pepin ; ce qui ne se pourroit faire, sans se mettre au hazard de n'avoir presque rien dans les saisons plus difficiles : aussi ay-je conté sur les Fruits d'Espalier, pour en avoir seurement dans l'Esté, & j'ay destiné la plûpart des six premiers Poiriers, pour en avoir l'Automne & l'Hyver, deux saisons qu'on passe désagreablement, si le dessert ne les reveille. Je croy mesme avoir grande raison de dire, que preferablement à tout il faut travailler pour elles.

Le Rousselet établi, la Robine vient prendre sa huitiéme place,

Huitiéme Buisson. Premier Robine. *Aoust, & Septembre.*

Elle est connuë en differens lieux, tantost sous le nom d'Averat, tantost sous le nom de Muscat d'Aoust, &c. & même à la Cour sous le nom de Royale ; ce nom luy ayant esté donné de nos jours par l'illustre Pere des Curieux, qui crût, & avec raison, que comme parmy nous le titre de Roy se trouve en la personne de celuy de tous les Hommes, qui a le plus de merite, le nom de Royale parmy les Poires devoit estre pour celle, qui paroist avoir le moins de défauts ; dans la verité on la peut regarder comme une Poire parfaite : voicy son portrait, elle est à peu prés de la grosseur, & même de la figure d'une petite Bergamotte, c'est à dire entre ronde & plate, sa queuë est longuette, assez droite, & un peu enfoncée, l'œil aussi est un peu en dedans, sa chair est cassante sans estre dure, son eau sucrée & parfumée charme tout le monde, & particulierement le premier Prince de la terre, & avec luy toute la Maison Royale: son coloris est blanc jaunastre, & la peau en est douce; elle ne molit presque point, qui est une qualité importante, & presque unique en fait de Poires d'Esté: son merite ne se termine pas seulement à estre mangée cruë, elle est outre cela admirable en pâtes & en compotes: elle fait un tres-beau & tres-grand Buisson, & réussit bien par tout: elle n'a aucun reproche à craindre, si ce n'est que son bois est sujet à devenir quelquesfois chancreux, & que d'ordinaire elle est difficile à se mettre à fruit: je donne ailleurs d'assez bons remedes contre ces défauts; il n'y a que le temps de sa maturité, qui fait peine pour soûtenir nostre chois, car il est, comme j'ay dit cy-devant, avec celuy du Rousselet, & des premieres grosses Pêches: mais elle a cet avantage de n'estre nullement défaite de paroistre avec elles, tout cela ensemble ne fait-il pas demeurer d'accord, que la Robine merite bien au moins une huitiéme place, sans craindre qu'aucune autre Poire luy puisse sur cela donner d'ateinte valable, à moins que ce ne soit la Poire de Colmar pour le mois de Février.

La septiéme & la huitiéme place en Buisson estant si bien remplies, la neuviéme est demandée non seulement par chacune des sept, dont il a esté cy-dessus fait mention, la Loüise-bonne, le Petit-oin, la S. Germain, la Marquise, la Crasane, la S. Augustin, la Colmar, mais aussi par la Verte-longue: de plus les Sucré-ver, Martin-séc, Lansac, Messire-Jean, & Portail oseroient presque ne s'en croire pas indignes: examinons séparement les raisons des principales aspirantes, de la même maniere à peu prés que nous avons fait pour celles qui sont placées.

Je commence par expliquer ce qui regarde ces Poires nouvelles, la Crasane, la S. Germain, la Marquise, la S. Augustin, la Colmar, & passe ensuite à ce Petit-oin, Loüise-bonne, Verte-longue, & Lansac.

La Crasane trouve beaucoup d'honnestes gens, qui la nomment Bergamotte-Crasane, Bergamotte à cause de sa chair, & Crasane à cause de sa figure, qui paroist comme écrasée : il me semble qu'il luy conviendroit mieux de porter le nom de Beurré plat, car elle est assez de la nature, & de la couleur du Beurré ; cependant elle en est differente par sa figure plate : elle est à peu prés de la forme des Messire-Jean : il en est de tres-grosses, de mediocres, & de fort petites : le fond de son coloris est verdastre, jaunissant en maturité, & presque tout chargé de rousseurs : la queuë en est longue, mediocrement grosse, courbée, & est enfoncée, comme celle des Pommes : la peau en est rude, la chair extremement tendre & beurrée, quoy qu'elle ne soit pas toûjours fort fine : l'eau en est autant abondante, que celle des fameux Beurré, & malheureusement rencherit sur eux par une acreté, qu'elle a un peu trop grande, & qui fait que parmy les Bergamottes, les Epines, les Petit-oins, les Loüises-bonnes, les Ambrettes, les Leschasseries, &c. où elle se trouve assez souvent dans les mois d'Octobre & de Novembre, elle est accusée de ne faire pas une trop agreable figure, & particulierement auprés des gens, qui aimans les Poires au naturel, n'y veulent guéres de sucre ; cependant comme il se rencontre assez souvent de ces Poires, qui n'ont pas ce grand défaut d'acreté, & ce sont celles qui ont esté élevées dans un terrein un peu gras & humide, comme celuy de Versailles ; on peut dire que ce n'est pas tout à fait sans raison, qu'elle pretend à la place dont est question, joint que de se conserver un mois entier en parfaite maturité, ne molir jamais (chose tres-singuliere) & estre tout au plus sujete à la condition commune de tous les Fruits, c'est à dire à la pourriture, qui commence seulement icy par quelque petit endroit, pour faire voir qu'elle ne sçauroit aller plus loing, ces trois considerations luy doivent attirer un grand nombre de protecteurs.

A voir la S. Germain fort longue & assez grosse, les unes vertes, & un peu tiquetées, les autres assez rousses, & toutes jaunissans beaucoup en maturité, la queuë courte, assez grosse & panchée, on la prendroit pour une tres-belle Poire de Virgoulé ; à l'égard de celles qui restent petites, elles ressemblent assez au S. Lezin : cette espece de Poires vient presque toûjours en même temps que la

Virgoulé, l'Epine, l'Ambrette, Leschasserie, quoy qu'elle les devance quelquesfois, & quelquesfois aussi ne fasse que les suivre, ce qui d'ordinaire dépend de la maniere, dont l'Esté & l'Automne se sont comportez : & cela, comme j'ay dit ailleurs, est vray non seulement pour ces Poires-cy, mais generalement pour toutes les fines Poires d'Automne & d'Hyver ; de plus la difference des pieds, sur lesquels ces especes sont greffées franc, ou Cognassier, la difference des expositions, & la difference des Terroirs secs ou humides, font beaucoup à cet égard, &c.

Cette Poire de S. Germain, autrement nommée l'inconnuë de la Fare, a la chair fort tendre, point de marc, grand goust, & beaucoup d'eau, mais cette eau a souvent quelque pointe de l'aigret de Citron, qui plaist à certains curieux, & déplaist à quelques autres ; j'en ay veu quelques-unes qui en avoient si peu que rien, & d'autres, qui heureusement n'en avoient point du tout, & estoient par consequent meilleures à mon goust : sans doute que le Cognassier, & les Terres fort seiches augmentent ce défaut ; ainsi il faut affecter d'en avoir sur-franc, & dans un fond où la seicheresse ne domine pas tant ; je diray cependant à son honneur, que ce goust aigret ne se trouve que dans celles, qui pour estre verreuses meurissent en Novembre, il ne s'en trouve gueres dans celles qui ne viennent à leur maturité que dans la fin de Decembre.

La Marquise prend deux figures fort differentes, suivant la difference des Terres, & des Arbres où elle est élevée ; si le fond est sec, elle ressemble assez par sa grosseur, & sa figure à un tres-beau Blanquet, ou à un mediocre Bon-Crétien, & elle fait la mesme chose en Arbre de tige ; mais dans les terres grasses & humides, & en Buisson il en vient d'extraordinairement grosses ; la Poire est bien faite ; elle a la teste plate, l'œil petit & enfoncé, le ventre assez gros & proprement alongé vers la queuë, qui est longuette, passablement grosse, courbée, & un peu enfoncée, la peau en est assez rude, le coloris est d'un fond verd avec quelques placards de rousseur, comme on en voit au Beurré ; que si elle ne change point en meurissant, elle est tres-mauvaise, ayant en cela la même destinée que les Loüise-bonne, les Espine, les Petit-oin, les Lansac : ce mal-heur vient des fonds de terre humide, & de la figure des Buissons trop touffus dans ces sortes de fonds; mais si ce verd devient jaunastre dans la maturité, la chair en est tendre & fine, le goust agreable, l'eau assez abondante, & autant sucrée, qu'il est à souhaiter pour une merveilleuse Poire ; elle a veritablement un tant soit peu de pierre au cœur, ce qui seurement ne doit point empêcher de la regarder avec estime pour les mois d'Octobre, & de Novembre.

La Poire de Colmar m'est venuë sous ce nom là, par un illustre curieux de Guyenne, & m'estoit venuë d'un autre endroit sous le nom de Poire Manne, & sous celuy de Bergamotte tardive ; ce dernier nom pourroit bien luy convenir mieux que celuy de Colmar ; elle a extrêmement de l'air d'un Bon-Crétien, & quelque fois d'une belle Bergamotte, la teste en est plate, l'œil assez grand, & fort enfoncé, le ventre un tant soit peu plus gros que la teste, s'alongeant médiocrement & fort grossierement pour venir à la queuë qui est courte, assez grosse, & panchée; le coloris en est verd tiqueté, comme les Bergamottes, & quelquefois un peu teint du costé du Soleil ; la Poire jaunit un peu en sa maturité, qui arrive en Decembre, & Janvier, & va quelquefois jusqu'aux mois de Fevrier & Mars; la peau en est douce & unie, la chair tendre, & l'eau fort douce & fort sucrée : voila bien le portrait d'une excellente Poire, elle craint cependant pour le terrein, & les saisons, les mêmes choses que l'Espine, la Loüise-bonne, le Petit-oin, &c. Estant un peu sujete à avoir la chair sablonneuse & insipide, elle craint de plus les moindres vents d'Automne, qui sur tout en Arbres de tige la font aisement tomber, & l'empêchent d'acquerir le dégré de perfection qui luy convient : sa juste maturité n'est pas aisée à trouver ; car quoy qu'elle soit jaune, elle n'est pas toûjours assez meure, il faut enfin qu'aprés avoir assez longtemps paru avec cette couleur jaune, elle vienne à obeïr un peu au pouce qui la presse.

Le Petit-oin, que quelques Angevins nomment Bouyar, d'autres Roussette d'Anjou, d'autres Amadonte, &

d'autres enfin la Merveille d'Hyver, est une Poire de Novembre ; elle est à peu prés de la grosseur & figure des Ambrettes, ou des Leschasseries ; son coloris est d'un verd clair, qui est un peu tiqueté, & jaunit si peu que rien en maturité ; on la prendroit assez pour une médiocre Bergamote, hors qu'elle n'a rien de plat, & qu'au contraire elle est fort ronde, l'œil grand & en dehors, la queuë menuë, médiocrement longue, un peu courbée, & point enfoncée, la peau entre rude & douce, le corps un peu raboteux, & pour ainsi dire plein de bosses, la chair extrêment fine & fondante, sans pierre, & sans marc, l'eau tres-douce, tres-sucrée, & agreablement musquée : tout cela confirme que toute petite qu'elle est dans sa taille, elle doit trouver place parmi les bonnes Poires, & estre mise des premieres dans les Jardins Fruitiers, quoy que, comme j'ay dit ailleurs, elle coure les mêmes hazards que l'Espine, & que d'autres principales pour la chair pâteuse & insipide ; mais enfin on peut dire que, pourvû que son naturel ne soit pas gasté par ce qui s'apelle les ennemis jurez des bons Fruits, qui sont le trop d'humidité, & le trop peu de chaleur, on ne peut pas pendant prés de deux mois voir une meilleure petite Poire, quand elle est dans sa parfaite maturité.

La Loüise-bonne est d'une figure assez aprochante de celle de la Saint Germain, & même de la Vertelongue d'Automne, hors qu'elle n'est pas tout à fait si pointuë ; on en voit de beaucoup plus grosses, & plus longues les unes que les autres ; les plus petites sont les meilleures, la queuë en est fort courte, un peu charnuë, & panchée, l'œil petit & à fleur, la peau fort douce, & fort unie, le coloris verdastre, tiqueté, & devenant blanchastre en meurissant, ce qui n'arrive point aux grosses : la premiere marque de sa maturité est donc cette blancheur, mais elle ne suffit pas, il faut encore qu'en luy apuyant le pouce auprés de l'œil, on le sente un peu enfoncer : au reste son merite consiste en ce qu'elle est merveilleusement feconde, qu'elle fournit prés de deux mois, Novembre & Decembre ; que sa chair est extrêmément tendre, pleine d'eau, & cette eau assez douce & un peu relevée, qu'elle ne devient point mole, comme la plûpart des

des autres, & sur tout qu'elle plaist beaucoup à Sa Majesté; mais cela s'entend, pourvû qu'elle ait toute la bonté qu'elle peut avoir, car elle est, ce semble, comme les enfans qui sont nez avec de bonnes inclinations, desquels il est vray de dire, que s'ils sont bien élevez, ils se perfectionnent, & que s'ils le sont mal, ils se corrompent; de même les fonds humides rendent cette Poire fort grosse, mais en même temps fort mauvaise, ayant un goust de verd & de sauvage, & une maniere de chair particuliere, qu'on ne sçauroit définir qu'en disant, qu'elle est à peu prés comme de l'huile figée; aussi est-il vray que cette chair ne fait point de corps, ses parties ne tenans non plus l'une avec l'autre que des grains de miel, ou de sable moüillé; mais en revenche le plein air luy est tres-favorable, & le seroit bien davantage, si elle tenoit à la queuë un peu plus qu'elle n'y tient; partant il est facile de conclure, que ce qu'on en voit de bonnes, sont venuës dans des terreins sécs, ou qu'elles ont esté fort soigneusement cultivées dans d'autres.

La Verte-longue, autrement Moüille-bouche d'Automne, est de ces Poires anciennes que tout le monde connoît; & on peut dire que des deux noms qu'elle porte, le premier fait la veritable description de ses dehors; & que l'autre marque sa bonté interieure; elle a beaucoup d'amis, & beaucoup d'ennemis; aussi ceux qui luy en veulent, luy reprochent, que souvent elle vient mal à propos se mêler parmy les Pêches tardives, & parmy les Beurrez, c'est à dire entre d'excellentes Poires, qui ont suffisamment de quoy effacer tout ce que la Verte-longue peut avoir de recommandable, & même de quoy faire en sorte qu'on se puisse aisement passer d'elle: ils luy reprochent encore qu'elle molit trop facilement, & que, si elle ne vient dans une terre séche & douce, elle court ordinairement risque d'estre pâteuse, ou tout au moins de n'avoir qu'une eau fade & insipide.

J'avoüe bien que ce sont là de puissans reproches, s'ils estoient tout à fait veritables, & inseparablement atachez à cette Poire; mais nous pouvons répondre premierement, que nous suposons icy le Terroir favorable pour les avoir bonnes ; en second lieu nous disons, que le temps de sa maturité est communement vers la my-Octobre, & que pour lors les Beurrez sont d'ordinaire finis ; si bien que dans ce temps-là elle fait tres-souvent un agreable intermede, pour accompagner les dernieres Pêches, & sur tout pour se joindre avec les Muscats, en attendant la maturité des Bergamottes & des Petit-oins, qui ne doit pas estre éloignée, autrement on est réduit à rien, si ce n'est peut-estre aux Messires-Jean, aux Poires de Vigne, aux Lansacs, aux Rousselines, &c. toutes Poires qui doivent se cacher, quand on peut avoir de la Verte-longue.

D'ailleurs si on veut luy faire la justice de considerer exactement la quantité, la douceur & le parfum de son eau avec la délicatesse de sa chair fine, on ne pourra s'empêcher d'avoüer, que nous n'avons point de Poire, qui luy puisse disputer sur ces bonnes qualitez : je dis même qu'elle l'emporte sur la pluspart des autres Poires, eu égard à l'abondance merveilleuse, avec laquelle, pour confondre ce semble ses ennemis, elle se presente d'ordinaire tous les ans sur le téâtre du Jardinage.

Il est tres-certain, que pour peu qu'elle soit aïdée de sucre, comme c'est une Poire qui n'a nulle aparence de marc, qui même n'a presque pas davantage de peau, que les bonnes Pêches, nous trouverons tant de raisons pour elle, & si peu contre, qu'enfin malgré tous les reproches qu'on luy fait, elle se fera considerer comme un Fruit important dans le temps de sa parfaite maturité.

La Dauphine ou Lansac, & en quelques endroits Lichefrion d'Automne a veritablement de beaux jours, mais elle en a aussi de fort vilains : sa grosseur ordinaire est comme celle des Bergamottes, & il n'y en a de bonnes que les petites ; sa figure est entre ronde & plate par la teste, & un peu alongée vers la queuë : sa couleur est d'un jaunastre pâle : son eau est sucrée, & un peu parfumée, elle a sa peau lice, sa chair jaunastre, tendre & fondante : son œil gros, & à fleur : sa queuë droite & longuete, & assez grosse & charnuë : j'en ay trouvé, qui à mon goût estoient des Poires presque parfaites ; mais comme je viens de dire, ce n'est que quand elles sont mediocrement grosses, & que sur tout la pluspart de leur peau est, pour ainsi dire, couverte d'un manteau rous ou minime, ce qui arrive souvent à celles, qui sont venuës dans les terres séches, ou en Arbres de tige; car d'un autre côté cette espece de Poires est pâteuse, insipide, & en un mot elle est des plus imparfaites, ce qui ne se verifie que trop en celles, qui estant venuës dans des terres froides & humides, & sur tout à des Buissons touffus ont acquis la grosseur d'un beau Messire-Jean, & ont le coloris d'un verd blanchastre: il s'ensuit donc que ce Lansac est comme la pluspart des bonnes Poires, dont nous avons parlé, c'est à dire que veritablement elle ne réussit pas par tout, mais que cependant elle a une entiere disposition à bien faire, si elle se trouve heureusement plantée; ainsi elle pourroit bien meriter une assez bonne place dans un petit Jardin, si particulierement elle meurissoit dans une autre saison, que dans celle de l'entrée de Novembre, qui est si bien garnie d'autres Poires du premier ordre; c'est ce qui fera que nous pourrons remettre à la placer, jusqu'à ce que nous en soyons à faire de plus grands Jardins.

Mais à l'égard des sept precedentes, qui, pour ainsi dire, font un admirable concert de bons Fruits, pendant les mois de Novembre, Decembre & Janvier, ayans pour les seconder les Ambrettes, les Leschasseries, les Espines, & sur tout les Virgoulés, qui font, ce semble, dans ce corps de Musique une maniere de Basse continuë: à l'égard, dis-je, de ces sept precedentes Poires, je ne puis disconvenir, que je n'aye beaucoup de peine à decider de l'ordre, dans lequel elles doivent avoir entrée dans nos Jardins, tant elles sont bonnes les unes & les autres; cependant si j'avois de ces bons fonds, qui ne pêchent ny en sécheresse, ny en humidité, le party que je prendrois, seroit de donner ma voix au Petit-oin pour la neuviéme place, à la Crasane pour la dixiéme, à la S. Germain pour la onziéme, à la Colmar pour la douziéme, à la Loüise-bonne pour la treiziéme, à la Verte-longue pour la quatorziéme, à la Marquise pour la quinziéme;

Neuviéme Buisson. Premier Petit-oin. A.
Dixiéme Buisson. Premier Crasane. B.
Onziéme Buisson. Premier Saint Germain. C.
Douziéme Buisson. Premier Colmar. D.
Treiziéme Buisson. Premier Loüise-bonne. E.
Quatorziéme Buisson. Premier Verte-longue. F.
Quinziéme Buisson. Premier Marquise. G.

A. *Novembre, & Decemb.*
B. *Novembre.*
C. *Novembre, Decembre, & Ianvier.*
D. *Novembre, Decembre, Ianv. & Fev.*
E. *Novembre, & Decemb.*
F. *My.-Octob.*
G. *Octobre.*

Ce qui est à remarquer icy pour tout le monde (car ordinairement on n'a pas de ces fonds si heureux) est, que de ces sept Poires il y en a deux, qui craignent beaucoup le terrein fort séc, & demandent celuy qui est raisonnablement humide, & ce sont les Crasane, & les S. Germain : à l'égard des autres cinq elles sont d'un temperemment tout oposé : elles font merveille, où ces autres deux échoüent ; & à leur tour elles font pitié, ou plustost font horreur dans les terres humides, à moins que l'industrie & la culture n'en sçachent extrémement corriger le défaut.

Voicy à cet égard ce que j'ay fait avec assez de succez au Potager du Roy ; la situation du lieu naturellement marécageux, & la nature de la terre froide & grossiere, m'ont inspiré de faire beaucoup d'épreuves, comme j'ay dit ailleurs ; j'y ay voulu necessairement avoir de toutes ces Poires, qui dans la verité ont de quoy se faire souhaiter ; & pour cet effet m'atachant particulierement à contenter le goust du Maistre, que j'ay l'honneur de servir, j'ay tâché d'y avoir des terres de toutes sortes de constitutions, c'est à dire de passablement séches, & de passablement humides, pour donner à chacune de ces Poires le moyen de bien faire : j'ay donc mis une partie de mes terres en ados pour les égouter, & par consequent les dessécher ; ensuite j'ay planté sur le haut de ces ados tant en Buisson, qu'en Arbres de tige celles qui craignent le plus d'humidité, & ay mis dans les lieux que je n'ay pas tant élevé, celles qui trouvent mieux leur conte dans une situation moins desséchée.

Le conseil, que je preus la liberté de donner à tous les curieux est, que si leurs petits Jardins péchent en humidité,

& qu'ils veuillent en corriger le deffaut, ils imitent autant qu'ils pourront ce que j'ay fait dans un tres-grand, toute proportion gardée; & d'ailleurs ceux qui n'auront qu'un terrein fort sec, s'ils m'en veulent croire, ils ne planteront que médiocrement de Crasane, & de S. Germain, à moins que ce ne soit sur franc, ayant à craindre un peu d'acreté dans la premiere, & un peu d'aigreur dans la seconde; (tout cela cependant se détruisant avec un peu de sucre, ou disparoissant dans la parfaite maturité,) & s'atacheront aux cinq autres, qui les recompenseront amplement de leurs soins & de leurs peines; d'un autre costé ceux qui ont un fond médiocrement humide, donneront de bonnes places en Buisson à ces Crasane, & S. Germain, soit sur Cognassier, soit sur franc; mais en même temps ils rejeteront les Loüise-bonne, Petit-oin, & Marquise, à moins que d'en avoir en Arbres de tige, ou de prendre grand soin que rien ne les couvre de l'ardeur du Soleil.

Les Poires Cassantes, qui estoient autrefois en si grande vogue dans tous les Jardins, sont bien éloignées de se voir aujourd'huy en faveur : on ne fait plus gueres de cas, ny des Messire-Jean, ny des Martin-sec, ny des Portail, ny des Besidery, & si elles paroissent dans les bonnes Tables, ce n'est pas pour n'en plus revenir, & pour y donner quelque plaisir au goût, ce n'est tout au plus que pour aider à une construction solide, & durable de Piramides : ces sortes de Poires ne sont pas toutefois sans avoir quelques Patrons, & ainsi comme elles se sentent valoir autant qu'elles valoient autrefois, elles demandent d'estre receuës à étaler leur bon droit, pour essayer de se remetre un peu en credit, & estre au moins admises à suivre de prés ces quinze Poires, qui ont eu tout l'honneur des premiers Jardins.

Le merite du Martin-sec, qu'on apelle quelquesfois Martin-sec de Champagne, pour le distinguer d'un autre, qu'on apelle Martin-sec de Bourgogne, consiste non pas en ce qu'il est de la grosseur, & de la figure du Rousselet, en sorte qu'en bien des endroits, on l'appelle Rousselet d'Hyver; quoy que cependant il y ait une autre Poire, qui n'ayant que ce nom-là, trouve fort mauvais que le Martin-sec le luy veule envier. Le merite de ce Martin-sec ne consiste pas non plus en ce que son teint d'un roux d'isabelle d'un costé, & fort coloré de l'autre, plaist extrêmement aux yeux ; ce ne seroit pas assez pour l'emporter dans une contestation de bonté en fait de Fruits ; mais il consiste premierement en ce qu'il a une chair cassante, & assez fine, avec une eau sucrée, & un peu parfumée ; en second lieu en ce qu'il a même cet avantage, qu'il est bon de le manger avec sa peau, tout de même que le veritable Rousselet, & le manger même presque aussi-tost qu'il est cueïlli ; en troisiéme lieu en ce qu'il est d'un grand raport, & même quelquesfois d'assez grande garde, si bien qu'il est de quelque usage pendant le mois de Novembre, joint qu'il fait un beau Buisson, & vient bien en toute sorte de fonds, & de figures d'Arbres : je ne puis m'empêcher d'avoir quelque estime pour cette Poire ; il y paroistra, quand nous serons venus à faire les plans des grands Jardins, & même pour achever celuy de cent Arbres ; mais pour les petits, il n'y oseroit paroistre avec tant d'excellentes Poires tendres, qui viennent aussi-bien que luy dans le mois de Novembre.

A l'égard du Messire-Jean, soit blanc, soit gris (car tout cela est la même chose,) qui est-ce qui ne le connoist pas ? il n'a pas veritablement le don de plaire à tout le monde, & il a cela de commun avec beaucoup d'autres Fruits : ceux qui ne l'aiment pas, mettent en jeu la pierre, à laquelle il est fort sujet, & luy reprochent par ce même moyen la chair rude & grossiere, & en cela ils n'ont que trop de raison ; ils poussent, ce me semble, trop loin le mépris qu'ils ont pour luy, en disans, que ce n'est qu'une Poire de Curé, de Bourgeois, & de Valets, ou tout au plus une Poire de Communauté ; mais quelque chose qu'ils veüillent dire, il faut pourtant qu'ils avoüent pour sa justification, qu'autant qu'il aprehende les Terroirs trop sécs, & les Estez trop bruslans, ce qui le rend petit & méprisable, autant demande-t-il un fond mediocrement humide, soit naturellement, soit par artifice, c'est à dire humide à force d'arrosemens ; & pour lors avec un Esté assez tendre, il réussit indubitablement à devenir une Poire belle, grosse, & de grand raport, s'accommodant presque aussi-bien du franc, que du Cognaßier, & aussi-bien de l'Arbre de tige, que du Buisson : sa figure est plate, & sa peau un peu rude à celles qui sont grises ; mais à celles qui sont blanches, elle est un peu plus douce, & dans sa chair caßante donne une eau fort sucrée, & mediocrement de marc : on peut même le loüer, de ce qu'il prend si bien son temps, pour parvenir en maturité ; car afin d'éviter la confusion qu'il pourroit avoir de se trouver en compagnie des Poires tendres & beurées, ausquels il ne veut pas se comparer : il attend justement que les Rousselet, les Beurré & les Verte-longue soient finis, & vient un peu devant la my-Octobre, comme si ce n'estoit que pour amuser les curieux, tandis que les Marquise, Loüise-bonne & Petit-oin avancent vers leur maturité ; & que sur tout la Bergamotte se prepare à se faire voir avec tout l'éclat & l'agrément de la Reyne des Poires: si ce Messire-Jean avoit quelques meilleures raisons, il ne manqueroit pas de les faire valoir: il veut même qu'on conte pour quelque chose, de ce qu'il a disposition à faire un beau Buisson, & qu'enfin il fait une assez belle figure dans les desserts de vacances.

Il ne seroit pas juste d'avoir parlé du Messire-Jean, & ne pas parler encore du Portail, qui est une Poire si fameuse dans une des plus grandes Provinces du Royaume, c'est à dire dans la Province de Poitou, Province remplie d'honnestes gens fort délicats, & fort curieux en Jardinage : ce seroit leur reprocher publiquement, qu'ils se trompent beaucoup dans l'estime qu'ils font de leur Portail, ou ce seroit me mettre au hazard d'estre accusé par eux de ne la pas connoistre assez-bien, si je luy en preferois beaucoup d'autres ; cependant pour en parler avec toute la sincerité possible, je ne sçache aucune Poire qui ait un plus grand nombre d'ennemis que celle-là ; ce qui est fondé sur tous les défauts, qui la décreditent en beaucoup d'endroits, par exemple ceux-cy d'estre assez dure, pierreuse, & pleine de marc, de ne réussir guéres qu'en Poitou, & sur tout dans la Ville de Poitiers, de ne commencer presque jamais à estre bonne à manger que, quand elle commence à avoir quelque petite tache de pourriture, ce qui ne se peut dire d'aucun autre Fruit ; & qu'enfin elle est à peu prés de la nature des Melons, c'est à dire que pour une qui se trouve excellente, il y en a beaucoup qui sont fort éloignées de l'estre, outre que d'ordinaire les Buissons en sont d'une mediocre beauté.

Ce qu'on peut répondre pour elle est, qu'on ne sçauroit luy disputer, que nonobstant tous ces reproches elle n'ait quelques bonnes qualitez, qui sont capables de la faire considerer, quand elle a la bonté qui luy convient, & qui d'ordinaire ne se trouve qu'aux Arbres sur franc ; son eau sucrée, son parfum agreable, sa grosseur, sa couleur, & sa figure qui la rendent à peu prés semblable à un Messire-Jean brun, & bien plat, sa maturité dans les mois de Janvier, & Fevrier, &c. Ces raisons pourroient, ce semble, adoucir les esprits pour le Portail, & devroient faire trouver bon que je luy donnasse une bonne place ; joint que, quoy qu'ordinairement il soit meilleur en Poitou, que par tout ailleurs, il est cependant vray qu'assez souvent en ces Pais-cy nous en avons qui ne leur cedent pas de beaucoup, mais dans la verité cela est fort rare ; ainsi je croy qu'il est à propos de laisser Messieurs les Poitevins en pleine liberté de planter tant qu'ils voudront de leur Poire bien-aimée, & de conseiller par tout ailleurs de luy en preferer encore beaucoup d'autres.

J'en ay déja placé une quinzaine ; je parleray cy aprés des autres, que j'estime encore mieux que le Portail, pour achever les vingt-cinq, ou trente premieres places des Jardins de médiocre étenduë.

On est sans doute surpris, de ce qu'ayant cy-dessus nommé en passant la S. Augustin parmy les principales Poires, je n'en ay plus fait de mention pour la bien placer ; la verité est que ce n'est point par oubli, mais seulement à cause du temps de sa maturité, qui arrivant avec celle de plusieurs autres dans la fin de Decembre, fait que je le luy impute comme une maniere de défaut : j'en avois veu autrefois quelques-unes sous ce nom-là, & sous celuy de Poire de Pise, & n'en avois fait aucun cas, à cause de leur peu de grosseur, & particulierement à cause de leur chair dure & séche, quoy qu'un peu parfumée ; mais depuis j'en ay eu de fort belles, que je croy differentes de celles-là, & les ay trouvées tres-bonnes ; elles sont à peu prés de la grosseur, & figure d'une belle Virgoulé, c'est à dire qu'elles sont passablement longues, & même assez grosses, ayans le ventre rond, & la partie d'enbas pareillement, mais avec quelque diminution de grosseur, tant de ce côté-là, que du côté de la queuë ; je dois dire que cette queuë est plûtôt longue, que courte, & qu'elle paroît droite en quelques-unes, & panchée en d'autres, & cependant point enfoncée dans la partie d'où elle sort ; l'œil est médiocrement grand, & passablement enfoncé, le coloris est d'un beau jaune de citron, un peu tiqueté, rougissant si peu que rien à l'endroit où le Soleil donne ; la chair en est tendre sans estre beurrée, & fournit plus d'eau dans la bouche, qu'elle n'en promettoit au couteau ; quelques-unes ont un petit goust aigret, qui bien loin de déplaire leur sert en quelque façon de relief ; quelques autres n'en ont presque point : je croy que cette description peut faire connoistre cette Poire ; je l'estime asseurement, mais je l'estimerois beaucoup plus, si comme on me l'avoit fait esperer, elle pouvoit se garder jusqu'aux mois de Fevrier, & Mars : cependant elle peut fort bien meriter la seiziéme place que je luy donne.

Seiziéme Buisson. Premier Saint Augustin. *Fin de Decembre.*
Dix-septiéme Buisson. Premier Messire-Iean. A. — A. *My-Octob.*
Dix-huitiéme Buisson. Deuxiéme Beurré. B. — B. *Septembre, & Octobre.*

Cela fait, je croy ne pouvoir mieux faire, que de donner la dix-septiéme place à un premier Messire-Jean ; il est assez bon quand il est gros & bien meur, & la dix-huitiéme à un second Beurré ; car dans un Jardin de dix-huit Buissons il me semble que ce seroit en avoir trop peu, que de n'en avoir qu'un Arbre en Buisson.

Voicy tout d'un coup une foule de Poires des trois saisons, qui ont chacunes leurs Partisans, pour demander en leur faveur la dix-neuviéme place dans un Jardin de dix-neuf Arbres : le Petit-Muscat, qui est une des premieres bonnes Poires d'Esté, & qui vient au commencement de Juillet ; la Cuisse-Madame ; le gros Blanquet, & le petit, le Blanquet à longue queuë, & la Poire sans peau, le Muscat-Robert, la Gourmandine, le Bourdon, l'Amiret, le Rousselet hâtif, le Finor, la Poire de Cipre, &c. qui toutes suivent de fort prés le petit Muscat, l'Orange verte pour la fin de Juillet, l'Orange musquée, l'Espine d'Esté, la Bergamotte d'Esté, & la Poire d'Epargne pour la my-Aoust, l'Oignonnet, la Fondante de Brest, le Parfum, la Brutte-bonne, les deux sortes de Bon-chrétien d'Esté, & la Cassolette pour la fin de ce même mois, le Salviati, la Poire d'Angleterre, le Reville, la Poire Chat du Païs de Forest, le Muscat-Fleuri en Septembre, l'Orange Brune, la Rousseline, la Fille-Dieu, le Sucré vert, le Besi de la mote au mois d'Octobre, l'Amadote appuyée de la protection des Bourguignons, & le Parfum d'Automne se veulent faire valoir pour les mois d'Octobre & de Novembre, aussi-bien que le Milan-rond, autrement Milan d'Hyver, l'Archiduc, le Bon-crétien Beurré, l'Ebergenit, & le Messire-Jean d'Hyver, la Pastourelle pour Novembre & Decembre, le Ronville, le gros Musc, le Chaumontel, & le Rousselet d'Hyver pour Janvier & Fevrier, le Saint Lezin, & le Bugi, pour les mois de Mars & d'Avril ; le Citron d'Hyver autrement Lucine n'est pas sans avoir donné de l'affection pour luy à quelques curieux, qui aiment le parfum aux Fruits : la Poire de Vigne en Octobre se vante d'estre si bonne en certains endroits, qu'on ne sçauroit, croit-elle, sans la plus grande injustice du monde, luy refuser au moins l'entrée parmy les dix-neuf ; le Bon-crétien d'Espagne en Novembre & Decembre n'a-t'il pas, pour ainsi dire, des adorateurs de sa beauté, & même quelques-uns de sa bonté: peu s'en faut que le Besidéry même, la Carmelite, la Bernardiere, la Gilogile, la Poire Cadet, la Deux-testes, & la Double-fleur n'ayent presenté leurs Placets, pour preceder toutes celles, dont je viens de parler ; l'Amiral, la Poire Rose, la Poire de Malte, la Poire Magdelaine, le Chat-brûlé, le Sucrin-noir, la Vilaine-d'Anjou, le Caillot-rosat, la Grosse-queuë, le Besi-de-Caissoy, & quelques autres de cette sorte ont bien veritablement quelque bonté, & même quelque reputation en de certains endroits ; mais je ne croy pas qu'elles ayent de vanité, pour demander si-tost à faire parler d'elles; se contenteront sans doute de paroître dans la foule Fruits, & verront sans jalousie beaucoup d'autres es faire par tout une grande figure, durant qu'à peuit une partie d'entre-elles auront leur place à l'édans les grands Jardins, & y serviront au moins à une diversité tolerable.

s pretentions de cette derniere troupe de Poire m'ont ablement un peu détourné du chois, que j'ay dessein ire pour nostre dix-neuviéme place; mais elles ne t pas pour cela fait prendre le change: je m'en vais l'honneur à celles de toutes, pour qui je croy icy levoir déclarer.

Ce n'est pas encore au petit Muscat, quoy qu'en effet estime infiniment, & qu'il soit veritablement fort ible, & sur tout quand il est un peu gros, & qu'on lonne le temps de jaunir, c'est à dire de bien meurir: ent seul, & presque le premier; c'est luy, qui pour dire fait l'ouverture du teâtre des bons Fruits: toutes onsiderations sont assez fortes pour me gagner; mais la Poire est trop petite pour occuper si-tôt une gran- & precieuse place, & sur tout en Buisson, ou non que la Bergamotte elle n'est guéres heureuse à réussil luy faut sans doute l'Espalier; aussi prendray-je d soin de la bien placer, quand j'en seray à garnir murailles.

La Poire de gros Blanquet, qui est le veritable quet musqué, & la Cuisse-Madame auroient raid'être offencées, si le petit Muscat les precedoit, au moins en Buisson; car pour l'Espalier l'une & re luy cedent sans contredit, ainsi je ne differeray plus long-temps à les produire: je croy donc qu'il est opos de donner la dix-neuviéme place à la Cuisselame, & la vingtiéme à ce gros Blanquet, plûtôt qu'à ui autre.

ix-neuviéme Buisson. Premier Cuisse-Madame. A. — A. *Entrée de Iuillet.*

ingtiéme Buisson. Premier Gros Blanquet. B. — B. *Entrée de Iuillet.*

a Cuisse-Madame est une espece de Rousselet; la figure & le coloris y conviennent assez bien : elle a la chaïr entre tendre & cassante, accompagnée d'une eau assez abondante, un peu musquée, & sûrement fort agreable, quand elle est bien meure ; joignez à cela une grande raison favorable pour cette Poire, aussi bien que pour le gros Blanquet, qui est qu'elles nous viennent réjoüir l'une & l'autre, en attendant la venuë des Pêches ; & que ce sont les premieres Poires raisonnablement grosses & bonnes, que nous ayons à l'entrée de Juillet : elles font de fort beaux Buissons, & le seul défaut que j'y trouve, c'est que les Arbres sont tres-difficiles à se mettre à Fruit ; mais aussi font-ils merveille du moment qu'ils ont commencé.

La Poire de gros Blanquet est fort differente de celle qu'on apelle simplement Blanquet, ou petit Blanquet, aussi elle est plus hâtive de quinze jours, elle est plus grosse, & moins bien faite en Poire, que le petit Blanquet : elle colore un peu même en Buisson, & a la queuë fort courte, fort grosse & un peu enfoncée : son bois qui est menu & sa feüille aprochent assez du bois & de la feüille de la Cuisse-Madame, au lieu que le bois du petit Blanquet est d'ordinaire fort gros & assez court : le gros Blanquet est aussi fort different de la Blanquette à longue queuë, qui est une Poire bien-faite, dont l'œil est assez grand, & en dehors, le ventre rond, assez allongé vers la queuë, qui est un peu charnuë, assez longue, & un peu courbée, la peau fort lice, blanche, & quelquesfois un tant soit peu colorée à l'aspect du Soleil, la chair en est entre cassante & tendre, fort fine, ayant tres-bien de l'eau, & cette eau fort sucrée & fort agreable : elle a les défauts de la pluspart des Poires d'Esté, qui sont d'avoir un peu de marc, & de devenir pâteuses, quand on les laisse trop meurir ; cette Poire, non plus que le gros Blanquet, ne sont pas encore trop communes, mais elles meritent bien de le devenir : elles réüssissent fort bien, soit en Buisson, soit en Arbre de tige : je ne seray pas long-temps à placer ce Blanquet à longue queuë : la couleur blanche, qui se trouve à la peau de ces trois Poires, leur a fait donner le nom de Blanquet, qu'elles portent.

La Cassolette qui vient de voir passer devant elle la

Cuiſſe-Madame, & le gros Blanquet, murmure tout de bon, de ce qu'elle ne leur eſt pas preferée ; c'eſt une Poire longuette & griſaſtre, qui ne cede preſque rien à la Robine, ny par ſa chair, ny par ſon eau, ny par tout ſon merite, ſi ce n'eſt qu'elle eſt ſujette à molir, ce qui n'arrive point à la Robine ; ainſi elle pourroit bien diſputer les deux dernieres places, ſi à l'égard du temps de la maturité, elle eſtoit auſſi heureuſe que les Cuiſſe-Madame, & les Blanquet muſqué ; mais elle ne vient qu'aux environs de la my-Aouſt, c'eſt à dire avec la Robine, & à peu prés dans le commencement des principales Pêches, & dans le fort des Figues, & des meilleures Prunes, qu'on a par le moyen des murs de cloſture ; c'eſt venir en trop bonne compagnie, pour participer ſi-tôt aux premiers honneurs des petits Jardins, ainſi je la remets encore pour quelque temps.

On voit bien que dans cette diſtribution de places, je fais, pour ainſi dire, le perſonnage d'un Maître des ceremonies, qui pour le bien commun viſe particulierement à faire en ſorte que, ſi dans chaque ſaiſon de l'année on ne peut pas avoir abondance de bons Fruits, on en ait au moins une mediocre & raiſonnable quantité, & cela à proportion de l'étenduë, & de la qualité du Jardin qu'on a, & particulierement à proportion du ſecours, que doivent donner les Eſpaliers, ſur leſquels je conte : il eſt tres-certain, que ſans de tels égards j'aurois déja placé & la Caſſolette, & le Bon-Chrétien d'Eſté muſqué, &c.

Ce que je fais donc preſentement eſt de chercher à compaſſer ſi bien tous les bons Fruits, que chacun à ſon rang ait moyen de ſatisfaire à l'obligation, qui ſemble avoir eſté impoſée à tous, non ſeulement de donner du plaiſir à l'homme, mais ſur tout de contribuër à la conſervation de ſa ſanté.

Nous avons, ce me ſemble, aſſez d'aparence de nous perſuader de cette obligation ; car en effet ne paroît-elle pas viſiblement, en ce que la nature nous fournit plus, ou moins de Fruits, ſelon que nous ſommes plus, ou moins attaqués des chaleurs étrangeres, qui ſeroient capables de nous nuire ? c'eſt un remede ſouverain, & un rafraichiſsement prép é, que contre de tels ennemis elle nous donne à point nommé tous les ans ; c'est pour cela qu'au mois d'Aoust, c'est à dire au temps des chaleurs redoutables de la Canicule nous avons tant de Melons, de Figues, de Pêches, de Prunes, & même de Poires.

Nous voyons pareillement, qu'à l'arrivée des rigoureux froids, qui sont d'ordinaire depuis la my-Novembre jusqu'en Fevrier & Mars, chacun de nous se trouvant plus sensible à la premiere attaque des gelées, est contraint de s'aprocher davantage du feu, pour s'en défendre.

Cette chaleur estrangere ainsi prise subitement pourroit sans doute augmenter si fort celle, que nous avons de la nature, qu'enfin il nous en arriveroit de grandes infirmitez ; mais cette bonne mere par sa sagesse ordinaire semble y avoir pourvû, en nous donnant précisement pour ces temps-là une admirable quantité de Fruits tendres, c'est à dire les Poires de Bergamote, de Petit-oin, de Crasane, de Loüisebonne, de Leschasserie, d'Ambrette, de Virgoulé, d'Epine, de S. Germain, de Colmar, de S. Augustin, & y meslant même de ces Poires Cassantes, & Musquées, qui ne sont pas mauvaises, & desquelles j'ay parlé cy-dessus, des Amadotte, des gros Musc, des Martin-sec, des Portail, sans toutes les Pommes de Calville, Reynette, Fenoüillet, Cour-pendu, &c. & nous voyons que le nombre de ces divins antidotes, diminuë, à mesure que nous cessons d'en avoir si grande necessité ; c'est du gros froid que j'entens parler, qui si je l'ose dire, me paroist l'ennemy commun du genre humain, & qui particulierement dans le temps que je travaille le plus pour la matiere que je traite, me tourmente, & m'afflige.

Ce n'est pas veritablement mon fait, ny aussi le lieu de déclamer icy contre ce froid, mais s'il nous en revenoit quelque avantage, sans doute que comme il m'incommode également par tout où je le trouve, soit en mon corps, soit en mon peu d'esprit, soit encore particulierement dans nos Jardins, & sur tout pour les nouveautez ; il n'y auroit rien que je ne fusse capable de dire, & de faire, pour en bannir une bonne partie de nos climats : en effet à parler humainement, je n'ay aucune consideration pour le froid, si ce n'est pour quelques glaçons, & quelques neiges, qui sont les restes, que nous avons de luy en son absence, & que nous prenons grand soin de renfermer dans les cachots de nos glacieres; il semble que ce soit une maniere de criminels, qui ont besoin de la correction d'une longue prison, pour estre reduits à bien faire; & en effet il vient un temps que ces restes de persecuteurs des hommes, & des Jardins, se font bien valoir; car enfin pendant les chaleurs importunes de l'Esté ils font les plus grands delices de la boisson des honnestes gens : Plust à Dieu que sans éprouver la rigueur des Hyvers on pût faire venir de la glace du Nord, de la même maniere qu'on fait venir des Païs chauds les Olives, les Oranges, & tant d'autres bonnes choses.

Je marche toûjours sur le plan que je me suis proposé, qui est de faire ensorte autant qu'il se peut, que dans chaque Jardin nous ayons au moins quelque bon Fruit pour chaque saison; & que du moment qu'on aura commencé d'en avoir, il n'y ait plus de discontinuation, ny d'intervale jusqu'aux fruits de l'année d'aprés. Nous avons à la my-Juillet la Cuisse-Madame; on y pourroit joindre pour la vingt-uniéme place le Bourdon-Musqué, ou plûtost le Muscat-Robert, qui fait un plus agreable Buisson;

Vingt-uniéme Buisson. Premier Muscat-Robert, autrement, Poire à la Reyne, Poire d'Ambre, Pucelle de Xaintonge, &c. *My-Iuillet.*

Car du reste leur merite est à peu prés égal pour la grosseur, la chair tendre, & l'eau assez musquée, elles meurissent vers la my-Juillet; mais le Muscat-Robert commence : nous attendrons encore quelque temps à placer le Bourdon, & le Petit-Blanquet, qui leur succedent d'assez prés, & souvent les accompagnent; ce Muscat-Robert fournit presques jusqu'au temps du Bon-chrétien-musqué, qui vient à la fin du mois; mais c'est une Poire tres-bien faite, ayant la chair assez tendre, & fort sucrée; elle est à peu prés de la grosseur du Rousselet, n'ayant gueres d'autres défauts que celuy de la plûpart des Poires d'Esté, qui est d'avoir un peu de marc, & ne durer gueres; mais en revanche elle raporte beaucoup.

La vingt-deuxiéme place ne seroit pas trop mal remplie par la Poire de Vigne, ou de Demoiselle, que mal à propos on nomme en quelques endroits Petit-oin ; elle est grise, roussastre, ronde, & mediocrement grosse, elle a la queuë extrêmément longue, & meurit vers la my-Octobre, qui est le temps des vacances, c'est à dire le temps que la campagne est la plus frequentée, & qu'on a le plus de besoin de Fruits, pour regaler les Compagnies ; sa chair veritablement n'est pas dure, mais à proprement parler elle n'est ny de la classe des Beurrées, ny de celle des tendres, encore moins des cassantes ; elle fait plûtost une classe particuliere, qui est une maniere de chair grasse, & gluante, & souvent pâteuse ; & par dessus cela son merite est infiniment obscurci par la rencontre des Beurré, des Vertelongue, des Bergamotte, des Sucré-vert, des Petit-oin, des Lansac, des Marquise, des Crasane, &c. voila pourquoy je ne la placeray pas si-tost, & attendray à la metre parmy les Arbres de tige : donnons cependant la vingt-deuxiéme place à un second Vertelongue, qui vaut sans doute beaucoup mieux que la Poire de Vigne.

Vingt-deuxiéme Buisson. Deuxiéme Vertelongue.

La Poire sans peau pourroit bien disputer cette vingt-deuxiéme place à la Vertelongue ; mais pourtant à cause qu'elle est une si bonne Poire au temps des vacances, je la luy veux laisser, & la faire suivre par sa concurrente,

Mi-Iuillet. *Vingt-troisiéme Buisson. Premier Sans peau.*

Qu'on nomme autrement Fleur de Guigne, & même Rousselet hâtif, par quelque ressemblance qu'elle a avec le veritable Rousselet dans sa figure longuette, & son coloris roussastre ; c'est une fort jolie Poire, & sur tout vers le vingtiéme Juillet, pour tenir compagnie à la Poire de Blanquet à longue queuë, elle a l'eau douce sans aucun mélange de rosat, ou d'aigret, & a la chair tendre sans aucun marc : tout cela doit faire approuver le rang que je luy donne, & que j'aurois donné au Bon-Chrétien d'Esté musqué, s'il venoit dans la même saison que luy, c'est à dire devant les Pêches.

Pour

Pour finir les deux douzaines de Buissons, je donne la vingt-quatriéme place à un deuxiéme Bon-chrêtien d'Hyver.

Vingt-quatriéme Buisson. Deuxiéme Bon-chrétien d'Hyver.

Poire des mois de Février, & Mars.

Je n'aurois jamais fait, & contre mon intention je fatiguerois tout le monde, si à démêler les contestations des autres Poires, qui ont cours dans les Jardins fruitiers, je voulois m'arrêter aussi long-temps que j'ay fait à l'occasion des vingt quatre precedentes; le reste n'est pas d'un merite si grand, que j'en veüille faire le panégirique en forme, ny expliquer singulierement les raisons qu'elles peuvent avoir de disputer avec leurs compagnes.

Je n'estime pas, comme je croy l'avoir dit ailleurs, qu'il soit necessaire qu'un Jardin, pour être bien entendu, contienne au moins quelque Arbre de chacune des especes qui sont raisonnablement bonnes; mais ce que j'estime, est que de celles qui sont seurement excellentes, il en ait davantage d'Arbres; je sçay bien que nous avons plus de sortes d'assez bonnes Poires, que ce que j'en ay placé, aussi à mesure que les Jardins seront plus spacieux, je ne manqueray pas d'y mettre quelques autres especes.

Tout au moins puis-je dire que jusques là, sans avoir dans de si petits Jardins une seule méchante espece de Poires, nous pouvons nous vanter d'y en trouver vingt-une sorte des meilleures qu'on connoisse, quoy qu'il n'y ait en tout que vingt-quatre Poiriers en buisson; je ne parle point encore de ceux qui doivent être en Espalier, j'ay marqué l'ordre de la maturité de ces Fruits non seulement pour les saisons, mais aussi pour chaque mois de ces saisons; il y en a six pour l'Esté, qui sont une Cuisse-Madame, un gros Blanquet musqué, un Muscat-Robert, un Sans-peau, une Robine, & un Rousselet; neuf pour l'Automne en sept especes, qui sont deux Verte-longues, deux Beurés, un Crasane, un Messire-jean, un Marquise, un Loüise-bonne, & un Petit-oin, & neuf pour l'Hyver en huit especes; cet Hyver outre une partie des Poires d'Automne, dont assez souvent il a l'avantage de profiter, est tout glorieux d'avoir une Espine d'Hyver, un

Saint Germain, un Virgoulé, un Leschasserie, un Ambrette, un Colmar, un Saint-Augustin, & deux Bon-chrêtiens, toutes Poires d'une maturité beaucoup plus étenduë, que celles des autres saisons; nous devons bien nous consoler, si toutes ne sont pas excellentissimes, puisque sans contredit dans le grand nombre, que la terre nous en produit, & qui sont venuës à nôtre connoissance, nous n'en avons point de meilleures que celles, que nous avons choisies.

Je prétends doubler au moins quatre, ou cinq fois les Buissons de quelques-unes de nos principales Poires, devant que de multiplier les autres, & devant que d'en venir à placer une vingtaine de celles, que nous avons cy-devant nommées en passant; je voy bien qu'elles ont un grand empressement de se produire: mais cependant il me semble, que quelque merite qu'elles ayent, & que je ne leur dispute pas, tout au moins sur le pied qu'il est, il me semble, dis-je, pouvoir avancer à leur égard, que toutes ensemble n'oseroient entrer en dispute contre aucune de ces vingt-une principales, à les prendre separement.

Ainsi il leur faut conseiller de prendre encore patience pour quelque temps, il me semble que leur condition ne sera pas trop malheureuse de paroître une fois chacune dans les grands Jardins, aprés y avoir veu premierement donner quatre, ou cinq places des plus honorables à chacune de celles, qui sont actuellement établies, & qui, s'il m'est permis de parler ainsi, sont parmy nos Fruits ce que les clefs de meute sont dans la Vénérie.

Cela posé, & que nous commençons d'entrer dans des Jardins passablement grands, j'estime que, pour les planter habilement il faut premierement faire une destination de canton pour les especes de chaque saison, afin qu'ils ne soient point pêle mêle les uns parmy les autres, mais que les Fruits d'Esté soient dans un endroit à part, qu'il en soit de même pour les Fruits d'Automne, & de même aussi pour les Fruits d'Hyver, faute de quoy il arrive des inconveniens que j'explique ailleurs; il faut en second lieu que chaque Arbre trouve sa place dans l'ordre qui suit, & par consequent donner,

La vingt-cinquiéme à un troisiéme Beuré gris.

Vingt-sixiéme à un second Virgoulé.

Vingt-septiéme à un second Leschasserie.

Vingt-huitiéme à un second Epine.

Vingt-neufviéme à un second Ambrette.

Trentiéme à un second Saint-Germain.

Trente-uniéme à un second Rousselet.

Trente-deuxiéme à un second Crasane.

Trente-troisiéme à un second Robine.

Trente-quatriéme à un second Cuisse-Madame.

Trente-cinquiéme à un second Colmar.

Trente-sixiéme à un second Petit-oin.

Trente-septiéme à un troisiéme Bon-chrêtien d'Hyver.

Trente-huitiéme à un quatriéme Beuré.

Trente-neufviéme à un troisiéme Virgoulé.

Quarantiéme à un troisiéme Leschasserie.

Quarante-uniéme à un troisiéme Epine.

Quarante-deuxiéme à un troisiéme Ambrette.

Quarante-troisiéme à un troisiéme Saint-Germain.

Quarante-quatriéme à un premier Muscat fleuri, autrement Muscat à longue queuë d'Automne.

Quarante-cinquiéme à un troisiéme Verte-longue.

Quarnte-sixiéme à un troisiéme Crasane.

Quarante-septiéme à un second Marquise.

Quarante-huitiéme à un second Saint-Augustin.

Quarante-neufviéme à un quatriéme Bon-chrêtien d'Hyver.

Cinquantiéme à un quatriéme Virgoulé.

Et ainsi en cinquante Buissons on en a neuf d'Esté en six especes, dix-sept d'Automne en huit especes, & vingt-quátre d'Hyver en autres huit especes.

La cinquante-uniéme place se donnera à un troisiéme Marquise.

Cinquante-deuxiéme à un premier Bon-chrêtien musqué d'Esté.

Cinquante-troisiéme à un troisiéme Petit-oin.

Cinquante-quatriéme à un cinquiéme Bon-chrêtien d'Hyver.

Cinquante-cinquiéme à un cinquiéme Virgoulé.

Cinquante-sixiéme à un quatriéme Leschasserie.

Cinquante-septiéme à un quatriéme Epine.

La cinquante-huitiéme a un quatriéme Ambrette.

Cinquante-neufviéme a un quatriéme Saint-Germain.

Juillet. *Soixantiéme a un premier Blanquet à la longue queuë.*

Entrée d'Aoust. *Soixante-uniéme a un cinquiéme Beurré.*

Soixante-deuxiéme a un premier Orange verte.

Soixante-troisiéme a un quatriéme Verte-longue.

Soixante-quatriéme a un sixiéme Bon-chrêtien d'Hyver.

Soixante-cinquiéme a un sixiéme Virgoulé.

Soixante-sixiéme a un troisiéme Colmar.

Soixante-septiéme a un quatriéme Crasane.

Soixante-huitiéme a un quatriéme Marquise.

Soixante-neufviéme a un deuxiéme Louise-bonne.

Soixante-dixiéme a un cinquiéme Epine.

Soixante-onziéme a un cinquiéme Ambrette.

Soixante-douziéme a un cinquiéme Leschasserie.

Soixante-treiziéme a un cinquiéme Saint-Germain.

Soixante-quatorziéme a un cinquiéme Verte-longue.

My-Septembre, & entrée d'Octobre. *Soixante-quinziéme a un premier Doyenné.*

Par ce moyen un Jardin de soixante-quinze Buissons en aura douze d'Esté en neuf especes, vingt six d'Automne en autres neuf, & trente-six d'Hyver en huit especes.

Toutes les Poires contenuës dans ce nombre de soixante-quinze ont été cy devant décrites à la reserve de quatre sçavoir du Muscat fleuri, du Bon-chrêtien d'Esté musqué, de l'Orange verte, & du Doyenné.

Le Muscat fleuri autrement Muscat à longue queuë d'Automne est une excellente Poire ronde, roussâtre, mediocre en grosseur, chair tendre, goût fin, & relevé, toute propre à être, pour ainsi dire, mangée goulument, tout de même qu'une bonne Prune, ou qu'une belle Griotte.

Le Bon-chrêtien d'Esté musqué ne vient guéres bien que sur franc, la Poire est excellente, & fait un fort bel Arbre, elle est d'une figure agreable à voir, étant bienfaite en Poire, d'une grosseur raisonnable, & à peu prés comme celle des belles Bergamottes; son coloris est blanc d'un côté, & rouge de l'autre; sa chair est entre-cassante, & tendre, ayant beaucoup d'eau, accompagnée d'un agreable parfum; son malheur est que sa maturité vient & avec celle de la Robine, par qui constamment elle est effacée, & avec celles des bonnes Pêches de la fin d'Août, qui ne souffrent guéres de Poires en leur compagnie; quoy que ç'en soit, je la croy digne d'entrer au moins une fois dans un Jardin de soixante-quinze Arbres.

A l'égard de l'Orange verte elle a un assez grand nombre de petits amis; tout le monde la connoît par son nom, en effet c'est une Poire commune, & populaire, & qui du temps de nos Peres faisoit une assez grande figure dans les Jardins; si bien que parmy tous les vieux Arbres on ne manque pas d'y en trouver beaucoup: je ne croy pas que personne la veüille chasser de la place, que je luy ay donnée; le temps de sa maturité, qui est au commencement d'Aoust, c'est à dire un peu devant les Robine, les bon Chrétien musqué, & les Pêches; sa chair cassante, son eau sucrée avec son parfum tout particulier pour son espece, sa taille assez grosse, plate & ronde; son œil enfoncé, son coloris vert & incarnat sur une peau rude, mais particulierement l'abondance qui l'accompagne presque toûjours en buisson, & qui est favorable pour le Domestique, & pour les Communautez; toutes ces circonstances font une grande sollicitation pour elle; sa vanité n'est pas grande, elle n'espere nullement à l'Espalier, elle est contente de sa soixante-deuxiéme place, à la bonneheure, il luy faut laisser.

Enfin le Doyenné entre le dernier dans un Jardin de soixante & quinze Buissons, il n'y fait pas mal son devoir; il se nomme autrement Saint Michel, Beurré blanc d'Automne, Poire de neige, Bonn-ente, &c. il est de la grosseur, & figure d'un beau Beurré gris, & malheureusement pour luy il vient en même temps que ce Beurré, devant qui en verité il ne devroit presque jamais paroître pour son honneur; son portrait nous apprend, qu'il a la queuë grosse & courte, la peau fort unie, le coloris verdâtre, jaunissant beaucoup en maturité; celles des espaliers prennent un rouge fort vif du côté que le Soleil les regarde, la Poire est veritablement fondante, & l'eau en est douce, mais d'ordinaire c'est une douceur peu noble, & peu élevée, nonobstant un je ne sçay quel petit parfum, qu'on y trouve quelquesfois, & qui ne me paroît pas digne de grande estime ; la chair en devient aisément mole, & comme pâteuse & sablonneuse, si bien qu'il est assez difficile de prendre cette Poire dans le temps justement qu'il faut ; mais cependant ayant cette précaution de la cueïllir assez verte, & de la servir, devant qu'elle ait acquis un jaune clair, qui marque une maturité trop achevée, on peut hazarder de la faire voir sans craindre d'en recevoir affront ; j'en ay eu une année de si bonnes, que je les croyois presque une espece particuliere, mais je n'y suis pas revenu depuis ; elle a en toutes sortes de fonds l'avantage de la fecondité, qui luy donne vers beaucoup de mediocres Jardiniers une consideration particuliere, & de plus l'avantage de la beauté, qui pendant le mois d'Octobre luy donne place dans toutes les pyramides des grandes tables ; elle trouve assez de curieux qui en font bien plus de cas que moy ; je n'y sçaurois que faire, ils me pardonneront, si je leur dis, que même j'ay presque honte de l'avoir si bien placée ; nous avons depuis peu une Poire nouvelle sous le nom de Besi-de-la-motte, qui ressemble assez à un gros Ambrette, hors qu'elle est un peu ticquetée de rouge, si une autre année cette Poire est aussi fondante, & d'une eau aussi agreable que je l'ay trouvée dans la fin d'Octobre 1685. qui est le temps de sa maturité, le Doyenné court grand risque de luy ceder la place, que je luy ay donnée, tout au moins le verra-t-il receu immediatemenr aprés luy.

Quoy que jusques à present dans quelques-uns de ces premiers Jardins, & par exemple dans celuy de soixante & quinze Poiriers le nombre de quelques especes d'Automne soit fort grand à proportion de celles d'Hyver ; car il y en a vingt-sept Arbres des premieres, & il n'y en a que trente-sept des autres ; je ne trouveray pourtant point à redire, si quelqu'un y veut apporter du changement, & retrancher même une partie des Poires d'Esté, qui sont au nombre de douze, pour multiplier à leur place celles des autres saisons, qui luy plairont le mieux.

C'est pour cela que je croirois avoir tort, si quand nous serons à faire de grands Jardins, je conseillois à tout le monde d'y mettre par exemple presque autant de Verte-longue, & même des Beurré, &c. que de bon Chrêtien, d'Ambrette, de Virgoulé, de l'Eschasserie, d'Espine, de la Fare, &c. je m'assure que les grands amateurs de ces bonnes Poires d'Automne, n'improuveroient pas cette conduite, je les multiplieray bien quelquesfois, & quelquesfois aussi les autres des deuxiéme & troisiéme classe, mais ce sera toûjours avec cet égard, qui doit servir de regle à chaque Jardinier, & que je me propose pour chacun en particulier; c'est à sçavoir que regulierement il ne faut tâcher d'avoir de chaque sorte de fruits, qu'autant qu'on en peut aparemment consommer, soit par soy-même, ou par sa famille, soit par ses amis, sans donner à ces fruits le temps de se corrompre miserablement: je croy même que ces poires, qui n'ont pas la bonne fortune de durer long-temps, & qui aussi bien que nous la doivent envier à tant de mauvaises, lesquelles sans aucun soin, & pour ainsi dire malgré qu'on en ait, se conservent aisément jusqu'aux fruits de l'Esté suivant; je croy, dis-je, que ces bonnes Poires se sentiroient pour ainsi dire offencées, si on les avoit multipliées d'une telle façon, qu'au lieu d'être durant leur parfaite maturité employées toutes à faire leur devoir à l'égard du genre humain, une grande partie d'entre-elles se voyoient insensiblement devenir inutiles par la pourriture, qui leur seroit survenuë,

Quand on a peu de fruits de chaque sorte, il n'arrive gueres qu'on les laisse gâter, on les visite trop souvent pour leur en donner le temps, au lieu que, quand on en a grande abondance, rien n'est si ordinaire, que d'en voir perir une bonne partie; il faut sur cela sçavoir judicieusement déterminer ce qu'à peu prés on a besoin d'en avoir selon ses desseins, & sur ce pied-là proportionner (comme j'ay dit cy-devant) le nombre d'Arbres de chacune des especes, qu'on devra planter dans son Jardin.

Il y en a quelques-uns, qui sont tardifs à rapporter, comme les Ambrette, les Robine, les Bourdon, les Rousselet, les Epine, & sur tout les Virgoulé, les Colimar, &c. & il y en a qui sont assez prompts, pourveu qu'ils soient sur coignassier, comme les Vertelongue, Beurré, Doyenné, &c. mais ceux-cy font des fruits, de chacun desquels il est à propos d'avoir un assez bon nombre, parce qu'on en mange beaucoup dans leur saison ; ils viennent, pendant qu'il fait encore chaud, & dans un temps auquel on n'est pas accoûtumé à se passer d'une moitié de Poire ; il faut en effet avoir mangé beaucoup de Rousselet, de Verte-longue, & même de Beurré, &c. devant que d'avoir satisfait à son apétit ; la nature qui connoît aussi bien nos passions, que nos necessitez, & qui a voulu également s'accommoder aux unes, & autres, a pour ainsi dire donné à ces sortes de Poires, le talent de la fecondité, aussi bien que celuy du prompt rapport, afin que dans leur saison on en puisse avoir assez abondamment, puis qu'on est en état de les consommer utilement, & avec plaisir.

Il ne faut donc plus s'étonner, si jusques dans ces sortes de Jardins, qui ne peuvent avoir qu'environ soixante quinze Arbres, j'y souhaite presqu'autant de ces fruits, qui meurissent quasi tous ensemble, que j'y en souhaite de certains, qui ne meurissent que successivement, & qui par consequent donnent le temps d'en faire une consommation commode, & reguliere ; mais comme je l'ay déja dit, quand je seray dans les grands plans, j'auray sans doute beaucoup plus de retenuë à l'égard de ces fruits, qui se conservent peu, qu'à l'égard des autres, qui ayans l'avantage de la bonté, aussi bien que celuy de la durée se conservent plusieurs mois de suite.

Je m'en rapporte cependant à chaque curieux pour multiplier les fruits d'une saison davantage, que ceux d'une autre selon son inclination, ou selon ses besoins. A tel par exemple sur des considerations de certains sejours de campagne, où il doit avoir frequente compagnie, comme il arrive d'ordinaire pendant l'Automne ; à tel, dis-je, il faut necessairement beaucoup plus de fruits des mois de Septembre, d'Octobre, & de Novembre, que des autres saisons ; en tel cas le nombre des Rousselets, Verte-longue, Beurré, Doyenné, Bergamotte, Marquise, Lansac, Crasane, Poire de Vigne, Petit-oin, Loüise-bonne, Besi-de-la-motte & même des Messire-Jean, &c. doit être augmenté, & cela étant les autres especes de fruits seront diminuées à proportion : à tel au contraire par d'autres bonnes raisons, comme par exemple de ne pouvoir aller consommer les fruits

fruits d'Esté, & d'Automne, & ne les pouvoir même faire transporter, il convient absolument de n'avoir que beaucoup de fruits d'Hyver; en tel cas les Virgoulé, Bon-Chrêtien d'Hyver, Espine, Ambrette, Leschasserie, Colmar, la Fare, Saint Augustin, Martin-sec, Pastourelle, &c. seront amplement multipliés, & les fruits des autres saisons réduits à un plus petit nombre.

Il est bien certain que mon veritable dessein dans ce Traité du chois, & de la proportion des Fruits n'a point regardé ces circonstances particulieres, qui peuvent être infinies, soit à l'égard de chaque chef de famille particuliere, soit à l'égard des Chefs de Communauté, & en effet il ne l'a pû faire; il n'a été principalement que pour l'ordinaire des curieux, qui tout le long de l'année voudroient avoir réglément, & également tout ce qu'on peut avoir de meilleurs Fruits de leurs Jardins, de quelque grandeur que ces Jardins puissent être; la connoissance que j'auray icy donnée des bons Fruits de chaque saison, & de la durée de chaque espece, aidera les autres Curieux à se déterminer conformement à leurs intentions.

Pour continuer donc presentement ce que j'ay commencé pour ces premiers Curieux, je croy que nous devons donner

La soixante-seiziéme place à un premier Besi de la mote. Fin d'Octobre.

Soixante-dix-septiéme à un sixiéme Beurré.

Soixante-dix-huitiéme à un deuxiéme gros Blanquet.

Soixante-dix-neufviéme à un troisiéme Loüise-bonne.

Quatre-vingtiéme à un deuxiéme Blanquet à longue queuë.

Quatre-vingt-uniéme à un septiéme Bon-chrêtien d'Hyver.

Quatre-vingt-deuxiéme à un sixiéme Espine.

Quatre-vingt-troisiéme à un sixiéme Leschasserie.

Quatre-vingt-quatriéme à un sixiéme Ambrette.

Quatre-vingt-cinquiéme à un septiéme Virgoulé.

Quatre-vingt-sixiéme à un sixiéme Verte-longue.

Quatre-vingt-septiéme à un huitiéme Virgoulé.

Quatre-vingt-huitiéme à un septiéme Espine.

La quatre-vingt-neufviéme à un septiéme Ambrete.
Quatre-vingt-dixiéme, septiéme Leschasserie.
Quatre-vingt-onziéme, sixiéme Saint-Germain, autrement l'Inconnuë la fare.
Quatre-vingt-douziéme, quatriéme Colmar.
Quatre-vingt-treiziéme, neufviéme Virgoulé.
Quatre-vingt-quatorziéme, deuxiéme Muscat-fleuri.
my-Novembre. *Quatre-vingt-quinziéme, premier Martin-sec.*
Quatre-vingt-seiziéme, quatriéme Petit-oin.
Quatre-vingt-dix-septiéme, quatriéme Loüise-bonne.
Quatre-vingt-dix-huitiéme, huitiéme Espine.
Quatre-vingt-dix-neufviéme, huitiéme Ambrette.
Centiéme, dixiéme Virgoulé.

Voila donc un Jardin de cent Poiriers en Buissons reglé avec tout le chois, & la proportion dont je suis capable, y ayant introduit de vingt-huit especes de Poiriers, sçavoir neuf pour l'Esté, dix pour l'Automne, & neuf pour l'Hyver : les neuf d'Esté donnent quatorze Arbres, les dix d'Automne en donnent trente-trois, & les neuf d'Hyver en donnent cinquante-trois.

Les quatorze d'Esté sont deux Cuisse-Madame, deux Robine, deux Rousselets, deux gros Blanquet, deux Blanquet à longue queuë, un Muscat-Robert, un Sans-peau, un Bon-chrêtien d'Esté musqué, un Orange-verte; je croy que c'est assez de Poires d'Esté avec quelque petit Muscat en Espalier.

Les trente-trois d'Automne sont six Beurré, six Vertelongue, quatre Crasane, quatre Marquise, quatre Loüisebonne, quatre Petit-oin, un Messire-jean, deux Muscatfleuri, un Doyenné, un Besi de la mote, cela étant aidé de quelque Bergamote d'Espalier fait une Automne assez bien garnie.

Les cinquante-trois d'Hyver sont sept Bon-chrêtien, dix Virgoulé, huit Espine, huit Ambrette, sept Leschasserie, six Saint-Germain, autrement l'Inconnuë de la fare, quatre Colmar, deux Saint-Augustin, un Martinsec.

Pour commencer le deuxiéme cent de Buissons,

Le cent-uniéme Poirier seroit un onziéme Virgoulé.
Cent-deuxiéme, huitiéme Leschasserie.
Cent-troisiéme, neufviéme Espine d'Hyver.
Cent-quatriéme, Premier Bourdon. *Aoust.*
Cent-cinquiéme, septiéme Lafare, autrement Saint-Germain
Cent-sixiéme, cinquiéme Colmar.
Cent-septiéme, septiéme Beurré.
Cent-huitiéme, septiéme Verte-longue.
Cent-neuviéme, dixiéme Espine.
Cent-dixiéme, cinquiéme Petit-oin.
Cent-onziéme, premier Sucré-vert. *Fin d'Oct.*
Cent-douziéme, premier Lansac. *My-Nov.*
Cent-treiziéme, troisiéme Rousselet.
Cent-quatorziéme, troisiéme Robine.
Cent-quinziéme, premier Poire Magdeléne. *Entrée de Juillet.*
Cent-seiziéme, & cent-dix-septiéme, deux Espargne. *Fin de Juillet.*
Cent-dix-huitiéme, douziéme Virgoulé.
Cent-dix-neufviéme, sixiéme Colmar.
Cent-vingtiéme, huitiéme Bon-chrêtien d'Hyver.
Cent-vingt-uniéme, deuxiéme Martin-sec.
Cent-vingt-deuxiéme, septiéme Colmar.
Cent-vingt-troisiéme, huitiéme Beurré.
Cent-vingt-quatriéme, premier Bugi. *Février, & Mars.*
Cent-vingt-cinquiéme, deuxiéme Bugi.

Ainsi dans le nombre de cent-vingt-cinq Poiriers on y en trouve vingt d'Esté en douze especes, trente-neuf d'Automne en douze especes, & soixante-six d'Hyver en dix especes. Les vingt d'Esté sont trois Rousselets, trois Robine, deux Cuisse-Madame, deux gros Blanquet, deux Blanquet à longue queuë, deux Espargne, un Sans-peau, un Bon-chrêtien d'Esté musqué, un Orange-verte, un Muscat-Robert, un Bourdon, un Poire Magdeléne.

Les trente-neuf d'Automne sont huit Beurré, sept Verte-longue, cinq Petit-oin, quatre Marquise, quatre Crasane, quatre Loüise-bonne, deux Muscat-fleuri, un Doyenné, un Lansac, un Besi de la mote, un Sucré-vert, un Messire-Jean.

Les soixante-six d'Hyver sont huit Bon-chrêtien, douze Virgoulé, dix Espine, huit Leschasserie, huit Ambrette, sept Lafare, sept Colmar, deux Martin-sec, deux Saint-Augustin, deux Bugi.

Dans ce nombre de cent-vingt-cinq j'ay introduit cinq especes de Poires, qui n'avoient point eu d'entrée dans le premier cent, sçavoir trois d'Esté le Bourdon, l'Espargne, & la Poire Magdeléne, une d'Automne qui est le Sucré-vert, & une d'Hyver qui est le Bugi.

Le Bourdon est une Poire de la fin de Juillet, qui pour la grosseur, la qualité de sa chair, de son goût, de son parfum, & de son eau, aussi-bien que par le temps de sa maturité ressemble à peu prés au Muscat-Robert, & n'en est guéres different que par la queuë, qu'il a plus longue.

L'Espargne, autrement Saint-Sanson est une Poire rouge, assez grosse, & fort longue, & pour ainsi dire un peu voutée dans sa taille; elle a la chair tendre, & un peu aigrelette; elle meurit vers la fin de Juillet; on peut dire sans dessein de l'offenser, qu'elle a plus de beauté, que de bonté, aussi triomphe-t-elle plus dans les piramides, que dans la bouche.

La Poire Magdeléne est une assez grosse Poire verte, & assez tendre, aprochant beaucoup de la figure des Bergamottes; elle meurit dans les commencemens de Juillet, & ainsi elle est des premieres d'Esté, mais elle est fort sujette a tromper, si on attend à la prendre, qu'elle commence à jaunir, car pour lors elle se trouve passée, & pâteuse.

Le nom composé, que porte le Sucré-vert fait en même temps connoître & son eau, & son coloris: si la Poire étoit un peu plus grosse, on la prendroit pour l'Espine d'Hyver, tant elle luy ressemble dans sa figure, elle meurit vers la fin d'Octobre, a la chair fort beurrée, l'eau sucrée, le goût agreable, n'ayant guéres d'autre défaut que d'être un peu pierreuse dans le cœur.

Le Bugi, à qui on donne regulierement le surnom de Bergamotte, & de Bergamotte de Pâques ; à cause que dans sa couleur verte, & dans sa grosseur il a quelque air de la bonne Bergamotte d'Automne, étant pourtant un peu moins plate côté de l'œil, & un peu plus longue du côté de la queuë : le Bugi, dis-je, est une Poire tiquetée de petits points gris, qui jaunit un peu dans sa maturité, dont la chair participe en même temps du ferme, & du tendre, & pour ainsi dire est presque cassante ; elle a le malheur de se trouver quelquesfois pâteuse, & farineuse : ce qui arrive, quand on la laisse trop meurir, ou qu'elle est venuë dans un fond trop humide ; son eau, qui est assez abondante, a un je ne sçay quoy d'aigrelet qui luy attire souvent du mépris, & de l'aversion, mais un peu de sucre y sert d'un grand remede, & dans la verité ayant l'avantage d'attendre à meurir dans le Carême, où elle fait une tres-bonne figure, y paroissant presque seule dans la plus grande sterilité des Fruits, elle merite au moins la place que je luy ay donnée, & même le Curieux, chez qui elle a coûtume de bien reüssir, pourra fort bien la placer un peu mieux que je n'ay fait.

Pour continuer le deuxiéme cent de Buissons.

Le cent vingt-sixiéme Poirier seroit un neuviéme Bon-Chrêtien d'Hyver.

Cent vingt-septiéme, neuviéme Beurré.

Cent vingt-huitiéme, premier gros Oignonnet. *My-Juillet.*

Cent vingt-neuviéme, deuxiéme Sucré-vert.

Cent trentiéme, premier Petit blanquet.

Cent trente-uniéme, treiziéme Virgoulé.

Cent trente-deuxiéme, onziéme Espine.

Cent trente-troisiéme, neuviéme Ambrette.

Cent trente-quatriéme, huitiéme Verte-longue.

Cent trente-cinquiéme, sixiéme Petit-oin.

Cent trente-sixiéme, premier Angober.

Cent trente-septiéme, quatriéme Rousselet.

Cent trente-huitiéme, quatriéme Robine.

Cent trente-neuviéme, cinquiéme Crasane.

Cent quarantiéme, huitiéme Inconnuë la Fare, autrement Saint Germain.

Cent quarante-uniéme, huitiéme Colmar.

Cent quarante-deuxiéme, deuxiéme Messire-Jean.
Cent quarante-troisiéme, quatorziéme Virgoulé.
Cent quarante-quatriéme, dixiéme l'Eschasserie.
Cent quarante-cinquiéme, dixiéme Ambrette.
Cent quarante-sixiéme, premier Double-fleur.
Cent quarante-septiéme, cinquiéme Marquise.
Cette quarante-huitiéme, premier Franc-real.
Octobre. & Novembre. *Cent quarante-neuviéme, deuxiéme Sans-peau.*
Cent cinquantiéme, premier Besidéry.

Dans ce nombre dernier de Poiriers, que je viens de placer, il s'en trouve cinq desquels je n'ay point encore fait la description, sçavoir le Double-fleur, le Franc-réal, l'Angober, le Besidéry, & legros Oignonnet: ainsi pour satisfaire à la curiosité de ceux, qui veulent sçavoir ce que j'en pense.

Je diray, que je fais un cas tres-particulier de cette Poire de double-fleur, non pas pour la manger cruë, quoy que certaines personnes l'estiment assez pour cela, y trouvans ce que je n'y trouve pas quelque chose d'agreable dans la chair, & dans le goût; mais j'en fais cas premierement parce qu'elle est tout-à-fait belle à voir; en effet c'est une grosse Poire plate, qui a la queuë longue & droite, la peau lisse, colorée d'un côté, & jaune de l'autre; en second lieu comme on ne fait aucun scrupule de la faire paroître dans les grands plats de fruit; je l'estime pour le service qu'elle rend en telles occasions, & enfin aprés qu'elle a fait figure agreable pendant plusieurs jours, & que pour avoir été trop souvent touchée, elle commence à perdre la fleur de son beau coloris, & à devenir toute terne, & noirâtre, pour lors elle est en état de faire paroître son veritable merite, car elle est tres-utilement, & agreablement employée à faire une des plus belles & des meilleures compotes du monde, ayant une chair moëleuse, sans être incommodée d'aucune pierre, & ayant sur tout beaucoup de jus, lequel prend aisément une belle couleur au feu; si bien que tout cela ensemble fait à mon sens, & à mon goût de tres-grandes raisons d'estime pour cette Poire, à ne la considerer particulierement que pour la cuisson.

On sçait aussi que le Franc-real, que quelques-uns nomment Finor d'Hyver, est une Poire de grand raport, grosse, ronde, & jaunâtre, tiquetée de petites pointes de roussseurs, queuë courte, le bois de l'Arbre tout farineux.

On sçait aussi que l'Angober est une assez grosse Poire, longue, colorée d'un côté, & d'un gris roussastre de l'autre; le bois de l'Arbre tire extremement à celuy de Beurré, & la Poire n'y ressemble pas mal.

On sçait pareillement que le Besidéry est une Poire tres-ronde, de la grosseur à peu prés d'une grosse bale de jeu de Paume; le coloris jaune, & d'un vert blanchâtre, la queuë assez droite & longue, & meurissant en Octobre & Novembre.

Le gros Oignonnet, autrement Amiré-roux, & Roy d'Esté, Poire de la my-Juillet, qui est assez colorée, ronde, & passablement grosse.

Je reviens à continuer mon projet de chois, & de proportion des fruits pour le Jardin, qui peut avoir cent cinquante-un Buissons, c'est purquoy j'ay destiné à la

Cent cinquante-uniéme place, un dixiéme Bon-Chrêtien d'Hyver.

Cent cinquante-deuxiéme, quinziéme Virgoulé.

Cent cinquante-troisiéme, seiziéme Virgoulé.

Cent cinquante-quatriéme, onziéme l'Eschasserie.

Cent cinquante-cinquiéme, douziéme Espine.

Cent cinquante-sixiéme, dixiéme Beurré.

Cent cinquante-septiéme, premier Poire de Vigne.

Cent cinquante-huitiéme, premier Ronville, que quelques-uns nomment la Hocrenaille, & d'autres Martin-sire: elle est celebrée sur la Riviere de Loire; c'est une Poire des mois de Janvier, & Février; sa grosseur & sa figure approchent fort de celles d'un beau Rousselet: elle a l'œil assez enfoncé, & le ventre pour l'ordinaire plus gros d'un côté que d'un autre; mais toûjours assez, & proprement allongé vers la queuë, qui est mediocre en grosseur, & longueur, & nullement enfoncée; le coloris en est vif d'un côté, quoy que plus aux unes, & moins aux autres, l'autre côté jaunissant beaucoup au temps de la maturité ; la peau en est fort unie, & fort farinée ; à l'égard de ce qui m'a engagé à la placer icy est le temps de sa maturité, & que l'eau en est sucrée avec un peu de parfum assez agreable ; la chair en est cassante ; ses défauts sont d'être petite & durette, & d'avoir un peu de pierre, mais ils sont excusables par ses autres bonnes qualitez ; c'est pourquoy j'en ay au moins voulu mettre une dans un Jardin de cent cinquante-huit Buissons, & pour le cent cinquante-neuviéme je mettray un,

Cent cinquante-neuviéme, cinquiéme Rousselet.
Cent soixantiéme, cinquiéme Robine.
Cent soixante-uniéme, sixiéme Crasane.
Cent soixante-deuxiéme, sixiéme Marquise.
Cent soixante-troisiéme, septiéme Petit-oin.
Cent soixante-quatriéme, deuxiéme Cuisse-Madame.
Cent soixante-cinquiéme, neuviéme Colmar.
Cent soixante-sixiéme, onziéme Bon-Chrêtien d'Hiver.
Cent soixante-septiéme, deuxiéme Bon-Chrêtien musqué.
Cent soixante-huitiéme, deuxiéme Muscat-Robert.
Cent soixante-neuviéme, troisiéme Sans-peau.
Cent soixante-dixiéme, onziéme Beurré.
Cent soixante-onziéme, deuxiéme Poire-Magdeléne.
Cent soixante-douziéme, dix-septiéme Virgoulé.
Cent soixante-treisiéme, douziéme Leschasserie.
Cent soixante-quatorziéme, deuxiéme Bourdon.
Cent soixante-quinziéme, troisiéme Mattin-sec.
Cent soixante-seiziéme, troisiéme Bugi.
Cent soixante-dix-septiéme, douziéme Bon-Chrêtien d'Hyver.
Cent soixante-dix-huitiéme, dixiéme Verte-longue.
Cent soixante dix-neuviéme, deuxiéme Doyenné.
Aoust, & Septembre. *Cent quatre-vingtiéme, premier Salviati.*
Cent quatre-vingt-uniéme, douziéme Beurré.
Cent quatre-vingt-deuxiéme, onziéme Ambrette.
Cent quatre-vingt-troiziéme, huitiéme Petit-oin.
Cent quatrevingt-quatriéme, neuviéme Inconnuë la Fare, autrement Saint Germain.
Cent quatre-vingt-cinquiéme, dixiéme Colmar.

Cent

Cent quatre-vingt-sixiéme, douziéme Ambrette.
Cent quatre-vingt-septieme, deuxieme Lansac.
Cent quatre-vingt-huitiéme, septiéme Crasane.
Cent quatre-vingt-neuviéme, treisiéme Bon-Chrêtien d'Hyver.
Cent quatre-vingt-dixiéme, dix-huitiéme Virgoulé.
Cent quatre-vingt-onziéme, deuxiéme Besi-de-la motte.
Cent soixante-douziéme, sixiéme Rousselet.
Cent quatre-vingt-treiziéme, sixiéme Robine.
Cent quatre-vingt-quatorziéme, premier Cassolette.
Cent quatre-vingt-quinziéme, premier Inconnuë-Chaîneau, Septembre.
Cent quatre-vingt-seiziéme, premier petit Muscat.
Cent quatre-vingt-dix-septiéme, premier Rousselet hâtif.
Cent quatre-vingt-dix-huitiéme, premier Portail.
Cent quatre-vingt-dix-neuviéme, deuxiéme Portail.
Le deux centiéme, sera un troisiéme Saint-Augustin.

Je ne puis m'empêcher d'avoir regret, de ce que parmy tant de Buissons j'y en trouve si peu de Bon-Chrêtien, & nuls de Bergamotte d'Automne; je me suis cy-devant expliqué des raisons, que j'avois pour cela, tant par l'esperance d'en avoir des uns & des autres un assez bon nombre en Espalier, que parce que les terres, qui naturellement sont sujettes à être froides & humides, leur sont entierement funestes: mais si nôtre fond est raisonnablement sec, comme nous avons un grand inconvenient à craindre de la part des Tigres, maudit petit insecte volatile, qui desole infiniment les Poiriers des Espaliers, & nous empêche d'y en plus gueres mettre, & particulierement aux bonnes expositions du Levant, & du Midy, si dis-je nôtre fond n'a pas ce grand défaut de froid, & d'humidité; il est assez à propos d'y planter un assez bon nombre de Bon-Chrêtiens en Buissons.

C'est pourquoy le deux cent-uniéme sera un Bon-Chrêtien.

Deux cent uniéme, un bon Chrêtien d'Hyver.
Deux cent deuxiéme, encore un bon Chrêtien d'Hyver.

Deux cent troisiéme, un Bon-Chrétien d'Hyver.
Deux cent quatriéme, un bon Chrétien d'Hyver.
Deux cent cinquiéme, un bon Chrétien d'Hyver.
Deux cent sixiéme, un bon Chrétien d'Hyver.
Deux cent septiéme, un Bergamotte d'Hyver.
Deux cent huitiéme, un Virgoulé.
Deux cent neuviéme, un Virgoulé.
Deux cent dixiéme, un Virgoulé.
Deux cent onziéme, un Leschasserie.
Deux cent douziéme, un Leschasserie.
Deux cent treiziéme, un Ambrette.
Deux cent quatorziéme, un Ambrette.
Deux cent quinziéme, un Espine.
Deux cent seiziéme, un Espine.
Deux cent dix-septiéme, un Crasane.
Deux cent dix-huitiéme, un Petit-oin.
Deux cent dix-neuviéme, un la Fare, autrement Saint Germain.
Deux cent vingtiéme, un la Fare.
Deux cent vingt-uniéme, un Marquise.
Deux cent vingt-deuxiéme, un Marquise.
Deux cent vingt-troisiéme, un Martin-sec.
Deux cent vingt-quatriéme, un Martin-sec.
Deux cent vingt-cinquiéme, un Beurré.
Deux cent vingt-sixiéme, un Beurré.
Deux cent vingt-septiéme, un Rousselet.
Deux cent vingt-huitiéme, un Rousselet.
Deux cent vingt-neuviéme, un Bon-Chrétien d'Esté musqué.
Deux cent trentiéme, un Messire-Iean.
Deux cent trente-uniéme, un Robine.
Deux cent trente-deuxiéme, un Verte-longue.
Deux cent trente-troisiéme, un Verte-longue.
Deux cent trente-quatriéme, un Cassolette.
Deux cent trente-cinquiéme, un Lansac.
Deux cent trente-sixiéme, un Cuisse-Madame.
Deux cent trente-septiéme, un Cuisse-Madame.
Deux cent trente-huitiéme, un Blanquet à longue queuë.
Deux cent trente-neuviéme, premier Blanquet musqué.
Deux cent quarantiéme, un Poirier d'Orange [illegible].

La description en est aprés le calcul des 300.

Deux cent quarante-uniéme, un Besidéry.
Deux cent quarante-deuxiéme, un Poirier d'Espagne.
Deux cent quarante-troisiéme, un Messire-Jean.
Deux cent quarante-quatriéme un Sucré-vert.
Deux cent quarante-cinquiéme, un Bon-Chrêtien d'Hyver.
Deux cent quarante-sixiéme un Bon-Chrêtien d'Hyver.
Deux cent quarante-septiéme, un Bon-Chrêtien d'Hyver.
Deux cent quarante-huitiéme, un Bon-Chrêtien d'Hyver.
Deux cent quarante-neuviéme, un Virgoulé.
Deux cent cinquantiéme, un Virgoulé.
Deux cent cinquante-uniéme, un Virgoulé.
Deux cent cinquante-deuxiéme, un Ambrette.
Deux cent cinquante-troisiéme, un Ambrette.
Deux cent cinquante-quatriéme, un Espine.
Deux cent cinquante-cinquiéme, un Espine.
Deux cent cinquante-sixiéme, un Leschasserie.
Deux cent cinquante-septiéme, un Leschasserie.
Deux cent cinquante-huitiéme, un Leschasserie.
Deux cent cinquante-neuviéme, un Martin-sec.
Deux cent soixantiéme, un Petit-oin.
Deux cent soixante-uniéme, un la Fare.
Deux cent soixante-deuxiéme, un Saint Augustin.
Deux cent soixante-troisiéme un Marquise.
Deux cent soixante-quatriéme, un Beurré.
Deux cent soixante-cinquiéme, un Amadotte.
Deux cent soixante-sixiéme, premier Bon-Chrêtien d'Espagne. La description en est aprés le calcul des 310.
Deux cent soixante-septiéme, un Loüise-bonne.
Deux cent soixante-huitiéme, un Doyenné.
Deux cent soixante-neuviéme, un Portail.
Deux cent soixante-dixiéme, un Loüise-bonne.
Deux cent soixante-onziéme, un Besidéry.
Deux cent soixante-douziéme, un Besidéry.
Deux cent soixante-treiziéme, un Double-fleur.
Deux cent soixante-quatorziéme, un Double-fleur.
Deux cent soixante-quinziéme, un Franc-real.
Deux cent soixante-seiziéme, un Franc-real.
Deux cent soixante-dix-septiéme, un Angober.
Deux cent soixante-dix-huitiéme, un Angober.
Deux cent soixante-dix-neufviéme, premier Donville.

Deux cent quatre-vingtiéme, deuxiéme Donville.

Deux cent quatre-vingt-uniéme, un Robine.

Deux cent quatre-vingt-deuxiéme, un Robine.

Deux cent quatre-vingt-troisiéme, un Saint-Lesin.

Deux cent quatre-vingt-quatriéme, un Loüise-bonne.

Deux cent quatre-vingt-cinquiéme, un Colmar.

Deux cent quatre-vingt-sixiéme, un Crasane.

Deux cent quatre-vingt-septiéme, un Beurré.

Deux cent quatre-vingt-huitiéme, un Bergamotte d'Hyver.

Novembre & Decembre.

Deux cent quatre-vingt-neufviéme, un Bon-chrêtien musqué.

Deux cent quatre-vingt-dixiéme, un Verte-longue.

Deux cent quatre-vingt-onziéme, un Bon-chrétien d'Espagne.

Deux cent quatre-vingt-douziéme, un Crasane.

Deux cent quatre-vingt-treiziéme, un Poirier de Vigne.

Deux cent quatre-vingt-quatorziéme, un Fondante de Brest.

Iuillet. La description en est aprés le calcul des 300.

Deux cent quatre-vingt-quinziéme, un Blanquet musqué.

Deux cent quatre-vingt-seiziéme, un Salviati.

Deux cent quatre-vingt-dix-septiéme, un Poirier de satin d'Esté.

Deux cent-quatre-vingt-dix-huitiéme, un Muscat-Robert.

Deux cent-quatre-vingt-dix-neuviéme, un Bourdon.

Le trois centiéme, sera un Sans-peau.

Je viens d'introduire deux Bons-Chrêtiens d'Espagne, deux Salviati, deux Blanquet Musqué, & deux Donville; il est bien juste que j'en rende raison, & que je les fasse connoître.

Le Bon-Chrêtien d'Espagne est presque de toutes les Poires celle, qui m'a autant embarassé; peu s'en faut que je n'aye honte de le dire, je me suis naturellement trouvé enclin à l'estimer d'abord par sa figure, on ne s'en sçauroit quasi défendre: c'est une grande Poire, grosse, longue, & bien faite en piramide, ressemblant tout à fait par là à un tres-beau Bon-Chrêtien d'Hyver, d'où luy est venu le plus beau nom qu'elle porte: elle a d'un côté un beau rouge éclatant tout piqueté de petits points noirs, & de l'autre côté elle est blanche jaunâtre: sa chair est la plus cassante de toutes celles que je connois, elle a d'ordinaire une eau douce, sucrée, & assez bonne, quand elle est venuë dans un bon fond, & qu'elle est dans sa parfaite maturité qui arrive communement depuis la my-Novembre jusqu'à la my-Decembre, & va quelquesfois jusqu'en Janvier : c'est par toutes ces qualités-là que pendant deux, ou trois ans j'avois conçu une grande estime pour elle : mais outre que dans cette même saison nous avons toutes nos principales Poires tendres, & fondantes, & que depuis plus de vingt ans j'ay toûjours trouvé à celle-là la chair si rude, si grossiere, & si pierreuse, & particulierement dans les terroirs, & les années un peu humides, qu'enfin malgré ma premiere inclination il a falu se resoudre à luy refuser entrée dans beaucoup de Jardins, & ainsi je suis d'avis qu'on se contente d'en souffrir au moins quelques Arbres dans ceux, où le nombre des Buissons passe deux cent cinquante, & où le fond est passablement bon: toûjours a-t-elle cet avantage, qu'elle paye de bonne mine dans l'ornement des piramides.

Le Salviati ressemble entierement par sa figure à un Besidéry, mais non pas par sa couleur : c'est une Poire assez grossete, ronde, queuë longuette, assez menuë, un peu enfoncée, l'œil pareillement un peu enfoncé, & petit, le coloris d'un jaune roussastre blanchâtre ; celles où il y a de grands placards roux, ont la peau assez rude, les autres où le roux n'est pas, l'ont assez douce: la chair en est tendre, mais peu fine ; l'eau en est sucrée, & parfumée, tirant au goût de Robine plûtôt qu'à celuy d'Orange, mais cette eau est en petite quantité ; la Poire est assez bonne, & seroit encore mieux reçuë, si elle ne venoit pas avec les Pêches de la fin d'Août, & du commencement de Septembre.

Le Blanquet musqué, ou la blanquette musquée est une Poire du commencement de Juillet, ressemblant assez par sa grosseur, & par sa figure à un Muscat-Robert : elle a la peau fine, le coloris d'un jaune blanc qui se teint un peu à l'aspect du Soleil ; la chair en est un peu ferme, si bien qu'elle n'est pas sans marc, & sans pierre, mais l'eau en est fort douce, & fort sucrée, ainsi elle n'est pas indigne de paroître icy.

Il me semble que je voy un assez grand nombre de mécontens qui murmurent contre mon choix : ce sont les amateurs de certaines Poires, desquelles je n'ay fait encore aucune mention, c'est à sçavoir des Poires de Chat-brulé, d'Angleterre, de Citron d'Hyver, de Rousselet d'Hyver, de Brutte-bonne, &c. il s'y en mêle même quelques-uns qui aiment la Poire roze, le Caillot-rozat, l'Orange-tulipée, la Vilaine d'Anjou, &c. & qui ne l'oseroient presque dire : les uns, & les autres ont cherché ces Poires dans les Jardins, que je viens de dresser, & ne les y ayant pas rencontrées, chacun d'eux en son particulier s'en est, pour ainsi dire, senti offensé, & en même temps chacun m'aura voulu faire passer pour un homme qui ne connoît pas tous les bons Fruits, ou tout au moins pour un homme prevenu.

A quoy je répons que je veux fort bien, que ces Messieurs trouvent assez bonnes chacun dans leurs Jardins ces Poires dont est question : & en ce cas-là je consens volontiers qu'ils continuënt à les estimer, à les multiplier, & à les prôner ; ils me feront seulement la grace de se souvenir de ce que j'ay dit à l'entrée de ce Traité sur la diversité des goûts, la diversité des terroirs, & la diversité des années, & me permettront de leur dire pour ma justification, que ce qui m'a fait rebuter ces fruits, pour lesquels ils sont scandalisés, n'a été seurement autre chose que de les avoir trouvés regulierement plûtost mauvais, que bons durant une vingtaine d'années, que je les ay soigneusement cultivés : cependant parce qu'ils peuvent se rencontrer en de certaines circonstances tres-favorables pour le merite qu'ils ont quelquesfois ; je m'en vais leur faire enfin dans les grands Jardins la justice que je croy leur être deuë.

Ainsi pour continuer le troisiéme cent de Buissons, je mettray d'abord six Bugi.

Trois cent uniéme, un Bugi.
Trois cent deuxiéme, un Bugi.
Trois cent troisiéme, un Bugi.

Trois cent quatriéme, un Bugi.

Trois cent cinquiéme, un Bugi.

Trois cent sixiéme, un Bugi.

Trois cent septiéme, un Pastourelle.

Trois cent huitiéme, un Pastourelle.

Trois cent neuviéme, un Pastourelle, c'est une Poire, qui malgré une pointe d'aigreur, qui est dans son eau se fait rechercher de bien des Curieux; elle est de la grosseur & figure à peu prés d'un Saint-Lezin, ou d'un beau Rousselet; la queuë est courbée, point enfoncée, & mediocre dans sa grosseur, & longueur, la peau entre rude & douce, se humectant en maturité; le coloris d'un côté est jaune blanchâtre, couvert de placards roux, & de l'autre il est teint si peu que rien, la chair en est fort tendre, & fort beurrée, n'ayant ny marc, ny pierre; mais comme je viens de dire son eau aigrelette ne me réjoüit pas assez; les mois de Decembre, & de Janvier peuvent bien cependant en souffrir quelques-unes; les Poires d'Angleterre, de Chat-brûlé, de Citron d'Hyver, & de Rousselet d'Hyver, suivront aprés les Pastourelles; c'est pourquoy la

Trois cent dixiéme sera pour un Poirier d'Angleterre autrement, Beurré d'Angleterre, plus longue, que ronde, ressemblant par sa figure, & par sa grosseur à une belle Verte-longue, mais non pas par son coloris; la peau en est unie, grise, verdâtre, chargée de piqueurres rousses, la chair fort tendre, & beurrée, & bien de l'eau, qui est agreable: il semble qu'avec cela ce soit une Poire parfaite; mais comme cette chair est d'ordinaire farineuse, & que la Poire molit aisément, & même sur l'Arbre, & qu'enfin elle vient en même-temps que la Verte-longue, le Petit-oin, & le Lansac, & même quelquesfois avec le Rousselet; il me semble que je n'ay pas trop de tort de n'avoir pas plûtôt pensé à elle; le

Trois cent onziéme Buisson, sera un premier Chat-brûlé, autrement Pucelle, Poire d'Octobre & de Novembre; elle passeroit quelquesfois pour un Martin-sec, tant elle luy ressemble de grosseur, & de figure; mais le coloris un peu different fait, qu'on ne s'y trompe pas; il est d'un côté fort roussâtre, & de l'autre assez clair, sans avoir rien d'Isabel; la peau en eſt aſſez unie, & la chair tendre; mais c'eſt un tendre ſauvage tirant au pâteux, ayant peu d'eau, & approchant du goût de Beſidéry: la Poire au reſte étant fort pierreuſe dans le cœur, cela ne la fait que mediocrement valoir auprés de moy, quoy qu'aſſez de gens veulent dire, qu'ils en ont veu beaucoup, qui n'avoient pas tant de deffauts: le

Trois cent douziéme ſera un premier Citron d'Hyver; cette Poire eſt tres-bien nommée, veu ſa figure & ſa couleur; ſi bien qu'on la pourroit prendre pour un veritable Citron d'une mediocre groſſeur, quand ſur tout il eſt aſſez rond, la chair en eſt fort dure, fort pierreuſe, & pleine de beaucoup de marc, on ne dira pas, que c'eſt là ſon merite, mais elle a aſſez d'eau, elle l'a extrémement muſquée, & voilà ce qui luy a fait des amis pour les mois de Janvier & de Février; le

Trois cent treiziéme ſera un premier Rouſſelet d'Hyver. Les Rouſſelets d'Hyver, ne ſont en beaucoup de Jardins, comme j'ay déja dit, que des Martin-ſec; mais cependant il y en a, qui ſont d'une eſpece differente, ils leur reſſemblent extrémement pour la figure, & la groſſeur, leur coloris eſt verdâtre, jauniſſant en maturité, la chair en eſt entre tendre & caſſante, & pleine d'un peu de marc, ils ont aſſez d'eau, qui paroîtroit aſſez ſucrée, ſi un vilain petit goût de vert, & de ſauvage ne s'en méloit un peu trop: elle meurit en Février, & marque ſa maturité tout de même que les Bergamottes, c'eſt à dire par une petite humidité qui ſe fait ſentir ſur la peau: la Poire eſt aſſez bonne, & peut au moins ſe ſoûtenir dans les plans de trois, & quatre cens pieds d'Arbres, mais auſſi ce n'eſt pas un grand mal de ne pas l'y laiſſer entrer; on en peut à la bonne heure avoir quelque Arbre de tige.

Le trois cent quatorziéme ſera un Satin d'Eſté.
Trois cent quinziéme, deuxiéme d'Angleterre.
Trois cent ſeiziéme, deuxiéme Chat-brulé.
Trois cent dix-ſeptiéme, un Bon-chrétien d'Eſté.
Trois cent dix-huitiéme, un Martin-ſec.
Trois cent dix-neuviéme, un Martin-ſec.
Trois cent vingtiéme, un Colmar.

Trois cent vingt-uniéme, un Louise-bonne.
Trois cent vingt-deuxiéme, un Verte-longue.
Trois cent vingt-troisiéme, un Verte-longue.
Trois cent vingt-quatriéme, un Virgoulé.
Trois cent vingt-cinquiéme, un Virgoulé.
Trois cent vingt-sixiéme, un Virgoulé.
Trois cent vingt-septiéme, un Virgoulé.
Trois cent vingt-huitiéme, un Virgoulé.
Trois cent vingt-neufviéme, un Ambrette.
Trois cent trentiéme, un Ambrette.
Trois cent trente-uniéme, un Ambrette.
Trois cent trente-deuxiéme, un Espine.
Trois cent trente-troisiéme, un Espine.
Trois cent trente-quatriéme, un Espine.
Trois cent trente-cinquiéme, un Leschasserie.
Trois cent trente-sixiéme, un Leschasserie.
Trois cent trente-septiéme, un Leschasserie.
Trois cent trente-huitiéme, un Leschasserie.
Trois cent trente-neuviéme, un Bon-Chrêtien d'Hyver.
Trois cent quarantiéme, un Bon-Chrêtien d'Hyver.
Trois cent quarante-uniéme, un Bon-Chrêtien d'Hyver.
Trois cent quarante-deuxiéme, un Bon-Chrêtien d'Hyver.
Trois cent quarante-troisiéme, un Virgoulé.
Trois cent quarante-quatriéme, un Virgoulé.
Trois cent quarante-cinquiéme, un Ambrette.
Trois cent quarante-sixiéme, un Espine.
Trois cent quarante-septiéme, un Espine.
Trois cent quarante-huitiéme, un Ambrette.
Trois cent quarante-neuviéme, un Leschasserie.
Trois cent cinquantiéme, un Leschasserie.
Trois cent cinquante-uniéme, un la Fare.
Trois cent cinquante-deuxiéme, un Doyenné.
Trois cent cinquante-troisiéme, un Petit-oin.
Trois cent cinquante-quatriéme, un Marquise.
Trois cent cinquante-cinquiéme, un Saint Augustin.
Trois cent cinquante-sixiéme, un Lansac.
Trois cent cinquante-septiéme, un Poirier de Vigne.
Trois cent cinquante-huitiéme, un Petit-oin. La descri-
Trois cent cinquante-neuviéme, un Rousseline. ption en est

après celle de la Poire de Livre.

Trois cent soixantième, un Muscat-Robert.
Trois cent soixante-uniéme, un Sans-peau.
Trois cent soixante-deuxiéme, un Martin-sec.
Trois cent soixante-troisiéme, un Martin-sec.
Trois cent soixante-quatriéme, un Beurré.
Trois cent soixante-cinquiéme, un Beurré.
Trois cent soixante-sixiéme, un Messire-Iean.
Trois cent soixante-septiéme, un Messire-Iean.
Trois cent soixante-huitiéme, un Rousselet.
Trois cent soixante-neuviéme, un Robine.
Trois cent soixante-dixiéme, un Besidéry.
Trois cent soixante-onziéme, un Besidéry.
Trois cent soixante-douziéme, un Double-fleur.
Trois cent soixante-treiziéme, un Double-fleur.
Trois cent soixante-quatorziéme, un Double-fleur.
Trois cent soixante-quinziéme, un Franc-real.
Trois cent soixante-seiziéme, un Franc-real.
Trois cent soixante-dix-septiéme, un Angober.
Trois cent soixante-dix-huitiéme, un Angober.
Trois cent soixante dix-neuviéme, un Donville.
Trois cent quatre-vingtiéme, un Donville.
Trois cent quatre-vingt-uniéme, premier Poirier de Livre.
Trois cent quatre-vingt-deuxiéme, deuxiéme Poirier de Livre.

Cette Poire de Livre, que quelques-uns nomment gros râteau-gris, & d'autres Poire d'Amour est fort grosse, témoin le poids qu'on luy donne: elle est peu longue pour sa grosseur, ayant la peau assez rude, & le coloris d'un roux fort obscur, la queuë courte, & l'œil fort enfoncé: elle fait une belle, & bonne compote de quelque maniere qu'on la fasse cuire, soit dans la cloche, soit sous la cendre, soit autrement.

La Poire Rousseline se nomme en Touraine le Muscat à longue-queuë de la fin d'Automne, & c'est le premier nom, sous lequel je l'ay premierement connuë: le nom de Rousseline plaist mieux, est plus court, & plus singulier; c'est sa figure, qui approchant de celle de Rousselet le luy a fait donner par un de nos illustres curieux; son coloris est d'un Isabel fort clair, on le prendroit pour un Martin-sec: sa chair est tendre, & delicate, & son eau fort sucrée, &

agreablement parfumée: son grand défaut est de venir avec les beurrés, les Bergamottes, les Lansac, &c. & voila pourquoy il m'a falu resister à la tentation que j'ay eu de la placer mieux que je n'ay fait.

Trois cent quatre-vingt-troisiéme, un Bon-Chrêtien d'Hyver.
Trois cent quatre-vingt-quatriéme, un Bon-Chrêtien d'Hyver.
Trois cent quatre-vingt-cinquiéme, un Bon-Chrêtien d'Hyver.
Trois cent quatre-vingt-sixiéme, un la Fare.
Trois cent quatre-vingt-septiéme, un Cuisse-Madame.
Trois cent quatre-vingt-huitiéme, un Cuisse-Madame.
Trois cent quatre-vingt-neuviéme, un gros Blanquet.
Trois cent quatre-vingt-dixiéme, un Blanquet musqué.
Trois cent quatre-vingt-onziéme, un Pendar. *La description en est apres le calcul des 400.*
Trois cent quatre-vingt-douziéme, un Pendar.
Trois cent quatre-vingt-treiziéme, un Robine.
Trois cent quatre-vingt-quatorziéme, un Pastourelle.
Trois cent quatre-vingt-quinziéme, un Bon-Chrêtien musqué.
Trois cent quatre-vingt-seiziéme, un Rousselet.
Trois cent quatre-vingt-dix-septiéme, un Bugi.
Trois cent quatre-vingt-dix-huitiéme, un Portail.
Trois cent quatre-vingt-dix-neuviéme un Saint-Lezin.
Le quatre centiéme, sera un du Bouchet.

Cette Poire du Bouchet est grosse, & ronde, & blanche à peu prés comme un Besidéry, quelques-unes du même Arbre ressemblent à de mediocres Bergamottes, & & d'autres à de grosses Cassolettes: la chair en est belle, & tendre, & l'eau sucrée, le bois semblable à celuy de mon-Dieu, elle meurit à la my-Aoust.

La Poire de Pendar est de la fin de Septembre; à l'égard de sa chair, de son goût, de son eau, & de sa figure, on la prendroit pour la Cassolette, mais comme elle est un peu plus grosse, & qu'elle a le bois different, aussi-bien que le temps de la maturité, on voit bien que ce n'est pas la même chose.

Il me semble que cette distribution ne doit point être mal reçuë, si ce n'est peut-être de ceux, qui au prix de la Poire Chat content pour rien la plus part des Poires, que nous estimons, & ce sont les Curieux du voisinage du Rhosne, qui dans le vray en font une estime tres-particuliere, ainsi pour les contenter je donneray la

Quatre cent-unième place à un premier Poire Chat.
Quatre cent deuxiéme, deuxiéme Poire Chat.

C'est une Poire de la my-Octobre, de la grosseur, couleur, & figure à peu prés d'un Martin-sec, ou d'un Chat-brulé, & approche extrémement de la figure d'un œuf de poule, c'est à dire qu'elle est ronde en pointe, & moussée par la tête, le ventre rond, mais peu gros, allongé grossierement vers la queuë, qui n'est que mediocrement longue, & grosse: la peau en est fort lisse, satinée, & séche; le coloris est d'un Isabel fort clair, & beaucoup plus que l'Isabel ordinaire de Chat-brulé, & de Martin sec: la chair en est tendre, & beurrée, & l'eau assez douce, & partant à l'imitation de ces Messieurs qui l'estiment tant, nous pouvons bien en faire quelque cas.

Mais comme nos Beurré, Bergamotte, Lansac, &c. qui sont de la même saison qu'elle, ne la sçauroient guéres laisser paroître dans les mediocres Jardins, où il n'y doit rien avoir qui ne fasse une figure importante, je veux bien au moins que nous en mettions deux dans les plans de quatre cent un, & quatre cent deux Arbres, & même quelques-uns de plus dans les autres qui seront plus grands.

Je ne suis pas tout à fait si bien persuadé du merite du Besi de Caissoy, autrement Roussette d'Anjou: c'est une petite Poire de Decembre, & Janvier, de grosseur à peu prés d'un Blanquet: le fond du coloris est jaunâtre, chargé par tout de rousseurs, la peau peu unie, la chair tendre, mais pâteuse, beaucoup de pierre, & de marc, l'eau peu agréable, & comme tirant au goût de Cormes; tous ces défauts joints à la petitesse de la Poire m'ont empêché de la mettre en rang jusqu'icy, cependant parce que quelquesfois on en voit d'assez bonnes, & que les Angevins en sont si contens, je veux bien en souffrir deux dans ces Jardins de quatre cent trois, & de quatre cent quatre Buissons, partant

Le quatre cent troisiéme Buisson sera un premier Besi de Caissoy.
Quatre cent quatriéme, deuxiéme Besi de Caissoy.

Jusqu'à present je croy avoir employé environ soixante

sortes de Poires de toutes les saisons, dix-huit d'Esté, dix-sept d'Automne, & vingt-six d'Hyver: il me semble qu'on doit être difficile à contenter, si on n'est pas satisfait de cette multitude d'especes, qui, comme je l'ay assez dit, ne sont pas à beaucoup prés si bonnes les unes que les autres: je mettray cy aprés une liste de celles que je nommeray indifferentes, si bien qu'à leur égard je n'ay ny trop de mépris pour les rebuter entierement, ny trop d'estime pour leur chercher de nouveaux courtisans, afin que chacun de ceux, qui les connoissans ont quelque affection pour elles, les conservent, s'ils le trouvent à propos: mais pour les autres qui ne les connoissent pas j'ose dire, qu'ils feront assez bien de ne s'en mettre nullement en peine, ou même de les joindre à celles, que je conseille d'exterminer tout à fait; la liste de celle-là, c'est à dire des mauvaises suivra de prés la liste des indifferentes.

Et ainsi pour continuer de planter les Jardins suivans, où je n'introduiray guéres de fruits nouveaux, à moins que ce ne soient quelques Poires à cuire, je mettray pour le

Quatre cent cinquiéme, un Virgoulé.
Quatre cent sixiéme, un Virgoulé.
Quatre cent septiéme, un Virgoulé.
Quatre cent huitiéme, un Virgoulé.
Quatre cent neuviéme, un Double-fleur.
Quatre cent dixiéme, un Francreal.
Quatre cent onziéme, un Ambrette.
Quatre cent douziéme, un Ambrette.
Quatre cent treiziéme un Espine.
Quatre cent quatorziéme, un Espine.
Quatre cent quinziéme, un Leschasserie.
Quatre cent seiziéme, un Leschasserie.
Quatre cent dix-septiéme, un Crasane.
Quatre cent dix-huitiéme, un la Fare.
Quatre cent dix-neuviéme, un Bon-chrêtien d'Hyver.
Quatre cent vingtiéme, un Bon-chrêtien d'Hyver.
Quatre cent vingt-uniéme, un Bon-chrêtien d'Hyver,
Quatre cent vingt-deuxiéme, un Bon-chrêtien d'Hyver.
Quatre cent vingt-troisiéme, un Bon-chrêtien d'Hyver.

Quatre cent vingt-quatriéme, *un Bon-chrétien d'Hyver.*
Quatre cent vingt-cinquiéme, *un Bon-chrétien d'Hyver.*
Quatre cent vingt-sixiéme, *un Beurré.*
Quatre cent vingt-septiéme, *un premier Saint-François.*
Quatre cent vingt-huitiéme, *un deuxiéme S. François*, c'est une Poire qui n'est bonne que cuite, elle est assez grosse, & fort longue, est jaunâtre, & a la peau fort unie.
Quatre cent vingt-neuviéme, *un Saint-Augustin.*
Quatre cent trentiéme, *un Rousseline.*
Quatre cent trente-uniéme, *un Blanquet musqué.*
Quatre cent trente-deuxiéme, *un Cuisse-Madame.*
Quatre cent trente-troisiéme, *un Robine*,
Quatre cent trente-quatriéme, *un Salviati*,
Quatre cent trente-cinquiéme, *un premier Orange musquée.*

L'Orange musquée est une Poire du commencement d'Aoust, elle est mediocrement grosse, plate, assez colorée, queuë longuette, peau assez souvent tiquetée de petits placards noirs, chair assez agreable, mais ayant un peu de marc.

Quatre cent trente-sixiéme, *un Fondante de Brest.*
Quatre cent trente-septiéme, *un Martin-sec.*
Quatre cent trente-huitiéme, *un la Fare.*
Quatre cent trente-neuviéme, *un Marquise.*
Quatre cent quarantiéme, *un Amadotte.*
Quatre cent quarante-uniéme, *un Lansac.*
Quatre cent quarante-deuxiéme, *un Messire-Iean.*
Quatre cent quarante-troisiéme, *un Verte-longue.*
Quatre cent quarante-quatriéme, *un Besidéry.*
Quatre cent quarante-cinquiéme, *un Doyenné.*
Quatre cent quarante-sixiéme, *un Saint-Lezin*,
Quatre cent quarante-septiéme, *un Poirier de Vigne.*
Quatre cent quarante-huitiéme, *un Rousseline*,
Quatre cent quarante-neuviéme, *une Angleterre.*
Quatre cent cinquantiéme, *un Pendar.*
Quatre cent cinquante-uniéme, *un Bugi.*
Quatre cent cinquante-deuxiéme, *un premier Gros-fremont.*
Quatre cent cinquante-troisiéme, *deuxiéme Gros-fremont*, c'est une Poire qui n'est bonne que cuite, elle est assez grosse, assez longue, & jaunâtre, la compote en est un peu parfumée.

Quatre cent cinquante-quatriéme, un Donville.
Quatre cent cinquante-cinquiéme, un Loüise-bonne.
Quatre cent cinquante-sixiéme, un Colmar.
Quatre cent cinquante-septiéme, un Portail.
Quatre cent cinquante-huitiéme, un Citron.
Quatre cent cinquante-neuviéme, un Chat-brulé.
Quatre cent soixantiéme, un Poirier de livre.
Quatre cent soixante-uniéme, un Pastourelle.
Quatre cent soixante-deuxiéme, un Virgoulé.
Quatre cent soixante-troisiéme, un Virgoulé.
Quatre cent soixante-quatriéme, un Virgoulé.
Quatre cent soixante-cinquiéme, un Virgoulé.
Quatre cent soixanee-sixiéme, un Ambrette.
Quatre cent soixante-septiéme, un Ambrette.
Quatre cent soixante-huitiéme, un Espine.
Quatre cent soixante-neuviéme, un Espine.
Quatre cent soixante-dixiéme, un Leschasserie.
Quatre cent soixante-onziéme, un Leschasserie.
Quatre cent soixante-douziéme, un Petit-oin.
Quatre cent soixante-treiziéme, un Petit-oin.
Quatre cent soixante-quatorziéme, un Bon-chrétien d'Hyver.
Quatre cent soixante-quinziéme, un bon Chrétien d'Hyver.
Quatre cent soixante-seiziéme, un Bon-Chrétien d'Hyver.
Quatre cent soixante-dix-septiéme un Bon-Chrétien d'Hyver.
Quatre cent soixante-dix-huitiéme, un Sucré-vert.
Quatre cent soxante-dix-neuviéme, un Sucré-vert.
Quatre cent quatre-vingtiéme, un Martin-sec.
Quatre cent quatre-vingt-uniéme, un Bourdon.
Quatre cent quatre-vingt-deuxiéme, un Poire-Magdeleine.
Quatre cent quatre-vingt-troisiéme, un Beurré.
Quatre cent quarre-vingt-quatriéme, un Bon-Chrétien musqué.
Quatre cent quatre-vingt-cinquiéme, un Bon-Chrêtien d'Espagne.
Quatre cent quatre-vingt-sixiéme, un Messire-Iean.
Quatre cent quatre-vingt-septiéme, un sans-peau.
Quatre cent quatre-vingt-huitiéme, un gros Oignonnet.
Quatre cent quatre-vingt-neuviéme, un Poirier d'Orange musquée.
Quatre cent quatre-vingt-dixiéme, un Lansac.
Quatre cent quatre-vings-onziéme, un Cuisse-Madame.
Quatre cent quatre-vingt douziéme, un Espargne.

Quatre cent quatre-vingt-treiziéme, un Cassolette.
Quatre cent quatre-vingt-quatorziéme, un Bon-Chrêtien d'Esté.
Quatre cent quatre-vingt-quinziéme, un Doyenné.
Quatre cent quatre-vingt-seiziéme, un Poirier du Bouchet.
Quatre cent quatre-vingt-dix-septiéme, un Poirier du Bouchet.
Quatre cent quatre-vingt-dix-huitiéme, un Poirier de Vigne.
Quatre cent quatre-vingt-dix-neufviéme, un Bergamotte d'Hyver.
Le cinq centiéme Buisson sera un Rugi.

Je commence d'être persuadé, que mon exactitude à bien choisir ces cinq cens Poiriers, donnera assez de lumieres aux nouveaux curieux pour sçavoir se conduire, s'il se presente des occasions, qui demandent davantage d'Arbres, & sur tout n'étant plus gueres question de nouvelles especes, on aura bien veu, que sur chaque centaine d'augmentation de Buissons je n'augmente d'ordinaire premierement pour l'Esté qu'environ de la six, ou septiéme partie du cent, & même toûjours en les diminuant, à proportion que les plans augmentent de nombre, tant parce que, si la quantité de murailles le permet, il y en a toûjours une partie pour quelques Poiriers de la saison, par exemple des petits-Muscats, Cuisse-madame, Robine, Rousselet, &c. (cela suplée au défaut des Buissons) que parce qu'il faut regarder ces fruits d'Esté, comme fruits tres-passagers, & de peu de durée: si bien que quand le nombre en est excessif, ils ne font gueres, ny honneur, ny profit.

Joint que je ne manque guere dans les plans un peu considerables d'y en mettre toûjours en symetrie quelques-uns des principaux en Arbres de tiges, comme étant un moyen assûré de les avoir beaucoup meilleurs, & même en plus grande quantité.

En second lieu à l'égard des fruits d'Automne j'ay tout au moins les mêmes égards que pour ceux, dont je viens de parler: J'envisage la Bergamotte avec la consideration que j'ay par tout témoigné pour elle; je n'en ay planté qu'un Buisson, ou deux sur cinq cens, & c'est cependant un des fruits, pour l'abondance duquel je prétens le moins

m'oublier

m'oublier : mais comme tout le monde sçait on n'en sçauroit gueres avoir que contre les murailles.

Il n'est pas difficile de conclure de là, que j'en feray sans doute de grands Espaliers, pourveu que j'aye dequoy contenter mon inclination : j'en mettray à la plûpart des expositions, mais veritablement, & cela à mon grand regret, ce ne sera que peu à celle du Levant, & du Midy, tant en faveur des fruits à noyau, pour lesquels j'estime qu'il les faut choyer, qu'à cause du desordre des tigres, dont je ne sçaurois du tout garentir les Poires ; mais en revanche je mettray amplement de Bergamottes aux expositions du Nord, & desquelles toutes les Poires, hors le Bon-Chrétien, ne s'accommodent pas mal, & sur tout dans les terreins un peu sécs: veritablement elles n'y sont pas tout-à-fait si bonnes que celles, qui joüissent long-temps de l'aspect favorable du Pere de la bonté ; mais le secours du Sucre diminuë au moins une partie de leurs defauts, s'il n'est pas capable de les corriger entierement.

Nous allons donc planter beaucoup de Bergamottes, comme je suppose, qu'on l'a déja commencé, tout aussi-tôt qu'on s'est trouvé en état de faire l'honneur à cette Reyne des Poires ; je reviens donc pour dire, que sur chaque centaine d'augmentation de Buissons le nombre de ceux, qui font des fruits d'Automne, ne doit augmenter tout au plus qu'environ de la sept, ou huitiéme partie du cent, le peu de durée de la plûpart d'entre-eux, & la facilité de leur corruption en étant la cause : d'un autre côté le plaisir qu'on a d'en consommer beaucoup, & la saison qui attire les compagnies, ou qui engage à des séjours de campagne, sont toûjours comme une espece de Boussole, qui à l'égard de ces fruits d'Automne nous doit conduire dans l'execution de nos plans, soit pour en mettre plus, soit pour en mettre moins.

Restent donc les fruits d'Hyver, qui feront par tout le grand corps de reserve: si bien que sur chaque centaine de buissons ils doivent d'ordinaire augmenter d'environ les trois quarts de cent, & si mes avis ont le don de plaire, on prendra garde à multiplier moins ceux, que pour ainsi dire je ne multiplie qu'à tâtons.

Or sans m'engager à faire pour un plan de six cens Buissons, comme j'ay fait cy-dessus pour les autres plans, qui est de marquer exactement, & l'un aprés l'autre chaque espece de fruit, & chaque pied d'Arbre, selon l'ordre qu'ils doivent entrer en chaque Jardin en particulier, je me contenteray de dire tout d'un coup, qu'au delà des cinq cens, qui sont déja reglez, je mettray pour faire les six cens environ dix Poires d'Esté, dix-huit d'Automne, & soixante-douze d'Hyver.

Je ne m'étonne pas que ceux, qui ont à faire de grands plans, soient embarassez pour le chois de la quantité d'Arbres : je croy même qu'ils le seroient davantage, s'ils en venoient eux-mêmes au détail, sans s'en décharger sur leurs Jardiniers, comme ils font la plûpart assez malheureusement. J'avoüe de bonne foy, que cela me paroît un abysme ; & que j'y trouve beaucoup de difficulté, quand avec mon exactitude ordinaire je tâche de compasser, & de proportionner les especes.

Ces grands plans me font peur, tout accoûtumé que j'y puisse être, & croy même que c'est à cause que j'y suis si accoûtumé, que j'en vois si bien le peril, & les inconveniens : de là vient aussi, que j'ay si souvent devant les yeux, à la bouche, & au bout de ma plume : *Laudato ingentia rura exiguum colito.*

On croit ne pouvoir jamais parvenir à avoir autant de fruits, qu'on en souhaite : l'idée de l'abondance est en effet la plus agreable du monde, elle est assez difficile à attraper, à cause particulierement de la rigueur des saisons ; c'est en veuë de cette abondance, que d'abord on ne fait que prôner les grands plans : mais outre la dépense qui est assez grande, tant pour les faire, que particulierement pour les entretenir, & qui doit sur cela donner de grands égards, s'il arrive, comme il arrive sans doute, qu'on parvienne enfin à se voir à peu prés ce qu'on s'est proposé, je suis asseuré, qu'on se trouve au moins embarassé de ce qu'on en doit faire.

Il seroit bien-tôt temps, que je commençasse de planter un peu de ces fruits, qui sont au moins propres à contribuer à la parure des pyramides ; on n'y devroit point, ce me semble trouver à redire, quand on en est venu à planter jusques à des six, & sept cens Buissons d'autres Arbres ; & ainsi on pourra y mettre quelques bons Chrétiens d'Esté, autrement Gracioli, quelques Suprême, quelques Amiral, quelques Moüille-bouche d'Esté, quelques Bellissime, quelques Poires de Bouge, quelques Grilland, quelques Gilogile, &c. je feray la description de ces sortes de fruits à la fin de ce Traité : je me contente de les nommer icy en passant, afin que nos curieux, qui en sçauront le nom, en plantent quelques Arbres, s'ils le trouvent à propos : quant à moy, tant que je suivray mon inclination, je n'en planteray gueres.

C'est pourquoy pour continuer, comme j'ay commencé, j'estime que les dix fruits d'Esté d'augmentation pour six cens Arbres, seront

Vn gros blanquet.
Deux Bon-Chrétiens d'Esté musqué.
Vn Cassolette.
Deux Robines.
Vn Espargne.
Vn Poirier-Magdeléne.
Vn Sans-peau.
Vn Pendar.
Vn Poirier d'Orange musquée.

Les dix-huit d'Automne seront

Deux Amadottes.
Vn Besidéry.
Vn Bon-chrétien d'Espagne.
Quatre Beurré.
Vn Doyenné.
Trois Lansac.
Vn Poirier de Vigne.
Trois Messire-Jean.
Vn Rousseline.
Vn Sucré-vert.

Les soixante-douze d'Hyver seront

Dix Virgoulé.
Sept Bon-chrétien d'Hyver.
Cinq Leschasserie.
Cinq Espine.
Cinq Ambrette.
Trois Inconnuë la Fare.
Trois Bugi.
Deux Angober.
Deux Colmar.
Deux Double-fleur.
Deux Franc-réal.
Deux Gros-musc.
Deux Martin-sec.
Deux Marquise.
Deux Portail.
Deux Saint-Augustin.
Deux Saint-Lezin.
Vn Poirier de Citron.
Vn Besi de Caissoy.
Vn Donville, autrement Calot.

Vn Gros-fremont. *Vn Petit-oin.*
Vn Poirier de livre. *Vn Rouville.*
Vn Louise-bonne. *Vn Rousselet d'Hyver.*
Vn Pastourelle. *Deux Saint-François.*

J'y ajoûteray deux Carmelites, qui sont d'assez grosses Poires plates, grises d'un côté, & un peu teintes de l'autre, & chargées en certains endroits de quelques taches assez grandes, qui paroissent comme des pieces, qu'on y a appliquées aprés coup.

En tout cela nous avons pour cuire environ soixante-onze Poiriers, sans y comprendre ceux qu'on pourra avoir de tige, comme des petits Certeaux, Angober, Francréal, &c. qui viennent fort bien.

Si on a besoin de sept cens Poiriers en Buissons, on n'a qu'à augmenter au dela des six cens de la même maniere à peu prés que nous avons fait pour venir des cinq cens au six cens, c'est à dire d'environ la dixiéme partie par centaine soit pour l'Esté, soit pour l'Automne, & de quatre-vingt pour l'Hyver, ou bien qu'on se contente de ce que nous avons mis de fruit d'Esté, & d'Automne pour les six cens, & qu'on mette entierement la centaine d'augmentation pour l'Hyver: on trouvera son compte, c'est à dire que pour sept cens Poiriers en Buisson on en aura environ cent dix-huit pour l'Esté, cent trente-deux pour l'Automne, & quatre cens cinquante pour l'Hyver, ou bien on aura cent quinze pour l'Esté, cent douze pour l'Automne, & quatre cens soixante-treize pour l'Hyver; ainsi pour huit cens on aura à peu prés cent vingt-cinq pour l'Esté, cent cinquante pour l'Automne, & cinq cens vingt-cinq pour l'Hyver, & pour neuf cens on en aura environ cent quarante-cinq pour l'Esté, cent soixante pour l'Automne, & cinq cens quatre-vingt-quinze pour l'Hyver; cela posé que pour les huit cens, & pour les neuf cens on croye n'avoir pas assez de fruit d'Esté, & d'Automne que de n'avoir que ceux des six cens, qui sont pourtant un nombre fort raisonnable; pareillement aussi pour mil Poiriers en Buisson on auroit environ cent quarante-cinq pour l'Esté, cent quatre-vingt-cinq pour l'Automne, & six cens soixante-dix pour l'Hyver.

Je m'en vais faire icy la distribution de ce dernier nombre, & finiray là ce que j'ay à dire pour les Poiriers en Buissons, aprés avoir encore dit que le nombre tant des Poiriers d'Esté, que d'Automne me fait peur; si bien que si je suivois mon penchant, naturellement j'irois à les diminuer pour augmenter davantage les fruits d'Hyver: chaque Curieux verra sur cela ce qu'il trouvera à propos pour son usage.

Les cent quarante-cinq Poiriers d'Esté seront

Neuf gros-Blanquet.
Cinq Blanquet-musqué.
Cinq Bourdons.
Quinze Bon-chrétien musqué.
Six Cassolette.
Quinze Cuisse-Madame.
Six Espargne.
Six Fondante de Brest.
Seize Robine.
Quatre Orange musquée.
Huit Orange-verte.
Quatre Gros-Oignonnet.
Quatre Magdeléine.
Trois Poiriers du Bouchet.
Huit Sans-peau.
Trois Salviati.
Sept Muscat-Robert.
Quinze Rousselet.
Six Pendar.

Les cent quatre-vingt-cinq Poiriers d'Automne seront

Trente-deux Beurré.
Vingt Verte-longue.
Quinze Lansac.
Vingt Messire-Jean.
Quinze Besidéry.
Douze Amadotte.
Quatre Angleterre.
Six Bon-chrétien d'Espagne.
Vn Bergamotte.
Six Crasane.
Quatre Chat-brulé.
Quatre Poire Chat.
Dix Doyenné.
Six Rousseline.
Huit Sucré-vert.
Huit Poiriers de Vigne.

Les six cent soixante-dix Poiriers d'Hyver seront

Six-vingt Virgoulé.
Soixante-dix Bon-Chrétien d'Hyver.
Soixante-cinq Ambrette.
Soixante-dix Leschasserie.
Soixante-cinq Espine.
Trente Double-fleur.
Vingt-quatre Inconnuë la Fare.
Vingt-quatre Martin-sec.
Dix-huit Francréal.
Quinze Angober.
Quinze Bugi.

* Quatre Poire-rose. * Quatre Vilaine d'Anjou.
* Quatre Caillot-rosat.

** Quoy que ces trois dernieres especes se trouvent dans le nombre des Buissons d'Hyver, elles viennent cependant toutes trois en Automne, mais cela ne doit rien gâter de l'ordre qui est icy observé.*

Je me suis laissé aller à mettre les trois dernieres especes de Poires, quoy que je n'aye pas grande estime pour elles, l'abondance avec laquelle elles se produisent m'a flechy en leur faveur, outre que pour les gens qui n'auroient point d'autres fruits, ceux-cy ont une eau assez sucrée, & qui n'est pas trop desagreable, à qui aime le goût rosat.

La Poire-rose est assez grosse, plate, & ronde, la queuë en est fort longue, & fort menuë, & la chair cassante.

Le Caillot-rosat, autrement Eau-rose est de la couleur, grosseur, & figure à peu prés d'un Messire-Jean ordinaire, elle est pourtant un peu plus ronde, & a la queuë tres-courte, & enfoncée comme une Pomme, & la chair cassante.

La Vilaine d'Anjou, autrement Tulipée, & Bigarade est grosse, plate, d'un gris jaunâtre, & pareillement la chair cassante.

J'ajoûteray même deux Grosse-queuë, le nom de cette Poire la fait connoître, sa pierre avec sa sécheresse la fait méprisér, & son grand parfum la fait estimer de ceux qui aiment les fruits fort musquez; elle est jaune, & assez grosse.

Huit Portail.
Quinze Saint Lezin.
Huit Gros-Musc.
Huit Colmar.
Douze Loüise-bonne.
Huit Pastourelles.
Douze Donville.
Douze Marquise.
Huit Saint-Augustin.
Huit Petit-oin.
Huit Ronville.
Huit Carmelites.
Cinq Citrons.
Quatre Besi de Caissoy.
Six gros-Fremont.
Six Poires de Livre.
Six Saint-François.
Dix Rousselet d'Hyver.

Et sur cela nous en avons cent un, qui ne sont que pour cuire sans les autres, qui, comme nous avons dit, sont d'assez bonnes Poires des deux façons.

Je finis par cette petite reflexion, laquelle regarde un curieux, qui se voit mil Poiriers en Buisson, ou qui se propose de les planter ; & je luy demande d'abord que chacun de ces Arbres commenceront de donner quelque peu de fruit, quand cela n'iroit qu'à douze par chaque pied d'Arbre, qui est un nombre tres-modique ; je demande, dis-je, à ce curieux, qu'est-ce qu'il pourra faire de ces douze mil Poires, à moins qu'il n'en veüille faire present d'une grande partie, ou les vendre, ou en faire du Cidre, &c. : J'avoüe de bonne foy, que ce nombre m'épouvante, jusqu'à me chagriner, au moins me faire pitié, sçachant certainement, qu'il y en aura pour le moins la moitié de gâté, &c.

CHAPITRE III.

Des Poiriers de tige à planter.

IL s'en faut de beaucoup, que je me trouve obligé à la même discussion pour les Poiriers de tige, que je l'ay été pour les Poiriers en Buisson ; les petits Jardins ne s'accommodent nullement de ceux-là, comme ils font de ceux-cy ; l'ombre des grands Arbres y est pernicieuse pour tout ce qu'on y pourroit élever, joint que tout le monde veut particulierement avoir de l'air au tour de sa maison, & que personne ne peut souffrir ce qui est capable de l'empêcher ; voilà en effet une des principales raisons, qui font que chacun souhaitte au moins de petits Jardins, quand il ne peut pas en avoir de grands.

Nous ne planterons donc d'Arbres de tige que dans les grands Jardins, & les y planterons en petite quantité, ce qui ne va d'ordinaire qu'à un Arbre pour chaque quarré de Potager ; je me suis sur cela fait deux usages, qui ne reüssissent pas mal, dont l'un est de les planter sur le bord des grandes allées de traverse, & toujours loin de toutes les murailles à la reserve de celles du Nord ; & l'autre de les planter au milieu des quarrés, c'est à dire un dans chaque quarré.

Dans la premiere façon particulierement comme la plûpart de l'ombre donne dans les grandes allées, il n'y en a point qui fasse tort aux petites plantes de dessous, ny aux bons Espaliers, qui en sont fort éloignez, & dans la deuxiéme maniere, il n'y a rien qui offusque, & embarasse la veuë, parce que les quarrez ayans d'ordinaire au moins dix à douze toises en tout sens, & étant separez les uns des autres par quelques allées, les Arbres de tige y auront entr'eux une distance assez considerable, & comme le nombre de ces quarrez n'est que mediocrement grand, le nombre des Arbres de tige ne peut être aussi que mediocre, n'y ayant gueres de Potagers, qui selon de telles mesures, & une telle destination puissent avoir plus d'une trentaine d'Arbres.

Or pour cela je choisis ou de ces especes de bons fruits, qui ne sont pas bien gros, qui cependant chargent beaucoup, & sont bons en tombans, c'est à dire sont fruits d'Esté, parce que leur peu de grosseur les empêche de se meurtrir, & leur maturité, qui les a détachez, fait que, si par hazard quelques-uns ont été cassez, on peut sur le champ les consommer avec plaisir.

Ou bien je choisis de ces especes, qui tiennent beaucoup à la queuë, & de celles, dont les fruits sont fort dures en soy, comme les menus fruits d'Hyver, & les Poires à cuire, si bien qu'ils ne sont pas aisément abatus par les vens, ou leur chute ne fons pas capable de leur faire grand tort.

Parmy les fruits d'Esté à planter en Arbres de tige, je n'y comprens pas le petit-muscat, quoy que par la taille, & la saison, dont il est, il y deût être plus propre, qu'aucun autre: le chancre qui s'attache à son bois, & le gâte entierement, m'en empêche à mon grand regret; mais ce que j'y plante tres-volontiers, c'est premierement en fruits d'Esté (& voicy l'ordre de mon choix) le Rousselet, la Cuisse-Madame, le gros Blanquet, le Blanquet musqué, le Bon-Chrêtien d'Esté musqué, la Poire Sans-peau, l'Orange musquée, le Bourdon, le Muscat-Robert, la Poire de Pendar, la Fondante de Breste, & même dans un fort grand plan j'y ajoûterois quelques Bon-Chrêtien d'Esté, quelques Amiral, &c. Pour des fruits d'Automne ce que je choisis sont des Lansac, des Poires de Vigne, des Rousselme, &c. Pour des fruits d'Hyver ce sera le Martin-

sec,

sac, l'Ambrette, le Rousselet d'Hyver, le Ronville, & peut-être quelques Besi de Caissoy, & enfin pour les fruits à cuire, ce sera le petit Certeau, le Franc-real, l'Angober, le Donville.

Voila environ vingt-quatre sortes de Poiriers de tige à planter assez heureusement dans nos Jardins ; mais comme dans des lieux importans, par exemple de beaux Potagers, les fruits à cuire ne sont pas assez considerables pour y être placez, & que (comme il est à propos pour tous ceux qui le peuvent commodement) on en peut avoir dans des Vergers à l'écart avec toutes sortes de Ceriziers, Griottes, Bigarreaux, Guignes, avec toutes sortes de bonnes Pommes, Renette, Calvil, Api, Fenoüillet, Capendu, &c. avec quelques Prunes de bonnes especes, sçavoir des Damas de toutes sortes, des Mirabelles, Sainte Catherine, Diaprée, &c. & enfin avec des Meuriers, Amandiers, Azaroliers, &c. Comme dis-je les fruits à cuire peuvent sans des-honneur être éloignez de nos Potagers, il faut particulierement multiplier quelques-uns de nos fruits d'Esté qui sont les principaux.

Je m'assure que la voye de tout le monde aussi bien que la mienne donne aussi-tôt sur les Rousselets ; de maniere qu'on n'est pas fâché d'avoir au moins quatre grands Poiriers de Rousselet, quand on a un Arbre de chacune des autres especes : la Rousseline, la Poire de Lansac, l'Ambrette, & le Martin-sec sont encore des Arbres qui demandent chacun à être doubles, devant qu'on double les autres ; un Poirier d'Esté qui sera planté depuis dix, ou douze ans est capable de donner une si grande quantité de fruits de son espece, que ce sera tout ce qu'on pourra faire que de les consommer, devant que la pourriture, qui suit d'aprés la maturité, les rende inutiles : il faut cependant se souvenir en faisant des plans de fruitiers ; que si on en mêle quelques Arbres de tige, il faudra à proportion diminuer le nombre des Buissons, qu'on auroit été obligé d'avoir des mêmes especes.

Il me semble qu'il n'est pas hors de propos d'ajoûter icy, qu'à l'égard de ces Arbres de tige il est bon de leur laisser une partie des branches, que leur tête avoit dans la Pepiniere, ils en seront plus prompts à donner du fruit; & comme la hauteur de leur tige n'est pas si justement réglée, que celles des Buissons, soit que cette hauteur commence un pied plus haut, ou un pied plus bas, ils n'en seront pas pour cela plus desagreables dans leur figure, & c'est toûjours beaucoup d'avoir à leur égard cette avance pour le fruit, qu'on ne sçauroit guéres avoir pour les Buissons.

Nous avons jusqu'icy examiné la conduite qui est à tenir à l'égard des bonnes Poires, pour en avoir dans nos Jardins tant en Buisson, qu'en Arbres de tige, autant qu'il est possible: je n'ay point parlé de ces Bon-Chrétiens en grands Arbres, qu'on a dans les cours de quelques maisons en beaucoup de Provinces dont les climats sont chauds, ny de quelques autres Poiriers plus communs, qu'on a ailleurs en d'autres courts.

Je n'ay pas aussi parlé des grands plans de Poiriers, qui se font pour le cidre dans les lieux où les Vignes ne peuvent pas réüssir.

Pour ce qui est des deux premiers articles, outre que je n'en ay rien à dire, la chose n'étant d'aucune consequence, mais simplement du plaisir de quelques particuliers, je m'en raporte entierement à ce que chacun trouvera bon pour sa satisfaction, le succés qu'il en aura, luy servira de regle.

Toûjours est-il bon de dire que dans des lieux qui, comme on dit, sont si exposés aux bras seculiers, il faut avoir cette precaution de n'y mettre que des fruits, qu'on ne puisse pas manger sur le champ, ou autrement il est certain que tout ce qui en reviendra au Maître ne sera que beaucoup de chagrin, & peu d'autre chose.

Pour ce qui est des plans de Cidre soit pour Poiriers, soit pour Pommiers je me contenteray de dire, qu'on y plante les Arbres à dix, & douze toises de distance l'un de l'autre, parce que cela n'empêche pas, qu'au moins pendant longues années les terres n'en soient ensemencées de bons grains, la culture des labours qui se font pour ceux-cy, servant extrémement pour la culture des autres : je laisse cet article aux gens qui ont ou necessité,

& commodité de cette liqueur, ou qui ont autant de passion pour elle, que j'en ay pour les bons fruits, qui sont les delices des honnêtes gens.

Il est temps d'examiner quelle sorte de Poires nous mettons en Espalier : je sçay bien qu'il n'y en a pas une, qui pour la grosseur, & la seureté du raport ne s'en accommode assez volontiers, quand les tigres les y veulent souffrir : mais je sçay bien sur tout qu'il y en a quelques-unes qui ont tellement besoin de l'Espalier, qu'elles ne s'en peuvent passer : nous avons cy-devant insinué en quelques endroits que cette necessité étoit particulierement pour les Bergamottes, & encore plus pour le petit-Muscat : elle est encore nommement indispensable pour pouvoir élever du Bon-Chrétien bien coloré ; mais comme pour peu qu'on ait de murailles bien exposées, on doit avoir tant d'égard, afin de les employer utilement selon leur merite, & selon l'importance des fruits qui y demandent place, j'estime que je ne dois traiter des Poires qu'on y peut planter, qu'en traitant particulierement de l'ordre qui est à tenir pour remplir chaque muraille de toutes sortes de bons fruits, autant bien qu'elles le peuvent être ; & c'est l'ordre que je me suis proposé dés le commencement de ce Traité ; j'acheveray donc premierement de dire quels autres fruits réüssissent bien en Buisson, aprés avoir fait une liste particuliere des premiers cinq cens Poiriers en Buisson, que j'ay placés cy-dessus, & aprés avoir dit, quelles sont à mon sens les bonnes especes de Poires, quelles sont les mediocres, & quelles sont enfin les mauvaises, & que je ne conseille point de planter.

LISTE

DES PREMIERS CINQ CENS Poiriers en Buisson, selon l'ordre que je les ay placez cy-dessus, où je marque les mois, pendant lesquels leurs fruits sont bons à manger, & les pages qui contiennent leurs descriptions.

1. BUISSON. PRemier Bon-Chrétien d'Hyver, *Poire des mois de Février, & Mars.* Sa description, page 278. & 279.

2. Premier Beurré, *Poire de la my-Septembre, & du commencement d'Octobre.* Sa description, pag. 285.
Ou premier Bergamotte, *Poire de la my Septembre, & du commencement d'Octobre.* Sa description, page 286.

3. Premier Virgoulé, *Poire de Nov. Decemb. & Ianvier.* Sa description, page 290.

4. Premier Leschasserie, *Poire de Nov. Decemb. & Ianvier,* sa description, pag. 292.

5. Premier Ambrette, *Poire de Nov. Decemb. & Ianvier,* sa description, page 292.

6. Premier Espine d'Hyver, *Poire de Nov. Decemb. & Ianv.* sa description, page 293.

7. Premier Rousselet, *Poire des mois d'Aoust & de Septemb.* sa description, page 303.

8. Premier Robine, *Poire des mois d'Aoust & de Septemb.* sa description, page 307.

9. Premier Petit-oin, *Poire des mois de Nov. & de Decemb.* sa description, page 311.

10. Premier Crasane, *Poire de Novembre,* sa description, page 308.

11. Premier Saint-Germain, autrement l'inconnu la Fare, *Poire de Nov. Dec. & Ianv.* sa descript. pag. 309.
12. Premier Colmar, *Poire de Nov. Dec. Ianv. & Février*, sa description, page 311.
13. Premier Loüise-bonne, *Poire de Novemb. & Decembre*, sa description, page 312.
14. Premier Verte-longue, *Poire de la my-Octobre.* sa description, page 313.
15. Premier Marquise, *Poire du mois d'Octobre*, sa descrip. page 310.
16. Premier Saint-Augustin, *Poire de la fin de Decembre*, sa description, page 320.
17. Premier Messire-Jean, *Poire de la my-Octobre*, sa description, page 318.
18. Deuxiéme Beurré.
19. Premier Cuisse-Madame, *Poire de l'entrée de Iuillet*, sa description, page 323
20. Premier gros Blanquet, *Poire de l'entrée de Iuillet*, sa description, page 324.
21. Premier Muscat-Robert, *Poire de la my-Iuillet*, sa description, page 327.
22. Deuxiéme Verte-longue.
23. Premier Sans-peau, *Poire de la fin de Iuillet*, sa description, page 328.
24. Deuxiéme Bon-Chrétien d'Hyver.
25. Troisiéme Beurré.
26. Deuxiéme Virgoulé.
27. Deuxiéme Leschasserie.
28. Deuxiéme Espine.
29. Deuxiéme Ambrette.
30. Deuxiéme S. Germain.
31. Deuxiéme Rousselet.
32. Deuxiéme Crasane.
33. Deuxiéme Robine.
34. Deuxiéme Cuisse-Madame.
35. Deuxiéme Colmar.
36. Deuxiéme Petit-oin.
37. Troisiéme Bon-Chrêtien d'Hyver.
38. Quatriéme Beurré.
39. Troisiéme Virgoulé.
40. Troisiéme Leschasserie.
41. Troisiéme Espine.
42. Troisiéme Ambrette.
43. Troisiéme S. Germain.
44. Premier Muscat-fleuri, *Poire de la my-Octobre*, sa description, page 332.
45. Troisiéme Verte-longue.
46. Troisiéme Crasane.
47. Deuxiéme Marquise.
48. Deuxiéme S. Augustin.

49. Quatriéme Bon-Chrétien d'Hyver.
50. Quatriéme Virgoulé.
51. Troisiéme Marquise.
52. Premier Bon-Chrétien d'Esté musqué, *Poire du mois d'Aoust*; sa descript. page 332
53. Troisiéme Petit-oin.
54. Cinquiéme Bon-Chrétien d'Hyver.
55. Cinquiéme Virgoulé.
56. Quatriéme Leschasserie.
57. Quatriéme Espine.
58. Quatriéme Ambrette.
59. Quatriéme Saint-Germain.
60. Premier Blanquet à longue queuë, *Poire du mois de Juillet*, sa descrip. page 324
61. Cinquiéme Beurré.
62. Premier Orange verte, *Poire du commencement d'Aoust*, sa description page 333
63. Quatriéme Verte-longue.
64. Sixiéme Bon-Chrétien d'Hyver.
65. Sixiéme Virgoulé.
66. Troisiéme Colmar.
67. Quatriéme Crasane.
68. Quatriéme Marquise.
69. Deuxieme Loüise-bonne.
70. Cinquiéme Espine.
71. Cinquiéme Ambrette.
72. Cinquiéme Leschasserie.
73. Cinquiéme Saint-Germain.
74. Cinquiéme Verte-longue.
75. Premier Doyenné, *Poire de la my-Sept. & d'Oct.* sa description. page 335
76. Premier Besi de la mote, *Poire de la fin d'Octobre.*
77. Sixiéme Beurré.
78. Deuxiéme gros Blanquet.
79. Troisiéme Loüise-bonne.
80. Deuxiéme Blanquet à longue queuë.
81. Septiéme Bon-Chrétien d'Hyver.
82. Sixiéme Espine.
83. Sixiéme Leschasserie.
84. Sixiéme Ambrette.
85. Septiéme Virgoulé.
86. Sixiéme Verte-longue.
87. Huitiéme Virgoulé.
88. Septiéme Espine.
89. Septiéme Ambrette.
90. Septiéme Leschasserie.
91. Sixiéme Saint-Germain.
92. Quatriéme Colmar.
93. Neuviéme Virgoulé.
94. Deuxiéme Muscat-fleuri.
95. Premier Martin-sec, *Poire de la my-Novembre*, sa description, page 317.
96. Quatriéme Petit-oin.
97. Quatriéme Loüise-bonne.
98. Huitiéme Espine.
99. Huitiéme Ambrette.

---

100. Dixiéme Virgoulé.

101. Onziéme Virgoulé.
102. Huitiéme Leschasserie.
103. Neuviéme Espine.
104. Premier Bourdon, *Poire de la fin de Iuillet, & du commencement d'Aoust*, sa description, page 327
105. Septiéme Saint-Germain.
106. Cinquiéme Colmar.
107. Septiéme Beurré.
108. Septiéme Verte-longue.
109. Dixiéme Espine.
110. Cinquiéme Petit-oin.
111. Premier Sucré-vert, *Poire de la fin d'Octobre*, sa description, page 340
112. Premier Lansac, *Poire de l'entrée de Novembre*, sa description, page 314
113. Troisiéme Rousselet.
114. Troisiéme Robine.
115. Premier Poire-Magdeléine, *Poire de l'entrée de Juil.* sa description, page 340
116. Premier Espargne, *Poire de la fin de Juillet*, sa description, page 340
117. Deuxiéme Espargne.
118. Douziéme Virgoulé.
119. Sixiéme Colmar.
120. Huitiéme Bon-Chrétien d'Hyver.
121. Deuxiéme Martin-sec.
122. Septiéme Colmar.
123. Huitiéme Beurré.
124. Premier Bugi, *Poire de Février, & Mars*, sa description, page 240
125. Deuxiéme Bugi.
126. Neuviéme Bon-Chrétien d'Hyver.
127. Neuviéme Beurré.
128. Premier gros-Oignonnet, *Poire de la my-Juillet*, sa description, page 343
129. Deuxiéme Sucré-vert.
130. Premier petit-Blanquet, *Poire de la fin de Juillet*, sa description, page 324
131. Treiziéme Virgoulé.
132. Onziéme Espine.
133. Neuviéme Ambrette.
134. Huitiéme Verte-longue.
135. Sixiéme Petit-oin.
136. Premier Angober, sa description, page 343
137. Quatriéme Rousselet.
138. Quatriéme Robine.
139. Cinquiéme Crasane.
140. Huitiéme Saint-Germain.
141. Huitiéme Colmar.
142. Deuxiéme Messire-Jean.
143. Quatorziéme Virgoulé.
144. Dixiéme Leschasserie.
145. Dixiéme Ambrette.
146. Premier Double-fleur, *Poire de Mars*, sa description, page 342
147. Cinquiéme Marquise.
148. Premier Franc-réal, *Poire de Janvier*, sa description, page 343
149. Deuxiéme Sans-peau.
150. Premier Besidéry, *Poire d'Octobre, & de Novemb.*

sa description, page 343.

151. Dixiéme Bon-Chrétien d'Hyver.

152. Quinziéme Virgoulé.

153. Seiziéme Virgoulé.

154. Onziéme Leschasserie.

155. Douziéme Espine.

156. Dixiéme Beurré.

157. Premier Poirier de Vigne, *Poire de la my-Octob.* sa description, page 328

158. Premier Ronville, *Poire de Janvier*, sa description, page 343

159. Cinquiéme Rousselet.

160. Cinquiéme Robine.

161. Sixiéme Crasane.

162. Sixiéme Marquise.

163. Septiéme Petit-oin.

164. Deuxiéme Cuisse-Madame.

165. Neuviéme Colmar.

166. Onziéme Bon-Chrétien d'Hyver.

167. Deuxiéme Bon-Chrétien d'Esté musqué.

168. Deuxiéme Muscat-Robert.

169. Troisiéme Sans-peau.

170. Onziéme Beurré.

171. Deuxiéme Poire Magdeleine.

172. Dix-septiéme Virgoulé.

173. Douziéme Leschasserie.

174. Deuxiéme Bourdon.

175. Troisiéme Martin-sec.

176. Troisiéme Bugi.

177. Douziéme Bon-Chrétien d'Hyver.

178. Neuviéme Verte-longue.

179. Deuxiéme Doyenné.

180. Premier Salviati, *Poire des mois d'Août, & de Sept.* sa description, page 349

181. Douziéme Beurré.

182. Onziéme Ambrette.

183. Huitiéme Petit-oin.

184. Neuviéme Saint-Germain.

185. Dixiéme Colmar.

186. Douziéme Ambrette.

187. Deuxiéme Lansac.

188. Septiéme Crasane.

189. Treiziéme Bon-Chrétien d'Hyver.

190. Dix-huitiéme Virgoulé.

191. Deuxiéme Besi de la mote.

192. Sixiéme Rousselet.

193. Sixiéme Robine.

194. Premier Cassolette, *Poire de la my-Aoust*, sa description, page 324

195. Premier Inconnuë-Chaisneau, *Poire du mois de Septembre.*

196. Premier petit-Muscat, *Poire du commencement de Iuil.* sa descrip. page 323

197. Premier Rousselet hâtif, *Poire de la fin de Iuillet.*

198. Premier Portail, *Poire des mois de Ianv. & de Fév.* sa description, page 319.

199. Deuxiéme Portail.

200 Troisiéme Saint-Augustin.
201. Quatorziéme Bon-Chrétien d'Hyver.
202. Quinziéme Bon-Chrétien d'Hyver.
203. Seiziéme Bon-Chrétien d'Hyver.
204. Dix-septiéme Bon-Chrétien d'Hyver.
205. Dix-huitiéme Bon-Chrétien d'Hyver.
206. Dix-neuviéme Bon-Chrétien d'Hyver.
207. Premier Bergamotte d'Hyver.
208. Dix-neuviéme Virgoulé.
209. Vingtiéme Virgoulé.
210. Vingt-uniéme Virgoulé.
211. Treiziéme Leschasserie.
212. Quatorziéme Leschasserie.
213. Treiziéme Ambrette.
214. Quatorziéme Ambrette.
215. Treiziéme Espine.
216. Quatorziéme Espine.
217. Huitiéme Crasane.
218. Neuviéme Petit-oin.
219. Dixiéme Saint-Germain.
220. Onziéme Saint-Germain.
221. Septiéme Marquise.
222. Huitiéme Marquise.
223. Quatriéme Martin-sec.
224. Cinquiéme Martin-sec.
225. Treiziéme Beurré.
226. Quatorziéme Beurré.
227. Septiéme Rousselet.
228. Huitiéme Rousselet.
229. Troisiéme Bon-Crétien d'Esté musqué.
230. Troisiéme Messire-Jean.
231. Septiéme Robine.
232. Dixiéme Verte-longue.
233. Onziéme Verte-longue.
234. Deuxiéme Cassolette.
235. Troisiéme Lansac.
236. Troisiéme Cuisse-Madame.
237. Quatriéme Cuisse-Madame.
238. Troisiéme Blanquet à longue-queuë.
239. Premier Blanquet musqué, *Poire du commencement de Iuillet,* sa descript. page 349
240. Deuxiéme Orange verte.
241. Deuxiéme Besidéri.
242. Troisiéme Espargne.
243. Quatriéme Messire-Jean.
244. Troisiéme Sucré-vert.
245. Vingtiéme Bon-Chrétien d'Hyver.
246. Vingt-uniéme Bon-Chrétien d'Hyver.
247. Vingt-deuxiéme Bon-Chrétien d'Hyver.
248. Vingt-troisiéme Bon-Chrétien d'Hyver.
249. Vingt-deuxiéme Virgoulé.
250. Vingt-troisiéme Virgoulé.
251. Vingt-quatriéme Virgoulé.

252. Quinziéme Ambrette.
353. Seiziéme Ambrette.
254. Quinziéme Espine.
255. Seiziéme Espine.
256. Quinziéme Leschasserie.
257. Seiziéme Leschasserie.
258. Dix-septiéme Leschasserie.
259. Sixiéme Martin-sec.
260. Dixiéme Petit-oin.
261. Douziéme Saint-Germain.
262. Quatriéme Saint-Augustin.
263. Neuviéme Marquise.
264. Quinziéme Beurré.
265. Premier Amadotte, *Poire de Nov. & de Decemb.*
266. Premier Bon-Chrétien d'Espagne, *Poire de la my-Novemb. & du commencement de Decembre*, sa description, page 348.
267. Cinquiéme Loüise-bonne.
268. Troisiéme Doyenné.
269. Troisiéme Portail.
270. Sixiéme Loüise-bonne.
271. Troisiéme Besidéry, *Poire bonne à cuire*.
272. Quatriéme Besidéry.
273. Deuxiéme Double-fleur.
274. Troisiéme Double-fleur.
275. Deuxiéme Franc-réal.
276. Troisiéme Franc-réal.
277. Deuxiéme Angober.
278. Troisiéme Angober.
279. Premier Donville.
280. Deuxiéme Donville.
281. Huitiéme Robine.
282. Neuviéme Robine.
283. Premier Saint-Lezin, *Poire de Mars*.
284. Septiéme Loüise-bonne.
285. Onziéme Colmar.
286. Neuviéme Crasane.
287. Seiziéme Beurré.
288. Deuxiéme Bergamotte d'Hyver.
289. Quatriéme Bon-Chrétien d'Esté musqué.
290. Douziéme Verte-longue
291. Deuxiéme Bon-Chrétien d'Espagne.
292. Dixiéme Crasane.
293. Deuxiéme Poirier de Vigne.
294. Premier Fondante de Brest, *Poire du mois d'Aoust*.
295. Deuxiéme Blanquet musqué.
296. Deuxiéme Salviati.
297. Premier Poirier de satin d'Esté.
298. Troisiéme Muscat-Robert.
299. Troisiéme Bourdon.

---

300. Quatriéme Sans-peau.
301. Quatriéme Bugi.
302. Cinquiéme Bugi.
303. Sixiéme Bugi.
304. Septiéme Bugi.
305. Huitiéme Bugi.
306. Neuviéme Bugi.
307. Premier Pastourelle,

Poire de Decemb. & de Ianv. sa description, page 351.
308. Deuxiéme Pastourelle.
309. Troisiéme Pastourelle.
310. Premier Poirier d'Angleterre, *Poire de Sept. & d'Oct.* sa description. p. 351
311. Premier Chat-brulé, *Poire d'Octobre, & de Nov.* sa descripion, page 351.
312. Premier Citron d'Hyver, *Poire de Ianv. & de Fév.* sa descript. p. 352
313. Premier Rousselet d'Hyver, *Poire de Février*, sa description, page 352
314. Deuxiéme Satin d'Esté.
315. Deuxiéme Poirier d'Angleterre.
316. Deuxiéme Chat-brulé.
317. Cinquiéme Bon-Chrétien d'Esté musqué.
318. Septiéme Martin-sec.
319. Hutiéme Martin-sec.
320. Douziéme Colmar.
321. Huitiéme Loüise-bonne.
322. Treiziéme Verte-longue.
323. Quatorziéme Verte-longue.
324. Vingt-cinquiéme Virgoulé.
325. Vingt-sixiéme Virgoulé.
326. Vingt-septiéme Virgoulé.
327. Vingt-huitiéme Virgoulé.
328. Vingt-neuviéme Virgoulé.
329. Dix-septiéme Ambrette.
330. Dix-huitiéme Ambrette.
331. Dix-neuviéme Ambrette.
332. Dix-septiéme Espine.
333. Dix-huitiéme Espine.
334. Dix-neuviéme Espine.
335. Dix-huitiéme Leschasserie.
336. Dixneuviéme Leschasserie.
337. Vingtiéme Leschasserie.
338. Vingt-uniéme Leschasserie.
339. Vingt-quatriéme Bon-Chrétien d'Hyver.
340. Vingt-cinquiéme Bon-Chrétien d'Hyver.
341. Vingt-sixiéme Bon-Chrétien d'Hyver.
342. Vingt-septiéme Bon-Chrétien d'Hyver.
343. Trentiéme Virgoulé.
344. Trente-uniéme Virgoulé.
345. Vingtiéme Ambrette.
346. Vingtiéme Espine.
347. Vingt-uniéme Espine.
348. Vingt-uniéme Ambrette.
349. Vingt-deuxiéme Leschasserie.
350. Vingt-troisiéme Leschasserie.
351. Treiziéme Saint-Germain.
352. Quatriéme Doyenné.
353. Onziéme Petit-oin.

354. Dixiéme Marquise.
355. Cinquiéme Saint-Augustin.
356. Quatriéme Lansac.
357. Troisiéme Poirier de Vigne.
358. Douziéme Petit-oin.
359. Premier Rousseline, *Poire de Septemb. & d'Oct.* sa description, page 354
360. Quatriéme Muscat-Robert.
361. Cinquiéme Sans-peau.
362. Neuviéme Martin-sec.
363. Dixiéme Martin-sec.
364. Dix-septiéme Beurré.
365. Dix-huitiéme Beurré.
366. Cinquiéme Messire Jean.
367. Sixiéme Messire-Jean.
368. Neuviéme Rousseler.
369. Dixiéme Robine.
370. Cinquiéme Besidéry.
371. Sixiéme Besidéry.
372. Quatriéme Double-fleur.
373. Cinquiéme Double-fleur.
374. Sixiéme Double-fleur.
375. Quatriéme Franc-réal.
376. Cinquiéme Franc-réal.
377. Quatriéme Angober.
378. Cinquiéme Angober.
379. Troisiéme Donville.
380. Quatriéme Donville.
381. Premier Poirier de Livre, *Poire de Nov. bonne à cuire*, sa descript. p. 354.
382. Deuxiéme Poirier de Livre.
383. Vingt-huitiéme Bon-Chrétien d'Hyver.
384. Vingt-neuviéme Bon-Chrétien d'Hyver.
385. Trentiéme Bon-Chrétien d'Hyver.
386. Quatorziéme Saint-Germain.
387. Cinquiéme Cuisse-Madame.
388. Sixiéme Cuisse-Madame
389. Troisiéme gros Blanquet
390. Troisiême Blanquet musqué.
391. Premier Pendar, *Poire de la fin de Sept.* sa descript. page 355.
392. Deuxiéme Pendar.
393. Onziéme Robine.
394. Quatriéme Pastourelle.
395. Sixiéme Bon-Chrétien d'Esté musqué.
396. Dixiéme Rousseler.
397. Dixiéme Bugi.
398. Quatriéme Portail.
399. Deuxiéme Saint-Lezin.

---

400. Premier du Bouchet, *Poire de la my-Aoust*, sa description, page 355.
401. Premier Poire-Chat, *Poire de la my-Octobre*, sa description, page 356.
402. Deuxiéme Poire-Chat.
403. Premier Besi de Caissoy, *Poire de Dec. & de Ianu.* sa descript. page 356
404. Deuxiéme Besi de Caissoy.

405. Trente-deuxiéme Virgoulé.
406. Trente-troisiéme Virgoulé.
407. Trente-quatriéme Virgoulé.
408. Trente-cinquiéme Virgoulé.
409. Septiéme Double-fleur.
410. Sixiéme Franc-réal.
411. Vingt-deuxiéme Ambrette.
412. Vingt-troisiéme Ambrette.
413. Vingt-deuxiéme Espine.
414. Vingt-troisiéme Espine.
415. Vingt-quatriéme Leschallerie.
416. Vingt-cinquiéme Leschasserie.
417. Onziéme Crasane.
418. Quinziéme Saint-Germain.
419. Trente-uniéme Bon-Chrétien d'Hyver.
420. Trente-deuxiéme Bon-Chrétien d'Hyver.
421. Trente-troisiéme Bon-Chrétien d'Hyver.
422. Trente-quatriéme Bon-Chrétien d'Hyver.
423. Trente-cinquiéme Bon-Chrétien d'Hyver.
424. Trente-sixiéme Bon-Chrétien d'Hyver.
425. Trente-septiéme Bon-tien d'Hyver.
426. Dix-neuviéme Beurré.
427. Premier Saint-François, *Poire bonne à cuire*, sa description, page 358.
428. Deuxiéme Saint-François,.
429. Sixiéme Saint-Augustin.
430. Deuxiéme Rousseline.
431. Quatriéme Blanquet musqué
432. Septiéme Cuisse-Madame.
433. Douziéme Robine.
434. Troisiéme Salviati.
435. Premier Orange musquée, *Poire du commencement d'Aoust*, sa descript. page 358.
436. Deuxiéme Fondante de Brest.
437. Onziéme Martin-sec.
438. Seiziéme Saint-Germain.
439. Onziéme Marquise.
440. Deuxiéme Amadotte.
441. Cinquiéme Lansac.
442. Septiéme Messire-Jean.
443. Quinziéme Verte-longue.
444. Septiéme Besidéry.
445. Cinquiéme Doyenné.
446. Troisiéme Saint-Lezin.
447. Quatriéme Poirier de Vigne.
448. Troisiéme Rousseline.
449. Troisiéme Angleterre.
450. Troisiéme Pendar.
451. Onziéme Bugi.
452. Premier gros-Fremont, *Poire bonne à cuire*, sa description page 358.
453. Deuxiéme gros-Fremont.

454. Cinquiéme Donville.
455. Neuviéme Loüise-bonne.
456. Treiziéme Colmar.
457. Cinquiéme Portail.
458. Deuxiéme Citron d'Hiver.
459. Troisiéme Char-brûlé.
460. Troisiéme Poirier de Livre.
461. Cinquiéme Pastourelle.
462. Trente-sixiéme Virgoulé.
463. Trente-septiéme Virgoulé.
464. Trente-huitiéme Virgoulé.
465. Trente-neuviéme Virgoulé.
466. Vingt-quatriéme Ambrette.
467. Vingt-cinquiéme Ambrette.
468. Vingt-quatriéme Espine.
469. Vingt-cinquiéme Espine.
470. Vingt-sixiéme Leschasserie.
471. Vingt-septiéme Leschasserie.
472. Treiziéme Petit-oin.
473. Quatorziéme Petit-oin.
474. Trente-huitiéme Bon-Chrétien d'Hyver.
475. Trente-neuviéme Bon-Chrétien d'Hyver.
476. Quarantiéme Bon-Chrétien d'Hyver.
477. Q[illegible] a[illegible] te uniéme Bon-Chrétien d'Hyver.
478. Quatriéme Sucré-vert.
479. Cinquiéme Sucré-vert.
480. Douziéme Martin-sec.
481. Quatriéme Bourdon.
482. Deuxiéme Poire Magdeléine.
483. Vingtiéme Beurré.
484. Septiéme Bon-Chrétien d'Esté musqué.
485. Troisiéme Bon-Chrétien d'Espagne.
486. Septiéme Messire-Jean.
487. Sixiéme Sans-peau.
488. Deuxiéme gros Oignonnet.
489. Deuxiéme Poirier d'Orange musquée.
490. Sixiéme Lansac.
491. Huitiéme Cuisse-Madame.
492. Troisiéme Espargne.
493. Troisiéme Cassolette.
494. Huitiéme Bon-Chrétien d'Esté musqué.
495. Sixiéme Doyenné.
496. Deuxiéme Poirier du Bouchet.
497. Troisiéme Poirier du Bouchet.
498. Cinquiéme Poirier de Vigne.
499. Troisiéme Bergamotte d'Hyver.
500. Douziéme Bugi.

Pour ne point fatiguer le Lecteur, j'ay fait seulement une Liste des premiers cinq cens Poiriers, les autres cinq cens se trouvans presque tous ensemble dans les pages 363. 364. 365. & 366. & de plus étant des mêmes especes cy-dessus, exceptez ces cinq.

La Carmelitte, *Poire de Mars,* sa description, page 364.

La Poire-rose, *Poire du mois d'Aoust,* sa description pag. 366.

Le Caillot-rosat, *Poire des mois d'Aoust, & de Sept.* sa description, page 366.

La Vilaine d'Anjou, *Poire du mois d'Octobre.* Sa descript. page 366.

Et la Grosse-queuë, *Poire d'Oct.* sa description, pag. 366.

LISTE

DE TOUTES SORTES DE POIRES tant bonnes, que mediocres, & mauvaises.

POIRES BONNES.

La Bergamotte, *Poire de la my-Septemb. & d'Oct.*

Le Bon-Chrétien d'Hyver, *Février, & Mars.*

Le Beurré, *my-Septembre, & commencement d'Octobre.*

La Virgoulé, *Novembre, Decembre, & Ianvier.*

La Leschasserie, *Idem.*

L'Ambrette, *Idem.*

L'Espine, *Idem.*

Le Rousselet, *Aoust, & Sept.*

La Robine, *Idem.*

Le Petit-oin, *Nov. & Dec.*

La Crasane, *Novembre.*

La Saint-Germain, autrement l'Inconnuë la Fare, *Novemb. Decemb. & Ianv.*

La Colmar, *Idem.*

La Loüise-bonne, *Novembre, & Decembre.*

La Verte-longue, *my-Octob.*

La Marquise, *Octobre.*

La Saint-Augustin, *fin de Decembre.*

Le Messire-Jean, *my-Octob.*

La Cuisse-Madame, *entrée de Iuillet.*

Le gros Blanquet, *Idem.*

Le Muscat-Robert, autrement Poire à la Reine, Poire d'Ambre, Grosse-musquée de Coüé, la Princesse, Pucelle de Flandre en Poitou, Pucelle de Xaintonge, *my-Iuillet.*

La Poire Sans-peau, *vingtiéme Iuillet.*

Le Muscat-fleuri, *my-Octob.*

La Blanquette à longue queuë, *Iuillet.*

L'Orange verte, *Aoust.*

Le Besi de la mote, *fin d'Oct.*

Le Martin-sec, *my-Novemb.*

Le Bourdon, *fin de Iuillet, & commencement d'Aoust.*

Le Sucré-vert, *fin d'Octobre.*

La Lansac, *Idem.*

La Poire Magdeléine, *entrée de Iuillet.*

L'Espargne, *fin de Iuillet.*

Le Bugi, *Février, & Mars.*

Le petit Blanquet, *fin de Juil.*

L'Inconnuë-Chêneau, *Sept.*

Le Petit-Muscat, *Iuillet.*

Le Portail, *Ianv. & Fev.*

Le Satin-vert, *Ianvier.*

L'Amiré-roux, *Iuillet.*

La Poire de Vigne, ou de Demoiselle, *my-Octobre.*

La Non-commune des Défuns, *Novembre.*

Le gros-Muse, *Ianvier.*

Le Muscat-l'Aleman, *Mars, & Avril.*

L'Amadotte, *Nov. & Dec.*

Le Saint-Lezin. *Mars.*

La Fondante de Brest, *Août.*

La Rousseline, *Octobre.*

Le Pendar, *Septembre.*

La Cassolette, ou Frioset, Muscat-ver, l'Echefrion. *Août.*

La Poire de Ronville, ou Martin-Sire *Ianvier.*

POIRES MEDIOCRES.

LA Poire de Londre, *Novemb.*

L'Orange brune, ou Poire de Monsieur, *Août, & Sept.*

Le Bon-Chrétien d'Esté musqué, ou Gracioli, *Idem.*

Le Doyenné, ou Saint-Michel, *my-Sept. & Octobre.*

Le Char-brulé. *Oct. & Nov.*

L'Angleterre, *Sept. & Oct.*

L'Ambrette de Bourgueüil, ou Graville, *treiziéme Oct.*

Le Besidéri Poire à cuire, *Oct.*

La Pastourelle, ou Musette d'Automne, *Novemb.*

La Topinambou, ou Finor musqué, *Decembre.*

L'Archiduc, *Mars.*

La Naples, *Idem.*

Le Parfum d'Esté, *Iuillet.*

Le Parfum de Berny, *vingt-troisiéme Septembre.*

Le Bon-Chrétien d'Espagne, *Novembre.*

La

La Crapaudine, Grise-bonne, ou Ambrette d'Esté, *Aoust.*

La Portugal d'Esté, Poire de Prince, ou Amiral, *Juil.*

La Vilaine d'Anjou, *Octob.*

Le Sucrin noir, *Dec. & Ian.*

La Poire-chat, *Octobre.*

La Poire de Jasmin, *Nov.*

Le Besi de Caissoy, ou Rousсette d'Anjou, *Novemb.*

L'Oignon musqué, *Novemb.*

La Poire de Citron, *Novembre, & Decembre.*

L'Etranguillon-Vibray. *Dec.*

La Poire de Milan-rond, *Ianvier, & Février.*

La Reine d'Hyver, *Ianvier.*

La Carmelite, *Mars.*

Le Rousselet d'Hyver, *Idem.*

Le Jasmin, & Frangipane, *Aoust.*

L'Ambrette Sans-épine, *Novembre.*

L'Or d'Automne, *Idem.*

La Sans-nom de Monsieur le Jeune, *Idem.*

Le Caillot-Rosat, Pera del Campo, *Aoust, & Septemb.*

La Poire-Roze, *Aoust.*

La Milan de la Beuvriere, ou Bergamotte d'Esté, *douziéme Aoust.*

L'Orange d'Hyver, *Mars, & Avril.*

La Tulipée, ou Poire aux mouches, *Septembre.*

La Brutte-Bonne, ou Poire de Pape, *vingtiéme Aoust.*

La Finor d'Orleans fruit commun du mois d'Aoust, rougeâtre, figure de Rousselet: il la faut cueillir verdelette, pour la faire meurir, afin qu'elle en ait plus d'eau.

Le Beurré blanc, *vingtiéme Aoust.*

La Double-fleur, *Mars.*

La Poire de Morfontaine, *vingt-cinquiéme Septembre.*

La Tibivilliers, ou Bruta-Marma. *Mars & Avril.*

POIRES MAUVAISES.

LA Poire de Dumas, ou Christallines Moringoût figure de la Gilogilles, *Février, & Mars.*

La Burquet Russette d'Angleterre, *Septemb. & Octob.*

La Poire de Sain, *Aoust, & Septembre.*

Le Certeau d'Esté, *fin de Sep.*

La Belle-&-Bonne, *dixiéme Octobre.*

La Poire de Catillac, *Octob. & Novembre.*

La Poire de Cadet, *Octobre, Novembre, & Decembre.*

La Grosse-queuë, *Octobre.*

La Chambrette, *Octobre.*

La Poire de Fin-oin, *Octob.*

La Poire de Passe-bon, *Idem.*
Le Caillot d'Hyver Poire à cuire, *Novembre.*
La Carmelite, Mazuer, ou Gilogiles, *Novembre.*
La Poire de Livre à cuire, *Novembre.*
La Poire de Ros, *Nov. & Dec.*
La Bergamotte Sicile musquée, ou Poire du Colombier, *Decembre.*
La Poire de Citroli, *Decemb.*
Le Caloët, ou Caillot d'Hyver, *Decembre.*
La Dame-Jeanne, ou Rousse de la Merliere, *Dec. & Ian.*
La Pernan, *Janvier.*
La Poire de Miret, *Février.*
La Gourmandine, *Mars.*
La Trouvée de Montagne, *Idem.*
La Suprême, *Iuillet.*
Le Gros-Fremon, *Decembre, & Ianvier.*
La Florentine, *Mars.*
La Macaire, *Avril.*
La Bernardiere, *Avril, & May.*
La Betterave, *Aoust.*
L'Orange rouge, *Aoust.*
Le Martin-sec de Bourgogne, *Novemb. Decemb. & Ianv.*
La Bellissime, *Aoust.*
La Martineau, *Octobre.*
La Poire de Legat, ou Bouge, ou Bens, *Idem.*
La Poire de Cypre, *Nov.*
La Fontarabie, *Ianvier.*
La Poire de Malte, *Nov.*
La Constantinople de Bourgüeil, *Decembre.*
L'Orange de Saint Lo, *Dec.*
La Jargonnelle d'Hyver, *Ianvier.*
La Gastellier, *Ianvier.*
L'Estoupe, *Mars.*
La Bête-bir. *Idem.*
La Monrave, *Idem.*
La Gambaye, *Avril.*
La Jargonnelle d'Esté, *vingt-deuxiéme Août.*
La Lombardie, *Aoust.*
La Sanguinole, *Aoust.*
La Vallée musquée, *Aoust.*
L'Hastiveau, *Aoust.*
La Deux-tête, *Aoust, & Sept.*
L'Odorante musquée, *Sept.*
L'Oignon de Vervan, *Aoust.*
Le Certeau musqué, *Nov.*
La Vilaine d'Hyver, *Ianv.*
La Stergonette, *Idem.*
La Poire Verte du Pereus, *Janv. Février, & Mars.*
La Poire de Crapaut, *Ianv.*
L'Escarlatte, *Aoust.*
La Poire de Mon-Dieu, *Id.*
La Belle-Verge, *Idem.*
La Poire de Coûtrau, ou Saint-Giles, *Aoust.*
La Parmein rouge.
La Saint-François.
La Bequesne.
La Poire d'Amour.
La Marin, ou Thomas.
La Carisie.
La Chair-à-Dame. *Aoust.*

Entre ces Poires il s'en trouve quelques-unes bon-

nes à cuire, qui sont
La Carmelite.
La Caloet.
Le Gros-Fremont.
La Saint-François.
Le Bequesne.
La Poire d'Amour.
La Poire de Thomas, ou Marin.
Et la Poire de Ros.

OUTRE LES MECHANTES POIRES que je ne connois pas, voicy une Liste particuliere de celles que je connois pour si mauvaises, que je ne conseille à personne d'en planter.

POIRES D'ESTE.

Le Certeau d'Esté.
La Belle & Bonne.
La Poire de Sain.
La Sanguinole.
La Betterave.
L'Orange rouge.
La Bellissime.
La Jargonnelle.
La Lombardie.
La Vindsor, *Aoust.*
La Vallée-musquée.
L'Odorante.
L'Escarlattte.
La du Mon-Dieu.
La Poire de Coûtreau, ou Saint Gilles.
La Chair-à-Dame.
La Vallée.
La Crapaudine.
La Milan de la Beuvriere, ou Bergamotte d'Esté.

POIRES D'AUTOMNE.

La Poire de Cadet.
Le Certeau musqué.
La Poire de Chambret.
La Fin-oin.
La Passe-bon.

POIRES D'HYVER.

La Poire de Catillac.
La Dame-Jeanne.
La Pernan.
La Trouvée de Montagne.
La Bernardiere.
Le Martin-sec de Bourgogne.

La Fontarabie.
La Gastelier.
La Stergonelle.
La Vertzbourg.
La Crapaut.
La Parmein.
La Carisi.
La Jargonelle d'Hyver.
La Malte.
La Poire Suisse.
La Gilot-giles.
La Mauritanie, *mois d'Aoust.*
L'Armenie, *quatriéme Janvier.*

LISTE DE CELLES DONT JE NE FAIS pas assez de cas pour conseiller de les planter, ny assez de mépris pour les bannir des Iardins de ceux qui les aiment.

LEs Poires d'Esté sont
Le Parfum d'Esté.
Le Parfum de Berny.
L'Hativeau.
La Poire de Janet.
La Frangipane.
La Jasmin.
La Brutte-Bonne.
La Finor.
L'Oignon de Veryan.
La Belle-Verge.
La Nicole.
La Besi de Mapan, *Aoust.*

Les Poires d'Automne sont
La Poire de Monsieur, ou L'Or-brune.
L'Oignon d'Automne.
L'Ambrette Sans-épine.
L'Or d'Automne.
La Tulipée, ou Poire aux mouches.
La Cypre.
La Bergamotte-rousse d'Angleterre.
La Sans-nom de Monsieur le Jeune.

Les Poires d'Hyver sont
La Taupinanbou.
La Besi des Essars.
L'Archiduc.
La Naples.
La Poire d'Armenie.
La Sicile ou Bergamotte musquée.
La Sucrin-noire.
La Milan rond.
La Vilaine d'Hyver.
L'Or d'Hyver.
La Poire de Legat, ou Bouge.
La Bruta-marma.
La Verte du Pereus.
La Poire de Ros.
La Citroli.
La Poire de Miret, *Février.*
La Gourmandine, *Mars.*
La Poire de Macaire, &c.

CHAPITRE IV.

Traité des Pommes.

COmme les Pommes sont une partie de nos fruits à pepin, & même une partie assez considerable tant par leur bonté, & leur durée, que par la commodité que nous avons d'en avoir soit en petits Buissons sur les Pommiers de Paradis, soit en gros Buissons, & en Arbres de tige sur les sauvageons : je me serviray de cet endroit pour dire ce que je conseille d'en planter, devant que d'en venir aux Espaliers, où je ne leur donne guéres jamais d'entrée.

Parmy les Pommes qui sont bonnes à manger soit cruës, soit cuites (car je ne parle point icy des pommes à cidre) j'en compte sept principales, sçavoir Renette grise, Reinette blanche, ou franche, Calville d'Automne, Fenoüillet, Courpendu, Api, Violette ; il y en a d'autres dont je ne fais pas tant de cas, quoy qu'elles ne soient pas mauvaises, & ce sont les Rambour, Calville d'Esté, Cousinotte, Orgeran, Jerusalem, Druë-permein, Pommes de glace, Francatu, Haute-bonté, Royauté, Rouvezeau, Châtaigner, Pigeonnet, Passe-pomme, Petit-bon, Pomme-figue, &c.

Toutes les Pommes se ressemblent assez par leur figure plate, & leur queuë courte, & presque toutes par leur grosseur, & même par leur chair cassante, mais sont toutes fort differentes par leur coloris.

Jen'en connois que deux, ou trois un peu plus grosses que les autres, sçavoir les Rambours, les Calvilles, & les Pommes de glace, & trois, ou quatre qui sont plus longues, que plates, sçavoir les Calville, les Violette, les Jerusalem, & les Glacées, & celles-là sont plus grosses vers la queuë, que vers la tête ; ainsi il les faut presque toutes concevoir plates, sans en faire d'autre description.

Les deux sortes de Reinette sont distinguées par les deux noms de grise, & de blanche qu'elles portent, à cela prés aussi bonnes les unes, que les autres ; on en peut faire de bonnes compotes en tout temps, & on commence d'en manger de cruës vers le mois de Janvier ; elles ont devant ce temps-là une petite pointe d'aigreur, qui déplaît à certaines gens: mais malheureusement dés qu'elles commencent à la perdre entierement, elles se chargent d'une odeur, qui déplaît encore davantage, & qui même est renduë plus désagreable, quand l'odeur de la paille, sur laquelle on les a mises meurir, s'en mêle; enfin à l'avantage de ces Pommes de Reinettes on peut dire, qu'on s'en sert fort utilement presque tout le long de l'année, & à leur désavantage aussi on peut dire, que leur voisinage est infiniment desagreable, & incommode.

Les Calville d'Esté & d'Automne se ressemblent assez par leur figure longue, & par leur coloris, qui est d'un rouge de sang; mais cependant la Calville d'Esté est un peu plus plate, étant aussi moins colorée en dehors, & nullement en dedans, au lieu que celles d'Automne le sont beaucoup, & parmy celles-cy les meilleures, c'est à dire celles, qui ont le plus de l'agreable odeur de violette, qui les rend si considerables, ces meilleures dis-je ont toûjours la chair plus teinte que celles des autres, & sont aussi plus belles à voir; on en conserve assez souvent depuis le mois d'Octobre qu'elles commencent jusqu'en Janvier, & Février; c'est un tres-excellent fruit à manger cru, & tres-excellent aussi à le mettre en compotes, il devient quelquesfois sec, & farineux, mais ce n'est qu'à force de vieillir; les Calville d'Esté, tant la blanche, que l'autre passent dés le mois de Septembre: on peut au moins dire qu'elles ne sont pas desagreables, & sur tous pour les pyramides de la saison.

Le Fenoüillet, ou Pomme d'Anis, est d'une couleur, qu'on ne sçauroit bien expliquer, il est gris, roussâtre par tout, tirant à la couleur de ventre de Biche, ne prenant gueres jamais aucune couleur vive; il ne vient pas fort gros, & paroît approcher un peu de la figure longuette; la chair en est tres-fine, & l'eau fort sucrée avec un petit parfum de ces plantes, dont il porte le nom; la Pomme commence d'être bonne depuis le commencement de Decembre, & pour lors on a le plaisir d'en manger avec les Poires de la saison; elle se garde jusqu'en Février & Mars; c'est assurément une tres-jolie Pomme, & le seroit encore davantage, si elle ne se fanoit pas si aisément, aussi bien que celle qui suit.

Le Courpendu, à qui on avoit voulu changer son ancien nom pour luy donner celuy de Bardin, est tout-à-fait de figure de Pomme, & d'une grosseur raisonnable; il est gris roussâtre d'un côté, & assez chargé de vermillon de l'autre, la chair en est tres-fine, & l'eau tres-douce, & fort agreable: on en mange avec plaisir dés le mois de Decembre jusqu'en Février & Mars, mais il ne luy faut pas donner le temps de devenir trop ridée, parce qu'en ce temps-là elle est insipide, c'est encore une tres-jolie Pomme.

L'Api, qui est veritablement une Pomme de Demoiselle, & de bonne compagnie, est connuë de tout le monde, par la couleur qu'elle a extraordinairement vive & perçante; elle commence d'être bonne du moment qu'elle n'a plus rien de vert, ny auprés de la queuë, ny auprés de l'œil, ce qui arrive assez souvent dés le mois de Decembre, & pour lors, s'il m'est permis de parler ainsi, elle veut être mangée goulument; c'est à dire sans façon, & avec sa peau toute entiere; parmy toutes les autres Pommes il n'y en a point, qui ayent la peau si fine & si delicate que celle-cy; à peine s'en aperçoit-on en les mangeant, & même elle contribuë si fort à l'agrément qu'on y trouve, que c'est les rendre moins bonnes que de la leur ôter; elle dure depuis le mois de Decembre jusqu'en Mars & Avril, fait merveilleusement bien son personnage dans les assemblées d'Hyver, où elle n'apporte aucune odeur desagreable; mais au contraire un certain petit parfum delicieux dans une chair extraordinairement fine, & enfin elle se fait estimer par tout où elle se presente; elle est de tres-grand raport, & par consequent on peut bien la prôner comme une tres-jolie Pomme, qui a encore cela de particulier, qu'elle ne se fane jamais.

La violette a le fond du coloris blanchâtre, un peu tiqueté aux endroits, où le Soleil n'a pas donné, mais chargé, où plûtôt rayé, & foüetté d'une assez belle couleur de rouge enfoncé aux endroits qui en sont veus: la couleur de la chair est fort blanche, & cette chair fort fine & fort delicate, l'eau extrémement douce & sucrée, ne laissant aucun marc, si bien que seurement c'est une Pomme admirable, à commencer d'en manger, dés qu'on la cuëille jusqu'à Noël, & ne passe pas plus outre.

On m'avoit promis d'une violette glacée, qu'on prétend être meilleure, & durer plus long-temps, ne commençant qu'aprés l'autre, mais je ne l'ay pas veuë ; j'en ay veu une, qu'on nommoit glacée noire, de grosseur, & figure d'une Reinette ordinaire, & d'un rouge noir fort luisant, à la reserve du côté qui n'a pas été exposé au Soleil, & qui colore si peu que rien ; elle se garde jusqu'en Avril, & a toûjours un goût de vert desagreable, qui m'a donné peu d'envie de la multiplier.

La Rambour est, comme j'ay dit, une belle, & grosse Pomme, elle est verte d'un côté, foüettée de rouge de l'autre, se mange dés le mois d'Aoust, & dure peu, elle est tres-bonne cuitte, & demande sur tout des Arbres de haut vent ; les petits Pommiers de Paradis sont trop foibles pour en porter la pesanteur.

Les Cousinottes sont espece de Calville, qui se gardent jusqu'en Février, ont l'eau fort aigre, & la queuë longue & menuë.

Les Orgeran hâtif, & tardif, me paroissent peu de chose.

La Pomme, qui est faite en étoile, & qui en porte le nom est jaune, & se garde jusqu'en Avril, elle est aigrette, & durette, ce n'est pas grand chose.

Les Jerusalem sont presque rouge par tout, ont la chair ferme, & de peu de goût, quoy qu'assez sucrée, & n'ayant rien de la mauvaise odeur qui suit la plûpart des Pommes, elles se gardent long-temps.

Les Druë-permein d'Angleterre sont de la couleur des Jerusalem, mais sont plus plates, ont plus de douceur, & de sucre ; les Anglois en font plus de cas, que de la plûpart de nos Pommes de France ; ils font encore grande estime d'une autre, qu'ils nomment Guolden Peppius, qui a tout-à-fait l'air d'une Pomme de Paradis, ou de quelqu'autre Pomme sauvage, elle est fort jaune, & ronde, elle a peu d'eau, qui est assez relevée, & sans mauvaise odeur.

Les Pommes de glace sont ainsi nommées, parce qu'en meurissans il semble qu'elles viennent comme transparentes, sans l'être pourtant, elles sont tout-à-fait verdâtres, & blanchâtres, & ne font pas grande figure auprés des veritables curieux.

Les

Les Francatu sont rouges d'un côté, & jaunâtres de l'autre, se conservent long-temps, & voila leur principal merite.

Les Haute-bonté sont blanches, cornuës & longuettes, & durent long-temps; on les nomment en Poictou Blandilalie, elles on la chair assez douce avec si peu que rien d'aigrelet.

Les Rouvezeau sont blanchâtres, & colorées.

Les Châtaigners, qu'on appelle Martrange en Anjou sont blanches, rousses, avec un coloris assez sale & obscur.

La Pomme sans fleurir est verte, & sort de l'Arbre, tout de même que les Figues sortent du Figuier; elle se garde long-temps, on l'appelle quelquesfois Pomme-figue.

Le Petit-bon est longuet, & assez bon.

La Pomme-rose ressemble extrémement par tout son exterieur à la Pomme d'Apis, mais à mon goût elle ne la vaut pas, quoy que puissent dire les curieux du Rhône, qui la veulent autant élever au dessus des autres, qu'ils élevent la Poire-Chat au dessus des autres Poires.

Voila à peu prés toutes les Pommes que je connois, aprés en avoir fait une fort exacte recherche, & comme il y a trespeu de difference de bonté parmy elles; je me contente volontiers des sept premieres, pour qui j'ay marqué de l'estime, & ne feray nul scrupule d'en planter une assez grande quantité, pourveu qu'elles soient greffées sur Paradis; c'est un Arbre qui pousse peu de bois, & par consequent fait de fort petits Buissons & peu embarassans; de plus il a l'avantage d'être de grand raport, ce qui le rend fort considerable à nos curieux, joint qu'il s'accommode également de toutes sortes de terreins chauds, & froids, sécs, & humides.

Je m'accoûtume fort d'en mettre entre tous les Buissons des Poiriers, que je plante au tour de chaque quarré de nos Potagers, & pour cela je tiens ces Poiriers un peu éloignez les uns des autres, sans avoir peur de faire aucun tort à leur nourriture, parce qu'elle se prend assez avant dans la terre, pendant que ces petits Pommiers, qui n'en ont besoin que de peu, se contentent de ramasser celle qui se perdoit vers la superficie: par le moyen de ces petits Pommiers je me donne presque autant d'Arbres d'une façon que d'autres, & comme ces petits Pommiers sont agreables à voir dans les grands Jardins ; il s'ensuit bien de là qu'ils ne font pas aussi un mauvais effet dans les petits.

Il n'est question que de se déterminer pour les especes, & voicy comme j'en use ; si j'ay lieu d'en planter un assez bon nombre, par exemple du depuis cinquante jusqu'à un cent, ou deux, j'en plante les deux tiers du total de ces quatre especes, Reinette grise, Reinette blanche, Calville d'Automne, & Apis, autant d'une façon que d'autre ; & à l'égard de l'autre tiers je le divise en trois portions, pour l'employer en ces trois autres especes, Fenoüillet, Courpendu, & Violette.

Ainsi pour cinquante Pommiers j'auray huit Reinette grise, huit Reinette blanche, huit Calville d'Automne, huit Apis, six Fenoüillet, six Courpendu, six Violette ; Pour cent Pommiers j'en auray seize de chacune des quatre especes principales, & douze de chacune des autres, & ainsi à proportion pour les deux cens : mais quand il sera question de trois, quatre, & cinq cens, j'y mêleray environ une douziéme partie composée de Calville d'Esté, & de Rambour ; ainsi sur trois cens Pommiers il y auroit douze Calville d'Esté, & douze Rambour, avec quarante-trois Reinette grise, quarante-trois Reinette blanche, quarante-trois Calville d'Automne, quarante-trois Apis, trente-deux Fenoüillet, trente-deux Courpendu, trente-deux Violette, & ainsi du reste à proportion.

Si même quelque curieux y veut mêler quelqu'autre Pomme, par exemple des Jerusalem, des Petit-bon, des Châtaigners, &c. il le pourra, mais à mon sens, c'est à dire à mon goût, elles valent moins que les sept especes que je prefere icy aux autres.

Il ne reste qu'une difficulté, pour sçavoir ce qui est à faire dans les forts petits Jardins, où je conseille volontiers d'y planter quelques petits Pommiers : il faut tres-peu de place pour y en mettre une demy douzaine, ou une douzaine entiere, sans la compagnie même d'aucuns Poiriers, & sans faire de tort à quelques petites plantes qu'on y éleve : en tel cas je n'y mettrois que six, ou douze Apis, qui dans le temps du fruit feroient un joly ornement de ce petit Jardin, & si on y en pouvoit mettre deux douzaines, il y en auroit huit Apis, huit Calville d'Automne, & huit de Courpendu; que s'il en faloit une quarantaine, cela seroit partagé entre ces trois especes-là avec le Fenoüillet, & les Pommes violette, ce seroit encore huit de chaque façon, c'est à dire, que je n'y mettrois guéres de Reinette, attendu la facilité qu'il y a d'en trouver par tout, & qu'il y a plus de curiosité pour les autres especes que pour celle-cy.

Les gros Buissons de Pommes sur sauvageon sont difficiles à raporter, ils font une quantité de bois horrible, & ne sçauroient se réduire à une figure mediocre; il leur faut une fort grande étenduë, si bien qu'il est beaucoup mieux d'avoir de grands Pommiers de tige dans des vergers separez, où ils font des têtes de trois à quatre toises de diamettre; en ce cas veulent être fort éloignez les uns des autres, c'est à dire de huit à dix toises, & ainsi ils ne seront pas long-temps à fructifier, & par consequent à donner du plaisir: il est sur tout necessaire d'avoir recours à ces Arbres de tige pour les Calville d'Automne, les Reinettes de toutes façons, les Rambour, les Francatu, &c. & pour lors on en plantera autant d'Arbres qu'on en aura besoin.

Aprés avoir traité des Poiriers & Pommiers, tant en Buisson, que de haute tige, il est à propos de traiter des fruits à noyau, qui peuvent reüssir dans l'une, ou l'autre de ces deux figures, devant que d'en venir aux Espaliers.

CHAPITRE V.

Du bon usage des murailles de chaque Jardin.

PArmy les Jardins fruitiers & potagers, dont je traite, il en est qui sont entierement fermez de murailles, il en est qui ne le sont qu'en partie, & il en est qui ne le sont point du tout; je n'ay rien à faire, ny à dire à l'égard de ceux-cy, si ce n'est de les plaindre, & leur souhaiter une meilleure fortune, la condition de nos Jardins demandant par beaucoup de bonnes raisons une clôture entiere de murailles.

A l'égard des premiers ils ont au moins trois expositions, n'étant pas possible d'en avoir moins, & regulierement ils en ont quatre; ceux qui n'en ont que trois, sont les Jardins en triangle, & ils sont assez rares; c'est une figure contrainte, & forcée, dont on ne manque pas de se deffendre si on peut; à l'égard de ceux qui ont quatre murailles, ils se trouvent être d'une figure quarrée, qui est la plus commune, aussi bien que la plus belle, & la plus convenable: on en voit, comme j'ay déja dit ailleurs, quelques-uns de Pentagones, d'Exagones, &c. qui ne sont pas trop desagreables pour le fait des Espaliers, mais je n'en fais pas trop grand cas; ils entraînent de fâcheux inconveniens, qui embarassent les Jardiniers, & les empêchent de dresser de beaux quarrez de Potager, comme nous souhaitons, & par consequent ils me dégoûtent de parler en leur faveur; aussi bien la dépense est-elle plus grande à les faire tels, qu'à les faire simplement & bonnement quarrez; outre cela, quoy qu'ils ayent davantage de côtez de murailles, ils n'en ont pas pour cela davantage d'expositions, on a beau faire, il n'est pas possible d'en avoir jamais plus de quatre, c'est à sçavoir celles du Levant, & du Couchant, celles du Midy, & du Nord; c'est une verité qui n'a pas besoin de preuve, puisque personne n'en sçauroit douter.

Or en terme de Jardinage nous apellons expositions toute muraille qui joüit de l'aspect, & des rayons du Soleil pendant un certain temps de chaque jour: ainsi nous apellons exposition du Levant la muraille qui est au moins veuë du Soleil la premiere moitié du jour, c'est à dire depuis le matin jusqu'à midy à quelque heure qu'il ait commencé d'y luire: nous appellons exposition du Couchant la muraille, qui est éclairée la seconde moitié du jour; c'est à dire qui commence d'être éclairée incontinent aprés Midy, & continuë de l'être jusqu'à ce que le Soleil se couche; & nous appellons exposition du Midy celle, qui ayant commencé en Esté d'avoir le Soleil quelque temps aprés son lever, ne le pert entierement que peu de temps devant, qu'il cesse de se montrer parmy nous, ou ne le pert peut-être qu'en même-temps ; & pour parler plus generalement, nous appellons exposition du Midy celle, qui constamment est-elle seule plus long-temps éclairée, que chacune des autres prise separément : il y a tels Jardins, qui sont tournez de maniere qu'une de leurs Murailles est presque le long du jour éclairée tout du Soleil.

Je m'explique dans le Traité des Plans sur les sortes d'expositions que j'affecte le plus, & que je conseille d'affecter à ceux qui, comme on dit, peuvent tailler en plein drap, pour se faire un beau, & bon Jardin, ce qui n'est pas trop ordinaire, & sur tout dans les Villes par mille sujétions de Maisons, pour lesquelles Maisons les Jardins sont faits, sujétions dont on ne sçauroit guéres se défendre.

Aprés tout ce que nous venons de dire sur les trois bonnes expositions il n'est pas mal aisé de conclure, que la malheureuse exposition du Nord est celle qui n'a du Soleil que dans le peu de temps, que l'exposition du Midy ne l'a pas : car le Soleil ne sçauroit voir en même temps deux murailles directement opposées l'une à l'autre ; le partage de celles du Nord est de joüir depuis l'Equinoxe de Mars des premiers rayons, qui paroissent sur nôtre horizon, c'est à dire d'être éclairées dés le grand matin, & cela quelquefois pour une heure, ou deux, & quelquefois pour trois, ou quatre; mais aussi elles courent risque de n'être vûës que tres peu sur le soir, & fort souvent de ne l'être point du tout.

Il s'ensuit de cette explication d'expositions, qu'il n'y a point de muraille, qui n'ait au moins quelque petit regard une fois le jour, & c'est toûjours une faveur, qu'il faut conter pour quelque chose.

Voicy l'endroit, où je croy qu'il faut dire, que le Soleil ne commence jamais d'éclairer une muraille, qu'il n'en éclaire deux en même temps, & ce sont celles qui concourent à faire l'angle des deux qui sont éclairées : ainsi en se levant il éclaire d'ordinaire tout d'un coup la muraille du Nord, & une partie de celle du Levant, & dés que le progrés de sa course luy fait perdre la veuë de cette muraille du Nord, c'est pour l'étendre insensiblement vers celle du Midy, sans quitter pourtant si tôt celle du Levant, l'une, & l'autre se trouvant en même temps éclairées; tout de même aussi il ne cesse de luire au Levant que pour se porter petit à petit à l'exposition du Couchant, & continuer cependant son favorable aspect à la muraille du Midy, si bien que ces deux murailles sont aussi toutes deux en même temps éclairées.

Ainsi va finir tous les jours ce beau tour du Soleil, qui fait la fertilité de la terre, la bonté des Fruits, & la joye de l'homme, mais il ne finit qu'en répandant quelque peu de sa derniere lueur triste, & mourante sur la pauvre muraille du Nord, il la vient trouver en passant; c'est à dire proprement qu'il la vient effleurer, quand il n'est plus à portée de celle du Midy.

Les deux murailles à qui sont opposées diametralement l'une, l'autre, par exemple celles du Midy, & du Nord, ou celles du Levant, & du Couchant ne sont jamais en même temps éclairées si ce n'est pendant le moment, que se fait le passage de l'un à l'autre, ce grand flambeau qui avance toûjours avec une rapidité inconcevable, paroît, ce semble quelque temps fixé, & arrêté, quoy qu'il ne le soit pas, & pour lors il est vray de dire qu'il voit en même temps trois expositions, mais c'est qu'il va cesser de voir celle des trois, qu'il a veuë le plus long-temps jusques-là, & commencer de voir l'autre qui luy est tout à fait opposée; c'est dans ce moment qu'il est encore vray de dire qu'une même muraille est en même temps veuë dedans, & veuë dehors, mais cela ne sera pas de longue durée.

Sur quoy je suppose qu'il n'y ait ny futaye, ny hautes murailles, ny maisons voisines qui fassent obstacle à la lueur du Soleil pour les expositions que nous examinons, ou autrement nous ne sçaurions jamais rien dire de positif pour la suite de nos instructions.

Aprés avoir expliqué ce que nous entendons en Jardinage, quand nous parlons d'expositions, chacun pourra aisément juger de celles, qu'il a à son Jardin, soit qu'il y ait des murailles par tout, soit qu'il n'y en ait qu'à une partie, comme nous voyons à ceux qui ne sont par exemple fermés à quelques côtés que de rivieres, ou de canaux, ou de hayes vives, &c.

Or quand bien je sçaurois l'étenduë de la superficie de chaque Jardin, je ne puis pas pour cela dire à peu prés l'étenduë des murailles, qui servent à les fermer; par exemple un arpent mesure de Paris contient neuf cens toises de superficie, il se peut faire que cette superficie se trouvera reduite à un quarré parfait de trente toises en tout sens, & ainsi un tel arpent n'aura que cent vingt toises de pourtour, c'est à dire trente toises pour chacune de ces quatre expositions, & c'est la moindre quantité de murailles, qu'un arpent puisse avoir.

Tel arpent aussi peut avoir cent trente toises, cent cinquante, deux cens, deux cens dix-huit, & même jusqu'à trois cens douze, & davantage, ce qui arrivera, si dans la premiere occasion il a deux grands côtez chacun de quarante-cinq toises, & deux petits chacun de vingt, si dans la seconde il a deux grands côtés chacun de soixante toises, & deux petits chacun de quinze, si dans la troisiéme il a deux grands côtés de quatre-vingt-dix toises, & deux petits chacun de dix; si dans la quatriéme c'est un enclos triangulaire qui ait deux côtés chacun de cent toises, & un petit de dix-huit; & enfin si dans la cinquiéme cet arpent a deux grands côtés chacun de cent cinquante, & deux petits chacun de six, &c. ce qui veritablement feroit un Jardin assez bizarre, & assez ridicule, mais enfin cela peut arriver.

Quoy qu'il en soit, il est vray de dire que je ne puis établir au juste combien chaque piece de terre demande de murailles pour être entierement close, puisque, comme je viens de dire, une même quantité de superficie peut en avoir beaucoup plus, ou beaucoup moins selon la plus grande, ou la plus petite longueur des côtés de son terrein.

Enfin il est assez plaisant de voir que, si un quarré a deux cens toises de murailles dans son pourtour, & qu'on veuille clore separement le quart, ou la moitié de ce même quarré : ce quart aura cent toises qui fait la moitié du tout, & cette moitié en aura cent cinquante, c'est à dire les trois quarts du total : la Geometrie rend de bonnes raisons de toutes ces differences qui ne sont pas de mon sujet.

Je ne diray donc point combien chaque Jardin peut avoir de pourtour, ny quelle exposition il a, puisque je ne sçaurois le dire, je diray seulement combien chaque exposition peut tenir d'Arbres eu égard à deux choses, la hauteur des murailles, & la bonté du terrein ; car plus la terre est bonne, & plus grande quantité d'Arbres est-elle capable de nourrir ; le contraire est vray pour celle qui est maigre, & sterile ; tout de même plus les murailles sont hautes, & plus grande quantité d'Arbres y peut-on appliquer, c'est à dire les mettre plus prés à prés les uns des autres, & par ce moyen faire qu'entre deux, qu'on retiendra pour garnir le bas, il y en ait toûjours un qui monte pour garnir le haut, afin que tout d'un coup & le haut, & le bas de ces Espaliers viennent à être garnis, & donnent par consequent plûtôt des fruits, & en plus grande quantité ; le contraire pareillement est vray au sujet des murailles basses ayant toûjours égard à la qualité du terrein, c'est à dire que plus elles sont basses, & plus y faut-il éloigner les Arbres les uns des autres, & même aussi ces distances devront-elles être plus grandes, quand le fond sera tres-bon, que quand il ne le sera que mediocrement.

Il faut faire entendre cecy, qui paroît un peu paradoxe : nous avons des Espaliers pour avoir veritablement de plus beau fruit, mais sur tout pour en avoir plus seurement beaucoup ; les Arbres ne donnent seurement du fruit que sur les branches foibles : nous n'aurons donc point de fruit à nos Espaliers, si nous n'y avons des branches foibles ; or si les Arbres sont tres-vigoureux, comme ils le sont d'ordinaire dans les bons fonds, ils ne sçauroient faire de branches foibles, à moins qu'ils n'ayent une grande place à pouvoir bien étendre toutes celles, qu'ils sont capables de produire, parce que, supposé qu'ils soient plantés trop prés les uns des autres, & que les murailles ne soient pas assez élevées, on sera necessairement obligé de les tailler fort courts, ou autrement il arrivera qu'ils excederont la muraille,

muraille, & par consequent ne seront plus Espaliers, ou bien ils se mêleront les uns dans les autres, & y feront une confusion desagreable, & même aussi prejudiciable pour les Fruits, que si on les avoit taillés trop courts.

Si donc on les gourmande de cette maniere, c'est à dire qu'on ne leur laisse pas des branches grosses, & un peu longues, tout ce qu'ils en feront de nouvelles seront toûjours grosses, or les grosses ne donnent point de fruit, & par consequent les bons Arbres bien plantés, & cela prés à prés dans un bon fond, n'auront pas du fruit, & ce sera par la faute du Jardinier; c'est pourquoy par une consequence indubitable dans les bons fonds qui n'ont que des murailles basses, il faut donner aux Arbres des distances fort raisonnables, pour en pouvoir esperer beaucoup de beau fruit, & quand les murailles y sont hautes, on peut, & on doit y mettre les Arbres plus prés à prés, comme je l'ay cy-devant expliqué; je diray cy-dessous quel est mon avis touchant la mesure, & la regle de ces distances.

Je n'estime pas qu'on doive faire des murs de clôture, qui n'ayent tout au moins sept à huit pieds de haut, tant pour la seureté contre les vols, & les dégats de dehors, que pour avoir de bons Espaliers; je n'estime pas aussi qu'aux expositions qui sont bonnes, on en doive souhaiter au de la de quinze à seize pieds, car à l'égard de celles du Nord, que nous appellons mauvaises, les plus hautes murailles sont d'ordinaire les moins bonnes, elles font une étenduë d'ombre assez pernicieuse pour tous les Jardins, mais dont toutefois nous tâcherons de faire un bon usage, & sur tout dans les terroirs un peu sécs, & dans les climats assez chauds.

Par tout ce que je viens de dire sur les hauteurs de murailles, il paroît que je fais peu de cas des murs d'appuy pour prétendre d'y faire des Espaliers de Poires, Pêches, Prunes, Abricots, &c. mais ils peuvent servir à autre chose, comme je l'expliqueray: il paroît aussi que je n'affecte pas des hauteurs extraordinaires de quelques pignons de maisons, ou d'Eglise, quoy que je m'en serve tres-avantageusement, quand il s'en rencontre au Levant, ou au Midy, & c'est pour y élever particulierement des Figues, lesquelles, comme elles n'aiment rien tant que le chaud, & l'abri, aussi ne craignent-elles rien tant que les vents froids, & la gelée; les grandes murailles sont toutes propres tant à leur faire le bien dont elles ont besoin, qu'à les garentir du mal, dont elles sont persecutées.

Quand je fais valoir icy les hautes murailles du Levant, & du Midy, je suppose que c'est dans les climats, dont les chaleurs sont mediocres, ou au moins fort moderées: car dans ceux qui sont chauds, & brûlans comme nôtre Provence, comme l'Espagne, l'Italie, & encore plus comme les Pays qui approchent davantage de la Ligne; en tels climats telles murailles sont aussi redoutables, & pernicieuses pour les Fruits qui y grillent, & s'y fendent, ou s'y crevassent, & pour les Arbres qui y meurent, que les grandes murailles du Nord sont importunes, & contraires à la maturité dans d'autres lieux, qui pèchent faute de chaleur, & par excés d'humidité.

CHAPITRE VI.

De la distance des Arbres en Espalier.

DEvant que de me mettre à régler les mesures des distances de tout ce que l'on plante en Espalier, comme il y a certains fruits qui demandent ces distances fort differentes les unes des autres, je croy que pour en parler bien intelligiblement il faut, que j'examine premierement ceux qui meritent d'y entrer, & que je marque en second lieu ceux qui en sont indignes.

Les premiers sont les bonnes especes en fait de Figues, de Pêches, de Prunes, de Poires, & de Raisins avec les Cerises précoces; toutes sortes d'Abricots aussi sont de ce nombre là, & quelques Azerolles pareillement: je parle nommement des bonnes especes en chaque sorte de fruit, pour faire voir que je ne mets pas indifferemment en Espalier toutes sortes de Figues, de Pêches, de Prunes, de Poires, &c. & pour ce qui d'ordinaire en est exclus, ce sont les Pommes, les Meures, les Amandes, les Cerises, Griotes, Bigarreaux, les [illegible]mmes de Coin, &c. à moins qu'ayant une quantité si grande de murailles, que pour ainsi dire on n'en sçache que faire, on ne se resolve par curiosité d'y mettre quelques Arbres de ces sortes de fruits.

Parmy les fruits qui ont place aux Espaliers, & qui demandent le moins de distance entre-eux, ce sont toutes sortes de Raisins: ils se contentent par tout de deux pieds, ou deux pieds & demy tout au plus, ainsi ce ne sera pas là une matiere qui embarasse à regler, comme feront les autres fruits; ce qui demande des distances assez grandes, ce sont les Pêches, & les Prunes: il en faut un peu moins aux Poires, & aux Precoces; les Abricotiers, & les Figuiers en demandent d'ordinaire plus que tout le reste, ceux-là parce qu'ils font de fort grosses branches, qu'il est dangereux de racourcir beaucoup; & ceux-cy parce qu'ils sont peu sujets à la taille, & qu'ils poussent extrémement du pied, & qu'ainsi ils ont besoin d'avoir une étenduë assez grande, ou autrement ils ne fructifieront presque pas.

Pour parler de tout cela avec plus d'ordre, & de brieveté je veux mettre en deux classes, l'une pour les Arbres, qui regulierement occupent plus de place, & ce sera la premiere classe, & l'autre pour ceux qui en occupent moins, & ce sera la seconde. La premiere classe comprend Figues, Pêches, Prunes, Abricots. La seconde comprend Poires, Cerises Precoces, & Azerolles: il faut bien remarquer ces deux classes, pour entendre pleinement mes distinctions.

Or comme nous avons déja dit, rien ne doit tant contribuer à regler toutes nos distances, que le plus, ou le moins de hauteur de murailles, & le plus, ou le moins de bonté du fond: voici comme j'ay coutume d'en user, aprés avoir supposé les deux classes d'Arbres, que je viens d'établir.

Aux murailles qui sont hautes environ de sept à huit pieds, ou un peu plus, si le fond est tres-bon, & les terres nouvelles, comme il s'en voit à beaucoup d'endroits, je mets les Arbres de la premiere classe à douze pieds les uns des autres, & ceux de la seconde à neuf: mais si le fond n'est que mediocre en bonté, je mets les premiers de huit à neuf, & les autres de sept à huit.

La distance de douze pieds surprend un nouveau Curieux,

qui n'a pas beaucoup de murailles à remplir, par exemple celuy qui n'en ayant que trente, ou quarante toises, se voit reduit à ne planter que quinze, ou vingt Arbres : cela luy fait craindre deux choses ; la premiere de ne voir presque jamais ses murailles garnies, & la seconde de n'avoir jamais guéres de fruit ; mais outre que j'ay cy-devant fait voir les inconveniens qui arrivent, quand les Arbres sont plantés trop prés les uns des autres soit à l'égard de la sterilité, soit à l'égard de l'embarras pour la culture : outre cela, dis-je, on doit premierement s'attendre, que des Arbres en bon fond font aisément chaque année plusieurs jets chacun de quatre à cinq pieds de long, & qu'ainsi seurement se trouvans dans un tel fond, prés de murailles peu hautes, & espacés à douze pieds, ce qui par consequent fait tout au tour d'eux environ une toise à garnir tant par en haut, que sur les côtez, que tels Arbres, dis-je, approchent en peu d'années les uns des autres, & par consequent ne laissent guéres long-temps de place vuides entre-eux ; ainsi le remede est prompt contre la premiere.

En second lieu on peut hazarder de planter une fois autant d'Arbres que je ne dis, si on en veut faire la dépense nonobstant mon avis qui est contraire à cela, & ainsi on en peut mettre à six pieds les uns des autres, pour voir plûtôt son mur garni, mais c'est à condition qu'au bout de trois, ou quatre ans que ces Arbres seront en état de commencer à bien faire pour le fruit, & de recompenser par ce moyen la nourriture qu'ils ont prise, & la peine qu'ils ont donnée, c'est, dis-je, à condition qu'en ce temps-là on se sente capable d'en arracher entierement la moitié pour les brûler, & de remettre des terres nouvelles à la place de celles, que les malheureux auront inutilement effritées ; car il en faudra necessairement venir là, ou autrement on n'a que faire d'esperer de fruits ; on prend ce semble assez volontiers le premier parti dans le temps des plans, & en effet il réjoüit davantage ceux, qui content l'abondance sur la quantité d'Arbres, mais on n'a guéres le courage de passer à l'execution du second, quand le temps de la faire est arrivé, & par là on tombe infailliblement dans les inconveniens, que nous avons expliqués si bien que le plus seur est de ne pas faire ces dépenses inutiles, & de ne se pas mettre en état d'avoir ces combats à essuyer en soy-même, c'est pourquoy je conseille de se contenter de suivre l'avis, que je donne pour l'éloignement des Arbres dans les fonds merveilleusement bons.

Revenons à planter des Espaliers le long des murailles de neuf pieds, & un peu plus, & disons, que si le fond est bon, comme je l'ay cy-devant supposé, j'y espaceray les Arbres de la premiere classe de neuf à dix pieds, & ceux de la seconde de sept à huit : mais si le fond n'est pas fort bon, ce sera assez d'y mettre les premiers à huit pieds, & les autres à sept : il semble que le plus, ou le moins d'un pied, tant à l'égard de la hauteur des murailles, qu'à l'égard de la distance des Arbres, ne soit pas grand chose; cependant cela est tres-considerable pour le succez bon, ou mauvais d'un Espalier.

Si la muraille va à onze, ou douze pieds, ou un peu plus, & que le fond ait la bonté, que nous souhaitons, pour lors je me resous à planter les Arbres une fois plus prés, qu'aux murailles cy-dessus, prétendant que par tout entre deux Arbres de mediocre taille, lesquels seront conduits en veuë de leur faire garnir le bas, il y en aura un qui montera pour garnir le haut; on peut bien avoir pour cela des Arbres, qui soient veritablement de tige; ce qui est fort bon, sur tout pour Poiriers, Cerisiers, Abricotiers, & même pour Pêchers & Pruniers, quoy qu'à l'égard de ces deux derniers on puisse assez bien s'en passer, attendu que ce sont des Arbres, qui font d'ordinaire en peu de temps quelque jet capable de former une belle tige, & d'aller par consequent garnir le haut de nos murailles. En tel cas donc, où les murailles sont d'une grande hauteur, je mets une fois davantage d'Arbres, & pour cela si le fond est bon, je les espace d'environ six pieds l'un de l'autre, & s'il n'est que mediocre, je les espace de quatre à cinq, faisant mon compte, que par ce moyen la tête de chaque Arbre doit garnir cinq ou six pieds de chacun de ses côtez, ce qu'elle fait aisément, pourveu qu'au bout de sept, ou huit ans, si on s'aperçoit que la vigueur ne continuë pas, on soit soigneux de remettre entre deux

Arbres un peu de bonnes terres nouvelles, afin de la rétablir, & réparer ce que tant de racines auront alteré, mais tant qu'on n'aperçoit aucun changement aux Arbres, il n'est point necessaire d'en faire à l'égard des terres.

Je veux avertir en passant, qu'une des choses, qui me déplaît le plus en Espalier, c'est d'y voir entrelasser pêle mêle de la Vigne, des Figues, des fruits à noyau, & des fruits à pepin : je trouve bien plus à propos, qu'on mette chaque espece separément ; un bon Espalier par exemple sera entierement pour des Figues, un autre pour des Pêches, Prunes, Abricots, dont je ne condamne pas trop le mélange, à cause que les Pêchers étans plus sujets à perir en tout, ou en partie, soit par accident, soit par vieillesse, que ne sont pas les autres fruits, il reste toûjours à l'Espalier dequoy y conserver quelque beauté en cas de mortalité de Pêchers. Un autre bout de muraille sera pour les Poires, que tant qu'il est possible, je ne veux nullement mêler avec les Pêches. Enfin une autre partie d'Espalier sera pour les precoces, & une autre pour les Raisins, que je veux même tous separez par especes, sans confondre ensemble les Muscats, les Chasselas, les Corinthes, &c.

Il m'arrive bien quelquesfois de mettre quelques pieds de Chasselas parmy d'autres fruits ; mais cela ne m'arrive que pour quelque endroit de muraille extrémement haut, afin d'en faire monter quelque pied tout droit jusqu'à certaine hauteur, où les autres fruitiers ne sçauroient gueres parvenir, ce qui n'est pas fort ordinaire. Je ne me sers pas même du muscat pour cela, parce qu'il ne meurit pas bien en hauteur de treille, comme fait le Chasselas.

Presentement sans plus parcourir toutes ces differences soit de hauteurs de murailles, soit de bon fond, je m'en vais supposer toutes sortes de murailles d'environ neuf pieds, c'est la hauteur la plus ordinaire, & supposer tous les fonds raisonnablement bons, je planteray sur ce pied-là toutes sortes d'Espaliers. Chacun à cét égard se reglera sur ce que nous avons dit cy-devant pour éloigner plus ou moins ses Arbres, selon que ses murailles seront plus, ou moins hautes, & que son fond sera plus, ou moins bon.

CHAPITRE VII.

Pour sçavoir quels fruits meritent le mieux d'avoir place en Espalier.

IL peut y avoir icy une grande & agreable contestation entre les curieux, pour juger, quels sont les fruits qu'ils croyent devoir occuper les premieres, & les meilleures places de nos Espaliers; sans doute que tout au moins en ce pays-cy le merite des bons Raisins fera un parti puissant & redoutable pour faire decider en leur faveur.

La nature, qui a pris ce semble plaisir à faire paroître dans la production des fruits, jusqu'où pouvoit aller l'étenduë de son ingenieuse fecondité, a fait voir dans celle des Raisins, qu'elle ne s'étoit pas épuisée en faisant les Arbres fruitiers; on pourroit dire, que dans le dessein, qu'elle a eu d'enrichir le genre humain par des tresors si importans, elle avoit voulu se réserver au moins quelque chose de singulier à l'honneur de la Vigne: constamment elle n'a pas refusé aux Raisins, non plus qu'aux autres fruits cette infinie diversité d'especes, qui fait une partie de leur agrément, c'est à dire diversité de coloris, de goût, de grosseur, de figure, de parfum, de maturité en tous, de precocité en quelques-uns, &c. car en effet toutes ces differences se trouvent parmy les Raisins, aussi bien que parmy les Poires, les Pommes, les Pêches, les Prunes, les Figues, &c. puisqu'il y en a de gros, de menus, de longs, de ronds, de doux, de parfumez, de precoces, de tardifs, qu'il y en a même de toutes sortes de couleurs, de blancs, de noirs, de rouges, de tanez, de my-partis, &c. Mais elle a voulu rencherir, ou pour ainsi dire se réjoüir en de certains chefs, pour donner à la Vigne quelque avantage au dessus des Arbres; j'en pourrois faire remarquer plusieurs, toutefois je ne m'arrête qu'à celuy-cy seulement, qui est, qu'en fait de ceux-là elle n'a regulierement attaché qu'un seul fruit à chaque queuë, & cependant à peine peut-on dire, combien est grand le nombre de grains qui tiennent à la queuë d'une seule grape; elle fait bien plus, car elle a quelquesfois la complaisance de n'envier pas la hardiesse de certains curieux, qui entreprennent de l'imiter, ou même de la surpasser en des choses fort extraordinaires; elle ne trouve point mauvais, que quelques-uns non contens de voir réüssir leurs soins à la culture des Raisins du pays; c'est à dire des Chasselas, Cioutat, Morillons, Gennetins, & même des Muscats, &c. Ils transplantent en des climats assez froids le plan de Vigne, qu'elle n'avoit destiné que pour les pays les plus chauds; elle ne dédaigne pas même de favoriser leur industrie, pour aider à en conduire quelques-uns à maturité dans des cantons, où elle n'avoit jamais pensé d'en produire: cependant toute liberale, & bien-faisante qu'elle est; il semble qu'elle ait creu, qu'il y iroit de son honneur, si elle se laissoit aller jusqu'à souffrir que tous les Raisins d'Egypte, d'Afrique, d'Italie, &c. meurissent dans des pays du voisinage du Nord; nous essayons à la verité par le moyen de nos murs bien exposez de procurer autant de chaleur, qu'il en faut aux Passe-musquée, aux Pergolese, aux Damas, aux Maroquins, &c. & il est de certaines années, & de certains terroirs, où nous ne reüssissons pas mal en quelques-uns, mais aussi il y en a beaucoup, ou nous avons plus besoin de chercher à nous consoler de nos peines perduës, que nous n'avons de matiere de nous réjoüir de nos succés; ce qui nous doit être une grande instruction, pour nous faire voir, qu'il ne faut pas entreprendre de forcer cette nature en tout & par tout; c'est une mere sage, & bien entenduë, qui ayant regardé toutes les parties de la terre, comme autant d'enfans qui luy appartenoient également, aussi leur a-t-elle voulu également partager les biens & les faveurs qu'elle avoit à leur faire; de maniere que pour entretenir l'union, & la bonne intelligence, qu'elle vouloit voir éternellement regner entre-elles, elle a si bien reglé toutes choses, que chacune a de quoy se signaler par des productions qui luy sont singulieres; c'est ce qui fait, qu'étant comme jalouse de maintenir en son entier l'ordre, & la destination qu'elle a établie, elle s'oppose assez souvent à ce qu'une partie veüille entreprendre sur quelqu'une de ses sœurs, & luy voler

Divisæ arboribus patriæ. *Georg.* 2.

voler, pour ainsi dire, ce qui luy a été donné pour son apanage ; l'Anana meurit dans les Indes ; le Pergolese, la Passe-musquée, & tous les autres principaux Raisins meurissent même en plain air dans l'Italie, &c. Il n'en est pas de même dans nos Provinces, ni les uns, ni les autres n'y peuvent indifferemment meurir ; & aussi les fruits à pepin font merveille parmy nous, pendant que les Mexicains, & les Mores auront beau faire pour en élever sous la Ligne, tous leurs efforts seront inutiles.

Revenons presentement à établir ce que nous devons faire, pour donner aux Raisins tous les moyens possibles d'arriver parmy nous à la perfection qu'il leur convient ; nous n'avons rien de plus souverain pour cela que les bonnes expositions de nos murailles ; & voila pourquoy dans la contestation qui est à vuider icy, il faut s'étudier à les bien traiter, & faire voir par là, combien nous faisons de cas de leur merite.

Quelques-uns de nos curieux tiendront icy non pas pour toute sorte de bons Raisins, ensorte que le Chasselas, le Cioutat, & le Corinthe y fussent compris ; mais au moins pour le muscat : or de ce Muscat il y en a de quatre sortes, le Muscat long, autrement la Passe-musquée, & c'est celuy de tous qui a le plus de peine à meurir ; le Muscat blanc, le Muscat rouge, & le Muscat noir ; ces trois derniers ont le grain rond, & de mediocre grosseur, & quoy qu'ils ayent besoin de beaucoup de chaleurs ; cependant il leur en faut moins qu'au muscat long ; à mon avis le Muscat noir est le moindre de tous, le rouge, ou violet est d'ordinaire assez bon ; mais le blanc me paroît l'emporter sur les deux autres.

Voicy toutes les bonnes qualitez d'un bon Raisin.

En effet une grape de Muscat blanc (soit que le grain en soit gros, soit qu'il en soit menu) il n'importe, pourveu qu'il soit clair, ferme, jaune, dur, & croquant, & que l'eau en soit douce, sucrée, & parfumée ; telle grape de Muscat, dis-je, quel plaisir ne donne-t'elle pas à celuy qui la mange ? peut-on voir un plus excellent fruit pendant les mois de Septembre, & d'Octobre, & quelquesfois jusqu'à la fin de Novembre ? Dans les pays chauds ils en ont d'admirable en plain air, c'est à dire en pleine Vigne ; mais icy pour en avoir regulierement d'assez bons, nous avons necessairement besoin des Espaliers du Levant, ou du midy; l'année 1676. nous en a particulierement produit du plus delicieux du monde à ces expositions, & même dans les terreins sécs, & sablonneux; nous en avons eu au Levant qui étoit meilleur que celuy du Midy; de là on voudroit conclure, qu'une muraille ne sçauroit jamais être mieux employée, que pour avoir de bon Muscat.

D'autres curieux tiendront pour les bonnes Pêches, tant à cause de la beauté de leur coloris (c'est en effet de tous les fruits celuy qui plaît ce semble le plus à la veuë) qu'à cause de la beauté, & de la grosseur du fruit, à cause de sa belle figure ronde, à cause de l'abondance de son eau sucrée, & à cause de la douceur relevée de son parfum, &c. c'est icy veritablement un gros & bon parti.

Il est vray, qu'il n'y a rien de comparable à la bonne Pêche, pendant les mois d'Aoust, de Septembre, & d'Octobre, & même dans les commencemens de Novembre, jusqu'à ce que les gelées soient venuës; on ne sçauroit gueres en avoir icy autrement qu'en Espalier, dont nous avons tous un sensible déplaisir, parce qu'en plein vent elles sont sans comparaison meilleures, que contre les murailles.

Et c'est ce plein vent, qui nous a fait icy connoître jusqu'où peut aller leur principal merite, plein vent, qui ne peut nous être favorable pour elles, si ce n'est en quelques Jardins de Villes, lesquels par une grande quantité de grands pignons de Maisons sont en premier lieu extrémement à l'abri des vens, & des gelées du Printemps, & voila ce qui fait l'abondance; en effet on ne sçauroit gueres dire, qu'on ait veritablement abondance de Pêches, que quand on a un nombre raisonnable de Buissons, & que ces Buissons ont réussi; en second lieu ces grands murs renferment & augmentent la chaleur qui est necessaire pour meurir les fruits de tous côtez, & enfin ces fruits étant ainsi exposez à l'air, aux Zephirs, & même aux pluyes, acquierent dans cette maniere de situation un degré de bonté, que la violente ardeur du Soleil reflêchie contre la muraille ne sçauroit leur donner dans toute leur circonference : l'experience que nous avons de cette bonté singuliere du plein air m'a fait aviser de faire, pour ainsi dire, une maniere de chicane aux Espaliers, je sçay certainement, que ce sont eux qui contribuënt à nous donner plus sûrement du fruit, & je sçay aussi, que ce sont eux, qui contraignans nos fruits contre les murs, & les privans de la joüissance de l'air empêchent, qu'ils n'ayent toute la bonté qui leur convient, comme si ces Arbres impatiens, & offensés de la géne, & de la violence qu'ils souffrent, vouloient en quelque façon nous punir de l'injure, que nous leur faisons, en leur ôtans la liberté que la nature leur avoit donnée.

Je profite donc au Printemps du secours de l'Espalier, pour faire plus sûrement noüer les Pêches; & à la Saint Jean je tire en dehors ces branches à fruit, lesquelles dans ma maniere de tailler je laisse longues, & avec des Eschalas que j'ay fiché bien avant en terre, j'attache & soutiens ces belles branches toutes chargées de leurs fruits, qui par ce moyen acquierent la bonté du plein air, que nous venons de décrire.

Veritablement il y a de la sujettion, & de la peine pour le bien faire, & la belle symetrie de l'Espalier en est un peu défigurée au temps des fruits; en sorte que l'œil de tout le monde n'en est pas si satisfait, mais le défaut est amplement récompensé, tant par la beauté du coloris, & la peau bien lisse, que par ce goût relevé, qu'on ne sçauroit avoir autrement: aussi-tôt que les fruits sont cüeillis, on remet ces branches tirées au même endroit de l'Espalier, qu'elles occupoient auparavant, & il n'y paroît plus; je n'ay pû m'empêcher de parler icy de cette vision, que j'ay eu pour les branches tirées.

Il est donc certain, que toutes les especes de Pêches mises en plein air dans ces sortes de Jardins de Ville, dont nous avons parlé, reüssissent à y faire des fruits, pour ainsi dire, enchantez; il n'y a que les avant-Pêches, les Pêches de Troyes, les Magdeléines blanches, & les Violettes tardives, qui n'y sont pas si heureuses; celles-cy n'y trouvans pas assez de chaleur, & les autres ayans le bois trop delicat pour s'accommoder du grand air; à l'égard des Jardins un peu exposés non seulement presque tous les ans les fleurs des Pêchers y sont gelées, & ainsi on n'en a nul plai-

Pagination incorrecte — date incorrecte

NF Z 43-120-12

sir, mais aussi le bois des Arbres en meurt, ou devient si galeux, & si vilain, qu'il ne vaut gueres mieux, que s'il étoit entierement mort; voila pourquoy aprés m'être tres-long-temps opiniâtré, pour élever des Pêchers en Buissons en differens Jardins à la Campagne, comme j'avois fait dans les Jardins de Paris; il a fallu enfin renoncer à toutes les esperances, que nous en avions conceuës, & nous réduire en Espaliers tous seuls.

Revenons à poursuivre la contestation des fruits, pour avoir la preferance à l'égard de ces Espaliers.

Je ne croy pas que personne voulût icy mettre les Poires en jeu, pour avoir la preferance des bonnes places au préjudice du Muscat, des Pêches, & des Figues, &c. (quelques merites que les bonnes Poires ayent d'ailleurs, dont nous convenons volontiers, & particulierement pour ces belles Poires de Bon-Chrétien bien grosses, bien longues, & bien colorées;) mais enfin nous avons d'autres fruits, qui sûrement l'emportent sur les Poires; encore moins proposera-t-on dans cette dispute, ny les Abricots, ny les Cerises-precoces, ny les Azeroles; on en auroit le démenty, si on les y vouloit engager, nous leur ferons cependant honneur aux uns, & aux autres, quand il faudra; de maniere que leurs protecteurs, s'il y en a qui voulussent prendre l'affirmative pour eux, n'en seront pas mal satisfaits.

Peu de gens se sont avisez de declarer sur cecy en faveur des bonnes Prunes, je ne dis pas de toutes sortes de Prunes, mais seulement de quatre ou cinq sortes des meilleures; & c'est peut-être faute d'avoir éprouvé de quelle delicatesse, de quel goût, & de quelle sucre elles y viennent, non seulement en comparaison de celles de plein vent, mais aussi en comparaison de tous les autres fruits; difference fort surprenante en soy, mais encore plus, comme j'ay dit ailleurs, pour pouvoir rendre une bonne raison, d'où vient en fait de Prunes d'Espalier un effet si contraire à ce qui se passe à l'égard des autres fruits, étant tres-certain, que ceux-cy diminuënt notablement de bonté en Espalier, pendant que les Prunes y augmentent la leur notablement.

Peut-être me mettrois-je volontiers à la tête de ceux, qui pour la contestation presente voudroient donner aux bonnes Prunes d'Espalier la preference sur tous les autres fruits.

Et pour rendre ma cause bonne je presenterois volontiers une corbeille de bonnes Prunes de Perdrigon violet bien meures, & bien fleuries, mêlées avec quelques Perdrigon blanc, quelques Sainte-Catherine, & quelques Prunes d'Abricot; je suis asseuré que la veuë en seroit ébranlée en ma faveur, que le goût en seroit presque convaincu, & qu'enfin cela seroit tres-capable de me donner des compagnons, & rendre mon party assez fort.

CHAPITRE VIII.

Traité des Figues.

MAis les bonnes Figues mettent icy d'accord toutes ces contestations, elles emportent le prix sans contredit, comme étant seurement le plus delicieux fruit qu'on puisse avoir en Espalier; je ne dis pas veritablement qu'elle soit le plus considerable fruit que la terre produise en ce pays-cy : car à mon sens il n'y en a point qui le puisse disputer à un Melon parfaitement bon, & bien conditionné (chose tellement rare, & sur tout en ce Pays-cy, que le Proverbe en est venu pour exprimer la rareté de tout ce qui peut être bon) mais le Melon n'a que faire icy, son fait est de ramper sur la terre, il n'est presentement question que des fruits, qui à la faveur des Espaliers nous peuvent réüssir.

La bonne Figue est donc celuy de tous les Fruits, qui parmy nous merite d'avoir la meilleure place en Espalier, (dans les Pays chauds elle en pourroit être incommodée) mais pour juger de son exterieur, & de son merite, & par consequent de l'estime qui luy est deu, il n'y a qu'à voir le mouvement des épaules, & des sourcils de ceux qui en mangent, & voir aussi la quantité qu'on en peut manger sans aucun peril à l'égard de la santé.

Joint que d'avoir l'avantage de rapporter deux fois l'année, c'est à sçavoir premierement pendant les mois de Juillet, & d'Août, & ce sont les premieres qu'on nomme Figue-fleurs ; & en second lieu de rapporter pendant les mois de Septembre, & d'Octobre, & ce sont les secondes ; cet avantage, dis-je, est d'une merveilleuse consideration pour les faire maintenir dans le premier rang qu'elles doivent occuper.

Je pourrois dire icy ce qui est vray, que parmy ces secondes celles qui meurissent dans le commencement de Septembre, & devant qu'il soit venu aucunes gelées, ont, ce me semble, & la chair plus sucrée, & le goût plus relevé, & par consequent sont meilleures, quoy qu'un peu plus petites, que ne sont pas les premieres : la raison en est assez palpable, c'est que ces Figues de Septembre ont été formées dans la plus belle saison de l'année, & nourries d'un suc bien cuit, & bien perfectionné, au lieu que les Figues-fleurs ont eu tout le froid, & toutes les pluyes du Printemps à essuyer, deux conditions peu favorables pour donner à des fruits un goût sucré, delicieux, & relevé.

Je connois de plusieurs sortes de Figues, qui apparemment sont toutes bonnes dans les Pays fort chauds, parce qu'elles y meurissent toutes, mais nous n'en avons proprement icy d'admirables que de deux sortes, & ce sont de grosses blanches, dont les unes sont rondes, & les autres sont longues ; les rondes sont plus abondantes, & les longues sont sur tout admirables pour la fin d'Automne, quand elles peuvent tant faire que de meurir, elles sont peu sujettes à crever du côté de l'œil, comme font les rondes ; ce défaut provient de ce que d'ordinaire il vient au mois d'Octobre quelques pluyes chaudes qui font tellement gonfler ces pauvres Figues, que l'œil s'en ouvre à faire peur, & laisse par là sortir, & éventer sa douceur, & son parfum ; si bien que les longues qui sont davantage à l'épreuve de ces pluyes, que ne sont pas les rondes, ont dans la verité pour lors un goût exquis, & miraculeux, que les autres n'ont plus.

J'ay eu à un même Espalier du Midy douze, ou quinze sortes de Figues toutes differentes, pour faire voir qu'il ne faut seurement s'attacher icy qu'aux blanches tant pour la promptitude, & l'abondance du raport, que pour la delicatesse, & le sucre de la chair; la plûpart des autres à la reserve de deux, sçavoir de la grosse Violette longue qui est la plus mauvaise de toutes, & de la plate qui vaut un peu mieux, étans non seulement difficiles à raporter, mais faisans leur fruit assez petit, peu delicat, peu moëleux, & peu sucré; & voila les conditions d'une bonne Figue, c'est à dire qu'elles doivent être delicates, moëleuses, fort sucrées, & d'un goût relevé.

Conditions d'une bonne Figue.

Parmy les moins bonnes, car on ne peut pas dire parmy les mauvaises, la noire tient le premier lieu, elle est fort longue, & assez grosse, & tellement colorée d'un rouge brun, qu'on luy en a donné le nom de noire qu'elle porte; elle n'est pas tout-à-fait si rouge en dedans, qu'en dehors, elle est fort sucrée, mais elle est un peu plus séche que nos Bonnes-blanches, j'en conserve quelques pieds pour la rareté.

Il y a les Grosses jaunes qui sont un peu teintes, & carnées dedans, elles raportent peu de fruits au Printemps, & raportent assez l'Automne, mais à mon goût elles ne sont guéres delicates ny en premieres, ny en secondes.

Il y a les grosses-Violettes tant longues, que plates, dont nous venons de parler, & dont la chair est fort grossiere, je n'en fais guéres de cas.

Il y a la Figue verte qui a la queuë fort longue, & la chair vermeille, elle est assez sucrée, mais elle raporte peu.

Il y a la petite Figue-grise aprochant du tané, sa chair est rouge, on l'appelle Mellete en Gascogne, son défaut est comme des autres de raporter peu, & de n'être pas doüillette.

Il y en a une, qu'on y appelle la Medot, elle est jaune dedans, & dehors.

Une qui est assez noire, ayant seulement la peau un peu foüetée de gris, la chair en est fort rouge.

Une petite-Blanche dont le goût est plûtôt fade, que sucré, on l'appelle Precoce, & ne l'est guéres.

Il y a la petite Bourjassotte qui est noirâtre, ou plûtôt

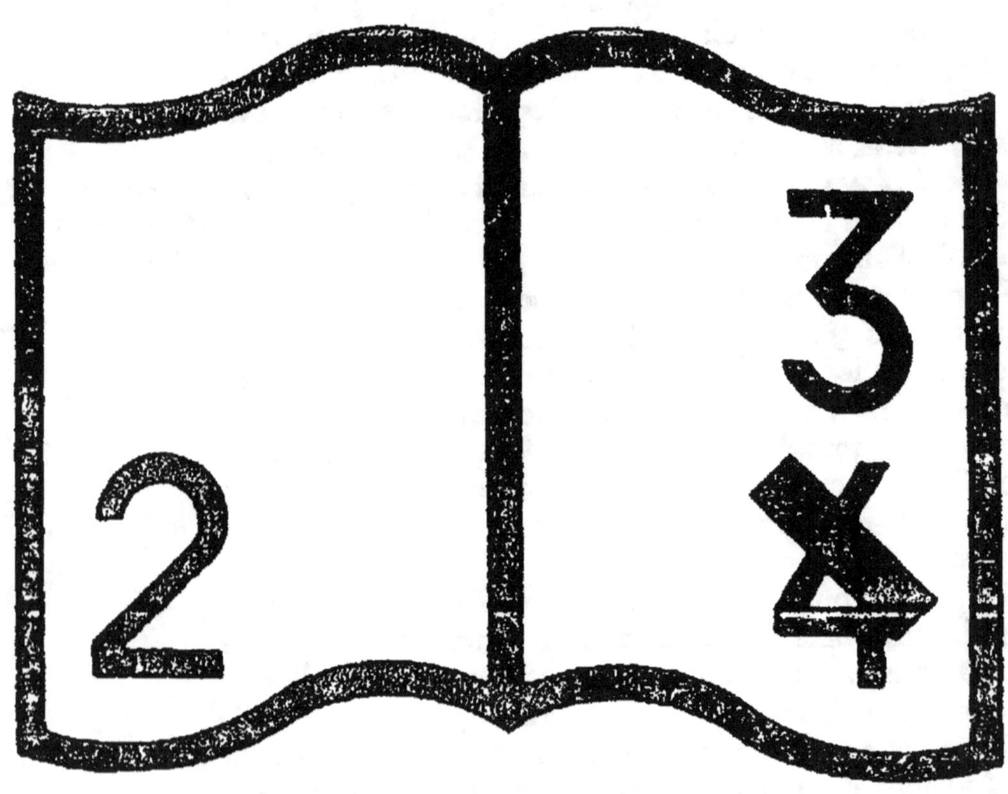

Pagination incorrecte — date incorrecte

NF Z 43-120-12

d'un violet obſcur, tel qu'eſt celuy de certaines Prunes ; elle eſt fort delicate, mais elle ne raporte guéres au Printemps, & meurit rarement à l'Automne.

Il y a auſſi l'Angelique qui eſt violette, & longue, peu groſſe, la chair rouge, & paſſablement bonne.

Aprés avoir bien examiné toutes ces Figues, j'eſtime que pour nôtre profit il en faut bannir la plûpart, & ne s'attacher qu'aux Bonnes-blanches, qui conſtamment nous réüſſiſſent mieux icy, que les autres. Si cependant il ſe trouve quelque Curieux qui veüille avoir dans ſon Jardin toutes ſortes de Figues, auſſi-bien que toutes ſortes de Poires, Pommes, Pêches, Prunes, Raiſins, &c. en ſorte que, pour ainſi dire, il ait un hôpital general ouvert à tous les fruits tant paſſans, qu'étrangers ; pardonnons luy cet eſprit de charité, allons même juſqu'à loüer une telle curioſité qui n'a point de bornes, mais gardons-nous bien de la vouloir imiter. *Exiguum colito.*

Voila le chois fait, & le merite établi en faveur des Figues, autant qu'il dépend de moy, je diray cy-aprés en garniſſant nos murailles la quantité raiſonnable, que je conſeille à chacun d'en planter à proportion de la grandeur de ſon Jardin.

CHAPITRE IX.

Traité des Pêches.

PAſſons aux autres Fruits qui prétendent à l'Eſpalier, c'eſt à dire aux Pêches, & aux Prunes, pour voir qui des deux aprés les Figues aura la preference, & commençons par les Pêches : voicy l'ordinaire de la maturité de celles que je connois, j'en feray la deſcription à meſure que je les placeray.

La premiere de toutes, c'eſt la Petite-avant Pêche-blanche, qui étant bien expoſée meurit au commencement de Juillet, & en donnera preſque tout le mois, ſi les pieds en ſont multipliés en differentes expoſitions.

La Pêche de Troye la ſuit, mais un peu de loin, quelque bien expoſée qu'elle ſoit, & ne meurit qu'à la fin de Juillet,

ou

sur tout au moins dans le commencement d'Aoust, merveilleuse petite Pêche pour reveiller l'idée des bonnes, qu'on a euës les années précedentes.

La Pêche Alberge jaune, & le petit Pavie Alberge jaune meurissent presque en même temps que la Pêche de Troye, ou un peu aprés, & sont bien éloignées l'une, & l'autre du merite qui nous fait tant estimer celle-là.

Les Magdeléine-blanche, Magdeléine-rouge, Mignonne, & Pêche d'Italie, qui est une façon de Persique hâtive meurissent presque toutes ensemble à la my-Aoust avec le Pavie blanc.

On peut dire avec verité qu'on trouve dans ces temps-là de quoy se satisfaire.

La Pêche Alberge violette, & le petit Pavie-Alberge violet avec la Bourdin meurissent vers la fin du mois, & font parfaitement bien leur personnage.

Les Druselle, & les Pêches-Cerises, sur tout celles qui ont la chair jaune, se presentent, pour leur tenir une mauvaise, & fastidieuse compagnie; la Pêche-Cerise à chair blanche qui meurit aussi en même temps, n'est point de cette categorie, elle est tres-jolie, quand on la laisse extrémement meurir.

La Chevreuse, & la Rossane avec le Pavie-Rossane viennent au commencement de Septembre, & presque aussi-tôt commencent les Persique, les Violette hâtives, les Bellegarde, les Brugnons violets, & les pourprées, pour fournir amplement une bonne quinzaine de jours, & c'est là veritablement une flote illustre, charmante, & delicieuse, la seule Violette qui est à mon sens la Reine des Pêches, & qui l'est aussi au goût de gens infiniment plus considerables que moy, ayant sans le secours d'aucune autre de quoy satisfaire agreablement la curiosité de tout le monde.

Les Admirables paroissent en foule dés la my-Septembre, bon Dieu quelles Pêches en grosseur, en coloris, en delicatesse de chair, en abondance d'eau, en sucre, en goût relevé! &c. qui est-ce qui n'en est pas charmé, & particulierement de celles, qui ont meuri en plein air?

Les Nivette toutes belles, & merveilleuses qu'elles soient

attendent à meurir, que les Admirables soient sur leur déclin, & pendant dix, ou douze jours payent amplement la peine de ceux qui les ont placées en bon lieu.

Les Pêches de Pau, les Blanche d'Andilly, & les Narbonne sont les empressées pour accompagner les Nivette, & avec toute leur beauté, qui en verité peut être appelée une beauté fardée, ces Pêches là, dis-je, feroient sagement de s'en dispenser.

Nous ne dirons pas la même chose de la Grosse-jaune tardive, de la Pêche Royale, de la Violette tardive, & de la jaune lisse, & des gros Pavies tant rouges, que jaunes, & des petits Pavies jaunes, qu'on appelle Pavies Saint-Martin; car quand la saison a été favorable à leur maturité, le theâtre du Jardinage pour la representation d'Automne me paroît pendant tout le mois d'Octobre grandement honoré de cette derniere compagnie: mais aussi il faut s'en tenir là pour la bonne bouche, & empêcher de paroître le Brugnon jaune lisse, le Brugnon violet tardif, la Pêche à tetin, la Sanguinolle, la Pêche blanche de Corbeil, la Pêche à fleur-double, la Pêche-noix, &c. ce sont les dernieres Pêches du mois d'Octobre, & les moins bonnes de l'année; personne ne s'en étonnera, des nuits longues, souvent humides, & toûjours froides ne sont guéres propres à faire de bons fruits, & sur tout en fruits à noyau.

Dans cette liste de Pêches, de Brugnons, & de Pavies on compte jusqu'à trente-deux Pêches bien differentes, trois Brugnons bien differens, & sept Pavies aussi tres-differens; je n'ay que faire de dire pour les gens de ce Pays-cy, que nous appellons Pêches celles, qui quittent le noyau, nos compatriotes le sçavent assez: les Gascons, Languedochiens, & Provençaux, & generalement tous les Curieux de Guienne ne le sçavent pas si bien; mais il faut dire pour tout le monde, que nous appellons Brugnons tout ce qui étant lisse, c'est à dire sans aucun poil, ne quitte pas le noyau, & nous appellons Pavie avec addition de blanc, ou de rouge, ou de jaune, ce qui ayant la peau un peu vêtu de quelque couleur qu'elle soit, jaune, blanche, ou rouge, ne quitte aussi nullement le noyau.

Nous avons des curieux, qui prétendent, qu'il y a autant de Pavie, que de Pêches, & disent sur cela, que le Pavie est le mâle, & que la Pêche est la femelle; à la bonne-heure pour vision de mâle & de femelle, ou plûtôt pour ancien langage de Jardiniers, je n'y veux rien trouver à redire; quoy que je n'aye jamais pû trouver de raison, ny apparence de raison, qui m'aye satisfait: mais à l'égard de la quantité de ces mâles elle m'est inconnuë; ce n'est pas que je n'aye assez fait tout ce que j'ay pû pour en découvrir d'autres que les huit cy-dessus; peut-être que la race s'en est conservée en Perse, d'où on prétend, que toutes les Pêches sont sorties, sans avoir cependant avec elle apporté la qualité mortelle, qu'elles y ont, à ce qu'on nous fait accroire: ou si on en fait sortir les Pavies, il faut que ceux que nous n'avons pas, ayent fait naufrage dans le grand trajet, qu'ils avoient à faire: j'ay particulierement regret à ceux, qui auroient été extrémement hâtifs dans nos climats, nous serions bien-heureux, si nous en pouvions réparer la perte, supposé que nous l'ayons faite.

Je sçay bien que nous avons aussi de nos curieux, qui comptent un plus grand nombre de ces sortes de fruits à noyau, que je n'en viens de compter; je veux croire qu'ils en connoissent, que je ne connois pas; mais au moins ils me permettront s'il leur plaît de dire, qu'avec une tres-grande, & tres-longue exactitude je n'en ay pû trouver davantage; & j'ajoûteray, qu'on s'est pour le moins donné autant de liberté pour multiplier les noms des Pêches, que pour multiplier les noms des autres fruits. La moindre difference soit dans la fleur, & dans le coloris, soit dans la grosseur & la figure, soit dans le temps de la maturité, ou dans le goût, & dans la delicatesse de l'eau, a donné de tout temps, & donne encore aujourd'huy à beaucoup de gens une demangeaison de dire, qu'ils ont quelque Pêche particuliere, & sur cela ne manquent pas de la baptiser d'un nouveau nom.

Malheureuse demangeaison, qu'on pourroit, pour ainsi dire, nommer fille de vanité, ou d'ignorance, qui nous cause tant de confusion parmy nos fruits! Est-il possible, qu'on ne sçache pas, qu'une difference de terrein, ou d'expositions de clima , ou de saison, est capable de faire ces petites varietez, qui ne sont nullement essentielles ; elles m'ont cependant donné des peines infinies, pour en découvrir la verité ; je m'en vais avec mon ingenuité ordinaire dire ce que j'en pense, au hazard d'encourir la disgrace de beaucoup de faiseurs de pepinieres.

Je suis bien éloigné de vouloir supprimer aucun bon fruit, puisque par tout où ma curiosité, & mes habitudes peuvent s'étendre, je travaille infatigablement pour en découvrir de nouveaux, qui soient bons, & pour les multiplier, dés qu'ils sont venus à ma connoissance ; mais aussi bien loin de vouloir, pour ainsi dire, faire des chimeres, & des êtres de raisons, en multipliant des noms pour les moindres petites differences ; je m'oppose à cette maladie avec toute la vigueur, & toute la sincerité, dont je suis capable, quoy que j'aye compté trente-deux sortes de Pêches ; je ne dis pas pour cela, qu'il y en ait trente-deux sortes de bonnes ; de maniere que je voulusse les avoir dans mon Jardin, ou conseiller à mes amis de les planter dans le leur : dans ce nombre-là il y en a bien quelques-unes, qu'on peut veritablement dire n'être pas bonnes, & je les banniray autant qu'il me sera possible : mais aussi, quoy que d'une espece il s'en trouve quelquesfois de mauvaises, il me semble, qu'on ne doit pas sur cela dire aussi-tôt, que l'espece en soit mauvaise : voyons exactement ce qui fait le merite des unes, & le démerite des autres, pour juger sainement de celles, qui sont ou à recevoir, & multiplier, ou à proscrire, & suprimer entierement de nos bonnes places d'Espalier.

CHAPITRE X.

Du merite des Pêches.

Bonnes qualités des Pêches.

LE merite des Pêches consiste aux bonnes qualitez qu'elles doivent avoir.

Dont la premiere est d'avoir la chair si peu que rien ferme, & cependant fine, ce qui doit paroître quand on luy ôte la peau, laquelle doit être fine, luisante, & jaunâtre, sans aucun endroit de vert, & doit se déprendre fort aisément, sans quoy la Pêche n'est pas meure : ce merite paroît encore, ou quand on coupe la Pêche avec le coûteau, qui est ce me semble la premiere choseà faire, à qui la veut agreablement manger, quand on est à table, & pour lors on voit tout le long de la taille du coûteau, comme une infinité de petites sources, qui sont ce me semble les plus agreables du monde à voir : ceux qui ouvrent autrement les Pêches perdent souvent la moitié de ce jus, qui les fait tant estimer de tout le monde.

La seconde bonne qualité de la Pêche est que cette chair fonde, dés qu'elle est dans la bouche, & en effet la chair des Pêches n'est proprement qu'une eau congelée, qui se réduit en eau liquide, pour peu qu'elle soit pressée de la dent, ou d'autre chose : en troisiéme lieu il faut que cette eau en fondant se trouve douce & sucrée, que le goût en soit relevé, & vineux, & même en quelques-unes musqué ; je veux aussi, que le noyau soit fort petit, & que les Pêches qui ne sont pas lisses, ne soient que mediocrement veluës, le grand poil est une marque assez certaine du peu de bonté de la Pêche ; ce poil tombe presque tout-à-fait aux bonnes, & particulierement à celles, qui sont venuës en plain air.

Enfin je conterois pour une des principales qualitez de la Pêche d'être grosse, si nous n'en avions pas de petites, qui sont merveilleuses, par exemple les Pêches de Troye, les Alberge rouge, les Pêche violette ; mais au moins est-il vray que, si les Pêches, qui doivent être assez grosses, n'approchent pas de la grosseur, qui leur convient, ou qu'elles la passent de beaucoup, elles sont constamment mauvaises ; peut-être a-t-il été dit assez à propos, que celles-cy étoient hydropiques, & les autres étiques : les étiques ont beaucoup plus de noyau, & moins de chair, qu'elles n'en devroient avoir ; & les hydropiques ont le noyau ouvert, & du vuide entre ce noyau, & la chair, & ont de plus cette chair grossiere, coriasse, & l'eau aigre ou amere.

Il n'y a veritablement, comme j'ay dit, que les Pêches

de plein vent, qui ayent toutes ces bonnes qualitez au souverain degré, avec un je ne sçay quoy de relevé, qu'on ne sçauroit décrire; les Pêchers d'Espaliers en ont bien quelque chose, mais elles ne l'ont pas au point que nous venons de marquer pour les Pêches de plein vent, si ce n'est celles qui sont venuës aux branches que je fais tirer; j'ay expliqué cy-dessus, ce que c'est que ces branches tirées.

CHAPITRE XI.

Des qualitez indifferentes en fait de Pêches.

Qualités indifferentes en fait de Pêches.

VOila en fait de Pêches les bonnes qualités expliquées, elles en ont d'indifferentes, que je ne fais consister qu'à la fleur; en sorte que les unes l'ont grandes, sçavoir les avant-Pêche, Pêche de Troye, les deux Magdeléine, la Migonne, la Persique, la Tetin tardive, les Rossane, les Pavies blancs, la Narbonne, &c. les autres l'ont petite, sçavoir les Chevreuse, Admirable, Pourprée, Nivette, Royalle, Bourdin, Bellegarde, Pavie-rouge, Alberge-rouge, & le Pavie Alberge-rouge.

Quelques-unes en ont de grandes, & de petites, mais non pas sur un même Arbre, sçavoir les deux Violette hârive, & tardive, les deux Brugnons violets, les Pêches de Pau, les Alberges-jaunes, &c.

Il n'y en a qu'une seule qui ait la fleur double, & elle en porte le nom.

CHAPITRE XII.

Des mauvaises qualités des Pêches.

VOyons presentement les mauvaises qualités de ces Pêches.

Mauvaises qualitez des Pêches.

Elles consistent premierement à avoir la chair molle, & presque en boüillie, les Blanche d'Andilly sont fort sujettes à ce défaut.

En second lieu à avoir la chair pâteuse, & séche comme la plûpart des Pêches jaunes, & la plûpart des autres Pêches, qu'on a trop laissées meurir sur l'Arbre.

En troisiéme lieu à l'avoir grossiere comme les Drusel-le, les Pêches-betteraves, les Pêches de Pau ordinaires.

En quatriéme lieu à avoir l'eau fade, & insipide avec un goût de vert, & d'amer, telles sont d'ordinaire ces mêmes Pêches de Pau venuës en Espalier, les Narbonne, les Pêches à double-fleur, les Pêches communes, autrement Pêches de Corbeil, & de Vigne.

En cinquiéme lieu c'est un défaut d'avoir la peau dure comme les Pêches à tetin, & enfin c'est encore un défaut d'être quelquefois si vineuses, qu'elles en tirent sur l'aigre.

Presentement il ne doit pas être difficile de juger des bonnes Pêches, & parmy les bonnes de juger des meilleures, non plus que de juger des mauvaises, & parmy ces mauvaises de juger de celles qui le sont le plus.

Il est certain qu'on ne trouve pas toûjours parfaites toutes les Pêches d'une certaine espece, qui le devroient être, ny même toutes les Pêches d'un même Arbre ne sont pas d'une égale bonté.

Nous avons déja dit que c'est un grand défaut d'être ou trop grosses, ou trop petites, ç'en est un d'être trop meures, ou trop peu; les Pêches pour avoir leur juste maturité doivent tenir si peu que rien à la queuë; celles qui y tiennent trop, & qui quelquesfois emportent la queuë avec elles, ne sont pas assez meures; celles qui y tiennent trop peu, ou point du tout, & qui peut-être étoient déja détachées d'elles-mêmes, & tombées à terre, ou sur l'échalas sont trop meures, elles sont passées, comme on dit en terme de Jardinier, il n'y a que les Pêches-Lisses, tous les Brugnons, & tous les Pavies qui ne sçauroient presque avoir trop de maturité; ainsi à leur égard ce n'est pas un défaut d'être tombés d'eux-mêmes.

Celles qui viennent sur des branches jaunissantes, & malades, & celles qui meurissent fort long-temps devant toutes les autres du même Arbre, ou fort long-temps aprés les unes, & les autres de toutes celles-là, sont sujettes à être mauvaises, c'est à dire d'avoir toutes les mauvaises qualités, que nous avons marquées, ou d'en avoir une partie, ainsi pour rencontrer une bonne Pêche sur un Arbre, bien des conditions y sont necessaires : je les expliqueray, quand j'aprendray à cüeillir, & à connoître infailliblement une fort bonne Pêche d'avec une mediocre.

Il n'est icy question que de juger de ces bonnes especes, qui meritent place dans nos Espaliers ; je vais m'en expliquer, à la charge, comme j'ay cy-devant marqué, qu'on ne dira pas, que pour quelque défaut, qui se trouve en quelques fruits des especes que j'estime, l'espece pour cela en soit toute mauvaise, ni que pour quelque perfection, qui se trouvera peut-être en quelqu'une de celles que je rebutte, l'espece en soit veritablement bonne.

CHAPITRE XIII.

Du jugement que je fais des Pêches.

PArmy les trente-deux Pêches que j'ay marquées, j'en condamne huit, & presque neuf ; cette neuviéme, qui est presque excluë, c'est la blanche d'Andilly ; je condamne aussi deux Brugnons, les huit sont la Narbonne, la Drusselle, la jaune lisse, la Pêche a tetin tardive, la Betterave, la Pêche de Corbeil, la Pêche noix, & la Pêche à double-fleur, à moins qu'on n'en veüille quelques-unes de celles-cy simplement pour la fleur qui est fort belle, & qu'on n'en veüille quelques-unes des Betteraves pour la compote, à quoy elles sont admirables ; les deux Brugnons disgraciez sont le jaune, & le violet tardif ; l'un & l'autre ne meurissent gueres icy, & sont sujets à se crevasser, & à pourrir sur l'Arbre.

A l'endroit cy-dessus, où j'ay marqué les mauvaises qualitez des Pêches, on peut voir les raisons, que j'ay d'en bannir huit, ou neuf, a l'égard des Pavies j'honore extrémement tous ceux qui peuvent bien meurir ; mais cela est assez rare en ce climat, à la réserve de ceux qui sont hâtifs ; les curieux, qui sont en des pays chauds, & qui ont des murailles bien exposées, font fort bien d'en avoir beaucoup, & même sont assez heureux pour les voir meurir

en

en plein vent, & pour lors au lieu de cette chair dure, & coriace, qu'ils ont d'ordinaire en ce Pays-cy sans aucun accompagnement d'eau sucrée, & de goût vineux, relevé, & parfumé ; ils ont la chair fine, & tendre, & presque aussi fondante, que nos bonnes Pêches, c'est à dire qu'ils ont beaucoup d'eau, & cette eau bien assaisonnée du bon goût qu'on y souhaite, tout cela avec le coloris d'un rouge obscur qui a penetré par tout, & davantage même prés du noyau, que loin du noyau, tout cela, dis-je, donne envie d'en manger, & par consequent donne beaucoup d'estime pour eux, & curiosité d'en élever.

L'année 1676. nous en a donné de merveilleux, & particulierement de ceux qui portent le nom de monstrueux, & de Pompone ; c'étoit l'illustre pere de tous les honnêtes Jardiniers, qui en avoit eu le premier en sa maison de Pompone, & l'avoit ensuite multiplié chez tous les Curieux : il y a d'honnêtes gens qui les aiment presque mieux que les Pêches, il les faut contenter, & en planter beaucoup dans leurs Jardins : de plus le nombre de ces Curieux-là n'est pas si grand ; c'est pour les Pêches qu'on est particulierement déclaré ; c'est pourquoy dans la plûpart des Jardins nous en mettrons infiniment plus, que de Pavies.

Aprés avoir expliqué premierement le merite des principales Poires, & ç'a été en parlant des Buissons, & ensuite à l'occasion des Espaliers avoir expliqué le merite du Raisin Muscat, le merite des Figues, le merite des Pêches, & des Pavies ; je ne puis me déclarer sur l'ordre, & la preference des fruits, qui doivent occuper nos murailles, que je n'aye fait en faveur de quelques bonnes Prunes le dénombrement de leurs bonnes qualités.

CHAPITRE XIV.

Traité des Prunes.

ON conte un nombre presque infini de Prunes ; je ne parleray que de celles que j'ay veu, goûté, & examiné, qui sont en assez grande quantité, quoy qu'il y en ait peu, dont je fasse grand cas.

Dans l'idée que je me fais des Prunes, j'y voy des qualités bonnes, des qualités mauvaises, & des qualités indifferentes; je voy des Prunes qui sont bonnes cruës, & cuites, & j'en voy qui ne sont bonnes que cuites.

Bonnes qualités des Prunes.

Les bonnes qualités des Prunes sont d'avoir la chair fine, tendre, & bien fondante, l'eau fort douce, & fort sucrée, le goût relevé, & en quelques-unes parfumé; la bonne Prune est le seul fruit, qui à être mangé cru n'a que faire de sucre: telles sont en Espalier les Perdrigons tant le violet, que le blanc, les Sainte-Catherine, les Prunes d'Abricot, les Roche-Courbon, les Imperatrice, ou Perdrigon tardif; telles sont aussi en Buisson les Reine-Claude, les Imperiale, les Royale, les Damas tant le violet, que le rouge, & le blanc, & même les Mirabelles blanches.

Défauts des Prunes.

Les qualitez mauvaises des Prunes sont d'avoir la peau dure; mais comme il n'y a point de Prune quelle qu'elle soit, qui n'ait ce défaut, il ne le faut pas compter pour quelque chose de considerable comme ceux qui suivent, sçavoir d'avoir la chair coriace, farineuse, & pâteuse comme le Perdrigon de Cernay, la Blanche à fleur double, &c. aigrette comme le Damas noir hâtive, les Datte, les Moyeu, les Brugnolle: séche comme le Damas musqué, le Moyeu, la Prune d'Ambre, la Prune de Taureau, la Brugnolle, la Rhodes: durette comme la Datte: pisseuse comme beaucoup, qu'il ne faut pas connoître: verreuse comme les Imperialles, beaucoup de Damas, & de Diaprée, & principalement toutes les Prunes, qui en chaque Arbre paroissent meurir les premieres, c'est à dire devant la saison de la maturité de telle espece.

Nous pouvons icy dire en faveur de nos chers Perdrigons, que ce sont de toutes les Prunes celles où les vers se mettent le moins.

Qualitez indifferentes des Prunes.

Les qualités indifferentes des Prunes regardent la figure, la grosseur, la couleur, la raye, &c. & même d'être attachée au noyau est une qualité indifferente, si d'ailleurs la Prune est bonne: car si la Prune est en effet mauvaise, elle est encore plus méprisée, si elle ne quitte pas le noyau, que si elle le quittoit ; à l'égard de la figure il est indifferent, que la Prune soit longue, comme l'Imperialle, la Datte, l'Ilvert, le Rognon de coq.

Longuette comme les Perdrigons, les Sainte-Catherine, les Diaprée, les Mirabelles, les Damas violet long, les Datille, la Mignonne, le Moyeu de Bourgogne, la Rhodes, &c.

Ronde, & presque quarrée, & plate comme la Reine-Claude, le Damas blanc, le violet, le gris, le vert, le musqué, les Cerisette, les Perdrigons de Cernay, la Royale, le cœur de Pigeon, les Brugnolle, le Drap d'or, &c.

Cete figure donc ne fait rien, pour donner du mépris, ou de la consideration aux Prunes ; la couleur n'y fait rien, non plus que la figure y en ayant de bonnes, & de mauvaises de toutes les couleurs, qui sont ou blanches jaunâtres comme les Perdrigon blanc, le Damas blanc, les Sainte-Catherine, les Prunes d'Abricot, les Mignonne, Reine-Claude, Drap d'or, grosse Datte, ou Imperialle blanche, &c.

Ou Violette tirant au rouge (& c'est la plus belle de toutes) comme le Perdrigon violet, les Roche-Courbon, Imperatrice, Imperialle, Damas long, Damas rond, Royalle, Diaprée violette, Cœur de Bœuf, &c.

Ou violette tirant au noir comme Brugnolle, gros Damas violet de Tours, Saint-Julien, &c. ou noire comme les Prunes de Rhodes, les Damas noir tardifs, & hâtifs, le Damas musqué, le cœur de pigeon.

Ou verte comme l'Ilvert, le Damas vert, la Castelane, ou grise comme le Damas gris ; ou rouge comme les Cerisettes, la Prune-morin, la Datille, &c. Tout de même que la raye, soit fort enfoncée, comme au cœur de Pigeon, ou fort peu comme à la plûpart des autres Prunes, cela ne sert de rien.

Il est bien mieux, qu'elles soient assez grosses, comme le Perdrigon, sainte-Catherine, Abricot, Damas, &c. que petites comme les Mirabelles : il y en a peu de fort grosses, comme les cœur de Bœuf, les Perdrigon de Cernay ; les Imperiales, tant la blanche, que la rouge, & tant la hâtive que la tardive.

Toutes les Prunes, qui sont bonnes cruës, sont aussi d'ordinaire fort bonnes cuittes, soit à faire des Pruneaux sécs, soit à faire des compottes, comme les Perdrigon, &c. mais il y en a qui ne sont bonnes que cuittes, & même parmy les cuittes il y en a qui sont particulierement bonnes en pruneaux, comme les Roche-courbon, & les sainte-Catherine, & d'autres qui ont leur principal merite en compotte, comme les moyeux, les Castellane, les Ilvert, les Brugnolles, les Drap-d'or, les Mirabelles, &c.

Dans toutes les Prunes la chair est jaunâtre, aux unes plus, aux autres moins, & cela n'est d'aucune consequence.

Deux choses ce me semble seroient à souhaiter en fait de Prunes; premierement qu'elles vinssent devant la saison des Pêches, c'est à dire pendant le mois de Juillet, elles nous seroient pour lors d'un plus grand secours, que de venir presque toutes comme elles font dans le mois d'Aoust, c'est à dire avec les Pêches, cependant elles s'y soûtiennent merveilleusement bien; mais nos souhaits sont sur cela fort inutiles.

On voudroit bien en second lieu, que toutes les bonnes quittassent le noyau bien net, & toutesfois il faut se consoler, de ce que les Perdrigon d'Espalier en meurissans, & aquerans leur derniere perfection, s'attachent extrémement au noyau; les Roche-courbon, qui sont les plus sucrées Prunes que nous ayons, ne le quittent nullement.

Il y en a aussi beaucoup de mauvaises, qui ne quittent point; par exemple l'oeil de Boeuf noir, la Prune d'Ambre, les Moyeux, l'Ilvert, Saint-Julien, Norbette, Castellane, &c.

Celles qui quittent le mieux, sont presque tous les Damas, dont le nombre est grand, au moins le nombre des noms qu'on leur donne fondé sur les moindres petites differences du monde.

De toutes les bonnes qualitez des Prunes, que je viens d'expliquer, je conclus conformément à mon experience, qu'il n'y a que quatre, ou cinq sortes de Prunes, qui meritent place en Espaliers, sçavoir les deux Perdrigons, blanc, & violet, la sainte-Catherine, la Prune d'Abricot, & la Roche-courbon ; on y peut pourtant mettre quelques Imperatrices, & même quelques Mirabelles, mais ce ne doit être qu'en veuë, non pas d'en avoir de meilleures, on n'en mange guéres de cruës, mais d'en avoir plus seurement, parce qu'elles sont, aussi bien que la plupart des autres Prunes, tres-sujettes à perir à la fleur, & que cependant il est tres-important d'en avoir pour les compottes de la saison.

A mesure que j'emploiray chaque Prune, j'en feray une petite description, soit pour celles que nous mettrons en Espalier, soit pour celles que nous mettrons en Buisson, & en Arbres de tige ; car enfin je fais état d'en avoir en toutes sortes de situations, si le terrein me le permet, plaçant cependant chacune de la maniere qui luy est la plus convenable.

Je n'ay rien à redire sur les Cerises-précoces : il n'en est pas de deux façons que je sçache ; c'est la nouveauté du fruit, qui fait tout leur merite au commencement de Juin, soit pour les servir cruës, soit pour en faire des compottes, car d'être aigre, avoir peu de chair, un gros noyau, & la peau épaisse, ce n'est pas sûrement ce qui les rend recommandables ; cette nouveauté nous obligera d'en mettre en Espalier, quand nous aurons assez de murailles pour cela.

Nous y mettrons aussi du Raisin de Corinthe, petit Raisin à grain menu, qui a l'eau fort douce, & agreable ; il y en a de deux, ou trois couleurs, & nous y mettrons du Chasselas, dont je fais grand cas en ce pays-cy, par la beauté de la grape & du grain, par la douceur de l'eau fort sucrée, & sur tout par la facilité du rapport, & de la maturité, qui nous est presque infaillible, au lieu que le Muscat n'y sçauroit presque parvenir, à moins que d'avoir un Esté chaud, & long comme celuy de 1676.

J'ay peu de choses à dire sur les Abricots ; tout le monde en connoît & le goût, & la couleur, & la figure, & la grosseur ; on en fait veritablement quelque cas ; mais ce n'est que pour les confitures, tant séches, que liquides ; ce n'est pas un fruit delicieux à manger crû, pour en manger beaucoup : toutesfois dans les Jardins au temps de leur maturité, on a assez de plaisir d'en détacher quelqu'un pour en goûter sur le champ.

Il en vient d'assez bons en grands Arbres, où ils se trouvent tous tanelez de petites marques rouges, qui réjoüissent la veuë, & éveillent l'appetit par un goût bien plus relevé, qu'ils n'ont en Espalier, mais en revanche cet Espalier leur augmente la grosseur, & leur donne un vermillon admirable, & principalement il fait qu'on en a plus sûrement; les uns & les autres sont également bons pour la confiture; les meilleurs sont un peu sucrés, mais cependant d'ordinaire pâteux; il n'y a guéres de Jardins, où il n'en faille quelqu'un, le fruit est hâtif, c'est à dire qu'on commence d'en voir dés l'entrée de Juillet, & sur tout d'une petite espece, qu'on appelle l'Abricot hâtif, & qu'il faut mettre au grand Midy; la chair en est fort blanche, & la feüille plus ronde, & plus verte qu'aux autres, mais pour cela il n'est pas meilleur.

Les Abricots ordinaires, qui sont bien plus gros, & ont la chair jaune, ne meurissent que vers la my-Juillet; il en faut aux quatre expositions, si on a assez de murailles pour cela, ou autrement on manqueroit de la meilleure de toutes les compottes, chose étonnante, que le feu, & le sucre réveillent dans l'Abricot, qui cuit, un certain parfum dont on ne s'étoit point aperçeu dans le cru.

Ce qui fait, que j'en veux en toutes sortes d'expositions, est que, comme ils fleurissent de tres-bonne heure, c'est à dire dés la my-Mars, saison fort traversée de gelées blanches, qui sont mortelles à la fleur, de quelque côté que le vent froid vienne à donner sur cette fleur, il la gele sans doute, & ainsi il ne s'en sauve guéres; & comme les vens du Printemps ne donnent pas toûjours sur les quatre murailles, celle qui n'en est pas affligée, peut au moins nous récompenser de ceux, qui auront été perdus d'ailleurs, & ainsi on en a quelquesfois au Nord, sans en avoir ny au Midy, ny au Levant, ny au Couchant, quelquesfois le côté heureux se trouve seulement au Midy, & quelquesfois seulement au Levant, ou seulement au Couchant; c'est pourquoy autant qu'on le peut, il faut en hazarder à toutes les expositions, pour tâcher enfin d'avoir des Abricots.

Et s'il en noüe une trop grande quantité, comme il arrive assez souvent, il ne faut pas manquer d'en éplucher une bonne partie, avec cette consolation qu'ils ne seront pas perdus, comme le sont aux autres especes de fruits ceux, qu'on est obligé d'ôter petits & verts; on en fait des compotes vertes, & des confitures séches, & toutes beaucoup meilleures, qu'on ne l'auroit osé esperer.

En Angoumois nous avons communément d'un petit Abricot à amande si douce, qu'on la prendroit presque pour des Avelines, aussi casse-t-on souvent ces noyaux pour les manger; cet Abricot a la chair blanche, & est tres-bon en ce pays-là, il n'en est guéres qu'en grands Arbres, & voilà ce qui a établi la réputation de sa bonté.

Les années bien chaudes, comme a été celle de 1676. s'il reste long-temps quelques Abricots sur les Arbres de nos Espaliers, ils y acquierent presque la même perfection, que les confits au sucre, aprés y avoir perdu une certaine aigreur, qui leur est naturelle, c'est ce que nous avons éprouvé, & en avons été surpris.

Aprés avoir parcouru tous les fruits qui peuvent entrer à nos Espaliers, employons-les maintenant à nos murailles chacun selon le plus, ou le moins de merite qu'il peut avoir, & disons, que

J'appelleray bonne exposition premierement celle, qui est au Midy (car d'ordinaire c'est la meileure, au moins c'est la plus hâtive.)

En second lieu celle, qui est au Levant, & dont je ne fais guere moins de cas que de la premiere.

J'appelleray mediocre exposition celle du Couchant, & mauvaise celle du Nord.

Cela posé je suis d'avis que, pour peu qu'on ait de bonnes expositions, on y mette un Figuier blanc de l'espece ronde, c'est le meilleur de tous sans contredit, & comme à quelque prix que ce soit, il faut avoir un peu de Figues, on ne sçauroit mieux choisir que celuy-là. Ce Figuier d'Espalier étant seul demande dix à douze pieds d'étenduë.

Je supose, que les moindres Jardins ont au moins quatre à cinq toises d'un sens, & un peu davantage sur un autre, si bien qu'un Jardin, qui auroit environ douze toises de bonne exposition, tant au Midy, qu'au Levant, cinq à six de mediocre, & quatre à cinq de mauvaise, auroit à la bonne premierement un Figuier, & ce seroit dans le coin Levant, & Midy; c'est la place que je destine par tout aux Figuiers, comme la meilleure pour les déffendre des vents de Nord, & de Galerne, qu'on nomme autrement Nord Nord-ouest; ce vent d'ordinaire regne au mois d'Avril, qui est le temps de la naissance des Figues-fleurs, & comme en ce temps-là ce vent n'est guéres sans gelées, il tuë impitoyablement ces pauvres petites Figues, qui étant tres-tendres, comme ne venans que de naître, ne sçauroient resister à la rigueur d'une gelée: l'encoignure de ces deux murailles exposées au Levant, & au Midy, est capable de les en garentir; je ne dis pas qu'on plante le Figuier tout-à-fait dans le coin, mais aprochant du coin, soit le long de la muraille du Midy, si on en a une, soit à celle du Levant, si l'autre manque.

Le Figuier placé, il nous peut encore rester dans ce petit Jardin environ dix toises de bonnes murailles, supposé qu'un des côtez ne soit pas employé en face de bâtimens, ou en balustres, ce qui est assez ordinaire, & en ce cas le nombre de nos expositions en sera plus petit, & le nombre des Arbres pareillement; mais au moins si par bonheur ce bâtiment, ou ce balustre se trouvent du côté du Couchant, ou du côté du Nord, il nous restera, comme je viens de dire, environ dix toises de bonne muraille, & ce sera pour six Arbres, leur donnant à chacun huit pieds, selon que nous l'avons cy-dessus reglé, quand nous avons supposé toutes sortes de clôtures environ de neuf pieds de haut.

Dans les six Arbres je suis d'avis, qu'il y ait cinq Pêchers, & un Prunier de Perdrigon violet; je nomme d'abord les cinq Pêchers, parce que personne d'ordinaire n'a de petit Jardin, qui n'y veüille absolument des Pêchers, & si on a place pour en avoir jusqu'à sept, ou huit, on auroit grand tort ce me semble de n'y pas mettre un Prunier de Perdrigon violet, pour avoir à la my-Aoust de ces belles Prunes assez grosses & longues, si bien fleuries par dessus leur coloris violet, tirant au rouge, & si merveilleuses pour leur chair fine, leur eau sucrée, & leur goût relevé, & encore faut-il sûrement à ce Prunier une des meilleures places aux environs du Figuier, car autrement on n'en auroit aucun plaisir; nous mettrons icy de certaines Pêches qui s'accommoderont mieux que luy d'une exposition, qui ne seroit que mediocrement bonne.

A l'égard des Pêchers examinons serieusement lesquels seront icy les cinq favoris, pour employer par leur moyen le plus utilement que faire se pourra le peu de place que nous avons.

Je ne croy pas que ce doive être aucun de ceux qui font de petites Pêches, quoy que la Pêche de Troye soit à mon gré une des meilleures qu'on puisse avoir : il vaut mieux ne commencer pas si tôt à avoir des Pêches de son petit Jardin, afin de commencer d'abord par en avoir des plus grosses: de plus il faut icy de celles qui raportent le plus seurement, & de celles qui sont les moins sujettes aux fourmis, & par là les Magdeléine blanches en seront aussi-bien excluses que celles qui l'ont été par leur petitesse.

La Pêche violette hâtive est bien veritablement la meilleure de toutes, c'est elle qui a la chair la plus agreable, & la plus parfumée, celle qui a le goût le plus vineux, & le plus relevé, elle a raison de vouloir être icy, & par tout la premiere, mais elle n'est guéres grosse.

La Pêche Admirable a presque toutes les bonnes qualités, qu'on peut souhaiter, & n'en a point de mauvaises; elle fait un tres-bel Arbre, elle est des plus grosses, & des plus rondes, elle a le coloris beau, la chair ferme, fine, & bien fondante, l'eau douce, & sucrée, le goût vineux, & relevé, elle a le noyau petit, & n'est point sujette à être pâteuse, elle est assez long-temps sur l'Arbre à réjoüir la veuë, elle meurit vers la my-Septembre, elle raporte beaucoup, c'est à dire que c'est une des plus parfaites que nous connoissons, aussi ne ferois-je point de Jardin où elle n'entre infailliblement & la Pêche violette aussi; mais si je n'en pouvois mettre qu'un des deux, la Pêche Admirable l'emporteroit sans doute, quoy que la Violette soit effectivement meilleure; la chose se pourroit bien passer autrement, si la grosseur étoit égale des deux côtez.

Cette Pêche Admirable s'accommode assez volontiers des expositions mediocres, & encore mieux des bonnes, c'est pourquoy pour bien ménager nôtre petite place il vaut mieux planter cette Pêche prés de l'exposition du Nord, qu'aucune de toutes les autres, & même toutes les fois que nous en pourrons planter deux, ou trois, il sera bon de les partager pour en mettre une à chaque exposition, & toûjours faire son conte d'en avoir quelqu'une en bon lieu, pour tirer avantage de tout ce qu'elle est capable de faire.

J'ay icy deux choses à dire sur son Chapitre, que je ne veux ny oublier, ny remettre ailleurs; la premiere est que contre la maxime cy-dessus établie les Pêches Admirables, qui meurissent les dernieres de l'Arbre, sont d'ordinaire les meilleures, elles ont eu le temps d'acquerir la parfaite maturité, dont les Pêches ont besoin, ce ne sont pas fruits à meurir hors de l'Arbre, quoy qu'aprés les en avoir détachés on les puisse garder trois, ou quatre jours sans se gâter; or à moins que l'Arbre ne soit tres-vigoureux, cette Pêche est assez sujette à tomber demy meure, verdâtre, & veluë, & pour lors tout ce qu'elle devroit avoir de goût vineux, & relevé se tourne en amertume, & en acreté; cette chair qui doit être si fine, & si fondante, se trouve grossiere, & presque séche; enfin le noyau en est plus gros qu'il ne devroit être, & s'ouvre même quelquefois; ce sont tous de fort méchans signes que nous ne voyons point aux fruits des Arbres bien sains, & qui sont immanquables, quand les Pêches tombent d'elles-mêmes, devant que d'être parfaitement meures.

De là je tire la seconde chose que j'ay à dire, qui est que, quand les Arbres ont ces sortes de défauts il ne faut quasi plus les conter, il faut les rapetisser beaucoup, afin d'essayer, si ayans moins d'étenduë ils ne feront pas de plus beau bois, & de plus sain, & par consequent de meilleur fruit; en même temps il faut se mettre en état de reparer la perte qu'on va faire, & cela par le moyen de quelque bon Arbre de la même espece qu'on plantera au meilleur endroit qu'on pourra choisir, sans quoy on court risque de languir long-temps à n'avoir que de méchantes Pêches d'une espéce, qui devroit être la meilleure du monde.

Puisque nous avons icy place pour cinq Pêchers, il faut que la Mignonne, la belle Chevreuse, & la Nivette soient de la partie, & voicy la disposition de nos douze toises.

Le Figuier prend les deux premieres.
La troisiéme à quatriéme sera pour un premier Admirable.
La quatriéme à cinquiéme pour un premier Violette hâtive.
La cinquiéme à sixiéme pour un premier Mignonne.
La sixiéme à septiéme pour un premier Chevreuse.
La septiéme à huitiéme rien, pour faciliter les distances qui doivent être environ de huit pieds.
La huitiéme à neuviéme pour un premier Nivette.
La neuviéme à dixiéme pour un premier Perdrigon violet.
La onziéme à douziéme pour un deuxiéme Admirable.

La Mignonne est constamment pour les yeux la plus belle Pêche qu'on puisse voir, elle est tres-grosse, tres-rouge, satinée, & ronde; elle meurit des premieres de la saison, & a la chair fine, & bien fondante, & le noyau tres-petit, veritablement son goût n'est pas toûjours des plus relevez, il y a quelquefois quelque chose de fade, mais cela ne l'empêchera pas d'être icy la troisiéme.

La Belle-Chevreuse commence à marquer à peu prés son merite par la beauté de son nom, elle succede à la Mignonne, & devance un peu la Violette, comme l'Admirable succede à la Violette, & devance un peu la Nivette, si bien qu'avec les cinq Pêches on peut avoir pendant six semaines une suite des plus belles, & des meilleures Pêches de tous nos Jardins.

La Chevreuse a de tres-grands avantages, premierement elle ne cede guéres à aucune autre en grosseur, en beauté de coloris, en belle figure (qui est un tant soit peu longuette) en chair fine, & fondante, en abondance d'eau sucrée, & de bon goût, & par dessus cela elle excelle par la fecondité de son raport, si bien que c'est avec beaucoup de justice que je la mets icy pour la quatriéme; elle n'a d'autre défaut que celuy d'être quelquefois pâteuse, mais elle ne l'a que quand on la laisse trop meurir, ou qu'elle a été nourrie dans un fond froid, & humide, ou qu'elle a rencontré un Esté peu chaud, & peu sec; elle demande sur tout place au Levant, ou au Midy, & même dans les fonds mediocrement humides elle ne s'accommode pas mal du Couchant, c'est une tres-bonne espece de Pêche, & la plus commune parmy les gens, qui en élevent pour en vendre.

La Pêche Nivette, autrement la Veloutée est encore à mo. gré une tres-belle, & tres-grosse Pêche, elle a ce beau coloris & dedans, & dehors qui rend ce fruit si agreable à voir, elle a toutes les bonnes qualités interieures soit de la chair, & de l'eau, soit du goût, & du noyau, elle charge beaucoup; elle n'est pas tout-à-fait si ronde que les Mignonne, & les Admirable, mais elle l'est assez, quand l'Arbre, ou au moins la branche qui l'a produite, se porte bien; autrement elle est un peu cornuë, & longuette, elle meurit vers le vingtiéme Septembre, comme les Pêches Admirables commencent de finir: avec tant de bonnes qualités qui oseroit luy disputer l'entrée à un Espalier de bonne exposition, où l'on peut mettre cinq Pêchers.

Si nôtre exposition mediocre ne peut contenir que quatre Pêchers, j'y voudrois mettre un Admirable, un Chevreuse, un Arbricotier ordinaire, & un Pourprée, qu'on nomme autrement Vineuse.

Celuy-cy est un des Pêchers, qui rapportent le plus, & il me semble, que dans les petits Jardins il faut particulierement viser à l'abondance, c'est pourquoy je la prefere à la Bourdin, qui dans le fond est plus considerable pour le bon goût, & reüssit aussi bien qu'elle au Couchant, mais elle rapporte moins; je ne mets à cette exposition aucune Magdeléine, parce qu'elles n'y réüssissent pas non plus que les Mignonne, & les Belle-garde, & les Dandilly, &c. étans toutes sujettes à devenir pâteuses.

Cette Pourprée marque son coloris par un de ses noms, & les qualitez de son goût par l'autre, en effet elle est d'un rouge brun enfoncé, dont la chair est assez penetrée, elle est tres-ronde, & assez grosse, la chair assez fine, & le goût relevé, elle tiendra fort bien sa place dans ce petit Jardin.

Les quatre Arbres du Nord seront Poiriers, qui se contenteront de sept pieds & demy de distance ; & ce sera un Orange verte, deux Beurré, & un Verte-longe, toutes Poires d'un rapport prompt, aisé, & abondant.

Ainsi dans un fort petit Jardin, dont les quatre murailles ne contiendroient qu'environ vingt-deux à vingt-quatre toises de tour, on auroit cependant seize des meilleurs Arbres fruitiers, sçavoir un Figuier blanc, un Perdrigon violet, un Abricotier ordinaire, neuf Pêchers, & quatre Poiriers: les Pêchers seroient trois Admirable, un Violette hâtive, un Mignonne, deux Chevreuse, un Nivette, un Pourprée: les quatre Poiriers seroient deux Beurré, un Verte-longue, & un Orange verte.

Aprés avoir employé onze à douze toises de bonne exposition, six à sept de mediocre, & cinq à six de mauvaise, qui font en tout vingt-quatre pour un Jardin, qui n'en a que cela à ses quatre murailles, je croy, que pour bien suivre l'execution de mon dessein, je dois premierement continüer jusqu'à trente toises de bonne exposition, qui font environ quinze de Levant, & quinze de Midy, & ensuite en employer trente des autres deux, sçavoir quinze de la mediocre, & quinze de la mauvaise, aprés quoy j'en employeray de trente en trente jusqu'à six cent de bonne.

Il me semble, que dans cette disposition presque tout le monde trouvera sans peine, & sans embaras, ce qu'il luy faudra pour planter ses Espaliers, & enfin ce que j'auray fait sera suffisant, pour aider pleinement à ceux, qui en auroient un plus grand nombre à employer.

J'oserois dire, qu'à moins que ce ne soit pour le Jardin d'un grand Roy, on a une terrible quantité d'Espaliers, si on en a jusqu'à 1200. c'est à dire 600. fort bons 300. de mediocre: & 300. de mauvais, c'est, à qui en sçait la consequence, un nombre capable de faire peur pour la difficulté, qu'il y a à le bien façonner.

Joint qu'à supputer par exemple la quantité de Pêches, que chaque Pêcher peut raisonnablement donner au bout de cinq à six ans, il en faut esperer de chaque centaine de pieds tout au moins cinq à six mille, quand chaque pied n'en donneroit que cinquante à soixante : qu'est-ce que ce sera au prix, quand ils en donneront une fois autant, comme ils le pourront aisément à l'âge de huit à neuf ans, &c.

Ayant déja employé douze toises de bonne exposition, & voulant continuer jusqu'à trente de la même, il faut faire état, que

La douziéme à treiziéme donnera de plus un deuxiéme Mignonne.

La treiziéme à quatorziéme donnera un deuxiéme Violette hâtive.

Nous ne mettrons rien dans la

Quatorziéme à quinziéme, pour faciliter les distances des autres : les

Quinze à seize seront pour un deuxiéme Chevreuse.

Seize à dix-sept pour un Premier Magdeléine blanche.

Dix-sept à dix-huit pour un premier Persique.

Dix-huit à dix-neuf pour un premier Abricotier ordinaire.

Dix-neuf à vingt ne donneront rien pour faciliter les distances, comme j'ay déja dit.

Nous ne sçaurions dire assez de bien de la Pêche-Magdeléine blanche, quand elle est en bon fond, & bien exposée ; les Fourmis luy font un peu trop la guerre, sans que nous l'en puissions garentir, & ce reproche luy fait tort parmy les curieux.

Avoir comme quelques Arbres en rapportent beaucoup, & les autres peu, il semble qu'on auroit lieu de dire avec quelques Jardiniers, qu'il y en a de deux especes, l'une qu'ils nomment la grosse, & l'autre qu'ils nomment la petite ; mais cependant, ny par la fleur, qui à toutes deux est grande, & peu colorée, ny par la feüille de l'Arbre, qui à toutes deux est grande, & fort dentellée, ny par la maturité, qui à toutes deux arrive en même temps, & c'est vers la fin d'Aoust, ny par la couleur, grosseur, figure, eau, goût, noyau, qui sont semblables en toutes deux ; par toutes ces marques, dis-je, qui devroient établir une difference essentielle, je ne trouve pas lieu d'entrer dans les sentimens de ceux, qui veulent, qu'il y en ait de deux sortes ; l'une & l'autre sont grosses, rondes, à demy plates, fort colorées du côté du Soleil, & nullement de l'autre, la chair fine, l'eau douce & sucrée, le goût relevé, nul rouge au tour du noyau, ce noyau court, & assez rond: voila ce qui suspend mon jugement pour les deux especes.

Outre que tous deux font de fort beaux Arbres, & qu'ayant pris les greffes d'un, qui en faisoit peu, j'en ay élevé d'autres, qui en faisoient beaucoup, & en ayant greffé de celles, qui en faisoient beaucoup, il m'en est venu, qui n'en rapportoient gueres.

Si bien qu'enfin je croy, que cette difference de rapport n'est fondée que sur le plus, ou le moins de vigueur, qui est au pied de cet Arbre; celuy qui en a beaucoup fait son bois plus gros, & en fait moins de menu, & l'autre au contraire fait son bois moins gros, & en fait plus de menu; les gros bois, comme nous avons tant de fois supputé, ne donnent point de fruit; c'est le menu tout seul qui en rapporte, & si à ces Arbres forts & vigoureux on donne une plus grande étenduë, qu'on leur laisse assez de grosses branches, & un peu plus longues, qu'à l'ordinaire, on verra, qu'ayans plus de place à employer leur furie ils ne feront plus leurs branches si grosses, & en feront davantage de menuës, & par consequent nous donneront plus de plaisir.

La Persique est encore d'un merveilleux rapport, & d'un merveilleux goût, elle est longuette, & a toutes les bonnes qualitez qu'on luy peut souhaiter, quand l'Arbre se porte bien, qu'il est en bon fond, & bien exposé. Comme les noyaux marquent assez la figure du fruit, le noyau de la Persique est un peu longuet, la chair qui luy est voisine n'a qu'un tant soit peu de couleur, elle meurit comme la Chevreuse finit, & un peu devant que l'Admirable commence, c'est à dire qu'elle prend bien le temps qui nous est le plus avantageux.

Pour vingt à vingt-un, troiziéme Admirable.

Pour vingt-un à vingt-deux j'ay grande envie d'y mettre un Brugnon violet, afin que dans ce nombre on puisse avoir au moins un fruit qu'on puisse porter un peu loin sans courre aucun risque de le gâter; je fais un cas tres-particulier de ce Brugnon, quand on luy donne le temps de meurir si fort, qu'il en devienne un peu ridé, pour lors en verité il est admirable, la chair en est assez tendre, ou tout au moins n'est point dure; elle est assez teinte au tour du noyau, l'eau, & le goût en sont enchantez : tant de bonnes qualitez doivent justifier mon choix.

Pour vingt-deux à vingt-trois ce seroit un premier Pêché de Troye.

Et pour vingt-trois à vingt-quatre, rien.

Et pour vingt-quatre à vingt-cinq, un premier Sainte-Catherine.

Outre ce que j'ay dit cy-devant des Pêches de Troye sur leur petitesse, sur le temps de leur maturité, & sur leur bon goût je n'ay qu'à dire qu'elle est fort colorée, & ronde avec un si peu que rien de tette au bout; je l'aime de tout mon cœur, sa fleur est du nombre des grandes, nous sommes bien malheureux de ne la pouvoir déffendre des fourmis : ny elle, ny l'avant-Pêche ne sont pas d'ordinaire des Arbres si grands que le reste des Pêchers; & par cette raison on peut leur donner un peu moins de place qu'aux autres, & cela peut bien aller jusqu'à leur retrancher un pied, ou un pied & demy pour les deux : elles ne durent pas aussi si long-temps que les autres.

La Prune de Sainte-Catherine en Espalier bien exposé, & en bon fond surprendra certainement & ceux qui ne la connoissent que peu, & ceux qui croyans la connoître la méprisent, il ne se peut guéres un meilleure fruit au monde, pourveu qu'on luy donne le temps de meurir, tellement qu'elle en devienne ridée au tour de la queuë : c'est, comme j'ay déja dit, une Prune blanche jaunâtre, longuette, assez grosse, & qui quitte le noyau fort net.

Je ne sçay si je ne pourrois point dire que malgré le mauvais renom, qu'elle auroit de tout temps de n'estre absolument bonne qu'à faire des Pruneaux, je suis le premier qui luy ay fait l'honneur de la mettre en Espalier, veritablement je m'en suis si bien trouvé, que je ne la sçaurois assez prôner sur cela.

Et comme j'ay toûjours été un grand chercheur d'experiences, j'ay bien voulu pareillement essayer, s'il y auroit

d'autres

d'autres Prunes, qui pussent trouver à l'Espalier quelque chose, qui augmentât leur merite, aussi bien qu'on y a trouvé pour les Perdrigons, & les sainte-Catherine : mais comme je diray cy-aprés, bien loin d'avoir fait parmy elles aucune bonne rencontre, j'ay simplement trouvé, que, pour ainsi dire, beaucoup s'y deshonorent.

Il en est à peu prés de l'Espalier pour ces bonnes Prunes, comme de ce que le sucre boüillant abonnit notablement de certains fruits, témoins les Abricots, & en gâte notablement d'autres, telles sont d'ordinaire les Poires Beurrées, qui ont atteint assez de maturité pour se faire manger cruës.

Je me console de n'avoir trouvé que peu de Prunes, qui se perfectionnent en Espalier, puisqu'au moins je me suis desabusé de l'esperance que j'en avois, & que je puis par consequent épargner, & du temps, & de la peine, à qui auroit la même curiosité que moy.

Pour vingt-cinq à vingt-six toises, nous mettrons un Premier Admirable jaune.

Et pour vingt-six à vingt-sept, un premier Violette tardive.

Or devant que d'expliquer le merite de ces deux Pêches, je dois avertir, qu'il leur faut tout le meilleur Midy, pour pouvoir esperer, qu'elles meurissent bien ; mais aussi faut-il s'attendre d'avoir à la fin des Nivette deux Pêches, qu'on ne peut assez loüer, & sur tout les années qui auront été hâtives, c'est à dire chaudes, & séches.

Cette admirable jaune tardive est aussi nommée Pêche d'Abricot, & Sandalie, elle est une mirlicotonne, comme le Pavie jaune est un mirlicoton ; elle ressemble entierement par sa figure, & par sa grosseur à la Pêche-admirable, si bien qu'on la pourroit fort bien nommer l'Admirable jaune, & nommer l'autre simplement l'Admirable, mais elle est differente par le coloris jaune, qui est dans sa peau, & dans sa chair.

L'une & l'autre colorent assez au Soleil, & ce rouge penetre même un peu davantage auprés du noyau de la jaune, qu'auprés du noyau de la blanche ; elle est de fort bon goût, & merite bien d'être icy, quoy qu'elle soit un peu sujette à devenir pâteuse, aussi bien que toutes les autres Pêches jaunes.

A l'égard de la Violette tardive, autrement Pêche Marbrée ; il faut dire à sa loüange, que sûrement en goût agreable & vineux, quand elle est bien meure, elle passe toutes les autres ; nous n'avons qu'à luy souhaiter autant de chaleur, qu'il luy en faut, car seurement il luy en faut beaucoup ; elle vient un peu plus grosse, que la violette ordinaire, & ne colore pas si universellement qu'elle ; d'où vient qu'on luy a donné cet autre nom de Marbrée, parce que souvent elle n'est en effet que foüetée de rouge violet : son défaut est de ne pas bien meurir, & de crevasser par tout, quand la fin de l'Esté, & l'Automne sont trop humides, ou trop froids ; elle fait un bel Arbre, & quoy qu'il n'y en ait pas de deux especes differentes, non plus que parmy les Violettes hâtives ; cependant tel Arbre a la fleur grande, & tel autre là petite, tout de même que parmy les autres Violettes.

Il faut mettre pour la vingt-septiéme à vingt-huitiéme toise, un premier Bourdin.

Pour vingt-huit à vingt-neuf rien, pour faciliter les distances.

Pour vingt-neuf à trente, un premier avant-Pêche blanche.

Cela fait vingt-deux Arbres à huit pieds chacun, & il y a quatre pieds de surplus pour le Figuier, à qui il en faut douze, quand il est seul.

On peut dire en faveur de la Pêche Bourdin presque tout ce qui a été dit en faveur de toutes les autres, hors que regulierement elle n'est pas tout-à fait si grosse, que les Magdeléine, Mignonne, Chevreuse, Persique, Admirable, Nivette, &c. quoy que quelquefois elle en approche de fort prés, ce qui arrive, quand l'Arbre étant un peu vieux, on luy laisse moins de charge ; naturellement les nouvelles plantées sont un peu tardives à rapporter, & voilà ce qui l'a empêché d'entrer si-tôt dans les petits Jardins ; mais aussi quand elle commence de se mettre à fruit, elle charge extrémement, & voilà ce qui fait, que quelquesfois les Pêches en sont moins grosses, qu'elles ne devroient; mais prenant soin de les éplucher à la Saint Jean, pour n'en laisser que raisonnablement sur chaque branche, on se met en état de les avoir suffisamment grosses; du reste elle est des plus rondes, des mieux colorées, & enfin des plus agreables à voir que nous ayons, joint que le dedans ne dément en façon du monde toute cette belle Phisionomie exterieure, & partant somme toute, c'est une Pêche qui ne gâtera rien dans ce Jardin.

J'ay dit à la premiere exposition du Couchant, où nous avons mis quatre Arbres, ce que j'avois à dire sur la Pêche pourprée.

Reste à voir ce que l'avant-Pêche a de merite, le principal est d'être parmy les Pêches, ce que les petits hâtiveaux sont parmy les Poires, & les Cerisettes parmy les Prunes; elle entre d'ordinaire en maturité un mois devant toutes les autres Pêches, & pour cela elle prend chair, grossit, & meurit dés le commencement de Juillet : elle est petite, rondelette, avec une petite tette au bout; elle est tellement blanche, que aucun Soleil ne la sçauroit colorer, quelque ardent qu'il puisse être, non plus qu'à la Narbonne, comme nous dirons cy-aprés, elle a la chair assez fine, mais fort sujettte à devenir pâteuse; elle a un petit goût de Pêche, qu'on est ravi de retrouver, aprés avoir été si long-temps sans avoir rien senti de pareil; mais sur tout parce qu'elle est comme l'Aurore à l'égard du Soleil, c'est à dire comme un avant-coureur, qui annonce la nouvelle des bonnes Pêches (d'où vient qu'on a crû luy devoir donner le nom d'Avant-Pêche) on en fait cas, & on excuse non seulement ce défaut du pâteux, mais encore celuy d'avoir un goût peu relevé, c'est pourquoy on se resout d'avoir quelque Avant-Pêche, quand on peut avoir une douzaine & demy de Pêchers.

Joint que pour ne luy pas donner le temps de nous faire voir ses défauts, il est vray, qu'on s'en sert moins à la manger cruë, qu'à en faire des compotes de la saison, à quoy elle est admirable; sa fleur est des plus grandes, & tellement blafarde, qu'elle en paroît presque blanche, naturellement elle pousse peu de bois, & ainsi ne fait pas un bel Arbre;

c'est pourquoy il ne luy faut pas même tant de place, qu'à la Pêche de Troye : naturellement aussi est-elle une de toutes les Pêches la plus sujette aux Fourmis, & c'est ce qui ne m'a pas pressé de l'introduire plûtôt parmy les vingt-deux Arbres, que nous avons plantés aux trente premieres toises de bonne exposition.

Avant que d'entrer en de plus grands Jardins, pour y trouver davantage de bonnes expositions, plantons conformément à ce que j'ay cy-devant proposé, ce qu'à peu prés on doit avoir d'exposition mediocre, & d'exposition mauvaise dans les Jardins, où je viens d'employer ce qu'il y en avoit de bonne.

Comme toutes deux ensemble n'en doivent pas regulierement faire davantage, que les deux du Midy, & du Levant prises ensemble, ausquelles vray-semblablement elles sont paralleles, je veux m'imaginer que cela peut bien aller à quinze toises pour chacune, afin d'en faire trente de l'une, & de l'autre, comme il y en a trente des deux bonnes; ce qui seroit en effet, si le Jardin étoit parfaitement quarré, en quoy il en seroit veritablement moins agreable, parce qu'il est à souhaiter pour la belle figure d'un Jardin, premierement qu'il ait environ une fois plus de longueur, que de largeur, en second lieu que les côtez opposez soient d'une égale longueur, & enfin qu'il soit par tout à angles droits, c'est à dire à l'équaire, comme je l'ay cy-devant expliqué en traitant de la maniere de disposer chaque terrein, &c.

Ceux qui à une de leurs expositions en auront un peu moins, que je ne supose, y planteront moins de ces Arbres que j'ay marqués, & pourront s'arrêter à l'endroit où en passant je toucheray ce qu'ils ont au juste de toises de murailles; mais si d'un autre côté leur Couchant est un peu plus grand, que je ne l'auray pensé, ils multiplieront laquelle des Pêches leur plaira le mieux de celles, que j'auray plantées à pareille exposition; la Pêche Admirable est toûjours celle de toutes, que je conseille le plus volontiers de multiplier.

Comme aussi en cas que leur Nord ait plus d'étenduë, ce qui peut fort bien être, ils augmenteront le nombre des

Poires, dont ils auront veu que j'auray fait cas, & cela tombera sur des Beurré, ou des Bergamotte, des Virgoulé, ou des Vertelongue, ainsi qu'ils le trouveront le plus à propos pour leur goût, ou pour leur besoin, & pareillement si ce Nord en a moins, ils planteront moins d'Arbres, & s'en tiendront à ce que j'auray marqué pour une étenduë pareille à la leur.

Nous avons déja employé un Couchant de cinq à six toises en quatre Arbres qui sont un Abricotier, & trois Pêchers, sçavoir un Admirable, un Chevreuse, & un Pourprée.

A une autre muraille du Couchant, qui se trouvera de six à sept toises, je suis d'avis qu'on n'y mette rien davantage que les quatre Arbres cy-dessus, afin de faciliter les distances qui doivent toûjours être environ de huit pieds, mais à celuy de sept à huit on y ajoûtera,

Un premier Bourdin.
De huit à neuf, un deuxiéme Admirable.
De neuf à dix, un premier Perdrigon blanc.
De dix à onze, un premier Pêche de Troye.
De onze à douze, un premier Violette hâtive.
De douze à treize, rien pour la susdite raison des distances.
De treize à quatorze, un deuxiéme Chevreuse.
De quatorze à quinze, un deuxiéme Bourdin.

A l'égard du Nord aprés en avoir déja employé un de cinq à six toises en quatre Poiriers, sçavoir deux Beurré, un Verte-longue, & un Orange verte : comme les distances des Poiriers à cette exposition sont raisonnables d'être de sept pieds & demy, nous mettrons de plus à tel Nord qui auroit six à sept toises,

Un premier Virgoulé.
A celuy de sept à huit, un premier Bergamotte.
A celuy de neuf à dix, rien pour la même raison des distances.
A celuy de dix à onze, un deuxiéme Bergamotte.
A celuy de onze à douze, un deuxiéme Orange verte.
A celuy de douze à treize, un troisiéme Beurré.

A celuy de treize à quatorze, un troisiéme Bergamotte.
A celuy de quatorze à quinze, un deuxiéme Virgoulé.
Et ainsi un Nord de quinze toises aura douze Poiriers.

Tous les Poiriers que je mets au Nord ne manquent pas d'y faire & de beaux Arbres, & de beaux fruits; il peut veritablement leur manquer quelque chose pour le bon goût, mais si on s'en aperçoit, on a de quoy y remedier avec un peu de sucre, c'est pourquoy on n'aura nul regret d'avoir planté de bons Poiriers à ce Nord, au lieu de le laisser nud, ou d'y planter seulement du Filaria, ou du Chevrefeüille, comme beaucoup de gens font.

Je suppose toûjours que ce Nord ait au moins en Esté une heure, ou deux de l'aspect du Soleil, car s'il n'en avoit point du tout, ou en avoit si peu que rien, les fruits auroient peine à y bien faire.

Dans la disposition que je viens de regler à un Jardin, qui auroit soixante toises de murailles, donnant à chacune quinze toises, & y plantant les Arbres qui y peuvent réüssir, nous aurions en tout quarante-cinq bons Arbres, sçavoir un Figuier, vingt-sept Pêchers, douze Poiriers, deux Abricotiers ordinaires, deux Perdrigon violet, & un Sainte-Catherine.

Les vingt-sept Pêchers seroient cinq Admirable, trois Viollette hâtive, deux Mignonne, quatre Chevreuse, un Nivette, un Magdeléine blanche, un Persique, deux Pêche de Troye, un Admirable jaune, un Violette tardive, deux Bourdin, un avant-Pêche, & un Brugnon violet.

Les douze Poiriers seroient trois Bergamotte, trois Beurré, deux Virgoulé, deux Verte-longue, deux Orange verte.

On peut avec cela se vanter que n'ayant dans son Jardin que trente toises de bonne exposition, & quinze de mediocre on ne les a pas mal employées, puisqu'on y a mis dans une distance de huit pieds pour chacun tout ce que nous avons de plus considerables Pêches avec le meilleur de tous les Figuiers, trois excellens Pruniers, & deux Abricotiers.

Bien entendu que les Abricotiers, & les Pruniers doivent être disperſez parmy les Pêchers, & y être à leur égard dans une égale diſtance les uns des autres, en ſorte que par exemple il y ait entre un Prunier, & un Abricotier cinq, ou ſix Pêchers, & ainſi du reſte.

Les Pruniers, & Abricotiers ne ſont pas ſi ſujets à mourir jeunes en tout, ou en partie, que les Pêchers, & ainſi ils ſont, pour ainſi dire, capables de ſoûtenir en quelque façon l'honneur des Eſpaliers, quand il arrive accident, ou mortalité à ces pauvres Pêchers.

Je ne mêle pas toûjours des Pruniers parmy les Pêchers, quoy qu'ils n'y gâtent rien, je fais quelquefois des Eſpaliers de Pruniers tous entiers, quand j'ay aſſez de murailles pour cela, & je fais même quelquefois de petits Jardins entierement de Prunes, quand la diſpoſition du terrein me le permet.

Revenons à une bonne expoſition, qui peut avoir trente à trente-une toiſes, pour y mettre un deuxiéme Figuier tout auprés du premier, l'un étant à la muraille du Midy, ſi nous en avons une, & l'autre à celle du Levant, ſi pareillement nous en avons une, ou bien tous deux ſeront à une des deux expoſitions, ſi l'une, ou l'autre manque,

Trente-un à trente-deux ſeront pour un troiſiéme Violette hâtive.
Trente-deux à trente-trois, pour un troiſiéme Mignonne.
Trente-trois à trente-quatre, rien pour faciliter les diſtances.
Trente-quatre à trente-cinq, deuxiéme Magdeléine blanche.
Trente-cinq à trente-ſix, premier Abricotier hâtif.
Trente-ſix à trente-ſept, deuxiéme Perdrigon violet.
Trente-ſept à trente-huit, deuxiéme Nivette.
Trente-huit à trente-neuf, rien pour faciliter, &c.
Trente-neuf à quarante, premier Pêche d'Italie.

La Pêche d'Italie eſt une eſpece de Perſique hâtive, & reſſemble en tout à la Perſique ordinaire par ſa groſſeur qui eſt honnête, par ſa figure qui eſt longuette avec une tette au bout, par ſon coloris qui eſt d'un bel incarnat, un peu enfoncé, par ſon bon goût, ſa bonne chair, ſon noyau, &c, mais celle-cy meurit à la my-Aouſt, c'eſt à dire une bonne quinzaine de jours devant l'autre, toûjours eſt-il certain que la Pêche eſt excellente.

Quarante à quarante-un, un deuxiéme Troye.
Quarante-un à quarante-deux, un premier Pêche Royale.
Quarante-deux à quarante-trois, un premier Rossane.
Quarante-trois à quarante-quatre, rien.
Quarante-quatre à quarante-cinq, premier Alberge violette.

Je mets icy tout de suite trois Pêches, que je n'avois point encore plantées: la Royale est une espece d'Admirable, hors qu'elle est constamment plus tardif, & colore plus noir en dehors, & un peu davantage prés du noyau, du reste entierement semblable à l'Admirable, & par consequent admirable elle-même, c'est à dire tres-excellente.

La Rossane ressemble en grosseur, & figure à la Bourdin, & luy est differente en couleur de peau, & de chair, celle-cy l'ayant jaune, l'une, & l'autre prennent au Soleil une teinture trés-forte, c'est à dire un rouge fort obscur: celle-cy rapporte beaucoup, est de fort bon goût, & n'a d'autre défaut que d'avoir un peu de panchant aux pâteux, il faut, pour en éviter le dégoût ne la pas tant laisser meurir.

L'Alberge rouge est une de nos plus jolies Pêches par son goût vineux, & relevé, si on la laisse bien meurir, autrement elle a la chair dure comme toutes les autres Pêches; mais constamment elle demande plus de maturité qu'elles; elle n'est que de la grosseur de la Pêche de Troye, & luy ressemble assez, hors qu'elle me paroît plus colorée, le seul défaut de Pêche qu'on luy puisse reprocher, c'est de n'être pas grosse.

Pour quarante-cinq à quarante-six, deuxiéme Persique.
Quarante-six à quarante-sept, deuxiéme Brugnon violet.
Quarante-sept à quarante-huit, premier Prune d'Abricot.
Quarante-huit à quarante-neuf, rien.
Quarante-neuf à cinquante, premier Magdeleine rouge.

Quoyque la Prune d'Abricot en plein vent soit bien meilleure à manger cruë que la Sainte-Catherine, il me semble que la Sainte-Catherine l'emporte d'une grande hauteur en Espalier; elles ont en dehors beaucoup d'air l'une de

l'autre,

l'autre, & je n'y vois d'autre difference, si ce n'est que la Prune d'Abricot approche plus de la figure ronde, & qu'elle a quelques taches rouges.

La Magdeléine rouge, qui est la même que la Double de Troye, & la Paysane, & qui nonobstant l'humeur multipliante de ceux, qui en veulent faire de differentes especes, est ronde, plate, camuse, extrémement colorée en dehors, & assez en dedans; elle est mediocrement grosse, & sujette à devenir jumelle; ce qui n'est pas agreable, & empêche de faire un beau fruit; sa fleur est grande, & haute en couleur, la chair en est peu fine, & le goût assez bon; mais elle n'approche pas ce me semble du merite de toutes celles, que nous avons cy-dessus plantées; quoy qu'en certains lieux je luy aye veu faire des merveilles en grosseur, aussi bien qu'en bon goût; cependant je ne croy pas que ces amis me veüillent blâmer de ne l'avoir pas assez bien placée, & en tout cas ceux-là luy feront l'honneur de la mettre à la place de celle des precedentes, qu'il leur plaira de chasser.

Pour cinquante à cinquante-un, on mettra un premier Bellegarde.

Cinquante-un à cinquante-deux, un deuxiéme Violette tardive.

Cinquante-deux à cinquante-trois, un deuxiéme Bourdin.

Cinquante-trois à cinquante-quatre rien, pour faciliter les distances.

Cinquante-quatre à cinquante-cinq, premier Diaprée de Rochecourbon.

Cinquante-cinq à cinquante-six, un premier Pourprée.

Cinquante-six à cinquante-sept, un deuxiéme Admirable jaune.

Cinquante-sept à cinquante-huit, un troisiéme Magdeléine blanche, ou plûtôt un premier Pavie blanc, pour ceux qui l'ayment.

Cinquante-huit à cinquante-neuf rien.

Cinquante-neuf à soixante, un deuxiéme Chevreuse, ou plûtôt un gros Pavie rouge de Pompone.

La Belle-garde est une tres-belle Pêche du commencement de Septembre ; elle est un peu plus hâtive , & un peu moins colorée dehors , & dedans que l'Admirable , & a même la chair un peu plus jaunâtre, & peut-être le goût un peu moins relevé, à cela prés on la pourroit prendre pour l'Admirable, à voir sa grosseur, & sa figure ; mais elle ne fait pas un si bel Arbre.

La Prune de Roche-courbon est assez connuë, par ce que nous en avons dit cy-dessus, en traitant des qualitez des Prunes, nous n'en avons seurement point de plus sucrée.

Le Pavie blanc ne differe en rien de la Magdeleine blanche par tous les dehors, il n'y a qu'à l'ouvrir, & à manger, qu'on le trouve Pavie, c'est à dire une chair ferme, tenant au noyau, & assez de goût, quand il est bien meur.

Le Pavie rouge de Pompone, ou monstrüeux, est effectivement monstrüeux, c'est à dire d'une grosseur surprenante, ayant quelquesfois jusqu'à treize & quatorze pouces de tour, & étant du plus beau coloris du monde ; en verité rien n'est si agreable, que d'en voir une assez bonne quantité à un bel Arbre d'Espalier, les yeux en sont presque ébloüis, & quand au surplus ils sont bien meurs, & cela par un beau temps ; un Jardin est fort honoré de les avoir, une main fort satisfaite de les tenir, & une bouche fort réjoüie de les manger.

Garnissons maintenant de nouveaux Espaliers du Couchant depuis ceux de quinze toises, que nous avons déja plantez, jusqu'à ceux de trente ; & nous ferons ensuite la même chose pour des Espaliers du Nord de la même étenduë, & verrons par là ce qu'un Jardin, qui auroit six vingt toises de tour, soit en quarré parfait, soit en quarré long, pourroit avoir de bonnes especes de fruits.

A l'Espalier du Couchant, qui auroit

Quinze à seize toises, on mettroit un premier Pêche d'Italie.
A celuy de seize à dix-sept, un troisiéme Admirable.
Dix-sept à dix-huit rien.
Dix-huit à dix-neuf, un deuxiéme Troye.
Dix-neuf à vingt, un deuxiéme Violette hâtive.
Vingt à vingt-un, un deuxiéme Abricotier.

Vingt-un à vingt-deux, un premier avant-Pêche.
Vingt-deux à vingt-trois, rien.
Vingt-trois à vingt-quatre, un premier Persique.
Vingt-quatre à vingt-cinq, un premier Royale tardive.
Vingt-cinq à vingt-six, un premier Nivette.
Vingt-six à vingt-sept, un premier Brugnon violet.
Vingt-sept à vingt-huit, rien.
Vingt-huit à vingt-neuf, un premier Bon-Chrêtien.
Vingt-neuf à trente, un premier Bergamotte d'Automne.

Il me semble, que pouvant dans un Jardin mettre en Espalier jusqu'à cinquante-trois Pêchers, six bons Pruniers, quatre Abricotiers, & deux Figuiers, & ayant encore place pour deux Arbres au Couchant, on doit y mettre un Bon-Chrétien, & un Bergamotte, puisque l'un & l'autre reüssissent fort bien à cette exposition : tout le monde connoît leur merite, & la difficulté, qu'on a d'en élever autrement qu'en Espalier, si bien qu'à mon sens on fera fort bien de les y planter dans ce Jardin ; nous en planterons un peu davantage, à mesure que nous aurons des Jardins un peu plus grands, & même il nous en viendra de tels, que nous y ferons des Espaliers tous entiers de chacune.

La susdite distribution fait vingt-trois Arbres, qui auront chacun huit pieds moins deux Pouces, on donnera à chacun huit pieds entiers, & le reste se partagera également aux deux Poiriers, qui en auront assez pour eux.

L'Espalier du Nord, qui auroit de plus

Quinze à seize toises auroit un premier Ambrette.
Seize à dix-sept, un deuxiéme Ambrette.
Dix-sept à dix-huit, un premier Leschasserie.
Dix huit à dix-neuf, un deuxiéme Leschasserie.
Dix-neuf à vingt, rien.
Vingt à vingt-un, premier Abricotier.
Vingt-un à vingt-deux, un quatriéme Beurré.
Vingt-deux à vingt-trois, un cinquiéme Beurré.
Vingt-trois à vingt-quatre, un troisiéme Bergamotte.
Vingt-quatre à vingt-cinq un deuxiéme Verte-longue.

Vingt-cinq à vingt-six, rien.
Vingt-six à vingt-sept, un premier Martin-sec.
Vingt-sept à vingt-huit, deuxiéme Martin-sec.
Vingt-huit à vingt-neuf, premier Bugi.
Vingt-neuf à trente, rien.

Ainsi dans un Jardin, qui auroit cent vingt toises de pourtour, dont à peu prés les deux bonnes expositions seroient ensemble de soixante, & les autres deux de la même quantité, nous aurions en tout quatre-vingt-onze Arbres, sçavoir deux Figuiers blancs ronds, six Abricotiers, six bons Pruniers, deux Pavies, trois Brugnons violets hâtifs, quarante-sept Pêchers, & vingt-cinq Poiriers.

Les six Pruniers sont deux Perdrigon violet, un Perdrigon blanc, un Sainte-Catherine, un Prune d'Abricot, un Roche-courbon; parmy les Abricotiers il y en a un hâtif, & cinq ordinaires, les deux Pavies sont un blanc, & un rouge, les trois Brugnons violets sont hâtifs.

Les quarante-sept Pêchers sont deux Avant-Pêche, quatre Pêches de Troye, un Alberge rouge, deux Magdeléine blanche, un Magdeléine rouge, quatre Mignonne, deux Bourdin, un Rossane, un Pêche d'Italie, quatre Chevreuse, quatre Violette hâtive, deux Persique, un Bellegarde, six Admirables, deux Pourprée, deux Pêches Royale tardive, deux Violette tardive, trois Nivette, deux Admirable jaune.

On a veu cy-dessus celles, que j'ay mises au Couchant, parce qu'elles y réüssissent assez bien.

Les vingt-cinq Poiriers sont un Bon-Chrêtien d'Hyver, quatre Bergamotte d'Automne, cinq Beurré gris, quatre Virgoulé, deux Ambrette, deux Leschasserie, deux Martin-sec, deux Verte-longue, deux Orange verte, & un Bugi, & tout cela au Nord à la reserve d'un Bon-Chrêtien, & d'un Bergamotte, que nous avons mis au Couchant.

Pour continuer ce que j'ay proposé, je m'en vais encore garnir trente toises de bonnes expositions avec quinze de mediocres, & quinze de mauvaises, mettant toûjours aux bonnes, & à la mediocre les Arbres à huit pieds, &

ſeulement à ſept & demy ceux de la méchante ; ainſi pour ne ſe pas tromper, devan que de rien planter, il faut toûjours commencer par faire autant de trous dans les diſtances reglées, & marquées, qu'on ſçait avoir d'Arbres à planter.

Dans les bonnes expoſitions nous mettrons

Pour ſoixante à ſoixante-une toiſes, ſoixante-un à ſoixante-deux, ſoixante-deux à ſoixante-trois, & ſoixante-trois à ſoixante-quatre, deux Figuiers blancs qui ſeront enſuite, & attenans des deux premiers vers le coin Levant, & Midy : il leur faut quatre toiſes à eux deux.

Pour ſoixante-quatre à ſoixante-cinq toiſes, un quatriéme Admirable.

Soixante-cinq à ſoixante-ſix, rien.

Soixante-ſix à ſoixante-ſept, troiſiéme Violette hâtive.

Soixante-ſept à ſoixante-huit, quatriéme Mignonne.

Soixante-huit à ſoixante-neuf, troiſiéme Magdeléine blanche.

Soixante-neuf à ſoixante-dix, troiſiéme Chevreuſe.

Soixante-dix à ſoixante-onze, rien.

Soixante-onze à ſoixante-douze, un troiſiéme Perdrigon violet.

Soixante-douze à ſoixante-treize, troiſiéme Pêcher de Troye.

Soixante-treize à ſoixante-quatorze, troiſiéme Nivette.

Soixante-quatorze, à ſoixante-quinze, rien.

Soixante-quinze à ſoixante-ſeize, un Pavie Roſſane.

Soixante-ſeize à ſoixante-dix-ſept, deuxiéme Abricotier hâtif.

Soixante-dix-ſept à ſoixante-dix-huit, un deuxiéme Perſique.

Soixante-dix-huit à ſoixante-dix-neuf, rien.

Soixante-dix-neuf à quatre-vingt, deuxiéme Alberge rouge.

Quatre-vingt à quatre-vingt-un, troiſiéme Violette tardive.

Quatre-vingt-un à quatre-vingt-deux, troiſiéme Admirable jaune.

Quatre-vingt-deux à quatre-vingt-trois, rien.

Quatre-vingt-trois à quatre-vingt-quatre, deuxiéme Pêche d'Italie.

Quatre-vingt-quatre à quatre-vingt-cinq, premier Perdrigon blanc.

Quatre-vingt-cinq à quatre-vingt-ſix, deuxiéme avant-Pêche.

Quatre-vingt-six à quatre-vingt-sept, rien.

Quatre-vingt-sept à quatre-vingt-huit, quatriéme Magdeléine blanche.

Quatre-vingt-huit à quatre-vingt-neuf, troisiéme Abricotier ordinaire.

Quatre-vingt-neuf à quatre-vingt-dix, cinquiéme Violette hâtive.

Et voila vingt-deux Arbres pour trente toises de murailles.

Voyons maintenant ce que nous mettrons en quinze toises de Couchant, & quinze toises de Nord, pour achever ce Jardin, qui peut avoir quarante-cinq toises à chaque exposition, & par consequent cent quatre-vingt toises de tour pour ses quatre côtés.

Pour trente à trente-une toises de la muraille du Couchant nous mettrons un quatriéme Admirable.

Trente-un à trente-deux, rien.

Trente-deux à trente-trois, un troisiéme Chevreuse.

Trente-trois à trente-quatre, un deuxiéme Royale.

Trente-quatre à trente-cinq, un troisiéme Violette hâtive.

Trente-cinq à trente-six, un troisiéme Troye.

Trente-six à trente-sept, rien.

Trente-sept à trente-huit, un troisiéme Bourdin.

Trente-huit à trente-neuf, un deuxiéme avant-Pêche.

Trente-neuf à quarante, un deuxiéme Pêche d'Italie.

Quarante à quarante-un, rien.

Quarante-un à quarante-deux, premier Perdrigon violet.

Quarante-deux à quarante-trois, troisiéme Abricotier.

Quarante-trois à quarante-quatre, deuxiéme Nivette.

Quarante-quatre à quarante-cinq, rien.

Et voila onze Arbres pour quinze toises de Couchant.

A l'égard du Nord nous mettrons,

Pour trente à trente-une toises, un cinquiéme Virgoulé.

Trente-un à trente-deux, un quatriéme Bergamotte.

Trente-deux à trente-trois, un sixiéme Beurré.

Trente-trois à trente-quatre, un troisiéme Verte-longue.

Trente-quatre à trente-cinq, rien.
Trente-cinq à trente-six, troisiéme Ambrette.
Trente-six à trente-sept, troisiéme Leschasserie.
Trente-sept à trente-huit, troisiéme Martin-sec.
Trente-huit à trente-neuf, deuxiéme Abricotier.
Trente-neuf à quarante, rien.
Quarante à quarante-un, troisiéme Orange verte.
Quarante-un à quarante-deux, premier Fondante de Brest.
Quarante-deux à quarante-trois, deuxiéme Bugi.
Quarante-trois à quarante-quatre, rien.
Quarante-quatre à qnarante-cinq, septiéme Beurré.

Ainsi pour cent quatre-vingt toises de murailles, dont il en peut avoir quarante-cinq au Levant, quarante-cinq au Midy, quarante-cinq au Couchant, & quarante-cinq au Nord, nous aurons cent trente-six Arbres, sçavoir soixante dix-huit Pêchers, trente-six Poiriers, quatre Figuiers, neuf Pruniers, & neuf Abricotiers, dont deux sont hâtifs.

Dans les soixante-dix-huit Pêchers il y a trois Pavies, un blanc hâtif, un rouge tardif, un Rossane hâtif, trois Brugnons violets hâtifs, & soixante-douze Pêches qui sont trois avant-Pêches, six Pêche de Troye, deux Alberge rouge, quatre Magdeléine blanche, un Magdeléine rouge, six Mignonne, trois Bourdin, un Rossane, trois Pêche d'Italie, six Chevreuse, huit Violette hâtive, trois Persique, un Bellegarde, Huit Admirable, deux Pourprée, trois Royale tardive, quatre Violette tardive, cinq Nivette, trois Admirable jaune.

Les neuf Pruniers sont quatre Perdrigon violet, deux Perdrigon blanc, un Sainte-Catherine, un Prune d'Abricot, un Roche-Courbon.

Les trente-six Poires sont un Bon-Chrétien d'Hyver, trois Bergamotte d'Automne, sept Beurré gris, cinq Virgoulé, trois Ambrette, trois Leschasserie, trois Martin-sec, trois Verte-longue, trois Orange verte, un Fondante de Brest, & deux Bugi.

Si j'étois obligé de garnir deux bonnes expositions qui au lieu d'avoir à elles-deux quatre-vingt-dix toises, en eussent cent vingt ; en sorte que j'eusse environ soixante toises à un Espalier ; au lieu de quarante-cinq , soit que cet Espalier fût en une seule muraille, ou separé en plusieurs : j'employerois volontiers ces quinze toises en deux Figuiers , qui prendroient prés de quatre toises , en quinze pieds de Muscat blanc , & trois de rouge , qui à les mettre de deux pieds en deux pieds en prendroient six toises , en neuf pieds de Chasselas , qui en prendroient trois toises , & en six pieds de Corinthe qui en prendroient deux toises , & je mettrois tout ce Raisin à part , comme je me suis déja expliqué.

Outre la bonté du Raisin , qui est considerable , on a encore du secours des feüilles , pour garnir les plats pendant les mois d'Octobre , que les fleurs commencent de venir rares.

Le Chasselas, autrement Bar-sur-aube , est un Raisin fort doux , qui fait de belles grandes grapes , & le grain gros , & croquant ; il se garde plus long-temps qu'aucun autre Raisin , & fait un plaisir merveilleux , quand il se presente ainsi hors de saison ; il en est de rouge & de noir , que je n'aime pas tant que le blanc.

Le Corinthe blanc est un Raisin fort doux ; les grapes en sont petites & longues , les grains en sont menus tres-pressez , & n'ont point de pepin ; le rouge n'est pas meilleur que le blanc ; cependant il est bon d'avoir un peu de ce Raisin , quand on a raisonnablement de Murailles , & sur tout au Midy , car à une autre exposition , ny le Muscat , ny le Corinthe ne reüssiront pas : mais ayant un bon Midy , il n'y a gueres rien de plus agreable , que de cueillir en même temps dans son Jardin une Corbeille de Belles Pêches , une de bon Muscat , une de Corinthe , & même une de beaux Chasselas. La maniere de manger le Corinthe est differente des autres Raisins , qu'on mange grain à grain , le Corinthe se mange grape à grape , comme des Prunes , &c.

Les quinze Toises d'augmentation de Levant , pour en faire soixante seront employées en cét ordre.

Pour quarante-cinq à quarante-six toises , deuxiéme sainte-Catherine.

Quarante-six à quarante-sept, un quatriéme Brugnon violet.
Quarante-sept à quarante-huit, un cinquiéme Admirable.
Quarante-huit à quarante-neuf, rien.
Quarante-neuf à cinquante, un deuxiéme Belle-garde.
Cinquante à cinquante-un, un quatriéme Chevreuse.
Cinquante-un à cinquante-deux, un quatriéme Troye.
Cinquante-deux à cinquante-trois, rien.
Cinquante-trois à cinquante-quatre, un cinquiéme Magdeléine blanche.
Cinquante-quatre à cinquante-cinq, un deuxiéme Bourdin.
Cinquante-cinq à cinquante-six, un septiéme Mignonne.
Cinquante-six à cinquante-sept, rien.
Cinquante-sept à cinquante-huit, un troisiéme Abricotier ordinaire.
Cinquante-huit à cinquante-neuf, un premier blanche d'Andilly.
Cinquante-neuf à soixante, rien.

Je me laisse aller à mettre icy un blanche d'Andilly, tant par la consideration du beau surnom, qu'elle porte, qu'aussi parce que la Pêche est de grand rapport, elle est belle à voir, grosse, ronde, plate, elle colore fort vif au Soleil, n'a nul rouge au dedans, & donne quelque satisfaction, si on ne la laisse pas trop meurir, ensorte qu'elle en devienne pâteuse.

Les quinze toises d'augmentation du Couchant donneront.

Pour les quarante-cinq à quarante-six, un deuxiéme Perdrigon violet.
Pour les quarante-six à quarante-sept, un sixiéme Admirable.
Pour les quarante-sept à quarante-huit, un quatriéme Chevreuse.
Pour les quarante-huit à quarante-neuf, rien.
Pour les quarante-neuf à cinquante, un troisiéme Royale tardive.
Pour les cinquante à cinquante-un, un quatriéme Violette hâtive.
Pour les cinquante-un à cinquante-deux, un septiéme Admirable.

Pour les cinquante-deux à cinquante-trois, un premier Mirabelle.

Pour les cinquante-trois à cinquante-quatre, rien.

J'ay cy-dessus assez dit ce que je pensois de cette Prune, qui est petite, blanche, un peu tanelée, rapporte infiniment, & quitte le noyau; elle est assez bonne cruë, mais est particulierement excellente pour la confiture, soit à garder, soit à manger sur le champ.

Cinquante-quatre à cinquante-cinq, deuxiéme Brugnon violet.

Cinquante-cinq à cinquante-six, deuxiéme Bon-Chrétien.

Cinquante-six à cinquante-sept, deuxiéme Bergamotte d'Automne.

Cinquante-sept à cinquante-huit, rien.

Cinquante-huit à cinquante-neuf, troisiéme Bon-Chrétien.

Cinquante-neuf à soixante, troisiéme Bergamotte.

Le couchant de quinze toises avec le précedent de pareille longueur, donnent vingt-trois Arbres; les quinze toises d'augmentation du Nord donneront.

Pour les quarante-cinq à quarante-six toises, un quatriéme Vertelongue.

Pour les quarante-six à quarante-sept, un sixiéme Virgoulé.

Pour les quarante-sept à quarante-huit, un cinquiéme Bergamotte.

Pour les quarante-huit à quarante-neuf, rien.

Pour les quarante-neuf à cinquante, premier Espine d'Hyver.

Pour les cinquante à cinquante-un, premier Espine-Mareüil.

Pour les cinquante-un à cinquante-deux, troisiéme Bugi.

Pour les cinquante-deux à cinquante-trois, quatriéme Ambrette.

Pour les cinquante-trois à cinquante-quatre, rien.

Pour les cinquante-quatre à cinquante-cinq, troisiéme Abricot.

Pour les cinquante-cinq à cinquante-six, quatriéme Leschasserie.

Pour les cinquante-six à cinquante-sept, deuxiéme Espine-d'Hyver.

Pour les cinquante-sept à cinquante-huit, deuxiéme Espine-Mareüil.

Pour les cinquante-huit à cinquante-neuf, rien.
Pour les cinquante-neuf à soixante, septiéme Virgoulé.

Et voilà douze Arbres pour les quinze toises du Nord, aussi bien qu'il y en a eu quinze pour les quinze precedentes, à raison de sept pieds & demy pour chacun.

On pourra remarquer icy, que, quoy qu'en plantant chaque exposition, j'aye tous les égards necessaires pour bien garder ensemble la proportion generale de tous les fruits des quatre murailles de chaque Jardin; ensorte que cela ne fasse qu'un tout; cependant en marquant les fruits de chacune separément, je les numerotte, sans avoir aucun égard aux fruits des autres, afin que ceux qui voudront se servir de mes avis, voyent à point nommé, & quels fruits, & quelle quantité de chaque espece je mets à chaque exposition; ainsi quand vers la fin des toises de quelqu'une des quatre murailles ils verront par exemple septiéme Virgoulé, troisiéme Abricot ordinaire, sixiéme Admirable, &c. c'est à dire, que dans telle exposition il y a sept Poiriers de Virgoulé, trois Abricots, six Pêchers admirable, &c. sans que pour cela je veüille dire, qu'il n'y a dans tout le Jardin que tant d'Arbres d'une telle espece, &c.

Et enfin comme aprés avoir garny quatre murailles chacune de quinze toises, qui font en tout soixante toises, je fais aussi-tôt une récapitulation generale de tout ce que j'ay planté dés le commencement des Espaliers jusques-là: on verra tout d'un coup par cette récapitulation, combien il entre d'Arbres dans un Jardin, qui auroit par exemple soixante toises; combien dans un de cent vingt toises; combien dans un de cent quatre-vingt; combien dans un autre de deux cent quarante, & en même-temps on peut voir par le détail cy-dessus, comme quoy cette quantité d'Arbres est distribuée en chaque exposition.

Dans ma derniere récapitulation j'ay marqué tout ce qui regarde les fruits d'un Jardin de cent quatre-vingt Arbres; voicy celle des fruits de tel autre Jardin, qui en auroit deux cent quarante, & ce seroit quinze pieds de Muscat blanc, trois de Muscat rouge, neuf pieds de

Chasselas blanc, & six pieds de Corinthe blanc, six Figuiers blancs, quatre-vingt-dix Pêchers, cinquante-un Poiriers, onze Abricotiers, & douze Pruniers; dans les quatre-vingt-dix Pêchers, il y a trois avant-Pêche, sept Pêche de Troye, deux Alberge rouge, cinq Magdeléine blanche, un Magdeléine rouge, sept Mignonne, quatre Bourdin, un Rossane, trois Pêche d'Italie, huit Chevreuse, neuf Violette hâtive, trois Persique, deux Belle-garde, onze Admirable, deux Pourprée, quatre Royalle tardive, quatre Violette tardive, cinq Nivette, trois jaune Admirable, cinq Brugnon violet, un blanche d'Andilly, & trois Pavies, le blanc hâtif, le Rossane hâtif, & le rouge tardif.

Dans les douze Pruniers il y a cinq Perdrigon violet, deux blanc, deux Sainte-Catherine, un Prune d'Abricot, un Roche-Courbon, & un Mirabelle.

Dans les unze Abricotiers il y en a deux hâtifs pour mettre au Midy, & neuf pour mettre à toutes les expositions.

Dans les cinquante-un Poiriers il y a trois Bon-Chrétien d'Hyver, huit Bergamotte d'Automne, sept Beurré, sept Virgoulé, quatre Ambrette, quatre Leschasserie, deux Espine d'Hyver, deux Espine Mareüil, trois Martin-sec, quatre Verte-longue, trois Orange verte; trois Bugi, un Fondante-de-Brest.

Ces sortes de récapitulations si frequemment faites pourront bien paroître inutiles, & ennuyeuses à ceux qui n'en ont que faire, à la bonne-heure, ce n'est pas pour eux, que je travaille; mais ceux qui en auront besoin, m'en sçauront sans doute quelque gré, & s'ils veulent sçavoir, quelle est la peine, que cela m'a fait (que je puis dire être une des plus grande de tout mon ouvrage) ils n'ont qu'à esséïer par divertissement de faire la distribution de deux, ou trois Jardins de differentes grandeurs, se proposans toûjours d'y planter tout ce qu'on peut avoir de meilleur, sans y rien méler de mauvais, mettans bien à chaque exposition ce qui y peut reüssir, & gardans une proportion raisonnable de chaque espece de fruits, eu égard à la grandeur du Jardin; pour lors ils jugeront, si j'ay fait plaisir aux honnêtes Jardiniers, à qui j'ay voulu épargner un détail assez long, & assez ennuyeux.

Si j'avois cent cinquante toises de bonne exposition, soit à un seul aspect du Midy, ou à un seul aspect du Levant, soit en deux aspects, dont partie fust au Midy, & partie au Levant ; je pourrois bien me déterminer à planter une douzaine de Cerisiers-précoces ; mais il faudroit sûrement que ce fût au Midy, parce qu'on ne se résout point d'employer un endroit bien important de son Jardin, pour essáier d'avoir de ce petit fruit, que dans l'esperance d'en avoir de tres-bonne-heure, à quoy on ne peut parvenir que par le moyen d'une exposition tres-chaude ; or le Levant n'est pas suffisant pour cela, & ainsi outre tout le Raisin, & les autres fruits cy-devant marquez pour nos bonnes expositions, nous aurions encore douze Précociers, qui se contenteroient chacun de sept pieds & demy, & ce seroit dequoy occuper les quinze toises du Midy.

A l'égard des autres toises de chaque augmentation je ne specifieray plus ce qui est à faire de toise en toise, comme j'ay fait cy-devant, tant parce que ma maniere de disposer est assez entenduë par le moyen des dispositions precedentes, sans qu'il soit plus besoin d'un détail si exact, que parce que nous entrons presentement dans de grands Jardins, où je croy qu'il suffit de marquer simplement l'ordre des Arbres, qui est à tenir en plantant quinze toises d'augmentation de chaque exposition ; ceux, dont les murailles ne sont peut-être pas tout-à-fait augmentées de ces quinze toises, sçachans la distance que nous donnons aux Arbres, & voyans l'ordre de la presseance de ceux que je destine pour les augmentations entieres, sçauront bien s'en tenir à la quantité que leur terrein leur pourra permettre ; si on n'a par exemple que soixante-six toises, on n'a pas besoin d'autant d'Arbres, que si on en avoit soixante-quinze.

Voicy donc l'ordre que je conseille de suivre pour le choix des Arbres d'un Espalier du Levant augmenté de quinze toises au de-là des soixante cy-devant employées.

Deux Figuiers blancs emporteront quatre toises ; l'un des deux sera des blanches longues : les treize toises restans seront pour neuf Arbres en cet ordre, sçavoir un sixiéme Admirable, un huitiéme Mignonne, un sixiéme Violette hâtive, un sixiéme Magdeléine blanche, un cinquiéme Pêcher de Troye, un quatriéme Perdrigon violet, un deuxiéme Perdrigon blanc, un cinquiéme Chevreuse, un quatriéme Nivette.

Les quinze toises d'augmentation de Couchant pour faire le nombre de soixante-quinze toises seront pour onze Arbres en cet ordre, sçavoir un quatriéme Royale, un quatriéme Abricotier, un quatriéme Bourdin, un deuxiéme Pourprée, un deuxiéme Pêche d'Italie, un deuxiéme Persique, un septiéme Admirable, deux Bon-Chrétien, & deux Bergamotte.

Pour achever les soixante-quinze toises de Nord, j'y mettray douze Arbres en cet ordre, sçavoir un huitiéme, & un neuviéme Virgoulé, un huitiéme, & un neuviéme Beurré, un premier, un deuxiéme, & un troisiéme Francréal, un cinquiéme Verte-longue, un premier, & un deuxiéme Saint-Lezin, un quatriéme Martin-sec, un quatriéme Bugi.

Ainsi pour trois cent toises de murailles, dont chaque côté en auroit environ soixante-quinze, nous aurions huit Figuiers, dont un seroit des longues, douze Abricotiers, dont deux hâtifs, douze Ceriziers Precoces, quinze pieds de Muscat blanc, trois de muscat rouge, neuf pieds de Chasselas, six pieds de Corinthe, quatorze Pruniers, cent trois Pêchers, soixante-sept Poiriers.

Les quatorze Pruniers, sçavoir six Perdrigon violet, trois Perdrigon blanc, deux Sainte-Catherine, un Prune d'Abricot, un Roche-Courbon, un Mirabelle.

Les 103. Pêchers, sçavoir 3. avant-Pêches, 8. Pêche de Troye; 2. Alberge rouge, 6. Magdeléine blanche, un Magdeléine rouge; 8. Migonne, 5. Bourdin, un Rossane, quatre Pêche d'Italie, neuf Chevreuse, dix Violette hâtive, quatre Persique, deux Bellegarde, treize Admirable, trois Pourprée, cinq Royale tardive, quatre Violette tardive, six Nivette, trois jaune Admirable, cinq Brugnon violet, deux Blanche d'Andilly, & trois Pavies, le blanc hâtif; le Rossane hâtif, le rouge tardif.

Les 67. Poiriers sont 5. Bon-Chétien, 10. Bergamotte, 9. Beurré, neuf Virgoulé, quatre Ambrette, quatre Leschasserie, deux Espine d'Hyver, deux Espine Mareüil, quatre Martin-sec, cinq Verte-longue, quatre Bugi, trois Orange verte, un Fondante de Brest, deux Saint-Lezin, trois Francréal.

Cent quatre-vingt toises de bonne exposition, qui comprennent, comme je l'ay toûjours supposé les murailles du Midy, & du Levant, lesquelles deux ensemble j'estime presque également pour toute sorte de plan, à la reserve d'un peu plus d'avancement de maturité au Midy, & sur tout pour les Cerises Précoces, & à la reserve du Muscat qui d'ordinaire meurit aussi mieux au Midy, qu'au Levant: ces cent quatre-vingt-trois toises, dis-je me donnent lieu de souhaiter de petits Jardins particuliers, qui en accompagnent un grand.

En effet un Potager est grand, quand il y a d'un sens soixante-dix, ou quatre-vingt toises sur cinquante, ou soixante de l'autre, & encore plus si les quatre côtez sont à peu prés égaux; si bien qu'avec un grand, que je tiens necessaire, quelques petits Jardins mediocres d'environ vingt, ou vingt-cinq toises d'un sens sur quatorze, & quinze, ou seize toises de l'autre me paroissent souhaitables, tant pour l'agrément des yeux qui aiment cette diversité, que pour la commodité, & l'abondance: l'abry des murailles qui est si favorable pour les fruits, se trouve mieux dans les petits Jardins, que dans les grands, & il me semble qu'il est fort à propos d'avoir de ces petits Jardins pour y ranger dans chacun une sorte de fruit particuliere.

Par exemple il est bon d'avoir un petit Jardin, où les deux bonnes expositions Midy, & Levant, & même celle du Couchant soient pour les Figues, un autre où soient toutes les bonnes Prunes, un où soient toutes les petites especes de Pêches, un autre où soit tout ce qu'on peut avoir de Pavies, un où soient tous les fruits rouges, un autre où soient toutes les Poires hâtives, &c. pendant que le grand Jardin est pour l'abondance des grosses Pêches au Levant, & au Midy, & pour l'abondance des Poires d'Automne au Couchant, & de celle d'Hyver au Nord.

Employons presentement nos cent quatre-vingt toises de bonne exposition; c'est à dire ajoûtons aux cent cinquante qui sont déja employées, les trente que nous venons d'augmenter, supposant qu'il y en a quinze au Midy pour y mettre encore deux bons Figuiers, & neuf Poiriers hâtifs, sçavoir six de petit-Muscat, & trois de Cuisse-Madame.

Les quinze du Levant seront onze Arbres en cet ordre, pour un quatriéme, & cinquiéme avant-Pêche, un deuxiéme Rossane, un neuviéme Troye, un neuviéme Mignonne, un septiéme Magdeléine blanche, un onziéme Violette hâtive, un deuxiéme Magdeléine rouge, un cinquiéme Pêche d'Italie, un quatriéme Pourprée, un quatriéme Abricotier ordinaire.

Les quinze du Couchant pour faire le nombre de quatre-vingt-dix seront pour onze Arbres, sçavoir un quatriéme Troye, un cinquiéme Chevreuse, un premier, & un deuxiéme Alberge jaune, un deuxiéme Mirabelle blanche, un huitiéme Admirable, trois Bon-Chrétien, & deux Bergamotte.

Les quinze toises d'augmentation de Nord ne seront pas mal employées partie en trente pieds de Framboisiers qui y viennent beaucoup plus belles, & durent plus long-temps, qu'en plein air, & partie en six pieds de Bourdelais qui monteront au dessus pour garnir le haut de la muraille, & pour cela on les distribuera également parmy ces Framboisiers.

Le Bourdelais est une espece de gros Raisin blanc, & longuet, qui fait de tres-grandes, & grosses grapes, ne meurit presque jamais, & par consequent est propre à en faire des confitures, ou à s'en servir simplement en Verjus, quand on en a besoin; il sert encore extremement pour fournir des feüilles à garnir les plats au mois d'Octobre.

Ainsi en trois cent soixante toises d'Espalier on auroit dix Figuiers blancs, treize Abricotiers, dont deux hâtifs, douze Cerisiers Precoces, quinze pieds de Muscat blanc, trois de Muscat rouge, neuf pieds de Chasselas, six de Corinthe, quatre-vingt-un Poiriers, quinze Pruniers, & cent vingt-deux Pêchers.

Les

Les cent vingt-deux Pêchers sont cinq avant-Pêches, dix Pèches de Troye, deux Alberge rouge, deux Alberge jaune, deux Rossane, sept Magdeléine rouge, sept Magdeléine blanche, neuf Mignonne, cinq Bourdin, cinq Pêches d'Italie, dix Chevreuse, onze Violette hâtive, quatre Persique, deux Bellegarde, quatorze Admirable, quatre Pourprée, cinq Royale tardive, quatre Violette tardive, six Nivette, trois jaune Admirable, cinq Brugnon violet, un Blanche d'Andilly, & trois Pavies, le blanc, & le jaune hâtif, & le rouge tardif. Les quinze Pruniers sont six Perdrigon violet, trois Perdrigon blanc, deux Sainte-Catherine, deux Mirabelle, un Prune d'Abricot, & un Roche-Courbon.

Les quatre-vingt-un Poiriers sont huit Bon-Chrêtien, douze Bergamotte, six petit-Muscat, trois Cuisse-Madame, neuf Beurré, neuf Virgoulé, quatre Ambrette, quatre Leschasserie, deux Espine d'Hyver, deux Espine Mareüil, quatre Martin-sec, cinq Verte-longue, quatre Bugi, trois Orange verte, un Fondante de Brest, deux Saint-Lezin, & trois Franc-réal.

Quatre cent vingt toises d'Espalier, sçavoir deux cent dix de bonne exposition au Midy, & au Levant, cent cinq de mediocre au Couchant, & cent cinq de mauvaise au Nord seront employées comme il s'ensuit.

Les trente toises d'augmentation, pour faire les deux cent dix de bonne exposition, qui se partagent environ à cent cinq pour le Midy, & cent cinq pour le Levant, auroient au Midy onze Arbres en cet ordre, deux Abricotiers hâtifs, deux Pavies blancs hâtifs, un Pavie jaune hâtif, deux rouges tardifs, deux Pavies jaunes tardifs, & deux Pèches violette tardives: & au Levant deux Figuiers blancs pour faire la douzaine; quand les Figuiers sont plusieurs ensemble, ils se contentent de neuf pieds pour chacun, ainsi nous pourrons encore avoir à ce Levant neuf Arbres en cet ordre: un deuxiéme Blanche d'Andilly, un premier Imperatrice, un deuxiéme Roche-Courbon, un deuxiéme Prune d'Abricot, un troisiéme Sainte-Catherine, un cinquiéme Abricotier, un dixiéme Mignonne, un huitiéme Admirable, un huitiéme Violette hâtive.

L'Imperatrice est une espece de Perdrigon violet tardif, qui ne meurit qu'en Octobre, & est tres-bon.

Les quinze toises d'augmentées au Couchant pour en faire cent cinq, auront onze Arbres en cet ordre : un premier, & un deuxiéme Robine, un premier, & un deuxiéme Leschasserie, un premier, & un deuxiéme Ambrette, un premier & un deuxiéme Espine d'Hyver, un premier, & un deuxiéme Mareüil, un premier Rousselet.

Les quinze du Nord pour faire cent cinq auront douze Arbres en cet ordre.

Un premier, & un deuxiéme Lansac, un premier gros Blanquet, un premier Espargne, un premier Robine, un premier Cassolette, un premier Doyenné, un quatriéme Abricotier, un premier, & un deuxiéme Double-fleur, un premier Angober.

Si bien que les quatre cent vingt toises d'Espalier, que nous venons d'employer, auroient douze Figuiers blancs, dix-sept Abricotiers, dont quatre hâtifs, douze Cerisiers Précoces, quinze pieds de Muscat blanc, trois de Muscat rouge, neuf de Chasselas, six de Corinthe, dix-neuf Pruniers, cent vingt-quatre Pêchers, dix Pavies, cent deux Poiriers, vingt-quatre pieds de Bourdelais, & vingt-un pieds de Framboisiers.

Les dix-neuf Pruniers sont six Perdrigon violet ; trois Perdrigon blanc, trois Sainte-Catherine, deux Mirabelle blanche, deux Prunes d'Abricot, deux Roche-Courbon, un Imperatrice.

Les cent vingt-quatre Pêchers sont cinq avant-Pêche, dix Pêche de Troye, deux Alberge rouge, deux Alberge jaune, deux Rossane, sept Magdeléine blanche, deux Magdeléine rouge, dix Mignonne, cinq Bourdin, cinq Pêches d'Italie, dix Chevreuse, douze Violette hâtive, quatre Persique, deux Bellegarde, quinze Admirable, quatre Pourprée, cinq Royale tardive, six Violette tardive, six Nivette, trois jaunes Admirable, cinq Brugnon violet, deux Blanche d'Andilly.

Les dix Pavies hâtifs sont deux Pavies blancs hâtifs, un Pavie Alberge rouge, deux Pavie jaune hâtifs, trois Pavies rouges tardifs, & deux Pavies jaunes tardifs.

Les cent deux Poiriers sont huit Bon-Chrétien, douze Bergamotte, six Petit-Muscat, trois Cuisse-Madame, trois Robine, six Leschasserie, six Ambrette, quatre Espine d'Hyver, quatre Espine-Mareüil, quatre Martin-Sec, cinq Verte-longue, quatre Bugi, trois Orange-verte, un Fondante de Brest, deux Saint-Lezin, trois Francreal, deux Lansanc, un gros Blanquet, un Espargne, un Cassolette, un Doyenné, un Angober, deux Double-fleur, un Rousselet, neuf Beurré, neuf Virgoulé.

Comme je me suis veu un assez bon nombre de Pêchers pour quatre cent vingt toises d'Espaliers, & trop peu de Poires pour une aussi grande quantité de murailles; j'ay crû qu'il estoit à propos d'augmenter moins les Fruits à noyau, & d'avantage les Fruits à pepin; c'est pourquoy j'ay fait un Espalier de quinze toises tout entier de Poires, dont quatre sont d'Esté, le reste est pour l'Hyver: j'ay même multiplié au Nord les Fruits d'Esté, d'Automne, & d'Hyver, sçachant par une experience certaine qu'ils n'y réussissent pas trop mal, pour estre à une exposition aussi peu favorable qu'est celle-là.

Pour quatre cens quatre-vingt toises d'Espaliers, sçavoir cent vingt à chaque exposition; je croy que les quinze nouvelles du Midy demandent d'estre toutes de Raisin, ainsi nous aurons quinze pieds de Muscat blanc, trois de Muscat rouge, neuf de Chasselas, six de Corinthe.

Je croy aussi que les quinze nouvelles du Levant demandent encore deux Figuiers, un cinquiéme, & un sixiéme Perdrigon violet, un troisiéme Perdrigon blanc, avec six Pêchers, qui seront un sixiéme, & un septiéme Chevreuse, un sixiéme avant-Pêche, un onziéme & un douziéme Pêche de Troye, & un huitiéme Magdeléine blanche.

Les quinze du Couchant pour faire cent vingt, demandent un cinquiéme & un sixiéme Bourdin, un troisiéme Brugnon violet, un Pêche d'Italie, un Persique, un Pourprée, un Royale tardive, deux Bon-Chrétien d'Hyver, deux Bergamotte d'Automne.

Et nous mettrons aux quinze du Nord, qui font les cent vingt toises de cette exposition, douze Poiriers, sçavoir, un dixiéme, un onziéme, un douziéme & treiziéme Virgoulé, un quatriéme & un cinquiéme Franc-real, un deuxiéme & un troisieme Angober.

Quatre cens quatre-vingt toises d'Espaliers aux quatre expositions differentes auront donc en tout quatorze Figuiers, dix-sept Abricotiers, dont quatre hâtive, douze Cerisiers precoces, trente pieds de Muscat blanc, six de Muscat rouge, dix-huit pieds de Chasselas, douze de Corinthe, vingt-deux Pruniers, cent trente-sept Pêchers, dix Pavies, cent seize Poiriers, trente pieds de Framboisiers, & six pieds de Bourdelais, pour garnir le haut de la muraille.

Les vingt-deux Pruniers sont huit Perdrigon violet, quatre Perdrigon blanc, trois Sainte-Catherine, deux Mirabelle blanche, deux Prunes d'Abricot, deux Rochecourbon, & un Imperatrice.

Les cent trente-sept Pêchers, sont six avant Pêche, douze Péche de Troye, deux Alberge rouge, deux Alberge jaune, deux Rossane, huit Magdeléine blanche, deux Magdeléine rouge, dix Mignonne, sept Bourdin, six Pêche d'Italie, douze Chevreuse, douze Violette hâtive, cinq Persique, deux Bellegarde, quinze Admirable, cinq Pourprée, six Royale tardive, six Violette tardive, six Nivette, trois Jaune-Admirable, six Brugnon violet, deux Blanche-d'Andilly. Les dix Pavies sont deux Pavies blancs hâtifs, un Pavie-Alberge rouge, deux Pavies jaune hâtifs, trois Pavies rouges tardifs, deux Pavies jaunes tardifs.

Les cent dix-huit Poiriers sont dix bon-Chrétien, quatorze Bergamotte, six petit Muscat, trois Cuisse-Madame, trois Robine, six Leschasserie, six Ambrette, quatre Espine d'Hyver, quatre Espine-mareüil, quatre Martin-sec, quatre Verte-longue, un Sucré-vert, quatre Bugi, trois Orange-verte, un Fondante de Brest, deux Saint-Lezin, cinq Franc-real, deux Lansac, un gros Blanquet, un Espargne, un Cassolette, un Doyenné, trois Angober, deux Double-fleur, un Rousselet, treize Beurré, treize Virgoulé,

Je croy devoir dire icy que, quand j'ay veu combien d'Arbres d'une certaine espece, soit Pêchers, soit Poiriers, &c. Je dois mettre à un certain Espalier, par exemple, combien de Violette, ou d'Admirable, de Bon-Chrétien, ou de Bergamotte, &c. Je destine pour mon Levant, ou pour mon Midy, pour mon Couchant, ou pour mon Nord, je mets ensemble & tout de suite premierement tous les Arbres d'une même espece, c'est à dire toutes les Pêches violettes, & en second lieu tous les Arbres d'une autre espece, & cela pareillement tout de suite, c'est à dire, tous les Admirable, &c. sans mesler les especes les unes parmy les autres : je trouve que cela fait mieux tant pour la commodité de cueillir, que pour ne laisser perir aucun Fruit.

Je ne fais de mélange, comme j'ay dit cy-dessus, que des Abricotiers parmy les Pêchers, & j'en use aussi de même pour les Pruniers à méler avec les Pêchers, à moins que je n'aye un Jardin à part pour y mettre entierement les Pruniers : car pour lors si ce Jardin à part est suffisant pour recevoir tous les Pruniers, que l'étenduë de mon terrain demande, je les reduits tous à ce seul endroit : je fais de même pour les Figuiers, &c.

Pour cinq cens quarante toises d'Espaliers, sçavoir environ cent trente-cinq à chaque exposition ; il me semble que pour remplir nos quinze toises d'augmentation du Midy il n'est pas mal à propos pour certains curieux d'introduire icy huit pieds de Raisins-precoces, qui prendront la place de deux Arbres, deux Azeroliers, & vingt pieds de Muscat blanc, dix pieds de Chasselas, ou plûtost si on veut dix pieds de Cioutat ; les Cerisiers-precoces ont assez de place, quand on leur donne sept pieds.

L'Azerolle est une espece d'Espine blanche, qui fait son fruit semblable en couleur, & figure au fruit de cette Espine blanche, mais il est une fois plus gros, l'œil en est fort grand & fort ouvert, la queuë courte, menuë, & enfoncée, la chair jaunastre, & un peu pâteuse, ayant deux assez gros noyaux, ce qui fait que ce Fruit n'a pas beaucoup de chair, le goust en est aigret, qui plaist à de certaines gens : si bien que, quand on a cinq à six cens toises d'Espalier, il n'est pas mal à propos d'en avoir une couple de pieds ; il fait beaucoup de bois, & par consequent l'Arbre en est assez beau, il a la feüille un peu plus grande, que celle de l'Espine ordinaire, & n'est pas à beaucoup prés si heureux à raporter qu'elle.

Le Raisin Précoce est une espece de Morillon noir, qui prend couleur de tres-bonne heure, ce qui le fait paroître meur long-temps devant qu'il le soit ; la peau en est fort dure, & quand il est meur, il est fort doux, on en voit d'ordinaire dés le commencement de Juillet : il paroît bien que je n'en fais pas trop grand cas, puisque j'ay tant differé à le placer ; mais ayant beaucoup de murailles on en peut planter quelques pieds pour la curiosité.

A l'égard du Cioutat je laisse la liberté aux Curieux de le preferer icy au Chasselas, le fruit des deux est fort semblable en tout pour la couleur, grosseur, & le goût, la feüille en est tres-differente, celle du Cioutat étant toute chiquetée comme des feüilles de Persil, il me semble même qu'il raporte un peu davantage que le Chasselas, mais cependant j'aime mieux le Chasselas, il n'y a que la simple curiosité qui en peut faire planter quelques pieds dans de grands Jardins.

Les quinze toises de Levant, pour faire cent trente-cinq, recevront deux Figuiers, un onziéme, un douziéme, & un treiziéme Mignonne, un neuviéme, & un dixiéme Magdeléine blanche, un treizieme, & quatorziéme Violette hâtive, un neuviéme, & dixiéme Admirable.

Les quinze du Couchant pour faire les cent trente-cinq recevront un premier, & un deuxiéme Beurré, un premier & un deuxiéme Virgoulé, un neuviéme, dixiéme, onziéme, & douziéme Bon-Chrétien, & un huitiéme, neuviéme, dixiéme, & onziéme Bergamotte ; & les quinze du Nord pour faire pareillement les cent trente-cinq toises de cette exposition, recevront un sixiéme, un septiéme & huitiéme Franc-real, un quatriéme, cinquiéme & sixiéme Angober, un premier, deuxiéme, troisiéme & quatriéme Besidéry, un troisiéme & un quatriéme Double-fleur.

Nos cinq cent quarante toises d'Espalier auront donc seize Figuiers blancs, dont deux Longues, dix-sept Abricotiers, dont quatre hâtifs, douze Cerisiers Précoces, cinquante-quatre pieds de Muſcat blanc, ſix de Muſcat rouge, dix-neuf de Chaſſelas blanc, dix de Cioutat, douze de Corinthe, huit pieds de Raiſin Précoce, vingt-deux Pruniers, cent quarante-ſix Pêchers, dix Pavies, deux Azerolliers, & cent quarante-deux Poiriers. Les vingt-deux Pruniers ſont entierement les mêmes que ceux qui ſont dans la diſtribution precedente de quatre cent quatre-vingt toiſes.

Les cent quarante-ſix Pêchers ſont ſix avant-Pêche, douze Pêches de Troye, deux Alberge rouge, deux Alberge jaune, deux Roſſane, dix Magdeléine blanche, deux Magdeléine rouge, treize Mignonne, ſept Bourdin, ſix Pêches d'Italie, douze Chevreuſe, quatorze Violette hâtive, cinq Perſique, deux Bellegarde, dix-ſept Admirable, cinq Pourprée, ſix Royale tardive, ſix Nivette, trois jaune Admirable, ſix Brugnon violet, deux Blanches d'Andilly.

Les dix Pavies ſont les mêmes de la diſtribution precedente.

Les cent quarante-deux Poiriers ſont quatorze Bon-Chrétien, dix-huit Bergamotte, ſix petits Muſcats, trois Cuiſſe-Madame, trois Robine, ſix Leſchaſſerie, ſix Ambrette, quatre Eſpine d'Hyver, quatre Eſpine Mareüil, quatre Martin-ſec, quatre Verte-longue, un Sucré-vert, quatre Bugi, trois Orange verte, un Fondante de Breſt, deux Saint-Lezin, huit Franc-réal, quatre Béſidhéry, ſix Angober, quatre Double-fleur, deux Lanſac, un gros Blanquet, un Eſpargne, un Caſſolette, un Doyenné, un Rouſſelet, quinze Beurré, quinze Virgoulé.

Pour ſix cens toiſes d'Eſpalier, ſçavoir environ cent cinquante pour chaque expoſition, je mettrois pour les quinze d'augmentation du Midy, un ſeptiéme, huitiéme, neuviéme & dixiéme Violette tardive, un ſeptiéme & huitiéme Nivette, un quatriéme, cinquiéme & ſixiéme jaune Admirable, un quatriéme Brugnon violet, un troiſiéme Avant-Pêche.

Pour les quinze d'augmentation du Levant, deux Figuiers, un quatriéme Avant-Pêche, un dixiéme Troye, un troiſieme Roſſane, un onziéme & douziéme Magdeléine blanche, un onziéme Violette hâtive, un quatorziéme &

Pagination incorrecte — date incorrecte

NF Z 43-120-12

quinziéme Mignonne, un premier Pêche Cerise à chair blanche.

Il y a deux sortes de Pêche Cerise, l'une à chair blanche, & l'autre à chair jaune, toutes deux de la grosseur à peu prés des Pêches de Troye, toutes deux à peau lisse, & toutes deux tres-rondes : & quasi plates, & camuses, l'une & l'autre extrémement colorée en dehors, ce qui leur a fait donner le nom qu'elles portent; mais l'une ayant la chair jaune, & pâteuse, & par consequent d'un tres-petit merite, & l'autre l'ayant blanche & ferme, & vallant beaucoup mieux : quand celle-cy peut bien meurir le goût en est assez bon & vineux, & même a la chair assez tendre; les Perçoreilles, qui sont de petits animaux, longuets, & bruns leur font une cruelle guerre, aussi bien qu'aux Avant-Pêches, & Pêches de Troye.

Pour les quinze d'augmentation du Couchant, un neuviéme Admirable, un sixiéme & septiéme Chevreuse, un cinquiéme & sixiéme Troye, un sixiéme Royale-tardive, un cinquiéme & sixiéme Abricotier ordinaire, un troisiéme Perdrigon blanc, un deuxiéme Perdrigon violet, un Prunier Royale.

Pour les 15. d'augmentation du Nord, qui achevent les 150. nous mettrons un deuxiéme & troisiéme Robine, un deuxiéme Fondante de Brest, un deuxiéme Espargne, un deuxiéme Doyenné, un deuxiéme Cassolette, un deuxiéme Blanquet, un troisiéme, & un quatriéme Saint-Lezin, un premier, & deuxiéme Cuisse-Madame, un cinquiéme Martin-sec.

Et partant pour garnir six cens toises d'Espalier, dont il y en a environ cent cinquante toises pour chaque exposition; nous aurions en tout dix-huit Figuiers blancs, dont deux de longues, dix-neuf Abricotiers, dont quatre hâtifs, douze Cerisiers-précoces, cent vingt-huit pieds de Raisin, sçavoir cinquante Muscat blanc, six de Muscat rouge, vingt-huit de Chasselas, douze de Corinthe, & huit de Raisin-précoce, vingt-quatre de Bourdelais blanc, vingt-cinq Pruniers, cent soixante & treize Pêchers, dix Pavies, deux Azerolliers, & cent cinquante & un Poiriers.

Les quinze Pruniers sont neuf Perdrigon violet, cinq Perdrigon blanc, trois sainte-Catherine, deux Mirabelle blanche

blanche, deux Prunes d'Abricot, deux Roche-courbon, un Imperatrice, un Prune Royale.

Les cent soixante & treize Pêchers sont huit Avant-Pêche, quinze Pêche de Troye, deux Alberge rouge, deux Alberge jaune, trois Rossane, douze Magdeléine blanche, & deux Magdeléine rouge, quinze Mignonne, sept Bourdin, six Pêche d'Italie, quatorze Chevreuse, quinze Violette hâtive, cinq Persique, deux Belle-garde, dix-huit Admirable, cinq Pourprée, sept Royale tardive, dix Violette tardive, huit Nivette, six Jaune-Admirable, sept Brugnons violets, deux blanche d'Andilly, un Pêche-Cerise à chair blanche: les dix Pavies sont deux Pavies blancs hâtifs, un Pavie-Alberge rouge, deux Pavies Rossane hâtifs, trois Pavies rouge tardifs, & deux Pavies jaunes tardifs.

Les cent cinquante & un Poiriers sont quatorze Bon-Chrétien, dix-huit Bergamotte, six Petit-Muscat, cinq Cuisse-Madame, cinq Robine, six Leschasserie, six Ambrette, quatre Espine d'Hyver, quatre Espine-Mareüil, cinq Martin-sec, quatre Verte-longue, un Sucré-vert, quatre Bugi, trois Orange verte, deux Fondante de Brest, quatre Saint-Lezin, six Franc-réal, cinq Bésidhéry, six Angober, quatre Double-fleur, Deux Lansac, deux gros Blanquet, deux Espargne, deux Cassolette, deux Doyenné, un Rousselet, quatorze Beurré, & quatorze Virgoulé.

Il me semble, que cette distribution de six cens toises d'Espalier pourroit être suffisante, pour ayder à en bien employer une plus grande quantité, fut-elle même de mille ou douze cens toises, puisqu'ayant dés le commencement disposé des murailles de quinze en quinze toises pour chaque exposition, & remarqué à point nommé ce qu'il en entre d'abord dans les premieres quinze, & ensuite dans trente, dans 45. dans 60. 75. 90., 105. 120. 135. & 150. Ceux, qui par exemple, au lieu des 150. d'une des quatre que nous avons déja réglées, en auroient 165. 180. 195. 210. &c. pourroient se servir de ce que j'auray mis pour augmenter chaque quinzaine de toises de la même exposition; ainsi sans pousser plus avant ce grand détail je pourrois finir là, & esperer que les uns seroient contens de moy, & que les autres ne me reprocheroient pas d'avoir été trop long.

Cependant pour faciliter encore davantage toutes choses, je diray en peu de mots, que pour six cens soixante toises d'Espalier, dont le Midy seroit de cent soixante-cinq, je mettrois pour les quinze toises de surplus onze Arbres, sçavoir quatre Pêchers, deux Mignonne, & deux de Magdeléine blanche, un Abricotier hâtif, & six Cerisiers-Précoces.

A un Levant de pareille étenduë je mettrois onze autres Arbres, sçavoir deux Figuiers, & neuf bons Pêchers, qui seroient trois Chevreuse, trois Bourdin, trois Persique.

A un Couchant augmenté de quinze toises pour en faire cent soixante & cinq, j'y mettrois onze Pêchers, qui seroient trois Violette hâtive, deux Pourprée, deux Pêche d'Italie, un Roſſane, un Alberge rouge, un Alberge jaune, & un Nivette.

Et à un Nord pour faire la même quantité de toises, j'y mettrois douze Poiriers, qui seroient deux Beurré, deux Virgoulé, deux Bergamotte, deux Double-fleur, deux Bugi, deux Saint-Lezin.

Ainsi dans six cens soixante toises d'Espalier, outre tout le Raisin, les vingt-cinq Pruniers, les dix Pavies, & les deux Azeroliers marqués dans la distribution de six cens toises; nous aurions dix-huit Cerisiers précoces, vingt Abricotiers, dont cinq hâtifs, vingt Figuiers, cent quatre-vingt dix-sept Pêchers, & cent soixante-trois Poiriers.

Pour sept cens vingt toises d'Espalier.

Le Midy de cent quatre-vingt auroit pour son augmentation de quinze toises huit Poiriers de bon Chrêtien, & quatre Poiriers de Bergamotte-Suisse; il faut bien tâcher d'avoir quelques Poires de Bon-Chrêtien bien colorées, & quelques Bergamottes un peu avancées, le Midy est necessaire pour cela; les Tigres veritablement me font peur pour ces douze Poiriers; mais outre qu'il ne faut pas, qu'on me puisse reprocher, que je n'aye eu aucun soin de placer honorablement, & avantageusement ces deux Poires dont je fais tant de cas, nous ferons ce que nous pourrons, pour les défendre de leurs ennemis, & enfin si tous nos soins, & nôtre industrie n'y réüssissent pas, nous remettrons des fruits à noyau, ou des Figuiers, ou des Muscats à la place de ces Poiriers, ayans cependant cette consolation de n'avoir rien oublié, pour bien faire nôtre devoir.

Le Levant de cent quatre-vingt pour son augmentation de quinze toises auroit onze Arbres, sçavoir trois Perdrigon violets, un Perdrigon blanc, un Mirabelle blanche, deux Imperatrice, un Roche-courbon, deux Sainte Catherine, un Prune d'Abricot.

Le Couchant de cent quatre-vingt auroit onze Arbres, quatre Admirable, deux Royale tardive, deux Bourdin, un Brugnon, un Nivette, & un Poirier de Rousselet.

Le Nord de cent quatre-vingt auroit pour son augmentation de quinze toises, vingt-huit pieds de Framboisiers, & seize pieds de Groseillers; je donne trois pieds aux Groseillers, & seulement deux aux Framboisiers; ces Groseillers, aussi-bien que ces Framboisiers donneront leurs fruits plus tard, mais aussi plus gros; & parmy ces Framboisiers & Groseillers, nous mettrons huit Arbres de tige pour garnir le haut du mur, sçavoir un Abricotier, & sept tels Poiriers, qu'on pourra trouver des especes cy-dessus, par exemple deux Martin-sec, deux Franc-réal, deux Angober, un Bésidhéry.

Ainsi dans sept cens vingt toises d'Espalier, outre tout le Raisin, les dix Pavies, & les deux Azeroliers marquez dans la distribution de six cens toises, nous aurions deux cens sept Pêchers, cent quatre-vingt trois Poiriers, dix-huit Cerisiers-précoces, vingt-un Abricotiers, dont cinq hâtifs, vingt Figuiers blancs. trente-six Pruniers, quarante-huit pieds de Framboisiers, & seize de Groseillers d'Holande.

Les deux cens sept Pêchers seront huit Avant-Pêches, Quinze Pêche de Troye, trois Alberge rouge, trois Alberge jaune, quatre Rossane, quatorze Magdeléine blanche, deux Magdeléine rouge, dix-sept Mignonne, douze Bourdin, huit Pêche d'Italie, dix-sept Chevreuse, dix-huit Violette hâtive, huit Persique, deux Bellegarde, vingt-deux Admirable, sept Pourprée, neuf Royale tardive, dix Violette tardive, dix Nivette, six Jaune Admirable, huit Brugnon violet, deux Blanche d'Andilly, un Pêche-Cerise à chair blanche.

Les cent quatre-vingt-trois Poiriers seroient vingt-deux Bon-Chrêtien d'Hyver, vingt-quatre Bergamotte, six petit-Muscat, cinq Cuisse-Madame, cinq Robine, six Leschasserie, six Ambrette, quatre Espine d'Hyver, quatre Espine Mareüil, sept Martin-sec, quatre Verte-longue, un Sucré-vert, six Bugi, trois Orange-verte, deux Fondante de Brest, six Saint-Lezin, huit Francréal, huit Angober, six Double-fleur, six Besidéri, deux Lansac, deux gros Blanquet, deux Espargne, deux Cassolette, deux Doyenné, deux Rousselet, seize Beurré, & seize Virgoulé.

Les trente-six Pruniers seroient douze Perdrigon violet, six Perdrigon blanc, cinq Sainte-Catherine, trois Mirabelle blanche, trois Prune d'Abricot, trois Imperatrice, trois Roche-Courbon, & un Prune Royale.

A sept cent quatre-vingt toises d'Espalier pour les quinze d'augmentation du Midy, qui font en tout cent quatre-vingt-quinze j'y mettrois onze Arbres, qui seroient deux Pêches de Pau, trois Bellegarde, & six Pavies, sçavoir un deuxiéme, & troisiéme petit Pavie Alberge rouge, un troisieme Pavie Rossane hâtif, un troisiéme Pavie blanc hâtif, un quatriéme Pavie rouge tardif, & un troisiéme Pavie jaune tardif.

Je hazarde icy deux Pêches de Pau sur une grande quantité d'autres Pêches, étant certain que, quand elles peuvent bien meurir, elles sont assez bonnes, & raportent beaucoup, tout au moins seront-elles bonnes à la compote.

Pour les quinze d'augmentation du Levant qui font cent quatre-vingt-quinze nous mettrons onze Arbres, sçavoir deux Figuiers, deux Pêches de Troye, deux avant-Pêche, un Cerise à chair blanche, deux Admirable, deux Violette hâtive.

Pour les quinze d'augmentation du Couchant qui font aussi quatre-vingt-quinze nous mettrons douze Arbres, ſçavoir deux Ambrette, deux Leſchaſſerie, deux Eſpine d'Hyver, deux Eſpine Mareüil, deux petit Muſcat, pour en avoir long-temps, un Robine, & un Pêcher à fleur double pour la ſimple curioſité de la fleur.

Les quinze d'augmentation du Nord pour aller au nombre de cent quatre-vingt-quinze toiſes ſeront pour vingt-quatre pieds de Bourdelais, & vingt-un pieds de Chaſſelas tant pour avoir le ſecours des feüilles, & du Verjus, que pour avoir du Raiſin qui ſe garde long-temps.

Pour huit cent quarante toiſes d'Eſpalier nous mettrons au Midy qui ſera de deux cens dix, quatre Figuiers blancs, deux petit Muſcat, deux Robine, deux Cuiſſe-Madame, un Bon-Chrêtien d'Eſté muſqué.

Les quinze toiſes d'augmentation du Levant pour faire deux cens dix ſeront pour onze Arbres, ſçavoir trois Magdeléine rouge, quatre Mignonne, quatre Magdeléine blanche.

Les quinze toiſes du Couchant pour faire pareille quantité de deux cent dix ſeront pour onze Arbres, ſçavoir ſix Figuiers, deux avant-Pêche, & trois Pêche de Troye.

J'ay mis ſix Figuiers au Couchant non pas pour en eſperer des ſecondes, car rarement y peuvent elles meurir à moins d'un Eſté pareil à celuy de 1676. mais à l'égard des premieres elles y viennent fort belles, & y meuriſſent tres-bien: j'en mets même quelquefois au Nord, quand j'ay une quantité extraordinaire de Murailles, & j'en tire du ſecours, ſoit pour les premieres Figues qui n'y manquent pas d'y meurir, ſoit pour les marcottes qui s'y font belles, & en quantité.

Les quinze toiſes de Nord ſeront pour douze Poiriers, ſçavoir deux Sucré-vert, trois Meſſire-Jean, deux Vertelongue, deux Lanſac, deux Poires de Vigne, une Orange verte.

Ainſi huit cens quarante toiſes d'Eſpalier auroient deux cens trente-huit Pêchers, ſeize Pavies, deux cens treize Poiriers, deux Azeroliers, trente-deux Figuiers, quarante-ſept Pruniers, dix-huit Ceriſiers Precoces, vingt-un Abricotiers, dont cinq hâtifs, quarante-huit pieds de Framboiſiers, ſeize de Groſeilliers, cent ſoixante-quatorze pieds de Raisin, sçavoir cinquante pieds de Muscat blanc, six de Muscat rouge, cinquante pieds de Chasselas, douze de Corinthe, huit de Raisin Précoce, quarante-huit pieds de Bourdelais.

Les deux cens trente-huit Pêchers sont douze avant-Pêche, vingt Pêche de Troye, trois Alberge jaune, quatre Rossane, dix-huit Magdeléine blanche, cinq Magdeléine rouge, vingt-un Mignonne, douze Bourdin, huit Pêche d'Italie, dix-sept Chevreuse, vingt Violette hâtive, huit Persique, cinq Bellegarde, deux Pêche de Pau, vingt-quatre Admirable, sept Pourprée, neuf Royale tardive, dix Violette tardive, dix Nivette, six jaune Admirable, huit Brugnon violet, deux Blanche d'Andilly, deux Pêche-Cerise à chair blanche, & un Pêche à fleur double.

Les seize Pavies sont trois Pavies blancs hâtifs, trois Pavies Alberge rouge, trois Pavies Rossanes hâtifs, quatre Pavies rouges tardifs, trois Pavies jaunes tardifs.

Les deux cens treize Poiriers sont vingt-deux Bon-Chrétien d'Hyver, vingt-quatre Bergamotte, dix petit Muscat, sept Cuisse-Madame, huit Robine, huit Leschasserie, huit Ambrette, six Espine d'Hyver, six Espine Mareüil, sept Martin-sec, six Verte-longue, trois Sucré-vert, six Bugi, quatre Orange verte, deux Fondante de Brest, six Saint-Lezin, trois Messire-Jean, huit Franc-réal, huit Angober, six Double-fleur, six Besidéry, quatre Lansac, deux Poire de Vigne, deux gros Blanquet, deux Espargne, deux Cassolette, deux Doyenné, deux Rousselet, seize Beurré, & seize Virgoulé.

Les trente-six Pruniers sont les mêmes de la distribution de sept cent vingt toises cy-dessus.

Pour neuf cens toises de murailles je mets en ados les quinze toises d'augmentation du Midy faisant en tout deux cens vingt-cinq, & feray la même chose, si je me trouve deux cens quarante toises de Midy, qui est justement le quart de neuf cens soixante toises de tour; ces ados sont favorables, & necessaires pour avoir des Pois hâtifs, des Féves hâtives, des Artichaux hâtifs, &c. & pour cela il faut avoir fait des contre-murs aux murailles, qui doivent soûtenir les ados, & que cela soit en quelque lieu écarté, ou dans quelque Jardin separé, autrement cela feroit une figure desagreable dans un grand Jardin.

Pour les quinze toises augmentées au Levant, & faisans deux cens vingt-cinq, nous y mettrons onze Arbres, sçavoir quatre Violette hâtive, trois Chevreuse, un Nivette, deux Mignonne, un Magdeléine blanche.

Pour le Couchant augmenté de la même maniere onze Arbres, sçavoir trois Bourdin, trois Pêche d'Italie, deux Persique, deux Pourprée, un Brugnon violet.

Pour les quinze toises du Nord augmentées pour en faire deux cent vingt-cinq, nous y mettrons trente pieds de toute sorte de Groseilles tant rouges que perlées avec huit Arbres de tige, sçavoir quatre Virgoulé, deux Beurré, deux Martin-sec.

Pour neuf cens soixante toises de murailles je mettray en ados les quinze toises de Midy augmentées au dela de deux cens vingt-cinq, comme je l'ay déja insinué.

Les quinze toises de Levant, qui en font deux cens quarante, seront pour onze Arbres, sçavoir trois Abricotiers, un Perdrigon violet, un Perdrigon blanc, un sainte-Catherine, un Prune d'Abricot, un Roche-courbon, un Imperatrice, un Prune-Mignonne, un Prune Royale.

Les quinze toises du Couchant seront pour quatre Admirable, deux Pêche violette, trois Bon-Chrêtien d'Hyver, deux Bergamotte.

Les quinze de Nord faisans pareillement deux cens quarante toises seront pour douze Arbres, sçavoir six Figuiers, deux Poire-Magdeléine, un Abricotier, trois Double-fleur; ces six Figuiers du Nord en peuvent donner pour remplir l'intervalle, qui est entre les premieres, & les secondes.

Ainsi pour neuf cens soixante toises d'Espalier nous aurions deux cens soixante-six Pêchers, seize Pavies, deux cens trente-un Poiriers, deux Azeroliers, trente-huit Figuiers, quarante-quatre Pruniers, dix-huit Cerisiers-précoces, vingt-cinq Abricotiers, dont cinq hâtifs, quarante-huit pieds de Framboisiers, quarante-six pieds de Groseillers, tant rouges, & perlées, que piquantes, deux cens soixante-quatorze pieds de Raisin, trente toises d'Ados.

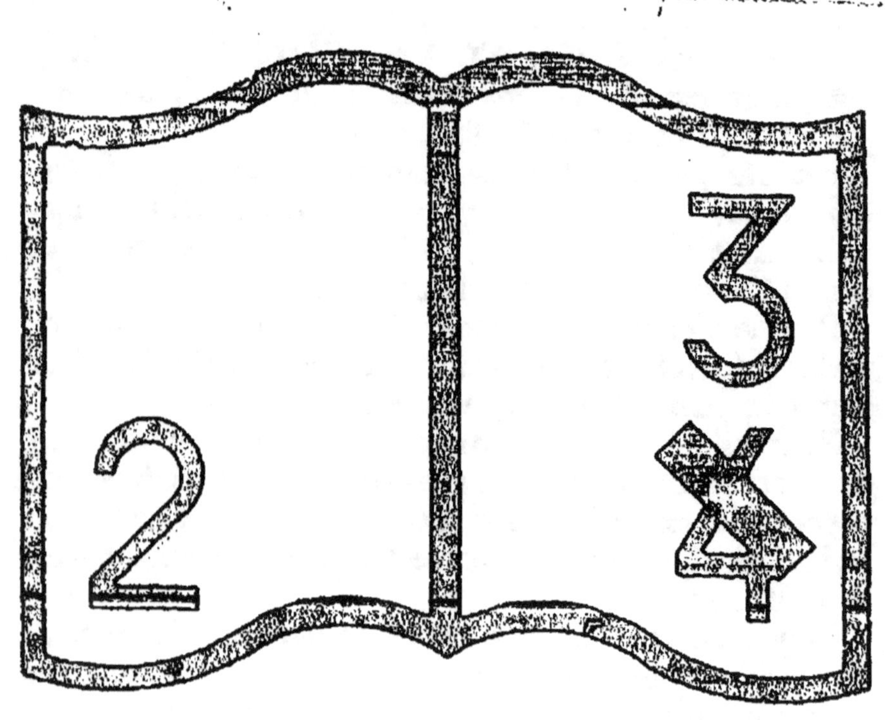

Pagination incorrecte — date incorrecte

NF Z 43-120-12

DE LA PAGE 481

A LA PAGE 488

Les deux cens soixante-six Pêchers, sont douze Avant-Pêche, vingt-Pêche de Troye, trois Alberge rouge, trois Alberge jaune, quatre Rossane, dix-neuf Magdeléine blanche, cinq Magdeléine rouge, vingt-trois Mignonne, quinze Bourdin, onze Pêche d'Italie, vingt Chevreuse, vingt-six Violette hâtive, dix Persique, cinq Belle-garde, deux Pêche de Pau, deux Admirable, neuf Pourprée, neuf Royale tardive, dix Violette tardive, onze Nivette, six Jaune-admirable, neuf Brugnons violets, deux blanche d'Andilly, deux Pêche-cerise à chair blanche, deux Pêche à fleur double.

Les seize Pavies sont les mêmes de la distribution de 840. toises.

Les 231. Poiriers sont 25. Bon-Chrêtien, vingt-six Bergamotte, dix pieds de petit Muscat, sept Cuisse-madame, 8. Robine 8. Leschasserie, 8. Ambrette, 6. Espine d'Hyver, 6. Espine-Mareüil, neuf Martin-sec, 6. Verte-longüe, 3. Sucré-vert, 6. Bugi, 4. Orange verte, deux Fondante de Brest, 6. Saint Lezin, trois Messire-Jean, huit Franc-réal, huit Angober, 9. Double-fleur, 6. Besidhéry, quatre Lansac, deux Poires de Vigne, deux gros Blanquet, deux Espargne, deux Cassolette, deux Doyenné, deux Rousselet, 18. Beurré, 28. Virgoulé, 2. Poire-Magdeléine.

Les quarante-quatre Pruniers sont 13. Perdrigon violet, 7. Perdrigon blanc, six sainte-Catherine, 3. Mirabelle blanche, quatre Prunes d'Abricot, quatre Roche-courbon, quatre Imperatrice, un Prune-Mignonne, deux Prune Royale.

Les cent septante-quatre pieds de Raisin sont les mêmes de la distribution de huit cens quarante toises.

Les trente toises d'ados sont pour des Pois hâtifs, des Féves hâtives, & des Artichaux hâtifs.

Des trente-huit Figuiers il y en a six de blanches longues, tout le reste est de blanches rondes.

Pour mille-vingt toises partagées en quatre expositions égales, chacune de deux cens cinquante-cinq, je mettrois pour les quinze d'augmentation du Midy encore vingt-quatre pieds de Muscat blanc, six de rouge, & quinze pieds

pieds de Corinthe, supposant qu'on soit en païs où ils puissent bien meurir, ce que l'experience doit avoir appris.

Pour les quinze d'augmentation du Levant, onze Arbres, sçavoir trois Pêche de Troye, un avant Pêche, un Alberge rouge, un Rossane, un Magdeléine blanche, un Mignonne, deux Admirable jaune, & un Pourprée.

Pour les quinze du Couchant, onze Arbres, sçavoir deux pêches de Troye, un avant Pêche, un Alberge jaune, trois Chevreuse, quatre Virgoulé.

Pour les quinze du Nord, douze Arbres, sçavoir quatre Bergamotte, deux Verte-longue, deux Beurré, deux Martin-sec, deux Franc-real.

Pour mille quatre-vingt toises d'Espalier, partagées en quatre Expositions égales, chacune de deux cens soixante-dix, nous mettrons pour les quinze d'augmentation de Midy onze Arbres, sçavoir quatre Violette tardive, deux jaune Admirable, deux Nivette, deux Admirable, un Royale tardif.

Pour les quinze du Levant douze Arbres, sçavoir trois Bon-Chrétien, deux Bergamotte, un Ambrette, un Espine d'Hyver, un Leschasserie, deux Espine-mareüil, un Beurré, un Lansac.

Pour les quinze du Couchant douze Arbres, deux Robine, deux Cassolette, deux Cuisse-Madame, deux Rousselet, un Lansac, un Poire Magdeléine, un Ambrette, un Leschasserie.

Pour les quinze toises du Nord onze Pruniers, tous pour les compôtes, sçavoir quatre Imperiale, deux Perdrigon de Cernay, deux Castelane, deux Ilevert, un Mirabelle.

Ainsi pour mille quatre-vingt toises d'Espalier nous aurions deux cens nonante-trois Pêchers, seize Pavies, deux cens septante Poiriers, deux Azeroliers, trente-huit Figuiers, cinquante-cinq Pruniers, dix-huit Cerisiers-precoce, vingt-cinq Abricotiers, quarante-huit pieds de Framboisiers, quarante-six pieds de toutes sortes de Groseilles, deux cent dix-neuf pieds de raisin, & trente toises d'ados.

Les deux cent nonante-trois Pêchers, quatorze avant-

Pêche, vingt-cinq Pêche de Troye, quatre Alberge rouge, quatre Alberge jaune, cinq Rossane, vingt Magdeléine blanche, cinq Magdeléine rouge, vingt-quatre Mignonne, quatorze Bourdin, dix Pêche d'Italie, vingt-trois Chevreuse, vingt-six Violette hâtive, dix Persique, cinq Bellegarde, deux Pêche de Pau, trente-deux Admirable, dix Pourprée, dix Royale tardive, quatorze Violette tardive, treize Nivette, huit jaune Admirable, neuf Brugnons violets, deux Blanche-d'Andilly, deux Pêche-Cerise à chair blanche, un Pêche à fleur double.

Les seize Pavies, sont trois Pavies blancs hâtifs, trois Pavies-Alberges rouges, trois Pavies-Rossannes hâtifs, quatre Pavies rouges tardifs, trois Pavies jaunes tardifs.

Les deux cens soixante-dix Poiriers, sont vingt-sept Bon-Chrétien d'Hyver, trente-deux Bergamotte, dix petit Muscat, neuf Cuisse-Madame, dix Robine, dix Leschasserie, dix Ambrette, sept Espine d'Hyver, huit Espine Mareüil, onze Martin-sec, huit Verte-longue, trois Sucré-vert, six Bugi, quatre Orange-verte, deux Fondante de Breit, six Saint-Lezin, trois Messire-Jean, dix Franc-real, huit Angober, neuf Double-fleur, six Besidéry, six Lansac, deux Poires de Vigne, deux gros Blanquet, deux Espargne, quatre Cassolette, deux Doyenné, quatre Rousselet, vingt-un Beurré, vingt-quatre Virgoulé, trois Poires Magdeléine, un Bon-Chrétien d'Esté musqué.

Dans les trente-huit Figuiers il y en a six de blanches longues, le reste est des blanches rondes. Les cinquante-cinq Pruniers sont quinze Perdrigon violet, sept Perdrigon blanc, six Sainte-Catherine, quatre Mirabelle blanche, quatre Prunes d'Abricot, quatre Roche-Courbon, quatre Imperatrice, deux Prunes Mignonne, quatre Imperialle, deux Perdrigon de Cernay, deux Castellane, & deux Ilvert. Dans les vingt-cinq Abricotiers il y en a cinq de hâtifs. Dans les quarante-huit pieds de Framboisiers il y en a une douzaine de blanches.

Dans les quarante-six pieds de Groseillers il y en a de rouges, de perlées, & de piquantes.

Dans les deux cens dix-neuf pieds de Raisin il y a vingt-quatre pieds de Muscat blanc, douze de Muscat rouge, vingt-sept pieds de Corinthe blanc, quarante de Chasselas, dix de Cioutat, huit pieds de Raisin-precoce, quarante-huit pieds de Bourdelais. Les trente toises d'ados sont employées en dix-huit toises pour des Pois hâtifs, six pour des Féves hâtives, & six pour des Artichaux hâtifs.

Pour onze cens quarante toises d'Espalier, distribuées en quatre expositions égales, chacune faisant deux cens quatre-vingt-cinq, nous mettrons pour les quinze du Midy augmentées, trois Poiriers de Bon-Chrétien d'Hyver, trois Bergamotte-Suisse, deux Rousselet, un Bon-Chrétien d'Esté musqué, un Lansac, un Abricotier hâtif, & un Abricotier ordinaire.

Pour les quinze d'augmentation du Levant, nous y mettrons onze Arbres, qui sont deux Magdeléine blanche, deux Mignonne, deux Pêches d'Italie, un Belle-garde, deux Pourprée, un Brugnon violet, un Pêche de Troye.

Pour les quinze du Couchant onze Arbres, sçavoir quatre Admirables, un Pêche de Troye, un avant-Pêche, deux Bourdin, deux Persique, un Pêche à fleur-double.

Pour les quinze du Nord onze Arbres, sçavoir quatre Figuiers, un Abricotier ordinaire, & six Pêches Admirables.

On pourra estre surpris de voir au Nord six Pêchers; mais je sçay par mon experience, que comme toutes les autres especes n'y réüssissent point à cause sur tout de leur panchant au pâteux, celle-cy n'y est point trop mal-heureuse, & sur tout dans les terrains sécs, & par des années séches; j'y ay vû des Pêches Admirables fort belles, & assez bonnes, joint que je ne me resous d'en hazarder quelque peu au Nord, que quand j'ay une extréme quantité de murailles à garnir.

Pour mille deux cens toises partagées en quatre expositions égales chacune de trois cens toises, je mets les quinze d'augmentation du Midy en ados, pour Pois, Féves, & Artichaux: ce n'est point trop d'en avoir employé à cela quarante-cinq toises de trois cens, & ces quarante-cinq toises sont tres-capables de donner de la satisfaction l'Hyver, & le Printemps: elles sont occupées à ce que je viens de dire ; & l'Esté il y en aura trente-six en Pourpier, & Basilic pour graine.

Les quinze toises d'augmentation du Levant sont pour onze Arbres, sçavoir deux Violette hâtive, deux Pêche de Troye, un avant-Pêche, un Magdeléine rouge, un Rossane, deux Magdeléine blanche, & deux Mignonne.

Les quinze du Couchant sont onze Arbres, sçavoir quatre Figuers, afin d'en avoir dix à cette exposition, qui succedent à celle du Midy, & du Levant, deux Violette hâtive, deux Chevreuse, deux Royale tardive, un Abricotier ordinaire.

Les quinze toises du Nord pour faire les trois cens, seront en vingt pieds de Groseilles rouges communes, & vingt pieds de Framboises, avec cinq pieds de Bourdelais mélez parmy en distances égales, pour monter par dessus, & aller garnir le haut du mur.

Ainsi en mille deux cens toises de murailles hautes de neuf pieds, on peut avoir en Espalier sept cens quatre-vingt-dix-huit Arbres, soixante-dix pieds de Framboisiers, soixante-six pieds de toutes sortes de Groseilles, deux cens onze pieds de Raisin, & quarante-cinq toises d'ados, pour Pois, Féves, & Artichaux hâtifs ; les sept cens quatre-vingt-dix-huit Arbres sont trois cens trente-quatre Pêchers, seize Pavies, trois cens-un Poiriers, deux Azeroliers, quarante-quatre Figuiers, cinquante-quatre Pruniers, dix-huit Cerisiers-precoces, vingt-neuf Abricotiers.

Les trois cens trente-quatre Pêchers sont quinze avant-Pêches, vingt-neuf Pêche de Troye, quatre Alberge rouge, quatre Alberge jaune, six Rossane, vingt-quatre Magdeléine blanche, six Magdeléine rouge, vingt-huit Mignonne, dix-sept Bourdin, treize Pêche d'Italie, vingt-cinq Chevreuse, trente Violette hâtive, douze Persique, six Bellegarde, deux Pêche de Pau, quarante Admirable, douze Pourprée, douze Royale tardive, quatorze Violette tardive, treize Nivette, dix jaune Admirable, dix Brugnon violet, deux Blanche-d'Andilly, deux Pêche-Cerise à chair blanche, deux Pêche à fleur-double.

Les seize Pavies sont trois Pavies blancs hâtifs, trois Pavies-Alberges rouges, trois Pavies-Rossanes hâtifs, quatre

Pavies rouges tardifs, trois Pavies jaunes tardifs.

Les trois cens-un Poiriers sont trente Bon-Chétien, d'Hyver, trente-cinq Bergamotte, dont douze Suisse, dix petit Muscat, neuf Cuisse-Madame, dix Robine, dix Leschasserie, dix Ambrette, sept Espine d'Hyver, huit Espine Mareüil, onze Martin-sec, huit Verte-longue, trois Sucré-vert, six Bugi, quatre Orange-verte, deux Fondante de Brest, six Saint-Lezin, trois Messire-Jean, dix Francréal, huit Angobert, neuf Double-fleur, huit Besidéry, sept Lansac, trois Poire de Vigne, deux gros Blanquet, deux Espargne, quatre Cassolette, deux Doyenné, six Rousselet, vingt-un Beurré, vingt-trois Virgoulé, trois Poire Magdeléine, deux Bon-Chrétien d'Esté musqué.

Dans les quarante-quatre Figuiers il y en a dix des blanches longues.

Les cinquante-quatre Pruniers sont treize Perdrigon violet, six Perdrigon blanc, six Sainte-Catherine, quatre Mirabelle blanche, quatre Prune d'Abricot, quatre Roche-Courbon, quatre Imperatrice, un Mignonne, quatre Imperialle, deux Perdrigon de Cernay, deux Castellane, deux Ilvert, deux Prunes Royale.

Dans les vingt-neuf Abricotiers, il y en a six de hâtifs.

Dans les soixante-dix pieds de Framboisiers il y en a vingt de blanches.

Dans les soixante-six pieds de Groseillers, il y en a trente-quatre de la rouge d'Hollande, huit de la blanche de Hollande, dix-huit de la rouge commune, & six de la Verte piquante.

Dans les 211. pieds de Raisin, il y a huit pieds de Muscat blanc, douze de Muscat rouge, vingt-sept pieds de Corinthe blanc, huit pieds de Raisin-précoce, trente-six pieds de Bourdelais, quarante de Chasselas, & dix de Cioutat.

Les quarante-cinq toises d'Ados sont employées en vingt-six pour des Pois hâtifs, huit pour des Féves hâtives, & en neuf pour des Artichaux hâtifs.

Presentement que je me suis acquitté le mieux que j'ay pû de l'entreprise, où je m'étois engagé, pour employer en Espaliers jusqu'à douze cent toises de murailles hautes de neuf pieds, il me semble encore, que pour donner plus de lumiere de mon dessein, je dois mettre icy separément tout ce qui est à chacune des quatre expositions, afin que dans ce grand nombre de fruits on voye tout d'un coup ce que j'ay executé en particulier, & ce qu'on pourra voir cy-devant d'article en article, chaque article n'étant que de quinze toises pour chaque exposition, si bien qu'on sçaura combien par exemple des quarante Pêches Admirables, des trente Violettes hâtives, des trente-cinq Bergamotte, &c. que nous avons employées, il y en a à un Midy de trois cent toises, combien au Levant de pareille étenduë, combien au Couchant, combien au Nord, & ainsi de chacun des autres fruits, soit à pepin, soit à noyau, &c.

Je me suis déja cy-devant expliqué, que je ne faisois pas une fort grande difference entre les expositions du Midy, & du Levant, si ce n'est pour les choses, qu'on veut avoir hâtives, par exemple les Pois, Féves, & Artichaux, que nous mettrons en Ados, les Cerises-précoces, les Raisins-précoces, les Abricots hâtifs, &c. & particulierement pour le Raisin-Muscat, & les Poires de petit-Muscat, que je conseille de mettre au Midy, c'est ce qui a fait que j'ay mélé ensemble ces deux expositions, pour n'en faire qu'une que j'appelle la bonne exposition, à la difference de celle du Couchant, que j'appelle mediocre, & de celle du Nord, que j'appelle mauvaise; ce qui m'a engagé à méler ensemble ces deux expositions, est qu'assez souvent les Jardins sont disposez, de maniere que l'une des deux y manque entierement, & ainsi celle qui s'y trouve, doit à l'égard du Jardinier tenir la place des deux; en effet combien en voit-on, qui n'ont pour tout qu'une grande muraille au Midy, ou une grande au Levant, sans qu'il y en ait, ou au moins que fort peu aux autres côtez; il n'en est pas de même des expositions du Couchant, & du Nord, on ne s'avise gueres de faire un Jardin pour n'avoir que de celles-là.

C'est pourquoy ceux, qui n'ont que la seule muraille du Midy, pourront fort bien l'employer de tout ce que j'ay mis pour les deux, & tout de même ceux, qui n'auront que le Levant, ne pouvans avoir tout l'avantage, que donne l'exposition du Midy, se consoleront, & feront de leur Levant la même chose, que ceux, qui n'ont que le Midy: ces deux expositions, comme tout le monde sçait, sont propres à recevoir tout ce qu'on met aux autres deux, mais ces autres deux ne sçauroient servir pour la plûpart des choses, qui demandent le Levant & le Midy, & partant on ne hazardera guéres de mettre au Nord, ou au Couchant du Muscat, des Cerises-précoces, des Pois hâtifs, des Prunes à manger crües, &c.

Je dis des Prunes à manger cruës, car les bonnes Prunes, aussi-bien que le bon-Muscat doivent porter leur sucre naturel avec elles: ce n'est que la parfaite maturité qui le leur donne, & cette maturité ne s'acquert point au Nord: la plûpart des autres fruits, Pêches, Poires, &c. sont abonnies par le sucre artificiel, mais à l'égard des Prunes on n'y met nul assaisonnement.

Je n'ay qu'une observation à faire pour ceux qui ont beaucoup de Midy, ou de Levant, & point de Nord, & c'est qu'ils pourront bien se passer de mettre au Midy, ou au Levant beaucoup de choses, que j'ay fait planter au Nord, par exemple des Poires à cuire, du Bourdelais, des Groseilles, des Framboises, &c. les places du Midy me paroissent trop precieuses pour des fruits si peu importans, & qui viennent fort bien sans aucun secours de murailles, à moins qu'on ne sçût en effet que choisir de mieux, pour achever de remplir son Midy, ou son Levant.

Mais ceux qui auront & le Levant, & le Midy, pourront partager en deux ce que j'ay mis sous le titre seul de bonne exposition, & le partageront également, ou inégalement selon l'étenduë de leurs murailles, reservans simplement pour Midy, comme j'ay dit, ce qui est particulierement considerable pour sa précocité.

CHAPITRE XV.

Abregé des Fruits de chaque exposition.

AUx six cens toises de murailles exposées partie au Midy, & partie au Levant nous avons destiné de mettre deux cens cinq Pêchers, seize Pavies, trente-six Pruniers, quarante-neuf Poiriers, dix-huit Cerisiers précoces, cent cinquante-quatre pieds de Raisin, quarante-cinq toises d'Ados, deux Azeroliers, vingt-deux Figuiers dont quatre longues.

Les deux cens cinq Pêchers sont treize Admirable, neuf Violette hâtive, vingt-huit Mignonne, treize Chevreuse, neuf Nivette, vingt-quatre Magdeléine blanche, six Magdeléine rouge, cinq Persique, neuf Abricotiers ordinaires, six hâtifs, cinq Brugnons violets, dix-sept Pêche de Troye, cinq Pourprée, dix jaune Admirable, quatorze Violette tardive, quatre Bourdin, neuf avant-Pêche, quatre Pêche d'Italie, deux Pêche de Pau, deux Royale tardive, deux Blanche d'Andilly, cinq Rossane, trois Alberge rouge.

Les trente-six Pruniers sont dix Perdrigon violet, cinq Perdrigon blanc, six Sainte-Catherine, quatre Prune d'Abricot, quatre Prunes Imperatrice, un Mirabelle, un Prune Royale, un Prune Mignonne, quatre Roche-Courbon.

Les seize Pavies sont quatre Pavies de Pomponne, quatre Pavies blancs hâtifs, trois Pavies Rossanes, deux Pavies jaunes tardifs, trois Pavies Alberges rouges.

Les quarante-neuf Poiriers sont huit petit-Muscat, cinq Cuisse-Madame, quinze Bon-Chrétien d'Hyver, neuf Bergamotte, deux Robine, deux Bon-Chrétien d'Esté musqué, deux Rousselet, deux Lansac, un Ambrette, un Espine d'Hyver, un Espine Mareüille, un Leschasserie, deux Beurré, dix-huit Cerisiers précoces.

Les cent cinquante-quatre pieds de Raisin sont soixante-dix-huit pieds de Muscat blanc, douze de rouge, dix-neuf de Chasselas, dix de Cioutat, vingt-sept de Corinthe, huit

huit de Raisin-précoce, deux Azeroliers, quarante-cinq toises d'Ados pour Pois, Féves, & Artichaux hâtifs.

Aux trois cens toises de Couchant, dix Figuiers, sept Abricotiers ordinaires, cent vingt-trois Pêchers, huit Pruniers, soixante & quatorze Poiriers.

Les cent vingt-trois Pêchers sont vingt-un Admirable, douze Chevreuse, sept Pourprée, treize Bourdin, douze Pêches de Troye, six Avant-Pêche, onze Violette hâtive, neuf Pêches d'Italie, sept Persique, dix Royale tardive, quatre Nivette, cinq Brugnons violets, un Rossane, un Alberge rouge, deux Alberge jaune, deux Pêches à fleur-double.

Les huit Pruniers sont deux Perdrigon violet, deux Perdrigon blanc, deux Mirabelle, un Prune-royale.

Les soixante-quatorze Poiriers sont dix-sept Bon-Chrétien d'Hyver, quinze Bergamotte d'Automne, cinq Leschasserie, cinq Ambrette, quatre Espine d'Hyver, cinq Espine-Mareüil, quatre Rousselet, deux Beurré, quatre Virgoulé, deux petit-Muscat, cinq Robine, deux Cassolette, deux Cuisse-Madame, un Lansac, un Poire-Magdeléine.

Au Nord de trois cens toises, cent soixante & dix-huit Poires, dix Prunes, soixante-six pieds de Groseilles, six Pêchers, soixante-dix Framboisiers, soixante & dix-sept Bourdelais, vingt Chasselas, sept Abricotiers.

Les cent soixante & dix-huit Poiriers, sont dix-sept Beurré, huit Verte-longue, quatre Orange verte, dix-neuf Virgoulé, onze Bergamotte, quatre Ambrette, quatre Leschasserie, onze Martin-sec, six Bugi, deux Espine d'Hyver, deux Espine Mareüil, dix Franc-réal, trois Sucré-vert, six Saint-Lezin, quatre Lansac, deux Blanquet, deux Espargne, trois Robine, deux Cassolette, deux Doyenné, trois Poires de Vigne, neuf Double-fleur, huit Angober, sept Bésidhéry, deux Cuisse-Madame, trois Messire-Jean, deux Poire-Magdeléine, deux Fondante de Brest.

Les dix Prunes sont quatre Imperialle, deux Perdrigons de Cernay, deux Castellane, deux Ilvert, & un Mirabelle.

Les six Pêchers sont Admirable.

Dans les soixante-six pieds de Groseilles il y en a trente-quatre rouges de Hollande, huit blanches d'Hollande, dix-huit de communes, & six de piquantes.

Dans les soixante-dix Framboisiers il y en a vingt de blanches.

J'ay cy-dessus expliqué, en quoy consiste les soixante-six pieds de Groseillers, qui sont tous au Nord, & en quoy les deux cens onze pieds de Raisin, qui sont partie au Midy, & partie au Nord, & tout de même en quoy sont employez les quarante-cinq toises d'ados, qui sont toutes au Midy.

Et ainsi voila des Espaliers garnis jusqu'à douze cent toises, & cela en Figues, Pêches, Prunes, Poires, Précoces, Azerolles, Raisins, Groseilles, Framboises, &c. voilà des Poiriers, & Pommiers plantez en Buisson, & en grands Arbres jusqu'au nombre de douze-cens pour des Buissons, & autant qu'on en peut vouloir pour Arbres de tige : voyons de faire une Prunelaye, & une Cerisaye, si l'étenduë, & la qualité de nôtre terrein le peuvent permettre.

Les Prunes sont une espece de fruit, qui plaît assez à tout le monde, & les Pruniers réüssissent assez bien en toutes sortes de terre, soit séche, & sablonneuse, soit humide, & forte : ils font par tout d'assez beaux Arbres, tant en Buisson, qu'en plein vent, & fleurissent d'ordinaire beaucoup par tout ; mais aussi ils sont par tout fort sujets à être malheureux à leur fleur ; il arrive souvent des gelées au Printemps, qui les font perir ; c'est pourquoy la rareté des Prunes est assez frequente ; mais enfin s'ils rencontrent des mois de Mars, & d'Avril favorables, ils font une quantité de fruit inconcevable.

Nous en avons de certaines especes, qui sont en ce qui regarde les fleurs bien plus delicates les unes, que les autres, par exemple les Perdrigons, & particulierement le violet, voila pourquoy je ne conseille gueres d'en planter en plein air, & sur tout dans les pays un peu froids, & dans les côteaux un peu sujets aux gelées : je prends soin de les mettre en Espalier, tant par cette raison, que par celle d'une plus grande bonté, dont je me suis cy-devant expliqué.

Les especes de Prunes, qui se défendent un peu mieux, ce sont le Perdrigon de Cernay, dont je fais peu de cas, & ensuite toutes les especes de Damas, parmy lesquels j'estime particulierement le rouge, ou violet rond, le gros blanc, & le noir tardif, la Reine-Claude, l'Imperialle violette, la Sainte-Catherine, la Prune d'Abricot, la Mirabelle blanche, la Diaprée violette, la Diaprée de Roche-courbon, la Prune-Royale, la Prune-mignonne, la Brugnolle, l'Imperatrice, la Morin hâtive, & même la Cerisette, & toutes ces seize sont tres-bonnes cruës, & tres-bonnes cuittes.

Les Ilvert, Castelanne, Moyeux, Saint-Julien, Drap d'or, Damas vert sont pour les confitures; il est bon d'avoir de toutes ces especes, si on peut; mais si le terrein l'empêche, & qu'on n'en puisse planter qu'en petite quantité, voicy celles que je prefererois.

Pour un Prunier seul soit Buisson, soit Arbre de tige, je prendrois

Pour un premier, le Damas violet rond.
Pour un deuxiéme, la Reine-Claude.
Pour un troisiéme, l'Imperiale.
Pour un quatriéme, le gros Damas blanc.
Pour un cinquiéme, la Diaprée, de Roche-Courbon.
Pour un sixiéme, la Mirabelle.
Pour un septiéme, l'Imperatrice.
Pour un huitiéme, le gros Damas noir tardif.
Pour un neuviéme, la Sainte-Catherine.
Pour un dixiéme, la Prune d'Abricot.
Pour un onziéme, la Prune Royale.
Pour un douziéme, la Prune Mignonne.
Pour un treiziéme, la Diaprée violette.
Pour un quatorziéme, le Damas gris.
Pour un quinziéme, la Prune Brugnolle.
Pour un seiziéme, la Prune Morin hâtive.
Pour un dix-septiéme, la Cerisette, à cause de sa hâtiveté.
Pour un dix-huitiéme, la Prune de Drap d'or.
Pour un dix-neuviéme, la Castelane.
Pour un vingtiéme, l'Ilvert.

Pour un vingt-uniéme, le Perdrigon de Cernay à cause de son abondance, & qu'il peut servir aux compotes.

Pour un vingt-deuxiéme, la Prune Datte.

Je doublerois trois, ou quatre fois les douze premieres dans l'ordre que je les ay mises, devant que de doubler les dix autres, & n'en planterois d'aucune autre espece, que je n'eusse au moins deux fois ces dix dernieres: je ne planterois même les Saint-Julien, & Damas noir hâtif qu'en grands Arbres.

Insensiblement on se feroit une Prunelaye de quatre-vingt ou cent pieds d'Arbres, & c'est beaucoup attendu que ce fruit est de tres-peu de durée, quand il vient, & qu'il afflige, quand il occupe inutilement une grande place, comme il arrive souvent; de plus quand il réüssit on en a de cela une suffisante abondance pour s'en faire des Pruneaux, & des confitures.

Le nombre des autres Prunes est extremement grand, comme nous avons dit cy-devant; ceux qui auront la curiosité d'en vouloir, pour ainsi dire, farcir leurs Jardins, le pourront faire, & au moins ne m'accuseront-ils jamais de le leur avoir conseillé.

Dans la my-Juin commencent les Fruits rouges, & durent au moins jusqu'à la fin de Juillet: parmy ces fruits rouges je compte principalement les Cerises, les Griottes, & les Bigarreaux: on en peut avoir en Buisson, mais il vaut mieux en avoir en Arbres de tige: ce sont des fruits assez connus par tout, sans qu'il soit besoin d'en faire des descriptions, je ne fais particulierement cas que des grosses Cerises tardives, qu'on appelle de Monmorancy, en second lieu des Bigarreaux, & en troisiéme lieu des Griottes.

Les Guignes, dont il en est de blanches, de rouges, & de noires, sont veritablement hâtives, mais elles sont trop fades, les honnêtes gens n'en mangent guéres: les Cerises qu'on nomme hâtives, & qui ne sont pas les Précoces, succedent aux Guignes; elles sont assez belles, ont la queuë longue, sont aigrelettes, & un peu ameres; ainsi je les estime peu, si ce n'est pour les premieres compotes.

Les veritablement bonnes, & belles Cerises qu'on appele vulgairement Cerises à confire, sont ces Cerises de Mommorancy : il en vient sur des Arbres qui font le bois gros, & toûjours montans droit, ce sont les plus grosses : mais ces sortes d'Arbres en donnent peu, on les appelle la Cerise Coularde.

La bonne espece de Cerise fait son bois fort menu, & renversé, celle-la charge beaucoup, est fort douce, & agreable au goût ; un même Arbre en fait à courte queuë & à longue-queuë ; c'est particulierement de cette sorte de Cerise, qu'il faut planter.

Le Bigarreau a son fruit ferme & croquant, longuet, & quasi quarré, mais toûjours fort doux & fort agreable, le bois en est fort gros, assez badinant, & la feüille longuette.

La Griotte est une espece de grosse Cerise noirâtre, assez ferme, tres-douce, & tres-excellente ; elle fleurit beaucoup, mais elle est fort sujette à perir à la fleur, l'Arbre fait son Buisson gros, retroussé, & assez serré, a la feüille large & noirâtre.

Toutes les especes de Merises sont indignes d'entrer dans un Jardin qu'on fait, ce sont proprement des Arbres de forest, c'est à dire des Arbres sauvages, qui nous serviront au moins à recevoir les greffes des bonnes Cerises cy-dessus.

En Poitou, & en Angoumois on appelle Guignes, ce que nous appellons Cerises, on appelle Cerise, ce que nous appellons Merises, & on appelle Guindoux ce que nous appellons Griottes.

Si j'avois de ces Arbres à planter jusqu'à une douzaine, il y en auroit six Cerises tardifs, deux Bigarreaux, deux Griottes, & deux Cerises hâtifs : si j'en avois à planter deux douzaine, il y en auroit douze tardives, & quatre de chacune des autres façons, si trois douzaine il y en auroit dix-huit de tardives, sept Bigarreaux, sept Griottiers, & n'y auroit que quatre Cerises hâtives, & ainsi du reste : peut-être me résoudrois-je de planter une couple de Guignes blanches rougeâtres, si j'avois jusqu'à quatre douzaine de Cerisiers à planter, on ne passe gueres ce nombre-là, à moins que d'avoir dessein d'en élever pour en vendre.

Preparons-nous presentement à planter en haute tige quelques Meuriers, quelques Abricotiers, & quelques Amandiers, & choisissons pour cela quelque endroit à l'écart, qui ne gâte rien pour la veuë, ou bien plantons-les parmy d'autres Arbres de tiges, si nous avons fait un Verger de grands Arbres : il est bon d'avoir un peu de Meures, & on en peut planter même dans quelques basses-cours, un seul, ou deux, ou trois, ou quatre au plus sont plus que suffisans pour toute sorte de personnes.

A l'égard des Abricotiers, & Amandiers depuis deux jusqu'à douze, tant des uns que des autres, il y a ce me semble de quoy en fournir raisonnablement les Jardins de toute sorte d'honnêtes gens, quels qu'ils puissent être. Les Abricots qui viennent en grands Arbres ont beaucoup plus de goût que les autres ; & les Amandes sont un fruit necessaire & agreable, particulierement dans les mois de Juillet, & d'Aoust, qu'on les mange vertes. Je conseille sur tout d'en avoir de celles, qui ont la coquille tendre, & comme ce sont des Arbres, qui en quatre ou cinq ans viennent fort grands, il ne faut que mettre en Février des Amandes en place à l'endroit où on en veut avoir des Arbres, & prendre soin de les eslaguer les premieres années : ils donneront bien-tôt la satisfaction, qu'on s'en est promise, outre qu'on ne reüssit presque jamais à les planter tous faits comme d'autres Arbres.

Destinons aussi quelque peu de Nefliers pour qui les aime, mais à condition de ne les pas mettre en lieu de parade : ce n'est pas un fruit assez precieux pour cela, ny même pour avoir besoin d'en planter beaucoup ; le nombre des gens qui ne les haïssent pas, est mediocrement grand.

Il ne faut pas oublier quelques douzaines de Coignassiers pour avoir des pommes de Coing à confire, & que ce soit pour les planter en lieu où l'on n'aille pas trop souvent ; l'odeur de ce fruit sur l'Arbre n'est pas de celles qui rejoüissent, & sur tout comme on n'en doit guéres planter moins que par douzaine, parce qu'à mon sens ou il n'en faut point avoir dans ses Jardins, ou il en faut avoir raisonnablement ; or une douzaine, ou deux, ou trois, ou quatre au plus me paroissent faire un nombre assez grand de cette sorte d'Arbre.

Enfin songeons encore à planter quelque Azerolliers en Buisson, pour qui ne sera pas content des deux qui sont en Espalier : ils ne réüssissent point mal de cette maniere, & sur tout pour la quantité, mais à l'égard de la grosseur ceux des Espaliers l'emportent au dessus des autres; & aprés cela disons que nous avons fait tout ce qui nous a esté possible pour nous mettre en estat de bien employer en Arbres Fruitiers, la place qui aura pû leur estre destinée dans toutes sortes de Jardins.

Passons maintenant au choix de chaque Arbre en particulier.

CHAPITRE XVI.

Des conditions necessaires à chaque Arbre Fruitier, pour meriter d'estre choisi, & destiné à quelque bonne place d'un Fruitier.

NOstre Jardin estant dressé, fumé, accommodé, distribué, & enfin tout prest à planter, & chacun sçachant la quantité d'Arbres dont il a besoin, eu égard à la grandeur de son Jardin, & s'estant aussi déterminé pour le choix des especes, & la proportion de chacune, eu égard tant à la qualité de son terrein, qu'à chaque saison de l'année : il est maintenant question de choisir des pieds d'Arbres qui soient beaux, & bien conditionnez, en sorte qu'ils meritent d'estre plantez comme donnans esperance d'un bon succez.

Je suppose qu'on ait à faire à des Jardiniers qui soient en reputation d'estre habiles, exacts, & de bonne-foy, car autrement on court risque d'estre vilainement trompé aux especes, & sur tout pour des Pêchers, lesquels se ressemblent presque tous par la feüille, & par l'écorce, à la reserve des Pêches de Troye, des avant-Pêche, & des Magdeléine blanche, qui ont quelques differences particulieres; si bien que je suis d'avis qu'on ne prenne jamais d'Arbres chez des Jardiniers suspects, & décriez, quelque bonne composition qu'ils en veüillent faire; l'erreur icy est d'une trop grande consequence.

Or ce choix de pieds d'Arbres se fera, ou pendant qu'ils sont encore en terre dans les pepinieres, ou aprés qu'ils en auront esté arrachez ; en l'un & l'autre cas on doit avoir égard premierement à la figure de chaque Arbre ; en second lieu à sa grosseur ; en troisiéme lieu à la maniere dont il est bâti ; & si les Arbres sont arrachez, on doit de plus avoir particulierement égard aux racines, & à l'écorce, tant de la tige, que des branches.

CHAPITRE XVII.

Du choix des Arbres dans les Pepinieres.

SI le choix se fait dans les Pepinieres, ce qui seroit toûjours à souhaiter, & qu'on le fist à la my-Septembre, pour marquer les Arbres qu'on choisit, & qu'on prétend enlever : mais cela n'est pas toûjours faisable à cause de l'éloignement des lieux où sont les bonnes Pepinieres ; si donc on peut aller sur les lieux, il ne faut faire cas que des Arbres qui ont poussé vigoureusement dans l'année, & qui paroissent sains, tant à la feüille & à l'extrémité du jet, qu'à leur écorce unie, & luisante : si bien que les Arbres qui n'ont que des jets de l'année fort foibles, ou qui peut-estre n'en ont point du tout : ceux qui devant la saison de la chute des feüilles ont les leurs jaunes, & toutes plus petites qu'elles ne devroient estre : ceux qui ont l'extrémité du jet noir, & amorti, ou l'écorce rude, & ridée, & pleine de mousse ; & si ce sont Poiriers, Pommiers, ou Pruniers qu'on y voye des chancres, ou si ce sont Fruits à noyau qu'on y voye de la gomme à la tige, ou aux racines ; tout cela sont autant de marques du rebut qu'il en faut faire, joint à ces autres marques particulieres que je vais expliquer, & qui sont encore tres-importantes.

Les Pêchers qui ont plus d'un an de greffe, ou plus de deux sans avoir esté recepez en bas, ne valent rien, ils ont grand peine à pousser sur le vieux bois : il en est de même de ceux qui par embas ont une grosseur de plus de trois pouces, ou qui n'en ont pas une de deux, & de ceux qui sont

sont greffez sur des Amandiers vieux, & environ gros de quatre à cinq pouces.

Les Pruniers, les Abricotiers, les Azeroliers, les Poiriers, sont passables à deux pouces & demy, & sont admirables de trois à quatre: n'importe que la greffe soit d'un an, de deux, ou de trois, & qu'elle soit recouverte, ou non; il seroit encore mieux qu'elle le fust, mais je ne les veut ny plus menus, ny plus vieux.

Ces sortes d'Arbres qui ont une bonne grosseur dés la premiere, ou au moins dés la deuxiéme année, sont d'ordinaire admirables, parce qu'ils marquent un fort bon pied.

Les Pommiers sur Paradis, & les Cerisiers-précoces sont bons d'un pouce & demy à deux pouces.

Les Arbres de tige doivent estre bien droits, avoir au moins six bons pieds de hauteur, avec cinq à six pouces par bas, & trois à quatre par haut, ayans toûjours l'écorce peu raboteuse, mais au contraire luisante, pour marque de leur jeunesse, & du bon fond, d'où ils sortent.

Pour ce qui est de la maniere dont les Arbres doivent estre bâtis, j'estime que pour toutes sortes de Nains, ou d'Espaliers, il est mieux qu'ils soient droits d'un seul brin, & d'une seule greffe, que s'ils avoient deux, ou trois greffes, ou plusieurs branches: les jets nouveaux qui viendront à sortir au tour de la tige unique de l'Arbre étronçonné, & nouveau planté, seront plus propres à tourner comme on voudra pour faire un bel Arbre, que s'ils avoient deux brins, ou de vieilles branches, parce qu'on ne peut asseurer de quel endroit de ces vieilles branches de l'Arbre nouveau planté il en sortira de nouveaux jets, & d'ordinaire ils viennent assez mal à propos, s'entrelassans & faisans confusion, en sorte qu'on est obligé de les oster tout à fait, & par consequent leur faire des playes, & c'est du temps perdu pour la beauté de l'Arbre, & pour la production du Fruit.

Je veux donc que mon Arbre soit sans aucunes branches par bas, mais je veux qu'il y paroisse de bons yeux, qui promettent par consequent de bonnes branches, & sur tout pour les Pêchers; en sorte qu'il ne faut jamais prendre celuy où tous les yeux sont éborgnez, c'est à dire les issuës bouchées, parce que rarement en sort-il de nouvelles branches; & il est si vray que je ne veux qu'un brin, que d'ordinaire s'il y a deux greffes, j'en oste la plus foible, pour ne conserver que la plus forte, & la mieux placée.

Pour ce qui est des Arbres de tige à planter en plain air, je veux bien qu'ils ayent à leur teste quelques branches, lesquelles on racourcit en plantant : nous ne demandons pas une exactitude si reguliere pour la beauté de ceux-cy, que pour la beauté des petits Arbres; il suffit que ceux-là fassent une teste à peu prés ronde, pour estre raisonnablement beaux.

CHAPITRE XVIII.

Du chois des Arbres hors des Pepinieres.

QUe si les Arbres sont déja arrachez, il faut non seulement avoir tous les égards cy-dessus, sans en negliger aucun, mais encore il faut prendre garde, si tels Arbres ne sont point trop vieux arrachez, en sorte qu'ils ayent l'écorce ridée, & le bois séc, & peut-estre mort, ou l'écorce beaucoup écorchée, où l'endroit de la greffe étranglé de fillasse, ou qu'ils soient greffez trop bas, & sur tout en fait de Pêchers: en sorte que pour bien placer les racines comme il le faut absolument, on seroit reduit à enterrer la greffe en les plantant, ou qu'ils soient greffez trop haut, en sorte qu'ils ne sçauroient commencer un bel Espalier, ou un Buisson, l'un & l'autre devant commencer à six, ou sept pouces de terre.

Ce n'est pas tout, il faut particulierement prendre garde aux racines : car quand toutes les autres conditions s'y trouveroient toutes parfaites, s'il y avoit de grands défauts aux racines, il faudroit compter l'Arbre pour ne valoir rien.

Or pour pouvoir dire qu'un Arbre est bien conditionné à l'égard de ses racines il faut en premier lieu qu'elles soient grosses à proportion de la grosseur de l'Arbre, c'est à dire qu'il en ait au moins quelqu'une qui soit à peu prés grosse comme la tige, car quand elles sont toutes petites, & en forme de chevelu, c'est un signe presque infaillible de la foiblesse de l'Arbre, & de sa mort prochaine, ou au moins qu'il ne sera pas un bon effet; la trop grande quantité de chevelu n'est pas même un fort bon signe.

Il faut en second lieu que les principales ne soient ny pourries, ny éclatées, ny fort écorchées, ou fort rongées, ny séches, & dures; car si elles sont pourries elles marquent une grande infirmité dans le principe de vie de tout l'Arbre, les racines ne pourissans jamais quand l'Arbre se porte bien; si elles sont éclatées dans l'endroit où elles sortent, c'est une playe, pour ainsi dire incurable, la pourriture, & la cangraine s'y mettront, c'est un ouvrier sans mains, & sans outils.

C'est pourquoy ceux qui arrachent des Arbres doivent être grandement soigneux de le faire adroitement, & doucement, & pour cela faire de bons trous, afin de ne rien tirer de force en arrachant, autrement ils ne manqueront point d'éclater, ou rompre quelque bonne racine.

Si pareillement elles sont fort rongées ou écorchées aux endroits qu'il faudroit conserver, ce sont encore des playes tres-dangereuses, & particulierement pour les fruits à noyau la gomme ne manque guéres de s'y former.

Et si enfin les racines sont séches soit pour avoir été gelées, soit pour être trop vieilles arrachées, & trop long-temps ensuite exposées à l'air, c'est à dire que l'Arbre doit absolument être rejetté, étant certain qu'il ne reprendra pas.

Et par dessus tout cela il est à souhaiter que l'Arbre, qu'on doit choisir, ait ses racines si bien disposées, qu'on y en puisse trouver un étage de bonnes; & sur tout de nouvelles, & que cet étage soit en quelque façon parfait, de sorte qu'ôtant toutes les mauvaises soit hautes, soit basses il en reste environ deux, ou trois, ou quatre qui fassent à peu prés le tour de la tige, ou qui soient au moins si-bien situées, qu'en plantant l'Arbre, on les puisse heureusement tourner du côté de la bonne terre.

Je fais cas particulierement des racines jeunes, c'est à dire nouvelles faites, elles viennent communement à la partie la plus aprochante de la superficie de la terre, & ne fais que peu de cas des vieilles, celles-cy sont d'ordinaire raboteuses, & en fait de Poiriers, Pruniers, Sauvageons, &c. elles sont noirâtres, au lieu que les jeunes sont rougeâtres, & assez unies: en Amandiers elles sont blanchâtres, en Meuriers jaunâtres, & en Cerisiers rougeâtres.

CHAPITRE XIX.

Des manieres de preparer un Arbre pour le planter.

CEtte preparation est d'une si grande consequence pour la reprise des Arbres, que souvent ils ne reprennent, & ne font un bel effet que parce qu'ils ont été bien preparez devant que d'être plantez, & que souvent aussi ils manquent de reprendre, & de faire une belle tête, pour avoir été mal préparez.

Il y a icy deux choses à preparer, l'une moins principale, & c'est la teste, l'autre principale au dernier point, & c'est le pied, c'est à dire les racines.

A l'égard de la tête il y a peu de mystere soit en Arbres de tige, soit en Arbres nains, il n'est question pour cela que de se souvenir de deux points.

Le premier que, comme on fait ce semble un grand prejudice à un Arbre qu'on arrache, en ce que constamment l'on affoiblit, ou l'on diminuë sa vigueur, & son action tout au moins pour quelque temps, il faut qu'on luy ôte de la charge de sa tête à proportion qu'on luy ôte de cette action, & de cette force, comme on luy en ôte sans doute en le changeant de place, & luy retranchant des racines; c'est une maxime qui n'a pas besoin de preuve.

Le second point dont il faut se souvenir est qu'il ne faut luy laisser de tige que selon l'usage auquel un Arbre est destiné; car l'un est pour faire son effet fort bas, tels sont les Buissons, & les Espaliers, & ainsi il les faut couper assez court; l'autre est pour faire son effet assez haut, tels sont ses Arbres de tiges, à qui par consequent il faut laisser une hauteur considerable, mais je ne racourcis guéres ny les uns, ny les autres à la hauteur qu'ils doivent demeurer, que premierement je n'aye fait toute l'operation qui est à faire aux racines, & voicy comme je m'y prens.

Je fais premierement couper tout le chevelu le plus prés qu'il se peut du lieu d'où il sort, à moins que ce ne soit un Arbre que je replante, aussi-tôt qu'il est arraché, c'est à dire sur le champ sans le quitter un moment, qu'il ne soit replanté, autrement pour peu qu'il soit à l'air, tout ce qui seroit bon à conserver, c'est à dire de certain chevelu blanc, vient à noircir, & par consequent perir, il semble qu'il ne puisse pas davantage souffrir l'air, que de certains Poissons qui meurent du moment qu'ils sont hors de l'eau.

L'occasion de conserver ce chevelu blanc ne peut guéres arriver que quand d'un endroit du Jardin on arrache un Arbre pour le replanter à un autre endroit du même Jardin; on peut donc pour lors conserver quelque chevelu qui n'a point été rompu, dont l'extrémité paroît encore toute agissante, & qui sort de bon lieu, autrement si toutes ces conditions ne s'y trouvent, il n'en faut faire nul cas, & même pour le conserver plus utilement il faut, s'il est possible conserver en même temps quelque peu de la vieille terre qui tient auprés comme une espece de motte, & prendre soin en plantant l'Arbre de bien placer, & étendre ce chevelu.

Revenons à l'Arbre un peu plus vieux arraché, j'en fais donc ôter tout ce chevelu, que beaucoup de Jardiniers conservent avec tant de soin, & si peu de raison, & même quand j'ay à faire quelque plan assez grand, je fais tout d'un coup travailler à retrancher à tous les Arbres ce qui leur doit être retranché devant que de les planter, & cela soit de jour en quelque endroit du Jardin à l'écart, soit particulierement de nuit à la chandelle à quelque endroit de la Maison, pour ne pas differer de faire quelque autre ouvrage qui presse, & qui ne se peut faire que dehors, & cependant je tire l'avantage de la nuit qui vient si-tôt, & si importunement au temps des plans.

Le retranchement du chevelu étant fait, & par ce moyen les grosses racines étans tout à plein découvertes, j'ay plus de facilité à voir les mauvaises pour les ôter entierement, & à voir les bonnes pour les conserver, & ensuite regler à chacune la longueur juste que je prétends leur laisser : assez souvent quand les racines de tels Arbres me paroissent un peu alterées de sécheresse, je prends soin de les faire tremper durant sept ou huit heures, devant que de les replanter.

Quand je parle de bonnes, & de méchantes racines il semble que je ne veüille dire que des racines rompuës, ou écorchées, ou pourries, ou séches, mais cependant je veux dire quelque chose de plus important, & c'est que tout Arbre planté, & particulierement un Arbre de Pepiniere fait quelquefois ou toutes racines bonnes, ou toutes racines mauvaises, ou en même temps il en fait quelques-unes bonnes, & quelques-unes mauvaises, & voicy comment.

Un Arbre planté avec les preparations que je recommande, s'il vient à prendre il doit faire de nouvelles racines, autrement il meurt, toutes les racines anciennes luy étans inutiles, s'il n'en fait de nouvelles ; or de ces nouvelles les unes sont belles, & grosses ; les autres sont foibles, & menuës ; ces belles viendront toutes ou de l'extrémité de celles qu'on a laissées, & voila ce qui est à souhaiter, ou elles viendront d'ailleurs, c'est à dire ou du corps de l'Arbre, & par consequent au dessus des vieilles racines, car celles-cy faisoient l'extrémité de l'Arbre, ou elles viendront de la partie des vieilles, qui approche le plus prés du corps de l'Arbre, pendant que ces vieilles ou n'auront rien fait dans toute leur étenduë, ou n'auront fait que de fort petites racines à leur extrémité, & quelques-unes de grosses un peu loin de cette extrémité.

En ces deux cas les grosses venuës du corps de l'Arbre, ou venuës des vieilles, mais non pas de l'extremité, font insensiblement perir toutes les autres soit vieilles, soit nouvelles, & par consequent il faut compter celles-cy pour mauvaises comme étant celles qui font jaunir & languir l'Arbre en quelque endroit de sa tête.

Il n'est pas difficile de connoître ces bonnes d'avec ces mauvaises, parce que supposant, comme il est vray, que le bas de la tige de l'Arbre qu'on plante, auquel bas tiennent les racines qu'on y a conservées, supposant, dis-je, que selon l'ordre de la nature, ce bas est toûjours plus gros, que tout le reste de la tige, & doit aussi toûjours se maintenir en cet état; si cependant on s'apperçoit, que cet endroit, bien loin d'avoir conservé, depuis que l'Arbre a été planté, cét avantage de grosseur, qu'il avoit en ce temps-là, & que selon le même ordre de la nature il devoit avoir conservé en grossissant à proportion de tout le reste; si cependant on s'apperçoit, que cét endroit demeure au contraire plus menu, que quelque endroit un peu plus haut, d'où sortent en effet quelques belles racines, pour lors il faut regarder cet endroit malheureux, & demeuré comme une partie abandonnée par la nature, qui prend ce semble plaisir d'en favoriser une autre, & par consequent il faut retrancher entierement cette partie plus menuë avec tout ce qu'elle avoit pû faire auparavant (bien des Jardiniers l'appellent Pivot, & se trompent, comme je feray voir cy-aprés.)

La premiere chose, qui est icy à faire, c'est donc d'ôter entierement tout ce qui paroît ainsi abandonné, & pour ainsi dire disgracié, l'ôter tout le plus prés qu'on peut de l'endroit bien nourry, & qui pour ainsi dire est en faveur, pour ne conserver uniquement que les racines, qui viennent de cet endroit fortuné, quelles qu'elles soient & en quelque petit nombre qu'elles soient, car en effet le nombre n'en doit jamais être grand, & sur tout, comme j'ay déja dit, il faut entierement ôter la plûpart des vieilles, qui bien loin d'avoir un air de vigueur, & de jeunesse, & une couleur vive, & fraîche, paroissent noires, ridées, raboteuses, usées, & ainsi il ne faut faire état que des nouvelles, qui se trouvent en même temps bien placées.

Et celles-cy il les faut tenir courtes à proportion de leur longueur, la plus longue en fait d'Arbres nains, quelque grosseur qu'elle ait, qui d'ordinaire n'est pas grande, ne devant jamais avoir plus de huit à neuf pouces, & en Arbres de tige ne devant gueres avoir plus d'un pied; on peut laisser un peu plus d'étenduë aux racines de Meurier & d'Amandier, parce que les premieres, comme fort moles, & les secondes comme fort séiches, & fort dures, courent risque de perir, si on les taille trop courtes.

Aprés avoir fixé la longueur des plus grosses racines de nos fruitiers, il faut sçavoir, que les foibles se contenteront de deux, ou de trois, ou de quatre pouces de longueur, & cela chacune à proportion de sa grosseur, c'est à dire les plus petites devans toûjours être les plus courtes; il en est en cecy, comme j'ay dit ailleurs, tout à rebours de ce que j'ay dit de la taille des branches.

Un seul étage de racines suffit, & même je fais plus de cas de deux, ou trois bonnes racines bien placées, que d'une vintaine de mediocres; j'appelle racines bien placées, quand étans au tour du pied, elles sont à peu prés comme autant de lignes, qui sortans du centre, viennent à la circonference.

Je veux, que tous mes Arbres, autant que faire se peut, soient preparés, de maniere que sans être plantez, ils se puissent tenir droits comme autant de quilles, & sur tout ceux, qui sont pour faire Buissons, ou Arbres de tige en plain air; car pour servir en Espalier, comme il faut toûjours les tenir un peu couchez, & qu'il est à propos qu'aucune racine ne soit tournée du côté de la muraille, il faut entierement retrancher toutes celles, qui pourroient se trouver tournées de ce côte-là, & qui apparemment étoient les moins bonnes; car ayant besoin de conserver les meilleures, pour les tourner du côté des terres; je ne fais sans doute retrancher que celles, qui étoient les moins bonnes, & les plus mal placées.

Ces maximes sont ce me semble aisées à entendre, & le sont tellement à pratiquer, que quiconque a veu preparer un Arbre selon leur doctrine, comme il paroît dans les figures, est capable de preparer toutes sortes d'Arbres, & sur tout en fait d'Arbres qui ne picotent gueres, comme sont par exemple les Coignassiers, Cerisiers, Pruniers, Sauvageons de bois, &c. Mais en fait d'Arbres qui picottent, par exemple Sauvageons venus de pepin, Arbres venus de noyaux, &c. il y a un peu plus de difficulté.

Et afin d'en venir à bout aussi-bien que des autres plus aisez, j'ay fait chois d'une quinzaine d'Arbres parmy le grand nombre de ceux que j'ay arrachez, & plantez depuis vingt-cinq ou trente ans; ce sont ceux dans lesquels j'ay remarqué quelque difference de scituation de racines, ayant trouvé que generalement tous les Arbres ont raport à quelqu'un de ces quinze, si bien que les ayant dessinez exactement comme ils sont au point qu'on les arrache; & puis les ayant taillez, & pareillement dessinez en cét estat là, pour faire voir comme ils doivent estre devant que de les planter; chacun se pourra d'oresnavant regler sur cela pour l'operation qui est à faire aux racines de toutes sortes d'Arbres.

J'ay même trouvé à propos de les dessiner dans l'état de la production des nouvelles racines, qu'ils font aprés être plantez, afin que chacun sçache ce qu'un Arbre bien preparé, & bien planté doit faire pour reüssir, & par où il aura manqué, s'il ne reüssit pas.

Quand j'ay fait à l'égard des racines tout ce que j'ay trouvé à propos, pour lors je tâche de juger sagement de la profondeur, que les plus basses racines doivent avoir dans le fond de la terre, aussi bien que de la quantité de terre, que chacune des plus hautes racines doivent avoir au dessus d'elles, car il faut les mettre à couvert, & hors de portée, tant des injures de l'air, que des outils, qui servent à labourer, &c. pour lors je détermine la longueur de tige, que l'Arbre doit avoir hors de terre, afin de n'avoir plus rien à y toucher, aprés qu'il est planté; ou l'ébranle necessairement, si on attend à le racourcir dans le temps qu'il commence à pousser; & cét ébranlement me paroît tres dangereux.

On n'a que faire de craindre, que la gelée gâte rien par l'endroit où l'Arbre a été racourcy, il n'en arrive seurement jamais d'inconvenient; c'est une experience tres-seure, & de laquelle on peut bien s'en rapporter à ma bonne foy; cette longueur de tige à régler pour le dehors en toute sorte d'Arbres est, s'ils sont petits, & à planter en terre séiches, qu'il leur faut six à sept pouces, afin qu'en Esté la tête couvre le pied contre l'ardeur du Soleil, & en terres humides, cela pourra être de neuf à dix, ou d'onze à douze au plus, afin que la tête n'empêche pas la chaleur de donner au pied, qui en a besoin; pour ce qui est des Arbres de tige elle est toûjours de six à sept pieds en toutes sortes de terres: de plus grands seroient trop sujets à être ébranlez, ou arrachez par les vents; de plus courts aussi seroient desagreables à voir, à moins que ce ne fust un plan tout entier d'Arbres à demy tige, comme on en fait assez souvent pour des Pruniers, des Cerisiers, &c.

Il faut grandement prendre garde en fait de Pêchers, qu'ils ayent deux, ou trois bons yeux dans la longueur qu'on leur laisse, autrement ils courroient risque de ne pousser que du Sauvageon.

J'ay déja dit, que pour toute sorte d'Arbres, mais particulierement pour les Nains, je n'y voulois qu'un brin tout droit; à l'égard des Arbres de tige, je ne trouve pas mauvais, qu'ils ayent quelques branches, j'y conserve volontiers longues celles, qui s'y trouvans foibles, ne peuvent contribuer à la beauté de la figure, mais peuvent donner du fruit plûtôt; pour ce qui est des grosses j'en conserve deux, ou trois, ou même quatre, qui se trouvans bien placées, peuvent commencer un beau rond, & je les racourcis chacune à sept, ou huit pouces.

CHAPITRE XX.

Des manieres de planter les Arbres qu'on a déja préparez.

LA premiere observation, qui est icy à faire est, que dans le temps de planter, que tout le monde sçait être depuis la fin d'Octobre jusqu'à la my-Mars, c'est à dire depuis que les Arbres quittent leurs feüilles, jusques à ce qu'ils soient sur le point de recommencer à en pousser de nouvelles; la premiere observation, dis-je, est de choisir un temps sec, & assez doux, sans se mettre aucunement en peine des égards, qu'on avoit autrefois pour les Lunes; les temps pluvieux sont icy non seulement incommodes pour le Jardinier qui travaille, mais aussi ils sont préjudiciables aux Arbres, qu'on plante, attendu que les terres se mettent aisément en mortier, & ne sont pas propres à se glisser tout au tour des racines, pour n'y laisser aucun vuide, comme il est tres-expedient de l'empêcher; or quoy que tous ces mois-là soient également propres pour planter, si bien même que le plûtôt fait est toûjours ce semble le meilleur; cependant comme j'affecte volontiers de planter dés la Saint-Martin dans les terres séiches & legeres, j'affecte aussi de ne planter qu'à la fin de Février dans les terres froides & humides. Les Arbres n'y sçauroient rien faire pendant l'Hyver, & ainsi ils pourroient plûtôt s'y gâter, que s'y conserver; au lieu que dans les terres legeres, ils peuvent dés l'Automne commencer à faire quelques petites racines, & c'est toûjours une grande avance pour eux, & pour les mettre en train de faire merveilles au Printemps.

La deuxiéme observation est de regler juste toutes les distances, qui doivent être entre chaque Arbre, soit en Espalier, soit en Buisson, soit en Arbres de tige, afin de sçavoir au vray & le nombre en general, qu'on a à planter, & le nombre particulier de chaque espece.

La troisiéme observation est de régler exactement les places qu'on destine & à chaque espece d'Arbre, & à chaque Arbre en particulier; j'ayme mieux que les fruits d'une même saison soient tous dans un même canton.

La quatriéme observation est de faire faire au cordeau des trous de la grandeur de la forme d'un chapeau, car je suppose, que les tranchées ont été bien faites, si bien que pour petit que soit le trou, il est assez grand pour planter l'Arbre, & ce ne seroit que du temps, de la peine, & de la dépense perduë de le faire plus grand.

La cinquiéme observation est de faire porter chaque Arbre prés de son trou, devant que commencer d'en planter aucun, & s'il est question de planter des Buissons au tour de quelques quarrez, ou de faire un quinconce, je veux qu'on ait soin de mettre particulierement les plus beaux, & les mieux conditionnés aux encoigneures des quarrés, ou aux encoigneures des rangées.

Et pareillement s'il est question d'un Espalier, il est à propos de mettre toûjours les plus beaux Arbres, & ceux qui font les plus beaux fruits aux endroits les plus apparens, & les plus visitez, par exemple prés des portes, & le long des Espaliers, où sont les plus belles allées.

Quoy que je fasse icy un chois des plus beaux, il ne s'ensuit pas, qu'il n'en faille jamais planter aucun, qui ne soit beau, & accompagné de tres belles apparences de reprise; mais cependant il est vray, que quelque soin qu'on prenne de n'en choisir que de beaux, il y en a toûjours de plus beaux les uns que les autres.

Les Arbres étant donc ainsi tous portez chacun prés de sa place, qui luy est destinée; s'il est question de planter des Buissons, je commence par planter ceux des encoigneurés de chaque quarré, afin qu'ils servent d'alignemens pour tous les autres, & si les terres sont fraîchemens remuées, & melées d'assez grande quantité de fumier long, en sorte qu'elles ne paroissent pas autant affaissées, qu'elles le doivent être, je prens soin de n'enfoncer les Arbres qu'environ d'un demy pied; c'est à dire, que l'extrémité de la plus basse racine n'est pas plus avant d'un demy pied dans la terre, parce que, comme je fais état, que les terres s'affaisseront au moins d'un demy pied, & qu'il y a beaucoup plus d'inconvenient de planter les Arbres un peu haut, que de les planter bas, il se trouvera au bout de quelques mois, que mes Arbres seront environ d'un pied dans la terre, qui est la mesure la plus juste, qu'on puisse régler à cet égard: des Arbres plantez plus bas ne manquent gueres de perir en peu d'années.

Ayant donc planté les Arbres des encoigneures, je mets un homme à celle de la rangée, que je veux planter, afin qu'il aligne les Arbres, pour qu'ils se trouvent toûjours bien plantez en ligne droite; je prens un autre homme avec une Béche, pour couvrir les racines des Arbres, à mesure que je les presente en place, & que mon Aligneur m'avertit, qu'ils sont bien dans la ligne, & en une matinée je planteray facilement quatre, ou cinq cens pieds de Buissons.

Il est encore plus aisé d'en planter en peu de temps beaucoup en Espalier, parce qu'il n'est pas question d'aligner; mais pour un Quinconce on ne peut pas aller si vîte, parce que, comme il faut que chaque Arbre réponde juste à deux rangs, il faut deux Aligneurs, sçavoir un pour chaque rang, & il se perd toûjours un peu de temps, devant que l'Arbre soit justement placé pour répondre aux deux rangs également.

Or il ne faut pas seulement être soigneux de planter un peu haut, & fort droit, mais il le faut être particulierement de tourner les principales racines du côté de la bonne terre; c'est icy le point le plus important, en sorte que, quoy qu'il soit fort à souhaiter que tous les Arbres destinez pour être en Buisson, paroissent droits sur leur pied, aprés avoir été plantez, si neanmoins la disposition de leurs racines, qui peut-être vont naturellement à pivoter, demande que l'Arbre soit un peu couché pour avoir la bonne assiette que je souhaite à ses racines, c'est à dire afin qu'il pousse plûtôt entre deux terres, que de pousser en fond, non seulement je ne fais nulle difficulté de tenir la tête de l'Arbre un peu couchée, & toûjours sur la ligne du cordeau tiré, mais même je le conseille comme une chose necessaire: autrement comme les racines qui sortent, suivent toûjours la pante de celles d'où elles sortent, il arrivera bientôt que ces racines ayans enfin penetré jusqu'aux méchantes terres du fond, ou même étant descenduës trop bas, & sur tout hors de la portée de l'eau des pluyes l'Arbre en deviendra malade, & languira, fera une vilaine figure, & de vilains fruits, & enfin mourra.

De ce que je viens de dire pour la bonne situation des racines, il s'ensuit que, si on a à planter le long de quelques allées on évitera de tourner les principales racines du côté de cette allée, à plus forte raison fera-t-on la même chose, quand on plantera des Espaliers, pour ne laisser aucune bonne racine qui puisse pousser du côté des murailles.

Ce panchement de tête aux petits Arbres ne doit faire aucun scrupule, ny aucune apprehension pour la beauté tant de leur figure particuliere, que de leur plan en general, parce qu'il n'est pas des branches qui ont à sortir, comme des racines, les branches ne suivent nullement la disposition de la tête couchée: au contraire elles naissent regulierement toutes droites au tour de la tige, & ainsi comme leur origine est fort prés de terre, les Arbres font une figure aussi bien tournée, que s'ils avoient été plantés droits sur leur centre.

C'est aux Arbres de tige en plein air, qu'on est necessairement obligé de les planter sur leur centre tout le plus droit qu'il est possible, autrement cette tige demeureroit toûjours courbée, & par consequent feroit une vilaine figure; joint qu'elle se trouveroit davantage en prise à la violence des vents, & par consequent l'Arbre courroit risque d'être renversé, & par la même consideration des vents il les faut planter un peu plus avant que d'autres Arbres, c'està dire qu'en les plantant il les faut mettre un bon pied avant dans la terre, & même quoy que je recommande de ne point trepigner sur nos petits Arbres de peur de les enfoncer trop, & qu'aussi-bien ils n'ont rien à craindre du côté des vents, je recommande au contraire de presser la terre contre le pied de ceux-là, afin de les rasseurer, & les mettre en état de resister à l'effort des vents.

Chaque Arbre étant planté, si j'ay la commodité des fumiers, j'en mets un lit de deux, ou trois pouces sur chaque pied, & le recouvre en même temps d'un peu de terre pour en ôter la veuë qui n'est pas agreable: ce lit de fumier ne sert pas tant pour abonnir la terre, car je suppose qu'elle est bonne, & bien preparée, comme il sert particulierement pour empêcher que le hâle des mois d'Avril, May, & Juin ne penetre jusqu'aux racines, & par consequent ne les altere, & ne les empêche d'agir, ce qui ne causeroit rien moins que la mort.

Que si je manque de fumier, je me contente pendant ces premiers mois dangereux de couvrir de méchantes herbes, ou de fougere les pieds des Arbres: j'empêche qu'il n'y vienne rien qui offusque les jeunes jets, & si la sécheresse est fort grande, comme elle est assez souvent, je fais pendant les trois, ou quatre mois, & cela tous les quinze jours, donner une cruchée d'eau à chaque pied, aprés avoir fait un cercle tout au tour, afin que l'eau penetre entierement, & aussi-tôt qu'elle paroît imbibée, je fais remplir, & racommoder ce cercle, en sorte qu'il n'y paroît plus rien.

Que si la saison est un peu pluvieuse, les arrosemens ne sont point necessaires: avec de tels apprêts, & de telles précautions on est d'ordinaire assez heureux à faire des plans, si bien qu'il n'y meurt guéres d'Arbres.

CHAPITRE XXI.

Pour des Arbres en mannequin.

MAis cependant comme il peut mourir quelques Arbres, & qu'autant que faire se peut il est à souhaiter qu'un Plan soit parfait dés la premiere année, je pratique de preparer un plus grand nombre d'Arbres, que je n'ay actuellement besoin d'en planter pour rendre mon Plan complet, afin d'en avoir toûjours quelques-uns comme en corps de reserve, & pour cet effet je pratique dés le même temps du Plan d'élever en mannequin quelques Arbres de chaque espece, mais beaucoup plus de fruits à noyau, que de fruits à pepin, ceux-là d'ordinaire courans un peu plus de risque de mourir, que les autres.

Je choisis donc quelque bon endroit du Jardin, (ceux qui sont le plus à l'ombre, y étans fort propres) & là je mets des Arbres en mannequin bien étiquetez, ou au moins bien marquez sur mon Livre par l'ordre & des rangs, & de la place de chacun dans son rang, afin d'y avoir recours, si quelque Arbre vient à mourir en place, ou même à languir, voulant, s'il est possible que mon Plan demeure fait & parfait tant pour la figure, que pour les especes selon la premiere disposition que j'en ay faite.

Et pour cela je tiens couchez dans les mannequins les Arbres qui sont destinez pour les Espaliers, & je tiens droits au milieu des mannequins ceux qui sont destinez pour Buissons, afin qu'en l'un, & l'autre cas je puisse plus commodement placer le mannequin tout entier, en sorte que l'Arbre s'y trouve aussi-bien situé, que s'il y avoit été planté d'abord, ce qui ne seroit pas, si l'Arbre destiné pour l'Espalier étoit droit au milieu du mannequin, parce que on ne pourroit pas assez facilement approcher l'Arbre de la muraille: le même inconvenient à peu prés est d'avoir à planter en Buisson un Arbre couché dans un mannequin, quoy qu'on ait en cecy plus de facilité à le bien placer, que l'Arbre destiné à l'Espalier.

Cette operation de transport de mannequins se peut faire jusqu'à la Saint Jean, & quand on la veut faire, il faut commencer par bien arroser les mannequins qu'on veut enlever, qui apparemment seront les plus beaux : il faut ensuite détourner proprement la terre d'autour du mannequin, afin de ne point rompre de racines, s'il s'en est fait qui ayent déja poussé au dela des mannequins : il faut choisir un temps de pluye, ou au moins un temps doux, & bas, comme on dit, ou même le soir aprés Soleil couché, ou le matin devant qu'il se leve: il faut prendre grandement soin de n'ébranler l'Arbre en façon du monde, soit en le retirant de terre, soit en le transportant, soit en le replaçant à l'endroit destiné ; l'ébranlement en cecy est tres-pernicieux, & souvent mortel.

Or quand en faisant ce mouvement de mannequins on s'apperçoit que les racines ont commencé à sortir hors du mannequin, il faut premierement en plaçant ce mannequin être soigneux de conserver les pointes de ces racines nouvelles, les bien ranger, & soutenir de bonnes terres, les couvrir sur le champ, presser même les terres contre le mannequin, & en suite arroser assez amplement tout autour de ce mannequin, afin d'en approcher les terres voisines, si bien qu'il n'y reste aucun vuide, ce qu'on connoît quand l'eau des arrosemens ne s'imbibe plus avec precipitation, & cet arrosement est necessaire indispensablement, de quelque maniere qu'on fasse ces changemens de mannequins, & enfin les jours de grand Soleil il faut couvrir de paillassons la tête de cet Arbre jusqu'à ce qu'on s'apperçoive qu'il commence de pousser, & pour lors on commence de les ôter les nuits, cette derniere precaution de couverture n'est necessaire qu'en cas qu'on ait veu des racines nouvelles sortir de ce mannequin, ou que l'Arbre ait été ébranlé.

Les mêmes soins qu'on a pour remplacer en Espalier des Arbres élevez en mannequins, les mêmes faut-il avoir pour remplacer en Buisson, ou en haute tige des Arbres pareillement élevez en mannequins, & sur tout prendre garde de laisser tout le moins qu'on peut ces nouvelles racines à l'air, autrement elles noirciront, & par consequent mourront.

Il me reste seulement de dire que les mannequins doivent être faits exprés, & être à claire voye, tant afin que les racines sortent plus aisément, qu'afin qu'ayans moins de matiere ils coûtent moins, aussi bien le trop de matiere qui les rend plus épais est-il nuisible : ils doivent être faits d'ozier le plus frais, & le plus vert que faire se pourra, afin qu'étant mis tous verds en terre ils y durent plus long-temps sans se pourrir, c'est à dire qu'au moins ils puissent se conserver une année entiere (ceux qui sont vieux faits se pourrissent plûtôt) ils ne doivent être guéres profonds, autrement le transport en seroit-il trop difficile : huit à neuf pouces de profondeur sont suffisans, afin qu'étant enterrez jusqu'à ce que leurs bords soient cachez, on y puisse mettre quatre, ou cinq pouces de terre dedans, & l'Arbre en suite, dont on couvrira les racines d'une pareille quantité de terre, & même en faisant le transport de ces mannequins on pourra enlever une partie de ces terres de dessus, si elles incommodent à porter : il faut être bien soigneux de presser, comme nous avons dit, la terre de dehors contre les mannequins, afin qu'il n'y reste aucun vuide.

A l'égard de la grandeur du mannequin elle doit être proportionnée à la longueur des racines des Arbres qu'on y veut planter : il faut au moins qu'entre l'extrémité de chaque racine, & le bord du mannequin on y puisse mettre trois à quatre pouces de terre, si bien que pour les Arbres destinez à l'Espalier les mannequins n'ont que faire d'être si grands, attendu que ces Arbres y sont couchés, & par consequent fort prés d'un des côtez, de telle sorte qu'il ne leur reste de racines que de l'autre côté ; ainsi les nouvelles racines y trouveront assez de place, pourveu que le mannequin soit assez grand : à l'égard des Arbres destinez en Buisson, comme ils doivent être plantés dans le milieu, & que par consequent ils doivent pousser des racines tout au tour, il faut que le mannequin soit un peu plus grand.

A proportion aussi faut-il le mannequin plus grand pour les Arbres de tige, que pour les petits Arbres : il est inutile de dire que les mannequins doivent être ronds, personne ne l'ignore, il s'en pourroit faire d'ovalle, ou de quarré, mais ils en couteroient davantage, & ne vaudroient pas mieux.

La difference de grosseur des Arbres oblige donc à faire de trois differentes grandeurs de mannequins, sçavoir de petits qui sont environ d'un pied de diametre, de moyens qui ont quinze à seize pouces, & de grands qui en ont dix-huit à vingt : le principal est que le fond soit assez fort, & assez solide pour pouvoir porter sans crever la pesanteur de la terre, & que les bords d'en haut, & d'en bas soient aussi bien fabriquez pour n'être pas faciles à s'évaser : il faut aussi une entre-lassure tout au tour du milieu par la même raison.

Je ne me contente pas seulement d'avoir cette précaution de mannequins dans le temps que je fais de grands plans, mais je l'ay encore tous les ans pour quelque petit nombre d'Arbres eu égard à la grandeur du Plan que j'ay à cultiver, afin qu'en cas qu'il arrive accident à quelqu'un de ceux qui sont en place, comme il leur en peut arriver beaucoup, je puisse remedier d'abord que j'en suis menacé, ou d'abord que je m'apperçois que l'accident est arrivé : car enfin il faut toûjours être en état d'avoir son Plan complet, sans y souffrir aucun Arbre qui rechigne.

Peu de dépense suffit pour se mettre l'esprit en repos à cet égard, & faute de cela on perd bien du temps, & du plaisir.

Il est temps presentement de passer au chef-d'œuvre des Jardiniers, c'est à dire à la taille.

Fin de la troisiéme Partie des Iardins Fruitiers, & Potagers.

TABLE DES CHAPITRES & Matieres contenuës dans les trois Parties du premier Tome.

PREMIERE PARTIE.

SECONDE PARTIE.

TROISIE'ME PARTIE.

Fin de la Table des Chapitres, & Matieres contenuës dans la premiere; deuxiéme, & troisiéme Partie des Jardins Fruitiers, & Potagers.

LISTE

DE DIFFERENTES SORTES DE Fruits, sçavoir de Pêches, Pavies, Brugnons, Prunes, Figues, Abricots, Cerises, Raisins, Azerolles, & Pommes, qui marque le temps que ces Fruits se doivent manger, & le lieu de leurs descriptions.

PESCHES, PAVIES, BRUGNONS.

Description de la Pêche, du Brugnon, & du Pavie en general, page 418 & 424.

La petite avant-Pêche blanche, *commencement de Juillet* 443

La Pêche de Troye, *fin de Juillet, & commencement d'Aoust,* 440

La Pêche-Alberge jaune, & le petit Pavie-Alberge jaune, *Aoust,* 417

La Magdeléine-blanche, *my-Aoust.* 438

La Madeléine rouge, *my-Aoust,* 449

La Mignonne, *my-Aoust,* 435

La Pêche d'Italie, *my-Aoust,* 447

Le Pavie blanc, *my-Aoust,* 450

La Pêche-Alberge rouge, *fin d'Aoust,* 448

Le petit Pavie-Alberge violet, *fin d'Aoust,* 417

La Bourdin, *fin d'Aoust,* 442

La Pêche-Cerise à chair jaune, *fin d'Aoust,* 462

La Pêche-Cerise à chair blanche, *fin d'Aoust,* 462

La Chevreuse *commencement de Septembre,* 435

La Rossane, *commencement de Septembre.* 448

Le Pavie-Rossane, *commencement de Septembre,* 417

La Persique, *my-Septembre,* 439

La

PRUNES.

FIGUES.

ABRICOTS.

CERISES.

RAISINS.

AZEROLLES.

POMMES.

FIN.

www.ingramcontent.com/pod-product-compliance
Lightning Source LLC
Chambersburg PA
CBHW070834230426
43667CB00011B/1795

* 9 7 8 2 0 1 2 5 5 6 7 9 9 *